# Calidad de Sistemas de Información

4ª Edición ampliada y actualizada

# Calidad de Sistemas de Información

4ª Edición ampliada y actualizada

*Mario G. Piattini Velthuis*
*Félix O. García Rubio*
*Ignacio García Rodríguez de Guzmán*
*Francisco J. Pino*

La ley prohíbe fotocopiar este libro

Calidad de Sistemas de Información. 4ª Edición
© Mario G. Piattini Velthuis, Félix O. García Rubio, Ignacio García Rodríguez de Guzmán, Francisco J. Pino
© De la edición: Ra-Ma 2018
© De la edición: ABG Colecciones 2020

MARCAS COMERCIALES. Las designaciones utilizadas por las empresas para distinguir sus productos (hardware, software, sistemas operativos, etc.) suelen ser marcas registradas. RA-MA ha intentado a lo largo de este libro distinguir las marcas comerciales de los términos descriptivos, siguiendo el estilo que utiliza el fabricante, sin intención de infringir la marca y solo en beneficio del propietario de la misma. Los datos de los ejemplos y pantallas son ficticios a no ser que se especifique lo contrario.

RA-MA es marca comercial registrada.

Se ha puesto el máximo empeño en ofrecer al lector una información completa y precisa. Sin embargo, RA-MA Editorial no asume ninguna responsabilidad derivada de su uso ni tampoco de cualquier violación de patentes ni otros derechos de terceras partes que pudieran ocurrir. Esta publicación tiene por objeto proporcionar unos conocimientos precisos y acreditados sobre el tema tratado. Su venta no supone para el editor ninguna forma de asistencia legal, administrativa o de ningún otro tipo. En caso de precisarse asesoría legal u otra forma de ayuda experta, deben buscarse los servicios de un profesional competente.

Reservados todos los derechos de publicación en cualquier idioma.

Según lo dispuesto en el Código Penal vigente, ninguna parte de este libro puede ser reproducida, grabada en sistema de almacenamiento o transmitida en forma alguna ni por cualquier procedimiento, ya sea electrónico, mecánico, reprográfico, magnético o cualquier otro sin autorización previa y por escrito de RA-MA; su contenido está protegido por la ley vigente, que establece penas de prisión y/o multas a quienes, intencionadamente, reprodujeren o plagiaren, en todo o en parte, una obra literaria, artística o científica.

Editado por:
RA-MA Editorial
Madrid, España

Colección American Book Group - Informática y Computación - Volumen 2.
ISBN No. 978-168-165-697-7
Biblioteca del Congreso de los Estados Unidos de América: Número de control 2019934910
www.americanbookgroup.com/publishing.php

Maquetación: Antonio García Tomé
Diseño de portada: Antonio García Tomé
Arte: Macrovector / Freepik

*A Moisés Rodríguez, amigo y socio,*
*con gratitud y admiración.*

Mario Piattini

*A mis padres Félix y Tina, con gran admiración*
*por su calidad humana y su apoyo incondicional.*

Félix O. García

*Para mi familia, con cariño y respeto,*
*por el tiempo que no siempre puedo pasar con vosotros.*

Ignacio García Rodríguez de Guzmán

*A mi hijo Francisco David, por el gran ser humano*
*que eres y los éxitos que vendrán para ti!*

Francisco J. Pino

# ÍNDICE

**AUTORES** .................................................................................................................. 17
**PREFACIO** ................................................................................................................. 21
**PREFACIO** ................................................................................................................. 23
    CONTENIDO ........................................................................................................ 25
    ORIENTACIÓN A LOS LECTORES ................................................................... 27
    OTRAS OBRAS RELACIONADAS .................................................................... 28
    AGRADECIMIENTOS ......................................................................................... 29

**CAPÍTULO 1. CONCEPTO DE CALIDAD** ............................................................. 31
    1.1    DEFINICIÓN DE CALIDAD ..................................................................... 31
    1.2    EVOLUCIÓN HISTÓRICA DE LA CALIDAD ........................................ 38
    1.3    CONCEPTOS RELACIONADOS CON LA CALIDAD ............................ 41
        1.3.1    Conceptos Relacionados con la Gestión de Calidad ........................ 41
        1.3.2    Conceptos Relacionados con la Documentación de la Calidad ....... 43
    1.4    LECTURAS RECOMENDADAS ............................................................... 43
    1.5    SITIOS WEB RECOMENDADOS ............................................................. 44
    1.6    EJERCICIOS ............................................................................................... 45

**CAPÍTULO 2. MODELOS Y NORMAS DE CALIDAD** ........................................ 47
    2.1    INTRODUCCIÓN ....................................................................................... 47
    2.2    GESTIÓN DE LA CALIDAD TOTAL ...................................................... 47
    2.3    MODELO EFQM ........................................................................................ 48
    2.4    NORMAS ISO 9000 .................................................................................... 50
        2.4.1    ISO y el Proceso de Normalización ................................................. 50
        2.4.2    Normas sobre Calidad ...................................................................... 51
        2.4.3    Norma ISO 9001 .............................................................................. 54
    2.5    SEIS-SIGMA ............................................................................................... 60
        2.5.1    Introducción ..................................................................................... 60

    2.5.2 Metodología DMAIC ................................................................. 62
    2.5.3 Metodología DMADV ............................................................... 69
 2.6 PREMIOS ............................................................................................... 70
 2.7 LECTURAS RECOMENDADAS .......................................................... 71
 2.8 SITIOS WEB RECOMENDADOS ......................................................... 72
 2.9 EJERCICIOS .......................................................................................... 72

**CAPÍTULO 3. RIESGOS DE LOS SISTEMAS DE INFORMACIÓN ....................... 75**
 3.1 SITUACIÓN DE LA CALIDAD DE LOS SI ........................................ 75
 3.2 CAUSAS DE LOS FRACASOS EN PROYECTOS SOFTWARE ..... 77
 3.3 IMPORTANCIA DE LA CALIDAD EN LOS SI .................................. 80
 3.4 LECTURAS RECOMENDADAS .......................................................... 82
 3.5 SITIOS WEB RECOMENDADOS ......................................................... 82
 3.6 EJERCICIOS .......................................................................................... 82

**CAPÍTULO 4. LA GESTIÓN DE LA CALIDAD DE LOS PROYECTOS ................. 85**
 4.1 INTRODUCCIÓN .................................................................................. 85
 4.2 GESTIÓN DE LA CALIDAD DE LOS PROYECTOS SEGÚN PMBOK ........ 86
    4.2.1 Planificar la Gestión de Calidad ................................................ 89
    4.2.2 Gestionar la Calidad ................................................................... 93
    4.2.3 Controlar la Calidad ................................................................... 97
 4.3 ESTÁNDAR IEEE 730 (IEEE 2014) ................................................... 101
    4.3.1 Actividades SQA ....................................................................... 103
    4.3.2 Plan SQAP ................................................................................ 106
 4.4 LECTURAS RECOMENDADAS ........................................................ 115
 4.5 SITIOS WEB RECOMENDADOS ....................................................... 115
 4.6 EJERCICIOS ........................................................................................ 116

**CAPÍTULO 5. GESTIÓN DEL CONOCIMIENTO**
**Y CALIDAD DE SI ..................................................................................................... 117**
 5.1 TÉCNICAS DE GESTIÓN DEL CONOCIMIENTO EN
    ORGANIZACIONES DE SOFTWARE ............................................... 117
 5.2 MODELOS DE GESTIÓN DE CONOCIMIENTO EN INGENIERÍA DEL
    SOFTWARE ......................................................................................... 119
    5.2.1 Modelo de (Dybå 2003) ........................................................... 121
    5.2.2 Modelo SEKS ........................................................................... 123
 5.3 DESIGN RATIONALE ........................................................................ 124
 5.4 FACTORÍA DE EXPERIENCIA Y PARADIGMA DE MEJORA
    DE LA CALIDAD (QIP) ...................................................................... 126
    5.4.1 QIP (Paradigma para la mejora de la calidad) ......................... 126
    5.4.2 Factoría de Experiencia ............................................................ 127
 5.5 INGENIERÍA DEL SOFTWARE EMPÍRICA E INGENIERÍA DEL
    SOFTWARE BASADA EN EVIDENCIAS ........................................ 130

| | | |
|---|---|---|
| 5.6 | LECTURAS RECOMENDADAS | 131 |
| 5.7 | SITIOS WEB RECOMENDADOS | 132 |
| 5.8 | EJERCICIOS | 132 |

## CAPÍTULO 6. CALIDAD DE LAS PERSONAS .................................................. 135

| | | |
|---|---|---|
| 6.1 | INTRODUCCIÓN | 135 |
| 6.2 | FACTORES "SOFT" DE LA CALIDAD DEL SOFTWARE | 137 |
| | 6.2.1 Visión general de los aspectos "soft" | 137 |
| | 6.2.2 Motivación en el desarrollo de software | 141 |
| | 6.2.3 Personalidad y desarrollo de software | 144 |
| 6.3 | PEOPLE CMM | 149 |
| | 6.3.1 Introducción | 149 |
| | 6.3.2 Niveles de Madurez de PCMM | 149 |
| 6.4 | PERSONAL SOFTWARE PROCESS | 158 |
| | 6.4.1 Introducción | 158 |
| | 6.4.2 El Proceso | 158 |
| | 6.4.3 Fases de aplicación de PSP | 159 |
| 6.5 | TEAM SOFTWARE PROCESS | 161 |
| | 6.5.1 Introducción | 161 |
| | 6.5.2 Concepto de Grupo en el contexto de TSP | 163 |
| | 6.5.3 Procesos Operacionales de TSP | 165 |
| | 6.5.4 Plan de Gestión de la Calidad | 169 |
| 6.6 | APLICACIÓN DE LOS MODELOS PSP Y TSP | 171 |
| 6.7 | LECTURAS RECOMENDADAS | 172 |
| 6.8 | SITIOS WEB RECOMENDADOS | 173 |
| 6.9 | EJERCICIOS | 173 |

## CAPÍTULO 7. CALIDAD DE LOS SERVICIOS ................................................. 175

| | | |
|---|---|---|
| 7.1 | INTRODUCCIÓN | 175 |
| 7.2 | ITIL | 178 |
| 7.3 | LA FAMILIA DE NORMAS ISO/IEC 20000 | 184 |
| | 7.3.1 ISO/IEC 20000-1 | 186 |
| | 7.3.2 ISO/IEC 20000-2 | 187 |
| | 7.3.3 ISO/IEC 20000-3 | 188 |
| | 7.3.4 ISO/IEC 20000-4 | 188 |
| | 7.3.5 ISO/IEC 20000-5 | 189 |
| 7.4 | VERISM | 190 |
| 7.5 | MODELOS DE CALIDAD DE SERVICIOS | 192 |
| | 7.5.1 Norma ISO/IEC 25011 | 192 |
| | 7.5.2 Otros Modelos de Calidad de Servicios | 193 |
| 7.6 | LECTURAS RECOMENDADAS | 195 |
| 7.7 | SITIOS WEB RECOMENDADOS | 195 |
| 7.8 | EJERCICIOS | 196 |

**CAPÍTULO 8. CALIDAD DE PRODUCTO SOFTWARE ........................................... 197**
    8.1    MODELOS CLÁSICOS .................................................................................. 197
    8.2    NORMAS ISO SOBRE CALIDAD DE PRODUCTO SOFTWARE ............... 199
    8.3    FAMILIA DE SOFTWARE ISO 25000 ......................................................... 200
            8.3.1    Normas sobre Gestión de Calidad (ISO/IEC 2500n) ........................ 201
            8.3.2    Normas sobre Modelado de la Calidad (ISO/IEC 2501n) ................. 201
            8.3.3    Normas sobre Medición de Calidad (ISO 2502n) ............................ 202
            8.3.4    Normas sobre Requisitos de Calidad (ISO 2503n) .......................... 202
            8.3.5    Normas sobre Evaluación de Calidad (ISO 2504n) ......................... 203
            8.3.6    Normas sobre Extensiones de SQuaRE ............................................ 203
    8.4    MODELOS DE CALIDAD DE PRODUCTO SOFTWARE ............................ 203
            8.4.1    Modelo de calidad de producto ......................................................... 203
            8.4.2    Modelo de Calidad en Uso ................................................................ 209
    8.5    EVALUACIÓN DE LA CALIDAD DE PRODUCTOS SOFTWARE ............ 211
            8.5.1    Tareas del proceso de evaluación ...................................................... 211
            8.5.2    Recursos para el proceso de evaluación ........................................... 215
    8.6    CERTIFICACIÓN DE LA CALIDAD DE PRODUCTOS SOFTWARE ........ 216
    8.7    LECTURAS RECOMENDADAS .................................................................... 220
    8.8    SITIOS WEB RECOMENDADOS .................................................................. 221
    8.9    EJERCICIOS .................................................................................................... 221

**CAPÍTULO 9. EL PROCESO SOFTWARE ............................................................ 223**
    9.1    INTRODUCCIÓN ............................................................................................ 223
    9.2    GESTIÓN DE LOS PROCESOS SOFTWARE .............................................. 227
    9.3    EL MODELADO DE LOS PROCESOS SOFTWARE .................................. 228
            9.3.1    Elementos del Proceso Software ...................................................... 229
            9.3.2    Clasificación de los Lenguajes de Modelado de Procesos (LMP) ....... 231
            9.3.3    Metamodelos de proceso software .................................................... 233
            9.3.4    ISO/IEC 24744 .................................................................................. 235
            9.3.5    SPEM 2.0 ........................................................................................... 238
            9.3.6    Visión General del Metamodelo de SPEM 2.0 ................................. 242
            9.3.7    Definición de Modelos de Procesos con SPEM 2.0 ......................... 246
            9.3.8    Variabilidad y Extensibilidad con SPEM 2.0 ................................... 256
            9.3.9    EPF COMPOSER .............................................................................. 258
            9.3.10  Ejemplo: MÉTRICA 3 Modelada en SPEM 2.0 con EPFC ............ 266
    9.4    SEMAT ............................................................................................................. 271
            9.4.1    Kernel ................................................................................................ 273
            9.4.2    Lenguaje Essence ............................................................................. 279
            9.4.3    Extensiones ....................................................................................... 283
    9.5    COMPARATIVA SPEM-SEMAT .................................................................... 285
    9.6    ENTORNOS DE INGENIERÍA DEL SOFTWARE ORIENTADOS AL
          PROCESO ......................................................................................................... 285
            9.6.1    Introducción y Características ........................................................... 285

|       |        | 9.6.2 Clasificación de los PSEE | 287 |
|-------|--------|---|---|

- 9.7 LECTURAS RECOMENDADAS .................................................................. 290
- 9.8 SITIOS WEB RECOMENDADOS .................................................................. 291
- 9.9 EJERCICIOS ................................................................................................... 291

## CAPÍTULO 10. PROCESOS DEL CICLO DE VIDA ........................................... 293
- 10.1 CONCEPTO DE CICLO DE VIDA ............................................................... 293
- 10.2 PROCESOS DEL CICLO DE VIDA DEL SOFTWARE ............................. 294
  - 10.2.1 Procesos de Acuerdo .......................................................................... 295
  - 10.2.2 Procesos Organizacionales que Posibilitan los Proyectos ................. 295
  - 10.2.3 Procesos de Gestión Técnica ............................................................. 297
  - 10.2.4 Procesos Técnicos .............................................................................. 299
  - 10.2.5 Proceso de Adaptación ...................................................................... 300
- 10.3 MODELOS DEL CICLO DE VIDA .............................................................. 301
  - 10.3.1 Modelo en cascada ("waterfall") ....................................................... 301
  - 10.3.2 Modelo incremental ........................................................................... 303
  - 10.3.3 Modelo en espiral .............................................................................. 304
  - 10.3.4 Modelos para sistemas orientados a objetos ..................................... 307
  - 10.3.5 Modelos ágiles ................................................................................... 318
  - 10.3.6 Modelos para la generación automática de software ........................ 321
  - 10.3.7 Modelos con reutilización de software .............................................. 323
  - 10.3.8 El modelo espiral de compromiso incremental ................................. 324
  - 10.3.9 Comparación de modelos del ciclo de vida ....................................... 326
- 10.4 LECTURAS RECOMENDADAS .................................................................. 330
- 10.5 SITIOS WEB RECOMENDADOS ................................................................ 330
- 10.6 EJERCICIOS ................................................................................................... 331

## CAPÍTULO 11. EVALUACIÓN Y MEJORA DE PROCESOS ............................ 333
- 11.1 INTRODUCCIÓN ........................................................................................... 333
- 11.2 PANORÁMICA GENERAL .......................................................................... 334
- 11.3 ARMONIZACIÓN DE ESTÁNDARES Y MODELOS ............................... 336
  - 11.3.1 Proceso para la armonización de estándares y modelos .................... 338
  - 11.3.2 Roles ................................................................................................... 341
  - 11.3.3 Tareas ................................................................................................. 342
  - 11.3.4 Técnicas para la armonización de Marcos de Referencia de Procesos ............................................................................................. 343
  - 11.3.5 Homogeneización .............................................................................. 344
  - 11.3.6 Comparación ...................................................................................... 344
  - 11.3.7 Mapeo ................................................................................................. 345
  - 11.3.8 Sinergia .............................................................................................. 346
  - 11.3.9 Correspondencia ................................................................................ 346
  - 11.3.10 Complementariedad .......................................................................... 346
  - 11.3.11 Integración, fusión o combinación ................................................... 347

11.4  LA NORMA ISO/IEC 90003 ........................................................................ 347
11.5  SEIS-SIGMA PARA SOFTWARE ............................................................. 348
11.6  EFQM PARA SOFTWARE ......................................................................... 350
11.7  MEJORA DE PROCESOS EN PEQUEÑAS EMPRESAS ...................... 352
11.8  COMPETISOFT ........................................................................................... 353
      11.8.1  Modelo de Referencia de Procesos ............................................... 353
      11.8.2  Modelo de Evaluación de Procesos ............................................... 354
      11.8.3  Modelo de Mejora de Procesos ..................................................... 355
      11.8.4  Aplicación de COMPETISOFT ..................................................... 357
11.9  LECTURAS RECOMENDADAS ............................................................... 359
11.10 SITIOS WEB RECOMENDADOS ............................................................. 359
11.11 EJERCICIOS ................................................................................................ 359

**CAPÍTULO 12. ISO/IEC 29110 ................................................................................ 361**
12.1  INTRODUCCIÓN ........................................................................................ 361
12.2  VISIÓN GENERAL ..................................................................................... 362
      12.2.1  ISO/IEC 29110-1 ............................................................................ 363
      12.2.2  ISO/IEC 29110-2 ............................................................................ 363
      12.2.3  ISO/IEC 29110-3 ............................................................................ 363
      12.2.4  ISO/IEC 29110-4 ............................................................................ 365
      12.2.5  ISO/IEC 29110-5 ............................................................................ 365
12.3  PROCESOS DE LA NORMA ISO/IEC 29110 .......................................... 367
      12.3.1  Procesos para la gestión y desarrollo de software ....................... 367
      12.3.2  Procesos para la entrega de servicios ........................................... 370
12.4  ESQUEMA DE CERTIFICACIÓN DE ISO/IEC 29110 ......................... 372
12.5  LECTURAS RECOMENDADAS ............................................................... 375
12.6  SITIOS WEB RECOMENDADOS ............................................................. 375
12.7  EJERCICIOS ................................................................................................ 376

**CAPÍTULO 13. LA NORMA ISO/IEC 33000 .......................................................... 377**
13.1  INTRODUCCIÓN ........................................................................................ 377
13.2  VISIÓN GENERAL DE ISO/IEC 33000 .................................................... 378
13.3  EVALUACIÓN DE PROCESOS SEGÚN ISO/IEC 33000 ..................... 382
      13.3.1  Medición de las características de la calidad del proceso ................. 383
      13.3.2  Modelo de evaluación de procesos ................................................ 385
      13.3.3  Modelo de madurez organizacional .............................................. 386
13.4  MODELO DE MADUREZ DE LA INDUSTRIA DEL SOFTWARE DE AENOR - MMIS ........................................................................................... 388
      13.4.1  Modelo de Referencia de Procesos ............................................... 389
      13.4.2  Proceso de auditoría ....................................................................... 390
      13.4.3  Utilización del Modelo de Madurez Organizacional .................. 391
13.5  AUTOMOTIVE SPICE V3.0 ...................................................................... 392

| | | |
|---|---|---|
| 13.6 | LECTURAS RECOMENDADAS | 393 |
| 13.7 | SITIOS WEB RECOMENDADOS | 394 |
| 13.8 | EJERCICIOS | 394 |

## CAPÍTULO 14. MODELOS CMMI, SCAMPI E IDEAL ..... 397

| | | | |
|---|---|---|---|
| 14.1 | INTRODUCCIÓN | | 397 |
| 14.2 | FRAMEWORK CMMI | | 398 |
| | 14.2.1 | Áreas de Proceso | 398 |
| | 14.2.2 | Representaciones de CMMI | 403 |
| 14.3 | CMMI-DEV | | 405 |
| 14.4 | CMMI-ACQ | | 407 |
| 14.5 | CMMI-SVC | | 409 |
| 14.6 | SCAMPI | | 411 |
| 14.7 | IDEAL | | 414 |
| 14.8 | LECTURAS RECOMENDADAS | | 416 |
| 14.9 | SITIOS WEB RECOMENDADOS | | 416 |
| 14.10 | EJERCICIOS | | 417 |

## CAPÍTULO 15. INTRODUCCIÓN A LA MEDICIÓN ..... 419

| | | | |
|---|---|---|---|
| 15.1 | NECESIDAD DE MEDIR | | 419 |
| 15.2 | CONCEPTOS BÁSICOS | | 420 |
| 15.3 | UN POCO DE HISTORIA | | 426 |
| | 15.3.1 | Años 60 y 70 | 426 |
| | 15.3.2 | Años 80 | 427 |
| | 15.3.3 | Años 90 | 428 |
| | 15.3.4 | Años 2000 | 429 |
| 15.4 | LECTURAS RECOMENDADAS | | 429 |
| 15.5 | EJERCICIOS | | 430 |

## CAPÍTULO 16. ESTÁNDARES Y METODOLOGÍAS DE MEDICIÓN ..... 431

| | | | |
|---|---|---|---|
| 16.1 | INTRODUCCIÓN | | 431 |
| 16.2 | GOAL QUESTION METRIC (GQM) | | 431 |
| | 16.2.1 | Planificación | 432 |
| | 16.2.2 | Definición | 435 |
| | 16.2.3 | Recopilación de datos | 438 |
| | 16.2.4 | Interpretación | 439 |
| | 16.2.5 | Extensiones a GQM | 441 |
| 16.3 | GOAL QUESTION INDICATOR METRIC (GQ(I)M) Y GOAL-DRIVEN SOFTWARE MEASUREMENT (GDSM) | | 448 |
| | 16.3.1 | Identificación de Objetivos | 448 |
| | 16.3.2 | Definición de Indicadores | 450 |
| | 16.3.3 | Crear un plan de acción | 452 |
| | 16.3.4 | Plantilla para la definición de indicadores | 453 |

16.4 PRACTICAL SOFTWARE MEASUREMENT (PSM) ................................454
16.5 IEEE STD 1061. METODOLOGÍA PARA MÉTRICAS DE CALIDAD
       DEL SOFTWARE ................................................................................456
16.6 ISO 15939 ..........................................................................................458
16.7 LECTURAS RECOMENDADAS ......................................................461
16.8 SITIOS WEB RECOMENDADOS .....................................................461
16.9 EJERCICIOS .....................................................................................461

**CAPÍTULO 17. MÉTRICAS SOFTWARE ..............................................................463**
17.1 INTRODUCCIÓN ..............................................................................463
17.2 MEDICIÓN DEL PROCESO .............................................................464
17.3 MEDICIÓN DEL PROYECTO ..........................................................468
    17.3.1 Mediciones clásicas ..............................................................468
    17.3.2 Mediciones en proyectos ágiles ...........................................470
    17.3.3 Mediciones en proyectos DevOps ........................................474
17.4 MEDICIÓN DEL PRODUCTO .........................................................484
    17.4.1 Métricas "Clásicas" ..............................................................484
    17.4.2 Métricas para sistemas OO ...................................................490
    17.4.3 Métricas para bases de datos ................................................516
    17.4.4 Métricas para Web ................................................................528
17.5 CONCLUSIONES ..............................................................................530
17.6 LECTURAS RECOMENDADAS ......................................................531
17.7 EJERCICIOS .....................................................................................531

**CAPÍTULO 18. CONTROL ESTADÍSTICO DE PROCESOS ...............................537**
18.1 INTRODUCCIÓN ..............................................................................537
18.2 SPC EN PROCESOS SOFTWARE ....................................................538
18.3 PROCESOS ABORDADOS EN SPC .................................................540
18.4 GRÁFICOS DE CONTROL UTILIZADOS ......................................541
18.5 CASOS DE APLICACIÓN DE SPC EN PROCESOS SOFTWARE ...............542
    18.5.1 SPC: PROCESO DE GESTIÓN DEL PROYECTO .............542
    18.5.2 SPC: PROCESO DE INSPECCIONES SOFTWARE ..........544
    18.5.3 SPC: PROCESO DE PRUEBAS ..........................................547
18.6 LECTURAS RECOMENDADAS ......................................................550
18.7 EJERCICIOS .....................................................................................550

**CAPÍTULO 19. IMPLANTACIÓN DE LA MEDICIÓN SOFTWARE ..................555**
19.1 INTRODUCCIÓN ..............................................................................555
19.2 PRINCIPALES DESAFÍOS ...............................................................556
19.3 FACTORES CRÍTICOS DE ÉXITO ..................................................557

| | | | |
|---|---|---|---|
| 19.4 | CONSEJOS PRÁCTICOS | | 560 |
| | 19.4.1 | Consejos de gestión | 560 |
| | 19.4.2 | Consejos técnicos | 563 |
| 19.5 | MÉTODO DE IMPLANTACIÓN DEL PROGRAMA DE MEDICIÓN | | 564 |
| | 19.5.1 | Personas | 564 |
| | 19.5.2 | Metodología | 565 |
| 19.6 | EXPERIENCIAS CON PROGRAMAS DE MEDICIÓN | | 567 |
| | 19.6.1 | Casos de Aplicación de GQM | 567 |
| | 19.6.2 | Casos de Aplicación de PSM | 573 |
| | 19.6.3 | Programas de Medición en Organizaciones según su tamaño | 575 |
| 19.7 | LECTURAS RECOMENDADAS | | 580 |
| 19.8 | EJERCICIOS | | 581 |

## ANEXO A. TÉCNICAS Y HERRAMIENTAS DE CALIDAD ......583

| | | | |
|---|---|---|---|
| A.1 | INTRODUCCIÓN | | 583 |
| A.2 | HERRAMIENTAS BÁSICAS DE CALIDAD | | 584 |
| | A.2.1 | Diagrama de Flujo | 584 |
| | A.2.2 | Diagrama Causa-Efecto | 585 |
| | A.2.3 | Diagrama de Pareto | 587 |
| | A.2.4 | Hoja de Chequeo o de Comprobación | 589 |
| | A.2.5 | Grafo o Diagrama de Control | 589 |
| | A.2.6 | Histograma | 591 |
| | A.2.7 | Diagrama de Dispersión o de Correlación | 591 |
| A.3 | HERRAMIENTAS DE GESTIÓN | | 593 |
| | A.3.1 | Diagrama de Afinidad | 593 |
| | A.3.2 | Diagramas de Relaciones | 594 |
| | A.3.3 | Diagrama de Matriz o Matricial | 595 |
| A.4 | HERRAMIENTAS DE CREATIVIDAD | | 597 |
| | A.4.1 | Tormenta de ideas | 597 |
| | A.4.2 | Mapas conceptuales | 597 |
| | A.4.3 | Sombreros de pensamiento de Edward de Bono | 598 |
| | A.4.4 | Uso de analogías | 598 |
| A.5 | HERRAMIENTAS ESTADÍSTICAS | | 599 |
| | A.5.1 | Control Estadístico de Procesos | 599 |
| | A.5.2 | Diseño de Experimentos | 614 |
| A.6 | HERRAMIENTAS DE DISEÑO QFD (QUALITY FUNCTION DEPLOYMENT) | | 614 |
| | A.6.1 | Introducción | 614 |
| | A.6.2 | Partes y Cálculo de la "casa" QFD | 614 |
| | A.6.3 | Ejemplo | 620 |
| | A.6.4 | AMFE (Análisis Modal de Fallos y Efectos) | 627 |

    A.7  HERRAMIENTAS DE MEDICIÓN ............................................................... 629
        A.7.1  COQ (Coste de la Calidad) ................................................................ 629
        A.7.2  Benchmarking .................................................................................. 632
        A.7.3  Encuestas ......................................................................................... 633
    A.8  NIVELES DE MADUREZ ....................................................................... 633
    A.9  LECTURAS RECOMENDADAS .............................................................. 634

**ACRÓNIMOS** ............................................................................................................. **637**

**REFERENCIAS** ........................................................................................................... **643**

# AUTORES

**MARIO GERARDO PIATTINI VELTHUIS**

Doctor y Licenciado en Informática por la Universidad Politécnica de Madrid. Licenciado en Psicología por la Universidad Nacional de Educación a Distancia. Máster en Auditoría Informática (CENEI), Máster en Dirección de RR.HH. (IMAFE) y Master's Certificate en Dirección de Proyectos (George Washington University). Especialista en la Aplicación de Tecnologías de la Información en la Gestión Empresarial (CEPADE-UPM). CISA (Certified Information System Auditor), CISM (Certified Information System Manager), CRISC (Certified in Risk and Information System Control) y CGEIT (Certified in the Governance of Enterprise IT) por la ISACA. PMP (Project Management Professional) por el PMI. Diplomado en Calidad por la Asociación Española para la Calidad. Auditor Jefe ISO 15504/33000 por AENOR.

Ha trabajado como consultor para numerosos organismos y empresas, entre los que destacan: Ministerio de Industria y Energía, Ministerio de Administraciones Públicas, Siemens-Nixdorf, Unisys, Hewlett-Packard, Oracle, ICM, Atos-Ods, Avanzit, Sistemas Técnicos de Loterías, Indra/Soluziona, Alhambra/Eidos, Mundo Reader (BQ), Steelmood, etc. Socio fundador de las empresas Cronos Ibérica S.A (actualmente Alten), Kybele Consulting, S.L. (actualmente Intelligent Environments), Lucentia Lab, S.L., DQTeam, S.L. y AQCLab, primer laboratorio acreditado por ENAC para la evaluación de la calidad de producto software y de los datos. Ha sido profesor asociado en la Universidad Complutense y en la Universidad Carlos III de Madrid. Ha sido Director del Centro Mixto de Investigación y Desarrollo de Software UCLM-Indra, Coordinador del Área de Ciencias de la Computación y Tecnología Informática de la Agencia Nacional de Evaluación y Prospectiva (ANEP), y Director del Instituto de Tecnologías y Sistemas de Información (ITSI) de la UCLM.

Catedrático de Universidad de Lenguajes y Sistemas Informáticos en la Escuela Superior de Informática (ESI) de la Universidad de Castilla-La Mancha (UCLM), donde dirige el grupo de investigación Alarcos, especializado en Calidad de Sistemas de Información.

Entre los 15 "Top scholars in the field of systems and software engineering (2004-2008)", Premio Nacional a la Trayectoria Profesional del Ingeniero Informático de la Federación de Asociaciones de Ingenieros Informáticos de España, y Premio Aritmel por la Sociedad Científica Informática de España (SCIE).

## FÉLIX ÓSCAR GARCÍA RUBIO

Doctor por la Universidad de Castilla-La Mancha, en la que también obtuvo los títulos de Ingeniero en Informática e Ingeniero Técnico en Informática de Gestión. Profesor Titular de Universidad en la Escuela Superior de Informática de Ciudad Real, acreditado de Catedrático de Universidad. Es miembro del grupo de investigación Alarcos especializado en sistemas de información, bases de datos e ingeniería del software. Sus temas de investigación incluyen la calidad de los procesos software, la medición, los métodos ágiles y los procesos de negocio. Sobre estos temas ha escrito varios capítulos de libro y diversos artículos en revistas y conferencias nacionales e internacionales. Certificado PMP (Project Management Professional) (Id 2942308), CISA (Certified Information Systems Auditor) (Id 17140795) y Scrum Manager (Nivel Experto) (Id 19421).

## IGNACIO GARCÍA RODRÍGUEZ DE GUZMÁN

Doctor por la Universidad de Castilla-La Mancha, en la que también realizó sus estudios de Ingeniero en Informática e Ingeniero Técnico en Informática de Sistemas, y CISA por la ISACA. Ha sido Profesor en la Universidad Rey Juan Carlos de Madrid. Actualmente es Profesor Titular de Universidad en la Escuela Superior de Informática de Ciudad Real de la misma Universidad y Director del Instituto de Tecnologías y Sistemas de Información (ITSI) de la UCLM. Es miembro del grupo de investigación Alarcos especializado en sistemas de información, bases de datos e ingeniería del software. Sus temas de interés giran en torno a la reingeniería del software, modernización del software, arquitectura dirigida por modelos, los procesos de negocio y sostenibilidad del software. En relación a estos temas, ha escrito varios artículos en revistas y conferencias nacionales e internacionales.

## FRANCISCO J. PINO

Doctor en Informática por la Universidad de Castilla-La Mancha (España). Ingeniero en Electrónica y Telecomunicaciones, y Especialista en Redes y Servicios Telemáticos de la Universidad del Cauca (Colombia). Profesor titular adscrito a la Facultad de Ingeniería Electrónica y Telecomunicaciones de la Universidad del Cauca, de la cual es el Decano actualmente. Miembro del Grupo IDIS (Investigación y desarrollo en ingeniería del software) de la Universidad del Cauca. Auditor Jefe por AENOR de ISO 15504-SPICE. Foundation Certificate in Test Management (TMap NEXT® Foundation) por EXIN. Consultor sobre calidad y mejora de los procesos y productos software de un conjunto de empresas iberoamericanas. Sus intereses de investigación y profesionales se enfocan en el área de calidad y mejora de procesos, productos y servicios software para pequeñas empresas y en entornos multimodelo. Sobre estos temas ha escrito varios capítulos de libro y diversos artículos en revistas y conferencias nacionales e internacionales.

# PREFACIO

Nos encontramos en un momento de completa revolución. Se habla de la 4ª revolución industrial/tecnológica y de la transformación digital, la cual, tiene un profundo impacto en las organizaciones y en la sociedad.

Ya nadie se extraña si se habla de IoT – Internet de las Cosas, del Big Data, de la Inteligencia Artificial o de la Gamificación. Y ya nadie se sorprende del uso generalizado de tecnologías móviles (smartphones, tablets, etc.) con sus múltiples aplicaciones o APPs, todas ellas interconectadas a Internet, donde el volumen de la información manejada, almacenada y transmitida es infinitamente mayor que hace unos años y que no parará de aumentar en un futuro inmediato.

Del avance de estas tecnologías y de su incorporación en las organizaciones, surgen nuevas soluciones, productos y servicios pero también nuevos riesgos, retos y cuestiones que necesitan de la debida atención, lo que obliga a estas organizaciones a adaptarse e innovar para dar respuesta a la demanda de clientes y usuarios cada vez más exigentes.

En este proceso de transformación digital, donde las organizaciones hacen uso de la Tecnologías de la Información y las Comunicaciones-TIC para mejorar sus procesos, ser más eficientes, innovar en sus productos y servicios, y cumplir con los objetivos del negocio y sus clientes, se requiere de un papel esencial de sus sistemas de información y de las TIC.

Para que todo esto sea posible, de una forma realista, con éxito, aportando la confianza que esperan las organizaciones y la sociedad en la transformación digital, es obligatorio que dichos sistemas de información y las TIC dispongan de la calidad necesaria.

Tenemos ante nosotros una obra actualizada (y actual), fruto de la experiencia, el estudio, la investigación y la reflexión de muchos años en el mundo de la calidad de los sistemas de información, de la ingeniería del software, del producto software y de los servicios TIC.

En ella los autores (reconocidos expertos en la materia, no solo en España y Latinoamérica, sino a nivel mundial) nos muestran a lo largo de los diferentes capítulos una síntesis de forma clara y pragmática de los principales conceptos, metodologías, técnicas, herramientas y ejemplos, para la aplicación de la calidad en los sistemas de información, en los procesos de desarrollo del software, en los servicios TIC y en el producto software. Tampoco dejan de lado la gestión de los proyectos TIC, destacando a las personas como elemento principal para la aplicación, obtención y medición de la calidad en los sistemas de información y las TIC.

Y como no podía ser de otra forma, los autores toman referencias del Estado del Arte en las principales normas o estándares internacionales ISO (International Organization for Standardization) en estas materias. Es decir, consideran las mejores prácticas en materia de sistemas de información, ingeniería del software y servicios TIC, donde su aplicación permite aportar la calidad, reducción de riesgos y la confianza anteriormente mencionada a las organizaciones y a la sociedad en la transformación digital.

Por último, no me queda más que agradecer al Dr. Mario Piattini y al resto de autores el haber confiado en mi para escribir este prólogo a la 4ª edición de este libro y trasladarles mi mas sincera enhorabuena, pues en definitiva el lector va a tener en sus manos un manual de consulta y aplicación real, con respuestas a muchas de las problemáticas actuales relacionadas con la calidad en el diseño y construcción de sistemas de información, la ingeniería del software y los servicios TIC. Esta, una calidad de los sistemas de información, más que nunca inexcusable y oportuna para el mundo digital en el que ya nos encontramos.

*Boris Delgado Riss. CISA, CISM*
Gerente de TIC. AENOR

# PREFACIO

La calidad de los sistemas de información se ha convertido en uno de los principales objetivos estratégicos de las organizaciones, cuyos procesos más importantes –y, por lo tanto, su propia supervivencia– dependen de la calidad de los productos y servicios informáticos.

La industria del software tiene casi setenta años y en este período ha realizado grandes avances, ya que disponemos de lenguajes de programación más sofisticados, procesos de desarrollo más maduros, y las aplicaciones que se construyen en la actualidad son más complejas. De hecho, el software forma parte de nuestras vidas, está en todos los equipos que manejamos, medios de transporte, sistemas de telecomunicaciones, aparatos médicos, sistemas de administración pública, en el arte y en cualquier industria relacionada con el ocio y el entretenimiento. Tenemos que tener presente, como señala Barjne Stroustrup que: *"our civilization runs on software"*, la misma idea que transmite Marc Andreessen cuando advierte que *"software is eating the world"*. El principal problema es que la demanda de software por parte de la sociedad ha crecido más deprisa que la capacidad de la industria para producir software de calidad, haciendo crónica la denominada "crisis del software".

De hecho, la satisfacción de los usuarios con los sistemas informáticos es muy desigual, sobre todo si la comparamos con otros tipos de sistemas desarrollados por ingenierías más tradicionales. Robert X. Cringely señala que: *"Si la industria automovilística hubiera seguido el mismo desarrollo que los ordenadores, un Rolls-Royce costaría hoy 100 dólares, circularía un millón de millas con 3,7 litros y ... explotaría una vez al año, eliminando a todo el que estuviera dentro en ese momento"*. En efecto, la mala calidad de los sistemas informáticos ha costado millones a los gobiernos y a las empresas.

Hay que tener en cuenta que (véase Figura 0.1) la calidad de cualquier organización, ya sea una empresa o un organismo público, dependerá de:

- La calidad de los procesos de negocio, que tendrán que diseñarse adecuadamente (Laguna y Marklund, 2013) o, si es el caso, "reingenierizarse", recordemos las propuestas de BPR (*Business Process Reengineering*) (Hammer y Champy, 2006). Incluso los propios modelos de proceso pueden ser medidos y mejorados (Laguna and Marklund 2013).

- La calidad de los servicios que la organización ofrece y que requieren de la adecuada ingeniería y gestión (Chang, 2010). De hecho, surge de esta necesidad la disciplina conocida como SSME (*Service Science Management and Engineering*) (Hefley y Murphy, 2008).

- La **calidad de los Sistemas de Información**, que a su vez estará condicionada por:
    - Calidad de las personas que crean, desarrollan, operan, etc. los sistemas de información (que trataremos en el Capítulo 6).
    - Calidad de los proyectos (véase Capítulo 4), que se utilizan para crear los sistemas, los servicios y soportar los procesos de negocio.
    - Calidad de los sistemas informáticos que, a su vez, dependerá de la calidad del software (tanto de los procesos usados para su adquisición, diseño, implementación, uso y mantenimiento; como de los productos resultantes), la calidad de las plataformas que cada organización utilice (redes de comunicaciones, hardware, infraestructura en la nube (cloud), etc.) y de la calidad de los datos (Caballero et al., 2018).

**Figura 0.1.** Factores que influyen en la calidad de una organización

En la evolución experimentada por la calidad de los sistemas informáticos se ha pasado de un tratamiento centrado fundamentalmente en la inspección y detección de errores en los programas, a una aproximación más sistémica. En los últimos años, se han publicado diversos estudios y estándares en los que se exponen los principios que se deben seguir para la mejora de la calidad de los diferentes componentes de los sistemas de información: procesos, proyectos, productos, servicios, personas, etc.

La presente obra reúne diferentes aspectos de calidad relacionados con los sistemas de información, por lo que se ofrece una visión amplia sobre diferentes factores que se deben tener en consideración para la construcción de software de calidad.

En este libro se persiguen los siguientes objetivos:

- Presentar de forma clara los conceptos fundamentales relacionados con la calidad de los sistemas de información.

- Exponer los aspectos más significativos relacionados con la calidad de productos, procesos, proyectos y personas relacionadas con los sistemas de información.

- Dar a conocer los diferentes estándares relacionados con este tema.

- Analizar el importante papel que juega la medición en el aseguramiento y control de la calidad.

A lo largo de esta obra se ha combinado el rigor científico con la experiencia práctica, proporcionando una panorámica actual y completa sobre la problemática asociada a la calidad de los sistemas de información.

## CONTENIDO

La obra consta de dieciocho capítulos. El Capítulo 1 introduce el concepto de calidad partiendo de las definiciones más comunes hasta su interpretación por parte de los principales gurús y estándares internacionales.

El Capítulo 2 resume las aproximaciones más importantes a la calidad en general, desde la gestión de la calidad total, pasando por el modelo EFQM y hasta seis-sigma (*six-sigma*), dedicando una gran parte a la explicación de las normas de la familia ISO 9000.

En el Capítulo 3 se ofrece una perspectiva de la situación actual de los SI, así como las causas más comunes por las que resulta tan común el fracaso en los proyectos software.

En el Capítulo 4 se aborda cómo se lleva a cabo la gestión de la calidad en los proyectos de acuerdo a PMBOK y la realización de planes de aseguramiento de la calidad de acuerdo al estándar IEEE 730.

En el Capítulo 5 se estudian los aspectos más importantes de la gestión del conocimiento en el contexto de la organización, así como las propuestas más representativas como *Design Rationale* y la Factoría de Experiencia.

El Capítulo 6 aborda un aspecto de la calidad que suele descuidarse con frecuencia: la calidad en las personas. Se presenta una visión de los modelos y estándares que más presencia tienen en las organizaciones, como *People* CMM, *Personal Software Process* y *Team Software Process*.

El Capítulo 7 trata los modelos y normas más relevantes con el área de calidad de los servicios: ITIL y la familia de normas ISO/IEC 20000. Otro aspecto relevante que se presenta en este capítulo es el de cómo se gestionan los niveles de servicio.

El Capítulo 8 explora las diferentes características y subcaracterísticas de calidad de un producto software así como el proceso de evaluación, basándose en las principales normas internacionales.

El Capítulo 9 se centra en los principales aspectos de calidad relacionados con los procesos software, los estándares SPEM y SEMAT, así como herramientas de modelado para procesos software. El Capítulo 10 describe los distintos grupos de procesos que forman el ciclo de vida del software, resumiendo también los principales modelos del ciclo de vida.

El Capítulo 11 versa sobre la evaluación y mejora de procesos, abordando la armonización de estándares, un paradigma que cobra valor en un contexto en el que existen múltiples modelos para la mejora de procesos. Además, se resumen distintos estándares como la norma ISO/IEC 90003 o el EFQM y se presenta la mejora de procesos en pequeñas empresas.

El Capítulo 12 presenta la norma ISO/IEC 29110, mientras que el siguiente muestra una visión general sobre las normas de la familia ISO/IEC 33000 y el modelo AENOR-MMIS. El Capítulo 14 cierra los temas de calidad de procesos software, centrándose en los modelos propuestos por el SEI.

El Capítulo 15 presenta una perspectiva de la medición del software a lo largo de las últimas décadas; el siguiente se centra en algunas metodologías para la medición del software. En el Capítulo 17, se presenta una colección de métricas de software que aborda las distintas vistas de la medición del software: el proceso, el proyecto y el producto.

En el Capítulo 18 se presenta la aplicación de SPC en el campo de los procesos software, abordando sus particularidades y ofreciendo una panorámica general de la bibliografía. El Capítulo 19, termina con la parte de medición, abordando el difícil reto de la implantación de programas de medición en las organizaciones de desarrollo de software.

Se incluyen también un anexo que resume las principales técnicas y herramientas de calidad. Por último, se incluye la bibliografía y los acrónimos utilizados en el texto.

## ORIENTACIÓN A LOS LECTORES

Aunque un conocimiento en profundidad de la gestión de la calidad de los sistemas de información puede estar reservado a expertos en la materia, nuestro propósito al realizar este libro ha sido dirigirnos a una audiencia mucho más amplia que comprende:

- Alumnos de grado y postgrado de Informática, Sistemas de Información, Ingeniería del Software, Servicios, etc.

- Participantes en seminarios o cursos monográficos sobre calidad de sistemas de información o calidad de software.

- Profesionales informáticos que estén trabajando en el área del desarrollo de Sistemas de Información.

- Directivos que tengan entre sus responsabilidades el desarrollo y mantenimiento de sistemas.

- Usuarios avanzados, que tengan interés en adquirir unos conocimientos sobre las técnicas y metodologías más utilizadas para asegurar la calidad de los sistemas de información.

- Analistas o consultores que, aun teniendo conocimientos de la materia, quieran abordarla de forma más sistemática.

Debido a la diversidad de la audiencia, el estudio de esta obra puede realizarse de maneras muy distintas dependiendo de la finalidad y conocimientos previos del lector.

## OTRAS OBRAS RELACIONADAS

Queremos destacar que existen algunos libros que complementan la visión de la presente obra:

- *Métodos de Investigación en Ingeniería del Software. 2ª ed.* Genero, M., Cruz-Lemus, J.A. y Piattini, M., 2018, Madrid, Ra-Ma.

  Que ofrece una visión general de la utilización de las encuestas, experimentos, estudios de caso e investigación en acción en la Ingeniería del Software.

- *Calidad de Datos.* Caballero, I., Gómez, A., Merino, J. y Piattini, M., 2018, Madrid, Ra-Ma.

  Que ofrece un tratamiento sistemático de las principales técnicas para el gobierno, la gestión y la calidad de los datos.

- *Calidad del Software.* Rodríguez, M. y Piattini, M., 2018, Madrid, Ra-Ma.

  Que profundiza en los modelos de calidad y métricas para el producto software.

- *Modelo de Madurez de Ingeniería del Software.* Pino, F., Rodríguez, M., Piattini, M., Fernández, C.M., y Delgado, B., 2018, Madrid, AENOR.

  Este libro profundiza sobre el Modelo de Madurez de Ingeniería del Software de AENOR.

- *Modelo para el gobierno de las TIC basado en las normas ISO, 2ª edición.* Fernández, C.M. y Piattini, M. (eds.), 2018, Madrid, AENOR.

  Que surge como resultado de la aplicación real del modelo de AENOR de gobierno y gestión de las tecnologías y sistemas de información con estándares ISO.

- *Procesos software para pequeñas empresas basado en la Norma ISO/IEC 29110.* Pino, A.F., Caicedo, A.M., Pino, F.J. y Piattini, M. 2018, Madrid, AENOR.

  Este libro propone la implantación de la norma ISO/IEC 20110 para pequeñas empresas definiendo un esquema de evaluación, mejora y certificación basada en conformidad de la norma.

## AGRADECIMIENTOS

Querríamos expresar nuestro agradecimiento, en primer lugar, a los alumnos de las asignaturas *Calidad de Sistemas de Información, Calidad del Software* y *Gestión, Certificación y Evaluación de Sistemas y Servicios* de la Escuela Superior de Informática de Ciudad Real, así como a los asistentes a los diferentes seminarios y conferencias que hemos organizado sobre diferentes aspectos de la calidad de los sistemas informáticos en los más de veinticinco años que llevamos trabajando sobre el tema. También a los compañeros de AQCLab que batallan con los problemas de calidad en el día a día.

A todos los lectores de los diferentes países hispanohablantes, que nos han acompañado en estos años que lleva publicado el libro y que nos han animado continuamente a mejorarlo; nuestro más apreciado reconocimiento.

También deseamos dar las gracias a D. Boris Delgado, Gerente TIC de AENOR, por haber aceptado escribir la presentación de esta obra. Por último, nos resta dar las gracias a Sandra Ramírez y Julio Santoro por sus valiosas sugerencias que, como en otras muchas ocasiones, han contribuido a mejorar considerablemente este libro, y a la editorial Ra-Ma, especialmente a Jesús Ramírez Martín y Jesús Ramírez Galán, por su apoyo y confianza.

*Mario G. Piattini Velthuis*
*Félix Ó. García Rubio*
*Ignacio García Rodríguez de Guzmán*
*Francisco J. Pino*

Ciudad Real/Popayán, Febrero de 2018

# 1

# CONCEPTO DE CALIDAD

## 1.1 DEFINICIÓN DE CALIDAD

La calidad se ha convertido hoy en día en uno de los principales objetivos estratégicos para las organizaciones debido a que, cada vez más, su supervivencia depende de la calidad de los productos y servicios que ponen a disposición de los usuarios y clientes y de la satisfacción de estos.

Según el Diccionario de la Real Academia Española de la Lengua (DRAE 2015), la calidad es (en sus cuatro primeras acepciones):

1. *Propiedad o conjunto de propiedades inherentes a algo, que permiten juzgar su valor.*

2. *Buena calidad, superioridad o excelencia.*

3. *Carácter, genio, índole.*

4. *Condición o requisito que se pone en un contrato.*

Aunque coloquialmente podría parecer más adecuada la segunda definición a la hora de evaluar la calidad de un producto o un servicio (ya que se pretende –en sentido absoluto– la "*excelencia*"), las organizaciones están interesadas en la primera y tercera acepción de calidad. En efecto, se intentan determinar las propiedades inherentes a una cosa que nos permitan conseguir que sea mejor que las otras, pero esto será relativo, ya que dependerá del punto de vista utilizado. Por otra parte, las organizaciones deberán asegurar los requisitos que se fijan en los contratos.

Históricamente, los diferentes gurús de esta área han dado diversas definiciones de calidad (Hoyer y Hoyer, 2001) :

- W.A. Shewhart: *"Existen dos aspectos de la calidad. El primero tiene que ver con la consideración de la calidad de una cosa como una realidad objetiva independiente de la existencia del hombre. La otra tiene que ver con lo que pensamos, sentimos o creemos como resultado de la realidad objetiva. En otras palabras hay un **lado subjetivo de la calidad**"*. (Shewhart 1931).

- Philip B. Crosby: *"La primera suposición errónea es que calidad significa bondad, lujo, brillo o peso. La palabra «calidad» se utiliza para significar el valor relativo de las cosas en frases como «buena calidad», «mala calidad» y la expresión «calidad de vida». «Calidad de vida» es un cliché porque cada oyente asume que la persona que habla entiende exactamente lo que para él significa la frase. Esta es precisamente la razón por la que debemos definir calidad como «**conformidad con los requisitos**» si queremos gestionarla"* (Crosby 1979).

- Genichi Taguchi: *"La calidad es **la pérdida que un producto causa a la sociedad** después de ser entregado... además de las pérdidas causadas por su función intrínseca"* (Taguchi y Wu, 1979).

- Armand V. Feigenbaum: *"La calidad de producto o servicio puede ser definida como las características totales compuestas de producto y servicio de marketing, ingeniería, fabricación y mantenimiento por medio de las cuales el producto y servicio en uso **cumplirá las expectativas del cliente**"*. (Feigenbaum 1983).

- Kaoru Ishikawa: *"Debemos enfatizar **la orientación al cliente**... Cómo uno interpreta el término "calidad" es importante... Interpretado restrictivamente, calidad significa calidad de producto. Interpretado ampliamente, calidad significa calidad de trabajo, calidad de servicio, calidad de información, calidad de proceso, calidad de división, calidad del personal –incluyendo trabajadores, ingenieros, directivos y ejecutivos–, calidad del sistema, calidad de la empresa, calidad de objetivos, etc."* (Ishikawa 1985).

- W. Edwards Deming: *"La dificultad de definir calidad es traducir las necesidades futuras del usuario en características medibles, de manera que un producto pueda ser diseñado y producido para dar **satisfacción al usuario** al precio que paga... ¿Qué es calidad? La calidad solo se puede definir en términos del agente"*. (Deming 1986).

▶ Joseph M. Juran: *"La palabra calidad tiene múltiple significados. Los dos significados que dominan el uso de la palabra son: 1. La calidad consiste en las características del producto que satisfacen las necesidades de los clientes y les proporcionan por tanto satisfacción con el producto. 2. Calidad consiste en ausencia de deficiencias... Es conveniente estandarizar en una corta definición la palabra calidad como **adecuación al uso**"* (Juran 1988).

En la Tabla 1.1 se resumen y se comparan las principales ideas sobre la calidad de los cuatro gurús del siglo XX: Deming (*"14 puntos para la gestión"*), Juran (*"La Trilogía de Juran sobre cómo gestionar la calidad"*), Crosby (*"14 pasos para la calidad"*) y Feigenbaum (*"4 principios de gestión y 10 directrices para la aplicación de estos principios"*). Cada fila ilustra la idea de cada uno con respecto al mismo criterio.

Por otro lado, en la principal norma internacional, la ISO 9000, la calidad se define como *"el grado en el que un conjunto de características inherentes de un objeto cumple con los requisitos"* (ISO 2016b). Otra definición interesante de calidad es la proporcionada por ISO 8402: *"Conjunto de propiedades o características de un producto o servicio que le confieren aptitud para satisfacer unas necesidades expresadas o implícitas"*.

| Deming | Juran | Crosby | Feigenbaum |
|---|---|---|---|
| 1. Ser constantes en el propósito de mejorar el producto o servicio, con el objetivo de llegar a ser competitivos, de permanecer en el negocio y de proporcionar puestos de trabajo. | Proceso de Planificación de la Calidad (considerar las necesidades del cliente, diseño, capacidad de fabricación y desarrollar los objetivos del proceso y de la calidad). | 10. Fijar objetivos de calidad. | BM5. La calidad es una forma de gestión. 1. Establecer una filosofía de mejora continua y permanente. 2. Proporcionar soporte a la gestión. |
| 2. Adoptar una nueva filosofía. Rechazar la aceptación de defectos. | Parte del Proceso de Control de la Calidad. | 5. Tener conciencia de la calidad. | BM7. Comprender que la calidad es una ética. |
| 3. Suprimir la dependencia de la inspección para lograr la calidad. Eliminar la necesidad de la inspección en masa, incorporando la calidad dentro del producto en primer lugar. | Parte del Proceso de Control de la Calidad. | | |

| Deming | Juran | Crosby | Feigenbaum |
|---|---|---|---|
| 4. Acabar con la práctica de hacer negocios sobre la base del precio. En vez de ello, minimizar el costo total. Establecer la tendencia a tener un único proveedor para cualquier artículo, con una relación a largo plazo, de lealtad y confianza. | El papel de los métodos estadísticos se encuentra cubierto por el Proceso de Control de la Calidad. | | |
| 5. Encontrar problemas. Hacer mejoras de manera continua y para siempre. | Proceso de Control de la Calidad (incluye control de parámetros de proceso, control de medición, estándares de desempeño, interpretar valores actuales vs. estándares). Parte del Proceso de Mejora de la Calidad (considera mejora de proceso y de producto, productividad, tiempos de ciclo, seguridad de uso, entorno, reducción de costes). | 2. Equipo de mejora de la calidad. 6. Utilizar un sistema de acciones correctivas. 11. Mantener un sistema de eliminación de causas de error. | BM8. Mantener un sistema de mejora continua. |
| 6. Instituir métodos de formación modernos en el trabajo. | Parte del Proceso de Mejora de la Calidad. | 8. Tener formación supervisada. | |
| 7. Dar a todos los empleados las herramientas adecuadas para hacer bien el trabajo. | Parte del Proceso de Mejora de la Calidad. | | |
| 8. Desechar el miedo, de manera que cada uno pueda trabajar con eficacia para la organización. | Parte del Proceso de Mejora de la Calidad. | | |
| 9. Eliminar las barreras entre departamentos, animar a los diferentes departamentos a trabajar conjuntamente en la resolución de problemas. | Parte del Proceso de Mejora de la Calidad. | 2. Mantener equipos de mejora. 13. Utilizar consejos de calidad. | BM1. Establecer que la calidad es un proceso que abarca toda la organización. BM4. Conseguir implicación individual y de equipo (la calidad es trabajo de todos). |

| Deming | Juran | Crosby | Feigenbaum |
|---|---|---|---|
| 10. Eliminar los objetivos numéricos, pósters y eslóganes que exigen nuevos niveles de productividad, sin proporcionar métodos de mejora específicos. | | 10. Establecer control de configuración sobre los objetivos de calidad. | |
| 11. Eliminar estándares de trabajo que especifican cuotas numéricas, utilizar métodos estadísticos para mejorar la productividad y calidad de forma continua. | Parte del Proceso de Mejora de la Calidad. | | Presente en su libro *Total Quality Control* (aunque no se cite explícitamente en los principios ni en los benchmarks). |
| 12. Eliminar todas las barreras que impidan a los trabajadores sentirse orgullosos de su trabajo. | Parte del Proceso de Mejora de la Calidad. | 12. Tener un programa de reconocimiento. | |
| 13. Implantar un programa vigoroso de educación y auto–mejora. | Parte del Proceso de Mejora de la Calidad. | 8. Tener formación supervisada. | |
| 14. Involucrar a todo el personal de la organización en la lucha por conseguir la transformación. Esta es tarea de todos. | Parte del Proceso de Mejora de la Calidad. | 1. Mantener compromiso de la dirección. 3. Tener planes de medición de la calidad. 4. Estimar el coste de la calidad. 7. Tener un programa de cero defectos. 9. Lograr días en los que sea posible encontrar cero defectos. 14. Hacer los 13 pasos otra vez. | BM2. Calidad es lo que los clientes dicen que es. BM3. Calidad y coste son una suma no una diferencia. BM6. Calidad e innovación son mutuamente dependientes. BM9. Calidad es el camino más eficaz en costes y menos intensivo en capital hacia la productividad. BM10. Calidad se implementa con un sistema total conectado con los clientes y proveedores. 3. Calidad es esencial para la innovación desde la concepción del diseño hasta la utilización por parte del cliente. 4. Reconocer que el coste y la calidad son complementarios. |

**Tabla 1.1.** Comparación de Filosofías de Calidad de los Cuatro Gurús (Mouradian 2002)

Así se puede ver que la calidad no se trata de un concepto absoluto: el consumidor la juzga con todo relativismo en un producto. En general, es posible considerarla como un concepto multidimensional (referida a muchas cualidades), sujeta a restricciones (por ejemplo, depende del presupuesto disponible) y ligada a compromisos aceptables (por ejemplo, plazos de entrega). Incluso, se puede considerar que no es ni totalmente subjetiva (porque ciertos aspectos pueden medirse) ni totalmente objetiva (ya que existen cualidades cuya evaluación solo puede ser subjetiva). Así pues, la calidad no es absoluta, es multidimensional (véase la Figura 1.1). Además la calidad suele ser transparente cuando está presente pero resulta fácilmente reconocible cuando está ausente (por ejemplo, cuando el producto falla o el servicio es deficiente).

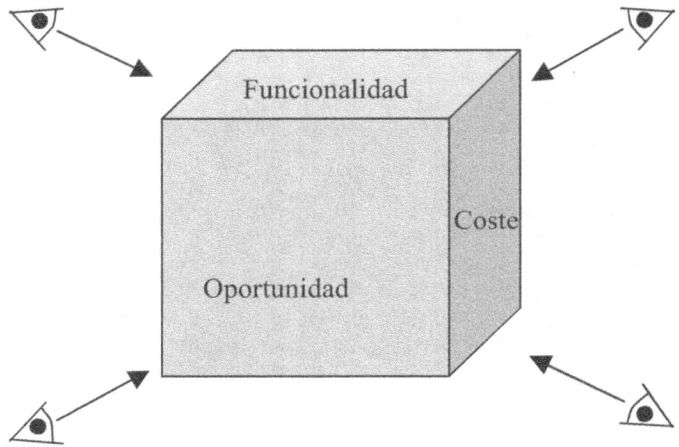

**Figura 1.1.** La calidad puede verse desde muchos puntos de vista

A este respecto merece la pena recordar las cinco *"vistas"* de la calidad que señala (Garbin 1984):

▼ **Vista trascendental**: la calidad es algo que se reconoce pero no se define. Por lo que se puede concebir la calidad como un ideal al que se intenta llegar, aunque no lo conseguimos debido a deficiencias en la tecnología, en el proceso de fabricación, en la comprensión, etc. Esta vista no resulta demasiado útil para la gestión de la calidad y es análoga a la segunda acepción del (DRAE 2015).

▼ **Vista del usuario**: la calidad es adecuación al propósito. Por lo que se pueden cuantificar las características de los productos, medirlos y establecer objetivos a alcanzar.

- **Vista del fabricante**: la calidad es conformidad con las especificaciones. Esta concepción de la calidad expande su alcance para examinar la calidad durante la producción y después de la entrega del producto. Se trata de una vista centrada en el proceso.

- **Vista del producto**: que considera que la calidad está unida a las características inherentes del producto. Mientras que las vistas del usuario y fabricante se tienen "desde fuera", la del producto es "desde dentro", ya que se centra en la medida de los atributos internos de los productos.

- **Vista basada en valor**: la calidad depende de la cantidad que el cliente esté dispuesto a pagar.

Hay que tener en cuenta además que la calidad puede tener varios orígenes:

- La **calidad realizada**: la que es capaz de obtener la persona que realiza el trabajo, gracias a su habilidad en la ejecución de una tarea. Se potencia con la mejora de las habilidades personales y técnicas de los participantes en un proceso.

- La **calidad planificada**: la que se ha pretendido obtener. Es la que aparece descrita en una especificación, en un documento de diseño o en un plano. Es, por tanto, la que se le ha encomendado conseguir al responsable de ejecutar el trabajo. Se potencia con la elaboración de una especificación que sirva de buena referencia a los participantes en un proceso.

- La **calidad necesaria**: la que el cliente exige con mayor o menor grado de concreción o, al menos, la que le gustaría recibir. Se potencia con una adecuada obtención de información de la idea de calidad de los clientes.

La gestión de la calidad pretenderá conseguir que estas tres categorías coincidan lo más posible. Todo lo que esté fuera de dicha coincidencia será motivo de derroche, de gasto superfluo o de insatisfacción. De todas maneras, consideramos que también resulta fundamental tener en cuenta la "**calidad esperada**" por el cliente, que no siempre coincide con la necesaria, y ver su grado de coincidencia con la "**calidad percibida**", ya que en el fondo muchos problemas de la calidad pueden tener su origen en falsas expectativas por parte del cliente sobre las características de un producto o servicio. También hay que tener en cuenta que los usuarios no siempre se comportan como seres racionales, de ahí la importancia de la "**calidad afectiva percibida**" (Zhang y Li, 2005).

## 1.2 EVOLUCIÓN HISTÓRICA DE LA CALIDAD

La preocupación por la calidad es tan antigua como la humanidad, de hecho los restos arqueológicos dan fe de la mejora que experimentaron las herramientas que el hombre primitivo desarrolló con el fin de cazar animales y crear lugares donde habitar.

Como señala (Juran 1995), ya en el siglo XI antes de Cristo en China se fijó un sistema para controlar el desarrollo de productos artesanales con dos departamentos encargados de la calidad de los productos: uno de formular y ejecutar estándares y el otro para supervisión y prueba. Incluso se promulgaron decretos para prohibir la venta de productos de calidad inferior y se prestó también atención a la medición de longitud, capacidad y peso. (Mouradian 2002) señala que Kheops (rey del Antiguo Egipto alrededor del 2680 A.C.) fue el que estableció el "*cubit*" (codo)[1] como la distancia que iba desde su codo hasta la punta de su dedo corazón. En el imperio egipcio se han llegado a encontrar, como señala (Juran 1995), las primeras especificaciones de calidad escritas en papiros egipcios de más de 3500 años de antigüedad. Ejemplos de calidad y de medición se pueden encontrar también en otras civilizaciones como la babilónica (de la que se tiene constancia de una garantía de calidad que data del 429 A.C.), griega, romana, etc.; imperios en los que la estandarización juega también un importante papel.

Durante la Edad Media y el Renacimiento, la creación de pueblos y ciudades incrementó la división del trabajo y el desarrollo de habilidades especializadas. Cobran importancia los artesanos que se familiarizan con los materiales utilizados y reciben un entrenamiento específico durante su aprendizaje, organizándose una jerarquía de categorías (maestro, aprendiz, etc.) y los gremios con el fin de administrar los monopolios y transmitir la experiencia y conocimientos. (Juran 1995) destaca que en este momento histórico, los artesanos son los que realizan toda la secuencia de tareas para la creación de un producto y que el comprador es el responsable del "aseguramiento" de la calidad, inspeccionando y probando el producto en los mercados. Este autor destaca también excelentes sistemas de gestión de la calidad como el del "*Arsenal de la República Veneciana*" durante los siglos XII al XVIII.

Precisamente, a mediados del siglo XVIII se inicia en Inglaterra la Revolución Industrial que se expande al resto de Europa y otras partes del mundo, y en la que destacan la gran cantidad de máquinas inventadas. Surgen las fábricas que permiten

---

1. Para más información se recomienda leer *http://www.egiptologia.org/ciencia/matematicas/ unidades.htm* o *http://www.metalunivers.com/arees/metrologiadimensional/tutorial/medicionantiguedad. htm*

un aumento de la productividad, y que implantan la producción en masa en la que las tareas se dividen entre varios trabajadores de la fábrica, dando como resultado una mayor producción más asequible y un aumento de la demanda. Crece también la necesidad de estandarización de las piezas; en este sentido, (Mouradian 2002) señala a Jean-Baptiste de Gribeauval como el primer inventor que introdujo el concepto de intercambiabilidad en 1767 para la fabricación de artillería francesa. Se supervisan los productos resultantes de la cadena de producción y nace el control de calidad "pasa o no pasa".

Por otro lado, los trabajadores no se encuentran en estado de autocontrol porque no tienen contacto con el cliente. Esta situación se agudizará aún más con la adopción del sistema de producción científica de F. W. Taylor en el que se separa claramente la planificación de la ejecución. Se crearon los departamentos de inspección, se aumentó la producción, pero se terminaron dañando las relaciones personales, lo que tuvo a la postre un efecto negativo sobre la calidad.

La gestión y el concepto de "**calidad moderna**" surgen en 1924 en los *Bell Telephone Laboratories*, para atender las reclamaciones de los clientes que instalaban teléfonos (inventado en 1876). Se crea el Departamento de Aseguramiento de Calidad del que formó parte W. A. Shewhart, y a quien se le puede considerar como el padre de la moderna gestión de la calidad. Shewhart propugnó la utilización de técnicas estadísticas y control de procesos (la "primera ola" del control estadístico de la calidad, según (Juran 1995)), e introduce el grafo de control, el desarrollo del muestreo estadístico (Tague 2005) y crea el modelo PDCA (Plan, Do, Check, Act). El libro de (Shewhart 1931), que subraya la importancia de los métodos de control estadístico del proceso para reducir la variabilidad del proceso, se convirtió en el texto básico en las empresas sobre calidad en Japón y en EEUU.

Shewhart se dedicó a impartir una serie de cursos durante los años 1920 aplicando algunas de las técnicas citadas. Joseph Juran fue uno de los asistentes a estos cursos y posteriormente trabajaría sobre control estadístico. Por su parte, W. Edwards Deming también trabajó con Shewhart hacia 1920 y luego en el departamento de agricultura norteamericano en el que impulsó la utilización del Diseño de Experimentos (DOE) propuesto por Fisher.

Durante la Segunda Guerra Mundial, Juran y Deming colaboraron con las fuerzas armadas norteamericanas, que hicieron un gran uso de la inspección por muestreo, adaptando las tablas desarrolladas en Bell System, en lo que (Juran 1995) denomina la "segunda ola" del control estadístico del proceso. Al acabar la guerra se produjo una gran escasez de productos, por lo cual la calidad descendió considerablemente, porque los fabricantes dieron prioridad a la producción de grandes volúmenes para conseguir cuota de mercado.

Por otra parte, los japoneses después de la Segunda Guerra Mundial se enfrentaron, entre otros muchos problemas, al desafío de cambiar su reputación de productos de mala calidad. (Juran 1995) señala tres contribuciones importantes que llevarían a modificar notablemente esta situación: los cursos de formación organizados por la *Civil Communications Section* de las fuerzas de ocupación norteamericana, las conferencias de Deming sobre control estadístico de la calidad y las conferencias de Juran sobre gestión de la calidad. La industria japonesa aplicando estos principios ganaría grandes cuotas de mercado a nivel internacional con productos muy competitivos.

En los años cincuenta otros dos gurús también influyeron notablemente en la difusión de las ideas sobre calidad: Armand Feigenbaum, que publicó el libro *Total Quality Control* en 1951, y Philip B. Crosby, que impulsó importantes programas de mejora de la calidad desde el Quality College.

Durante estos años se crearon en muchas empresas norteamericanas y europeas los departamentos de calidad, cuya misión se centraba en separar los buenos productos de los malos al final de la secuencia de producción. En estas empresas, como señala (Juran 1995), la producción se lleva a cabo por departamentos estancos, y la formación junto con la necesidad de dar importancia a la calidad se limita al departamento de calidad.

En los años sesenta cuatro aspectos desafiaron la adecuación de la calidad en EEUU:

- El incremento del consumismo.
- El incremento de demandas judiciales sobre calidad.
- El incremento de la regulación gubernamental sobre la calidad.
- La revolución japonesa de la calidad.

Durante los 60 y 70 varios productos japoneses aumentaron su cuota de mercado a nivel internacional, mientras que tanto las empresas norteamericanas como europeas no se habían tomado en serio el tema ya que prácticamente se vendía todo lo que se producía.

En los 70 hubo una crisis de calidad en los países occidentales que se superó en los ochenta con exhortaciones a preocuparse por la calidad, mejora de la calidad proyecto por proyecto, y la "tercera ola" de control estadístico del proceso. En los ochenta se reemplaza el taylorismo por el enriquecimiento del puesto de trabajo transfiriendo a la mano de obra decisiones y acciones previamente asignadas a los directivos. Se hace énfasis en el autocontrol, auto-inspección, extensión de los trabajos, equipos de trabajo auto-dirigidos, mejora de la calidad, implicación de la alta dirección, planificación estratégica de la calidad, reingeniería de procesos de negocio, formación, medición, *benchmarking*, etc. En definitiva, el significado de "calidad" cambia desde un enfoque centrado solo en el producto a un enfoque de gestión organizacional, de significar cumplir las especificaciones del producto a satisfacer todas las necesidades y expectativas del cliente. La calidad se extiende a la empresa en su conjunto y pasa a tener la máxima prioridad, en el momento en que el cliente tiene mayores posibilidades de elección y que, por tanto, aumenta continuamente su exigencia sobre los productos y servicios que compra.

En estos años se empezaron a usar la familia de normas ISO 9000 en Europa y se desarrolla toda una plétora de premios sobre la calidad (como el Malcom Baldrige Nacional Quality Award de 1987).

En los noventa se sigue avanzando en temas de calidad y aparecen nuevos enfoques, como Seis-Sigma, y en la década siguiente se revisa la norma ISO 9000 para enfatizar la importancia de la satisfacción del cliente y se difunde la calidad en todas las áreas de la sociedad.

Según (Juran 1995) si el siglo XX fue el Siglo de la Productividad, el siglo XXI será conocido como el Siglo de la Calidad.

## 1.3 CONCEPTOS RELACIONADOS CON LA CALIDAD

En la norma UNE-EN ISO 9000 "*Sistemas de gestión de la calidad". Fundamentos y vocabulario* (ISO 2016b) se aclaran diferentes términos relacionados con la calidad. Así, se tratan los términos **requisito**, entendido como "*necesidad o expectativa establecida, generalmente implícita u obligatoria*", y **satisfacción del cliente**, es decir, la percepción del cliente (que puede ser externo o interno) sobre el grado en que se han cumplido sus expectativas.

En los siguientes apartados resumimos los conceptos más importantes basándonos en diferentes ediciones de esta norma.

### 1.3.1 Conceptos Relacionados con la Gestión de Calidad

La norma ISO 9000 señala que la gestión de la calidad incluye el establecimiento de la política de la calidad y los objetivos de la calidad, la planificación de la calidad, el control de la calidad, el aseguramiento de la calidad y la mejora de la calidad.

Veamos el significado de estos conceptos relacionados con la gestión de la calidad:

- **Política de la calidad**: intenciones y dirección de una organización relativas a la calidad tal como las expresan formalmente su alta dirección.

- **Objetivo de la calidad**: resultado a lograr en cuanto a la calidad.

- **Sistema de gestión de la calidad**: sistema de gestión para dirigir y controlar una organización con respecto a la calidad.

- **Planificación de la calidad**: parte de la gestión de la calidad enfocada al establecimiento de los objetivos de la calidad y a la especificación de los procesos operativos necesarios y de los recursos relacionados para cumplir los objetivos de la calidad.

- **Control de la calidad**: parte de la gestión de la calidad orientada al cumplimiento de los requisitos de la calidad.

- **Aseguramiento de la calidad**: parte de la gestión de la calidad orientada a proporcionar confianza en que se cumplirán los requisitos de la calidad.

- **Mejora de la calidad**: parte de la gestión de la calidad orientada a aumentar la capacidad de cumplir con los requisitos de la calidad. La mejora continua es una actividad recurrente para mejorar el desempeño.

También son muy importantes los términos relativos a la conformidad, como aceptación del producto o servicio:

- **Conformidad**: cumplimiento de un requisito.

- **No Conformidad**: incumplimiento de un requisito.

- **Defecto**: no conformidad relativa a un uso previsto o especificado.

- **Acción Preventiva**: acción tomada para eliminar la causa de una no conformidad potencial u otra situación potencialmente indeseable.

- **Acción Correctiva**: acción tomada para eliminar la causa de una no conformidad y prevenir que vuelva a ocurrir.

- **Corrección**: acción tomada para eliminar una no conformidad detectada. Una corrección puede ser por ejemplo un reproceso (acción tomada sobre un producto no conforme para que cumpla con los requisitos) o una reclasificación (variación de la clase de un producto no conforme, de tal forma que sea conforme con requisitos que difieren de los iniciales).

▼ **Reparación**: acción tomada sobre un producto no conforme para convertirlo en aceptable para su utilización prevista.

▼ **Desecho**: acción tomada sobre un producto no conforme para impedir su uso inicialmente previsto.

### 1.3.2 Conceptos Relacionados con la Documentación de la Calidad

Otros conceptos importantes son los relativos a la documentación, pudiéndose distinguir entre:

▼ **Manuales de la calidad:** documentos que proporcionan información coherente, interna y externamente, acerca del sistema de gestión de la calidad de la organización.

▼ **Planes de la calidad:** documentos que describen cómo se aplica el sistema de gestión de la calidad a un producto, proyecto o contrato específico.

▼ **Especificaciones:** documentos que establecen requisitos.

▼ **Guías:** documentos que establecen recomendaciones o sugerencias.

▼ **Procedimientos documentados**, instrucciones de trabajo y planos documentos que proporcionan información sobre cómo efectuar las actividades y los procesos de manera coherente.

▼ **Registros:** documentos que proporcionan evidencia objetiva de las actividades realizadas o resultados obtenidos.

## 1.4 LECTURAS RECOMENDADAS

▼ *Juran, J.M. (ed.) (1995). A History of Managing for Quality. ASQC Quality Press, Milwaukee.*

Este libro editado por Juran, uno de los mayores gurús de la calidad, recopila la historia de la calidad en diferentes países y épocas, centrándose en los grandes imperios antiguos y en el desarrollo industrial europeo y norteamericano. Sin embargo, adolece del defecto de no tratar los logros de calidad en el mundo iberoamericano.

▼ *Mouradian, G. (2002). The Quality Revolution: A History of the Quality Movement. University Press of America, Lanhan.*

En este libro se repasa la historia de la calidad desde los orígenes de las civilizaciones hasta el siglo XXI.

▼ *ISO (2016b). UNE-EN ISO 9000:2015 Sistemas de gestión de la calidad. Fundamentos y vocabulario. AENOR.*

Esta norma internacional presenta los principales conceptos básicos relacionados con la calidad y establece una terminología aceptada en todos los países hispanoamericanos.

▼ *Sampaio, P. y Saraiva, P. (eds.)(2016). Quality in the 21st Century. Alemania, Springer.*

Esta recopilación proporciona diferentes perspectivas sobre la calidad de los ganadores de la ASQ Feigenbaum Medal, que premia a los expertos menores de 35 años que hayan hecho contribuciones relevantes a la calidad.

## 1.5 SITIOS WEB RECOMENDADOS

▼ *www.aec.es*

La Asociación Española para la Calidad es la más importante a nivel nacional y tiene varias secciones dedicadas a aspectos específicos de la calidad. Además edita la revista "Calidad".

▼ *www.asq.org*

La *American Society for Quality* es una de las asociaciones más importantes a nivel internacional y posee un catálogo de libros relacionados con la gestión de calidad. Además edita varias revistas sobre calidad, entre ellas Quality Progress (sobre diferentes aspectos de la calidad en general) y Software Quality Journal (especializado en calidad de software).

▼ *www.juran.com*

Web del Instituto Juran donde se puede encontrar información sobre la actividad de esta organización basada en las ideas de Juran.

▼ *www.philipcrosby.com*

Web de Philip Crosby y asociados. Se muestra la actividad empresarial de esta organización. Es posible acceder a una colección interesante de artículos escritos por sus miembros, entre ellos, Philip Crosby.

## 1.6 EJERCICIOS

1. De las definiciones de calidad dadas por los gurús y normas internacionales, ¿cuál considera que refleja mejor la "vista de fabricante" en terminología de (Garvin 1984)? ¿Y cuál la "vista de usuario"?

2. Comente estas dos apreciaciones sobre la calidad: Kitchenham afirma que "la calidad es difícil de definir, imposible de medir y fácil de reconocer", según Gillies la calidad es "transparente cuando está presente, pero fácilmente de reconocer en su ausencia". Compare estas afirmaciones con las definiciones de calidad citadas en este capítulo.

3. Explore los sistemas de calidad existentes en los imperios inca, maya y azteca. ¿Qué funciones o roles existían relacionados con la calidad? ¿Quiénes las desarrollaban?

4. Describa la organización de la AEC (Asociación Española de la Calidad) y de la ASQ (American Society for Quality).

5. ¿Qué diferencia hay entre una "acción correctiva" y una "corrección"? Ponga ejemplos de ambas.

6. Explique qué actividades de la gestión de la calidad podrían considerarse de "control de la calidad" y cuáles de "aseguramiento de la calidad".

7. Especifique el contenido que debería tener un Manual de la Calidad, para ello puede ser conveniente revisar la norma ISO 10013.

8. Especifique un método para desarrollar un Plan de Calidad. Consulte, si lo estima conveniente, la norma ISO 10005.

9. Resuma la historia de la calidad en su país o región desde 1960 hasta la actualidad, señalando sus principales hitos: creación de una asociación nacional, implantación de premios, difusión de normas, etc.

10. Estudie la evolución de la calidad en las industrias automovilística, farmacéutica, aeronáutica y militar.

# 2

# MODELOS Y NORMAS DE CALIDAD

## 2.1 INTRODUCCIÓN

Desde mediados del siglo pasado hasta la actualidad, se han propuesto diferentes modelos para la gestión de calidad y se han aprobado diversas normas, varias de las cuales han sido aplicadas en las organizaciones. Dentro de las diferentes propuestas destacan la Gestión de la Calidad Total, el modelo EFQM, las normas ISO 9000 y Seis-Sigma.

## 2.2 GESTIÓN DE LA CALIDAD TOTAL

La Gestión de la Calidad Total (en sus siglas inglesas TQM, *Total Quality Management*) representa una "actitud" o "filosofía" por la cual la organización pretende ofrecer a sus clientes productos y servicios que satisfagan completamente sus necesidades. Para ello se impregna la "*cultura de calidad*" en todos los aspectos de la organización, se implementan los procesos correctamente desde el principio y se intentan erradicar los defectos en todo tipo de tareas.

La Gestión de la Calidad Total concibe la organización como un conjunto de procesos que se pueden gestionar siguiendo el ciclo "*Planificar-Hacer-Verificar-Actuar*" (PDCA: *Plan, Do, Check, Act*) que fue desarrollado inicialmente hacia 1920 por Walter Shewhart, y popularizado luego por W. Edwards Deming, por lo que se conoce como "*Ciclo de Deming*":

- **Planificar**: establecer los objetivos y procesos necesarios para conseguir resultados de acuerdo con los requisitos del cliente y las políticas de la organización.

- **Hacer**: implementar los procesos.

- **Verificar**: realizar el seguimiento y la medición de los procesos y los productos respecto a las políticas, los objetivos y los requisitos para el producto, e informar sobre los resultados.

- **Actuar**: tomar acciones para mejorar continuamente el desempeño de los procesos.

La gestión de la calidad total se basa además en otros principios (Hyde 1992; Martin 1993) que persiguen la mejora continua de los procesos, incorporando el conocimiento y la experiencia de los trabajadores:

- Compromiso de la alta gestión con todos los empleados.
- Reducción de los ciclos de desarrollo.
- Producción "just in time".
- Reducción de costes de productos y servicios.
- Implicación y enriquecimiento del puesto de trabajo del personal ("empowerment").
- Reconocimiento y celebración.
- Propuesta de objetivos cuantificados y benchmarking.
- Toma de decisiones basadas en hechos.

## 2.3 MODELO EFQM

La European Foundation for Quality Management (EFQM) se fundó en 1989 por parte de los directores o presidentes de 67 empresas europeas. Posteriormente desarrolló el Modelo de Excelencia EFQM que se utilizó para evaluar las organizaciones y conceder, por primera vez en 1992, el *European Quality Award*.

Según EFQM las *"organizaciones excelentes consiguen y sostienen nivel de desempeño excepcionales que satisfacen o exceden las expectativas de todos sus stakeholders"*.

El modelo EFQM se basa en una serie de principios:

- Añadir valor a los clientes
- Crear un futuro sostenible
- Desarrollar las capacidades organizacionales
- Alentar la creatividad y la innovación
- Liderar con visión, inspiración e integridad
- Gestionar con agilidad
- Lograr el éxito mediante el talento de las personas
- Sostener los resultados excepcionales

Este modelo se basa en nueve criterios, cinco "agentes facilitadores" –que abarcan lo que hace una organización– y cuatro "resultados" –que se ocupan de los que la organización consigue– (véase Figura 2.1). Según el modelo EFQM *"para conseguir un éxito sostenido, una organización necesita un fuerte liderazgo y una dirección estratégica clara. Necesitan desarrollar y mejorar sus personas, sus alianzas y procesos para entregar productos y servicios de valor añadido a sus clientes"*.

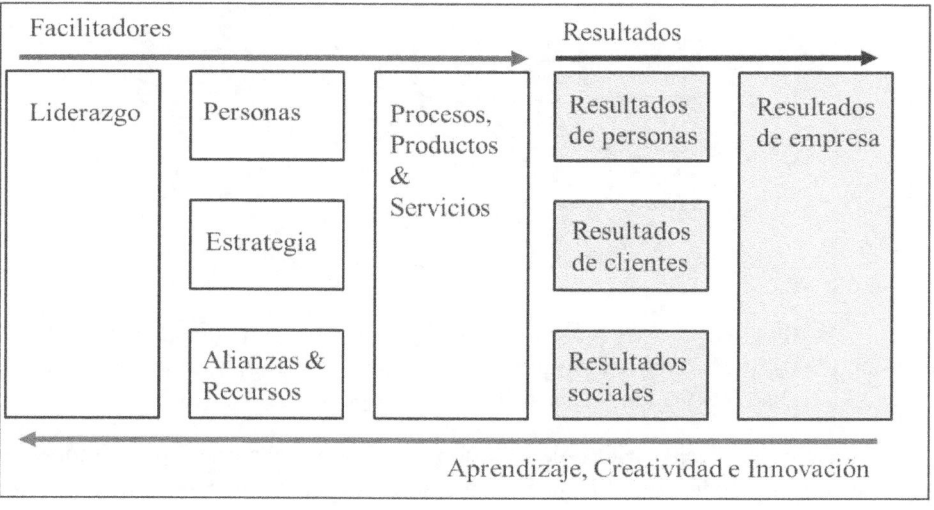

**Figura 2.1.** Modelo EFQM

## 2.4 NORMAS ISO 9000

### 2.4.1 ISO y el Proceso de Normalización

La International Organization for Standarization nació en 1947 con el objetivo de facilitar la coordinación internacional de las normas técnicas en los diferentes campos de la industria. Pueden ser miembros de ISO todos aquellos países del mundo que lo deseen, representados a través de su organismo nacional de normalización (véase Figura 2.2): por ejemplo, ANSI (American National Standards Institute) por EEUU o UNE (Asociación Española de Normalización) por España.

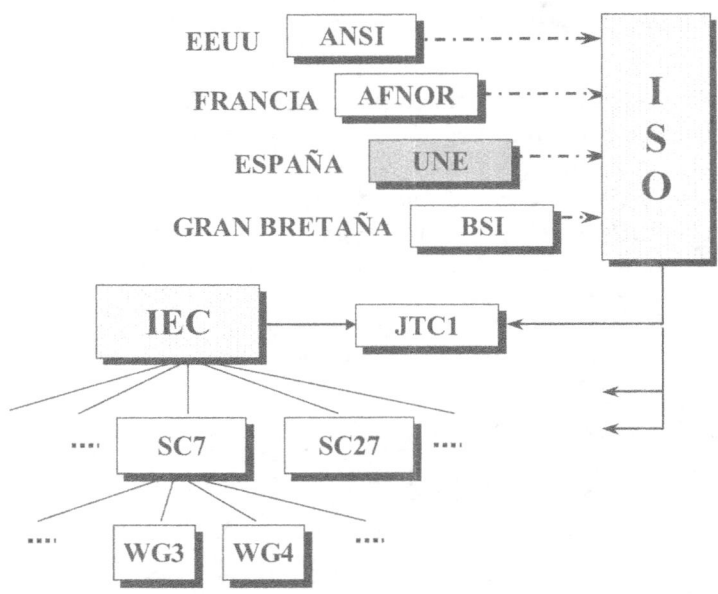

**Figura 2.2.** Estructura de ISO

Los trabajos de elaboración de normas están encomendados a los Comités Técnicos (TC), que suelen subdividirse en Subcomités (SC) y estos, a su vez, en Grupos de Trabajo (WG) para desarrollar temas específicos.

En algunas áreas, ISO colabora con otras organizaciones; por ejemplo, en el campo de las tecnologías de la información, forma junto con la *International Electrotechnical Commission* (IEC) el *Joint Technical Committee 1* (JTC1), que se encuentra dividido en varios subcomités, entre ellos el SC7 de Ingeniería del Software y Sistemas.

El proceso de elaboración de una norma internacional, hasta su publicación definitiva, puede ser bastante largo, ya que empieza con la decisión del TC de incluir la elaboración de una nueva norma en su programa de trabajo.

A continuación el WG elabora diferentes *Borradores de Trabajo* (WD, *Working Draft*) hasta alcanzar el suficiente consenso para elevar el documento a la consideración del TC. Posteriormente, el comité remite un *Borrador de Comité* (CD, *Committee Draft*) a todos los países miembros para recabar sus comentarios. Una vez analizados los comentarios recibidos, se elabora un *Proyecto de Norma Internacional* (DIS, *Draft of International Standard*) que se remite nuevamente a los países miembros. Si los países aprueban el DIS, se prepara un *Proyecto de Norma Internacional Final* (FDIS, *Final Draft of International Standard*), que se remite para aprobación definitiva. Por último, se edita y publica la *Norma Internacional* (IS, *International Standard*) aprobada en la fase anterior.

Todo este proceso hace que la norma pueda contar con el suficiente consenso por parte de los países, pero a costa de alargar demasiado el tiempo necesario para aprobar una norma, sobre todo en áreas como las TIC que evolucionan con mucha rapidez.

En España las normas internacionales son traducidas y publicadas por la Asociación Española de Normalización (UNE) como normas UNE (*Una Norma Española*). A nivel europeo, otros organismos como el CEN/CENELEC (Comité Europeo de Normalización) publican las normas internacionales como normas EN (*European Norm*).

### 2.4.2 Normas sobre Calidad

La primera publicación de las normas ISO 9000 se realizó en 1987 y cumpliendo el protocolo de ISO, que obliga a que todas las normas sean revisadas por lo menos cada cinco años, fueron revisadas en 1994, en el año 2000, en 2008 y en 2015.

Actualmente, la familia de normas ISO 9000 está compuesta de tres normas:

- ▶ UNE-EN ISO 9000. **Sistemas de gestión de la calidad. Fundamentos y vocabulario**. Como su título indica, esta norma describe los fundamentos de los sistemas de gestión de la calidad y especifica su terminología (véase Capítulo 1).

- ▶ UNE-EN ISO 9001. **Sistemas de gestión de la calidad. Requisitos**. La norma ISO 9001 especifica los requisitos para un sistema de gestión de la calidad que pueden utilizarse para su aplicación interna por las organizaciones, para certificación o con fines contractuales. Se centra en la **eficacia** del sistema de gestión de la calidad para dar cumplimiento a los requisitos del cliente.

▼ UNE-EN ISO 9004. **Gestión para el éxito sostenido de una organización. Enfoque de gestión de la calidad.** La norma ISO 9004 proporciona orientación sobre un rango más amplio de objetivos de un sistema de gestión de la calidad que la Norma ISO 9001, especialmente para la mejora continua del desempeño y de la **eficiencia** global de la organización, así como de su eficacia. La norma ISO 9004 se recomienda como una guía para aquellas organizaciones cuya alta dirección desee ir más allá de los requisitos de la norma ISO 9001, persiguiendo la mejora continua del desempeño. Sin embargo, no tiene la intención de que sea utilizada con fines contractuales o de certificación. En la Figura 2.3 se representan las diferencias entre ambas normas según (Cianfrani et al., 2002), siguiendo una "jerarquía de la calidad".

**Figura 2.3.** Jerarquía de la calidad según (Cianfrani et al., 2002)

Además, existen otras normas relacionadas con la familia de las normas ISO 9000, que se reflejan en la Tabla 2.1.

| Norma de Calidad | Objetivo |
|---|---|
| ISO 10001 | Satisfacción del cliente – Directrices para los códigos de conducta |
| ISO 10002 | Satisfacción del cliente – Directrices para el tratamiento de las quejas |
| ISO 10003 | Satisfacción del cliente – Directrices para la resolución de conflictos de forma externa |
| ISO 10004 | Directrices para el seguimiento y la medición de la satisfacción del cliente |
| ISO 10005 | Directrices para los planes de calidad |
| ISO 10006 | Directrices para la gestión de la calidad en los proyectos |
| ISO 10007 | Directrices para la gestión de la configuración |
| ISO 10008 | Directrices para las transacciones de comercio electrónico |
| ISO 10012 | Sistemas de gestión de las mediciones - Requisitos para los procesos de medición y los equipos de medición |
| ISO/TR 10013 | Directrices para la documentación del sistema de gestión de la calidad |
| ISO/TR 10014 | Directrices para la obtención de beneficios financieros y económicos |
| ISO 10015 | Gestión de la calidad - Directrices para la formación |
| ISO/TR 10017 | Directrices sobre las técnicas estadísticas para la norma ISO 9001 |
| ISO 10018 | Directrices para la involucración y competencia del personal |
| ISO 10019 | Directrices para la selección de consultores de sistemas de gestión de la calidad y la utilización de sus servicios |

**Tabla 2.1.** Otras normas relacionadas con la calidad

También hay que destacar la UNE-EN ISO 19011. **Directrices para la auditoría de sistemas de gestión**. Esta norma proporciona directrices básicas para la realización de una auditoría de ISO 9001 e ISO 14001.

La familia de normas ISO 9000 (ISO, 2016b) se basa en siete principios de gestión de la calidad que pueden ser utilizados por la dirección con el fin de conducir a la organización hacia una mejora en el desempeño:

- ▼ **Enfoque al cliente**: las organizaciones dependen de sus clientes y por lo tanto deberían comprender las necesidades actuales y futuras de los clientes, satisfacer los requisitos de los mismos y esforzarse en exceder sus expectativas.

- ▼ **Liderazgo:** los líderes establecen la unidad de propósito y la orientación de la organización. Deberían crear y mantener un ambiente interno, en el cual el personal pueda llegar a involucrarse totalmente en el logro de los objetivos de la organización.

- **Compromiso de las personas:** el personal, a todos los niveles, es la esencia de una organización y su total compromiso posibilita que sus habilidades sean usadas para el beneficio de la organización.

- **Enfoque a procesos:** esta familia de normas promueve la adopción de un enfoque a procesos cuando se desarrolla, implementa y mejora un sistema de gestión de la calidad. Una ventaja del enfoque basado en procesos es el control continuo que proporciona sobre los vínculos entre los procesos individuales dentro del sistema de procesos, así como sobre su combinación e interacción. En la norma se propone aplicar el ciclo de Shewhart (Plan-Do-Check-Act) a todos los procesos y al sistema de gestión de la calidad en su conjunto.

- **Mejora:** es esencial para el éxito de una organización, la mejora continua de su desempeño

- **Toma de decisiones basadas en la evidencia:** las decisiones eficaces se basan en el análisis de los datos y la información.

- **Gestión de las relaciones:** una organización y sus stakeholders son interdependientes, y una relación mutuamente beneficiosa aumenta la capacidad de todos para crear valor.

### 2.4.3 Norma ISO 9001

Esta norma internacional (ISO, 2016a) especifica los requisitos para un sistema de gestión de la calidad, cuando una organización:

- Necesita demostrar su capacidad para proporcionar de manera regular productos o servicios que satisfagan los requisitos del cliente y los legales y reglamentarios aplicables.

- Aspira a aumentar la satisfacción del cliente a través de la aplicación eficaz del sistema, incluidos los procesos para la mejora del sistema y el aseguramiento de la conformidad con los requisitos del cliente y los legales y reglamentarios aplicables.

Todos los requisitos de esta norma internacional son genéricos y se pretende que sean aplicables a todas las organizaciones sin importar su tipo, tamaño y producto o servicio suministrado; si bien es verdad que en el caso de las organizaciones de prestación de servicios, algunos requisitos resultan más difíciles de aplicar.

En la Figura 2.4 se muestra el contenido de la norma ISO 9001, cuyo núcleo lo constituyen los apartados del 4 al 10 inclusive. En la Figura 2.5 se representa gráficamente el modelo del sistema de gestión de la calidad basado en procesos y los diferentes apartados de la norma.

### 2.4.3.1 CONTEXTO DE LA ORGANIZACIÓN

La norma establece que la organización debe conocer las cuestiones externas e internas que afectan a su objetivo y estrategia y hacer un seguimiento de la información sobre estas cuestiones. También debe comprender las necesidades y expectativas de los *stakeholders* para poder proporcionarles productos y servicios que satisfagan sus requisitos. Para todo ello podría utilizar el análisis DAFO (Debilidades, Amenazas, Fortalezas y Oportunidades), estudios de mercado, informes, etc.

---

PRÓLOGO

0 INTRODUCCIÓN

1 OBJETO Y CAMPO DE APLICACIÓN

2 NORMAS DE REFERENCIA

3 TÉRMINOS Y DEFINICIONES

4 CONTEXTO DE LA ORGANIZACIÓN

5 LIDERAZGO

6 PLANIFICACIÓN PARA EL SISTEMA DE GESTIÓN DE LA CALIDAD

7 SOPORTE

8 OPERACIÓN

9 EVALUACIÓN DEL DESEMPEÑO

10 MEJORA

ANEXOS

---

**Figura 2.4.** Contenido de la norma ISO 9001

Uno de los aspectos más importantes es que la organización determine los límites y la aplicabilidad del sistema de gestión de la calidad, y que establezca, implemente, mantenga y mejore de manera continua un sistema de gestión de la calidad. Para ello, la norma señala que: *"La organización debe determinar los procesos necesarios para el sistema de gestión de la calidad y su aplicación a través de la organización, y debe:*

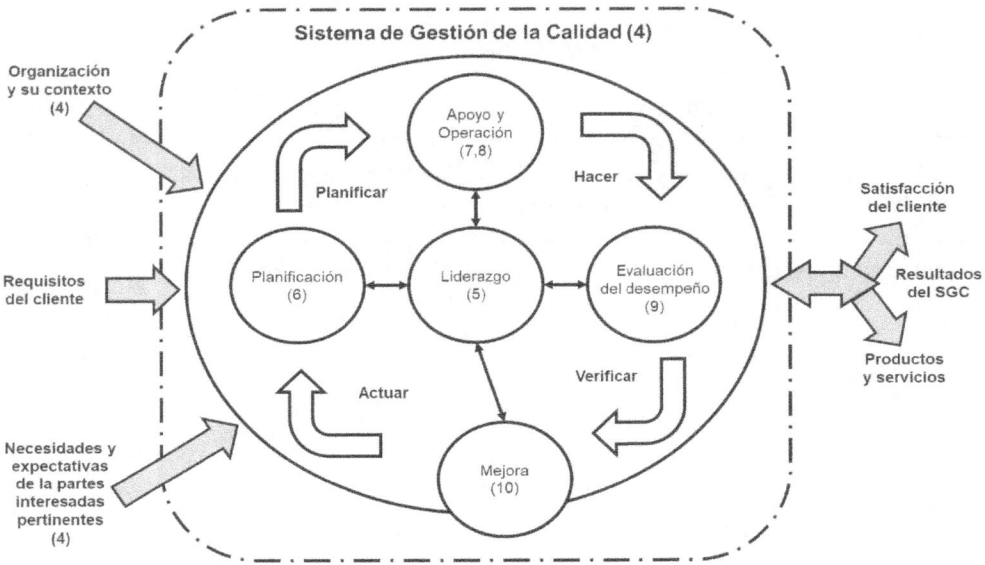

**Figura 2.5.** Sistema de gestión de la calidad según ISO 9001

▼ *determinar las entradas requeridas y las salidas esperadas de estos procesos*

▼ *determinar la secuencia e interacción de estos procesos*

▼ *determinar y aplicar los criterios y los métodos (incluyendo el seguimiento, las mediciones y los indicadores del desempeño relacionados) necesarios para asegurarse de que tanto la operación como el control de estos procesos sean eficaces*

▼ *determinar los recursos necesarios para estos procesos y asegurarse de su disponibilidad*

▼ *asignar las responsabilidades y autoridades para estos procesos*

▼ *abordar los riesgos y oportunidades, y planificar e implementar las acciones adecuadas para tratarlos*

▼ *evaluar estos procesos e implementar cualquier cambio necesario para asegurarse de que estos procesos logran los resultados previstos*

▼ *mejorar los procesos y el sistema de gestión de la calidad"*

Como novedad de la última edición de la norma destaca que como parte del enfoque a procesos se debe tener en cuenta los riesgos y las oportunidad que pueden afectar al sistema de gestión de la calidad.

Además trata sobre los requisitos de la documentación, indicando que: *"La organización debe mantener información documentada necesaria para soportar la operación de sus procesos y conservar la información documentada para tener la confianza de que los procesos se realizan según lo planificado".*

### 2.4.3.2 LIDERAZGO

En cuanto al liderazgo (Apartado 5), la norma establece que la alta dirección debe demostrar liderazgo y compromiso con respecto al sistema de gestión de la calidad y al enfoque al cliente, asumiendo la responsabilidad y obligación de rendir cuentas ("accountability") con relación a la eficacia del sistema de gestión de la calidad.

En este apartado la norma también comenta la necesidad de establecer una política de calidad y de comunicarla; así como de asignar, comunicar y de que se entiendan los roles así como sus responsabilidades y autoridades.

### 2.4.3.3 PLANIFICACIÓN PARA EL SISTEMA DE GESTIÓN DE LA CALIDAD

El Apartado 6 trata en primer lugar de los riesgos y oportunidades, que la organización tiene que gestionar adecuadamente mediante acciones proporcionales al impacto potencial en la conformidad de productos y servicios.

Además la organización debe establecer los objetivos de calidad para las funciones y niveles pertinentes y los procesos necesarios; y planificar los cambios en el sistema de gestión de la calidad de manera sistemática.

### 2.4.3.4 APOYO

El Apartado 7 de la norma relativo al apoyo trata diferentes aspectos tales como:

- **Recursos**, señalando que: *"La organización debe determinar y proporcionar los recursos necesarios para el establecimiento y la mejora continua del sistema de gestión de la calidad"*. Tratándose diferentes aspectos relativos a los recursos humanos, infraestructura (edificios, equipos, transporte, TIC, etc.), al ambiente para la operación de los procesos, los recursos para el seguimiento y la medición, y los conocimientos organizativos (necesarios para la operación de los procesos y para lograr la conformidad de los productos y servicios).

- **Competencia** de las personas que realizan los trabajos, y las acciones para adquirirla y evaluarla, así como la conservación de la evidencia de la competencia.

- **Toma de conciencia,** de las personas respecto a la política y los objetivos de la calidad, su contribución a la eficacia del sistema de gestión de la calidad y las implicaciones de no cumplir los requisitos.

- **Comunicación**, tanto interna como externa.

- **Información documentada,** la requerida por la norma y la necesaria para la eficacia del sistema. La norma insiste en el control de dicha información.

### 2.4.3.5 OPERACIÓN

En el Apartado 8 de la norma ISO 9001 se tratan diversos aspectos relacionados con la operación:

- Planificación y control operacional, ya que la organización debe planificar, implementar y controlar los procesos necesarios para cumplir los requisitos para la provisión de productos y servicios.

- Determinación de los requisitos para los productos y servicios, para lo que la organización debe establecer procesos para la comunicación con los clientes y un proceso para determinar los requisitos y su revisión.

- Diseño y desarrollo de los productos y servicios, para lo que hay que planificar su diseño y desarrollo, determinar los requisitos y otros elementos de entrada para el diseño y desarrollo, los controles aplicables, las salidas del diseño y desarrollo, y revisar y controlar los cambios que se realizan.

- Control de los productos y servicios suministrados externamente, determinando el tipo y alcance de los controles así como la información para los proveedores externos.

- Producción y provisión del servicio, ya que la organización tiene que implementar condiciones controladas para la producción y provisión del servicio, utilizando los medios de identificación y trazabilidad adecuados, cuidando la propiedad perteneciente a los clientes o proveedores externos, asegurando la preservación de las salidas del proceso durante la producción y prestación del servicio, cumpliendo los requisitos para las actividades posteriores a la entrega y controlando los cambios.

- Liberación de los productos y servicios, que indica que la organización debe liberar los productos y servicios al cliente cuando se hayan satisfecho completamente las disposiciones planificadas o que una autoridad o el cliente lo autoricen. En cualquier caso, la información documentada debe proporcionar trazabilidad sobre la evidencia de la conformidad con los criterios de aceptación y a las personas que han autorizado la liberación.

- Control de las salidas no conformes, que se deben identificar y controlar, conservando la información documentada correspondiente.

### 2.4.3.6 EVALUACIÓN DEL DESEMPEÑO

El Apartado 9 de la norma se dedica a tres aspectos esenciales para la evaluación del desempeño:

- **Seguimiento, medición, análisis y evaluación;** ya que la organización debe analizar y evaluar los datos y la información que surgen del seguimiento y la medición.

    En este apartado se incluye la satisfacción del cliente, ya que la organización debe realizar el seguimiento de las percepciones del cliente del grado en que se cumplen sus necesidades y expectativas. En este sentido cabe destacar que se debería realizar un seguimiento y medición de la satisfacción del cliente (Saunders et al., 2002). Las diversas fuentes de información sobre la satisfacción del cliente se pueden clasificar en:

    - Activas. Si la organización va al cliente y le pregunta cuestiones deliberadas o hace observaciones directas del comportamiento del cliente. Se pueden clasificar en: Encuestas, Grupos de discusión con participación de clientes (*"customer focus group"*) y Entrevistas personales.

- Pasivas, que se pueden clasificar en:
  - Receptivas, en las que el cliente acude a la organización con devoluciones o quejas. Se pueden dividir en: Quejas, Devoluciones, Puntuaciones del proveedor.
  - Indirectas, en las que se utilizan fuentes secundarias y que pueden ser: Informes del cliente, Análisis competitivo, Medios de noticias.

▼ **Auditoría interna,** que debe realizarse a intervalos planificados con el fin de proporcionar información sobre si el sistema de gestión de la calidad es conforme con los requisitos (tanto los propios de la organización como los de la norma) y si está implementado y mantenido de manera eficaz.

▼ **Revisión por la dirección** del sistema de gestión de la calidad, que debe realizarse a intervalos planificados para asegurarse de su conveniencia, adecuación, eficacia y alineamiento continuos con la dirección estratégica de la organización.

### 2.4.3.7 MEJORA

Por último en la norma se aborda la mejora, tanto las acciones correctivas como las no conformidades. Se destaca que la organización debe mejorar continuamente la conveniencia, adecuación y eficacia del sistema de gestión de la calidad. En estos temas se profundiza en la norma ISO 9004, que propugna un enfoque de auto-evaluación para evaluar la madurez del sistema de gestión de la calidad y las oportunidades de mejora e innovación.

## 2.5 SEIS-SIGMA

### 2.5.1 Introducción

Seis Sigma (Six-Sigma), cuyo origen estadístico viene de la letra griega sigma ($\sigma$), que representa la *desviación estándar* de un conjunto de datos. Seis Sigma tiene su origen en la industria de la manufactura aunque también se aplica a la industria de los servicios, ya que en cualquier caso en ambos ámbitos existe el concepto (y la consecuencia) del defecto: siempre que un cliente reciba un producto incorrecto hay que resolver un error, produciéndose una falta de satisfacción que tendría como consecuencia la potencial pérdida de clientes y ventas.

Seis Sigma es una forma de expresar el nivel de calidad de un proceso. Cuando un proceso alcanza el nivel Seis Sigma, sus defectos tienden a cero, lo que lo convierte en un proceso casi perfecto. Un nivel 6 de Seis Sigma implica un nivel muy bajo de variaciones, prácticamente ningún error, y una posibilidad muy baja de que aparezcan fallos. El nivel de *sigma* se asocia, mediante tablas de conversión, a una cifra de **defectos por millón de oportunidades** (DPMO). Así, un valor de 3σ implica 66.807 defectos por millón de oportunidades, un valor de 4σ implicaría 6.210 DPMO, mientras que un valor de 6σ en un proceso se traduciría en 3,4 DPMO, lo cual es un valor muy bajo de defectos que asegura que el nivel de variación de un proceso estará dentro de los límites de satisfacción establecidos por el cliente. La Tabla 2.2 muestra cómo el aumento paulatino del nivel sigma reduce el número de defectos y aumenta la eficiencia de los procesos. El valor de *sigma* permite medir cómo varían los datos con respecto a un valor medio (que se representa con la letra griega μ), con lo que podría decirse que *sigma* va a indicar la frecuencia con la que se cumplen los requisitos de los clientes en la ejecución de un proceso.

| Sigma | DPMO | Eficiencia (%) |
|---|---|---|
| 1σ | 691462 | 30,9 |
| 2σ | 308538 | 69,1 |
| 3σ | 66807 | 93,3 |
| 4σ | 6210 | 99,4 |
| 5σ | 233 | 99,98 |
| 6σ | 3,4 | 99,9999966 |

**Tabla 2.2.** Escala σ

Las bases en las que se apoya Seis Sigma son las siguientes:

▼ Prevenir errores.

▼ Reducir la variación.

▼ Foco principal en el cliente, que es quien experimenta las variaciones en los procesos.

▼ Toma de decisiones basadas en hechos, no en intuiciones.

▼ "Alentar" al grupo de trabajo.

Seis Sigma insiste en que es más importante la prevención que la corrección. Aunque el cliente tenga la misma percepción, no es lo mismo un enfoque basado en inspeccionar los productos para eliminar los defectos que un enfoque basado en analizar el proceso para determinar qué los causa. Mientras que el primer enfoque tiene un alcance de un único producto, el segundo afecta a todos los productos obtenidos mediante el proceso, lo que hace que el análisis no tenga que ser repetido.

Uno de los conceptos más importantes en Seis Sigma es el de variación, o mejor dicho, la reducción de la variación. Seis Sigma trata de obtener procesos poco variables o, lo que es lo mismo, procesos consistentes. Un proceso consistente es un proceso predecible y por lo tanto más fácil de mejorar debido a que será más fácil determinar la causa de los problemas al ser siempre la misma.

Todo proyecto que se base en la filosofía Seis Sigma comenzará teniendo en cuenta "la voz de los stakeholders" para poder establecer con la mayor certeza posible qué es lo que necesitan. Este canal de comunicación permanecerá abierto durante todo el proyecto para tener en cuenta su opinión durante todo el ciclo de mejora.

No hay que olvidar, no obstante, que los proyectos los llevan a cabo personas, y concretamente equipos de trabajo.

Por lo tanto, podrían resumirse los principios básicos de Seis Sigma en los siguientes: (i) uno de los principales focos de interés es el cliente; (ii) gran interés en la mejora continua; (iii) la toma de decisiones se basa en hechos contrastados; (iv) la unidad principal de trabajo es el grupo de trabajo; y (v) que el trasfondo de aplicación de Seis Sigma no es solo la obtención de buenos productos, sino la mejora de la propia organización.

Dentro de esta filosofía de gestión se proponen dos metodologías DMAIC (utilizada para proyectos que pretenden mejorar un proceso existente) y DMADV (para proyectos que pretenden diseñar nuevos productos o procesos).

## 2.5.2 Metodología DMAIC

Seis Sigma se organiza como un proceso compuesto de 5 fases, conocido como proceso DMAIC (*Define, Measure, Analyze, Improve, Control*). Seis Sigma es un proceso iterativo en el cual cada iteración representa un ciclo de mejora (ver Figura 2.6). Cada vez que un proceso de mejora finaliza, el equipo involucrado busca la forma de mejorar iniciando un nuevo ciclo DMAIC. Teniendo en cuenta que las decisiones han de tomarse siempre basadas en hechos contrastados, los ciclos de mejora solo se iniciarán de nuevo si los resultados a alcanzar son relevantes para satisfacer los requisitos del cliente.

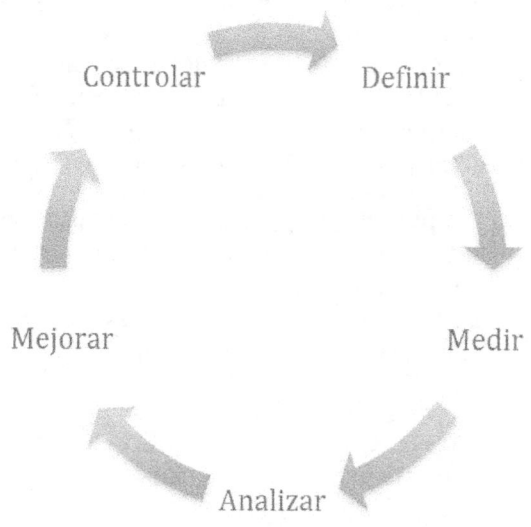

**Figura 2.6.** Mejora continua de Seis Sigma

### 2.5.2.1 FASE DE DEFINICIÓN DEL OBJETIVO

Esta fase tiene como objetivo alcanzar una comprensión completa del problema pudiendo así determinar cuál es el proceso que hay que mejorar durante la aplicación de Seis Sigma. Las herramientas que se emplean en esta fase son: (i) coste de la mala calidad; (ii) voz de los stakeholders; (iii) acta del proyecto; (iv) mapas de procesos; y (v) métricas. Esta fase se divide en 8 pasos:

1. **Definición del problema**. El problema a tratar se definirá mediante las características SMART (Específico, Medible, Alcanzable, Relevante, Limitado en el tiempo). Este paso trata de definir perfectamente el problema, de forma que todo el equipo lo entienda y no exista ningún tipo de ambigüedad.

2. **Creación del grupo de trabajo**. Un equipo Seis Sigma debe ser un equipo multidisciplinar, en el que haya miembros de todas las áreas necesarias como para obtener una buena comprensión del proyecto, e involucrados desde el principio del mismo. Cada uno jugará un rol determinado (líder de grupo, responsable de calendario, responsable de tomar nota de las ideas, redactor de minutas de las reuniones, voz del equipo, etc.) y una función bien definida en el proyecto.

3. **Establecer el acta del proyecto.** Se desarrollará un acta inicial del proyecto donde se establecen los objetivos del mismo y la información que debe quedar clara tanto por el equipo Seis Sigma como por el cliente. En este acta se detallará toda la información relativa al inicio del proyecto, como la forma en la que se ha formado el grupo, el objetivo del proyecto, las fechas del mismo, beneficios que se espera obtener, etc.

4. **Desarrollo del plan de proyecto.** El plan de proyecto contendrá, a alto nivel, la planificación de cómo se llevarán a cabo los ciclos de mejora DMAIC. En esta planificación no se profundizará en las actividades de cada una de las fases de DMAIC, pero sí se establecerá cuándo comenzará y terminará cada una de las fases principales.

5. **Identificar a los clientes.** Es imprescindible identificar a todos los posibles clientes, entre los que se pueden encontrar: clientes externos, últimos, internos, inmediatos e intermedios.

6. **Identificar las salidas principales.** Además de los productos directos y tangibles, se considerarán también como salidas principales a otros elementos como restricciones temporales, de calidad, etc.

7. **Identificar y priorizar los requisitos de cliente.** Hay que partir del hecho de que el punto fuerte de Seis Sigma es la satisfacción del cliente, por lo que los requisitos del mismo deben quedar entendidos a la perfección. Teniendo en cuenta las técnicas de captura de requisitos, se conformará la matriz de requisitos del cliente, en la que se priorizará su importancia, y el nivel de satisfacción que el usuario tiene de los mismos.

8. **Documentar el proceso actual.** Mediante mapas de procesos se describe el proceso a mejorar, de forma que sea más fácil de entender, visualizar el flujo de trabajo y la secuenciación de las tareas, y establecer los hechos contra los que evaluar el proceso.

### 2.5.2.2 FASE DE MEDICIÓN

El objetivo de esta fase es el de obtener medidas fiables mediante las cuales puedan tomarse decisiones objetivas. Se emplean las siguientes herramientas: (i) requisitos críticos y requisito de calidad; (ii) plan de muestreo; (iii) análisis de la capacidad; (iv) Modos de Fallo y Análisis de Efecto (Failure Modes and Effect Analysis – FMEA); y (v) gráficos circulares, series temporales, gráficos de ejecución, histogramas, diagramas de dispersión, etc. Esta fase está compuesta de cinco tareas:

1. **Determinar qué medir**. La medición es un aspecto clave para el éxito de los procesos de mejora, por lo tanto, una de las tareas más importantes es determinar qué se va a medir. Todos los elementos que puedan afectar a las entradas y las salidas del proceso son susceptibles de ser medidos, ya que pueden influir en las mismas. Estos factores pueden afectar en cualquier momento de la ejecución del proceso, por ello, resulta vital determinar cuándo se producen los defectos para evitarlos lo antes posible y reducir así al máximo la posible variabilidad del proceso.

2. **Llevar a cabo las mediciones**. A partir de la lista de elementos a medir, se deberán realizar todos los cálculos necesarios para obtener las mediciones y poder así estimar cómo se cumplen los requisitos del cliente. La primera medición que se realice arrojará información sobre cómo de alejado se encuentra el proceso a mejorar del nivel de satisfacción que espera el cliente. En esta tarea se calculará un conjunto de funciones estadísticas que ayudarán a comprender qué es lo que realmente está causando las desviaciones.

3. **Calcular el nivel sigma actual**. El nivel sigma es una forma de medir los defectos, por lo tanto, es necesario saber de qué nivel sigma se parte al principio para poder controlar cuánto se mejora en cada ciclo DMAIC. El concepto clave para el cálculo del nivel sigma es el DPMO (Defectos Por Millón de Oportunidades). Existen tablas de conversión mediante las cuales es posible asociar un nivel sigma en base al número de DPMO obtenido. Para realizar dicho cálculo se llevan a cabo los siguientes pasos: i) contar el número de unidades procesadas, ii) contar el número de unidades defectuosas, iii) calcular la tasa de defectos (unidades defectuosas/unidades totales), iv) calcular el número de oportunidades por defecto en cada unidad, v) calcular el número de defectos por oportunidad, vi) calcular los defectos por millón de oportunidades (DPMO), y vi) convertir el valor DPMO en base a las tablas de conversión existentes.

4. **Determinar la capacidad del proceso**. La capacidad del proceso permite comparar la variación normal del proceso contra los límites de la especificación del cliente o, lo que es lo mismo, comparar la variación normal del proceso con respecto a la variación máxima que el cliente podría tolerar. Es decir, que el proceso deberá estar centrado en las especificaciones del cliente, teniendo en cuenta la variación normal que tendrá a ambos lados la especificación del cliente. Los índices para el cálculo de la capacidad se obtienen mediante las siguientes ecuaciones:

$$C_p = \frac{USL - LSL}{6\sigma}$$

$$C_{pk} = min\left[\frac{USL - \mu}{3\sigma}, \frac{\mu - LSL}{3\sigma}\right]$$

donde USL representa el límite superior de la especificación, LSL el valor inferior de la especificación, σ representa la desviación estándar, y μ la media del proceso. Atendiendo a estas ecuaciones, se considerará que un proceso está a nivel 6σ si $C_p$ = 2.0 y $C_{pk}$ = 1.5.

5. **Establecer puntos de referencia**. En esta tarea se identifican organizaciones que realizan mejor el proceso a mejorar, se cuantifica la mejora y se trata de establecer los puntos de diferencia entre el proceso en estudio y cómo los competidores lo implementan.

### 2.5.2.3 FASE DE ANÁLISIS

Esta fase tiene como objetivo el análisis de los datos recopilados durante la medición y determinar la causa de la desviación del proceso, así como proponer posibles soluciones para resolverlo. Las herramientas que resultan de interés para esta fase son: (i) histogramas, diagramas de puntos, diagramas multivariable, etc.; (ii) pruebas de hipótesis; y (iii) pruebas de regresión. Esta fase se compone de 5 tareas:

1. **Determinar qué causa la variación**. Comprender las causas de la variación permitirá tomar las decisiones correctas a la hora de diseñar la nueva versión del proceso. Los diagramas de Pareto resultan de especial utilidad a la hora de determinar las causas de las variaciones en los procesos.

2. **Tormenta de ideas para la mejora del proceso**. Una vez que se han determinado las causas de la variación del proceso, llega el momento de identificar formas de eliminar dicha variación, para lo cual se aplica la técnica de lluvia de ideas.

3. **Identificar las mejoras más adecuadas**. Una vez que se disponen de las alternativas para mejorar el proceso, es necesario identificar cuál satisface mejor los requisitos del cliente. En esta tarea deben tenerse en cuenta múltiples factores a la hora de decidir cuáles son las mejoras a aplicar, como por ejemplo, el coste asociado, el tiempo que se tardará en llevar a cabo, el efecto que tendrá su implantación, el impacto en el

cliente, etc. Es importante señalar que los criterios de coste y tiempo no pueden ser los prioritarios, ya que se busca sobre todo la satisfacción del cliente. Por este motivo, tiempo y coste serán criterios que ayudarán a tomar la decisión, aunque no deberán ser determinantes para ello.

4. **Desarrollar un mapa del proceso propuesto**. Tras decidir las mejoras a adoptar en el proceso, este deberá ser rediseñado, para lo cual se desarrollará una nueva representación del mismo, de forma que puedan detectarse actividades del proceso que no sean relevantes y puedan eliminarse.

5. **Evaluar los riesgos asociados a la nueva versión del proceso**. La nueva versión del proceso deberá tener un mejor nivel sigma que su versión predecesora, sin embargo, es necesario identificar cuáles son los riesgos que pueden existir ahora en esta versión mejorada del mismo. El análisis de los riesgos se llevará a cabo mediante FMEA (*Failure Models and Effects Analysis*): i) identificar las formas en las que puede fallar el proceso; ii) determinar los fallos que tendrían un mayor impacto en el cliente; iii) evaluar los controles implementados diseñados para prevenir el fallo en el proceso; y iv) desarrollar un plan de acción correctivo.

## 2.5.2.4 FASE DE MEJORA

Una vez que se dispone del proceso mejorado, hay ahora que comprobar cómo de bien se resuelven los problemas detectados con los cambios sugeridos. Las herramientas que se emplean en esta fase son: (i) matriz de selección de soluciones; y (ii) mapas de procesos. Esta fase consta de tres tareas:

1. **Obtener la aprobación de los cambios propuestos**. Para la aprobación de los cambios propuestos, es necesario presentar al cliente una documentación que permita entender y evaluar los cambios que se pretenden acometer sobre el proceso a mejorar, así como el impacto que dichos cambios tendrán. Además, es necesario realizar un desglose de los beneficios que aportarán los cambios propuestos. Dichos beneficios pueden clasificarse en base a los siguientes criterios: reducción de costes, eliminación de costes, mejora del nivel sigma, mejora de la satisfacción del cliente, reducción del tiempo de ciclo y reducción del coste de la baja calidad.

2. **Finalizar el plan de implementación de los cambios**. Una vez conseguida la aceptación de los cambios a aplicar, se desarrollará una versión del avance del plan de implementación de los cambios en el

proceso, de forma que tanto el equipo de trabajo como el resto de partes interesadas puedan estar al tanto de la evolución del proyecto. En dicho plan se tendrán en cuenta las tareas a realizar, los pasos de los que está compuesta cada tarea, responsabilidades, estado actual de cada tarea, nivel de compleción a alcanzar y resultados.

3. **Implementar los cambios aprobados**. Tan pronto como el equipo comience a implementar los cambios aprobados, será vital desarrollar una estrategia para comunicar, de forma periódica, la evolución del proyecto a todos los interesados. Para ello se elaborarán reuniones semanales de equipo, notificaciones a los clientes para informarles del estado actual de implementación, etc.

#### 2.5.2.5 FASE DE CONTROL

Una vez implementadas las mejoras propuestas y aprobadas, llega el momento de hacer permanentes dichas mejoras, establecer los mecanismos de medición para reforzar el valor aportado por la mejora y establecer mecanismos para reaccionar cuando se pierda el control del proceso. Las herramientas de las que dispone esta fase son: (i) diagramas de control; y (ii) planes de contingencia y de acción. La fase de control se compone de 5 tareas:

1. **Establecer métricas clave**. Aunque durante la fase de medición se identificaron mediciones, durante la fase de control deben desarrollarse mediciones que resulten significativas tanto desde el punto de vista del proceso como del cliente. Durante esta fase es importante informar del porqué de esas métricas, tanto al cliente como al personal que realizará las mediciones, de forma que todos los roles involucrados podrán entender la razón de esas mediciones.

2. **Desarrollar la estrategia de control**. Durante esta fase se desarrollará un plan de control que permita demostrar que la mejora del proceso se mantiene durante el tiempo. Se eliminarán los controles manuales (siempre que sea posible para evitar errores en la medición) y se reducirán al mínimo los cambios en el proceso para evitar causas de variación. El plan de control establecerá las entradas y salidas de cada tarea del proceso, así como la forma en la que se realizará la medición. Además del plan de control, se realizarán revisiones del proyecto y auditorías. Toda esta información deberá incluirse en el plan de implementación.

3. **Celebrar y Comunicar el éxito**. A fin de reconocer los méritos del equipo de desarrollo, se llevarán a cabo eventos de celebración y reconocimiento para el equipo involucrado al completo. Las compensaciones podrán variar en función del tamaño del proyecto y las ganancias obtenidas por la mejora del proceso.

4. **Implementar el plan de control**. El plan de control solo será útil si realmente se implementa y ejecuta de acuerdo a un calendario. Es recomendable que algún miembro del equipo se haga responsable de implementar el plan de control y revisarlo periódicamente, informando a los miembros del equipo de los resultados obtenidos.

5. **Medir y comunicar las mejoras**. Se deberán revisar mensualmente las mediciones para poder asegurar que se mantiene la ganancia obtenida. Aunque el proyecto haya finalizado y el grupo de trabajo disuelto, las mediciones realizadas sobre el proyecto se seguirán tomando y comunicando de forma periódica. Esta comunicación no solo se realizará a los clientes, sino también a los miembros del grupo disuelto. Estas mediciones se mostrarán junto con diagramas que permitan contrastar los valores reales de la medición con respecto a los valores objetivos, de forma que pueda verificarse que las mejoras están establecidas.

## 2.5.3 Metodología DMADV

Por su parte, la metodología DMADV, conocida también por DFSS ("**D**esign **F**or **S**ix **S**igma"), se descompone en cinco fases:

- ▼ **Definir** los objetivos de diseño teniendo en cuenta la demanda de los clientes y la estrategia de la organización.

- ▼ **Medir** e identificar las características críticas para la calidad, capacidades del producto, del proceso de producción, riesgos, etc.

- ▼ **Analizar** alternativas de diseño.

- ▼ **Diseñar** detalles, optimizar el diseño y planificar la verificación del diseño.

- ▼ **Verificar** el diseño, poner en marcha la creación de un piloto, implementar el proceso de producción y transferir el proceso al propietario del mismo.

## 2.6 PREMIOS

Existen multitud de premios relacionados con la calidad. A continuación presentamos los más importantes:

- **Premio Deming**: se creó en 1951 a raíz de las conferencias de Deming en Japón, es gestionado por la JUSE (*Japanese Union of Scientists and Engineers*) y se considera el premio industrial más importante de Japón.

- **Malcom Baldrige National Quality Award**, se creó en 1987, tras el fallecimiento del secretario de comercio del mismo nombre, con el fin de premiar a las empresas que demostrasen un gran progreso en el área de la calidad. Los Baldrige Criteria for Performance Excellence definen un conjunto de prácticas de gestión de alto desempeño en las categorías siguientes: Liderazgo, Planificación Estratégica, Enfoque al Cliente, Medición, Análisis y Gestión del Conocimiento, Enfoque a los Recursos Humanos, Enfoque operacional y Resultados. Se puede encontrar más información reciente sobre este enfoque en Kendall y Bodinson (2016) y Vinyard (2017).

- **European Quality Award**, se creó en 1991 por la European Foundation for Quality Management (EFQM), en colaboración con la Comisión Europea y la European Organization for Quality. El premio se basa en el modelo EFQM, y se da a la organización que demuestra que su aproximación a la gestión de calidad total ha hecho una importante contribución a la satisfacción de las expectativas de los clientes, empleados, accionistas y otras partes involucradas.

- **Premio Iberoamericano de la Calidad**, es uno de los Programas de Cooperación de la Cumbre Iberoamericana de Jefes de Estado y de Gobierno y lo gestiona la Fundación Iberoamericana de la Calidad – FUNDIBEQ. Se otorga a las organizaciones que han destacado por sus resultados exitosos, fruto de una excelente calidad de su gestión, de acuerdo al Modelo Iberoamericano de Excelencia en la Gestión.

- **Premios de la ASQ**. Entre los que cabe destacar: Brumbaugh Award (al artículo publicado el año anterior que ha hecho la contribución más importante al desarrollo de aplicación industrial de control de calidad), Edwards Medal (a la persona que demuestre el liderazgo más destacado en la aplicación de métodos de control de calidad moderna); Deming Medal (a la persona que ha combinado con éxito la aplicación del pensamiento estadístico y la gestión para conseguir la calidad de productos y servicios); Feigenbaum Award (a la persona que muestre "características sobresalientes de liderazgo, profesionalidad y potencial en el campo de la calidad"); Eugene L. Grant Award (a la persona que haya demostrado un liderazgo destacado en el desarrollo y presentación de un programa educacional en control de calidad); Ishikawa Medal (a la persona o equipo que haya mostrado un liderazgo en la mejora de los aspectos humanos de la calidad); E. Jack Lancaster (a la persona en reconocimiento de su dedicación y contribuciones destacables en la fraternidad internacional de los profesionales de la calidad); Shewhart Medal (a la persona que haya realizado la contribución más destacable a la ciencia y técnicas del control de la calidad); Freund-Marquardt Medal (a las personas que hayan tenido puestos de responsabilidad en el establecimiento de estándares centrados en los sistemas de gestión de las organizaciones); Juran Medal (al líder organizacional que muestre un desempeño distinguido en un papel sostenido, practicando los principios clave de la calidad).

## 2.7 LECTURAS RECOMENDADAS

▼ *Arthur, J.L. (1992). Improving Software Quality – An Insider's Guide to TQM. Nueva York, Wiley.*

Arthur presenta la utilización de los principios de calidad total y de sus herramientas asociadas para la mejora de la calidad del software.

▼ *El-Haik, B.S. y Shaout, A. (2010). Software Design for Six Sigma: A Roadmap for Excellence. Wiley.*

Presenta los principales conceptos y técnicas del enfoque Seis Sigma para la calidad.

▼ *Gómez, J.A. (2015). Guía para la aplicación de UNE-EN ISO 9001:2015. Madrid, AENOR.*

En esta guía se explica cada uno de los requisitos de la norma ISO 9001 de manera muy clara, ilustrándolos mediante ejemplos.

▼ *Vinyard, J. (2017). Baldrige in Plain English: Understanding Performance Excellence 2017-2019. ASQ Quality Press.*

En este libro, organizado por las criterios del premio Baldrige, se explican los principios necesarios para que cualquier organización pueda alcanzar la excelencia en el desempeño.

## 2.8 SITIOS WEB RECOMENDADOS

▼ *www.isixsigma.com*

Este sitio ofrece bastante información sobre las cuestiones relacionadas con la filosofía Seis Sigma.

▼ *www.efqm.org*

Este es el portal de la EFQM, que es una fundación sin ánimo de lucro creada en 1989 y que ofrece información y formación para las organizaciones interesadas en alcanzar la "excelencia" en sus mercados y negocios.

## 2.9 EJERCICIOS

1. Analice las diferentes categorías utilizadas a la hora de conceder el Malcom Baldrige National Quality Award. Véase *http://www.nist.gov/baldrige/*. Examine la organización a la que le han concedido el premio este año en función de los principios de calidad establecidos por los gurús (Tabla 1.1).

2. En caso de trabajar en una universidad pública, privada o "corporativa", estudie los Educational Criteria for Performance Excellence que están disponibles en: *http://www.nist.gov/baldrige/* Estos criterios se diseñaron para ayudar a las organizaciones a utilizar un enfoque integrado en la gestión del desempeño organizacional, que dé como resultado: Entrega de valor con mejora continua a los estudiantes y personas involucradas, contribución a la calidad de la formación, mejora de la eficiencia y capacidades organizacionales en su conjunto, aprendizaje personal y organizacional. ¿Qué opina sobre estos criterios? ¿Cree que existe alguna relación entre estos criterios y el aprendizaje activo centrado en el alumno?

3. Encuentre los diferentes premios a la calidad que se conceden en su país o países del entorno y compare los criterios de estos premios respecto a los del Malcom Baldrige National Quality Award y a los del modelo EFQM. Sugerencia: acceda a *http://www.fundibeq.es*

4. Analice los principales criterios del modelo de excelencia CAF 2013, que puede encontrarse en *http://www.eipa.eu/files/File/CAF/ES_CAF_2013.pdf*

5. Analice la utilización de la aproximación Seis Sigma en la gestión de la calidad en diferentes sectores: automóvil, servicios, defensa, etc.

6. Explique el papel que juegan en la filosofía Seis Sigma los roles de: Executive Leadership, Champions, Master Black Belts, Black Belts, Green Belts y Yellow Belts.

7. Proponga una serie de indicadores que permitan verificar el grado de cumplimiento de los principios de gestión de la calidad que propone la familia de normas ISO 9000.

8. La última versión de la norma ISO 9001 enfatiza el enfoque basado en riesgos, identifique diversos riesgos organizacionales, estratégicos, de cumplimiento y operacionales que se deban tener en cuenta.

9. Averigüe el número de organizaciones que están certificadas en las diferentes normas y modelos: ISO 9001, EFQM, etc. en su país, y compare el resultado con las cifras a nivel mundial.

10. ¿Qué diferencias aprecia entre la construcción del software y la fabricación de otro tipo de productos industriales? Analice hasta qué punto las normas de calidad presentadas en este capítulo pueden ser aplicables a los sistemas informáticos.

# 3

# RIESGOS DE LOS SISTEMAS DE INFORMACIÓN

## 3.1 SITUACIÓN DE LA CALIDAD DE LOS SI

Desde hace varios años se viene insistiendo en la "crisis" de la Ingeniería del Software y en los desastres que los fallos de software pueden llegar a causar en las organizaciones. A este respecto cabe destacar los informes "CHAOS" del *Standish Group* que periódicamente "fotografían" la situación del sector. En el último informe, se señala que solo el 29% de los proyectos informáticos finalizan en el tiempo estimado, con los recursos planificados y con una calidad aceptable, mientras que un 19% fracasan totalmente. El resto (52%) se termina pero consumiendo muchos más recursos o con menos funcionalidades de las previstas. Hay que destacar que el uso de metodologías ágiles mejoran esta situación ya que, según el Standish Group, los proyectos que aplican metodologías ágiles consiguen un 39% de proyectos exitosos contra el 11% de las metodologías tradicionales. Aunque ya (Jorgensen y Molokken-Ostvod, 2006) expresaban dudas sobre algunas cifras del informe Chaos, en general podemos decir que dan una imagen de lo que sucede en la industria del software.

En (NIST, 2002) se repasan las pérdidas económicas (de varios centenares de millones de dólares) debido a los fallos del software en diferentes sectores como, por ejemplo, el aeroespacial (desastres como los del Ariane 5, Pathfinder y otras sondas espaciales) o el de Defensa (recordemos los fallos de los misiles Patriot en la I Guerra del Golfo). Una encuesta de Gartner en 2002 (Huber 2002) concluyó que se desperdiciaba el 20% del gasto en Tecnologías de la Información (solo en EEUU esto suponía unos 600.000 millones de dólares). Otra encuesta realizada por IBM en 2004 a los principales directivos de las 1000 empresas más importantes, reflejaba que el 40% de las inversiones en TI no retornan su valor a las organizaciones (Watters 2004).

También en la sección *RISKS DIGEST* que mantiene Peter Neumann de ACM se reflejan los "desastres" debido a los sistemas informáticos en las organizaciones. A modo de ejemplo citaremos algunos en diferentes sectores:

- **Energía**: p.ej., diferentes apagones y otros problemas de la red eléctrica, ocurridos en EEUU.

- **Finanzas**: p.ej., fallo que provocó la suspensión de la Bolsa de Tokio por cuatro horas y media.

- **Juegos de azar**: p.ej., se cayó el sistema de la lotería "US Megamillions" sin poder confirmar si había ganadores.

- **Telecomunicaciones**: p.ej., en Noruega el segundo proveedor más importante de telefonía móvil dejó sin servicio de manera esporádica a cientos de miles de clientes por varios días.

- **Democracia electrónica**: p.ej., las anomalías en votación electrónica en EEUU o Reino Unido en varias elecciones.

- **Infraestructuras**: p.ej., la rotura de tanques de agua en la ciudad de Jersey (EEUU) debido a un fallo en un ordenador que causó una falsa lectura de presión baja.

- **Transportes**: se producen desde fallos sin mucha trascendencia, como el "regalo" (por error y posterior rectificación) de millas gratuitas por diferentes compañías de aviación, hasta problemas de gestión aeroportuaria. Y más graves aún, problemas en aviones, como por ejemplo el del Airbus de Air Canadá con 40 heridos porque un fallo en el ordenador del avión hizo que bajara de forma inesperada o fallos en simuladores de vuelo. En los ferrocarriles también se reportan problemas, como en Alemania donde durante horas no funcionó el sistema de venta de billetes de ferrocarril, o en Inglaterra, en el tren que va desde East Croydon a Caterham, que no se pudo parar y se saltó 6 estaciones, porque perdió el enlace satelital. Recientemente hay que destacar algunos fallos en los coches "autónomos" que ya han tenido varios accidentes algunos de los cuales parece haber sido provocado por fallos software.

- **Sanidad**: se reportan problemas de suministro de medicamentos por fallos de software, problemas en operaciones con robots y de radioterapia en varios hospitales de EEUU.

Estos problemas se deben en parte a la falta de madurez de la propia disciplina debido a su juventud, a problemas en el gobierno de las tecnologías y sistemas informáticos (Piattini y Hervada, 2007) por falta de formación de los responsables de las empresas y organismos, y también a veces por primar la puesta en marcha de los sistemas de forma oportuna, sacrificando la calidad de los mismos. También es verdad que desde hace unos años se nota una cierta tendencia de utilizar la informática como responsable de cualquier problema en los servicios que prestan las organizaciones, convirtiéndose así el software o el sistema informático en el "niño de los azotes" (Maestre 2007).

Otra causa que hay que tener en cuenta es la "paradoja de la automatización", que podría justificar el accidente de metro de Washington (Greengard 2009), que viene a decir que cuanto más automatizado un sistema más difícil de prevenir fallos catastróficos.

## 3.2 CAUSAS DE LOS FRACASOS EN PROYECTOS SOFTWARE

A lo largo de la historia de la ingeniería del software, varios expertos han identificado las causas de los problemas expuestos en el apartado anterior. Así, por ejemplo, Steve McConnell en su clásico "Rapid Development"(McConnell 1996), identificaba cuatro categorías de errores:

- **Relacionados con las personas**: baja motivación, personal débil, problemas no controlados, heroicidad, añadir personas a un proyecto retrasado, oficinas ruidosas, fricción entre desarrolladores y clientes, expectativas no realistas, falta de un patrocinio efectivo para el proyecto, falta de implicación de los *stakeholders*, falta de input por el usuario, primar la política sobre la sustancia, y "castillos en el aire" (*wishful thinking*).

- **Relacionados con los procesos**: planificación demasiado optimista, insuficiente gestión de riesgos, insuficiente planificación de fallos del contratista, tiempo perdido al inicio, actividades recortadas, diseño inadecuado, poco aseguramiento de la calidad, insuficientes controles de gestión, convergencia prematura o demasiado frecuente, omisión de tareas necesarias en las estimaciones, planificar que más adelante se recuperará, programación endiablada.

- **Relacionados con los productos**: refinamiento innecesario de los requisitos, desaparición de características, "dorar" a los desarrolladores, negociación complicada, desarrollo orientado a la investigación.

▼ **Relacionados con la tecnología**: síndrome de la "bala de plata", ahorros sobreestimados de las nuevas herramientas y métodos, cambio de herramientas a la mitad del proyecto, falta de control de código automatizado.

Por su parte, (Glass 1998) destaca como, según lo esperado, la mayoría de los proyectos "fuera de control": son muy grandes, son el resultado de varias causas y fueron "alabados" como proyectos "rompedores" que implican un gran adelanto. Pero, por otro lado, también concluye que la tecnología fue una causa del fracaso tanto como la gestión (aunque se suele culpar más a la gestión), y que existen dos problemas técnicos dominantes: el uso de nueva tecnología y el rendimiento. En su obra, Glass presenta las causas de los problemas en estos proyectos ordenadas por importancia decreciente:

▼ Objetivos del proyecto no completamente especificados

▼ Mala planificación y estimación

▼ Tecnología novedosa para la organización

▼ Metodología de gestión de proyectos inexistente o inadecuada

▼ Insuficiente experiencia en el equipo

▼ Pobre rendimiento de los suministradores de hardware/software

▼ Otros problemas de eficiencia

Watts Humphrey hace tiempo que ya señaló que una de las causas principales de fracaso es el tamaño y complejidad del software (Humphrey 2005), destacando que los proyectos de más de 6 millones de dólares tienen una probabilidad de éxito de menos del 10%.

Un análisis más reciente es el realizado por "Montgomeri Lee" (Lee 2010) quien clasifica los proyectos con nombres muy significativos: "Padre desconocido", "Persona de moral descuidada", "Gaudiniano", "Nuevo rico", "Empezar la casa por el tejado", "Zoológico", "Bizco", "Coral", "Agujero negro", "Operación triunfo", "Nunca más se supo", "El hermano más listo", "Compulsivo", "Gran hermano", "La máquina del tiempo" y "La guerra de las galaxias", que sintetizan muy bien las principales causas del fracaso de los proyectos informáticos.

(Leveson, 2013) destaca que desarrollar software es mucho más difícil que desarrollar hardware, y recoge algunas lecciones aprendidas durante el desarrollo de software para el Space Shuttle que vale la pena destacar:

- La documentación del software es crucial

- La verificación tiene que ser meticulosa, y seguir una secuencia de pasos sin saltarse ninguno para intentar ahorrar tiempo

- Los requisitos se deben definir claramente y gestionar con cuidado antes de empezar a codificar y se necesitan los cambios

- Se deben crear y seguir buenos planes de desarrollo

- Se debe asignar en etapas tempranas personal con experiencia a los proyectos

- El software no debe declararse como completo para cumplir la planificación, de forma que tengan que ser los usuarios los que arreglen los errores

- El software necesita el mismo tipo de procesos rigurosos y disciplinados que el resto de ingenierías

- La calidad debe ser construida desde el principio en el producto y no añadida después de que el software se haya escrito

Esta experta también resalta que importan mucho la "cultura" de desarrollo de software profesional que se establece en la empresa, que no puede depender de los "héroes" y sí de entornos profesionales de ingeniería.

En un interesante estudio, Sedano et al. (2017) identifican nueve tipos de "desperdicio" en el desarrollo de software, que amplían la taxonomía de desperdicios del desarrollo de software lean: construir la característica o el producto inadecuados (el coste de construir una característica o producto que no aborda ninguna necesidad de usuario o de negocio), gestionar de forma inadecuada el backlog (el coste de duplicar el trabajo, entregar características de usuario de valor inferior o retrasar correcciones necesarias de fallos), retrabajo (el coste de alterar el trabajo entregado que debería haber sido realizado correctamente pero no lo fue), soluciones innecesariamente complejas (el coste de crear una solución más complicada de la necesaria, una oportunidad perdida de simplificar características, la interfaz de usuario o el código), carga cognitiva superflua (el coste de un gasto innecesario de energía mental), estrés psicológico (el coste de agobiar al equipo con estrés no productivo), espera/multitarea (el coste de tiempo improductivo, a menudo oculto por la multitarea), pérdida de conocimiento (el coste de volver a adquirir la información que el equipo ya conocía), y comunicación ineficaz (el coste de una comunicación imcompleta, incorrecta, confusa, ineficiente o ausente).

Para Caper Jones los riesgos de software más comunes en el 2016 son los siguientes, en los que señalamos con un "*" los que dependen de la medición del tamaño del software (Jones, 2017):

- Proyectos cancelados *
- Daños significativos a los clientes
- Sobrecostes *
- Ciberataques
- Errores de estimación o rechazo de estimaciones exactas *
- Demandas imposibles por parte de los clientes o la dirección *
- Demandas por incumplimiento de contrato *
- Pleitos por violación de patentes
- Deficiente control de cambios
- Deficiente medición después de la finalización *
- Deficiente control de calidad *
- Deficiente seguimiento durante el desarrollo *
- Corrupción del alcance
- Requisitos tóxicos y errores en los requisitos
- Fallos en la planificación de más del 25% *

Este mismo autor propone en el apéndice 2 de uno de sus recientes libros (Jones, 2017) "veinticinco objetivos de la ingeniería del software para los años 2016 hasta 2021". Dentro de estos objetivos hay varios relacionados con los requisitos, la planificación, las herramientas o las pruebas.

Por lo que respecta a la calidad, propone reducir el coste de la calidad de los desarrollos a menos del 15% (según los cálculos de Caper Jones en la actualidad superan el 45%), reducir el coste de la calidad (COQ) de más del 45% del desarrollo a menos del 15%, reducir la complejidad ciclomática de más de 25 a menos de 10, bajar el riesgo de fallo o cancelación de los proyectos de 10.000 puntos función de más del 35% a menos del 5%, mejorar el volumen de materiales reutilizables certificados de menos del 15% a más del 85%, etc.

## 3.3 IMPORTANCIA DE LA CALIDAD EN LOS SI

Hay que tener en cuenta, sin embargo, que no siempre se ha primado la calidad en la industria del software. De hecho, como señala (Card 1995) la industria del software ha experimentado una serie de modas: durante los setenta la productividad era la preocupación de moda, sustituida en los ochenta por la calidad, y en los noventa por el "time-to-market" y el desarrollo rápido. Este autor señala que las organizaciones deberían considerar la importancia del time-to-market para su éxito, teniendo en cuenta los dos factores que determinan el mercado: la cantidad de consumidores y de proveedores (véase Figura 3.1).

Estos dos factores definen cuatro mercados, que requieren diferentes estrategias de negocio:

- **Capacidad.** Cuando se inicia un mercado, la capacidad de ofrecer un producto es lo más importante ya que los primeros clientes están dispuestos a aceptar menos calidad de lo habitual si existen pocos proveedores capaces de ofrecer el producto.

- **Coste**. En un mercado con muchos proveedores pero pocos consumidores, el consumidor es quien dicta la calidad que desea, así que la única estrategia posible para el proveedor es conseguir la calidad solicitada al menor coste posible.

- *Time-to-market*. En un mercado en el que pocos proveedores compiten por muchos consumidores, lo más importante será poner el producto lo antes posible en el mercado.

- **Calidad**. En los mercados maduros la calidad es el determinante principal del éxito, ya que será difícil conseguir el coste más bajo.

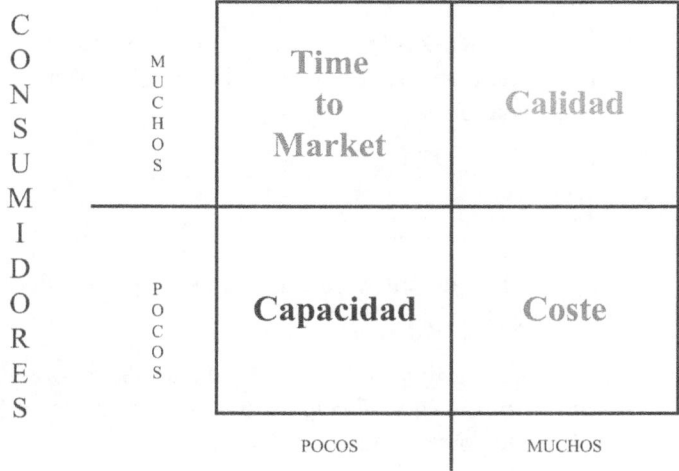

**Figura 3.1.** Mercados según la cantidad de consumidores/proveedores (Card 1995)

## 3.4 LECTURAS RECOMENDADAS

▼ Brooks, F.P. (1995). *The Mythical Man-Month: Essays on Software Engineering, Anniversary Edition.* 2ª ed. Addison-Wesley.

La segunda edición de un "clásico" que ha hecho historia, identificando muchas de las causas de los fracasos de los proyectos informáticos.

▼ Lee, M. P.D.F. (2010). *¡¡¡Qué mala suerte!!! Cincuenta formas seguras de fracasar en sus proyectos.* Madrid, Ra-Ma.

Se repasan fracasos famosos en la industria del software y se ofrece una visión muy lúcida e irónica de sus principales causas.

▼ Rost, J. y Glass, R.L. (2011). *The Dark Side of Software Engineering. Evil on Computing Projects.* IEEE Computer Society, Hoboken, N.J., EEUU.

Este libro aborda el "lado oscuro" de la Ingeniería del Software, mostrando ejemplos de: subversión, engaño, piratería, robo de información, espionaje, sabotaje, etc.

## 3.5 SITIOS WEB RECOMENDADOS

▼ *catless.ncl.ac.uk/risks*

Es la sección RISKS DIGEST que mantiene Peter Neumann de ACM, en la que se reflejan los "desastres" debido a los sistemas informáticos en las organizaciones.

## 3.6 EJERCICIOS

1. Analice fallos de software que se hayan producido en la industria del automóvil.

2. Evalúe los riesgos que destaca el Global Risks report del World Economic Forum (*http://www.weforum.org/reports/*) relativos a la tecnología, y el papel que le corresponde al software.

3. Comente el artículo de opinión titulado "El fallo informático, o el fallo del informático" de El País, 1 de septiembre de 2013 (*http://elpais.com/elpais/2013/08/28/opinion/1377700616_263311.html*)

4. Examine cómo se puede utilizar el Análisis de Causa Raíz (RCA, Root Cause Analysis) para analizar los fallos de la industria software. Véase, por ejemplo, la propuesta de (Dalal y Chhillar, 2013).

5. Establezca cuáles son los fallos más famosos o costosos de la historia del software. Puede ver alguna sugerencia en las siguientes webs: *http://www.computerworld.com/article/2515483/enterprise-applications/epic-failures--11-infamous-software-bugs.html, http://www.devtopics.com/20-famous-software-disasters/*

6. Desde 2009, periódicamente Capgemini y Sogeti publican en "World Quality Report" en el que se pueden observar datos muy interesantes como los sectores con más fallos de software, o los principales desafíos para el desarrollo de aplicaciones. Acceda al de este año y el pasado y analice cómo ha cambiado la situación de la calidad de los SI.

7. En el artículo "Why Big Software Projects Fail: The 12 Key Questions" (publicado en CrossTalk, marzo 2005, pp. 25-29, Watts Humphrey expone doce cuestiones a tener en cuenta en el desarrollo de SI, prioricelas según su experiencia.

8. Utilizando el diagrama de Ischikawa, analice las causas raíz de los fracasos de la industria del software. Consulte, por ejemplo, a Dalal y Chhillar (2013).

9. Busque evidencia empírica sobre los diferentes porcentajes de proyectos fracasados según su tamaño, considerando metodologías tradicionales vs. Metodologías ágiles.

10. Compare los fallos de la industria del software de su país respecto a la de su región geográfica, y analice su evolución.

# 4

# LA GESTIÓN DE LA CALIDAD DE LOS PROYECTOS

## 4.1 INTRODUCCIÓN

Tal como se ha analizado en el Capítulo 2, el proceso de gestión de la calidad pretende asegurar que todas las actividades necesarias para diseñar, planificar e implementar un proyecto se llevan a cabo de forma efectiva y eficiente de acuerdo a los objetivos del proyecto y al rendimiento esperado.

La gestión de la calidad de los proyectos no es un proceso separado que deba esperar al final del desarrollo del proyecto para asegurar su calidad, sino que se trata de un proceso que se lleva a cabo de forma continua desde que el proyecto ha comenzado. Por tanto es un proceso de vital importancia para asegurar que los proyectos cumplen con los requisitos de calidad esperados.

A lo largo de este libro se trata la gestión de la calidad en los procesos y productos software. En este capítulo se abordarán los aspectos generales del proceso de gestión de la calidad de los proyectos. Para ello se utilizarán como referencias estándar el cuerpo de conocimiento de gestión de proyectos (PMBOK, *Project Management Body of Knowledge*) (PMI, 2017) y el estándar IEEE 730 (IEEE 2014) sobre planes de aseguramiento de la calidad del software.

## 4.2 GESTIÓN DE LA CALIDAD DE LOS PROYECTOS SEGÚN PMBOK

De acuerdo al (PMI, 2017), un **proyecto** es un esfuerzo temporal que se lleva a cabo para crear un producto, servicio o resultado único. La naturaleza temporal de los proyectos indica un principio y un final definidos, final que se alcanza cuando se logran los objetivos del proyecto o cuando se termina el proyecto dado que sus objetivos no pueden ser cumplidos o ya no existe la necesidad que originó el proyecto. La **gestión de proyectos** es la aplicación de conocimientos, habilidades, herramientas y técnicas a las actividades del proyecto para cumplir con los requisitos del mismo.

La primera parte del PMBOK (sexta edición) está estructurada en trece capítulos está estructurado en trece capítulos, de los cuales los dos primeros introducen los conceptos clave en el ámbito de la dirección de proyectos, la estructura del cuerpo de conocimiento en grupos de procesos y áreas de conocimiento, así como el entorno organizacional en el que se sitúa la dirección de proyectos. El Capítulo 3 se centra en el papel fundamental que juega el director de proyectos, así como las competencias y habilidades necesarias. Posteriormente los Capítulos 4 a 13 describen en detalle cada una de las áreas (véase Figura 4.1), especificando los procesos que la componen, sus entradas y salidas, así como las herramientas y técnicas utilizadas.

**Figura 4.1.** Áreas de la Gestión de Proyectos en PMBOK

Tal como se muestra en la Figura 4.2, los 49 procesos de PMBOK se clasifican de acuerdo a diez áreas de conocimiento:

- **Gestión de la Integración**, cuyo objetivo es identificar, definir, combinar, unificar y coordinar los distintos procesos y actividades de la gestión de proyectos.

- **Gestión del Alcance**, que incluye los procesos y actividades necesarias para garantizar que el proyecto incluya el trabajo requerido (y solo este) para completarlo de forma exitosa.

- **Gestión del Tiempo**, que busca asegurar la realización del proyecto dentro de los plazos previstos.

- **Gestión del Coste**, para asegurar que el proyecto es completado dentro del presupuesto previsto.

- **Gestión de la Calidad**, que incluye los procesos para incorporar la política de calidad de la organización en lo relativo a la planificación, gestión y control de los requisitos de calidad de los productos y proyectos para satisfacer los objetivos de los interesados. También se da soporte a las actividades de mejora continua de la organización.

- **Gestión de los Recursos**, con el fin de conseguir el uso más efectivo de los recursos mediante la identificación, adquisición y gestión de los recursos necesarios (humanos, materiales) para llevar a cabo con éxito el proyecto.

- **Gestión de las Comunicaciones**, para asegurar en tiempo y forma adecuados la generación, recopilación, diseminación, almacenamiento y localización final de la información del proyecto.

- **Gestión de los Riesgos**, que busca identificar, analizar y dar respuesta a los riesgos del proyecto tratando de maximizar la probabilidad y consecuencias de eventos positivos y minimizar las de eventos negativos.

- **Gestión de las Adquisiciones**, que describe los procesos necesarios para la compra o adquisición de productos, servicios o resultados, externos al equipo del proyecto, que son necesarios para la realización del proyecto.

- **Gestión de los Interesados (stakeholders),** que pretende conseguir la satisfacción de todos los interesados en el proyecto, para lo cual se debe identificar a los mismos (gente, grupos u organizaciones que pueden afectar o ser afectados por el proyecto), planificar su gestión para implicarles, y gestionar y controlar dicha implicación.

En este capítulo nos centraremos en el área de **Gestión de la Calidad del Proyecto**, que describe los procesos involucrados en planificar, gestionar, controlar y garantizar que se cumple con los requisitos de calidad del proyecto. La Gestión de la Calidad del Proyecto trata sobre la gestión tanto de la calidad del proyecto como de la calidad de los productos del proyecto. El enfoque básico de la gestión de calidad que se describe en PMBOK es compatible con los estándares ISO relacionados así como con enfoques sobre la gestión de calidad, tales como los recomendados por Deming, Juran, Crosby, Gestión de la Calidad Total (TQM), Six Sigma, Coste de la Calidad (COQ) y Mejora Continua, entre otros.

Para dar soporte al área de gestión de la calidad de los proyectos se incluyen los procesos: **Planificar la Calidad, Gestionar la Calidad y Controlar la Calidad** (véase Figura 4.2). El proceso de planificación de la calidad se enfoca en definir la calidad que el trabajo debe tener (requisitos de calidad). Por su parte, el proceso gestionar la calidad se centra en gestionar los procesos de la calidad a lo largo de la realización del proyecto, de modo que los requisitos de calidad identificados en la planificación se traducen a instrumentos de evaluación y pruebas, que son aplicados durante el control de la calidad para verificar el cumplimiento de dichos requisitos. Como resultado se obtienen dos entregables clave en la gestión de la calidad de los proyectos: los entregables verificados y los informes de calidad. A continuación, se describen con más detalle estos procesos.

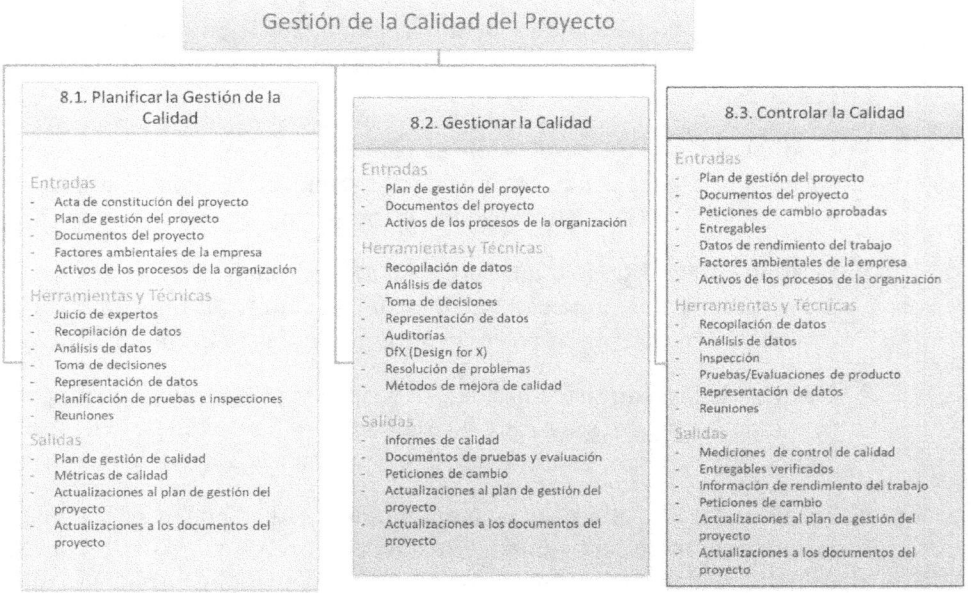

**Figura 4.2.** Área Gestión de la Calidad de los Proyectos (PMI, 2017)

## 4.2.1 Planificar la Gestión de Calidad

El proceso de planificación de la gestión de la calidad se encarga de la identificación de los requisitos de calidad y/o normas para el proyecto y sus entregables (producto), documentando la manera en que el proyecto demostrará el cumplimiento de los mismos (véase Figura 4.3). Su principal aportación consiste en guiar y proporcionar la dirección adecuada sobre cómo se va a gestionar y verificar la calidad a lo largo del proyecto. Este proceso se realiza una vez o en ciertos puntos definidos a lo largo del proyecto.

### 4.2.1.1 ENTRADAS

Las entradas del proceso de planificación de la calidad son:

- **Acta de constitución del proyecto**, que describe a alto nivel las características del proyecto y del producto, incluyendo además los requisitos de aprobación, objetivos medibles y criterios de éxito del proyecto, que pueden influir a la hora de gestionar la calidad del proyecto.

- **Plan de gestión del proyecto,** que contiene:
  - **Plan de gestión de requisitos**, que proporciona el enfoque para identificar, analizar y gestionar los requisitos a los que el plan de gestión de calidad y las métricas de calidad harán referencia.
  - **Plan de gestión de riesgos,** que proporciona el enfoque para identificar, analizar y monitorizar los riesgos, de modo que la información de este plan se complementa con la información del plan de calidad para conseguir el éxito del proyecto y la entrega de un producto satisfactorio.
  - **Plan de implicación de los interesados (*stakeholders*),** que proporciona el método para documentar las necesidades y expectativas de los interesados y que por lo tanto constituyen la base para la gestión de la calidad.
  - **Línea base de alcance,** de modo que la estructura de desglose de trabajo (WBS, *Work Breakdown Structure*) junto con los entregables documentados en el enunciado de alcance del proyecto son considerados a la hora de determinar los estándares y objetivos de calidad que son apropiados para el proyecto, así como los procesos y entregables del proyecto que deben someterse a revisión de calidad. También se incluyen en esta línea base los criterios de aceptación de los entregables, que se satisfacen cuando las necesidades de los interesados han sido cubiertas. Por ello, estos criterios afectan a los costes de calidad y en definitiva a los costes totales del proyecto.

▼ **Documentos del proyecto**. Los documentos del proyecto que se pueden considerar como entrada para la planificación de la calidad son los siguientes (no se limita a otros posibles documentos útiles):

- **Registro de suposiciones**, que incluye todas las suposiciones y restricciones, entre las que se encuentran las que pueden afectar a los requisitos de calidad y cumplimiento de estándares.

- **Documentación de los requisitos,** que en este contexto, son utilizados por el equipo del proyecto para planificar cómo realizar el control de calidad en el proyecto.

- **Matriz de trazabilidad de requisitos,** que da una visión general sobre las pruebas necesarias para verificar los requisitos.

- **Registro de riesgos**, que contiene la información sobre las amenazas y oportunidades que pueden impactar sobre los requisitos de calidad.

- **Registro de interesados**, que identifica a aquellos que tienen un interés particular o pueden influir en la calidad, con especial énfasis en las expectativas del cliente y del patrocinador del proyecto.

▼ **Factores ambientales de la empresa**, que pueden influir en la planificación de la calidad, tales como: las leyes gubernamentales; las reglas, normas y pautas específicas para un área de aplicación; la distribución geográfica; la estructura organizacional; las condiciones del mercado; las condiciones de trabajo y operativas del proyecto o sus entregables; las percepciones culturales.

▼ **Activos de los procesos de la organización**, que pueden influir en la planificación de la calidad, tales como: las políticas, los procedimientos y las pautas de calidad de la organización; plantillas como por ejemplo hojas de comprobación o matrices de trazabilidad; bases de datos históricas y lecciones aprendidas de proyectos anteriores.

### 4.2.1.2 HERRAMIENTAS Y TÉCNICAS

Las herramientas y técnicas del proceso de planificación de la calidad de PMBOK son:

▼ **Juicio de expertos**, que considera el conocimiento y experiencia de personas o grupos con conocimiento especializado o formados en los temas de aseguramiento, control, medición, mejora de la calidad y sistemas de gestión de calidad.

▼ **Técnicas de recopilación de datos,** incluyendo pero no limitadas a:

- **Estudios comparativos (*benchmarking*)**, que implican comparar prácticas reales o planificadas del proyecto con las de proyectos comparables, que pueden estar dentro o fuera de la organización ejecutante y pueden pertenecer a la misma área de aplicación o a otra.

- **Tormenta de ideas (*brainstorming*)**, que en este contexto permite recopilar datos de forma creativa a partir de los miembros de un equipo o grupo o de expertos en la materia, para elaborar el plan de gestión de calidad más apropiado para el proyecto.

- **Entrevistas,** que permiten identificar las expectativas y necesidades de la calidad que debe satisfacer el producto y el proyecto, tanto implícitas como explícitas, formales o informales. Para ello se entrevista a participantes experimentados en el proyecto, interesados y expertos en la materia, en un entorno de confianza y confidencialidad que promueva obtener información comunicada con honestidad y sin sesgos.

▼ **Técnicas de análisis de datos**, que incluyen pero no están limitadas a:

- **Análisis coste-beneficio**, durante el cual se comparan para cada actividad de calidad el coste de su aplicación respecto al beneficio esperado.

- **Coste de la calidad** (COQ), que incluye todos los costes en los que se ha incurrido durante la vida del producto para prevenir el incumplimiento de los requisitos, para evaluar la conformidad del producto o servicio con los requisitos, y por no cumplir con los requisitos (reproceso).

▼ **Técnicas de toma de decisiones**, entre las que se pueden incluir el análisis de decisión multicriterio, por ejemplo para priorizar las métricas de calidad que se van a usar.

▼ **Técnicas de representación de datos**, que incluyen pero no se limitan a: diagramas de flujo; modelos lógicos de datos; diagramas matriciales; mapas mentales.

▼ **Técnicas de planificación de pruebas e inspecciones,** que determinan cómo se van a realizar las pruebas o las inspecciones a los productos, entregables o servicios que deben satisfacer las expectativas de los interesados. Del mismo modo se debe determinar cómo evaluar que se satisfacen las expectativas sobre rendimiento y fiabilidad. Estas pruebas son específicas en cada tipo de industria, como por ejemplo las pruebas *alpha* y *beta* en el campo de los proyectos software.

▼ **Reuniones,** para desarrollar el plan de gestión de calidad y en las que suelen participar: el director del proyecto; el patrocinador; los miembros seleccionados del equipo; interesados seleccionados; cualquier otra persona con responsabilidades en el plan de gestión de calidad; otras personas según sea necesario.

En el Anexo A se describen con más detalle algunas de las técnicas descritas anteriormente.

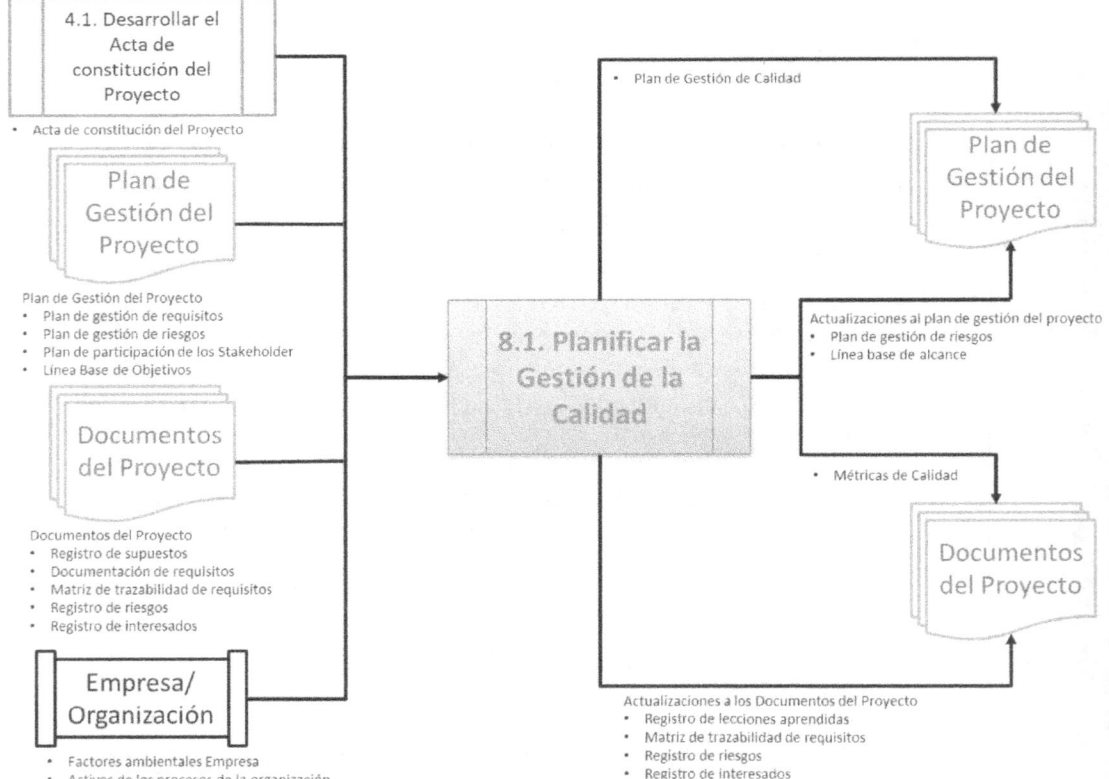

**Figura 4.3.** Planificar la Gestión de la Calidad

### 4.2.1.3 SALIDAS

Las salidas del proceso de planificación de la calidad son:

- **Plan de gestión de calidad**, que describe cómo el equipo de gestión del proyecto implementará la política de calidad de la organización ejecutante. Es un componente del plan de gestión del proyecto que describe las actividades y recursos necesarios para cumplir los objetivos de calidad. Este plan puede ser formal o informal, muy detallado o formulado de manera general. El formato y el grado de detalle se determinan en función de los requisitos del proyecto. Por ejemplo, en el apartado 3 se describe el estándar IEEE 730 para describir planes de aseguramiento de calidad de los proyectos software.

- **Métricas de calidad**, que describen, en términos muy específicos, un atributo del producto o del proyecto, y la manera en que el proceso de control de calidad lo medirá. Algunos ejemplos de métricas de calidad incluyen el índice de puntualidad, el control del presupuesto, la frecuencia de defectos, el índice de fallos, la disponibilidad, la fiabilidad y la cobertura de las pruebas.

- **Actualizaciones al plan de gestión de la calidad,** en particular: el plan de gestión de riesgos, que puede verse afectado por el enfoque de calidad elegido; la línea base del alcance, especialmente afectada por la necesidad de añadir ciertas actividades relacionadas con la gestión de calidad en el proyecto.

- **Actualizaciones a los documentos del proyecto**, siendo entre otros los documentos del proyecto que pueden verse afectados por actualizaciones los siguientes: el registro de interesados, la matriz de trazabilidad de requisitos, el registro de riesgos y el registro de interesados.

## 4.2.2 Gestionar la Calidad

El proceso gestionar la calidad se realiza a lo largo de la ejecución del proyecto y consiste en trasladar el plan de calidad a una política de calidad del proyecto que incluya las actividades necesarias a llevar a cabo para cumplir los objetivos de dicho plan. A este proceso se le denomina también aseguramiento de la calidad, pero gestionar la calidad tiene un significado más amplio, dado que el aseguramiento se centra en garantizar que se llevan a cabo los procesos del proyecto de forma eficaz para que el producto final cumpla con las expectativas y requisitos de los interesados. Gestionar la calidad incluye todas las actividades de aseguramiento de la calidad pero además aborda los aspectos de diseño del producto y de mejoras del proceso. Los costes derivados de este proceso pertenecen a la categoría de costes de conformidad.

En la Figura 4.4 se muestra el proceso gestionar la calidad, destacando sus entradas y salidas así como su interacción con otros procesos de gestión de proyectos.

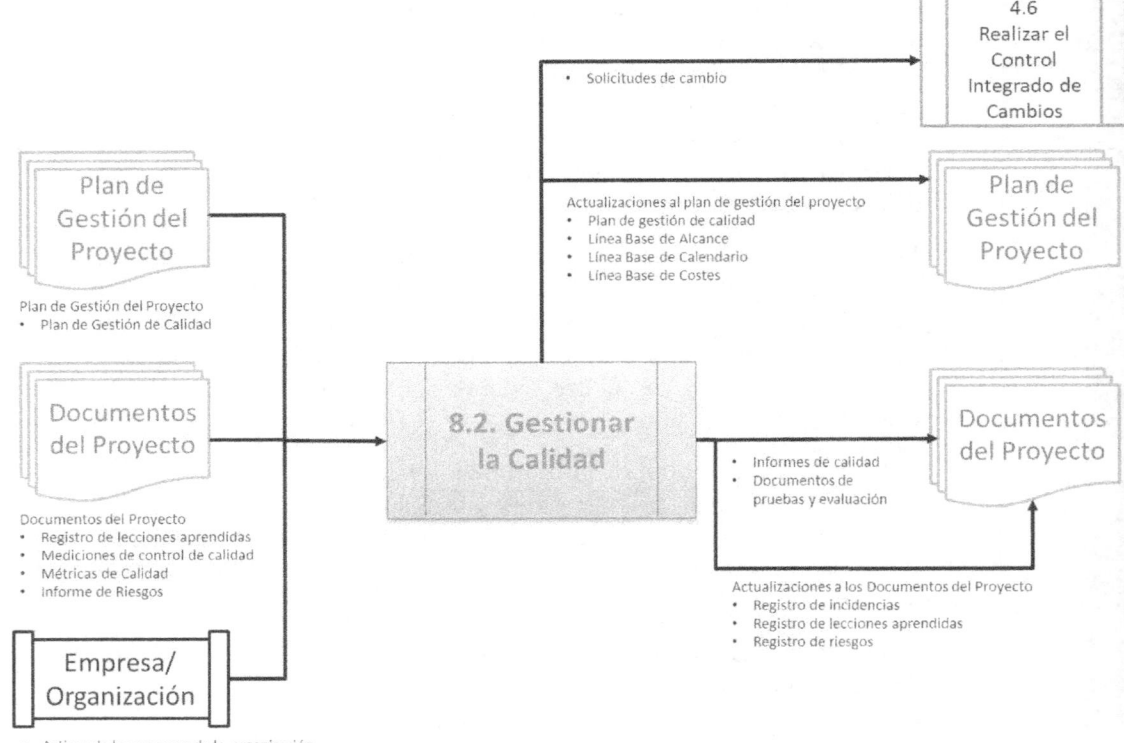

**Figura 4.4.** Gestionar la Calidad (PMI, 2017)

Tal como se puede observar en la Figura 4.4, gestionar la calidad usa los resultados del proceso de controlar la calidad (apartado 2.3 de este capítulo) para poder informar sobre el estado global de calidad el proyecto a los interesados.

#### 4.2.2.1 ENTRADAS

Las entradas del proceso gestionar la calidad son:

- ▶ **Plan de gestión del proyecto**, donde se incluye el plan de gestión de calidad.

▼ **Documentos del proyecto**, que incluyen, aunque no están limitados a: registro de lecciones aprendidas, que permitan mejorar la eficiencia y eficacia de la gestión de calidad; mediciones de control de calidad, que se usan para evaluar y analizar la calidad de los procesos y entregables del proyecto respecto a los estándares o requisitos de la organización que lleva a cabo el proyecto; métricas de calidad, que se verifican como parte del control de calidad y son usadas en el proceso gestionar la calidad como base para elaborar los escenarios de prueba para el proyecto y sus entregables y como base para iniciativas de mejora; informe de riesgos, que se usa para identificar fuentes de riesgo del proyecto global que puedan impactar a los objetivos de calidad y sus posibles consecuencias.

▼ **Activos de los procesos de la organización,** entre los que se consideran: el sistema de gestión de calidad organizacional; plantillas de calidad; resultados de auditorías previas y lecciones aprendidas de proyectos similares.

### 4.2.2.2 HERRAMIENTAS Y TÉCNICAS

Las herramientas y técnicas del proceso gestionar la calidad de PMBOK son:

▼ **Técnicas de recopilación de datos**, destacando el uso de **listas de chequeo o comprobación** (*checklist*), para lo que muchas organizaciones disponen de plantillas estandarizadas. Deben incluir los criterios de aceptación que forman parte de la línea base del alcance.

▼ **Técnicas de análisis de datos,** entre las que se pueden incluir: **análisis de alternativas**; **análisis de documentos**, tales como los resultantes del proceso de control de calidad (informes de calidad, de prueba, rendimiento, varianza, etc.), para detectar y poder mejorar procesos fuera de control; **análisis de procesos**, que identifica oportunidades y acciones de mejora examinando problemas, restricciones y actividades de un proceso que no aportan valor; **análisis causa-raíz**, para determinar la causa ante una desviación, defecto o riesgo.

▼ **Técnicas de toma de decisiones**, como el **análisis de decisión multicriterio**.

▼ **Técnicas de representación de datos,** que incluyen: **diagramas de afinidad**, que son similares a las técnicas de mapas de ideas y que permiten generar ideas que son usadas para crear patrones organizados de pensamiento sobre un problema; **diagramas causa-efecto (Ishikawa)**, para ayudar a identificar las causas de un problema; **diagramas de flujo**, para mostrar los pasos que conducen a un defecto; **histogramas,** para ilustrar por ejemplo los defectos por entregable, ranking de posibles defectos, etc.; **diagramas matriciales**, para analizar la relación entre factores, causas y objetivos; **diagramas de dispersión**, para analizar la relación entre dos variables.

- **Auditorías de calidad**. Sus objetivos son: identificar todas las buenas y mejores prácticas que se emplean en la organización y también las anomalías; compartir las buenas prácticas que se han utilizado en proyectos similares de la organización y/o de la industria en general; ofrecer asesoramiento de forma proactiva y positiva para mejorar la implementación de los procesos con el fin de ayudar a incrementar la productividad del equipo; resaltar las contribuciones de cada auditoría en la base de datos de lecciones aprendidas de la organización. Como consecuencia de aplicar auditorías, se espera reducir el coste de la calidad y obtener una mejor aceptación del producto del proyecto por parte del cliente o patrocinador. Las auditorías de calidad pueden ser planificadas o aleatorias, así como realizadas por auditores internos o externos. Pueden asimismo confirmar la implementación de acciones de cambio aprobadas, que incluyan la realización de acciones correctivas, la reparación de defectos y acciones preventivas.

- **DfX** (*Design for X*), que es un conjunto de directrices y guías que se pueden aplicar durante el diseño de un producto para la optimización de ciertos aspectos del diseño, lo que puede redundar en reducción de costes, mejora de la calidad, mejor rendimiento y en definitiva mayor satisfacción del cliente. Por ejemplo, mediante el uso de **patrones de diseño** adecuados al problema a resolver en el caso de los proyectos software.

- **Resolución de problemas**, cuyo objetivo es encontrar soluciones a los problemas o desafíos, para lo cual se recopila información adicional, se aplican técnicas de pensamiento crítico, pensamiento creativo así como enfoques lógicos y cuantitativos. Los problemas se pueden detectar en el proceso de control de calidad o en auditorías de calidad y están asociados a un proceso o entregable. Por ello esta técnica persigue eliminar el problema y desarrollar una solución de larga duración, para lo cual se incluyen los siguientes elementos: definir el problema; identificar la causa raíz; generar soluciones posibles; elegir la mejor solución; implementar la solución; y verificar la eficacia de la solución.

▼ **Métodos de mejora de calidad,** que se suelen aplicar en base a los hallazgos o recomendaciones de los procesos de control de calidad. Ejemplos de este tipo de métodos son PDCA (Plan-Do-Check-Act) o Six-Sigma.

#### 4.2.2.3 SALIDAS

Las salidas del proceso gestionar la calidad son:

▼ **Informes de calidad**, que pueden ser gráficos, numéricos o cualitativos, y cuya información (recomendaciones, mejoras de proceso o producto, resumen de hallazgos de control de calidad, etc.) es habitualmente utilizada por otros procesos y departamentos para llevar a cabo acciones correctivas que permitan cumplir con las expectativas de calidad del proyecto.

▼ **Documentos de pruebas y evaluaciones**, que se crean en base a necesidades de la industria o plantillas de la organización y son entrada al control de calidad para determinar el cumplimiento de los objetivos de calidad. Por ejemplo, estos documentos pueden incluir listas de comprobación y matrices de trazabilidad de requisitos detalladas.

▼ **Solicitudes de cambio**, que sean generadas en el proceso gestionar la calidad y puedan impactar en cualquiera de los componentes del plan de proyecto, documentos del proyecto o los procesos de gestión del producto o proyecto. Estas solicitudes son entradas al proceso de realizar el control integrado de cambios de PMBOK y pueden utilizarse para realizar acciones correctivas o preventivas, o para la corrección de defectos.

▼ **Actualizaciones al plan de gestión del proyecto,** que afecta a los planes de gestión de calidad y a las líneas base de alcance, calendario y costes.

▼ **Actualizaciones a los documentos del proyecto**, siendo los documentos del proyecto que pueden actualizarse los registros de incidencias, lecciones aprendidas y riesgos.

### 4.2.3 Controlar la Calidad

El control de la calidad es un proceso que se lleva a cabo durante todo el proyecto, mediante el cual se monitorean y se registran los resultados de la ejecución de las actividades de gestión de la calidad con el fin de evaluar su rendimiento y asegurar que las salidas del proyecto son correctas, completas y satisfacen las expectativas de los interesados clave para conseguir su aceptación final. Las actividades de control de la calidad permiten por tanto identificar las causas de una calidad deficiente del producto o proceso de los proyectos de la organización y recomiendan y/o implementan acciones para eliminar dichas causas. Este proceso se realiza por el departamento de calidad o similar de la organización ejecutante.

Para realizar adecuadamente este proceso, el equipo de gestión del proyecto debería tener un conocimiento práctico de control estadístico de la calidad, especialmente en lo relativo a muestreo y probabilidad. Otra área que resulta de interés en este contexto es el control estadístico de procesos, abordado en este libro con mayor detalle.

En la Figura 4.5 se muestra la relación del proceso de control de la calidad con los otros procesos del área de gestión de la calidad y de la gestión de proyectos en general.

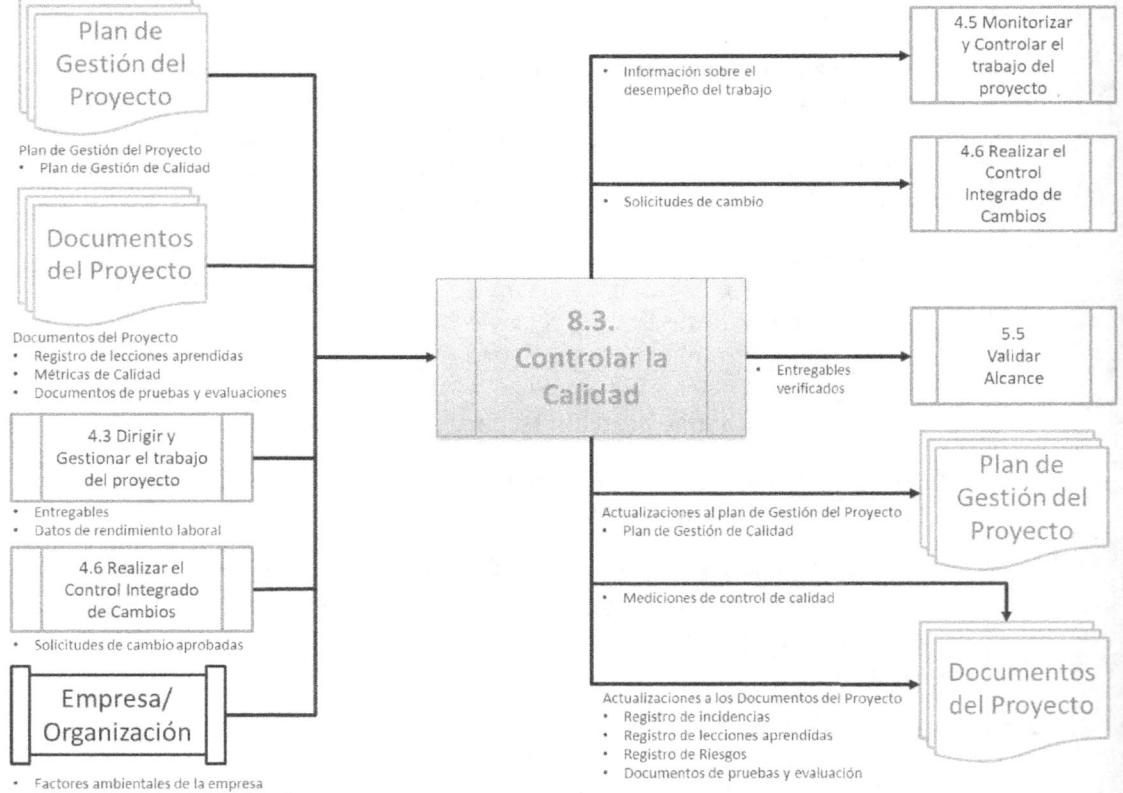

**Figura 4.5.** Realizar el Control de la Calidad (PMI, 2017)

### 4.2.3.1 ENTRADAS

El proceso controlar la calidad recibe las siguientes entradas:

- **Plan de gestión del proyecto,** que contiene entre otros el plan de gestión de la calidad donde se describe cómo se realizará el control de la calidad en el proyecto.

- **Documentos del proyecto,** que incluyen entre otros: el registro de lecciones aprendidas que permiten mejorar el proceso de control de calidad; métricas de calidad que el proceso de control de calidad debe aplicar; documentos de pruebas y evaluaciones, que se utilizan para evaluar el cumplimiento de los objetivos de calidad.

- **Solicitudes de cambio aprobadas**, como peticiones de corrección de defectos, revisión de métodos de trabajo o del calendario. Forma parte del control integrado de cambios, en las que unas solicitudes de cambio son aprobadas y otras no. Se debe verificar que dichos cambios son implementados de forma adecuada.

- **Entregables**, que son cualquier producto, resultado o capacidad de prestar un servicio único y verificable que se produce a la finalización de un proceso, una fase o un proyecto. Son resultado del proceso del área de integración: dirigir y gestionar la ejecución del proyecto; de modo que durante el control de calidad son inspeccionados y comparados con los criterios de aceptación definidos en el enunciado de alcance del proyecto.

- **Datos del rendimiento del trabajo,** que contienen datos sobre el estado del producto (observaciones, métricas y mediciones de calidad, etc.), así como información relevante para evaluar la calidad del proyecto (rendimiento sobre calendario y costes, etc.).

- **Factores ambientales de la empresa,** que pueden influir en este proceso, como por ejemplo: el sistema de información de la gestión de proyectos de la empresa, que se puede usar para hacer seguimiento de errores y variaciones; las regulaciones gubernamentales; y las reglas, procedimientos y guías específicas del área de aplicación del proyecto.

- **Activos de procesos organizacionales**, de los cuales, aquellos que pueden influir en el proceso de control de la calidad son, pero no están limitados a: estándares y políticas de calidad; plantillas de calidad (hojas de comprobación, listas de comprobación, etc.); y procedimientos de generación de informes de problemas y defectos y políticas de comunicación.

## 4.2.3.2 HERRAMIENTAS Y TÉCNICAS

Las herramientas y técnicas del proceso de control de la calidad son:

- ▼ **Técnicas de recopilación de datos,** que incluyen pero no están limitadas a la **aplicación de listas** y **hojas de chequeo**. Del mismo modo se puede aplicar **muestreo estadístico** y **cuestionarios y encuestas,** como por ejemplo para recopilar información sobre la satisfacción del cliente.

- ▼ **Técnicas de análisis de datos**, entre las que se pueden considerar: las **revisiones de rendimiento**, para medir, comparar y analizar los valores deseados de las métricas de calidad definidas en el plan de gestión de calidad respecto a los resultados reales obtenidos. También se puede aplicar en esta categoría el **análisis de causa raíz**.

- ▼ **Inspección**, que consiste en examinar un producto de trabajo para comprobar si cumple con las normas establecidas y documentadas.

- ▼ **Evaluaciones y pruebas de producto.** Las pruebas permiten detectar errores, defectos y otros problemas de no conformidad en el producto o servicio. El plan de gestión de calidad determina el tipo, cantidad y extensión de las pruebas dependiendo de otras restricciones del proyecto (calendario, costes, etc.) Se recomienda aplicar pruebas tempranas para evitar incurrir en mayores costes a la hora de solucionar los problemas detectados. En proyectos software existen técnicas específicas de prueba como las mencionadas en el apartado 2.1.2 de este capítulo.

- ▼ **Técnicas de representación de datos,** como **diagramas causa-efecto**, **gráficos de control**, **histogramas** y **diagramas de dispersión** (véase Anexo A).

- ▼ **Reuniones,** en particular dentro del proceso de control de calidad aplican las siguientes: **revisión de solicitudes de cambio aprobadas**, para asegurar que se han implementado tal como se aprobaron, además de asegurar que los cambios parciales se han llevado a cabo y todas las partes se han implementado, probado, completado y se han certificado satisfactoriamente; **retrospectivas/lecciones aprendidas**, para tratar los elementos exitosos del proyecto o producto, los elementos a mejorar, así como los elementos a incorporar en el proyecto actual y futuros proyectos y en los activos de los procesos de la organización.

## 4.2.3.3 SALIDAS

Las salidas del proceso de control de la calidad son:

▼ **Mediciones de control de calidad**, que son los resultados documentados de las actividades de control de calidad de acuerdo al formato establecido en el proceso de planificación de la calidad.

▼ **Entregables verificados**. Mediante la producción de esta salida se satisface uno de los objetivos principales del control de la calidad, que es comprobar la corrección de los entregables. Dichos entregables verificados son entrada al proceso de validación del alcance en el que se realiza la aceptación formal de los mismos.

▼ **Información de rendimiento del trabajo,** recopilada de los distintos procesos de control.

▼ **Solicitudes de cambio**, que se producen si hay resultados de este proceso que pueden impactar a otros elementos del plan de gestión o documentos del proyecto. Dichas solicitudes son gestionadas en el proceso de control integrado de cambios.

▼ **Actualizaciones del plan de gestión del proyecto**, en concreto se puede actualizar el plan de gestión de calidad, aunque no está limitado solo a este plan.

▼ **Actualizaciones de los documentos del proyecto,** que incluyen, entre otros: los registros de incidentes, de lecciones aprendidas y de riesgos y los documentos de prueba y evaluación.

## 4.3 ESTÁNDAR IEEE 730 (IEEE 2014)

Este estándar internacional proporciona un conjunto uniforme y mínimo aceptable de los requisitos para la preparación de Planes de Aseguramiento de la Calidad del Software (*Software Quality Assurance Plans*, SQAP). Para ello define la estructura que dichos planes deben seguir y facilita la evaluación de dichos planes. En su versión de 2014 realiza una revisión de la versión previa (IEEE Std 730) para adherirse a los procesos de ciclo de vida del software definidos en el estándar ISO/IEC/IEEE 12207:2008.

Este estándar por tanto se enfoca en la dimensión de proyecto abordando la gestión de su calidad, aunque también considera la realización de actividades a nivel organizacional para establecer el proceso SQA y capturar lecciones aprendidas en cada proyecto que mejoren los proyectos posteriores. Esta relación entre actividades organizacionales y de proyecto se ilustra en la Figura 4.6.

Tal como se puede observar, todo proyecto es realizado para satisfacer una serie de objetivos de negocio de la organización que patrocina el proyecto proporcionando el personal y los recursos necesarios. La organización inicia el proyecto, fase durante la cual el trabajo a nivel organizacional solapa con el trabajo a nivel de proyecto. Durante el transcurso del proyecto, la organización debe ejercitar la supervisión del mismo de modo que el trabajo organizacional de capturar y analizar lecciones aprendidas ocurre durante la ejecución y continúa hasta el cierre. Es importante resaltar que este estándar no presupone ningún modelo de ciclo de vida de proyecto específico aunque considera como referencia el cuerpo de conocimiento de la gestión de proyectos proporcionado por PMBOK.

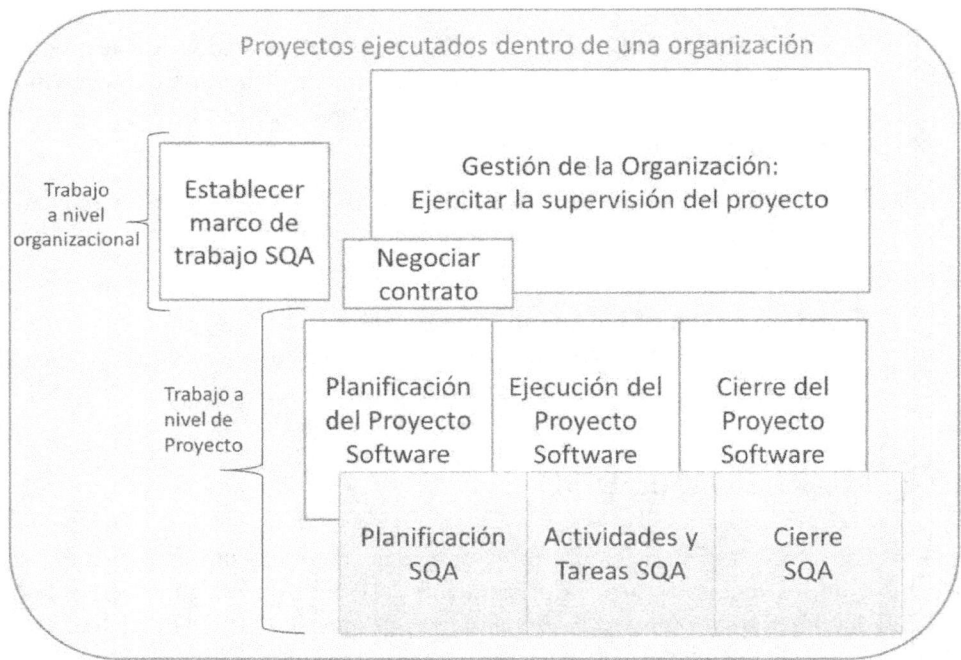

**Figura 4.6.** Relación entre organización y proyecto

En el estándar el alcance de SQA se establece del siguiente modo:

1. Evaluar el proceso de desarrollo de software

2. Evaluar la conformidad a los procesos software

3. Evaluar la efectividad de los procesos software

Estos procesos incluyen además lo necesario para establecer e identificar los requisitos software, así como desarrollar y mantener el producto software. La calidad software se obtiene mediante la conformidad con una serie de requisitos, considerándose además en algunas industrias la restricción de que el producto satisface su uso esperado y es evaluado en el entorno de uso. Teniendo en cuenta que los requisitos software son la base de la calidad del producto, SQA presta especial atención a aquellos procesos software que evalúan requisitos en base a una serie de criterios de verificación y validación contemplados en estándares como ISO/IEC/IEEE 29148. La función de SQA es confirmar que como resultado de los procesos software se obtiene un producto que es conforme a los requisitos, lo que supone evaluar los productos intermedios y finales junto con los métodos, prácticas y calidad del trabajo. La evaluación supone la medición y análisis tanto de los procesos software como de los problemas de los productos así como las causas que los provocan y la propuesta de recomendaciones para solucionar los problemas actuales y prevenir futuros problemas. Los requisitos pueden ser categorizados como de proceso o producto, especificando los primeros los procesos que el proyecto usará para producir los resultados del mismo, como procesos que se deben seguir y su forma de aplicarlos. Los requisitos de producto se centran en las funciones que el producto debe hacer y las características que debe tener como por ejemplo su rendimiento esperado.

En el estándar se presupone que para realizar las actividades SQA los requisitos software se han establecido con anterioridad aunque también se adapta a la situación del software en la que en la mayoría de las ocasiones los requisitos se van refinando a lo largo del desarrollo.

## 4.3.1 Actividades SQA

El estándar organiza el trabajo a realizar para el aseguramiento de la calidad de los proyectos en 16 actividades que se agrupan en los procesos de implementación de procesos, aseguramiento de producto y aseguramiento de proceso, tal como se muestra en las siguientes tablas respectivamente[2].

---

2. Las subcláusulas 5.4.1 y 5.5.1 contienen material introductorio relacionado con aseguramiento de proceso y producto y por este motivo no se consideran como parte de las 16 actividades SQA y no se usa dicha numeración en el listado de actividades.

| 5.3 | | SQA: Implementación de Procesos |
|---|---|---|
| Id | Actividad | Descripción |
| 5.3.1 | Establecer los procesos SQA | – Definir y documentar los procesos SQA que deben existir de forma separada a los proyectos, de modo que cuando se aplican a un proyecto evalúan el desarrollo de software de acuerdo a los requisitos establecidos además de proporcionar a los proyectos mediciones de calidad para ayudar en compensar coste, calendario, calidad y riesgo.<br>– Definen la función, roles, conceptos, métodos, procedimientos y prácticas de SQA. Los procesos SQA deben mejorarse de forma continua en base a mediciones objetivas y resultados de los proyectos en que se aplican. |
| 5.3.2 | Coordinar con los procesos software relacionados | – Coordinar con la verificación, validación, revisión y auditoría, así como otros procesos relacionados del estándar ISO/IEC/IEEE 12207:2008 que sean relevantes para que el proyecto satisfaga sus objetivos.<br>– La función de SQA trabaja conjuntamente con la gestión de los proyectos para determinar cuáles de los otros 39 procesos definidos en ISO/IEC/IEEE 12207:2008 deberían coordinarse con actividades SQA. |
| 5.3.3 | Documentar el plan SQA | – Documentar las actividades, tareas y resultados de SQA para un proyecto específico. Ello supone la adaptación de los procesos genéricos de SQA a las necesidades concretas de un proyecto software de modo proporcional a los riesgos del producto.<br>– Como resultado se obtiene el plan de aseguramiento de la calidad software (SQAP) cuya estructura se define en el Apartado 4.3.2. |
| 5.3.4 | Ejecutar el Plan SQA | – Se lleva a cabo el plan definido en SQAP en coordinación con el jefe del proyecto, el equipo y los encargados de la gestión de calidad en la organización.<br>– Se revisa el plan SQAP ante posibles cambios en la ejecución y se crean no conformidades cuando los resultados reales no cumplen con los esperados. |
| 5.3.5 | Gestionar los registros SQA | – Se registra el trabajo realizado en las actividades SQA y sus resultados.<br>– Se gestionan y controlan los registros SQA y se ponen a disposición de los interesados (*stakeholders*) del proyecto. |
| 5.3.6 | Evaluar la independencia y objetividad organizacional | – Se determina si los responsables de la organización encargados de la función de SQA proporcionan mecanismos de comunicación con la gestión organizacional sin ningún impedimento.<br>– Determina si estas personas tienen los recursos y la autoridad para realizar evaluaciones objetivas, así como para iniciar, hacer efectivas y verificar las resoluciones de problemas. |

**Tabla 4.1.** Actividades de Implementación de Procesos

| 5.4 | SQA: Aseguramiento de Producto | |
|---|---|---|
| **Id** | **Actividad** | **Descripción** |
| 5.4.2 | Evaluar la conformidad de los planes respecto a contratos, estándares y normas | – Determinar si los planes requeridos en el contrato son conformes al mismo y están documentados.<br>– Determinar si los planes requeridos por el contrato cumplen con las leyes, reglas y normas aplicables.<br>– Determinar la consistencia entre los planes. |
| 5.4.3 | Evaluar si el producto es conforme con los requisitos establecidos | – Se identifican los productos software y documentación que debe producirse de acuerdo al contrato.<br>– Determinar el grado en que los productos software y su documentación asociada son conformes con los requisitos establecidos emitiendo no conformidades en caso de no cumplimiento. |
| 5.4.4 | Evaluar el grado de aceptación del producto | – Previo a la entrega se determina el grado de confianza que el suministrador tiene sobre el cumplimiento de los requisitos y la confianza sobre la aceptación por parte del adquiriente del producto software y su documentación asociada.<br>– Se recopilan mediciones para dar soporte a dichas decisiones sobre satisfacción y grado de aceptación.<br>– Los criterios de aceptación pueden estar recogidos en un contrato entre suministrador y adquiriente. |
| 5.4.5 | Evaluar la conformidad del soporte al ciclo de vida del producto software | – Determinar si los requisitos de soporte del producto identificados en los planes de proyecto son consistentes con el contrato y se identifican con claridad las responsabilidades tanto de la organización suministradora como de la que adquiere el producto. |
| 5.4.6 | Medir los productos | – Determinar si las mediciones del producto demuestran la calidad de los mismos y su conformidad con los estándares y procedimientos establecidos en el proyecto.<br>– Se debe asegurar también que las mediciones son comunicadas a los interesados (*stakeholders*), y utilizadas para la gestión de problemas y la solución de los mismos. |

**Tabla 4.2.** Actividades de Aseguramiento de Producto

| 5.5 | SQA: Aseguramiento de Proceso | |
|---|---|---|
| Id | Actividad | Descripción |
| 5.5.2 | Evaluar la conformidad de los procesos de ciclo de vida y de los planes | – Determinar si los procesos del ciclo de vida del proyecto y los planes son conformes a los requisitos establecidos de los procesos.<br>– Determinar si la ejecución de las actividades de software es conforme a los procesos software y planes del proyecto. |
| 5.5.3 | Evaluar la conformidad de los entornos | – Determinar si los entornos de ingeniería del software (SEE) y los entornos de pruebas del software (STE) son conformes a los procesos y planes de proyecto. |
| 5.5.4 | Evaluar la conformidad de los procesos del subcontratado | – Determinar si los procesos software del subcontratado son conformes a los requisitos establecidos por el adquiriente. |
| 5.5.5 | Medir los procesos | – Determinar si las mediciones de los procesos dan soporte de forma efectiva a la gestión de los procesos y son conformes a los procedimientos y estándares establecidos. |
| 5.5.6 | Evaluar la habilidad y conocimiento del personal | – Determinar si el personal asignado al proyecto tiene los conocimientos, habilidades y competencias requeridas para realizar las tareas de acuerdo a sus roles. |

**Tabla 4.3.** Actividades de Aseguramiento de Proceso

### 4.3.2 Plan SQAP

En este apartado se describe uno de los elementos esenciales del proceso de aseguramiento de calidad software, el plan de aseguramiento de calidad (SQAP). En el Anexo C del estándar se describe la estructura y apartados que debe contener dicho plan. Se pueden realizar cambios sobre dicha estructura siempre y cuando se incluya una tabla de referencias cruzadas con las secciones del estándar al final del plan. También puede que ciertos apartados no sean aplicables en el plan por lo que se debe indicar en su caso y se pueden añadir nuevos apartados si es necesario. En la Tabla 4.4 se muestra la estructura general del SQAP, que se detalla en los siguientes subapartados.

**Plan de aseguramiento de Calidad (SQAP)**

**1. Propósito y alcance**

**2. Definiciones y acrónimos**

**3. Documentos de Referencia**

**4. Visión general del plan SQAP**
    4.1. Organización e Independencia
    4.2. Riesgos del Producto Software
    4.3. Herramientas
    4.4. Estándares, prácticas y convenciones
    4.5. Esfuerzo, recursos y calendarios

**5. Actividades, resultados y tareas**
    **5.1. Aseguramiento del producto**
        5.1.1. Evaluar la conformidad de los planes
        5.1.2. Evaluar la conformidad del producto
        5.1.3. Evaluar el grado de aceptación del producto
        5.1.4. Evaluar la conformidad del soporte al ciclo de vida del producto
        5.1.5. Medir los productos
    **5.2. Aseguramiento del proceso**
        5.2.1. Evaluar la conformidad de los procesos de ciclo de vida y de los planes
        5.2.2. Evaluar la conformidad de los entornos
        5.2.3. Evaluar la conformidad de los procesos del subcontratado
        5.2.4 Medir los procesos
        5.2.5 Evaluar la habilidad y conocimiento del personal

**6. Consideraciones adicionales**
    6.1. Revisión del contrato
    6.2. Medición de la calidad
    6.3. Exenciones y desviaciones
    6.4. Repetición de tareas
    6.5. Riesgos para realizar el aseguramiento de la calidad
    6.6. Estrategias de comunicación
    6.7. Procesos de no conformidad

**7. Registros SQA**
    7.1. Analizar, identificar, recopilar, archivar, mantener y retirar
    7.2. Disponibilidad de los registros

**Tabla 4.4.** Estructura del Plan de Aseguramiento de la Calidad de Software según IEEE 730

#### 4.3.2.1 PROPÓSITO Y ALCANCE

En este apartado se debe definir el propósito específico y alcance del SQAP. Es importante dejar claro en la etapa de planificación: el contexto del proyecto; el rol de SQA para que sea entendido por la organización, el comprador o adquiriente y el equipo de proyecto y equipo SQA; los riesgos del producto para planear las actividades SQA en función de los mismos. Las entradas recomendadas para realizar este apartado son el plan de adquisición, el contrato y el concepto de operaciones.

#### 4.3.2.2 DEFINICIONES Y ACRÓNIMOS

Incluye todos los términos relevantes y los acrónimos del plan SQAP. Se debe incluir la fuente de las definiciones de los términos (si es conocida).

#### 4.3.2.3 DOCUMENTOS DE REFERENCIA

En este apartado se debe proporcionar la lista completa de todos los documentos referenciados en el SQAP, incluyendo sus versiones y fechas. Se deben considerar referencias aplicables al proyecto tales como estándares específicos, documentos de la organización y documentos específicos de proyectos. Las entradas recomendadas son el contrato, el plan de adquisición, los planes de proyecto y el documento del plan.

#### 4.3.2.4 VISIÓN GENERAL DEL PLAN SQAP

Este apartado da una visión general del plan SQAP y una introducción a los siguientes tópicos: organización e independencia; riesgos del producto software; herramientas, estándares prácticas y convenciones; esfuerzo, recursos y calendario.

A la hora de documentar el SQAP es importante recordar que un proceso efectivo SQAP es aquel que identifica:

- ▶ Qué hacer,
- ▶ Cómo hacerlo de forma correcta,
- ▶ Cómo confirmar que se ha hecho correctamente,
- ▶ Cómo medirlo y realizar un seguimiento del mismo,
- ▶ Cómo aprender de las medidas y gestionarlo y mejorarlo, y
- ▶ Cómo promover su uso para la mejora de la calidad del producto software.

#### 4.3.2.4.1 Organización e Independencia

En este apartado se identifican los responsables de la realización del plan SQA para el proyecto y define las relaciones entre SQA y la gestión del proyecto, el desarrollo del software y la gestión de calidad organizacional (mediante un gráfico de organización funcional). También se muestran los flujos de información entre las partes relevantes. Como entradas durante la etapa de planificación se sugiere disponer de la política de calidad organizacional y el contrato y durante la etapa de ejecución de los registros SQA, las no conformidades, las acciones correctivas y preventivas.

#### 4.3.2.4.2 Riesgos del Producto Software

Se consideran los riesgos inherentes asociados con el uso del producto software (ejemplo: riesgos de seguridad, financieros, etc.) y no deben confundirse con los riesgos del proyecto software. En este apartado se establecen las actividades y tareas del plan que se deben realizar en consonancia con los riesgos del producto software. En la etapa de planificación se debe asegurar que se documentan adecuadamente los riesgos conocidos del producto software, y son entendidos de modo que las actividades SQA se pueden planificar en proporción a dichos riesgos. Del mismo modo se debe asegurar que se ha determinado el alcance de la gestión de riesgos del producto, si se dispone de estrategias de gestión de los riesgos del producto definidas e implementadas, si se ha establecido un nivel de integridad del software (si es necesario), y si el equipo del proyecto tiene la formación necesaria en las técnicas de gestión de riesgos de producto. Finalmente se debe asegurar que el equipo del proyecto planea ajustar sus actividades y tareas acorde a los riesgos del producto y si la amplitud y profundidad de las actividades SQA también son acordes. Como entradas sugeridas se deben considerar el plan de adquisición, el contrato, el concepto de operaciones y el plan de gestión de riesgos.

Durante la etapa de ejecución se debe comprobar entre otros aspectos que: se analizan los riesgos identificados; se ha determinado la prioridad con la que aplicar recursos al tratamiento de los riesgos; se han definido y evaluado medidas de riesgo para determinar los cambios en el estado de riesgo y el progreso de las actividades que lo tratan; se ha realizado un adecuado tratamiento para corregir o evitar el impacto de los riesgos según su prioridad, probabilidad y consecuencia u otros umbrales de riesgo definidos; se ha definido un esquema de nivel de integridad software para el proyecto y se ha revisado si es apropiado; se ha realizado una valoración apropiada de los riesgos y se ha documentado adecuadamente. Como entradas sugeridas en esta etapa se deben considerar el plan de gestión de riesgos, el plan de mejora y los informes de monitorización y control y las peticiones de acción sobre riesgos.

#### 4.3.2.4.3 Herramientas

En este apartado se describen las herramientas usadas por SQA para la realización de tareas específicas. Se puede incluir una gran variedad de herramientas software y se debe considerar una adecuada adquisición, documentación, formación, soporte, validación e información de cualificación de cada herramienta.

En la etapa de planificación se debe considerar que: se dispone de recursos adecuados incluyendo herramientas y equipamientos capaces, tanto para este proyecto como para otros; las herramientas a ser usadas por SQA en este proyecto se han identificado incluyendo su suministrador, versión, requisitos del sistema, descripción de la herramienta, número de usuarios concurrentes, etc.; si se requiere validación de estas herramientas antes de ser usadas en el proyecto en función de los riesgos del producto; si se requiere formación para uso efectivo de las mismas y en su caso si está previsto. Como entrada en esta etapa se consideran los planes de proyecto.

En la etapa de ejecución se debe considerar si se han añadido nuevas herramientas como resultado de la ejecución, si se han identificado y validado de forma adecuada estas herramientas adicionales y si se dispone de registros de validación.

#### 4.3.2.4.4 Estándares, prácticas y convenciones

En este apartado se identifican estándares, prácticas y convenciones usados para la realización de las actividades y tareas y para obtener los resultados.

En la etapa de planificación se debe considerar si: se han identificado todas las leyes, normas, estándares, prácticas, convenciones y reglas; se dispone y se comparte con el equipo los criterios específicos y estándares respecto a los que evaluar los planes de proyecto y los procesos del ciclo de vida software. Como entrada se sugiere el contrato.

Durante la etapa de ejecución se debe asegurar que: todos los planes han sido revisados frente a los estándares y criterios definidos y son consistentes con el contrato; los productos software son consistentes con los planes y el contrato; se realizan revisiones periódicas y auditorías para determinar que los productos software satisfacen los requisitos contractuales; los procesos de ciclo de vida del software se han revisado respecto a los criterios y estándares; el contrato ha sido revisado para asegurar su consistencia respecto a los productos software; se han reportado y se han seguido hasta su cierre las no conformidades o problemas.

### 4.3.2.4.5 Esfuerzo, recursos y calendarios

En este apartado se incluyen las estimaciones de esfuerzo necesario para completar las actividades, tareas y resultados definidos en el plan SQAP. Se identifica adecuadamente el personal cualificado de aseguramiento de calidad (SQA) y se definen sus responsabilidades y autoridad dentro del contexto del proyecto. También se identifican los recursos adicionales necesarios, como instalaciones, espacios, requisitos especiales de procedimientos como derechos de acceso de seguridad. Se debe incluir una lista de hitos del proyecto SQA y el calendario de las actividades, tareas y resultados SQA.

En la etapa de planificación se debe considerar: si el esfuerzo y calendario estimado así como los requisitos de recursos están basado en proyectos anteriores; los recursos requeridos para el proyecto; la estimación de esfuerzo está basada en hechos; se requiere de herramientas de estimación y realización de calendarios. Como entradas se sugiere considerar calendarios de proyectos anteriores y la matriz de habilidades del personal SQA.

En la etapa de ejecución se debe considerar si el calendario SQA se actualiza para reflejar los cambios del proyecto, para reflejar actividades y tareas no previstas al comienzo del proyecto y cambios y rotación en el personal. Del mismo modo se debe comprobar si SQA necesita recursos adicionales o personal adicional para que el trabajo se realice dentro del calendario previsto.

### 4.3.2.5 ACTIVIDADES, RESULTADOS Y TAREAS

En este apartado se documentan las actividades de aseguramiento de calidad de producto y proceso realizadas así como sus resultados y tareas, que han sido descritos en el Apartado 3.1.

### 4.3.2.6 CONSIDERACIONES ADICIONALES

En este apartado se identifican procesos adicionales de aseguramiento de la calidad (SQA) que den soporte tanto a la gestión del proyecto como a la gestión de la calidad organizacional. A continuación se incluye una lista de procesos considerados en este apartado según este estándar.

### 4.3.2.6.1 Revisión del Contrato

En este apartado se identifica o se referencia el proceso de revisión de contrato y se describen los roles y responsabilidades SQA relacionados. En la etapa de planificación se debe considerar que se han definido adecuadamente las necesidades de adquisición, criterios de aceptación del producto o servicio que sean medibles y suficientes, estrategias de adquisición, expectativas, responsabilidades del adquiriente y suministrador, entre otros aspectos. En la etapa de ejecución se debe supervisar que se satisfacen las restricciones y requisitos del adquiriente incluyendo los requisitos de calidad, que el acuerdo es apropiado para el desarrollo del producto y para garantizar el nivel de integridad del software y que se monitorizan las restricciones contractuales de coste, calendario y calidad, entre otros aspectos.

### 4.3.2.6.2 Medición de la Calidad

En este apartado se identifican las medidas de calidad apropiadas para el proyecto. Se establecen los requisitos de recopilación de información asociados con las medidas identificadas así como las responsabilidades para dicha recopilación y la posterior generación de informes. En la etapa de planificación se debe considerar que se han identificado medidas apropiadas de calidad de producto y proceso en los planes de proyecto y en la etapa de ejecución si los datos necesarios para la obtención de dichas medidas se han identificado y recogido, se han presentado los resultados de medición de calidad a los stakeholders apropiados y si se han iniciado acciones correctivas o preventivas resultado de las mediciones anteriores.

### 4.3.2.6.3 Exenciones y desviaciones

En este apartado se definen o se referencia a los criterios utilizados para revisar y aprobar exenciones y desviaciones al contrato y a los controles de la gestión del proyecto y se describen los roles y responsabilidades para revisarlas y aprobarlas. Durante la etapa de planificación se debe considerar qué desviaciones del plan SQA se deben considerar en el proyecto respecto a lo establecido en este estándar y qué desviaciones del contrato o planes o controles del proyecto se considerarán. Del mismo modo se debe incluir la justificación de cada exención o desviación propuesta. En la etapa de ejecución se deben considerar posibles desviaciones adicionales que surjan y su justificación.

### 4.3.2.6.4 Repetición de tareas

Se definen o referencian los criterios para determinar las condiciones bajo las cuales las tareas de aseguramiento de la calidad previamente completadas deben ser repetidas. En la etapa de planificación se deben considerar las tareas SQA que deben repetirse teniendo en cuenta la naturaleza del producto y los procesos de desarrollo usados en el proyecto y para cada una de ellas los criterios que determinan su repetición. En la etapa de ejecución se contempla si han aparecido tareas SQA repetitivas que no estaban inicialmente identificadas.

### 4.3.2.6.5  Riesgos para realizar el aseguramiento de la calidad (SQA)

En este apartado se identifican los riesgos potenciales de los proyectos que podrían impedir la función de SQA a la hora de cumplir con su propósito, actividades y tareas, como por ejemplo, contar con recursos insuficientes, que no tienen la habilidad necesaria, falta de formación, etc. También se incluyen las acciones a realizar para mitigar los riesgos identificados

En la etapa de planificación se debe asegurar que se han identificado todos los riesgos que pueden impedir el desempeño adecuado de SQA y han sido revisados con la dirección del proyecto así como si se han identificado planes de mitigación para cada riesgo. En la etapa de ejecución se comprueba si han aparecido riesgos adicionales, si se han identificado y revisado con la dirección del proyecto y se han creado planes de mitigación para cada riesgo nuevo.

### 4.3.2.6.6  Estrategias de comunicación

En este apartado se definen las estrategias de comunicación de las actividades, tareas y resultados de SQA al equipo del proyecto, la dirección del proyecto y la unidad de gestión de la calidad organizacional.

En la etapa de planificación se deben contemplar los mecanismos de comunicación más efectivos para el proyecto y para interactuar con múltiples sitios de desarrollos, terceras partes y organizaciones subcontratadas. Del mismo modo, se deben preparar los informes y resúmenes de SQA para su presentación a los *stakeholders* apropiados así como la frecuencia con la que se deben hacer estas presentaciones. En la etapa de ejecución se considera la realimentación recibida respecto a las estrategias de comunicación así como los cambios necesarios para alinear las necesidades del proyecto y sus *stakeholders*.

### 4.3.2.6.7  Procesos de no conformidad

En este apartado se definen las actividades y tareas relacionadas con el proceso para informar de las no conformidades del proyecto. Las no conformidades pueden ser comunicadas por cualquier miembro del equipo pero solo pueden ser cerradas por el personal SQA.

En la etapa de planificación se debe considerar entre otros aspectos: los requisitos contractuales relacionados a no conformidades; los mecanismos para dar soporte de forma efectiva a la generación de informes de no conformidades, para definir un proceso de acción correctivo y preventivo que sea efectivo y para realizar el análisis de las causas. Del mismo modo se comprueba si los procesos y procedimientos existentes pueden dar soporte a lo anterior.

En la etapa de ejecución se comprueba si el proceso y las acciones correctivas y preventivas para resolver las no conformidades están funcionando según lo esperado y los problemas del proceso o acciones que deben ser tratados y solucionados.

#### 4.3.2.7 REGISTROS SQA

En este apartado se identifican los registros e informes que deben prepararse por SQA según lo requerido por las áreas de gestión del proyecto y de gestión de calidad organizacional.

##### 4.3.2.7.1 Analizar, identificar, recopilar, archivar, mantener y retirar

En este apartado se incluyen las actividades y tareas necesarias para análisis, identificación, recopilación, compleción, mantenimiento y disposición de los requisitos de calidad, que deben estar en consonancia con lo definido en los planes de proyecto y el contrato.

En la etapa de planificación se debe considerar cuál es el conjunto requerido de registros a ser producido por el proyecto y por SQA, la información a incluir en cada registro y los mecanismos para recopilar la información, archivar, mantener y retirar los registros de calidad así como los responsables de hacerlo. Se deben identificar los registros a compartir con los *stakeholders* y las protecciones sobre los mismos para evitar modificaciones no autorizadas. También se deben identificar los registros requeridos por las organizaciones subcontratadas.

En la etapa de ejecución se debe comprobar si se han creado los registros requeridos y se completan y mantienen adecuadamente, además de comprobar que se comparten con los *stakeholders* apropiados.

##### 4.3.2.7.2 Disponibilidad de los registros

En este apartado se incluyen las actividades y tareas para asegurar la disponibilidad de los registros sobre actividades y tareas del proyecto tal como se refleja en el contrato. Los registros de calidad documentan que las actividades se realizaron de acuerdo a los planes de proyecto y al contrato y habilitan la compartición de información y dan soporte al análisis para la identificación de problemas y causas que resulten en mejoras del producto y proceso.

En la etapa de planificación se debe considerar al responsable de compartir los registros así como los registros que se compartirán con los *stakeholders* y las protecciones a realizar. También se deben identificar los mecanismos para compartir los registros requeridos en el contrato y planes del proyecto.

En la etapa de ejecución se debe contemplar si se han completado y mantenido adecuadamente los registros y se han compartido con los stakeholders apropiados de acuerdo al contrato y los planes de proyecto.

## 4.4 LECTURAS RECOMENDADAS

▼ *PMI (2017). A guide to the Project Management Body of Knowledge, PMBOK Guide, 6ª Edición, Project Management Institute.*

Guía que incluye el cuerpo de conocimiento de la gestión de proyectos y en la que se aborda la gestión de la calidad como una de las 10 áreas de conocimiento de la gestión de proyectos.

▼ *IEEE (2014). IEEE STD 730:2014, IEEE Standard for Software Quality Assurance Processes. Revision of IEEE STD 730-2002. The Institute of Electrical and Electronics Engineers, IEEE Computer Society.*

Estándar de referencia para la preparación de Planes de Aseguramiento de la Calidad del Software (Software Quality Assurance Plans, SQAP), que aborda la gestión de la calidad de los proyectos.

## 4.5 SITIOS WEB RECOMENDADOS

▼ *Project Management Institute www.pmi.org*

Sitio Web de PMI, asociación sin ánimo de lucro referencia a nivel mundial de la profesión de gestión de proyectos. Se proporcionan recursos relacionados con la gestión de proyectos y sus disciplinas asociadas, además de su oferta de certificaciones en este campo.

▼ *The Institute of Electrical and Electronics Engineers www.ieee.org*

Sitio Web de IEEE, la organización professional de referencia en tecnología a nivel mundial, abarcando las áreas de Ingeniería, Computación y Tecnologías de la Información. En relación a la gestión de la calidad en proyectos software proporciona el estándar IEEE 730:2014.

## 4.6 EJERCICIOS

1. Razonar sobre la diferencia entre gestión de calidad y control de calidad de acuerdo al PMBOK y analizar sus interrelaciones con otras áreas de conocimiento.

2. Realizar una búsqueda bibliográfica de casos en los que se aborda la calidad de los proyectos software, identificando las técnicas que se aplican en relación a las técnicas de planificación, gestión y control de calidad de PMBOK.

3. Analizar cómo se pueden complementar los procesos de gestión de la calidad de PMBOK y el estándar IEEE 730.

4. Revisar las herramientas presentadas en el Anexo A y analizarlas en el contexto de los procesos de PMBOK, determinando la aplicación que se puede hacer de dichas herramientas en función del proceso en el que se usan (planificación, gestión o control).

5. Realizar una búsqueda bibliográfica de casos en los que se haya documentado un plan de aseguramiento de la calidad del software de acuerdo al estándar IEEE 730. Analizar los ejemplos para una mayor comprensión de la estructura del estándar y las formas en las que se ha aplicado.

6. Analizar la compatibilidad del estándar IEEE 730 respecto a otros estándares internacionales relacionados con la calidad software como: ISO/IEC 12207, ISO/IEC 33000, ISO/IEC 29110.

7. Pensar un proyecto software de ejemplo y aplicar los procesos del área de gestión de calidad de PMBOK sobre dicho proyecto.

8. Realizar el plan de aseguramiento de calidad del proyecto del ejercicio anterior siguiendo el estándar IEEE 730.

9. Revisar los resultados de los ejercicios 7 y 8, con especial énfasis en la naturaleza de los proyectos software, analizando las ventajas y/o limitaciones de aplicar PMBOK e IEEE 730 tanto de forma separada como de forma conjunta para gestionar la calidad de proyectos software.

10. Elaborar una plantilla para la documentación de la gestión de la calidad de proyectos en base a los resultados de los ejercicios 3, 7 y 8.

# 5

# GESTIÓN DEL CONOCIMIENTO Y CALIDAD DE SI

## 5.1 TÉCNICAS DE GESTIÓN DEL CONOCIMIENTO EN ORGANIZACIONES DE SOFTWARE

Como señalan (Basili et al., 2001) prácticamente todas las organizaciones que desarrollan y mantienen software comparten las siguientes necesidades: comprender los procesos y productos, evaluar los éxitos y fracasos, aprender de las experiencias, empaquetar y reutilizar experiencias exitosas.

Estos autores afirman que cuando un empleado se va de la organización, con él se "pierde" la experiencia que ha ido adquiriendo a lo largo del tiempo que ha estado trabajando (a veces, incluso, ni se sabe qué es lo que se ha perdido); otras veces se "redescubren" experiencias cuya existencia se desconocía; en ocasiones se verifica que no se cumplen las promesas realizadas a los clientes, simplemente por desconocimiento de las mismas, y que el personal no se desarrolla adecuadamente por falta de conocimiento.

Esto es debido a que las organizaciones dedicadas al desarrollo del software requieren y generan grandes cantidades de conocimiento, de diverso tipo, acerca de todos los componentes que influyen en la calidad de un SI: productos, procesos, proyectos, personas, servicios, etc. De hecho, la calidad de los SI no puede ser mejorada si todo este conocimiento no se encuentra disponible o no se utiliza adecuadamente, ya que los procesos de desarrollo y mantenimiento de software dependen –además de la creatividad de las personas y el funcionamiento de las plataformas–, en gran medida, de dichos conocimientos.

En este sentido, (Lindvall y Rus, 2003) afirman que la gestión del conocimiento permite *"producir mejor software, de una forma más rápida y económica, así como tomar mejores decisiones"*, ya que facilita: la localización de fuentes de conocimiento, la reutilización de experiencias, la mejora de los procesos de desarrollo del software y la reutilización de artefactos del proceso de desarrollo.

Existe ya bastante experiencia en organizaciones de todo tipo que demuestran cómo se puede gestionar el conocimiento (Davenport y Prusak, 2000; Tiwana, 2000) y que han adoptado arquitecturas de gestión de conocimiento como la que se muestra en la Figura 5.1 (Lawton, 2001). Como puede observarse en esta figura, la gestión de conocimiento se puede considerar el nexo que une las actividades de producción diarias con las iniciativas de mejora y los objetivos de negocio.

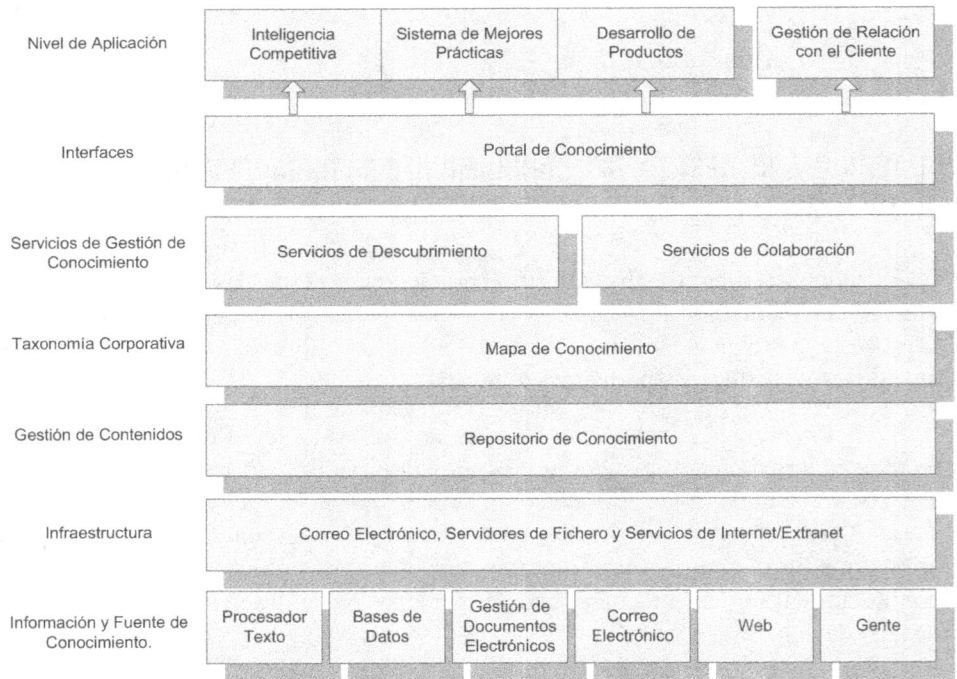

**Figura 5.1.** Arquitectura de gestión de conocimiento (Lawton 2001)

En este sentido hay que destacar que varias de las actividades de gestión del conocimiento en general (como la reutilización de activos, la gestión de documentación, la gestión de competencias, la colaboración o las redes de expertos) pueden resultar muy útiles para la Ingeniería del Software (Aurum et al., 2003).

Además, en las organizaciones software, la gestión del conocimiento se da específicamente en las siguientes áreas:

- **Gestión de configuración y control de versiones**, ya que los sistemas de este tipo crean indirectamente la *memoria del proyecto*, que indica la evolución del software y puede servir para identificar expertos (quién ha hecho determinados cambios).

- **Decisiones de diseño** (*"design rationale"*), que es una aproximación que consiste en capturar explícitamente decisiones de diseño para crear una *"memoria del producto"* (véase Apartado 3).

- **Trazabilidad**, que contribuye indirectamente a la *memoria del producto*.

- **Informe de problemas y trazabilidad de defectos**, los cuales, pudiéndose considerar fuentes de conocimiento *"negativo"*, podrían llegar a transformarse en conocimiento *"positivo"*.

- **Herramientas CASE y entornos de desarrollo de software**, que acumulan gran parte del conocimiento sobre los productos software desarrollados.

Se pueden destacar diferentes técnicas y herramientas para la gestión del conocimiento: sistemas cooperativos y de trabajo en grupo (*groupware*), aprendizaje asistido por ordenador (*e-learning*), sistemas de gestión documental, bibliotecas y repositorios de conocimiento, portales e intranets de conocimiento, sistemas de soporte a la toma de decisiones, lecciones aprendidas, patrones y buenas prácticas, estándares y normas de organizaciones como ISO o IEEE, modelos de predicción, sistemas de razonamiento basado en casos, "cartografía" de conocimiento, técnicas de descubrimiento de conocimiento (*"Knowledge discovery"*), comunidades de prácticas y de trabajadores de conocimiento, gestores de habilidades y sistemas de apoyo a la localización de expertos, redes externas, como la *"Software Process Improvement Network"* (SPIN) o los grupos de interés de IEEE o ACM, centro de soporte de fabricantes, guías y plantillas para proyectos, flujos de conocimiento, etc.

## 5.2 MODELOS DE GESTIÓN DE CONOCIMIENTO EN INGENIERÍA DEL SOFTWARE

En la implantación de estrategias de gestión de conocimientos, (Lawton 2001) destaca los siguientes obstáculos:

▼ Cuestiones tecnológicas: a veces no es posible integrar los diferentes sistemas para conseguir los niveles adecuados de acceso y distribución de conocimiento deseados.

▼ Cuestiones organizacionales, tales como fallos del proceso de estrategia e implementación de gestión del conocimiento.

▼ Cuestiones particulares de los trabajadores de la organización, tales como falta de tiempo de los empleados, el no querer compartir o reutilizar el conocimiento, etc.

Por otro lado, existen tres factores importantes que posibilitan el proceso de implantación de estrategias de gestión del conocimiento en las organizaciones de software:

▼ La **tecnología** disponible en la organización para los desarrolladores, que les permitirá crear un repositorio de memoria organizacional accesible a toda la organización.

▼ El **liderazgo** que pretende impulsar la gestión de conocimiento en el desarrollo de los productos y servicios software así como en los procesos de trabajo.

▼ La **cultura organizacional** que soporte la compartición de conocimiento, experiencias, tecnologías e innovación.

(Elbert et al., 2003) señalan que para garantizar el éxito de un programa de gestión del conocimiento es obligatorio elegir el modelo de gestión del conocimiento adecuado. El modelo de gestión del conocimiento se enlaza con la estrategia empresarial, la organización de la gestión del conocimiento, los conceptos de gestión del conocimiento y el tipo de conocimiento (véase Tabla 5.1).

| Estrategia empresarial | Modelo de gestión | Organización | Conceptos | Tipo de conocimiento |
|---|---|---|---|---|
| Reducción de costes | Productividad | Compartir, evitando redundancia | Base de información | Explícito |
| Especialización | Calidad | Mejores prácticas | Procesos comunes | Explícito |
| Innovación | Creatividad | Integración y combinación de conocimiento | Conocimiento dinámico | Tácito |

**Tabla 5.1.** Modelos de Gestión de Conocimiento y estrategias empresariales (Elbert et al., 2003)

Además, la gestión del conocimiento implica una importante inversión, que se refleja en la necesidad de crear un grupo dedicado a la mejora de los procesos software –que se denomina de diferentes formas: SPEG (*Software Process Engineering Group*), SPI (*Software Process Improvement*) group, *Experience Factory Group*, etc. – e idealmente crear la función de *"Chief Knowledge Officer"*.

Existen muchos modelos de gestión del conocimiento en general, y han aparecido algunos específicos para la ingeniería del software, entre los que destacan los que se describen a continuación.

## 5.2.1 Modelo de (Dybå 2003)

(Dybå, 2003) propone un modelo dinámico que se centra en las necesidades de comunicación, coordinación y colaboración. Este modelo trata de cómo los equipos de software adquieren y utilizan conocimiento en un entorno organizacional para mejorar sus procesos software. En este modelo se integran las actividades de creación del conocimiento junto con el "trabajo real" del desarrollo de software. Este modelo consta de cuatro elementos principales (véase Figura 5.2):

- **Contexto organizacional**, que describe el entorno general que impone restricciones y oportunidades acerca de lo que puede y no puede hacer la organización.

- **Ciclo de aprendizaje**, que comprende el proceso dialéctico que integra la experiencia local y los conceptos organizacionales.

- **Desempeño organizacional**, que agrupa los resultados de las actividades de mejora de la organización.

- **Factores facilitadores**, que reflejan las condiciones que facilitan la creación de conocimiento y la mejora de procesos software.

Este autor define la creación del conocimiento en Ingeniería del Software como el intercambio dinámico entre dos dialécticas: entre el conocimiento organizacional y el local; y entre la generación y la interpretación del conocimiento organizacional.

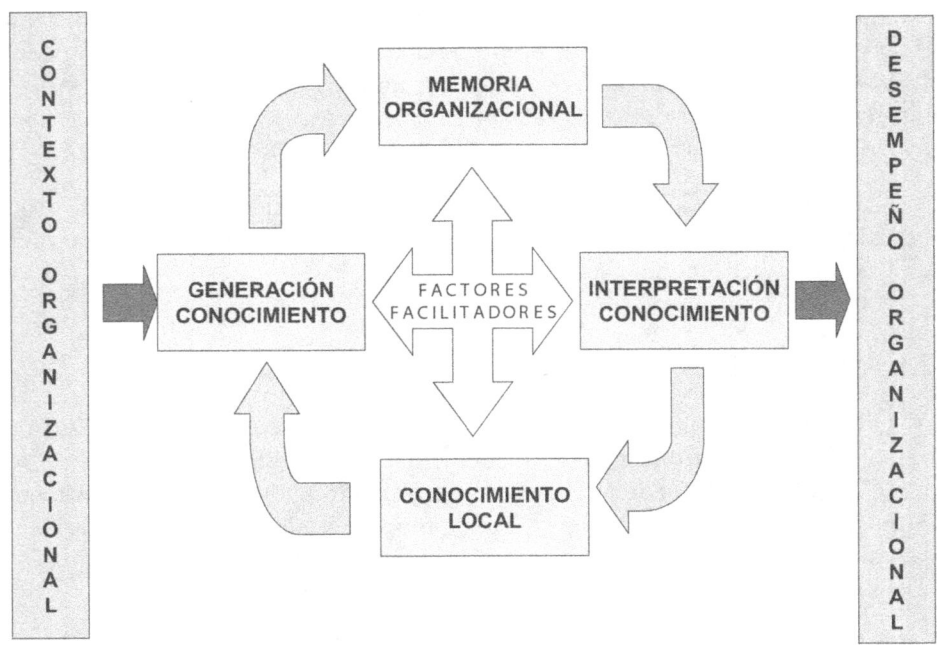

**Figura 5.2.** Modelo dinámico de gestión del conocimiento (Dybå 2003)

Además, Dybå identifica seis factores facilitadores en la creación de conocimiento de ingeniería del software y analiza las relaciones entre los procesos de creación de conocimiento y otros factores facilitadores (véase Tabla 5.2).

| Factores Facilitadores | Conocimiento Local | Generación Conocimiento | Memoria Organiz. | Interpret conoc. |
|---|---|---|---|---|
| Orientación al negocio |  | X | XX | X |
| Implicación de los líderes | X | XX | X |  |
| Participación de los empleados | XX | XX | X | XX |
| Preocupación por la medición | XX | X |  |  |
| Explotación del conoc. existente | X | XX | X | X |
| Exploración de nuevo conoc. | XX |  |  | XX |

**Tabla 5.2.** Relaciones entre los procesos de creación de conocimiento y los factores facilitadores (Dybå 2003)

## 5.2.2 Modelo SEKS

Por su parte, (Oliver et al., 2003) presentan el modelo SEKS (Software Engineering Knowledge-Sharing). Este modelo (véase Figura 5.3) reconoce la interacción entre los individuos y dentro de los equipos como producto de tres factores: motivación para descubrir conocimiento, una cultura de apoyo y la experiencia previa. Asociados a estos factores se encuentran el deseo y la oportunidad de aprender.

Las dificultades más importantes que señalan la mayor parte de los autores son hacer tácito el conocimiento explícito y mantenerlo actualizado. Además, en el desarrollo y mantenimiento de software podemos encontrar tanto conocimiento del dominio del problema como conocimiento del dominio de la solución.

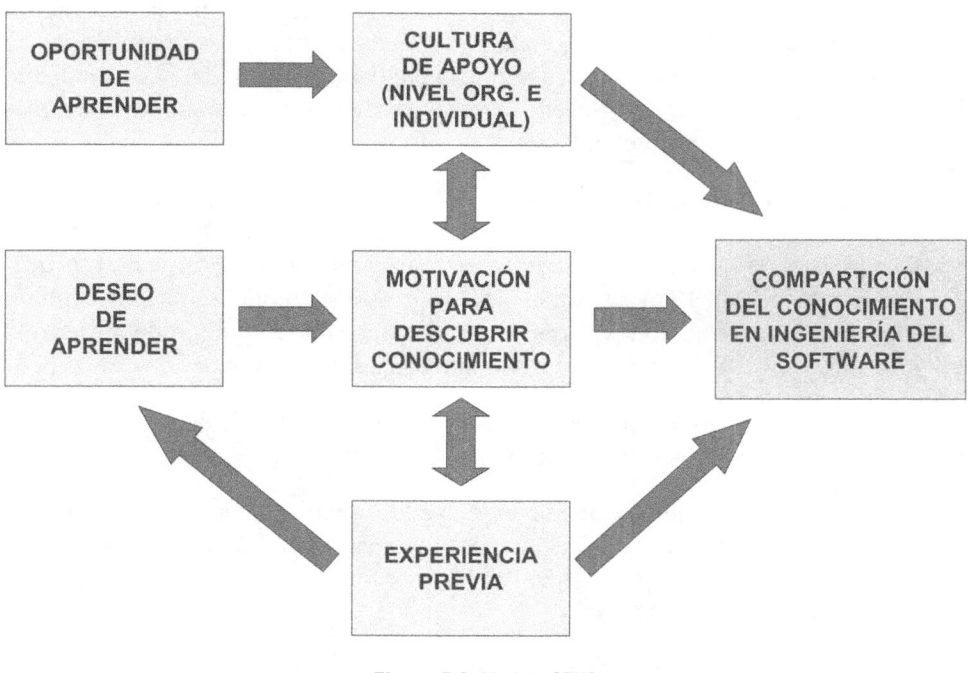

**Figura 5.3.** Modelo SEKS
(Oliver, et al., 2003)

## 5.3 DESIGN RATIONALE

En la mayoría de los casos, el conocimiento organizacional está compuesto por el conjunto de decisiones que se realizan durante el ciclo de vida del proceso software, es decir, serán decisiones tomadas en las fases de análisis, diseño, etc.; las cuales, con frecuencia, no se documentan apropiadamente o, si se documentan, únicamente son conocidas por un conjunto limitado de personas desperdiciándose las lecciones aprendidas. Todo ello dificulta enormemente el poder reutilizar este conocimiento (Nour 2010).

Con el objetivo de resolver este problema, se propone el uso de *rationale* (que podría traducirse por "fundamento") como técnica que proporciona mecanismos para capturar y representar las decisiones tomadas a lo largo del ciclo de vida del software, además de facilitar la generación, almacenamiento y representación de las decisiones tomadas. Otro aspecto importante a considerar es que las decisiones tomadas y almacenadas como Rationale podrían ser recuperadas y reutilizadas en otros proyectos de características similares, mediante el uso del Razonamiento Basado en Casos (CBR, Case-Based Reasoning), método que propone soluciones basadas en las "lecciones aprendidas".

*Design Rationale* (o *Rationale*) es *"un método que permite capturar, representar y mantener registros de información acerca de las decisiones que son tomadas por los miembros de un equipo de desarrollo de un proyecto software"* (McKerlie y MacLean, 1994; Dutoit et al., 2006). De este modo, se pueden capturar todas las decisiones y alternativas que se van produciendo a lo largo del desarrollo del proyecto, y las razones de por qué son tomadas esas decisiones.

El *Rationale* ofrece una serie de ventajas para la calidad de los sistemas de información, concretamente en la gestión de conocimiento, puesto que:

- ▶ Proporciona un mecanismo común a las organizaciones para la captura y almacenamiento de las decisiones tomadas en el desarrollo de proyectos software, ya que se sigue el mismo formato y se define el tipo de información a generar.

- ▶ Facilita la representación de las decisiones y, por tanto, su transmisión, mejorando la calidad de futuras decisiones y la comunicación entre equipos de desarrollo.

- ▶ Facilita la recuperación de las decisiones, al estar bien definido el tipo de información que se ha almacenado. Del mismo modo, se facilita también su reutilización.

Existen varias herramientas que ofrecen soporte para el *Design Rationale*, entre las que destacan:

- ▶ BORE (Building an Organizational Repository of Experiences) (Henninger, 2003) es una herramienta que da soporte al conocimiento, y que se encarga de recopilar la información relevante generada durante el desarrollo de un proyecto, para reutilizarla en proyectos posteriores. Su arquitectura está basada en casos de uso, que se utilizan para representar toda la información procedente de diferentes fuentes. Cada caso de uso se compone de una descripción del problema y un campo relacionado con una posible solución, además, también da la posibilidad de añadir información complementaria, como por ejemplo, enlaces a casos similares. El uso principal de estos casos es la representación de las actividades del proyecto, así como el almacenamiento de la documentación generada durante la ejecución de estas actividades. Además, no solo permite crear estas actividades sino que también se pueden editar a posteriori y es posible adjuntar archivos a ellas. También, para proporcionar una visión rápida del estado del proyecto, el estado de cada actividad (que puede ser activa, resuelta, etc.) se identifica con un color característico. Por último, mencionar que todo el proyecto se organiza mediante una lista dinámica, lo cual permite mantener un repositorio de "lecciones aprendidas", las cuales se pueden utilizar para resolver nuevos problemas que surjan (Henninger, 2003).

- ▶ REQ/QOC (Dutoit et al., 2006) es una herramienta que permite examinar simultáneamente la especificación de requisitos y la justificación de cada uno de ellos. Para la especificación de requisitos se utilizan términos como actor, caso de uso, requisitos no funcionales, glosario de términos, etc. En cambio, para la justificación de estos requisitos, se utilizan términos como cuestiones, opciones, criterios y decisiones. Los usuarios colaboran conjuntamente creando y modificando estos requisitos, cuestionándolos mediante preguntas y justificándolos mediante argumentos.

- ▶ PAKME (Process-based Architecture Knowledge Management Environment) (Babar y Gorton, 2007) es una herramienta de gestión de conocimiento basada en arquitectura web y orientada a dar soporte a la gestión del conocimiento en el proceso de la arquitectura software. Esta plataforma ofrece varias características colaborativas, como son la gestión de contactos, gestión de proyectos, herramientas de colaboración online, entre otras.

- DPMTool (Distributed Process Management Tool) (Garrido et al., 2007) es una herramienta que tiene como objetivo dar soporte a la gestión de proyectos software en DGS (Desarrollo Global de Software), permitiendo la creación, almacenamiento, recuperación, transmisión y reutilización de decisiones abordadas en un proyecto software, realizado de manera deslocalizada. Además, facilita la gestión de los proyectos software sobre los que se toman decisiones.

- Manteuffel et al. (2016) proponen un add-in para Enterprise Architect que permite recoger explícitamente y documentar las decisiones de arquitectura.

- Barcelo-Valenzuela et al. (2016), proponen un marco que permite adquirir conocimiento a partir de las diferentes versiones de software.

- REACT (RationalE Annotations in ChaT messages) (Alkadhi et al., 2017), que ayuda a los desarrolladores a capturar el rationale (cuestiones, alternativas, argumentos a favor, argumentos en contra y decisiones) a partir de los mensajes de chat con poco esfuerzo.

## 5.4 FACTORÍA DE EXPERIENCIA Y PARADIGMA DE MEJORA DE LA CALIDAD (QIP)

### 5.4.1 QIP (Paradigma para la mejora de la calidad)

(Basili y Caldiera, 1995) presentan el paradigma de mejora de la calidad (QIP, *Quality Improvement Paradigm*), que es una aproximación a la medición y control de la calidad dirigida por objetivos, basada en una infraestructura organizativa denominada "*factoría de experiencia*".

El objetivo de este paradigma es la adquisición de competencias básicas que soporten competencias estratégicas y la mejora de la calidad en el entorno de desarrollo —en lugar de en el de producción— mediante la reutilización del conocimiento y la experiencia.

El proceso de mejora de la calidad, que es un proceso iterativo que a cada iteración redefine y mejora las características y los objetivos, ocurre en varios pasos, agrupados en dos ciclos:

▼ **Ciclo de Aprendizaje Corporativo**, que consiste en:

- Caracterización, la empresa construye modelos del entorno actual.
- Fijación de objetivos, sobre lo que quiere conseguir para el siguiente producto y aprender acerca del negocio.
- Elección de procesos, métodos, técnicas y herramientas adecuadas al problema.
- Ejecución, durante la cual se analizan los resultados intermedios para ver si se satisfacen los objetivos.

▼ **Ciclo de Aprendizaje de Proyecto**, que comprende las siguientes actividades:

- Se inicia con la ejecución.
- La organización analiza los resultados para aprender de ellos.
- La organización almacena y propaga el conocimiento.

Así, por un lado, existe un "**ciclo de control**" que es la realimentación al proyecto durante la fase de ejecución, y que proporciona información analítica acerca del desempeño del proyecto. Esta información se utiliza para prevenir y solventar problemas, monitorizar y soportar el proyecto y realinear el proceso con los objetivos. Por otro, cabe destacar un "**ciclo de capitalización**", la realimentación a la organización, con el fin de capturar la experiencia, acumularla y transferirla, para aplicarla a otros proyectos.

## 5.4.2 Factoría de Experiencia

La factoría de experiencia consiste en una organización basada en la capacidad, en la que la reutilización de experiencia y el aprendizaje colectivo se convierten en una cuestión corporativa. La factoría de experiencia proporciona "*cluster de competencias*" denominados "*paquetes de experiencias*".

Como se muestra en la Figura 5.4, la organización de proyectos proporciona a la factoría de experiencia: características del proyecto y entorno, datos de desarrollo, información sobre la utilización de recursos, registros de calidad, información sobre el proceso, los productos, planes y modelos utilizados, así como los datos obtenidos durante el desarrollo y la explotación. La factoría de experiencias transforma estos elementos en unidades reutilizables y proporciona a la organización de proyectos: configuraciones base, herramientas, lecciones aprendidas y datos, parametrizados de alguna forma para adaptarse a las características de los proyectos específicos.

Los beneficios que aporta una factoría de experiencia a la organización son variados:

▼ Establecer un proceso de mejora de software sustentado y controlado por datos cuantitativos.

▼ Producir un repositorio de datos y modelos software que estén basados empíricamente en la práctica diaria.

▼ Desarrollar una organización de soporte interno que limite la sobrecarga y proporcione beneficios sustanciales de desempeño de coste y calidad.

▼ Proporcionar un mecanismo para identificar, valorar e incorporar en los procesos nuevas tecnologías que hayan demostrado ser valiosas en contextos similares.

▼ Incorporar y soportar la reutilización en el proceso de desarrollo de software.

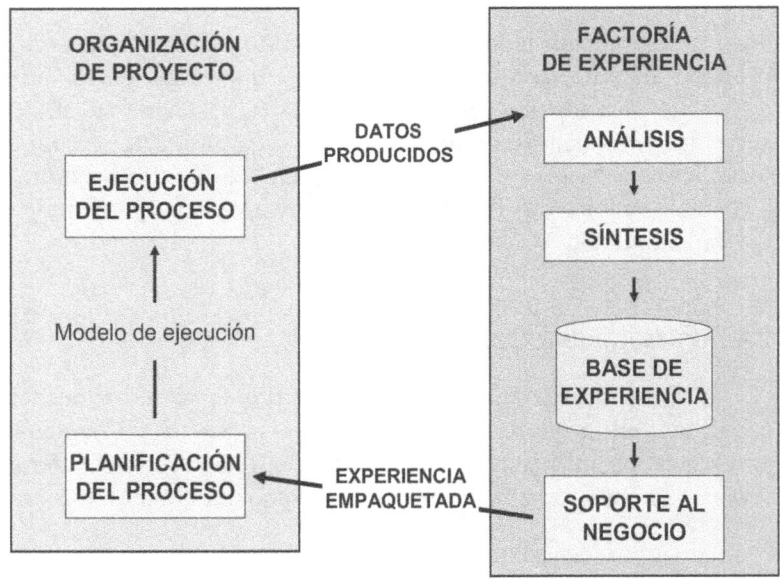

**Figura 5.4.** Factoría de Experiencia propuesta por el Prof. Basili

Como vemos, uno de los elementos clave es la base de experiencia que, según (Basili y Caldiera, 1995), debe contener el conocimiento relevante para la organización, residir en un marco de aprendizaje bien concebido, disponer de metodologías que establezcan cómo se estructura la experiencia, disponer de procesos, procedimientos y reglas que establezcan cómo se gestiona la experiencia diariamente, y estar automatizada lo máximo posible.

Estos autores proponen una serie de pasos para crear un sistema de gestión de experiencia (SGE):

- Caracterizar la organización e identificar los procesos y conocimientos actuales.
- Identificar los usuarios y definir roles de usuario.
- Desarrollar casos de uso.
- Definir tipos de paquetes (taxonomías).
- Generar los atributos que describen los tipos de paquete.
- Definir valores aceptables para cada atributo.
- Definir un documento de requisitos para el SGE.
- Construir, integrar e instalar el SGE.
- Evaluar y hacer evolucionar el SGE.

De forma parecida, en (Althoff y Pfahl, 2003) se presenta una metodología ("DISER"- *Design and Implementation on Software Engineering Repositories*) para construir y operar EBIS (*Experience-Based Information Systems*).

Hay que tener en cuenta diferentes aspectos de calidad a la hora de construir y gestionar una base de experiencia (Schneider y von Hunnius, 2003):

- Guía al usuario, sobre todo para empezar reutilizando las experiencias.
- Usabilidad, ya que una pobre usabilidad puede alejar al usuario.
- Conformidad con el proceso, hacer un proceso mejorado centrado en el repositorio de experiencias, siguiendo la estructura del proceso subyacente.
- Mecanismos de realimentación, por medio de diferentes canales (correo electrónico, pizarras electrónicas, FAQ, contactos personales y telefónicos, etc.).
- Mantenibilidad, para que las reestructuraciones sean fáciles.

## 5.5 INGENIERÍA DEL SOFTWARE EMPÍRICA E INGENIERÍA DEL SOFTWARE BASADA EN EVIDENCIAS

Resulta fundamental que el conocimiento que se empaqueta en una factoría de experiencia y que se utiliza en una organización de desarrollo o mantenimiento de software sea un conocimiento riguroso y que esté validado empíricamente.

Como se señala en el manifiesto de creación de la red ISERN (International Software Engineering Research Network): *"La ingeniería del software es una disciplina relativamente nueva e inmadura. Con el fin de madurar, necesitamos adoptar una visión experimental que nos permita observar y experimentar con las tecnologías, comprender sus debilidades y fortalezas, adaptar las tecnologías a los objetivos y características de proyectos específicos, y empaquetarlos junto con la experiencia obtenida empíricamente con el fin de mejorar su potencial de reutilización en proyectos futuros"*.

En estos últimos diez años, los investigadores han desarrollado una serie de guías y técnicas que nos permiten llevar a cabo la investigación en ingeniería del software de manera rigurosa. Por otro lado, las organizaciones y los "profesionales" han empezado a darse cuenta de la necesidad de contrastar experimentalmente muchas de las creencias y nuevas técnicas en el área de la ingeniería del software, concediendo cada vez más importancia a la ingeniería del software basada en evidencias (EBSE, *Evidence-Based Software Engineering*) que se puede considerar una evolución de la ingeniería del software empírica (ESE, *Empirical Software Engineering*).

Como se señala en (Genero et al., 2014), los métodos de investigación se pueden clasificar de diversas maneras. Una primera clasificación en función del nivel de evidencia que proporcionan:

- **Métodos primarios**: son aquellos métodos utilizados para realizar estudios con el objetivo de obtener evidencia empírica sobre un tema de interés (experimentos, encuestas, estudios de casos, etc.).

- **Métodos secundarios**: se refiere a los métodos que permiten recopilar de manera sistemática y rigurosa los estudios primarios relacionados con una pregunta de investigación específica, con el objetivo de sintetizar la evidencia disponible para responder a dicha pregunta. En la ingeniería del software se utilizan las revisiones y mapeos sistemáticos de la literatura como métodos de investigación secundarios. Este tipo de métodos se utilizan para producir estudios secundarios (revisiones o mapeos sistemáticos) y estudios terciarios (revisiones sistemáticas de revisiones sistemáticas).

Por otro lado, hay que tener en cuenta que los experimentos o estudios aislados difícilmente proporcionan información o conocimiento suficientes, por lo que es necesario que los experimentos formen parte de familias de estudios (Basili et al., 1999). Estas familias de experimentos permiten extraer conclusiones relevantes, que no podrían obtenerse a partir de los estudios individuales. La síntesis o agregación cuantitativa de los resultados obtenidos en familias de experimentos se realiza comúnmente a través de técnicas de meta-análisis. Según (Glass et al., 1981), *"El meta-análisis se refiere al análisis del análisis... al análisis estadístico de una colección de resultados procedentes de estudios individuales, y cuyo propósito es integrar dichos resultados. Supone una alternativa rigurosa frente a las discusiones meramente narrativas sobre los resultados de una colección de estudios..."*. Es decir, el meta-análisis se refiere a un conjunto de técnicas estadísticas que se utilizan para analizar los resultados obtenidos en múltiples estudios empíricos. Al combinar los resultados de varios estudios experimentales, el meta-análisis permite generar conocimiento más general y fiable que el de los resultados obtenidos por los estudios individuales, ya que dicho conocimiento está sustentado por una mayor cantidad de evidencia empírica.

## 5.6 LECTURAS RECOMENDADAS

▼ *Aurum, A., Jeffery, R., Wohlin, C., Handzic, M. (eds.) (2003). Managing Software Engineering Knowlegde. Berlin, Springer.*

Esta recopilación ya "clásica" reúne los trabajos más importantes sobre gestión del conocimiento en ingeniería del software a nivel internacional.

▼ *Boehm, B., Rombach, H. D. y Zelkowitz, M. V. (eds.) (2005). Foundations of Empirical Software Engineering. The Legacy of Victor R. Basili. Springer.*

Se trata de una colección de veinte trabajos de Victor Basili, uno de los mayores impulsores de la ingeniería del software empírica, con los que se puede profundizar en sus contribuciones como GQM, QIP, organizaciones software que aprenden y el concepto de factoría de experiencia.

▼ *Bossavit, L. (2013). The Leprechauns of Software Engineering: How Folklore Turns into Fact, and What to Do About It. Leanpub.*

En este libro se examinan algunos de los mitos de la Ingeniería del Software que se han convertido en realidad pero que muchos, según su autor, empezaron siendo meros rumores.

- *Genero, M., Cruz-Lemus, J.A. y Piattini, M. (2014). Métodos de Investigación en Ingeniería del Software. Madrid, Ra-Ma.*

    En el libro se abordan tanto las principales técnicas de investigación primaria (encuestas, experimentos, estudios de caso e investigación-acción) como las revisiones sistemáticas de la literatura y la combinación de métodos.

- *Ferreira de Souza, E., de Almeida Falbo, R. y Vijaykumar, N.L. (2015). Knowledge management initiatives in software testing: A mapping study. Information and Software Technology 57, 378–391.*

    Este trabajo presenta un mapeo sistemático de las diferentes propuestas de gestión de conocimiento en pruebas de software.

- *Weinreich, R. y Groher, I. (2016). Software architecture knowledge management approaches and their support for knowledge management activities: A systematic literature review. Information and Software Technology 80, 265–286.*

    En este artículo se presenta una revisión sistemática que analiza diferentes aproximaciones para soportar el SAKM (Software Architecture Knowledge Management).

## 5.7 SITIOS WEB RECOMENDADOS

- *isern.iese.de/Portal*

    Se trata del portal de la International Software Engineering Research Network (ISERN) que proporciona diferentes guías y otros recursos importantes para la ESE.

## 5.8 EJERCICIOS

1. Analice el portal de conocimiento o intranet que se utiliza en su empresa para compartir buenas prácticas, detallando las técnicas que se utilicen.

2. ¿Cree necesario incentivar económicamente la compartición del conocimiento? Piense que a los empleados se les paga por su trabajo y el desempeño del mismo, ¿pero se le recompensa por compartir su experiencia?

3. ¿Qué tipo de conocimiento sobre los productos software y su evolución se almacena en el entorno de desarrollo que utiliza su organización?

4. ¿Cómo convencería a la dirección de su empresa que resulta rentable invertir en la gestión del conocimiento? ¿Cómo podría cuantificar los beneficios?

5. Investigue las diferentes técnicas y herramientas que se proponen para capturar las decisiones arquitectónicas en el desarrollo de software (*"architecture rationale"*).

6. Plantee la creación de un plugin para el entorno Eclipse en el que se pueda recoger el *Design Rationale* de los productos software.

7. Presente un plan razonado (costes, calendario, etc.) de implantación de una factoría de experiencia en su organización. ¿Cuáles cree que serán los principales obstáculos que se encontraría en la implantación de una estructura de este tipo?

8. Discuta el concepto de "lemmingeniería del software" acuñado por (Davis 1993), respecto al de Ingeniería del Software Empírica.

9. Analice el estado de la Ingeniería del Software basada en Evidencias, comparándola, por ejemplo, con otras disciplinas como la Medicina.

10. Lleve a cabo una revisión sistemática, utilizando el método propuesto en (Genero et al., 2014) de los artículos que tratan el concepto de Calidad de Sistemas de Información aparecidos en la revista MIS Quaterly (*www.misq.org*) en los últimos 10 años. Analice la evolución experimentada por este concepto durante este período de tiempo.

# 6

## CALIDAD DE LAS PERSONAS

### 6.1 INTRODUCCIÓN

La Industria del Software puede considerarse como una industria especialmente dependiente de las personas, en la que el talento de los miembros de un proyecto software suele ser un aspecto clave a la hora de predecir sus resultados (Boehm 1981), del mismo modo que el déficit de personal suele ser uno de los riesgos más importantes para los proyectos (Boehm 1987). Las características personales y las actitudes individuales pueden ser factores de éxito decisivos para los proyectos software y, por lo tanto y a la larga, para los objetivos de negocio. La inversión en el aprendizaje es siempre crítica para asegurar un buen entendimiento de la evolución tecnológica necesaria para el desarrollo de proyectos complejos. Esta necesidad de formación continua crece a razón de la complejidad técnica y tecnológica de los productos y los servicios a implementar, que requiere conocimiento, formación y habilidades, y sobre todo, cada vez se valoran más aspectos críticos como la necesidad de motivar a los miembros de los proyectos, y ser capaces de retener, crear y atraer nuevo talento a las organizaciones. Los modelos de mejora continua de los procesos organizacionales (como CMMI) o los principales modelos de ciclo de vida tratan esta cuestión, aunque a veces no le conceden la suficiente importancia.

Por supuesto, este y otros aspectos relacionados con el capital humano deben nacer y estar motivados por la propia organización, y convertirse parte de su cultura convirtiéndose en prácticas bien instauradas.

Tal y como recuerda (Amengual et al., 2009), la ingeniería del software es una actividad principalmente humana que se ayuda de procesos y herramientas, pero sobre todo, dirigida por los profesionales que la ejercen, y así lo demuestra en su triángulo de "personas, procesos y tecnología" invertido (ver Figura 6.1), siendo más importantes dichos profesionales que los propios aspectos tecnológicos.

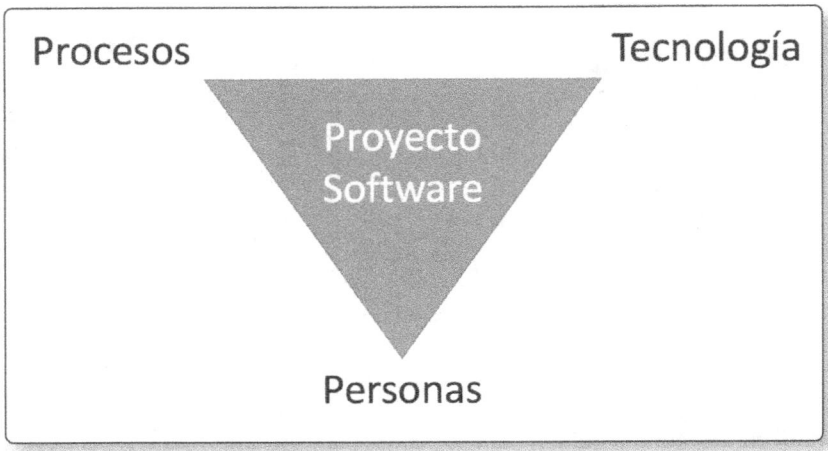

**Figura 6.1.** "Personas, Procesos y Tecnología", con base en las personas

Hay que partir del hecho de que en la Industria del Software es difícil realizar estimaciones precisas, lo que hace difícil cumplir las metas propuestas dentro de los calendarios establecidos. Cualquier variación dentro de estos calendarios obligan a que los profesionales realicen esfuerzos adicionales (y en ocasiones a nivel personal) para conseguir alcanzar las metas de los proyectos dentro de las planificaciones. Como consecuencia de estos esfuerzos no solo se ve comprometida la calidad del producto y la satisfacción de los clientes (por la falta de verificación y validación, que suelen ser las tareas más comprometidas en estas circunstancias), sino que también se produce un desgaste excesivo de los equipos de desarrollo (Jain 2009). Es importante tener en cuenta que forzar los equipos de desarrollo al final de los proyectos solo sirve para cumplir las fechas de entrega mientras que, como efecto adverso y producto de la fatiga, los productos finales adolecen de la calidad requerida para su puesta en producción en el entorno empresarial.

Además de la importancia de la formación, existen muchos otros factores relacionados con los desarrolladores y los equipos de trabajo que afectan de forma directa a la calidad del software. Tal y como se establece en (De Franco et al., 2017) un ejemplo de estos factores es la comunicación entre los miembros de los equipos de desarrollo, cuya falta o mala gestión suele ser la causa del fracaso de los proyectos software de gran complejidad, siendo también un factor más crítico en el desarrollo global de software. La comunicación, entre otros aspectos, viene influenciada por factores internos como la amabilidad de los propios miembros del equipo, la extraversión, la satisfacción en el trabajo y las expectativas de rendimiento, y factores externos como el apoyo de la organización y los recursos que esta pongan a disposición de los profesionales (de Vries et al., 2006).

Dado el impacto en la calidad del software que tiene todo lo relacionado con los profesionales y los equipos de trabajo, surge la necesidad de gestionar eficientemente los recursos humanos, su nivel de formación y motivación. Es de sobra reconocida la necesidad de conjugar los factores de capital humano, capital social (que de por sí poseen las organizaciones en sus redes de contactos) y el capital organizacional (considerado como todo lo que queda en la organización cuando sus trabajadores dejan sus puestos de trabajo) para desarrollar software, consiguiendo un correcto balance que permita a las organizaciones sacar el máximo partido de su capital intelectual (Wohlin et al., 2015). Además, tanto a nivel académico como industrial se ha enfatizado la importancia de los aspectos no técnicos (conocidos como aspectos "soft") del desarrollo del software y la calidad del software.

Asimismo, y atendiendo a estas necesidades, han aparecido modelos y procesos orientados a la gestión de los recursos humanos. Entre estos modelos es posible encontrar: (i) PCMM (People Capability Maturity Model), que propone un conjunto de niveles de madurez a través de los cuales implementar e institucionalizar buenas prácticas relacionadas con la gestión de los recursos humanos; (ii) TSP (Team Software Process), que aplicando la técnica Seis Sigma permite que los proyectos desarrollados por equipos de trabajo se involucren en un proceso de mejora continua; y (iii) PSP (Personal Software Process), que constituye un marco de trabajo que provee a los ingenieros de los procesos y actividades necesarias para gestionar su trabajo personal.

## 6.2 FACTORES "SOFT" DE LA CALIDAD DEL SOFTWARE

### 6.2.1 Visión general de los aspectos "soft"

Por término general, cuando se habla de los factores que afectan a la calidad de software se suele pensar en aspectos de carácter técnico, como pueden ser el uso de estándares para el desarrollo de software, modelos de procesos, modelos de madurez, uso de medidas, etc. Sin embargo, existen otros factores que no se suelen tener en cuenta o al menos no se trabajan de forma explícita, como pueden ser la motivación, el compromiso, las condiciones laborales, la cultura organizacional, la experiencia, las habilidades y el conocimiento (Heemstra et al., 2002). El impacto de estos factores queda demostrado por la existencia de métodos y modelos para la gestión de grupos de trabajos, potenciación del individuo y modelos de mejora continua centrados en las competencias personales. No obstante, y por desgracia estos modelos no gozan de la misma fama y nivel de implantación que sus homólogos de carácter "más técnico".

Tal y como se indica en (Heemstra et al., 2002), los principales impulsores de la calidad del software pueden clasificarse en tres categorías (ver Tabla 6.1): el contexto, los recursos y la tecnología.

| Categoría | Subcategoría | Motivador de calidad del software |
|---|---|---|
| Contexto | Entorno | Usuario<br>Cliente<br>Legislador<br>"Branch"<br>Competencia |
| | Organización | Políticas<br>Cultura y estructura<br>Reutilización<br>Cultura de calidad |
| Recursos | Humanos | Motivación y compromiso<br>Comportamiento<br>Profesionalidad |
| | Equipo | Composición del equipo<br>Madurez del equipo |
| | Restricciones | Tiempo<br>Dinero |
| Tecnologías | Estándares | CMMI<br>ISO 9000 |
| | Técnicas | Metodología<br>Modelos<br>Herramientas |

**Tabla 6.1.** Marco de clasificación de los impulsores de la calidad

De acuerdo con los autores de este marco, los factores que principalmente pueden considerarse como "soft" serían los que se deben a la organización, los humanos y los de equipo. Por un lado, en los factores debidos a la organización pueden encontrarse:

- ▼ Políticas de calidad y calidad del software: Para lograr productos de calidad, es imprescindible que el concepto de calidad tenga presencia tanto en las políticas como en los objetivos de la organización.

- ▼ Estructura, cultura y calidad del software: Las características organizacionales estructurales definen aspectos como el nivel de centralización de la empresa, nivel de estandarización, formalización, o especialización, mientras que las características culturales podrían ser la cohesión, la disciplina, la motivación o experiencia. Si se establecen relaciones entre estos aspectos y las características del desarrollo del software, podrán modificarse con el objetivo de mejorar la calidad del software.

▼ Reutilización y calidad del software: La reutilización es un mecanismo excelente para reducir la complejidad del desarrollo de software, la complejidad y la aparición de determinado tipo de errores (tal y como demuestran determinados estudios), lo que redunda en una mejora de la calidad del software. No obstante, la cultura de la "reutilización" debe estar presente en la organización.

▼ Cultura de calidad y calidad de software: se describe como la importancia que le otorga a la calidad un miembro, el departamento y la organización. Cómo la organización motiva y premia este interés por la calidad.

Siguiendo con los factores "soft", los factores "humanos" cada vez están recibiendo más atención en lo que respecta a su impacto en la calidad del software, pues una falta de habilidades, capacidades o profesionalidad, hará que el uso de metodologías y técnicas no sean de utilidad en el desempeño de su labor. Otro aspecto que recibe gran interés en este sentido, es la capacidad de las organizaciones para encontrar y retener buenos profesionales (lo cual es considerado de forma prioritaria, por ejemplo, en el modelo de madurez PCMM, que se tratará en la sección 3). Dentro de los factores humanos, de acuerdo al marco de trabajo de la Tabla 6.1, pueden identificarse los siguientes aspectos que influyen en la calidad del software:

▼ Motivación y compromiso, y calidad del software: La motivación en el mundo del desarrollo del software ha sido un factor de gran importancia sujeto a estudio desde hace décadas, siendo en la década de los 70 cuando algunos estudios revelaron que la satisfacción en el trabajo, el producto obtenido y el reconocimiento eran los factores principales.

▼ Comportamiento y cambios en el mismo, y calidad del software: De acuerdo con (Heemstra et al., 2002), el comportamiento de los individuos en las organizaciones depende y puede ser clasificado en base al nivel de madurez de las mismas (ver Tabla 6.2). El comportamiento derivado de las organizaciones con un nivel de madurez bajo, hace que sea más probable obtener un software de menor calidad y una menor eficiencia. El comportamiento suele ser un factor difícil de mejorar, siendo complejo incrementar los niveles de madurez de las organizaciones.

En este sentido, existen modelos de mejora continua centrados en los recursos humanos, como PCMM, que ayudan a las organizaciones en este sentido. En el mismo estudio, se invita a focalizar la atención en: (i) establecer objetivos comunes en los que trabajar de forma conjunta, (ii) dotar a la plantilla con habilidades específicas, (iii) incentivar el cambio de comportamiento, y (iv) que el cambio de comportamiento depende directamente de factores como el tiempo, el dinero, la información, los trabajadores y las instalaciones de la organización.

| Nivel de madurez bajo | Nivel de madurez alto |
|---|---|
| • Uso de la percepción para tomar decisiones<br>• Comportamiento reactivo<br>• Centrados en los problemas<br>• Muchos indicadores de rendimiento<br>• Responsabilidad recae en la alta gestión<br>• Abundante comunicación | • Decisiones basadas en los datos o evidencias<br>• Comportamiento proactivo<br>• Centrados en las soluciones<br>• Se estimula el uso de indicadores de rendimiento<br>• Responsabilidad distribuida entre los niveles más bajos de la organización<br>• Gran nivel de comunicación y coordinación |

**Tabla 6.2.** Comportamiento en la organización en base a los niveles de madurez

▼ **Profesionalidad y calidad del software:** Una profesión madura debería incluir elementos como una formación inicial, desarrollo de habilidades, certificación, desarrollo profesional, sociedades profesionales y código ético. En el ámbito de la ingeniería del software, la ACM y la IEEE desarrollaron conjuntamente el SWEBOK (*Software Engineering Body of Knowledge and Recomended Practices*), un código ético y prácticas profesionales, y un currículo de ingeniería del software. Las PSP (*Personal Software Process*) y TSP (*Team Software Process*) son ejemplos de programas de formación en habilidades en el ámbito del desarrollo y la ingeniería del software.

Otro de los factores "soft" críticos identificados en la Tabla 6.1, son los "equipos de desarrollo". Es importante tener en cuenta que muchos de los problemas de calidad en el desarrollo del software son causados por equipos con un bajo rendimiento, que además incurrirán con toda probabilidad en excesos de tiempo y costes durante el desarrollo de su labor. Hay que tener en cuenta los siguientes aspectos críticos a la hora de formar los equipos de desarrollo:

▼ **Composición del equipo:** Tal y como establece (Heemstra et al., 2002), la calidad del equipo depende de la forma en la que a los miembros se les permite, están dispuestos, pueden y obligan a desempeñar los roles del equipo con su conocimiento, capacidades y experiencia, y ser así no solo un conjunto de miembros sino un equipo bien formado (ver sección 5). El proceso de madurez de los equipos (que deben seguir las organizaciones para formar equipos de desarrollo) se divide en las siguientes fases:

- Composición del equipo, donde se definen los objetivos, roles, autoridad y responsabilidades.

- Formar un equipo sólido, el equipo debe llevar a cabo una visión unificada a completar de los objetivos establecidos.

- Ejecución, donde el objetivo está en cumplir los objetivos.

- Cese, donde el equipo se plantea cuándo hay que finalizar el proyecto y cómo debe llevarse a cabo dicho final.

▼ Madurez del equipo: Watts Humphrey, desarrollador de la versión inicial de TSP (ver sección 5) proponía su modelo de trabajo en equipo en base a su visión, que consistía en que una organización de desarrollo de software solo puede maximizar su rendimiento cuando los mejores miembros de un equipo están disponibles para componer el mejor equipo. Son muchos los proyectos reales en la industria que han probado la eficacia de TSP, que hace especial énfasis den el rol que desempeña el manager del equipo, enseñándole a jugar no solo un papel de gestor, sino de *coach*, y a jugar con los niveles de presión justos que sacan del equipo su máximo rendimiento, entre otros aspectos.

## 6.2.2 Motivación en el desarrollo de software

Independientemente de la calidad del desarrollador o del equipo de desarrollo, la motivación aparece como uno de los factores "soft" con influencia en la calidad del software que más directamente impacta en la calidad de las personas: en primer lugar, la motivación redunda en una satisfacción a nivel personal que hace que el trabajador se sienta cómodo en su puesto de trabajo; y en segundo lugar, depende en gran medida de la organización en la que el profesional o equipo de trabajo desempeña su labor. La organización suele ser la principal responsable de crear un contexto de trabajo que motive al profesional para maximizar su desempeño y crear en sí mismo un sentimiento de mejora de la calidad no solo como una obligación, sino como una forma de trabajo y una forma de vida, haciendo de la calidad del software una cultura del día a día. Manteniendo a ingenieros del software motivados las organizaciones conseguirán no solo finalizar con la entrega de sus productos, si no además, entregar un producto de calidad (Hall et al., 2009). Otra ventaja de mantener motivados a los ingenieros del software, además de mejorar su productividad, es que hace que estos permanezcan durante más tiempo en sus organizaciones (Beecham et al., 2008), dándoles perspectiva de carrera profesional sin necesidad de buscar otras organizaciones donde desarrollarla.

La motivación no es una cuestión banal, pues resulta difícil de realizar de forma adecuada y efectiva. De hecho, en la literatura pueden encontrarse multitud de teorías de la motivación, cada una relacionada en mayor o menor medida con el ámbito del desarrollo de software (Hall et al., 2009), sin embargo, estas suelen muestran ciertas discrepancias a la hora de determinar qué es lo que realmente motiva a los profesionales de la ingeniería del software (Beecham et al., 2008). En estudios como (Misirli et al., 2015), se identifica que algunos aspectos que pueden afectar a la motivación de los desarrolladores son las diferencias culturales de los miembros del equipo, el nivel de implicación del cliente, o el nivel de reconocimiento por parte de la organización.

En (Beecham et al., 2008) se lleva a cabo una intensa revisión que, entre otros resultados, ofrece una completa lista de "motivadores" en la ingeniería del software:

- Recompensas e incentivos
- Oportunidades de crecimiento y desarrollo personal
- Variedad de actividades
- Buenas perspectivas de carrera profesional con oportunidades de crecimiento
- Empoderamiento/responsabilidad, donde la responsabilidad cae en las personas y no en las tareas
- Buena gestión a nivel de gestores experimentados, comunicación y creación de equipos de trabajo
- Sensación de pertenencia/relaciones de apoyo
- Balance entre vida y trabajo, horarios flexibles, ubicación del trabajo, etc.
- Trabajar en una organización financieramente estable
- Participación/implicación de los empleados entre si
- Retroalimentación
- Reconocimiento

- Participación en el negocio (*equity*)
- Confianza/respeto
- Trabajo técnicamente desafiante
- Trabajo seguro/estable
- Identificarse con la tarea (objetivos claros, interés personal, propósito de la tarea claro, cómo encaja la tarea en el total, satisfacción con el trabajo, producto de trabajo identificable)
- Autonomía
- Condiciones adecuadas de trabajo/entorno/equipamiento/ herramientas/ espacio físico/tranquilidad
- Hacer contribuciones de trabajo/tareas significativas
- Recursos suficientes

Del mismo modo, en el mismo estudio se identifican un conjunto de elementos que se consideran como *desmotivadores* en el ámbito de la ingeniería del software, y que son de especial interés pues suelen ser problemas frecuentemente asociados a la profesión:

- Riesgos
- Estrés
- Reconocimientos basados en la intuición o las preferencias de la gerencia
- El trabajo más motivante se asigna a otras entidades (externalización)
- Sistema de recompensas injusto
- Falta de oportunidades de promoción
- Malas comunicaciones
- Sueldos poco competitivos o pagos de salario fuera de plazo
- Objetivos poco realistas/fechas de vencimiento falsos
- Malas relaciones con los compañeros y los usuarios
- Entorno de trabajo pobre

- Mala gestión
- Producción de software de mala calidad (no hay sensación de cumplimiento)
- Mala asignación (o ambigua) de roles/estereotipos
- Sin implicación en la toma de decisiones, falta de influencia

### 6.2.3 Personalidad y desarrollo de software

Además del ámbito de trabajo, la experiencia y la formación técnica, existen otros criterios a tener en cuenta a la hora de trabajar y gestionar el trabajo de los desarrolladores, como es su personalidad y la forma en la que desempeñan su labor.

Dentro de las particularidades de la profesión, algunos de los perfiles de desarrollador más comunes son (Mantle et al., 2012):

- *"Left-Brain/Right-Brain"*: Esta teoría establece que cada hemisferio del cerebro está centrado en habilidades distintas. Así, el lado izquierdo del cerebro tiene mayor influencia en actividades de tipo analítico, lógico, etc., mientras que el lado derecho tiene más predominancia en acciones que requieren de percepción espacial, sentido musical, creatividad, etc. Los desarrolladores, por defecto tienen más potenciado el hemisferio izquierdo del cerebro debido a las tareas que realizan; no obstante, la naturaleza creativa del desarrollo implica también una importante necesidad del uso del hemisferio derecho. Esta necesidad de habilidades tan distintas en una profesión como es la ingeniería del software hace que no solo los desarrolladores sean buenos en su trabajo, sino que expertos en otras áreas como el arte y la música presentan interesantes aptitudes para el desarrollo de software.

- Trabajadores nocturnos vs diurnos: Es fácil encontrar desarrolladores con ámbitos nocturnos, personas que encuentran en la noche su mejor momento para el desarrollo de software. Sin embargo, los horarios laborales establecen jornadas que comienzan temprano, lo cual no es compatible con estar trabajando a altas horas de la madrugada. Un buen gestor deberá tener esto en cuenta si está coordinando un grupo de desarrolladores donde alguno presente estos hábitos de trabajo. Aunque estas personas tengan un horario de trabajo "especial" no puede darse rienda suelta a estas necesidades, ya que la propia necesidad de coordinar el trabajo hace imprescindible que se compartan horas comunes. Es por ello, es importante identificar las características especiales de estos desarrolladores y dar cierta flexibilidad, identificando durante qué horas del día se puede compartir el horario laboral, y qué horas pueden desarrollarse en el horario de mayor productividad para el desarrollador.

▼ *Cowboys* vs *granjeros*: Existe un perfil de desarrollador que ante un problema o dificultad toma las riendas de la situación y la soluciona, pero sin acogerse a los procedimientos y las prácticas establecidas. A este perfil de desarrollador se le conoce como *cowboy*, y aunque si bien su poder de decisión es un aspecto positivo que puede resultar de utilidad en determinadas situaciones, en muchas otras su ímpetu a la hora de solucionar los problemas será causa de nuevos problemas. Por otro lado, el perfil de "granjero" se corresponde a desarrolladores más metódicos que conocen muy bien su ámbito de trabajo. Es importante identificar a los *cowboys*, ya que en el ámbito del desarrollo de software pueden provocar más problemas de los que suelen solucionar.

▼ Héroes: Los héroes en el mundo del desarrollo son capaces de dar el 100% de su capacidad de trabajo, de hacer esfuerzos sobrehumanos porque las cosas salgan adelante. Tienen muchas similitudes con los *cowboys*, pero a diferencia de estos, los héroes trabajan bien en equipo. Es importante identificar este tipo de perfil para evitar que pueda agotarse, ya que si se le permite dar un rendimiento tan alto de forma continuada es probable que "se queme". Por este motivo, sus capacidades deberán utilizarse solo en determinadas ocasiones cuando las circunstancias lo requieran.

▼ Introvertidos: Este perfil de desarrollador puede trabajar bien, sabe estar en equipo, pero en segundo plano. No tienen presencia en la dinámica del equipo. Es importante identificarlos, encontrar la forma de conectar con ellos y darles refuerzos positivos para mejorar su autoestima.

▼ Cínicos: Se deberá identificar este perfil para evitar a toda costa que afecte negativamente al resto del equipo. Estos desarrolladores acentúan problemas reales y los presentan de forma desorbitada, sembrando sentimientos negativos en el resto del equipo de trabajo. Aprovecharán cualquier ocasión para quejarse o expresar su descontento con algún hecho concreto.

▼ Patanes: Este perfil cae dentro de lo que se conoce como "gente tóxica". A pesar de que estos desarrolladores pueden tener muchas buenas aptitudes, su forma de ser hace que no merezca la pena tenerlos como parte del equipo de trabajo.

Aunque en esta clasificación se identifican tipos de personalidad en base a su comportamiento, quizá pueda resultar de más interés basarse en los tipos de personalidad para saber cuáles son los individuos más adecuados a cada tipo de perfil profesional presente en el proceso de desarrollo del software. Concretamente en (Capretz et al., 2010), se parte de 8 características de personalidad: extroversión (E), introversión (I), percepción/*sensing* (S), intuición (N), pensamiento lógico (T), sensibilidad (F), juicio (J), percepción/*perceiving* (P). Así, en (Carpetz et al., 2010) se correlacionan, para los perfiles de analista de sistema, diseñador de software, programador, tester y personal de mantenimiento, cuáles serían las habilidades "soft" más adecuadas y para estas, los tipos de personalidad más adecuados. En las Figura 6.2 a la Figura 6.6, se presentan unos gráficos que resumen, para cada uno de los mencionados perfiles, cuáles de los requisitos que normalmente se exponen en las ofertas de trabajo suelen tener relación con una habilidad "soft" y con un determinado tipo de personalidad. Por ejemplo, en el caso de un diseñador de software (ver Figura 6.3), se identifica que debería tener como habilidades "soft" (i) habilidades analíticas y de resolución de problemas, y (ii) un carácter innovador, lo cual está directamente relacionado con la intuición y el pensamiento lógico. El mismo análisis se realiza para el perfil de analista de sistemas (Figura 6.2), desarrollador de código (Figura 6.4), tester (Figura 6.5) y personal de mantenimiento (Figura 6.6). A pesar de resultados tan concretos, es importante resaltar que el estudio de los aspectos "soft" y la personalidad es un campo en continua evolución y quedan muchos estudios por realizar antes de obtener resultados realmente concluyentes.

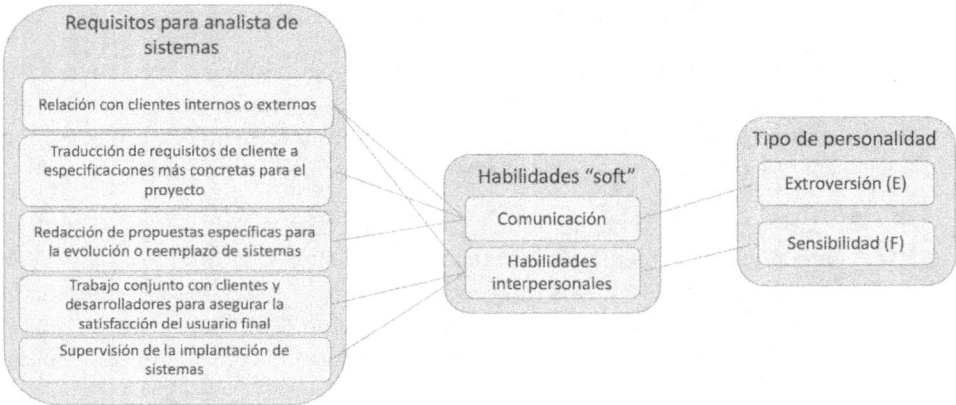

**Figura 6.2.** Analista de sistemas: relación entre requisitos del puesto, habilidades "soft" y tipos de personalidad

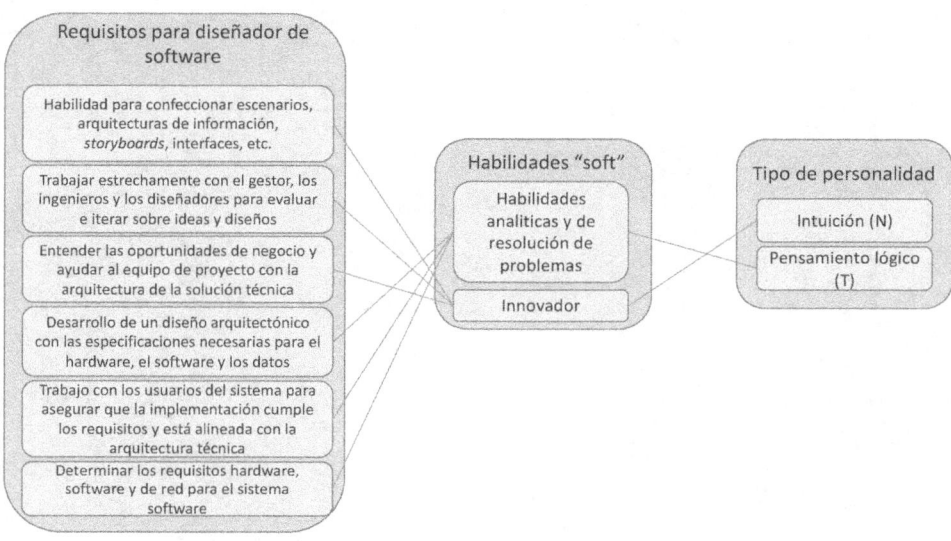

**Figura 6.3.** Arquitecturas de información

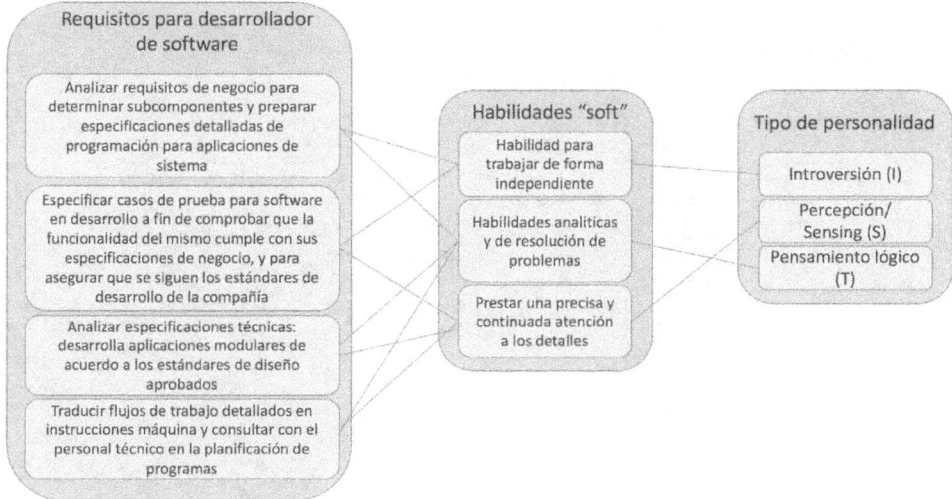

**Figura 6.4.** Desarrollador de código: relación entre requisitos del puesto, habilidades "soft" y tipos de personalidad

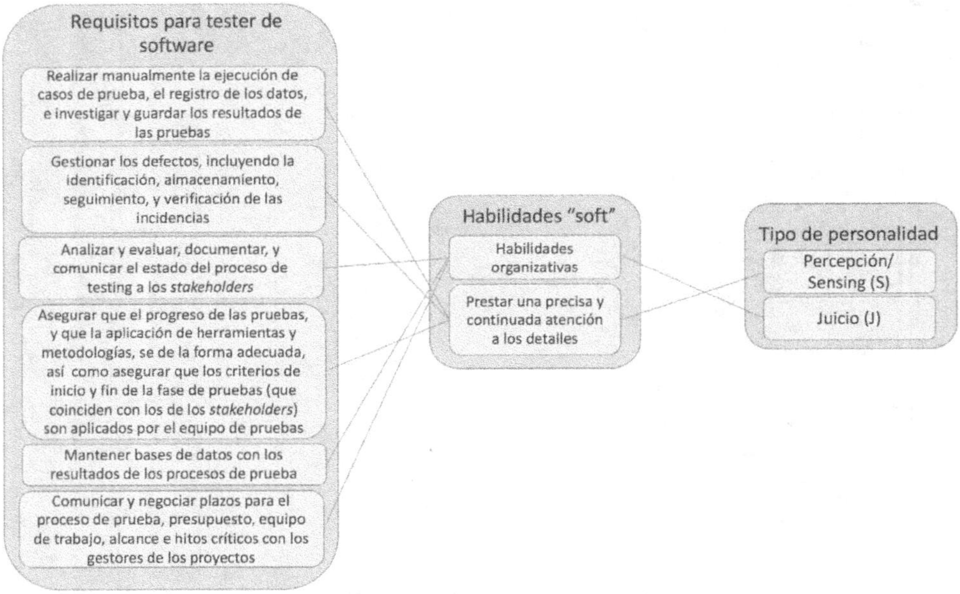

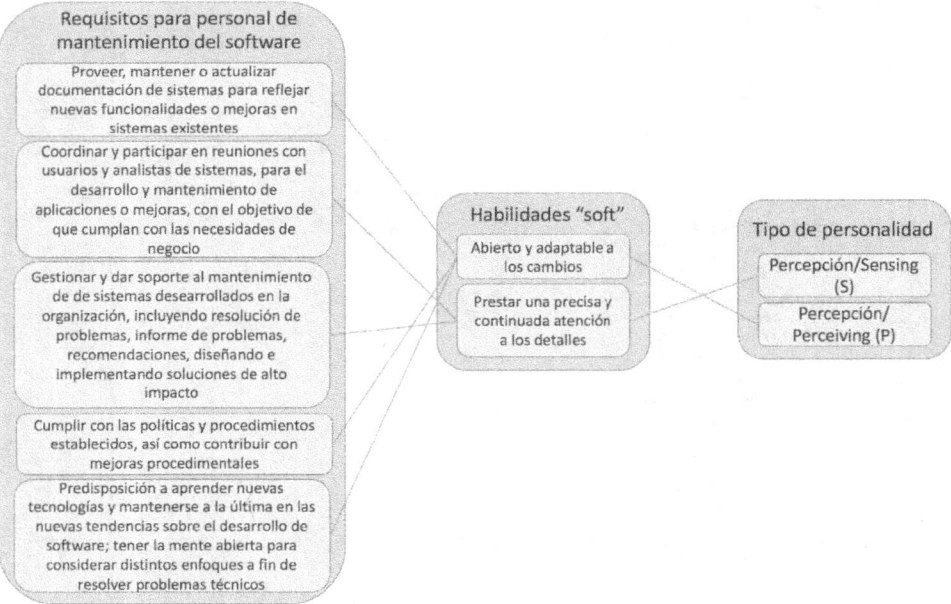

**Figura 6.5.** Tester: relación entre requisitos del puesto, habilidades "soft" y tipos de personalidad

**Figura 6.6.** Personal de mantenimiento: relación entre requisitos del puesto, habilidades "soft" y tipos de personalidad

## 6.3 PEOPLE CMM

### 6.3.1 Introducción

En términos generales, *People* CMM (PCMM) puede entenderse como un conjunto de prácticas enfocadas a la gestión del capital humano. Para ello, mediante una serie de niveles de madurez se van proponiendo prácticas de trabajo (*workforces practices*) que permitirán esa transformación de la organización que la llevarán a un estado de mejora continua. Los niveles de madurez de PCMM permiten priorizar las acciones de mejora. El propio desarrollo de los recursos humanos se trata como un proceso organizacional, lo que implica que las prácticas de mejora de los recursos humanos son más fáciles de integrar con las actividades de mejora de otros procesos (como CMMI).

### 6.3.2 Niveles de Madurez de PCMM

PCMM organiza las prácticas en distintos niveles de madurez (ver Figura 6.7). Un nivel de madurez puede verse como un estado en el que uno o más dominios de procesos organizacionales se transforman para alcanzar un nuevo nivel de capacidad organizacional. Cada área de proceso tiene asociado en cada nivel de madurez un conjunto de prácticas cuya consecución implica, en principio, un aumento de rendimiento de la empresa. Cada uno de estos niveles de madurez establece las bases y los requisitos mínimos para los siguientes niveles de madurez.

Exceptuando el primer nivel de madurez (en el que, como mínimo, se supone que está toda empresa), cada nivel se caracteriza por un conjunto de prácticas interrelacionadas con las áreas críticas de gestión de los recursos humanos (las áreas de proceso). La implementación de las prácticas de los recursos humanos consigue crear capacidades para la gestión y el desarrollo del personal de la organización.

#### 6.3.2.1 NIVEL DE MADUREZ 1: NIVEL INICIAL

Se encuentran en este nivel aquellas organizaciones con un nivel de madurez muy bajo. En este nivel, las organizaciones presentan dificultades para retener a los trabajadores con talento debido a la falta de motivación, compensación y perspectiva de una carrera exitosa en la misma.

En este nivel las prácticas no existen o los trabajadores no están preparados para implementarlas. Esto es debido a los siguientes factores (que caracterizan a este nivel de madurez): (i) inconsistencia en la realización de las prácticas; (ii) cambio de las responsabilidades; (iii) prácticas rituales; (iv) recursos humanos sin apego emocional donde las personas son solo recursos.

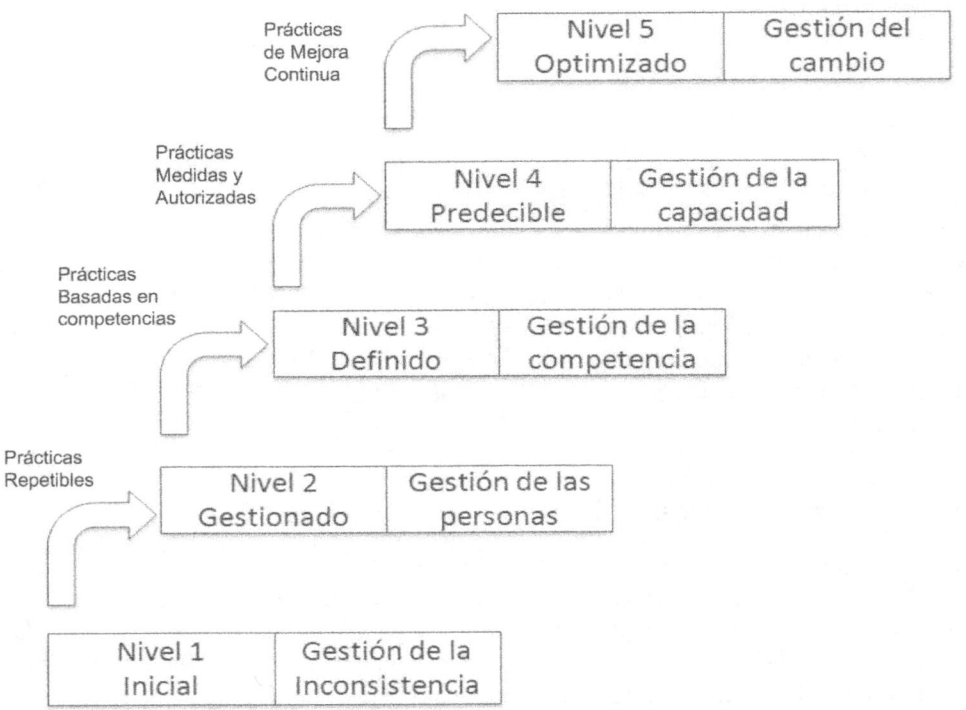

**Figura 6.7.** Niveles de madurez de PCMM (Curtis et al., 2009)

Para PCMM, uno de los elementos de la organización más importantes es el concepto de "*gestor de los recursos humanos*". Se hace hincapié en que los gestores están poco preparados para desempeñar sus responsabilidades. En las organizaciones que se encuentran en este nivel de madurez, se asume que las dotes de gestión son características "innatas" del individuo, o que se aprenden mediante la experiencia y la observación de otros gestores. Sin embargo, la falta de constancia y la existencia de gestores con más antigüedad que resulten ser malos ejemplos a seguir pueden provocar que la formación de los gestores noveles sea deficiente. Por este motivo, la capacidad de gestión debe definirse como una competencia clave a alcanzar para los individuos que se dediquen a la gestión de recursos humanos en la organización.

Otro problema que presentan los gestores es el desconocimiento de cuáles son sus responsabilidades respecto a los trabajadores de la organización, lo que provoca que los distintos gestores de la organización tengan una visión distinta de sus responsabilidades, centrándose en muchas ocasiones en producir resultados y no en "mejorar" a las personas de las que dependen estos resultados.

## 6.3.2.2 NIVEL DE MADUREZ 2: NIVEL GESTIONADO

En este nivel, lo más importante es conseguir gestores que acepten y asuman responsabilidades a nivel personal, considerando las actividades de los trabajadores como responsabilidades de alta prioridad para su trabajo, ya que esto supone una mejora en las capacidades de los recursos humanos.

Las prácticas correspondientes a este nivel se dirigen a conseguir que el gestor centre su atención en asuntos a nivel de individuo, tales y como pueden ser la contratación, la coordinación, la gestión del rendimiento, el desarrollo de habilidades, decisiones de compensación, etc. Conseguir en las distintas unidades una consecución sólida de las prácticas destinadas a los recursos humanos, permitirá obtener una sólida base sobre la que asentar las prácticas más sofisticadas y complejas presentes en los siguientes niveles de madurez.

Las prácticas destinadas a los individuos persiguen dotarles de la capacidad para abordar y resolver problemas inmediatos, y preparar a los gestores para implementar a posteriori prácticas más complejas. Estas prácticas potencian también la capacidad individual para gestionar el rendimiento, permitiendo que los individuos lleven a cabo su trabajo. En caso contrario, las posteriores prácticas no aportarán beneficios a los individuos de la organización. Por lo tanto y como aspectos más básicos, estas prácticas en las organizaciones de bajo nivel de madurez persiguen el alejar a los individuos de riesgos en su rendimiento tales y como pueden ser: sobrecarga de trabajo, distracciones, objetivos e informes de rendimiento poco claros, falta de conocimientos y habilidades, comunicación deficiente, moral baja en el entorno de trabajo, etc.

Desde el punto de vista de la alta dirección, es importante promover la mejora del conocimiento, las habilidades, la motivación y el rendimiento mediante el desarrollo de políticas, y proveyendo de los recursos necesarios (a nivel unitario) para poder llevar a cabo las prácticas.

## 6.3.2.3 NIVEL DE MADUREZ 3: NIVEL DEFINIDO

En este nivel, se persigue conseguir la estandarización de las prácticas de los recursos humanos. Dadas las características del segundo nivel de madurez, no se identifican atributos comunes a las habilidades a través de las distintas unidades para determinar qué prácticas son más efectivas para su desarrollo. Así, una vez que las capacidades básicas se han establecido en las unidades, el siguiente paso es desarrollar una infraestructura organizacional basada en esas prácticas que permite vincular las capacidades de los recursos humanos a los objetivos de negocio estratégicos: desarrollar las competencias a combinar en los recursos humanos para llevar a cabo las actividades de negocio, y que supondrán la base del plan estratégico.

En este punto, es necesario distinguir las diferencias entre las competencias básicas ("core") y las competencias de los recursos humanos. Las primeras son de un nivel mucho más abstracto y están formadas por (i) las habilidades de producción y (ii) los recursos tecnológicos necesarios. Las competencias de los recursos humanos, sin embargo, son más concretas y están formadas por el conocimiento, las destrezas y las habilidades de proceso. El proceso basado en competencias define cómo los individuos aplican su conocimiento, destrezas y habilidades de proceso en el contexto de los procesos de trabajo definidos en la organización.

### 6.3.2.4 NIVEL DE MADUREZ 4: NIVEL PREDECIBLE

Una vez que la organización ha establecido un marco organizacional para desarrollar sus recursos humanos, se encuentra en disposición de explotar las capacidades creadas por ese marco de competencias de los recursos humanos. Dado que ahora la organización puede gestionar sus capacidades y rendimientos de forma cuantitativa, también se encuentra en disposición de predecir sus capacidades de rendimiento, ya que puede cuantificar, por un lado, la capacidad de sus recursos humanos y, por otro, saber las competencias basadas en procesos que usan en sus tareas.

Existe una serie de mecanismos mediante los cuales el marco de competencias de recursos humanos de la organización consigue un uso más intensivo de las capacidades adquiridas por los recursos humanos, aprovechando mejor la capacidad de los individuos:

- ▶ Si los trabajadores competentes llevan a cabo sus tareas mediante los procesos basados en competencias, la gestión puede confiar en sus resultados.

- ▶ Esto da a los gestores la confianza suficiente como para transferir responsabilidades y autorizar la delegación de trabajo a los grupos de empleados, ya que los miembros de los mismos han probado su competencia en el trabajo. De forma adicional, se observa que utilizan procesos que realmente se muestran efectivos.

- ▶ Cuando los miembros de cada comunidad de competencias de recursos humanos han institucionalizado sus procesos basados en competencias, la organización se encuentra en disposición de integrar distintos procesos basados en competencias en un único proceso multidisciplinar. En este caso, ya no es necesario el establecer puntos de coordinación entre los distintos procesos. Estos nuevos procesos multidisciplinares aceleran los resultados del negocio.

Dado que en este punto es posible realizar mediciones cuantitativas, es posible obtener evidencias de los procesos basados en conceptos. La comparación que permite saber cuánto se ha desviado un proceso se realiza con respecto a las líneas base de rendimiento de los procesos. Estas medidas permiten tomar acciones correctivas cuando sea necesario y, de esta forma, cada grupo de trabajo puede gestionar sus propias actividades. Esta capacidad de medir los procesos, con respecto a las líneas base de los procesos, permite realizar planificaciones precisas. En conjunto, estas capacidades consiguen que el rendimiento de la organización sea más predecible, ayudando así a la toma de decisiones.

La posibilidad de llevar a cabo una gestión cuantitativa de las capacidades implementadas permite mejorar, por lo tanto, la toma de decisiones estratégicas al ser posible confiar en las estimaciones realizadas.

### 6.3.2.5 NIVEL DE MADUREZ 5: NIVEL OPTIMIZADO

Una vez alcanzado este nivel, la organización se centrará en una mejora continua, dirigida a las capacidades de los individuos y los grupos de trabajo, el rendimiento de los procesos basados en competencias y las prácticas y actividades de los recursos humanos. Esta mejora está siempre guiada por los datos obtenidos de la gestión cuantitativa.

Ahora los individuos son animados a mejorar continuamente en sus procesos de trabajo personales mediante el análisis de su trabajo y haciendo necesarias mejoras en los procesos. De esta forma, las mejoras a nivel individual deben ser integradas en los procesos del grupo de trabajo.

En este nivel, una organización nunca dejará de buscar formas para mejorar las capacidades de los procesos basados en competencias. La organización deberá vigilar que la mejora de rendimiento a todos los niveles sigue alineada con la estrategia y objetivos de negocio, y que el rendimiento individual se alinea con los objetivos del grupo y la unidad.

En este nivel, los datos cuantitativos están orientados a la detección de faltas de alineamiento, para lo cual, se evalúa el impacto de las prácticas y actividades de los recursos humanos. Si ocurriese un desajuste, se tomarían las acciones correctivas necesarias para ajustar la falta de alineamiento. Las lecciones aprendidas, sugerencias y datos cuantitativos se emplean como fuentes de mejoras en las prácticas de los recursos humanos.

Aquellas prácticas de carácter innovador que puedan suponer una mejora en los recursos humanos son sometidas a prueba y, solo cuando demuestran su potencial efectivo, son incluidas en la dinámica de la organización.

### 6.3.2.6 ÁREAS DE PROCESO

Cada uno de los niveles de PCMM (salvo el nivel 1) está compuesto por entre 3 y 7 Áreas de Proceso. Se considerará que un área de proceso está compuesta por un grupo de prácticas relacionadas que, cuando se llevan a cabo de forma conjunta, permiten alcanzar una serie de objetivos o metas considerados importantes para la mejora de la capacidad de los recursos humanos. Las capacidades de las áreas de proceso representan aquellas capacidades que efectivamente deben ser institucionalizadas para alcanzar un nivel de madurez determinado.

Así, un área de proceso se encarga de organizar un conjunto de prácticas que se consideran interrelacionadas dentro de un área crítica de la gestión de recursos humanos. Cada área de proceso tendrá, así, un conjunto de objetivos y un alcance bien definido. La Tabla 6.3 muestra las áreas de proceso presentes en PCMM, clasificadas de acuerdo al nivel de madurez al que pertenecen.

| Nivel de Madurez | Enfoque | Áreas de Proceso |
|---|---|---|
| 5 – Optimizado | Mejora y alineamiento continuo del personal, el trabajo en grupo y la capacidad organizacional. | – Innovación continua de los recursos humanos.<br>– Alineamiento con el rendimiento de la organización.<br>– Mejora continua de la capacidad. |
| 4 – Predecible | Refuerza e integra las competencias de los recursos humanos y gestiona el rendimiento cuantitativamente. | – Tutela.<br>– Gestión de la capacidad organizacional.<br>– Gestión del rendimiento cuantitativo.<br>– Activos basados en las competencias.<br>– Grupos de trabajo reforzados.<br>– Integración de competencias. |
| 3 – Definido | Desarrollo de competencias para los recursos humanos y los grupos de trabajo. | – Cultura de participación.<br>– Desarrollo de grupos de trabajo.<br>– Prácticas basadas en competencias.<br>– Desarrollo de la carrera en la organización.<br>– Desarrollo de competencias.<br>– Planificación de los recursos humanos.<br>– Análisis de las competencias. |
| 2 – Gestionado | Los gestores asumen responsabilidades para la gestión y el desarrollo de su gente. | – Compensación.<br>– Entrenamiento y desarrollo.<br>– Gestión del rendimiento.<br>– Entorno de trabajo.<br>– Comunicación y coordinación.<br>– Dotación de personal. |
| 1 – Inicial | Las prácticas de los recursos humanos se aplican de forma inconsistente. | |

**Tabla 6.3.** Áreas de proceso presentes en cada nivel de madurez de PCMM (Curtis et al., 2009)

### 6.3.2.7  ARQUITECTURA DE PCMM

Tal y como se observa en la Figura 6.8, las prácticas son guías que permiten alcanzar las metas de las áreas de proceso. Las áreas de proceso contribuyen a que la organización vaya mejorando su nivel de madurez paulatinamente y obteniendo así nuevas capacidades organizacionales.

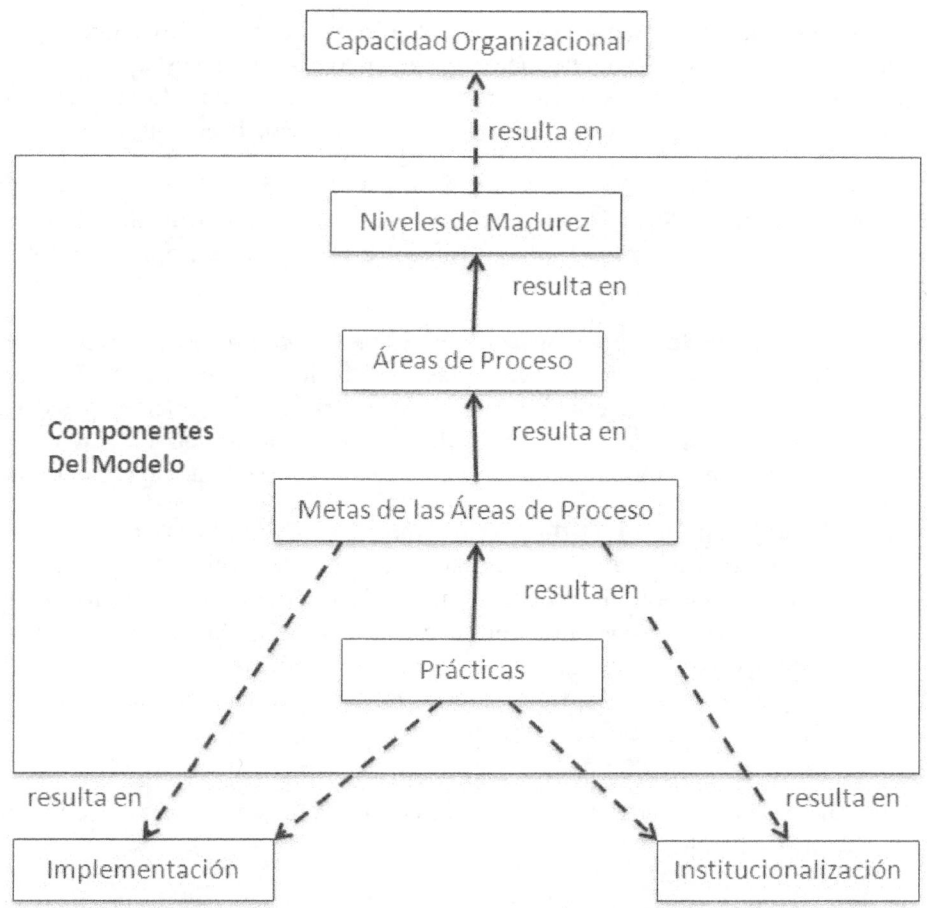

**Figura 6.8.** Estructura de PCMM (Curtis et al., 2009)

Las prácticas, en el contexto de PCMM, son la forma de referirse de forma estandarizada a los procesos de gestión de recursos humanos definidos. Las prácticas pueden definirse a distintos niveles organizacionales y con distintos niveles de formalidad, dependiendo de la práctica y su nivel de madurez asociado (en el que esta práctica esté presente). Las actividades de PCMM se refieren a aquellas actividades que es necesario que sean llevadas a cabo por los individuos (en grupos de trabajo o de forma individual), o por la organización para implementar las prácticas o procesos de gestión de recursos humanos. Así, una práctica siempre tiene asociado un conjunto de objetivos o metas, que se logran a través de la ejecución de un conjunto de actividades bien descritas en la práctica. La ejecución de dichas actividades llevará a la consecución de los objetivos de las prácticas.

De este modo, la práctica constituye una forma de guiar a los grupos y a los individuos para poder implementar mejoras o llevar a cabo estimaciones apropiadas. Las prácticas especifican las políticas, procedimientos y actividades fundamentales a ser establecidas en el área de proceso, es decir: QUÉ hay que hacer, pero no CÓMO.

Además de las actividades, en una práctica se detalla la infraestructura involucrada que contribuye a la implementación e institucionalización del área de proceso. Por lo tanto, es posible distinguir entre prácticas de implementación y prácticas de institucionalización:

- **Prácticas de implementación**: en cada área de proceso, la mayor parte de las prácticas están agrupadas dentro de la categoría de Prácticas Realizadas, y describen prácticas que deben ser implementadas para alcanzar los objetivos del área de proceso. Constituyen, en resumen, la implementación que debe darse al área de proceso a la que pertenecen.

- **Prácticas de Institucionalización**: estas prácticas tienen como objetivo el ofrecer soporte en la institucionalización de las prácticas de implementación dentro de la cultura de la organización, de forma que las primeras se conviertan en prácticas efectivas, repetibles y duraderas. Aunque son menos que las prácticas de implementación, son igual de importantes, ya que dirigen la forma en la que respaldar e institucionalizar las áreas de proceso.

Tal y como se puede observar en la Figura 6.9, los componentes de PCMM pueden ser de tres tipos:

- **Requeridos** (*Required*): deben ser alcanzados para satisfacer un área de proceso.

- **Componentes esperados del modelo** (*Expected model components*): que son las prácticas que una organización implementa para alcanzar las metas de las áreas de proceso.

▼ **Componentes informativos del modelo** (*Informative model components*): son componentes de las áreas de proceso que ayudan a los usuarios de PCMM a entender los objetivos, las prácticas y cómo poder alcanzarlos.

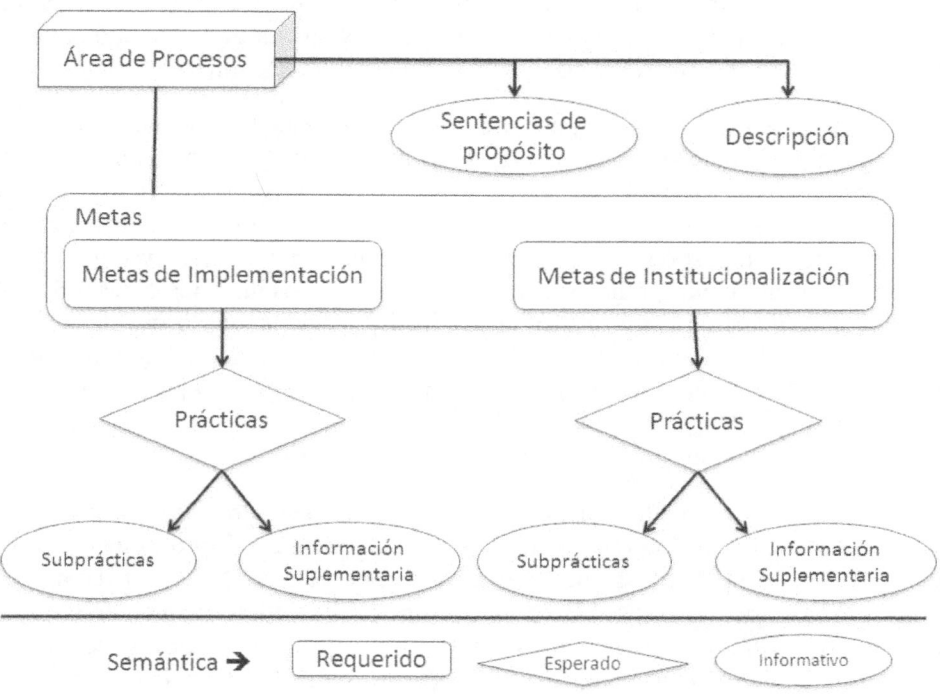

**Figura 6.9.** Relaciones entre los distintos componentes de PCMM (Curtis et al., 2009)

En resumen, PCMM es un sistema integrado de prácticas que guía a las organizaciones para el desarrollo de un marco de gestión de "capital humano". Las áreas de proceso, en las cuales están organizadas las prácticas, identifican las capacidades que deben ser institucionalizadas para alcanzar un nivel de madurez concreto.

## 6.4 PERSONAL SOFTWARE PROCESS

### 6.4.1 Introducción

Personal Software Process (PSP) puede verse como un proceso orientado al desarrollo de software de forma individual, sin embargo, es un proceso que puede utilizarse también en otros campos distintos al desarrollo del software.

Desarrollado por el SEI, este proceso de mejora está dirigido a ingenieros del software, para que puedan mejorar su planificación, capacidad de gestión y asegurar una mejora continua en sus desarrollos estableciendo una forma estructurada de cómo hacer su trabajo. Se puede considerar como la aplicación de Seis Sigma a la ingeniería del software y a la gestión de proyectos. Está compuesto por métodos combinados con técnicas cuantitativas aplicables al trabajo diario de los ingenieros del software. PSP está pensado para planificar todo el desarrollo individual del software y realizar un seguimiento del plan establecido. Establece procesos de calidad que garantizan no solo la captura de errores en una etapa suficientemente temprana como para que puedan ser detectados, sino también la detección de desviaciones del plan inicial y la comprensión de las causas de las mismas.

Con el objetivo de formar a los profesionales en el uso de PSP, existen diversos planes de formación para ingenieros de software para ejecución de proyectos software, el plan de formación "original" fue el desarrollado por Watts S. Humphrey (Humphey, 1995). Posteriormente a este plan de formación, que incluía formación en diversas actividades mediante el uso de 10 tipos de tareas o "*assignments*", han aparecido otras propuestas en el ámbito académico (López-Martín et al., 2017) que han demostrado obtener mejores resultados de formación con planes de trabajo más ligeros y con distinta distribución para el aprendizaje y puesta en práctica de los contenidos.

### 6.4.2 El Proceso

El objetivo principal del PSP es dotar a los ingenieros del software de la capacidad suficiente para poder gestionar su trabajo eficiente y eficazmente, para así desarrollar software de alta calidad dentro de los planes establecidos. PSP ayuda a realizar esta mejora basándose en: (i) los datos que se van obteniendo de la ejecución del proyecto y (ii) de los datos históricos almacenados.

A diferencia de otros modelos de mejora continua de procesos como CMMI, PSP se centra en cómo conseguir alcanzar objetivos marcados a *nivel individual*. Es decir, mientras que los ciclos de mejora establecidos por CMMI enfocan la mejora para que la organización sea capaz de alcanzar sus metas de negocio, PSP se centra en cómo llevar a cabo el desarrollo de proyecto, cómo desarrollar los planes de forma individual para llegar a finalizarlo con éxito.

Así, a través de los procesos de PSP, los ingenieros del software se centran en adquirir la habilidad necesaria en gestión de proyectos y gestión de la calidad, produciendo así software de alta calidad, planificar y encontrar, de forma efectiva, los defectos que han sido insertados en cada fase del desarrollo del producto (lo que lleva conseguir reducir los defectos en sus productos), gestionar el tiempo y el calendario, establecer objetivos realistas que puedan ser alcanzados individualmente y mejorar sus procesos de forma continua.

### 6.4.3 Fases de aplicación de PSP

PSP se encuentra organizado en cuatro fases que se deben abordar incrementalmente y de forma exhaustiva para que se puedan obtener los beneficios del PSP, tal y como ocurre con todos los marcos de mejora continua.

#### 6.4.3.1 FASE PSP0: ESTABLECIMIENTO DE LA LÍNEA BASE DEL PROYECTO

Si se desea implementar o abordar un proceso de mejora, en primer lugar debe establecerse una línea base, que permitirá tener un punto de referencia contra el cual ir comparando y realizando cambios, ya que "lo que no se puede medir y comparar, no se puede mejorar". Para ello, el ingeniero del software deberá incluir medidas relativas a: (i) el tiempo, (ii) el tamaño y (iii) los defectos. La información necesaria para el cálculo de estas medidas deberá recopilarse con las plantillas adecuadas.

Esto establece el mecanismo básico y necesario para que los ingenieros puedan comenzar a medir y comparar para mejorar. En esta primera fase, los ingenieros toman valores de las medidas establecidas para las actividades realizadas habitualmente durante la ejecución del proyecto. Esta información constituirá la línea base y estos valores de referencia necesarios para el resto de las fases.

Los ingenieros del software se centrarán principalmente en el tiempo empleado y los defectos detectados en cada fase. En PSP0 pueden considerarse los siguientes procesos a ejecutar por parte del ingeniero del software:

- Medición de datos acerca del trabajo individual.
- Aprender cómo medir el tamaño de los productos que genera.
- Recopilar información de la línea base a partir de sus procesos personales.
- Establecer las bases para la mejora del proceso.

### 6.4.3.2 FASE PSP1: PROCESO DE PLANIFICACIÓN PERSONAL

En esta fase, el ingeniero del software comienza a tomar valores de acuerdo a las medidas definidas (tamaño, tiempo y defectos), estableciendo una relación entre las mismas. El ingeniero podrá calcular su productividad y, de esta forma, empezar a planear el trabajo más eficientemente y de una forma más realista. Mediante la observación y el estudio de los resultados obtenidos ahora es posible detectar dónde (de todo el proceso de desarrollo del software) es necesario aplicar medidas correctivas.

En esta fase, se comienza a utilizar la metodología PROBE (*Project Based Estimation*), que permite realizar estimaciones a partir de los datos históricos almacenados por el ingeniero y los datos actuales que se van recogiendo.

### 6.4.3.3 FASE PSP2: PROCESO DE GESTIÓN DE LA CALIDAD PERSONAL

Esta fase se centra en la planificación de proyecto atendiendo a los defectos, la calidad y la gestión del rendimiento.

El ingeniero del software desarrolla habilidades enfocadas a la planificación, el seguimiento y la gestión de los defectos que se van recopilando. La idea principal es analizar estos datos para aprender y mejorar la calidad del trabajo sin que este incremento en la calidad suponga un esfuerzo adicional. Es decir, el aprendizaje a través de la observación y la medición permiten una interiorización y una mejora en la realización de las tareas que lleva implícita la mejora de la calidad.

La clave para mejorar en este sentido es identificar los errores más comunes y prevenirlos. Por eso, un ingeniero que siga PSP es capaz de reducir los defectos que introduce en el código, tendiendo así a producir directamente código libre de errores.

Con respecto al proceso PSP1, se añaden los siguientes procesos:

- ▼ Plantillas de diseño.
- ▼ Autorevisión del diseño.
- ▼ Autorevisión del código.

Precisamente, esta revisión permite al ingeniero no pasar a la siguiente fase hasta que está totalmente satisfecho con el estado del producto en desarrollo o los entregables de dicha fase. Esta revisión reduce los errores que más adelante serían mucho más costosos de reparar. A tal fin, se pueden ir confeccionando listas de comprobación de la revisión que sean utilizadas en el futuro.

Es necesario establecer criterios que permitan decidir cuándo un diseño está completo, a fin de poder determinar el momento para pasar a la siguiente fase. Esto es aplicable al resto de fases del ciclo de desarrollo del software, y no solo al diseño.

#### 6.4.3.4 FASE PSP3: PROCESO PERSONAL CÍCLICO

El tamaño de los programas es muy dispar, puede oscilar desde cientos de líneas de código hasta millones. Cuando el ingeniero del software está tratando con sistemas de gran envergadura, se encuentra con la dificultad que entraña realizar eficazmente la comprensión de la lógica y la realización de las tareas de prueba del mismo (entre otros problemas).

Por este motivo, la fase PSP3 se apoya en la fase PSP2 para hacer escalable el desarrollo a sistemas grandes. Para ello, se propone una modularización del sistema de forma que la fase PSP2 pueda ser aplicada de forma separada.

Así, PSP3 es el resultado de la aplicación iterativa de PSP2 sobre cada uno de los módulos identificados. Al final del desarrollo del módulo, este se prueba y se integra con el resto, haciendo así un desarrollo manejable y factible. La fase PSP3 se considera efectiva si y solo si en cada iteración obtenemos un software de alta calidad.

Sin embargo, en el desarrollo de este tipo de software pueden involucrarse grupos de personas que, aunque permiten afrontar dicho desarrollo más cómodamente, introducen otros problemas.

#### 6.4.3.5 FASE TSP: TEAM SOFTWARE PROCESS

Esta fase (o proceso de mejora) se centra en la gestión de proyectos, construcción de equipos, calidad y procesos, y mejora continua del proyecto. En TSP se tienen en cuenta a grupos de personas que trabajan con un mismo proyecto y hacia un objetivo común, y que, a tal fin, interactúan en las labores de revisión, ayuda, aprendizaje, etc.

## 6.5 TEAM SOFTWARE PROCESS

### 6.5.1 Introducción

El Team Software Process (TSP), propuesto por el SEI, permite conjugar los procesos, la ingeniería, la construcción de equipos de trabajo, la gestión de proyectos y la mejora continua. Frente al desarrollo de software individual, el software desarrollado por equipos de trabajo presenta unos problemas diferentes debido a desafíos como son los múltiples canales de comunicación o los diferentes estilos individuales.

En este sentido, TSP aborda las siguientes cuestiones relacionadas con los grupos de trabajo en la ingeniería del software:

- Desarrollo rápido de grupos de trabajo que estén compuestos de miembros bien integrados.

- Equipos con capacidad de producir software de calidad dentro del presupuesto y el calendario establecidos al principio.

- Proceso de desarrollo maduro para equipos en los que cada miembro puede seguir un proceso personal propio.

- Asegurar una comunicación continua, un seguimiento del proyecto y un rendimiento optimizado del equipo a lo largo de todo el ciclo de vida del proyecto.

- Crear mecanismos de mejora continua del proyecto.

De la necesidad de crear el concepto de grupo asociado al desarrollo de software, TSP se centra en abordar problemas propios de cualquier ciclo de desarrollo de software (las entregas, las estimaciones, el seguimiento, la calidad, etc.), a lo que hay que sumar la complejidad inherente a la gestión de un grupo de trabajo.

El objetivo principal de este proceso es permitir, a equipos de trabajo de ingenieros (considerando que un equipo oscila entre 2 y 20 individuos) o grupos multiequipo, mejorar su calidad y productividad a la vez que cumplen con los costes y plazos establecidos para el desarrollo de un proyecto.

Aunque procesos como PSP guían a los ingenieros en su trabajo individual en el desarrollo de pequeños sistemas, muchos sistemas son complejos y requieren de equipos capacitados que realicen con efectividad su trabajo, lo que ayuda a mejorar la calidad del resultado. En estos equipos cada miembro aporta sus propias habilidades a lo largo de los procesos comunes, a través de los cuales se va desarrollando el producto. Las necesidades de coordinación de los individuos hacen que en el contexto del equipo se haga imprescindible la existencia de una guía y liderazgo correctos para conducir de la forma adecuada el trabajo del mismo, más aun en el contexto actual en el que los mismos equipos de trabajo se encuentran distribuidos y funcionan en forma de equipos virtuales (Panteli et al., 2009). La forma en la que se interrelacionan los grupos de trabajo distribuidos (capital social de las organizaciones) es un aspecto que debe ser especialmente motivado y reforzado por parte de estas, pues los proyectos a gran escala requieren de estas relaciones (especialmente motivadas y apoyadas) (Smite et al., 2017).

## 6.5.2 Concepto de Grupo en el contexto de TSP

Se pueden establecer un conjunto de restricciones que definen qué es un equipo dentro del contexto de TSP:

- Un equipo está formado al menos por 2 personas.

- Los miembros trabajan para un objetivo común.

- Cada persona tiene un rol específico asignado que guía lo que debe hacer.

- Alcanzar los objetivos del proyecto requiere de cierta interdependencia entre los miembros del equipo. Aunque cada uno tiene sus propias habilidades, todos los individuos se apoyan en los demás.

Se considerará un "equipo efectivo" a un conjunto de profesionales que cumpla que:

- Los miembros están cualificados.

- El objetivo del equipo es importante, definido, visible y realista.

- Los recursos disponibles para el equipo son adecuados al trabajo.

- Los miembros están motivados y comprometidos para lograr el objetivo del equipo.

- Los miembros del equipo cooperan con los demás y se apoyan entre sí. Lo cual resulta un factor decisivo para mantener una a buena comunicación, que es un factor vital en el éxito de los proyectos (de Franco et al., 2017).

- Los miembros del equipo están disciplinados en su trabajo.

Además, también es deseable que un equipo de trabajo tenga capacidad de innovación (creatividad + trabajo duro) y confianza por parte de los gestores en los miembros de sus equipos (para que estos puedan realizar planes de trabajo "agresivos").

Para poder conformar un equipo de trabajo, es necesario que se den las siguientes condiciones:

- ▼ Los miembros del equipo establecen objetivos comunes y roles definidos.
- ▼ El equipo desarrolla una estrategia común consensuada.
- ▼ Los miembros del equipo definen un proceso común para su trabajo.
- ▼ Todos los miembros del equipo participan en la creación de un plan. Cada miembro conoce perfectamente el rol que juega en dicho plan.
- ▼ El equipo negocia el plan con la gestión.
- ▼ La gestión revisa y acepta el plan negociado.
- ▼ Los miembros del equipo hacen el trabajo según lo establecido en el plan.
- ▼ Los miembros del equipo se comunican libremente y con frecuencia.
- ▼ El equipo forma un grupo cohesionado que coopera y está comprometido con el objetivo común.
- ▼ Los ingenieros conocen su estatus, obtienen realimentación de su trabajo y tienen un liderazgo que los mantiene motivados.

No obstante, en otros trabajos, como a los que hace referencia (Amengual et al., 2009), identifican 8 dimensiones en los equipos que funcionan eficazmente:

- ▼ Objetivos claros y formales
- ▼ Estructura guiada por resultados
- ▼ Miembros del equipo competentes
- ▼ Clima de colaboración
- ▼ Acuerdo
- ▼ Uso de estándares de excelencia
- ▼ Soporte y reconocimiento externo
- ▼ Liderazgo honesto

Aunque en esta misma publicación, se mencionan otras características adicionales que se asocian a equipos de trabajo altamente productivos, como son el disponer de un número reducido de miembros en el equipo y un alto nivel de disfrute durante el desempeño de las tareas. Finalmente, en (Amengual et al., 2009) se identifican como "factores clave del trabajo en equipo" a la (i) Gestión, (ii) Composición, (iii) Comunicación y (iv) Motivación.

### 6.5.3 Procesos Operacionales de TSP

Estos procesos guían el desarrollo y la creación de un entorno de trabajo adecuado para los equipos.

Como paso previo a que un ingeniero participe en un equipo de trabajo de TSP, este debe haber sido correctamente formado en el PSP, concretamente debe haber recibido formación en:

- ▼ Cómo hacer planes detallados.
- ▼ Reunir y utilizar los datos recopilados del proceso.
- ▼ Desarrollar planes de valor ganado.
- ▼ Usar los indicadores de valor ganado para seguir el desarrollo del proyecto.
- ▼ Medición y gestión de la calidad del producto.
- ▼ Definición y uso de los procesos operacionales.

En el contexto de TSP, la tarea asociada a la creación del grupo de trabajo se denomina "team launch" o lanzamiento del equipo (ver Figura 6.10). Este proceso, que dura 4 días, permite a los miembros planificar la estrategia, los procesos y el plan para el proyecto.

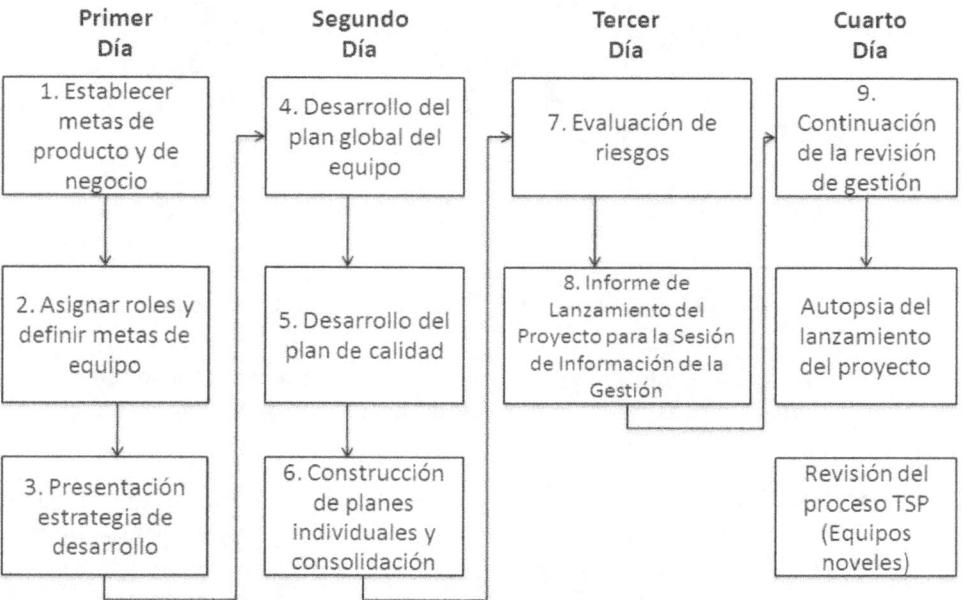

**Figura 6.10.** Proceso de lanzamiento del equipo (Humphrey 2000)

Debido al carácter iterativo y de estrategia de desarrollo evolutivo de los procesos de TSP, se suelen realizar diferentes "relanzamientos" (ver Figura 6.11) del equipo de trabajo, a fin de analizar información, actualizar los planes individuales de los miembros, etc. Estas reuniones son importantes para asegurar que los planes establecidos siguen siendo precisos con respecto a los planes establecidos o actuar en consecuencia para corregir las posibles desviaciones. Así, en cada lanzamiento o reunión del equipo, los miembros establecen planes detallados para los siguientes meses (periodo en el que se puede asegurar la precisión de los planes), tras los cuales volverán a reunirse.

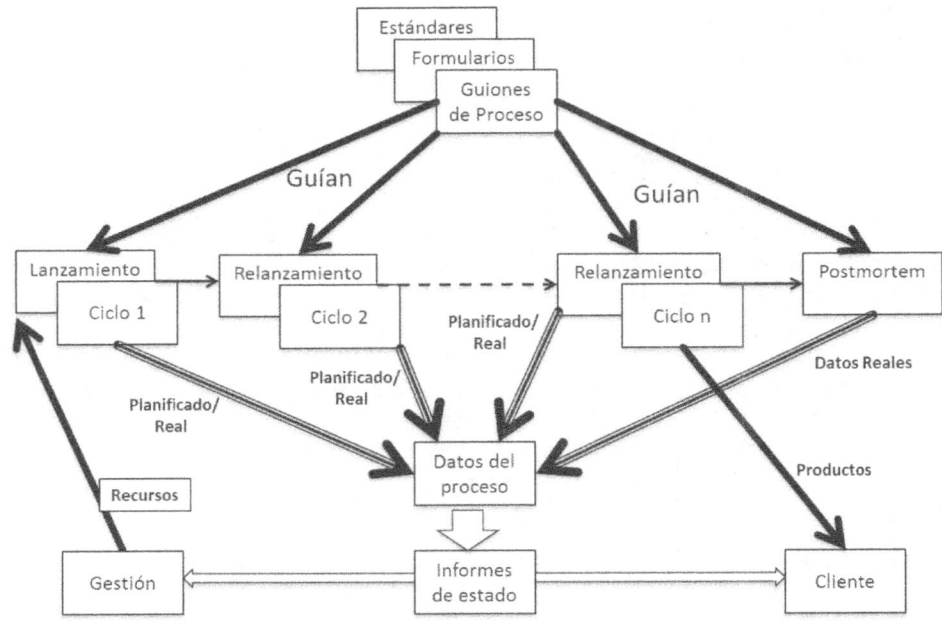

**Figura 6.11.** Organización de los procesos de TSP (Humphrey 2000)

En este lanzamiento inicial del equipo, se llevan a cabo nueve reuniones a través de las cuales se construye el equipo de desarrollo y se planifica todo lo relativo al proyecto. Estas reuniones son:

▼ **Reunión 1 - Establecimiento de los Objetivos de Producto y Negocio.** En esta primera reunión, los encargados de marketing y gestión informan al equipo del proyecto sobre cuáles son los objetivos del producto, el conjunto de características del mismo y los intereses de negocio que existen en el producto en relación con los objetivos del proyecto, la flexibilidad del entregable en términos de calidad, planificación, recursos, etc. Con esto, el equipo comprende los objetivos, cómo estos encajan dentro de la estrategia de negocio de la organización en sí y qué es para el negocio un resultado exitoso. Un requisito imprescindible para el éxito de esta fase consiste en que los miembros de equipo estén previamente formados en PSP antes del lanzamiento del equipo, o no se aprovechará TSP totalmente.

▼ **Reunión 2 – Definición de los Objetivos del Equipo y Selección de los Roles del equipo**. En esta reunión se verifica que el equipo tiene una correcta comprensión de los objetivos establecidos. Así mismo, es necesario asegurar que se han asignado las responsabilidades para el seguimiento de los objetivos entre los distintos miembros del equipo. El equipo solo será más eficiente y efectivo, no tendrá problemas de equipo y funcionará como tal si (i) los miembros del mismo conocen las responsabilidades de su rol, (ii) siguen el proceso definido y (iii) trabajan de acuerdo a los objetivos y las especificaciones.

▼ **Reunión 3 – Presentación de una Estrategia de Desarrollo**. En esta reunión el equipo genera el diseño conceptual del producto, la estrategia de desarrollo, el proceso de desarrollo y el plan de apoyo. El equipo anota la lista priorizada de componentes, elementos y características junto con su extensión. Esto ayuda al equipo a preparar el producto correcto en el tiempo correcto.

▼ **Reunión 4 - Construcción del Plan Global del Equipo**. En esta reunión, el equipo estima todo (requisitos para documentar, tamaño de las clases de diseño, líneas de código del programa, casos de prueba, etc.). Para ello, el equipo se apoya en datos históricos sobre el tamaño de la información y la precisión de la estimación para situaciones similares. Tras la estimación del tamaño, se inspeccionan los datos sobre productividad para considerar la tecnología, la complejidad, etc. El equipo comprueba su disponibilidad temporal y actualiza la planificación. Con esto, se conforma un plan global que permite ver, por ejemplo, el número de actividades a realizar en el proyecto y las horas que llevará cada una de ellas, lo que garantiza que el equipo dispone de los recursos adecuados y será capaz de comprometerse con una fecha de finalización.

▼ **Reunión 5 – Desarrollo del Plan de Calidad**. De acuerdo a los datos históricos recopilados, los datos industriales o las guías de calidad de TSP, el equipo realiza el plan de inserción y detección de defectos. El fin de este plan es asegurar la obtención de un producto de calidad y a tiempo.

- **Reunión 6 – Construir Planes Individuales y Consolidar**. En esta reunión se asegura que el plan del equipo de proyecto se construye a partir de los planes individuales. En esta reunión, cada miembro comunicará la fecha en la que completará su trabajo para ser entregado a tiempo.

- **Reunión 7 –Evaluación de Riesgos**. Dentro de esta reunión se identifican y discuten los riesgos asociados con el éxito del proyecto. Además, también se asigna la documentación y el responsable para su seguimiento. Esto asegura que el plan de mitigación de riesgos está en orden.

- **Reunión 8 – Preparación del Informe de Lanzamiento del Proyecto TSP para la Sesión de Información a la Gestión**. Sucede con mucha frecuencia que los planes preparados durante las reuniones anteriores por parte del equipo de trabajo TSP no satisfacen a la gestión, por ejemplo, por necesitar más recursos o tiempo para la ejecución del proyecto, o porque dicho plan no cumple las metas de gestión establecidas en la primera reunión.

- **Reunión 9 – Continuación de la Revisión de Gestión**. En muchas ocasiones, la única información que el equipo TSP da a gestión es una planificación temporal. Sin embargo, la gestión necesita disponer de toda la información posible acerca del plan, de forma que pueda ofrecer al equipo una respuesta lo más completa y útil posible. Es también importante que la gestión disponga de la máxima información posible para asegurar que tanto gestión como el equipo TSP tienen la misma imagen en mente de cuáles son las metas de gestión. En esta reunión se verifica que gestión está informada acerca del plan del proyecto, y poder validar el inicio del mismo. Del mismo modo, esta reunión sirve para unificar las expectativas que tanto el equipo TSP como gestión tienen.

- **Autopsia del lanzamiento del proyecto TSP**. Es importante que todos los miembros del equipo asistan a esta reunión donde se analizan los problemas que se han encontrado a lo largo del lanzamiento del proyecto. Esta reunión supone una forma de aprender y mejorar futuros proyectos gracias a la retroalimentación obtenida de todos los miembros. Como resultado del análisis de los problemas y posibles formas de solucionarlos, se genera la "Propuesta de Mejora del Proceso" (PIP – Process Improvement Proposal).

Una vez lanzado el equipo, es necesario asegurar que los miembros del equipo cumplen el plan establecido.

## 6.5.4 Plan de Gestión de la Calidad

El principal aspecto de calidad que se considera dentro del proceso TSP es la gestión de errores, que se asume que son inevitables por los defectos que de forma inherente se introducen durante el desarrollo.

La gestión de la calidad implica el establecimiento de medidas de calidad, objetivos de calidad y la realización de un plan de calidad para lograrlos. Así, se intentan alcanzar esos objetivos a través del plan actuando de acuerdo a los resultados de las medidas obtenidas cuando estos objetivos no son alcanzados por alguna variación del plan.

### 6.5.4.1 PLAN DE CALIDAD

En el lanzamiento el equipo se desarrolla el Plan de Calidad, basándose en el tamaño estimado del proyecto, los datos históricos de industria y (cuando no se dispone de datos históricos) las guías de calidad de TSP sobre introducción de defectos en el código por fase. Estas estimaciones se llevan a cabo teniendo en cuenta, para una fase, el porcentaje de defectos introducidos en un producto que se han eliminado. Tras realizar todas las estimaciones necesarias el equipo puede generar el Plan de Calidad.

Por último, el equipo examina el plan para ver cómo los parámetros de calidad se ajustan a los objetivos de calidad establecidos por el equipo.

### 6.5.4.2 IDENTIFICACIÓN DE PROBLEMAS DE CALIDAD

En TSP existen varias formas para identificar los problemas, entre los que podemos destacar la comparación de los datos de los productos con las estimaciones recogidas por el Plan de Calidad.

Dado el coste que puede tener esta comparación, TSP propone el siguiente conjunto de medidas de calidad:

- **Porcentaje libre de defectos** (PDF). Porcentaje libre de errores del producto o componente dentro de una fase de eliminación de errores determinada. Esta medida está pensada para todo el sistema o un componente grande.

▼ **Perfil de eliminación de defectos**. Medida similar al PDF, pero pensada para el sistema, subsistemas, componentes e incluso módulo.

▼ **Perfil de Calidad: Medida aplicada a módulos** (Humphrey 1998). Mide los datos de un módulo y los compara con respecto a los estándares de calidad de la empresa. Si estos datos de calidad no existieran, se utilizarían las guías de calidad de TSP. Los datos de calidad pertenecientes al módulo se miden con respecto a cuatro dimensiones: (i) diseño de los datos, (ii) revisión del diseño, (iii) defectos de compilación y (iv) defectos de pruebas unitarias.

▼ **Índice de Calidad del Proceso** (PQI). A partir de los valores obtenidos para cada módulo y representados de acuerdo a las cuatro dimensiones de calidad consideradas en el Perfil de Calidad, se obtiene un único valor. Para valores cercanos a 0.4, se considera un módulo libre de errores. Este valor asociado a cada módulo permite a los miembros del equipo realizar una ordenación de los mismos. Esta ordenación permite identificar qué módulos pueden resultar más peligrosos de cara a su ejecución por parte del usuario.

### 6.5.4.3 BÚSQUEDA Y PREVENCIÓN DE PROBLEMAS DE CALIDAD

Las medidas de calidad propuestas por TSP resultan especialmente interesantes, ya que permiten detectar problemas de calidad en etapas muy tempranas, antes incluso de la compilación del sistema. Esto también revelará problemas antes de la fase de integración de los módulos con el sistema y prueba del software.

Tras la identificación de los módulos con errores, TSP propone seguir los siguientes pasos:

1. Monitorización del módulo durante las pruebas del mismo, para comprobar si se detectan los problemas y, en consecuencia, determinar las acciones a realizar.

2. Re-inspeccionar el módulo antes de su integración y la realización de las pruebas.

3. Replantear el módulo para solucionar los problemas.

4. Re-desarrollar el módulo.

## 6.6 APLICACIÓN DE LOS MODELOS PSP Y TSP

Como se demuestra en (Rombach, et al., 2008), estos modelos han tenido éxito a la hora de enseñar Ingeniería del Software en entornos académicos. Esta sigue siendo una línea importante de investigación en el entorno académico (Gómez 2014). También ha demostrado su utilidad a la hora de mejorar el nivel de calidad de la industria del software, como por ejemplo la mexicana, (William y Salazar, 2009), que ha invertido considerablemente en este modelo, mejorando diversos indicadores de defectos en los productos software.

Ahora bien hay que recordar que uno de los principales problemas es suponer que PSP puede aplicarse directamente a cualquier tipo de proyecto. En (Kamatar y Hayes, 2000) ya se advertía que aunque técnicas como PSP demuestran una mejora efectiva en la calidad del software desarrollado, es recomendable hacer una adaptación previa de la técnica según el proyecto a realizar. Además hay que conseguir que la adaptación que se haga de PSP y de TSP no sea rechazada por la organización, ya que las dificultades en su aplicación hacen que en muchos casos se abandone su uso (Johnson et al., 2003).

Otro aspecto crucial para el éxito de estos modelos reside en la recogida de datos, que es fundamental para determinar el rendimiento de los proyectos (Shigeru et al., 2010), pero solo consideran datos provenientes de los propios desarrolladores y no se integran de manera automática ni se relacionan con datos de la calidad intrínseca del software, como los obtenidos por analizadores estáticos de código.

Recientemente, se han ampliado estos modelos con aspectos más formales (diseño por contrato) (Moreno et al., 2013) y se ha aplicado en varios otros aspectos (como se puede observar los *TSP Symposium* (SEI, 2014)).

Hay que tener en cuenta que existen algunas herramientas que soportan PSP y/o TSP, pero muchas de ellas se limitan a hojas de cálculo para registrar algunas métricas, que se han desarrollado en entornos académicos. Las más conocidas para soportar PSP son:

- ▼ **PROM** (PRO Metrics), una herramienta orientada a la captura automatizada de las métricas propuestas por PSP (Sillitti et al., 2003). Esta herramienta almacena la información de acuerdo a un modelo que refleja la información de los usuarios, los proyectos y los eventos generados por usuario, permitiendo realizar un análisis básico de los datos.

- ▼ **PSPA** (Sison 2005) es un sistema que recopila automáticamente datos del tamaño del software y los defectos. Además, PSPA incluye herramientas de análisis visual, generación de rankings y soporte para la mejora de los planes establecidos en base a la información recopilada

▼ **PSP Pair** (Barbosa et al., 2012) permite almacenar información muy relevante para el análisis de los proyectos y la replanificación de los calendarios, como son los indicadores de rendimiento (Time Estimation Error, Size Estimation Error, Expurious Parts, Review Yield, etc.) y una categorización de problemas y acciones de mejora (Missing Parts, Process Stability, Part Estimation Error, Productivity Stability-Plan & Postmortem, etc.).

Algunas de las herramientas más difundidas sobre TSP: Team Dashboard (*http://www.processdash.com/*), que permite realizar análisis de datos, planificación top-down y bottom-up, coordinación en tiempo real de multiproyectos, seguimiento de dependencias, generación de informes, etc.; tVista (*http://tvista.tigris.org/*), que tiene una orientación más académica, y que permite la recopilación de datos para TSP, registro de defectos, generación de informes, plan de calidad TSP, etc.; TSPi Workbook, propuesta por el propio SEI, pero que es recomendable solo para usuarios con conocimientos amplios sobre TSP; y Point, desarrollada en el ámbito académico, que permite la gestión de multiproyectos, gestión de información de finalización de equipo, datos personales (PSP) y datos de consolidación en tiempo real.

Por último hay que destacar la herramienta HAPS (Herramienta de Administración de Proyectos de Software) de la empresa mexicana Quarksoft, que cubre las principales tareas involucradas en el uso tanto de PSP como de TSP.

## 6.7 LECTURAS RECOMENDADAS

▼ *Mantle (2012). Managing the Unmanageable: Rules, Tools, and Insights for Managing Software People and Teams. Addison Wesley.*

Este libro ofrece una visión completa desde el punto de vista del gestor de personal en el desarrollo de software. La perspectiva ofrecida facilita la labor de gestionar tanto equipos de desarrollo como individuos, siempre con el objetivo de producir software de calidad.

▼ DeMarco, T. y Lister, T. (2013). *Peopleware: Productive Projects and Teams (3ª Edición), Dorset House.*

La tercera edición del "clásico" libro sobre peopleware, que sin duda sigue siendo el mejor de todos los publicados sobre el tema.

▼ Visser, J. (2017). *Building Software Teams. Ten best practices for effective software development. O'Reilly.*

En este libro, orientado a equipos de desarrollo, se proponen una serie de mejoras y buenas prácticas centradas en los procesos de desarrollo para la mejora de la calidad del software.

## 6.8 SITIOS WEB RECOMENDADOS

▼ *www.sei.cmu.edu*

El SEI (Software Engineering Institute) es el responsable del desarrollo de muchos procesos de mejora continua, entre los que se encuentran el PCMM, PSP y TSP. En esta web no solo se puede encontrar abundante información sobre dichos procesos, sino también información de cursos de formación sobre los mismos impartidos por el propio SEI.

## 6.9 EJERCICIOS

1. Compare los modelos PCMM, PSP y TSP.

2. Desarrolle un plan de calidad para un modelo TSP.

3. Razone la relación que existe entre TSP y Seis Sigma.

4. ¿Considera que las características psicológicas de los ingenieros del software afectan a su desempeño? Recomendamos la lectura de (Gómez et al., 2007) y (Acuña et al., 2009). ¿Y cómo influye la cultura o "clima" del equipo de desarrollo en la calidad del software? Puede serle útil leer (Gómez y Acuña, 2014).

5. Lleve a cabo un estudio sobre la implantación de modelos PSP/TSP en su país, para lo que puede seguir la experiencia reflejada en (SEI, 2009).

6. Proponga la integración de modelos tipo PSP en entornos ágiles que utilicen la metodología SCRUM.

7. Elabore un método/cuestionario sencillo que le permita evaluar el nivel en que se encuentra un ingeniero de software según el modelo PSP.

8. Evalúe el soporte que ofrecen las herramientas existentes a los modelos PSP y TSP.

9. ¿Con qué métricas de producto o proceso software, como las que se exponen en el Capítulo 17, complementaría las métricas propuestas por PSP/TSP?

10. Desarrolle una herramienta sencilla (por ejemplo, utilizando una hoja de cálculo) que permita recoger las medidas propuestas por PSP/TSP.

# 7

# CALIDAD DE LOS SERVICIOS

## 7.1 INTRODUCCIÓN

En la literatura se encuentran diferentes definiciones del concepto de servicio, algunas de las cuales se presentan a continuación:

- Un servicio es un resultado intangible de un proceso que surge de llevar a cabo necesariamente al menos una actividad en la interfaz entre el proveedor y el cliente, y que es generalmente experimentado por el cliente (ISO 2016a). La inclusión específica del concepto de servicio en la nueva norma ISO 9001 del año 2015 *"pretende destacar la diferencia entre productos y servicios, ya que la característica de los servicios es que parte del elemento de salida se realiza en la interfaz con el cliente, lo cual conlleva que la conformidad con los requisitos no pueda confirmarse necesariamente antes de la entrega del servicio"*.

- Un servicio es un producto que es intangible y no almacenable (SEI 2010). Según el modelo CMMI-SVC: (i) *"los servicios se entregan a través de la utilización de los sistemas de servicio que se han diseñado para satisfacer los requisitos de servicio"*, (ii) *"muchos proveedores de servicio entregan combinaciones de servicios y mercancías, por ejemplo una organización de formación puede entregar materiales de formación junto con sus servicios de formación"*, y (iii) *"los servicios pueden entregarse a través de combinaciones de procesos manuales y automatizados"*.

- Un servicio *"es un medio de entregar valor a los clientes, al facilitar los resultados que los clientes quieren lograr sin la necesidad de que estos asuman los costes y riesgos específicos asociados*" (ITIL 2011). El término servicio definido en ITIL (ITIL 2011) se utiliza en ocasiones como sinónimo de: (i) servicio base, el cual es un servicio que entrega los resultados básicos esperados por uno o más clientes, (ii) servicio de TI, el cual es un servicio proporcionado por un proveedor de servicios de TI que se compone de una combinación de tecnología de información, personas y procesos, o (iii) paquete de servicios, el cual involucra dos o más servicios combinados para ofrecer una solución a un tipo específico de necesidad del cliente o para apoyar los resultados específicos de negocios (ITIL 2011).

- Un servicio es la aplicación de competencias para beneficio de otros, lo que significa que el servicio es un tipo de acción, realización o promesa que genera valor entre el proveedor y el cliente (Maglio et al., 2006; Spohrer y Maglio, 2008). Los servicios incluyen todas las actividades económicas cuyos resultados no son un producto físico, que generalmente se consume en el momento en que se produce, y proporciona un valor agregado en las formas (como la comodidad, la diversión, la puntualidad o la salud) que son esencialmente intangibles (Quinn et al., 1987).

- Un servicio es una acción realizada por una entidad (el proveedor) en nombre de otro (el solicitante) (O'Sullivan et al., 2002). A través de la interacción entre estas dos entidades, que se llama la provisión del servicio, hay una transferencia de valor desde el proveedor al solicitante, destinatario o cliente (Kritikos et al., 2013).

- Un servicio es la satisfacción de una necesidad definida del consumidor, según el modelo VeriSM (Agutter et al., 2017) y este modelo concibe la gestión de servicios como "el enfoque de gestión adoptado por una organización para entregar valor a los consumidores por medio de productos y servicios de calidad".

Dependiendo de la naturaleza del servicio y de los medios o canales disponibles que apoyan la prestación del mismo, se pueden identificar diferentes tipos de servicio, como los servicios de TI (servicio de tecnología de la información) entre otros. A continuación se presentan algunas definiciones de este tipo de servicios:

- Un servicio de TI es un servicio que: (i) está soportado por tecnologías de la información y de las comunicaciones, y (ii) ofrece una serie de prestaciones destinadas a satisfacer las necesidades de los clientes mediante el uso de infraestructura tecnológica (Conecyt y Nextel, 2010). En este sentido, un servicio de TI es aquel que tiene una gran dependencia de la tecnología y que, sin ella, no podría ofrecerse al solicitante o cliente.

▼ Un servicio de TI es una solución informática completa que cubre unas necesidades específicas del negocio, que las TI soportan y mantienen de forma auto-contenida y empaquetada, liberando al cliente y a los usuarios de las complejidades internas de su tecnología (Fernández y Piattini, 2012). De esta manera, el área que soporta las TI en la organización y los servicios soportado por esta se convierten en un parte esencial de la cadena de valor del negocio.

▼ Un servicio de TI es un servicio proporcionado por un proveedor de servicios de TI, que se compone de una combinación de tecnología de información, personas y procesos. Estos servicios de cara al cliente dan soporte directo a los procesos del negocio de uno o más clientes. (AXELOS 2011; ITIL 2011).

Como vemos, existen diferentes definiciones sobre servicios, ya que en algunos casos se considera un servicio a nivel organizativo, y en otros se particulariza para los servicios de TI. A partir de estas definiciones se evidencia que la calidad del servicio debe ser verificada una vez el cliente tenga a su disposición el servicio para uso y evaluación. En este sentido, podemos decir sobre la calidad del servicio que:

▼ Se puede definir como (i) el grado con el cual las características inherentes de servicios de TI satisfacen las necesidades del cliente (ISO 2014i), (ii) la capacidad del servicio para proporcionar el valor previsto (ITIL 2011), y (iii) el grado en que un conjunto de características inherentes del servicio satisface los requisitos del cliente (SEI 2010).

▼ Es una combinación de varias cualidades o propiedades de un servicio (por ejemplo, disponibilidad, seguridad, tiempo de respuesta) que puede ser vista como un factor importante para determinar el éxito de los proveedores de servicios (Kritikos et al., 2013).

▼ Se caracteriza por ser más difícil de ser evaluada por parte del consumidor que la calidad de bienes o productos, ya que la percepción de calidad del servicio es el resultado de una comparación de las expectativas del cliente con respecto al rendimiento real del servicio, y las evaluaciones de la calidad no se hacen únicamente sobre el resultado del servicio sino que también se deben considerar las evaluaciones sobre los procesos involucrados para la prestación del mismo (Parasuraman et al., 1985).

En el Manifiesto sobre la Computación basada en Servicios (Bouguettaya et al., 2017) que proponen los principales investigadores del área, se señala como uno de los principales desafíos la calidad del servicio, y se destacan como características cruciales: funcionalidad, comportamiento y calidad. Así mismo, diferentes características para determinar la calidad del servicio se pueden encontrar en (Kritikos et al., 2013), entre otras se puede mencionar: tiempo de respuesta, tiempo de procesamiento, latencia, puntualidad, precisión y rendimiento. En este estudio, estas características o atributos de calidad son agrupadas en la categoría de calidad denominada desempeño del servicio, además proponen otras categorías como seguridad, configuración y datos del servicio. La descripción de la calidad de servicio es un elemento fundamental para la selección del mejor servicio de entre un conjunto de servicios funcionalmente equivalentes, y para definir un contrato entre el proveedor de servicios y el usuario del servicio con el fin de garantizar que se cumplan las expectativas de este.

Considerando los aspectos descritos anteriormente en este capítulo, se presenta una descripción general de la calidad del servicio desde la perspectiva de modelos o estándares relacionados con este tema. En este sentido, se describen inicialmente de forma resumida modelos representativos y novedosos propuestos en la bibliografía como ITIL, ISO/IEC 20000 y VERISM relacionados con garantizar la calidad de servicios desde la perspectiva de los procesos que deben ser implementados para tal fin, posteriormente se presentan algunas propuestas sobre modelos de calidad de servicio que se enfocan en las características a considerar para determinar la calidad del servicio, y finalmente se presenta una estado del arte de calidad de servicios soportados por TI mediante un mapeo sistemático de la literatura y la versión general de un Modelo de Calidad de Servicios soportados por Tecnologías de la Información.

## 7.2 ITIL

En esta sección se presenta una descripción general de la ITIL v3 (Information Technology Infrastructure Library) a partir de la información encontrada sobre este marco internacional sobre gestión de servicios en (ITIL 2011; ITIL e *it*SMF 2012). ITIL ofrece un compendio de cinco publicaciones principales sobre conceptos y "buenas prácticas" para la gestión de los servicios de tecnologías de la información las cuales se pueden encontrar en (TSO 2014). Además un documento oficial que contiene un glosario y abreviaturas de ITIL v3 en español se puede encontrar en (AXELOS, 2011).

ITIL fue desarrollado a finales de los años ochenta por la agencia estatal británica Central Computing and Telecommunications Agency (CCTA), a la cual se le encargó en esta década el desarrollo de este modelo debido a la deficiente calidad de los servicios de TI adquiridos por el gobierno británico por aquel entonces. El propósito fue encontrar un mecanismo para mejorar de forma duradera los servicios adquiridos a proveedores, buscando reducir al mismo tiempo los costos, desarrollando procedimientos efectivos y económicos para la oferta de servicios de TI, y elaborando un catálogo de recomendaciones de "buenas prácticas" para la organización de TI.

El objetivo principal de la Gestión del Servicio es garantizar que los servicios de TI están alineados con las necesidades del negocio y que las apoyen activamente. Es primordial que los servicios de TI apuntalen los procesos de negocio, pero también es cada vez más importante que las TI actúen como agente de cambio para facilitar la transformación del negocio (ITIL e *it*SMF 2012). De acuerdo a ITIL, la Gestión de Servicios de TI consiste en brindar servicios de TI que satisfagan las necesidades de la empresa, asegurando que dichos servicios se realicen de forma efectiva y eficiente. Los servicios son suministrados por proveedores de servicios TI mediante una combinación adecuada de personas, procesos y tecnología de la información. La gestión del servicio requiere conocer las necesidades del cliente, estimar la capacidad y recursos, establecer niveles de calidad, supervisar la prestación del servicio y establecer mecanismos de mejora y evolución. En ITIL la gestión del servicio se define como un conjunto de capacidades organizacionales especializadas que permiten proporcionar valor a los clientes en forma de servicios.

ITIL es un marco de trabajo que describe las mejores prácticas en la gestión de servicios de TI. Proporciona un marco para el gobierno de TI, y la gestión y el control de los servicios de TI. Este marco se centra en la medición y mejora continua de la calidad del servicio de TI entregado, tanto desde la perspectiva del negocio como desde la perspectiva del cliente. Este enfoque ha sido un factor importante para la acogida mundial de ITIL por organizaciones que proveen servicios, que pueden obtener beneficios entre los que se incluyen:

- Aumento de la satisfacción del cliente y usuarios con los servicios de TI.
- Mejora en la disponibilidad del servicio que conlleva a un aumento de los ingresos y beneficios de la organización.
- Ahorro financiero a partir de la reducción del re-trabajo o pérdida de tiempo y a partir de la gestión y uso de los recursos mejorados.
- Mejora en el tiempo de comercialización (time to market) de nuevos productos y servicios.
- Mejora en la toma de decisiones y reducción de riesgos.

ITIL estructura la gestión de servicios de TI a partir del concepto de ciclo de vida de servicios (ver Figura 7.1), el cual ofrece una visión global de la vida de un servicio, desde la definición y análisis inicial de los requisitos del negocio (Estrategia del Servicio y Diseño del Servicio), siguiendo por la migración del servicio al entorno de operación (Transición del Servicio), hasta la operación y mejora del servicio en este entorno (Operación del Servicio y Mejora Continua del Servicio). El ciclo de vida del servicio es un enfoque de la gestión de servicios que enfatiza la importancia de gestionar y coordinar a través de las diversas funciones, procesos y sistemas que son necesarios para gestionar el ciclo de vida completo de los servicios de TI. Este enfoque de ciclo de vida del servicio considera la estrategia, diseño, transición, operación y mejora continua de los servicios de TI, y también es conocido como el ciclo de vida de la gestión de servicios.

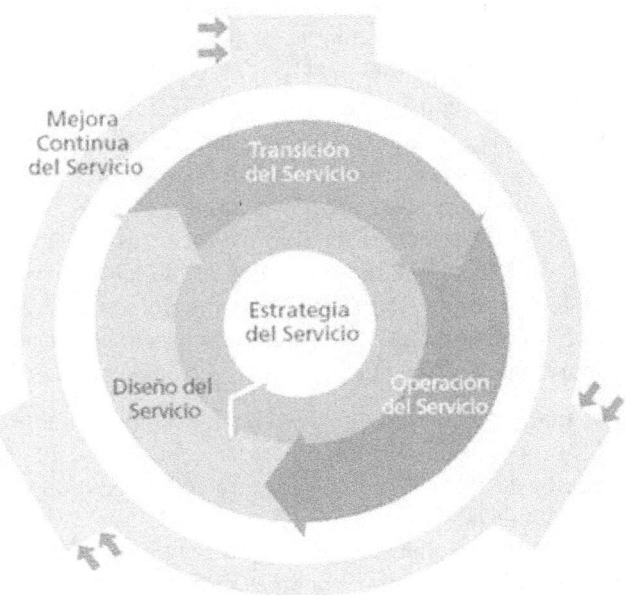

**Figura 7.1.** Ciclo de vida de servicios de ITIL (ITIL e itSMF, 2012)

Un principio clave de ITIL que se aplica al servicio es el alineamiento de TI con el negocio que soporta. En este sentido, todas las soluciones y entregas del servicio deben ser impulsadas por las necesidades y requisitos del negocio, mientras refleja las estrategias y políticas de la organización proveedora de servicios, tal como se indica en la Figura 7.2. Esta figura muestra cómo se inicia el ciclo de vida de servicio a partir de un cambio en los requisitos del negocio, que se identifican y acuerdan en la etapa de *Estrategia del servicio* mediante una propuesta de cambio y el estatuto del servicio (documento que contiene los detalles de un servicio nuevo o modificado). Estos artefactos pasan a la etapa de *Diseño del servicio*, donde se genera una solución de servicio, junto con un paquete de diseño de servicios que contiene todo lo necesario para llevar este servicio a través de las siguientes etapas del ciclo de vida. Este paquete pasa a la etapa de *Transición del servicio*, donde se evalúa, prueba y valida el servicio, se actualiza el sistema de gestión del conocimiento del servicio, y finalmente el servicio es implantado en el entorno de operación, donde entra a la etapa de *Operación del servicio*. Siempre que sea posible, la etapa de *Mejora continua del servicio* identifica las oportunidades de mejora a partir de las debilidades o fallas en cualquier lugar dentro de cualquiera de las etapas del ciclo de vida, a través de todos los procesos.

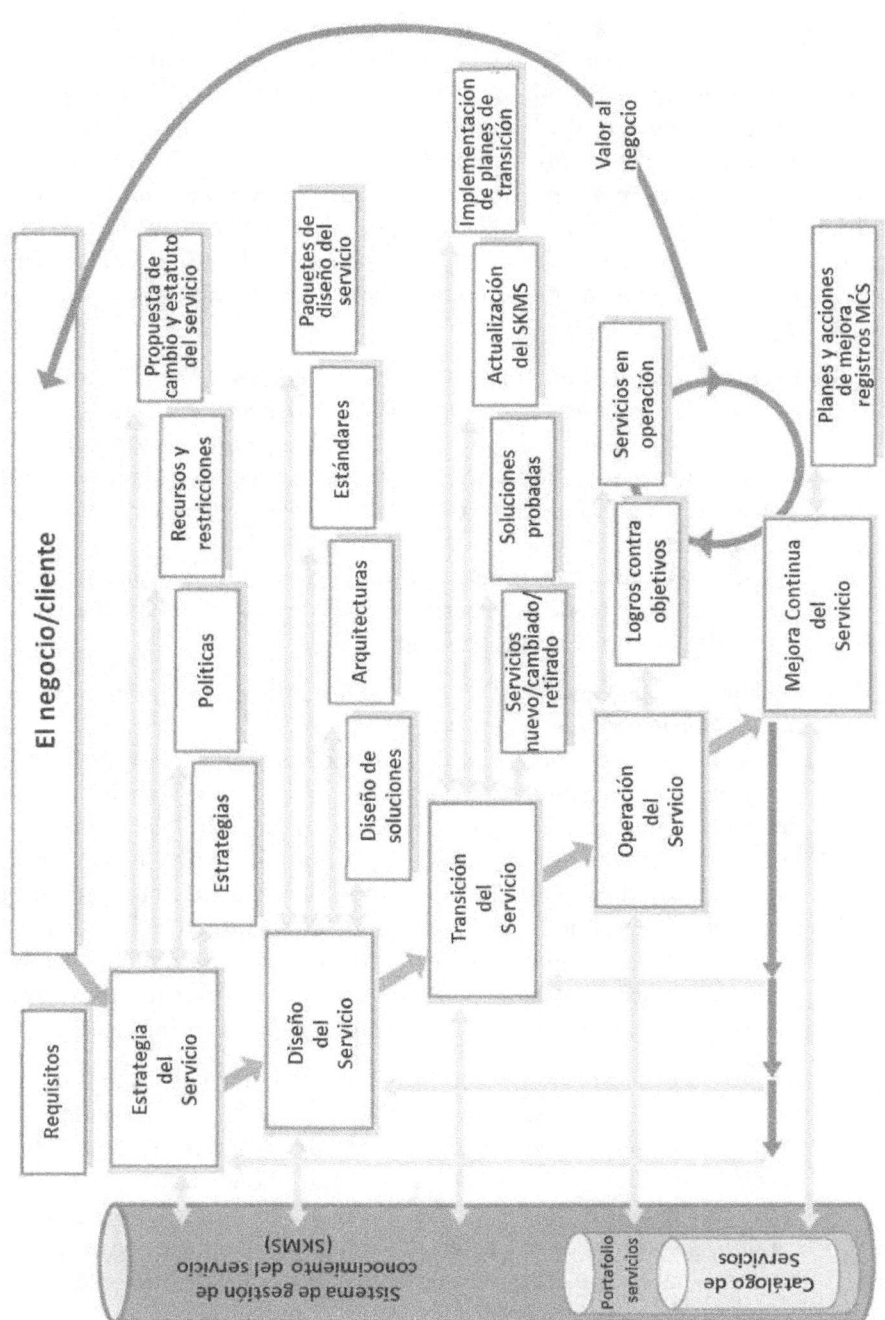

**Figura 7.2.** Integración a través del ciclo de vida del servicio (ITIL e itSMF, 2012)

En ITIL un proceso se define como *"un conjunto estructurado de actividades diseñadas para lograr un objetivo específico. Un proceso tiene una o más entradas definidas y las transforma en salidas definidas. Puede valerse de cualquier rol, responsabilidad, herramientas y controles de gestión que sean necesarios para entregar de forma confiable los resultados. Un proceso puede definir, si son necesarios, políticas, normas, directrices, actividades e instrucción de trabajo"* (AXELOS 2011). En este sentido, la descripción detallada de cada uno de los procesos y las etapas involucradas en el ciclo de vida de gestión de servicios se encuentra en las cinco publicaciones centrales de ITIL y su respectiva definición se encuentra en (AXELOS, 2011):

▼ **Estrategia del servicio** (ITIL 2011), en esta etapa se *"define la perspectiva, la posición, los planes y patrones que un proveedor de servicios necesita ejecutar para cumplir con los resultados del negocio de una organización"*. La estrategia de servicio incluye los siguientes procesos: gestión estratégica de los servicios de TI, gestión del portafolio de servicios, gestión financiera de servicios de TI, gestión de la demanda y gestión de relaciones del negocio. Aunque estos procesos están relacionados con la estrategia de servicio, la mayoría de ellos tienen actividades que se desarrollan en varias etapas del ciclo de vida del servicio.

▼ **Diseño del Servicio** (ITIL 2011), en esta etapa se *"incluye el diseño de los servicios, las prácticas regulatorias, las políticas y procesos requeridos para llevar a cabo la estrategia del proveedor de servicios y facilitar la introducción de servicios en entornos productivos"*. El diseño del servicio incluye los siguientes procesos: la coordinación del diseño, la gestión del catálogo de servicios, la gestión de niveles de servicios, la gestión de disponibilidad, la gestión de capacidad, la gestión de la continuidad de servicios de TI, la gestión de seguridad de la información, y gestión de proveedores. Aunque estos procesos están relacionados con el diseño de servicios, la mayoría de los procesos tienen actividades que se desarrollan en varias etapas del ciclo de vida del servicio.

▼ **Transición del Servicio** (ITIL 2011), en esta etapa se *"asegura que los servicios nuevos, modificados o retirados satisfagan las expectativas del negocio, tal como se documenta en las etapas de estrategia y diseño del servicio dentro de su ciclo de vida"*. La transición del servicio incluye los siguientes procesos: planificación y soporte a la transición, gestión del cambio, gestión de activos de servicio y configuración, gestión de liberación e implementación, validación y pruebas de servicio, evaluación de cambios y gestión del conocimiento. Aunque estos procesos están asociados con la transición del servicio, la mayoría de ellos tienen actividades que se desarrollan en varias etapas del ciclo de vida del servicio.

▼ **Operación del Servicio** (ITIL 2011), en esta etapa se "*coordinan y llevan a cabo las actividades y procesos requeridos para entregar y gestionar servicios en los niveles acordados con los usuarios de negocio y clientes. La operación de servicio también gestiona la tecnología que se utiliza para entregar y servicios de soporte*". La operación de servicios incluye los siguientes procesos: la gestión de eventos, gestión de incidentes, el cumplimiento de solicitudes, la gestión de problemas y gestión de acceso. La operación de servicios también incluye las siguientes funciones: *service desks*, gestión técnica, gestión de operaciones de TI y gestión de aplicaciones. Aunque estos procesos y las funciones están asociadas con la operación de servicios, la mayoría de los procesos y funciones tienen actividades que se desarrollan en varias etapas del ciclo de vida del servicio.

▼ **Mejora Continua del Servicio** (ITIL 2011), en esta etapa se "*asegura que los servicios están alineados con necesidades cambiantes del negocio por medio de la identificación e implementación de mejoras en los servicios de TI que dan soporte a los procesos de negocio. El desempeño del proveedor de servicios de TI es medido en forma continua y se realizan las mejoras a los procesos, los servicios de TI y la infraestructura de TI con el fin de aumentar la eficiencia, la efectividad y la rentabilidad. La mejora continua del servicio incluye el proceso de mejora de siete pasos. Aunque este proceso está asociado con la mejora continua del servicio, la mayoría de los procesos tienen actividades que se desarrollan en varias etapas del ciclo de vida del servicio*".

Para llevar a cabo los procesos y actividades involucradas en cada etapa del ciclo de vida, ITIL reconoce que una organización necesita definir claramente los roles y responsabilidades requeridas; los roles se asignan a individuos dentro de una estructura organizacional de equipos, grupos o funciones (una función es un equipo o grupo de personas y las herramientas u otros recursos que se utilizan para llevar a cabo uno o más procesos o actividades). Hay roles genéricos y roles específicos involucrados en cualquier etapa del ciclo de vida o proceso, los roles específicos clave están descritos en las cinco publicaciones centrales de ITIL. Los roles genéricos clave son (AXELOS 2011):

▼ Dueño del proceso, responsable final (que debe rendir cuentas) y garantizar que un proceso es adecuado para el propósito; las responsabilidades del dueño del proceso incluyen patrocinio, diseño, gestión de cambios y la mejora continua del proceso y sus métricas.

▼ Gerente del proceso, responsable de la gestión operativa de un proceso; las responsabilidades del gerente del proceso incluyen la planificación y coordinación de todas las actividades necesarias para la ejecución, monitoreo y emisión de informes sobre el proceso.

▼ Profesional del proceso, responsable de llevar a cabo una o más actividades del proceso.

▼ Propietario del servicio, responsable de la gestión de uno o más servicios a través de su ciclo de vida completo; los propietarios de servicios son fundamentales para el desarrollo de la estrategia de servicio y son responsables del contenido del portafolio de servicios.

Las publicaciones de ITIL recogen la experiencia de muchas organizaciones que prestan servicios a clientes, además el tema de apuntalamiento de la mejora continua del servicio permitirá a las organizaciones mejores prácticas no solo para evolucionar sus servicios sino también para impulsar la calidad y la eficiencia a lo largo de la industria de gestión de servicios. ITIL es relevante para proveedores de servicios de todos los tamaños, ya sean del sector público o privado, proporcionando un marco neutral no prescriptivo que puede ser adoptado y adaptado para satisfacer las necesidades de la organización y sus clientes, incrementando la capacidad de una organización para ofrecer el máximo valor para el negocio.

## 7.3 LA FAMILIA DE NORMAS ISO/IEC 20000

La familia de normas ISO 20000 (*IT Service Management and IT Governance*) es la encargada de la gestión de servicios de TI para lo cual propone un planteamiento estructurado para diseñar, poner en marcha y gestionar servicios soportados por TI. Las normas de esta familia definen los procesos y las actividades esenciales para que las áreas de TI puedan prestar un servicio eficiente y alineado con las necesidades de la empresa y el cliente. Estas normas están construidas considerando el modelo ITIL y se enfocan en ordenar las disciplinas de soporte y provisión de servicios de TI.

La familia ISO 20000 se compone de varias normas:

▼ ISO/IEC 20000-1 *Information technology -- Service management -- Part 1: Service management system requirements* (ISO 2011a). Define los "requisitos obligatorios" que debe cumplir un proveedor de servicios de TI para realizar una gestión eficiente de los mismos que respondan a las necesidades actuales y futuras de la organización y sus clientes.

▼ ISO/IEC 20000-2 *Information technology -- Service management -- Part 2: Guidance on the application of service management systems* (ISO

2012a). Proporciona una guía que describe las mejores prácticas que se pueden utilizar en los procesos de gestión de servicios para que el proveedor de servicios pueda definir, implementar, operar, monitorear, medir, revisar y mejorar su sistema de gestión de servicio.

▼ ISO/IEC 20000-3 *Information technology -- Service management -- Part 3: Guidance on scope definition and applicability of ISO/IEC 20000-1* (ISO 2012b). Proporciona una orientación para la definición del alcance, aplicación y demostración de conformidad para el proveedor de servicios que desea cumplir los requisitos propuestos en la norma ISO/IEC 20000 parte 1.

▼ ISO/IEC 20000-4 *Information technology -- Service management -- Part 4: Process reference model* (ISO 2010a). Describe un modelo de referencia de procesos que sirve como base para la elaboración de un modelo de evaluación de procesos.

▼ ISO/IEC 20000-5 *Information technology -- Service management -- Part 5: Exemplar implementation plan for ISO/IEC 20000-1* (ISO 2013b). Propone un enfoque estructurado para la adopción por fases del sistema de gestión de servicios de TI, que permite priorizar y gestionar las actividades a realizar para la implantación de la norma.

▼ *ISO/IEC 20000-6 Information technology -- Service management – Part 6: Requirements for bodies providing audit and certification of service management systems.* Establece los requisitos para los organismos de auditoría y certificación de sistemas de gestión de servicios.

▼ ISO/IEC TR 20000-9 *Information technology -- Service management -- Part 9: Guidance on the application of ISO/IEC 20000-1 to cloud services* (ISO, 2015a). Ofrece una orientación para particularizar la aplicación de la norma al entorno de la nube (cloud).

▼ ISO/IEC TR 20000-10 *Information technology -- Service management -- Part 10: Concepts and terminology* (ISO 2015b). Proporciona una visión general de los conceptos y términos de la familia de normas ISO/IEC 20000.

▼ ISO/IEC TR 20000-11 *Information technology -- Service management -- Part 11: Guidance on the relationship between ISO/IEC 20000-1:2011 and service management frameworks: ITIL* (ISO, 2015c). Compara y establece correspondencias entre la norma ISO 20000-1 el marco ITIL.

▼ ISO/IEC TR 20000-12 *Information technology -- Service management -- Part 12: Guidance on the relationship between ISO/IEC 20000-1:2011 and service management frameworks: CMMI-SVC* (ISO, 2016c). Compara y establece correspondencias entre la norma ISO 20000-1 y el marco CMMI-SVC.

De todas estas partes a continuación se presenta una breve descripción de las más relevantes.

### 7.3.1 ISO/IEC 20000-1

Esta norma (cuyo contenido se resume en la Figura 7.3) es un estándar para un sistema de gestión de servicios (SGS) (en inglés SMS, Service Management System), que especifica los requisitos para el proveedor de servicios con el fin de establecer, implementar, mantener y mejorar de forma continua un sistema de gestión de servicios. Estos requisitos incluyen la planificación, el diseño, la transición, la entrega y la mejora de los servicios con el objetivo de cumplir con los requisitos de servicio y entregar valor.

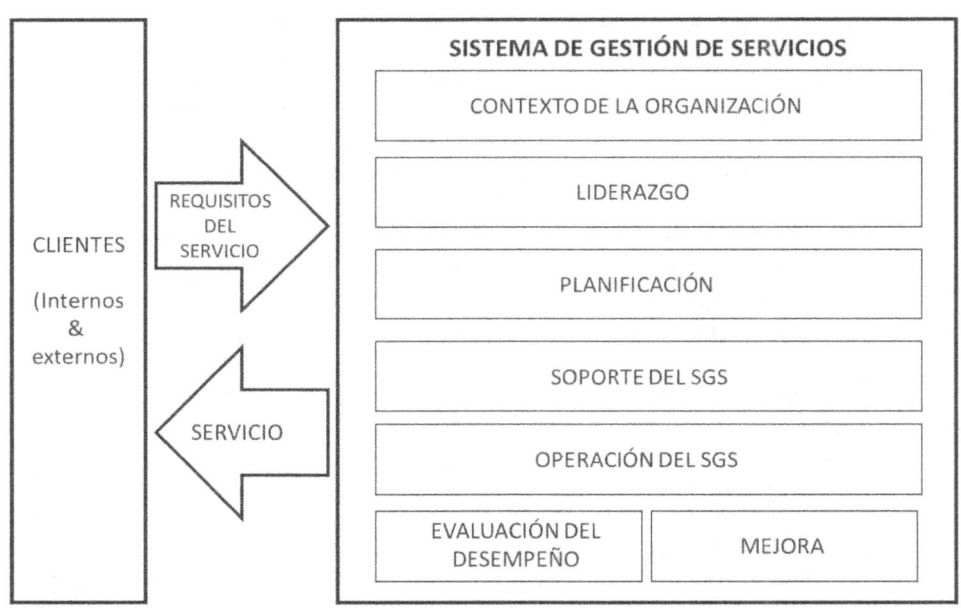

**Figura 7.3.** Contenido de la norma ISO 20000-1

Esta norma permite la gestión de servicios de forma metódica a través de la implementación del ciclo PDCA. Además, el estándar ISO/IEC 20000-1 se puede utilizar por:

- ▼ Un cliente que busque servicios y requiera el aseguramiento acerca de la calidad de los mismos.

- ▼ Un cliente que requiera un enfoque consistente al ciclo de vida del servicio por parte de todos sus proveedores de servicios, incluyendo los de la cadena de suministro.

- ▼ Una organización para demostrar su capacidad para planificar, diseñar, transicionar, entregar y mejorar servicios.

- ▼ Una organización para monitorizar, medir y revisar su SGS y sus servicios.

- ▼ Una organización para mejorar la planificación, diseño, transición, entrega y mejora de servicios por medio de una implementación y una operación efectivas de un SGS.

- ▼ Una organización u otra parte que lleve a cabo evaluaciones de conformidad respecto a los requisitos especificados en la norma.

- ▼ Un proveedor de formación o asesoría en gestión de servicios.

## 7.3.2 ISO/IEC 20000-2

Esta parte de la norma proporciona una orientación sobre la aplicación de sistemas de gestión de servicios con base en los requisitos de la norma ISO/IEC 20000-1. Además permite a las organizaciones e individuos interpretar la parte 1 de la norma con mayor precisión, y por lo tanto utilizarla de manera más eficaz. La guía incluye ejemplos y sugerencias para que las organizaciones puedan interpretar y aplicar la norma ISO/IEC 20000-1, incluyendo referencias a otras partes de la familia de normas ISO/IEC 20000 y otras normas pertinentes.

Esta norma incluye una guía sobre el uso de un sistema de gestión del servicio para la planificación, diseño, transición, la entrega y la mejora del sistema y los servicios. Como mínimo este aspecto debe incluir políticas de gestión de servicios, objetivos, planes, procesos de gestión de servicios, interfaces de procesos, documentación y recursos. El sistema de gestión de servicios proporciona un control continuo, mayor eficacia, eficiencia y oportunidades para la mejora continua de la gestión de los servicios. Permite a una organización trabajar de manera efectiva con una visión compartida.

### 7.3.3 ISO/IEC 20000-3

Esta norma es útil para proveedores, consultores y asesores e incluye una guía práctica para la definición del alcance, aplicabilidad y demostración de la conformidad de los requisitos de la norma ISO/IEC 20000-1 por parte de los proveedores de servicios. La norma también incluye orientación sobre los diferentes tipos de evaluación de conformidad y normas de evaluación.

A pesar de que los requisitos de la norma ISO/IEC 20000-1 no cambian con la estructura, la tecnología o el servicio de la organización, el funcionamiento de los procesos en un entorno particular de servicio dará lugar a habilidades, herramientas y requisitos de información específicos. Los procesos de gestión de servicio pueden cruzar muchas fronteras organizacionales, legales y nacionales, así como diferentes zonas horarias. Los proveedores de servicios pueden proporcionar una variedad de servicios a diferentes tipos de clientes, tanto internos como externos, y estos proveedores también pueden depender de una compleja cadena de suministro para la entrega de los servicios. Esta dependencia puede hacer que los acuerdos y la aplicación del alcance sea una etapa compleja para el uso de la norma ISO/IEC 20000-1 por parte del proveedor de servicios.

Esta parte de la norma ayudará a determinar si la norma ISO/IEC 20000 parte 1 es aplicable a las circunstancias del proveedor de servicios, e ilustra cómo el alcance de un sistema de gestión del servicio puede ser definido, independientemente de si el interesado tiene experiencia en la definición del alcance de otros sistemas de gestión. La guía ofrece ejemplos prácticos, escenarios típicos y recomendaciones. La ISO/IEC 20000-3 también apoya en la planificación de mejora de servicios y en la preparación para una evaluación de conformidad con respecto a la norma ISO/IEC 20000-1, y es además un complemento a la guía dada en la norma ISO/IEC 20000-2 para la aplicación de la parte 1 de la norma.

### 7.3.4 ISO/IEC 20000-4

El propósito de la parte 4 de esta norma es facilitar el desarrollo de un modelo de evaluación de procesos conforme con los principios de evaluación de procesos ofrecidos en la ISO/IEC 15504 (la cual describe los conceptos y la terminología utilizados para la evaluación de procesos). El modelo de referencia de procesos especificado en esta parte de la norma es una representación lógica de los elementos de los procesos que están en el interior del sistema de gestión de servicios y los cuales pueden ser definidos en un nivel básico. Usar el modelo de referencia en una aplicación práctica podría requerir de elementos adicionales adecuados para el entorno y las circunstancias específicas.

El modelo de referencia del proceso especificado en la norma ISO/IEC TR 2000-4 describe los procesos en un nivel abstracto, incluyendo los procesos generales del sistema de gestión de servicios implícitos en la parte 1 de la norma. Cada proceso de este modelo de referencia se describe en términos de propósito y resultados. El modelo de referencia de procesos no intenta colocar los procesos en ningún ambiente específico ni predetermina ningún nivel de capacidad de proceso necesario para lograr los requisitos de la norma ISO/IEC 20000-1. El modelo de referencia de procesos no está destinado a ser utilizado para una auditoría de evaluación de conformidad o como guía de referencia de implementación del proceso, además este modelo no proporciona la evidencia requerida por la norma ISO/IEC 20000-1 y no especifica las interfaces entre los procesos.

Cualquier organización puede definir los procesos con elementos adicionales con el fin de adaptarse a su entorno y circunstancias específicas. Sin embargo, los propósitos y resultados descritos en esta parte de la norma son considerados los mínimos necesarios para cumplir con los requisitos de la norma ISO/IEC 20000-1. Algunos procesos abordan aspectos estratégicos generales de una organización, y estos procesos han sido definidos con el fin de dar cobertura a todos los requisitos de la parte 1 de la norma.

### 7.3.5 ISO/IEC 20000-5

Esta norma es un ejemplo de un plan de implementación que proporciona orientación sobre cómo implementar un sistema de gestión de servicios para cumplir los requisitos de la parte 1 de esta norma. Los usuarios previstos de la parte 5 de la norma son los proveedores de servicios, pero esta también puede ser útil para aquellos que asesoran a los proveedores de servicios sobre cómo poner en práctica un sistema de gestión de servicios.

La parte 5 de ISO 20000 incluye sugerencias para los proveedores de servicios sobre el orden adecuado para planificar, implementar y mejorar un sistema de gestión de servicios. El proveedor de servicio puede elegir su propia secuencia para implementar el sistema de gestión. También se incluye el asesoramiento en el desarrollo de un caso de negocio, la iniciación de proyectos y otras actividades que se recomiendan para que la aplicación de la norma sea exitosa.

Las fases descritas en ISO/IEC TR 20000-5 no incluyen cambios al alcance previsto del sistema de gestión del proveedor de servicios. El alcance en sí no está sujeto a los cambios graduales que son resultado de la adopción de las recomendaciones de esta parte de la norma. En lugar de ello, cada fase debería mejorar el sistema de gestión alineado con el alcance acordado del proveedor de servicios, sobre la base de los resultados de la fase anterior.

La norma muestra las principales actividades para el desarrollo del caso de negocio y el inicio de la implementación del proyecto, además se listan las principales actividades (agrupadas en fases) para implementar el sistema de gestión basado en la norma ISO/IEC 20000-1. Muchas de las actividades que se describen en esta parte de la norma están destinadas a ser cumplidas por acciones realizadas en más de una fase, con cada fase construida sobre los logros de la fase anterior. Una vez que se termina la fase final, el proveedor de servicios puede lograr los beneficios del sistema de gestión que cumple los requisitos de la norma ISO/IEC 20000-1. También se proporciona información de apoyo para el proyecto de implantación del sistema de gestión de servicios.

La norma proporciona ejemplos de políticas para ilustrar lo que un proveedor de servicio puede querer poner en práctica. Dado que las políticas dependen de la organización y de la estrategia del proveedor de servicios, estos ejemplos de políticas pueden ser adaptados para satisfacer el requisito de la organización. Además, se provee orientación sobre la gestión de la documentación, y se incluyen plantillas para algunos de los documentos especificados en la parte 1 de la norma, que pueden ser modificadas para adaptarse a las circunstancias individuales.

## 7.4 VERISM

El IFDC (International Foundation for Digital Competences[3]) ha propuesto un nuevo enfoque para la gestión de servicios denominado VeriSM (Value-Driven Evolving, Responsive Integrated Service Management) (véase Figura 7.4), dirigido por valor, evolutivo, receptivo e integrado, pensado para las organizaciones actuales que se enfrentan al reto de la transformación digital. Este modelo (Agutter et al., 2017) está orientado a toda la organización, no solo al departamento de tecnologías, de manera que se utilicen todas las capacidades de la organización para entregar valor.

---

3. www.ifdc.global

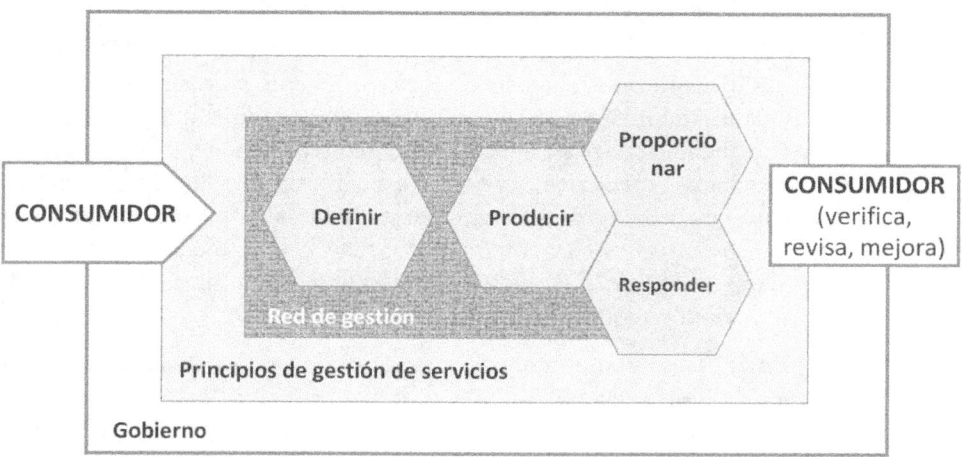

**Figura 7.4.** Modelo VERISM

El modelo VERISM incluye:

1. Gobierno. En el modelo se define gobierno como un "sistema de dirección y control", el gobierno establece la dirección y permite que se tomen decisiones precisas en todos los niveles de la organización.

2. Principios de gestión de servicios, como por ejemplo relacionado con seguridad: "la organización cumple toda la legislación y la normativas asociadas con la protección de los datos de los consumidores"; o con las finanzas: "todos los nuevos productos y servicios conseguirán un 20% de retorno de inversión en el primer año de liberación".

3. La red de gestión, que proporciona un método para gestionar y utilizar una multitud de marcos, estándares, metodologías, filosofías y principios de gestión presentes en el mundo de la gestión de servicios en la actualidad. Los elementos de la red de gestión se clasifican en cuatro categorías: recursos (presupuestos, activos, personas, tiempo, conocimientos, etc.), tecnologías emergentes (computación en la nube -cloud-, Internet de las cosas, automatización, etc.), prácticas de gestión (DevOps, LeanIT, gestión ágil de servicios, etc.) y entorno. En el entorno el modelo distingue estabilizadores de servicio (herramientas, procesos, mediciones, etc.), procesos, medidas. Cada organización crea su propia red basada en los recursos, entorno, tecnologías emergentes y prácticas de gestión disponibles; y adapta de manera continua las diferentes prácticas de gestión para definir, producir y proporcionar servicios.

Las etapas de alto nivel de todo producto o servicios:

1. **Definir**, que abarca las actividades y resultados de soporte relacionados con el diseño de un producto o servicio. Se compone de las siguientes actividades: definir la necesidad del consumidor (en la que se aprueba el caso de negocio por parte del Comité Directivo), obtener e "ingenierizar" los requisitos, crear una solución (especificaciones de desempeño de los componentes, aprovisionamiento, requisitos de prueba, preparación de planes de formación, comunicación, marketing, etc.), y proyectar el servicio (diseño de la solución del servicio, compra, instrucciones de construcción, y requisitos de desempeño).

2. **Producir**, toma como punto de partida el proyecto del servicio y lleva a cabo la construcción, pruebas e implementación, bajo la gestión de control de cambios. Por lo tanto, se compone de las actividades relativas a la construcción (proyecto de servicio, ensamblaje del servicio), pruebas (probar los parámetros de los requisitos de desempeño, y probar los resultados y cierre), implementación y validación (modelos de liberación, e implementar el plan despliegue).

3. **Proporcionar**, en la que el producto o servicio está disponible para ser consumido, y en la que juegan un papel importante el marketing y promoción de servicios. Se compone de las actividades siguientes: proteger (necesidades de seguridad, mitigación de riesgos, planificación de la continuidad), medir y mantener (incluye reportes a los *stakeholders*), y mejorar (nuevos requisitos).

4. **Responder**, ya que como el proveedor del servicio tendrá una interacción habitual con sus consumidores, respondiendo a peticiones, issues y eventos. Esta etapa incluye tanto el registro para la calidad del servicio (definiendo un único punto de contacto con múltiples canales de entrada) como la gestión (resolver issues).

## 7.5 MODELOS DE CALIDAD DE SERVICIOS

### 7.5.1 Norma ISO/IEC 25011

ISO/IEC 25011 define un modelo general de calidad de servicios que se aplica al diseño, implementación, ejecución y mejora de los servicios que utilizan o soportan tecnologías de la información (TI), adicionalmente proporciona una guía para extender el modelo de calidad en uso de la norma ISO/IEC 25010 con el fin de describir la calidad en uso de servicios, la cual está relacionada la percepción de la prestación del servicio en un contexto particular de uso.

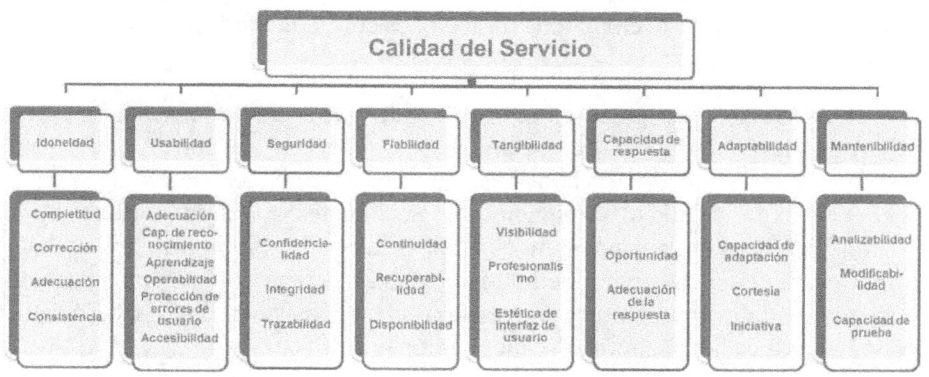

**Figura 7.5.** ISO/IEC 25011 - Modelo de calidad de Servicios (ISO 2014i)

El modelo de calidad de servicios presentado en la norma (Figura 7.5) incluye un modelo de calidad del servicio en uso y un modelo de calidad de servicio. La calidad de un servicio en uso es el grado con el cual un servicio puede ser utilizado por usuarios específicos para satisfacer sus necesidades y lograr objetivos específicos con efectividad, eficiencia, satisfacción, libre de riesgos y cobertura de los acuerdos de niveles de servicio. El modelo de calidad de servicio define ocho características: Idoneidad del servicio, Usabilidad del servicio, Seguridad del servicio, Fiabilidad del servicio, Tangibilidad del servicio, Respuesta del servicio, Adaptabilidad del servicio y Mantenibilidad del servicio. Cada característica se compone de un conjunto de subcaracterísticas relacionadas de forma análoga a como se presenta en la norma ISO/IEC 25010.

### 7.5.2 Otros Modelos de Calidad de Servicios

El modelo más importante de calidad de servicios es el modelo SERVQUAL (Zeithaml et al., 1992), que tiene como propósito mejorar la calidad del servicio ofrecida por una organización, y mide la percepción y expectativa del cliente con respecto al servicio que ofrece el proveedor mediante cinco dimensiones de calidad de gestión de servicios: fiabilidad, empatía, seguridad, capacidad de respuesta y elementos tangibles. Para medir y gestionar la calidad del servicio este modelo propone un cuestionario que permite evaluar: (i) las expectativas del cliente con respecto a la calidad del servicio en términos de las cinco dimensiones, y (ii) las percepciones del cliente sobre el servicio que recibe. Cuando las expectativas del cliente son mayores que sus percepciones de la prestación del servicio que recibe, la calidad del servicio se considera baja. El modelo permite evaluar, pero también se puede utilizar para la mejora y comparación con otras organizaciones, ya que determinando el "gap" o brecha entre las dos mediciones (la discrepancia entre lo que el cliente espera del servicio y lo que percibe del mismo) se pretende facilitar la puesta en marcha de acciones correctivas adecuadas para mejorar la calidad del servicio.

Un modelo conceptual para la calidad de *e-services* se presenta en (Santos, 2003), que describe algunas características a tener en cuenta para determinar la calidad de este tipo de servicios. Esta propuesta considera que para aumentar las tasas de éxito, fidelidad y retención de los clientes la calidad de un *e-service* debe considerar las dimensiones: incubación y activa. La dimensión de incubación incorpora características como facilidad de uso, apariencia, vinculación, estructura, diseño y contenido; mientras que la dimensión activa consiste en fiabilidad, eficiencia, soporte, comunicación, seguridad y motivación.

Una revisión sistemática sobre calidad de servicio en el contexto de las TI se puede encontrar en (Kritikos et al., 2013), que compara los enfoques de calidad de servicio descritos en la literatura. En este artículo se resume una amplia gama de modelos y meta-modelos para describir la calidad del servicio, que incluyen: (i) aproximaciones ontológicas para definir medidas, métricas y dimensiones de calidad, (ii) meta-modelos para la especificación de requisitos y capacidades del servicio centrados en la calidad, y (iii) plantillas para acuerdos de nivel de servicio (ANS) cuando se provee el servicio al cliente. Además sintetiza y describe un conjunto de atributos de calidad de servicio extraídos desde los estudios analizados.

En (Oriol et al., 2014) se presenta un mapeo sistemático de modelos de calidad para servicios web que describe el estado actual de los modelos de calidad propuestos para este tipo de servicios. En este estudio se encontraron 47 modelos de calidad para servicios web, de los cuales se ofrece una vista cronológica y la relación entre los mismos, además de la evaluación en términos de cobertura de tamaño y definición de los modelos. Asimismo se identifican los factores de calidad más consolidados para estos servicios desde la perspectiva de la norma ISO/IEC 25010.

Existen también modelos de calidad de servicios soportados por TI para sectores concretos. Así, por ejemplo, para el sector bancario, en (Broderick y Vachirapornpuk, 2002) se propone un Modelo de Calidad de Servicio para Banca por Internet, que destaca cinco elementos que son fundamentales para asegurar la calidad percibida del servicio: expectativas del cliente acerca del servicio, imagen y reputación de la organización proveedora del servicio, aspectos de la configuración del servicio, encuentro del servicio real y participación del cliente. Para este mismo sector, en (Zhu et al., 2002) se propone un modelo que combina la percepción del cliente sobre los servicios usando las dimensiones tradicionales de SERVQUAL con otras variables identificadas que influyen sobre la percepción de los clientes acerca de servicios basados en TI. Los resultados indican que los servicios basados en TI tienen un impacto directo sobre las dimensiones SERVQUAL y un impacto indirecto en la percepción de calidad del servicio y la satisfacción del cliente.

## 7.6 LECTURAS RECOMENDADAS

▼ *Fernández, C.M., Andrés, A. y Delgado, B. (2016). Guía práctica de ISO/IEC 20000-1 para servicios TIC. Madrid, AENOR Ediciones.*

Este libro ofrece soluciones prácticas a cualquier organización interesada en un sistema de gestión de servicios puede ser implantado en un entorno limitado en cuanto a recursos como son las PyMES.

▼ *Zeithaml, V. A., A. Parasuraman y L. L. Berry (2010). Calidad total en la gestión de servicios: cómo lograr el equilibrio entre las percepciones y las expectativas de los consumidores; Díaz de Santos.*

Este libro describe en detalle el modelo de calidad de servicios SERVQUAL, el cual es un referente muy importante en el momento de abordar el tema de calidad de servicio.

▼ *ITIL (2011). Colección de los 5 libros oficiales de ITIL V3.*

Se trata de la versión en español de los cinco libros de ITIL: Service Strategy, Service Design, Service Transition, Service Operation y Continual Service Improvement.

## 7.7 SITIOS WEB RECOMENDADOS

▼ *www.itsmf.es*

Se trata del sitio web del itSMF (Information Technology Service Management Forum), una comunidad mundial de conocimiento para compartir prácticas sobre el gobierno y la gestión del servicio de las Tecnologías de la Información (TI).

▼ *www.aenor.es*

En el sitio web de AENOR se pueden encontrar traducciones al español de todas las normas relacionadas con la gestión y gobierno de los servicios, específicamente la familia ISO 20000.

## 7.8 EJERCICIOS

1. Realice un análisis comparativo entre los procesos propuestos por ITIL, ISO 20000 y CMMI-SVC para la gestión de niveles de servicio. Determine similitudes y diferencias entre los enfoques de estos tres marcos a partir de la comparación.

2. ¿Qué similitudes y diferencias se pueden encontrar entre la calidad de servicios de TI y la calidad del producto software? ¿Un modelo de calidad de producto software, como ISO/IEC 25010, puede ser utilizado para determinar la calidad de servicios de TI?

3. Para el éxito de un Sistema de Gestión de Servicios, la alta dirección tiene que comprometerse con el desarrollo, implementación y mejora de este sistema. ¿De qué manera la alta dirección puede hacer visible su compromiso y proporcionar evidencias de dicho compromiso? ¿Con qué procesos del sistema de gestión la alta dirección está más relacionada de manera directa?

4. De acuerdo a los marcos de gestión del servicio, ¿cuál es el propósito principal de la gestión de disponibilidad? ¿Cuál es el propósito principal de la gestión de la capacidad? ¿Cuál es el propósito principal de la gestión de la continuidad?

5. Describa un conjunto de herramientas software que podrían soportar/ayudar a cumplir el propósito de las etapas de transición y operación del ciclo de vida de un servicio de TI. ¿Por qué las herramientas son importantes para la implantación de un sistema de gestión de calidad?

6. Una pequeña empresa dedicada al mantenimiento de software, que tiene menos de 25 empleados, está interesada en implementar un sistema de gestión de servicios para mejorar la prestación del servicio de mantenimiento de cara al cliente. Determine cuáles son las oportunidades, ventajas y desventajas que le brindan a esta empresa los marcos ITIL, ISO 20000 y CMMI-SVC para la implementación de su sistema de gestión de servicios.

7. Defina un modelo de calidad de servicio TI para comercio electrónico. ¿Cómo ponderaría las diferentes características?

8. Elabore un ANS para la provisión de un servicio de mantenimiento de software. Explique los parámetros a considerar.

9. Analice la utilización del modelo SERVQUAL en el campo de los servicios de TI.

10. Comente qué añadiría a la versión actual de ITIL para que pueda soportar completamente cualquier tipo de servicio.

# 8

# CALIDAD DE PRODUCTO SOFTWARE

## 8.1 MODELOS CLÁSICOS

Históricamente se han desarrollado para evaluar la calidad de los productos software diferentes modelos que pretenden seguir las directrices de calidad de otros tipos de productos: descomponer la calidad en una categoría de características más sencillas que facilita su estudio.

Uno de los modelos clásicos más utilizados desde su creación, incluso con vigencia en nuestros días, es el desarrollado por (McCall et al., 1977), en el que la calidad de un producto software se descompone en once características o factores de calidad agrupados en tres categorías (véase Figura 8.1): Operación de producto, Revisión de producto y Transición de producto.

A finales de los años ochenta, fueron propuestos dos modelos alternativos al de McCall basados igualmente en la identificación de factores: el modelo de factores de (Evans y Marciniak, 1987) y el modelo de factores de (Deustch y Willis, 1988). En la Tabla 8.1 (Galin, 2004) puede encontrarse una comparativa entre los distintos modelos donde se muestran los factores observados por cada uno de los autores en sus correspondientes trabajos.

**Figura 8.1.** Modelo de calidad de (McCall et al., 1977)

| Factor Calidad Software | McCall (1976) | Evans y Marciniak (1987) | Deutsch y Willis (1988) |
|---|:---:|:---:|:---:|
| Corrección | ✓ | ✓ | ✓ |
| Fiabilidad | ✓ | ✓ | ✓ |
| Eficiencia | ✓ | ✓ | ✓ |
| Integridad | ✓ | ✓ | ✓ |
| Usabilidad | ✓ | ✓ | ✓ |
| Mantenibilidad | ✓ | ✓ | ✓ |
| Flexibilidad | ✓ | ✓ | ✓ |
| Facilidad de Prueba | ✓ | | |
| Portabilidad | ✓ | ✓ | ✓ |
| Reusabilidad | ✓ | ✓ | ✓ |
| Interoperabilidad | ✓ | ✓ | ✓ |
| Verificabilidad | | ✓ | ✓ |
| Expansibilidad | | ✓ | ✓ |
| Seguridad de Uso | | | ✓ |
| Manejabilidad | | | ✓ |
| Capacidad de supervivencia | | | ✓ |

**Tabla 8.1.** Comparación entre modelos de calidad de producto software (Galin, 2004)

Otro modelo considerado como clásico es el reconocido como FURPS, acrónimo compuesto por las iniciales en inglés de las categorías Funcionalidad, Facilidad de uso, Fiabilidad, Rendimiento y Capacidad del software; esta lista es una de las muchas adaptaciones y/o complementaciones del modelo de McCall que cada organización ha ideado para sus propios trabajos, como la dada por (Grady y Casswell, 1987) para Hewlett Packard.

En cualquier caso, todos estos modelos requieren identificar métricas para esas características de calidad que permitan medir cuantitativamente cómo de bueno es un software atendiendo a esos criterios.

## 8.2 NORMAS ISO SOBRE CALIDAD DE PRODUCTO SOFTWARE

La familia ISO/IEC 25000 es el resultado de la evolución de otras normas anteriores, especialmente de las normas ISO/IEC 9126 e ISO/IEC 14598. Las primeras, ISO/IEC 9126 (ISO 1991) son las relacionadas con la calidad de un producto software, en el que se presentaba el modelo de calidad. Posteriormente, en 2001 se publicó una nueva versión de esta primera parte (ISO 2001b) y se complementó con tres informes técnicos que proponían diferentes métricas ISO/IEC TR 9126-2: Métricas externas (ISO 2003a), ISO/IEC TR 9126-3: Métricas internas (ISO 2003b) e ISO/IEC TR 9126-4: Métricas para calidad en uso (ISO 2004f).

En paralelo se publicaron las normas 14598, que abordaban el tema de la evaluación de productos software, y que se organizaron en seis normas: ISO/IEC 14598-1:1999: Visión general (ISO 1999a), ISO/IEC 14598-2:2000: Planificación y gestión (ISO 2000), ISO/IEC 14598-3:2000: Proceso para desarrolladores (ISO 1999b), ISO/IEC 14598-4: 1999: Proceso para compradores (ISO 1999c), ISO/IEC 14598-5:1998: Proceso para evaluadores (ISO 1998b), e ISO/IEC 14598-6:2001: Documentación de módulos de evaluación (ISO 2001a). También hay que citar en este campo la norma ISO/IEC 12199, cuya primera versión se publicó en 1994 y que aborda los requisitos de calidad y las pruebas de los mismos en paquetes software.

En el año 1999 se empezó a discutir la revisión de estas normas, que darían lugar a la que hoy se conoce como familia ISO/IEC 25000 (y también con el nombre de SQuaRE (*Software product Quality Requirements and Evaluation*), que ofrece varias ventajas respecto a las precedentes, entre ellas (ISO 2005a):

- ▼ mayor coordinación entre la evaluación y la medición de la calidad de un producto software
- ▼ una guía para la especificación de requisitos de calidad
- ▼ mejor armonización con otras normas como la ISO/IEC 15939

## 8.3 FAMILIA DE SOFTWARE ISO 25000

La familia de normas ISO/IEC 25000 se organiza en seis apartados principales (véase Figura 8.2).

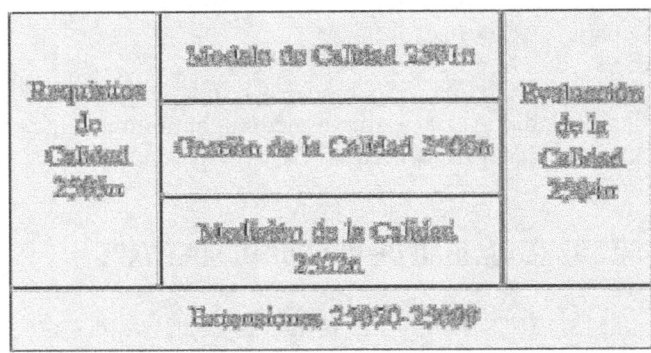

**Figura 8.2.** Organización de la familia de normas ISO 25000

- ▼ **ISO/IEC 2500n – División de Gestión de la Calidad.** Las normas que forman este apartado definen todos los modelos, términos y definiciones comunes referenciados por todas las otras normas de la familia 25000.

- ▼ **ISO/IEC 2501n – División de Modelo de Calidad**. Las normas de este apartado presentan modelos de calidad para productos software y sistemas, calidad en uso y datos.

- ▼ **ISO/IEC 2502n – División de Medición de Calidad.** Estas normas incluyen un modelo de referencia de la medición de la calidad de productos software y sistemas, definiciones de medidas de calidad (interna, externa y en uso) y guías prácticas para su aplicación.

- ▼ **ISO/IEC 2503n – División de Requisitos de Calidad.** Estas normas ayudan a especificar requisitos de calidad que pueden ser utilizados en el proceso de licitación de requisitos de calidad de un producto a desarrollar o como entrada del proceso de evaluación.

- ▼ **ISO/IEC 2504n –División de Evaluación de la Calidad.** Este apartado incluye normas que proporcionan requisitos, recomendaciones y guías para la evaluación de productos.

- ▼ **ISO/IEC 25050-25099 –División de Extensiones.** Este apartado incluye normas o informes técnicos que abordan dominios de aplicación específicos o que complementan a otras normas.

## 8.3.1 Normas sobre Gestión de Calidad (ISO/IEC 2500n)

La norma ISO/IEC 25000 proporciona una visión general de la nueva serie 25000 conocida por SQuaRE (*Software product Quality Requirements and Evaluation*), así como los términos y definiciones relacionados con la calidad de producto software.

La norma ISO/IEC 25001 (ISO 2014c) proporciona requisitos y guías para la función responsable del soporte de la gestión de la evaluación y especificación de requisitos. En su anexo A esta norma presenta una plantilla para el "Plan de Proyecto de Evaluación de la Calidad", cuyo contenido se resume en la Tabla 8.2.

1. Introducción (propósito, audiencia y uso previsto del plan)
2. Objetivos de la evaluación
3. Requisitos de calidad y características de calidad aplicables
4. Lista de prioridades
5. Objetivos de calidad
6. Definición de responsabilidades
7. Diseño de la evaluación
8. Utilización y análisis de los datos
9. Planificación y ejecución de la evaluación
10. Informes

**Tabla 8.2.** Plantilla para el Plan de Proyecto de Evaluación de la Calidad (ISO, 2014c)

## 8.3.2 Normas sobre Modelado de la Calidad (ISO/IEC 2501n)

Esta parte de la familia ISO 25000 está compuesta principalmente por dos normas: ISO/IEC 25010: *Systems and software engineering - Software product Quality Requirements and Evaluation* (SQuaRE) — *Quality models for software product quality and system quality in use* (ISO 2010b), e ISO/IEC 25012: *Software engineering — Software product Quality Requirements and Evaluation* (SQuaRE) — *Data quality model* (ISO 2009b). Como sus títulos indican se proponen tres modelos de calidad: modelo de calidad de producto software y modelo de calidad en uso del sistema, en la norma ISO 25010; y modelo de calidad de datos en la norma ISO/IEC 25012.

Estos modelos de calidad se componen de una serie de características, que se descomponen a su vez en subcaracterísticas, para cada una de las cuales se determina la capacidad del software midiendo un conjunto de atributos. Los modelos se pueden usar para especificar requisitos, establecer medidas y llevar a cabo evaluaciones.

La norma clasifica además las propiedades del software en:

- ▼ **Inherentes**, que a su vez se distingue entre: propiedades funcionales específicas de dominio (que determinan lo que el software es capaz de hacer) y propiedades de calidad (adecuación funcional, fiabilidad, seguridad, compatibilidad, mantenibilidad, portabilidad, etc.).
- ▼ **Asignadas**, que son propiedades de gestión: como el precio, fecha de entrega, futuro del producto, proveedor, etc.

### 8.3.3 Normas sobre Medición de Calidad (ISO 2502n)

El modelo de medición de calidad se presenta en la norma ISO 25020 (ISO 2007b), mientras que en la norma ISO 25021 (ISO 2012c) se define un conjunto de medidas base y derivadas. Medidas para la calidad en uso se pueden encontrar en la norma ISO/IEC 25022 (ISO, 2016e), mientras que medidas para la calidad de producto se pueden encontrar en ISO/IEC 25023 (ISO, 2016d). Por último, la norma ISO/IEC 25024 (ISO 2015d) es la que propone medidas de calidad de datos.

### 8.3.4 Normas sobre Requisitos de Calidad (ISO 2503n)

La norma 25030 (ISO 2007c) se centra en requisitos de calidad software desde una perspectiva sistémica. Comenta el proceso de definición de requisitos de los *stakeholders* (que transforma sus necesidades y expectativas en requisitos) y el proceso de análisis de requisitos (que obtiene los requisitos del sistema a partir de los requisitos de los *stakeholders*). También repasa la jerarquía de los requisitos del sistema (de procesos de negocio humanos, de sistemas de información, de sistemas mecánicos, etc.).

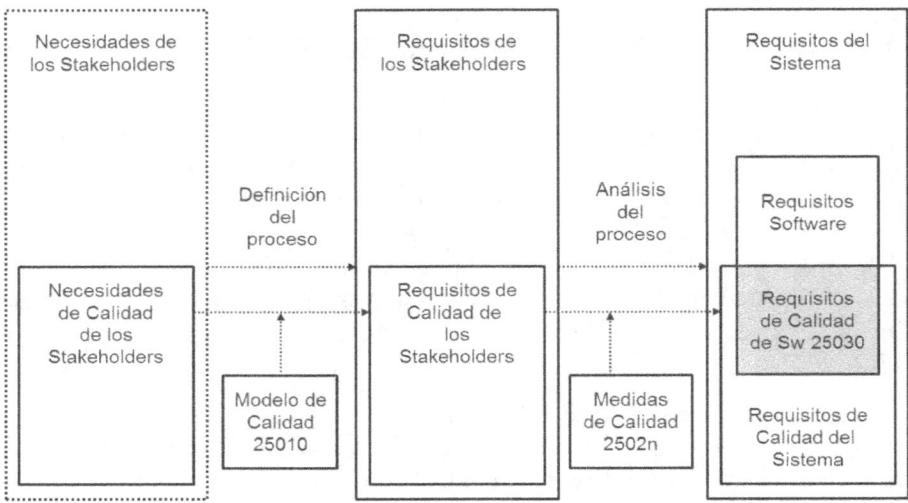

**Figura 8.3.** Análisis y definición de los requisitos de la calidad del software

En la norma también se muestra cómo se derivan los requisitos de calidad del software y el papel que juegan las normas ISO/IEC 25010 en la definición de los requisitos de calidad de los stakeholders e ISO/IEC 2502n para formalizar los requisitos de calidad (véase Figura 8.3).

También, en su cláusula 6, la norma establece requisitos para los propios requisitos de software, en cuanto a su identificación, documentación, trazabilidad, etc.

### 8.3.5 Normas sobre Evaluación de Calidad (ISO 2504n)

Las normas ISO/IEC 2504n se ocupan de la evaluación de la calidad del software. Concretamente la ISO/IEC 25040 (ISO 2011c) propone un modelo de referencia para la evaluación, mientras que la norma ISO/IEC 25041 (ISO 2012d) define la estructura y el contenido de un módulo de evaluación.

Otra norma de esta sección es la ISO/IEC 25045 que especifica la evaluación de la "recuperabilidad", una subcaracterística de la fiabilidad.

### 8.3.6 Normas sobre Extensiones de SQuaRE

Existen otras muchas normas que pertenecen a la familia 25000. Así, la norma ISO/IEC 25051 define requisitos de calidad para productos COTS (que en la norma se llaman RUSP (*Ready to Use Software Product*)) y los requisitos para la documentación de pruebas cuyo propósito es demostrar la conformidad del software con los requisitos.

Por otro lado, la familia ISO/IEC TR 25060 define normas que documentan la especificación y evaluación de la usabilidad de los sistemas interactivos.

## 8.4 MODELOS DE CALIDAD DE PRODUCTO SOFTWARE

La norma ISO/IEC 25010 (ISO 2011d) define dos modelos: un modelo de calidad de producto compuesto por características relacionadas con las propiedades estáticas y dinámicas de un sistema informático; y un modelo de calidad en uso que propone características relacionadas con el resultado de la interacción cuando un producto se utiliza en un contexto determinado.

### 8.4.1 Modelo de calidad de producto

Este modelo distingue, como se puede ver en la Figura 8.4, ocho características de calidad de un producto software.

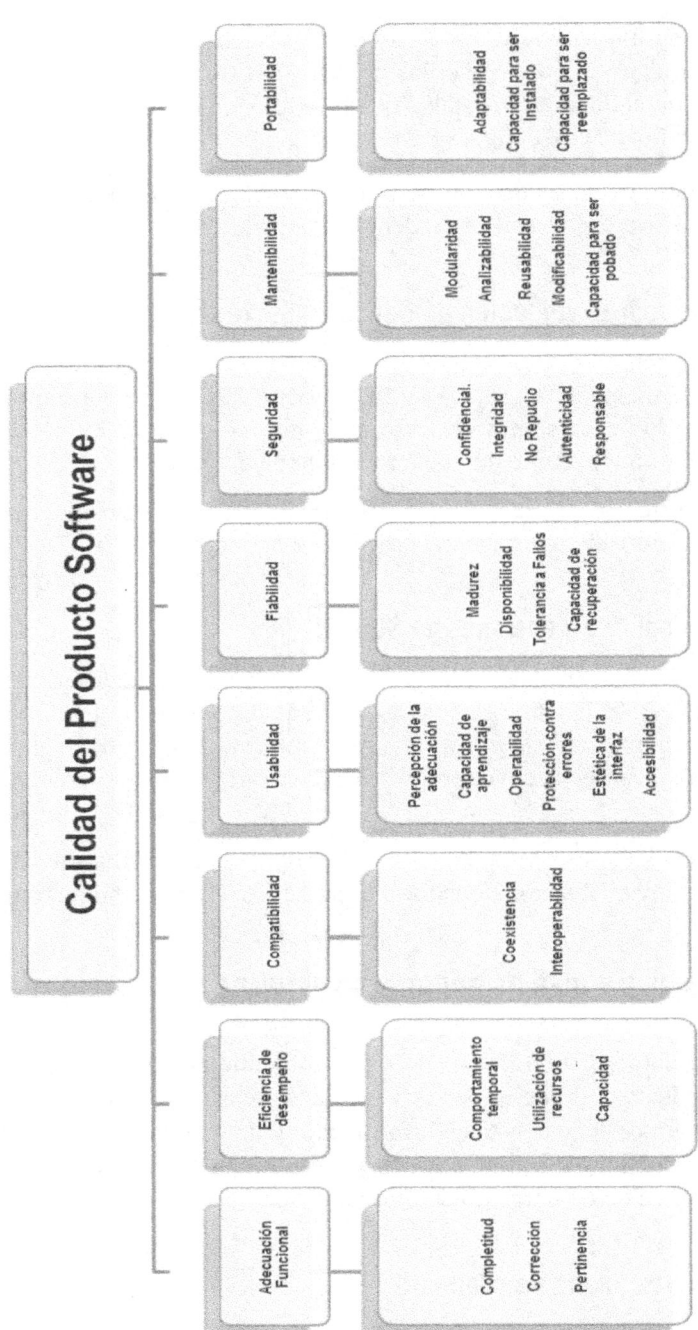

**Figura 8.4.** Modelo para la calidad del producto software

### 8.4.1.1 ADECUACIÓN FUNCIONAL (FUNCTIONAL SUITABILITY)

Grado con el que un producto o sistema proporciona funciones que satisfacen necesidades declaradas e implícitas cuando se usa en las condiciones especificadas.

Esta característica se subdivide a su vez en:

- **Completitud funcional** (functional completeness). Grado con el que el conjunto de funciones cubre todas las tareas y objetivos del usuario especificados.

- **Corrección funcional** (functional correcteness). Grado con el que un producto o sistema proporciona resultados correctos con el grado de precisión necesario.

- **Pertinencia funcional** (functional appropriateness). Grado con el que las funciones facilitan el logro de las tareas y objetivos especificados.

### 8.4.1.2 EFICIENCIA DE DESEMPEÑO (PERFORMANCE EFFICIENCY)

Esta característica trata del desempeño (rendimiento) relativo al total de recursos utilizados bajo determinadas condiciones, y se subdivide en:

- **Comportamiento temporal** (time behaviour). Grado con el que los tiempos de respuesta y de procesamiento y los ratios de *throughput* de un producto o sistema cumplen los requisitos, cuando lleva a cabo sus funciones.

- **Utilización de recursos** (resource utilization). Grado con el que las cantidades y tipos de recursos utilizados por un producto o sistema cumplen los requisitos, cuando lleva a cabo sus funciones.

- **Capacidad** (capacity). Grado con el que los límites máximos de los parámetros de un producto o sistema cumplen con los requisitos.

### 8.4.1.3 COMPATIBILIDAD (COMPATIBILITY)

Grado con el que un producto, sistema o componente puede intercambiar información con otros y/o llevar a cabo sus funciones requeridas cuando comparten el mismo entorno hardware o software.

Esta característica se subdivide a su vez en:

- ▼ **Coexistencia** (co-existence). Grado con el que un producto puede llevar a cabo sus funciones eficientemente cuando comparte un entorno y recursos comunes con otros productos, sin producir un impacto negativo en ningún otro producto.

- ▼ **Interoperabilidad** (interoperability). Grado con el que dos o más sistemas, productos o componentes pueden intercambiar información y utilizar la información intercambiada.

### 8.4.1.4 USABILIDAD (USABILITY)

Grado con el que un producto o sistema puede ser utilizado por los usuarios especificados para conseguir determinados objetivos con efectividad, eficiencia y satisfacción en un determinado contexto de uso.

Esta característica se subdivide a su vez en:

- ▼ **Capacidad de percepción de la adecuación** (appropriateness recognizability). Grado con el que los usuarios pueden reconocer qué producto o sistema es adecuado a sus necesidades.

- ▼ **Capacidad de aprendizaje** (learnability). Grado con el que el producto o sistema puede ser utilizado por los usuarios especificados para conseguir determinados objetivos de aprendizaje para usar el producto o sistema con efectividad, eficiencia, sin riesgos y satisfacción en contextos de uso especificados.

- ▼ **Operabilidad** (operability). Grado con el que un producto o sistema tiene atributos que lo hacen fácil de operar y controlar.

- ▼ **Protección contra errores de usuario** (user error protection). Grado en el cual el sistema protege a los usuarios de que cometan errores.

- ▼ **Estética de interfaz de usuario** (user interface aesthetics). Grado en el que la interfaz de usuario permite la interacción placentera y satisfactoria del usuario.

- ▼ **Accesibilidad** (accessibility). Grado en el que el producto o sistema puede ser utilizado por personas con el mayor rango de características y capacidades con el fin de conseguir un determinado objetivo en el contexto de uso especificado.

## 8.4.1.5 FIABILIDAD (RELIABILITY)

Grado con el que un sistema, producto o componente lleva a cabo las funciones especificadas, cuando se usa bajo las condiciones y el periodo de tiempo especificados.

Esta característica se subdivide a su vez en:

- **Madurez** (maturity). Grado con el que un sistema, producto o componente satisface las necesidades de fiabilidad bajo condiciones normales de operación.

- **Availability** (disponibilidad). Grado con el que el sistema, producto o componente es operacional y accesible cuando se requiere su uso.

- **Tolerancia a fallos** (fault tolerance). Grado en el que un sistema, producto o componente opera según lo previsto en presencia de fallos hardware o software.

- **Recoverability** (capacidad de recuperación). Grado en el que, en caso de interrupción o fallo, un producto o sistema puede recuperar los datos directamente afectados y restablecer el estado deseado del sistema.

## 8.4.1.6 SEGURIDAD (SECURITY)

Grado con el que un producto o sistema protege la información y los datos de manera que personas u otros productos o sistemas tengan el grado de acceso a los datos apropiado a sus tipos y niveles de autorización.

Esta característica se subdivide a su vez en:

- **Confidencialidad** (confidenciality). Grado con el que un producto o sistema asegura que los datos son accesibles solo a los que están autorizados para accederlos.

- **Integridad** (integrity). Grado en el que un producto, sistema o componente previene el acceso o la modificación no autorizada a programas o datos.

- **No repudio** (non-repudiation). Grado en el que se puede demostrar las acciones o eventos que han tenido lugar, de manera que dichas acciones o eventos no puedan ser repudiados posteriormente.

- **Responsabilidad** (accountability). Grado en el que las acciones de una entidad puede ser rastreadas de forma única a la entidad.

- **Autenticidad** (authenticity). Grado en el que se puede probar la identidad de un sujeto o recurso.

### 8.4.1.7 MANTENIBILIDAD (MAINTAINABILITY)

Grado de efectividad y eficiencia con el que se puede modificar un producto o sistema por el personal de mantenimiento previsto.

Esta característica se subdivide a su vez en:

- **Modularidad** (modularity). Grado en que un sistema o programa de ordenador está compuesto de componentes discretos de forma tal que un cambio en un componente tenga un impacto mínimo en los demás.

- **Analizabilidad** (analysability). Grado de efectividad y eficiencia con el cual es posible evaluar el impacto en un producto o sistema de un determinado cambio en una o más de sus partes, o diagnosticar las deficiencias o causas de fallos en un producto, o identificar las partes a modificar.

- **Reusabilidad** (reusability). Grado en que un activo puede ser utilizado en más de un sistema software o en la construcción de otros activos.

- **Modificabilidad** (modifiability). Grado con el que un producto o sistema puede ser modificado de forma efectiva y eficiente sin introducir defectos o degradar la calidad de producto existente.

- **Capacidad para ser probado** (testability). Grado de efectividad y eficiencia con el cual se pueden establecer los criterios de prueba para un sistema, producto o componente y con la que se pueden llevar a cabo las pruebas para determinar si se cumplen dichos criterios.

### 8.4.1.8 PORTABILIDAD (PORTABILITY)

Grado de efectividad y eficiencia con el cual un sistema, producto o componente puede ser transferido de un entorno hardware, software, operacional o de utilización a otro.

Esta característica se subdivide a su vez en:

▼ **Adaptabilidad** (adaptability). Grado con el cual un producto o sistema puede ser adaptado de forma efectiva y eficiente a diferentes entornos de hardware, software, operacionales o de uso.

▼ **Capacidad para ser instalado** (installability). Grado de efectividad y eficiencia con el cual un producto o sistema se puede instalar y/o desinstalar de forma exitosa en un determinado entorno.

▼ **Capacidad para ser reemplazado** (replaceability). Grado con el cual un producto puede ser reemplazado por otro producto software determinado con el mismo propósito y en el mismo entorno.

### 8.4.2 Modelo de Calidad en Uso

La norma 25010 afirma que la calidad en uso se refiere al *"grado con que un producto o sistema puede ser utilizado por determinados usuarios para satisfacer sus necesidades de lograr determinados objetivos con efectividad, eficiencia, seguridad y satisfacción* (véase Figura 8.5), *en determinados contextos de uso"* (ISO 2011d).

**Figura 8.5.** Calidad en Uso

La calidad en uso contempla, según la norma, las siguientes características:

#### 8.4.2.1 EFECTIVIDAD (EFFECTIVENESS)

Exactitud y completitud con la que los usuarios consiguen determinados objetivos.

#### 8.4.2.2 EFICIENCIA (EFFICIENCY)

Recursos empleados en relación con la exactitud y completitud con las que el usuario consigue sus objetivos.

#### 8.4.2.3 SATISFACCIÓN (SATISFACTION)

Grado con el que se satisfacen las necesidades del usuario cuando se usa un producto o un sistema en un determinado contexto de uso. A su vez, esta característica se subdivide en:

- **Utilidad** (usefulness), grado de satisfacción del usuario respecto al logro percibido de sus objetivos pragmáticos, incluyendo los resultados del uso y sus consecuencias.

- **Confianza** (trust), grado con el que el usuario u otro stakeholder tiene confianza en que el producto o sistema se comportará como está previsto.

- **Placer** (pleasure), grado con el que el usuario obtiene placer por cumplir sus necesidades personales. Sería la satisfacción emocional que le proporciona el producto.

- **Confort** (comfort), grado con el que el usuario está satisfecho con el confort físico.

#### 8.4.2.4 MITIGACIÓN DE RIESGOS (FREEDOM FROM RISK)

Grado con el que un producto o sistema mitiga el riesgo potencial al estatus económico, vidas humanas, salud o al entorno. Contempla las siguientes subcaracterísticas:

- **Mitigación de riesgos económicos** (economic risk mitigation). Grado con el que un producto o sistema mitiga los riesgos potenciales al estatus financiero, operación eficiente, propiedad comercial, reputación u otros recursos en los contextos de uso previstos.

- **Mitigación de riesgos para la salud y seguridad de uso** (health and safety risk mitigation). Grado con el que un producto o sistema mitiga los riesgos potenciales para las personas en los contextos de uso previstos.

- **Mitigación de riesgos ambientales** (environmental risk mitigation). Grado con el que un producto o sistema mitiga los riesgos potenciales a la propiedad o al entorno en los contextos de uso previstos.

### 8.4.2.5 CUBRIMIENTO DEL CONTEXTO (CONTEXT COVERAGE)

Grado con el que un producto o sistema puede ser usado con efectividad, eficiencia, sin riesgos y satisfacción en los contextos de uso especificados y en contextos que vayan más allá de los identificados inicialmente de forma explícita. Se compone de dos subcaracterísticas:

- **Completitud del contexto** (context completeness). Grado con el que un producto o sistema se puede utilizar con efectividad, eficiencia, sin riesgos y satisfacción en todos los contextos de uso especificados.

- **Flexibilidad** (flexibility). Grado con el que un producto o sistema se puede utilizar con efectividad, eficiencia, sin riesgos y satisfacción en contextos que van más allá de los especificados inicialmente en los requisitos.

## 8.5 EVALUACIÓN DE LA CALIDAD DE PRODUCTOS SOFTWARE

Concretamente la ISO/IEC 25040 (ISO 2011c) propone un modelo de referencia para la evaluación, que considera tanto las entradas al proceso de evaluación (requisitos para la evaluación, especificación de requisitos de calidad, productos a evaluar, etc.), como las restricciones (necesidades, planificación, etc.) y los recursos disponibles (personal, herramientas, equipos informáticos, etc.) para obtener las correspondientes salidas (plan de evaluación, medidas, criterios de decisión, resultados e informe de evaluación, etc.).

### 8.5.1 Tareas del proceso de evaluación

En la Figura 8.6 se resumen las tareas del proceso de evaluación que se agrupan en cinco actividades.

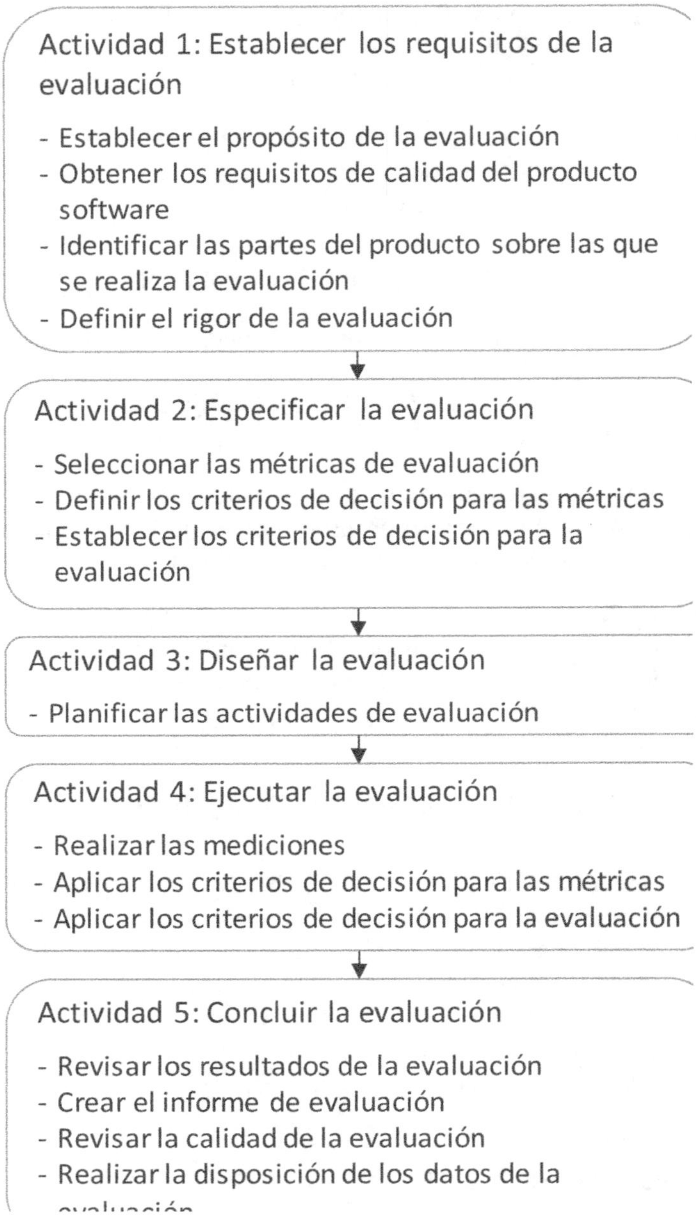

**Actividad 1: Establecer los requisitos de la evaluación**

- Establecer el propósito de la evaluación
- Obtener los requisitos de calidad del producto software
- Identificar las partes del producto sobre las que se realiza la evaluación
- Definir el rigor de la evaluación

**Actividad 2: Especificar la evaluación**

- Seleccionar las métricas de evaluación
- Definir los criterios de decisión para las métricas
- Establecer los criterios de decisión para la evaluación

**Actividad 3: Diseñar la evaluación**

- Planificar las actividades de evaluación

**Actividad 4: Ejecutar la evaluación**

- Realizar las mediciones
- Aplicar los criterios de decisión para las métricas
- Aplicar los criterios de decisión para la evaluación

**Actividad 5: Concluir la evaluación**

- Revisar los resultados de la evaluación
- Crear el informe de evaluación
- Revisar la calidad de la evaluación
- Realizar la disposición de los datos de la evaluación

**Figura 8.6.** Proceso de evaluación de la calidad del producto software (ISO 2011c)

### 8.5.1.1 ESTABLECER LOS REQUISITOS DE LA EVALUACIÓN

Según la norma, esta actividad incluye:

- Establecer el propósito de la evaluación, ya sea la aceptación de productos intermedios o finales, predecir la calidad del producto software final, seleccionar un producto entre alternativas, decidir la liberación de un producto, etc.

- Obtener los requisitos de calidad del producto software, identificando los stakeholders del mismo.

- Identificar las partes del producto incluidas en la evaluación, especificación de requisitos, documentación de diseño o de pruebas, etc.

- Definir la rigurosidad de la evaluación, es decir, el alcance que cubre la evaluación de calidad respecto a los requisitos de calidad del software, teniendo en cuenta el presupuesto de la evaluación, la fecha objetivo de la evaluación, etc.

En la práctica, muchas veces es necesario adaptar el modelo de calidad que ofrece la norma a las características especiales del producto software concreto. Así, por ejemplo, (Niessink, 2002) amplía el modelo de la ISO/IEC 9126 o 25010 para evaluar la calidad de arquitecturas software, (Losavio et al., 2003) refinan el modelo para arquitecturas software, (Bertoa et al., 2005) lo hacen para los componentes COTS, (Moraga et al., 2005) para portlets, (Franke et al., 2012) para móviles, (Calero et al., 2013) para sostenibilidad de productos software, Radulovic et al. (2015) para tecnologías semánticas, Navas (2016) para servicios cloud; Wahyuningrum y Azhari (2017) utilizan el modelo de calidad para analizar los métodos de evaluación de la usabilidad, Garcés et al. (2017) extienden 25010 con nuevas características y subcaracterísticas para sistemas software de vida cotidiana asistida por el entorno AAL (Ambient Assisted Living), etc.

A este respecto, cabe destacar la metodología propuesta en (Franch y Carvallo, 2003); (Botella et al., 2003), para la construcción de modelos de calidad específicos de dominio, y que han aplicado a paquetes software COTS (commercial off-the-shelf). Esta metodología consta de seis pasos (Figura 8.7):

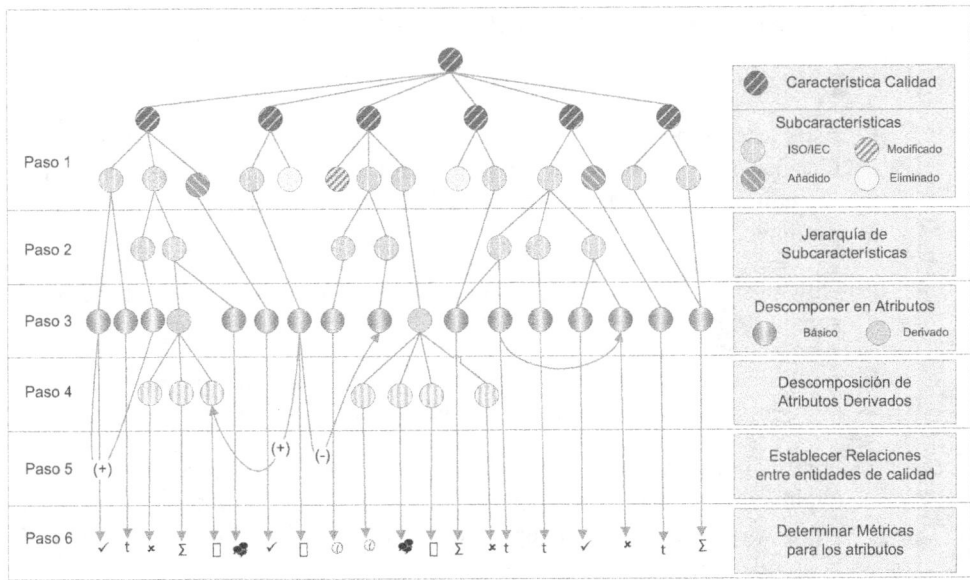

**Figura 8.7.** Metodología para la construcción de modelos de calidad específicos de dominio (Franch y Carvallo, 2003)

1. Definir el dominio y determinar características y subcaracterísticas de calidad.
2. Definir una jerarquía de subcaracterísticas.
3. Descomponer subcaracterísticas en atributos.
4. Descomponer atributos derivados (aquellos que no sean medibles directamente) en atributos básicos.
5. Establecer relaciones entre entidades de calidad (por ejemplo, aumentar la subcaracterística de seguridad lleva consigo que aumente la madurez de un producto).
6. Determinar métricas para los atributos.

### 8.5.1.2 ESPECIFICAR LA EVALUACIÓN

Según la norma, esta actividad se compone de las siguientes tareas:

- Seleccionar medidas de calidad (módulos de evaluación).
- Definir criterios de decisión para medidas de calidad, teniendo en cuenta que los procedimientos de medición deberían medir las características de calidad con suficiente precisión.

▼ Establecer criterios de decisión para la evaluación, de forma separada para cada característica de calidad bien a base de criterios individuales para las subcaracterísticas o una combinación ponderada de las mismas.

### 8.5.1.3 DISEÑAR LA EVALUACIÓN

Esta actividad consiste en planificar las actividades de evaluación teniendo en cuenta los recursos disponibles.

### 8.5.1.4 EJECUTAR LA EVALUACIÓN

Esta actividad se compone, según la norma, de las siguientes tareas:
▼ Realizar las mediciones, de acuerdo al plan de evaluación.
▼ Aplicar los criterios de decisión a las medidas.
▼ Aplicar los criterios de decisión para la evaluación, identificando cualquier deficiencia en los requisitos de la evaluación, evaluaciones adicionales necesarias, etc.

### 8.5.1.5 CONCLUIR LA EVALUACIÓN

Actividad que consiste en:
▼ Revisar el resultado de la evaluación, entre el evaluador y el solicitante de la evaluación, incluyendo los comentarios sobre la evaluación en la versión final del informe.
▼ Eliminar los datos de la evaluación, según lo acordado con el solicitante de la evaluación.

## 8.5.2 Recursos para el proceso de evaluación

Como se puede intuir, todas las tareas del proceso de evaluación de la calidad del producto software requieren una gran cantidad de recursos: herramientas de medición, recursos humanos especializados, un sistema de información para la evaluación del producto, así como una base de conocimiento sobre las métricas, umbrales, etc.

De todos estos recursos resulta fundamental disponer de herramientas que faciliten tanto la toma de las mediciones como la aplicación de los criterios de medición y evaluación de una forma automatizada, evitando errores humanos y facilitando poder medir grandes cantidades de información. Afortunadamente, en los últimos años se han desarrollado varias herramientas de este tipo, ya sean entornos de software libre, como SonarQube (www.sonarqube.org), o entornos de software propietario como es el caso de Kiuwan (*www.kiuwan.com*) o CAST (*www.castsoftware.com*).

Por otra parte, también hay que destacar la existencia de laboratorios de evaluación independientes, que realizan una evaluación especializada sobre la calidad del producto, como AQCLab (*www.aqclab.es*), que es el primero acreditado por ENAC (Entidad Nacional de Acreditación), con el reconocimiento de ILAC (*International Laboratory Accreditation Cooperation*), para la evaluación de la calidad del producto software en base a la ISO/IEC 25000. La existencia de laboratorios de evaluación acreditados ha sido común desde hace varios años en otros sectores como el industrial, el químico o el acústico. Sin embargo, hasta ahora eran desconocidos en el mundo de la ingeniería del software y más concretamente en el de la calidad de los productos software. Los laboratorios de este tipo se acreditan con la norma ISO/IEC 17025 que confirma la competencia técnica del laboratorio y garantiza la fiabilidad en los resultados de los ensayos realizados. El laboratorio AQCLab cuenta con tres elementos principales, que fueron auditados durante su acreditación y que utiliza durante la evaluación de la calidad de un producto software (Rodríguez y Piattini, 2014):

- ▼ El Proceso de Evaluación, que adopta la norma ISO/IEC 25040 y la completa con los roles concretos del laboratorio y los procedimientos e instrucciones de trabajo desarrollados.

- ▼ El Modelo de Calidad, que define las características y métricas para evaluar el producto software.

- ▼ El Entorno de Evaluación, que permite automatizar en gran medida las tareas de la evaluación, de manera que, a partir de mediciones básicas sobre el producto software, permite ir escalando los valores y asignar unos niveles de calidad para las subcaracterísticas y características del modelo.

## 8.6 CERTIFICACIÓN DE LA CALIDAD DE PRODUCTOS SOFTWARE

Al igual que ocurría con la acreditación de laboratorios para otros sectores, la certificación del producto también ha sido desde hace tiempo una práctica muy común, existiendo certificados energéticos en electrodomésticos, certificados de seguridad en vehículos, etc. Sin embargo, en el mundo del software, aunque existen desde hace años certificados para la calidad de los procesos de desarrollo, con modelos como CMMI o normas como ISO/IEC 33000, no ha existido tradicionalmente una certificación para la calidad del propio producto software. Por ello en el año 2013, AENOR (Asociación Española de Normalización y Certificación) decidió incluir en su modelo para el gobierno de las TIC con normas ISO, la certificación del propio producto software en base a la familia de normas ISO/IEC 25000 (Fernández et al., 2013)

Para llevar a cabo esta certificación AENOR colabora con el laboratorio AQCLab, que es el responsable de la evaluación técnica del producto software, y AENOR, en base a los resultados de la evaluación, se encarga de la inspección de la viabilidad, recursos y capacidad técnica de la empresa que ha desarrollado el producto.

Actualmente la evaluación de la calidad software se centra en las características de Adecuación Funcional (Rodríguez et al., 2016) y Mantenibilidad.

En la Figura 8.8 se presentan las actividades del proceso de certificación que se describen a continuación:

**Figura 8.8.** Proceso para la certificación de calidad del producto software

▶ Actividad 1. El proceso comienza cuando la organización interesada en la calidad del producto software solicita una evaluación a un laboratorio acreditado, como AQCLab. Para ello debe rellenar un formulario con las características del producto software que se quieren evaluar, que es analizado por el laboratorio para emitir un contrato de evaluación con las condiciones del servicio. Aceptado este contrato, la organización hace entrega al laboratorio del producto software a evaluar o le da acceso desde sus instalaciones, en el caso de que la organización no desee que el producto salga de sus sistemas. A partir de aquí, el laboratorio realiza la evaluación haciendo uso del entorno (modelo, proceso y herramientas) basado en ISO/IEC 25000 y acreditado por ENAC.

▼ Actividad 2. El resultado del paso anterior es un informe de evaluación con los resultados obtenidos, que es entregado a la organización solicitante. En este paso, puede ocurrir que el nivel de calidad obtenido por el producto software no sea suficientemente bueno, en cuyo caso la organización solicitante deberá llevar a cabo las acciones necesarias para mejorar el nivel de calidad, por ejemplo refactorizar el código, mejorar la especificación de los requisitos o ampliar la cobertura de las pruebas. En este caso, el tiempo que puede transcurrir dependerá el número de defectos que se deben solucionar y de la cantidad de recursos que la organización pueda dedicar para tal fin. Una vez realizadas las mejoras necesarias, la organización deberá repetir el paso 1 del proceso para volver a obtener un informe de evaluación favorable.

▼ Actividad 3. Cuando el producto software ha obtenido en la evaluación un nivel de calidad 3 o superior (en una escala del 1 al 5), la organización podrá contactar con AENOR, solicitando la certificación del producto e indicando la referencia previa de la evaluación que ha pasado realizada por un laboratorio acreditado.

▼ Actividad 4. AENOR contacta con el laboratorio evaluador para solicitar los resultados de la evaluación con la referencia indicada por la organización solicitante. Así, la entidad certificadora confirmará la veracidad de la evaluación y los resultados indicados por la organización solicitante.

▼ Actividad 5. El laboratorio facilita a AENOR el informe de evaluación, a fin de que lleven a cabo el contraste y continúan certificación.

▼ Actividad 6. Finalmente, AENOR analiza el informe de evaluación facilitado por el laboratorio y realiza una auditoría a la organización solicitante (que puede ser in situ u on-line) para, siguiendo con su reglamento interno de auditoría definido para el producto software, revisar el producto y las características del mismo, la viabilidad de la empresa y sus capacidades técnicas. Como resultado de este proceso de auditoría de certificación, AENOR emite un informe y entrega a la organización un certificado que acredita la calidad del producto software evaluado y la característica o características de software evaluadas (Rodríguez et al., 2013). En la Figura 8.9 se muestra un ejemplo del logotipo de certificación para las características de mantenibilidad y adecuación funcional, y en la 8.10 un ejemplo de certificado.

**Figura 8.9.** Ejemplo de logotipos AENOR para certificaciones de producto software

Este nuevo esquema de certificación basado en la Norma ISO/IEC 25000 ha permitido que durante los últimos años varias decenas de empresas a nivel nacional e internacional hayan evaluado la calidad de sus productos (Rodríguez et al,. 2015). En el portal *www.iso25000.com* se puede encontrar un listado de aquellas empresas que además de haber evaluado su producto, han conseguido también un nivel de calidad adecuado que les ha permitido alcanzar la certificación de AENOR.

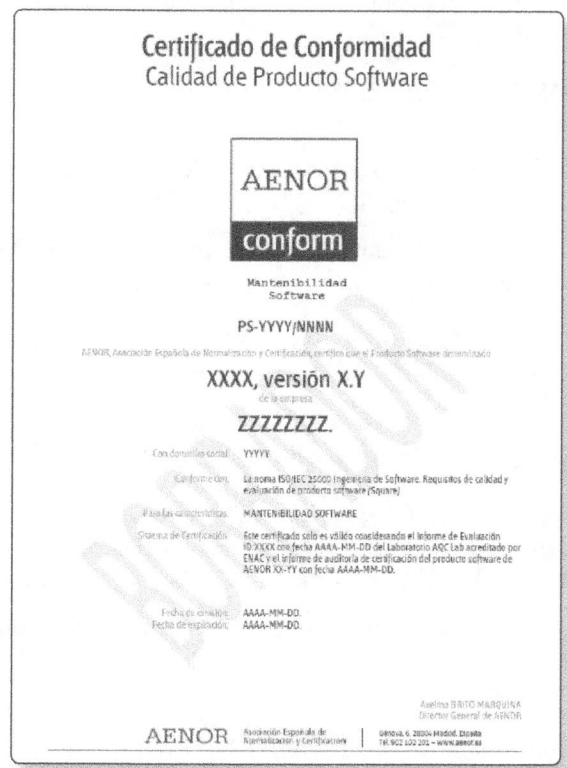

**Figura 8.10.** Ejemplo de Certificado AENOR para producto software

Entre los testimonios de estas empresas, se destacan los siguientes beneficios de adoptar la Norma ISO/IEC 25000:

- Reducción de hasta un 30% los tiempos dedicados a mantenimiento software.
- Simplificación del producto software hasta en un 40% de líneas de código.
- Reducción de más de un 50% las incidencias correctivas.
- Mejora en la cobertura de las pruebas de hasta un 60%.
- Asegurar al cliente la calidad del producto que se le entrega con evidencias objetivas.
- Establecer acuerdos de nivel de servicio claros, fáciles de comprobar y de cumplir.
- Poder hacer comparativas de mercado entre la calidad de soluciones software para una misma funcionalidad o sector.

## 8.7 LECTURAS RECOMENDADAS

▼ *Calero, C., Moraga, M.A. y Piattini, M. (eds.) (2010). Calidad de Producto y Proceso Software. Madrid, Ra-Ma.*

Este libro presenta una recopilación de trabajos muy interesantes relacionados con la calidad de producto software.

▼ *Cechich, A., Piattini, M. y Vallecillo, A. (eds.) (2003). Component-Based Software Quality: Methods and Techniques. Springer Verlag LNCS 2693.*

En esta recopilación se abordan diversos aspectos de la calidad relativa a los sistemas software basados en componentes.

▼ *Mistrik, I., Soley, R., Ali, N., Grundy, J. y Tekinerdogan, B. eds. (2016). Software Quality Assurance In Large Scale and Complex Software-Intensive Systems. Amsterdam, Morgan Kaufmann.*

Esta recopilación presenta diferentes temas de gran interés para el aseguramiento de la calidad del software, enfocándose a sistemas complejos.

▼ *Rodríguez, M. y Piattini, M. (2018). Calidad de productos software. Madrid, Ra-Ma.*

Esta obra profundiza en todos los aspectos tratados en este capítulo, ofreciendo métricas y técnicas concretas para la evaluación y mejora de la calidad de los productos software.

## 8.8 SITIOS WEB RECOMENDADOS

▶ *www.ISO25000.com*

En este portal se reúne información relativa a la mejora de la calidad de los productos software y a la utilización de la norma ISO 25000.

▶ *www.aqclab.es*

Es el sitio web del laboratorio AQC Lab, el primero acreditado por ENAC para la evaluación de la calidad del producto software.

## 8.9 EJERCICIOS

1. Compare las características y subcaracterísticas de calidad del modelo de McCall y del modelo propuesto en la norma ISO 25010: ¿cuál le parece más completo?, ¿a qué elementos de la calidad le concede más importancia McCall? y ¿a cuáles la norma ISO 25010?, ¿encuentra similitud entre ambos?

2. Como señala (Kan 2003), los parámetros de satisfacción del cliente que monitoriza IBM son: capacidad, funcionalidad, usabilidad, desempeño, fiabilidad, instalabilidad, mantenibilidad, documentación/información, y servicio, mientras que Hewlett-Packard utiliza: funcionalidad, usabilidad, fiabilidad, desempeño y servicio; compare estos parámetros con las características de la norma ISO 25010.

3. Tomando como base el proceso de selección propuesto por la norma ISO 25040, defina un proceso de selección para herramientas de análisis y diseño orientado a objetos, adaptando si fuera necesario el modelo de calidad de la ISO 25010.

4. Compare las diferentes propuestas existentes sobre modelos de calidad para componentes, por ejemplo, (Simão y Belchior, 2003) o (Bertoa et al., 2005), analizando qué características y subcaracterísticas de la norma ISO 25010 se han adoptado tal cual, modificado o descartado para este tipo de software.

5. Desarrolle un proceso de análisis y selección para sistemas de información geográfica (SIG) teniendo en cuenta las características distintivas de este tipo de sistemas. Proponga a continuación diferentes formas de medir las características propuestas.

6. Analice cómo afecta una técnica de pruebas como el TDD (Test Driven Development) a la calidad interna y externa (véase, por ejemplo, Bissi et al., 2016)

7. Analice, utilizando una matriz, las diferentes interacciones que pueden darse entre las subcaracterísticas del modelo de calidad de la ISO 25010. Por ejemplo, una mayor adecuación funcionalidad podría influir en una menor facilidad de prueba.

8. Proponga tres métricas independientes para cada uno de los atributos de todas las subcaracterísticas del modelo de calidad de producto software de la norma 25010.

9. Analice la característica de calidad de "jugabilidad", no contemplada en los modelos ISO 25010, pero muy importante para los juegos serios y videojuegos. Le recomendamos consulte la magnífica tesis doctoral de (González, 2010), y artículos como (González et al., 2012).

10. Estudie si existen en su país organismos que certifiquen la calidad de productos software y analice el método que utilizan para la certificación y el uso que hacen de las normas ISO/IEC 25000.

# 9

# EL PROCESO SOFTWARE

## 9.1 INTRODUCCIÓN

Tradicionalmente la Ingeniería del Software se ha centrado en metodologías y lenguajes de programación, modelos de desarrollo y herramientas. Sin embargo, y teniendo en cuenta la creciente complejidad de los sistemas, se hacía necesario incluir determinadas áreas que son críticas para la ingeniería del software, como las infraestructuras de gestión y organización, por lo que surge la denominada **ingeniería del software basada en el proceso** (Wang y King, 2000).

Tal como se destaca en numerosos estudios, actualmente la calidad de cualquier producto no puede ser asegurada simplemente inspeccionando el producto por sí mismo o desarrollando controles de calidad estadísticos. Esta afirmación se basa en que existe una correlación directa entre la calidad del proceso y la calidad del producto obtenido (Fuggeta, 2000) y, en consecuencia, una organización no puede garantizar la entrega de productos de calidad centrando sus programas de calidad únicamente en el producto (Satpathy y Harrison, 2002). Además la calidad de los procesos, especialmente su capacidad de adaptación, supone una ventaja competitiva para el desempeño organizacional (Clarke et al., 2015).

Durante las últimas décadas, el estudio de los procesos de producción de software ha llevado al desarrollo de varios ciclos de vida en la ingeniería del software como, por ejemplo, el modelo en cascada, evolutivo, en espiral, o ágil (véase Capítulo 10). Estos modelos del ciclo de vida ayudan a los ingenieros y a los gestores a comprender mejor el proceso software y a determinar el orden de las actividades necesarias en la vida de un producto software.

Sin embargo, es muy importante establecer claramente la diferencia entre proceso software y ciclo de vida, ya que en muchas ocasiones son tratados en la bibliografía como conceptos equivalentes. Un ciclo de vida software define los principios y las directrices de acuerdo a las cuales se deben llevar a cabo estas etapas. Por ejemplo, el ciclo de vida en cascada sugiere que antes de comenzar una nueva fase se deben haber finalizado los entregables de la fase anterior. El proceso software es un concepto más amplio, basado en el de ciclo de vida, y cubre todos los elementos necesarios (tecnologías, personal, artefactos, procedimientos, etc.) relacionados con las actividades involucradas en la vida de un producto software. En este contexto los ciclos de vida aportan un marco de referencia para los procesos de desarrollo y mantenimiento del software.

Un proceso se define como un conjunto de actividades interrelacionadas que transforman entradas en salidas (ISO 1995). Un proceso define quién está haciendo qué, cuándo y cómo alcanzar un determinado objetivo. Respecto al proceso software, en la literatura podemos encontrar diversas definiciones:

- *"Conjunto de actividades, métodos, prácticas y transformaciones que la gente usa para desarrollar y mantener software y los productos de trabajo asociados (planes de proyecto, diseño de documentos, código, pruebas y manuales de usuario)"* (SEI 1995).

- *"Proceso o conjunto de procesos usados por una organización o proyecto, para planificar, gestionar, ejecutar, monitorizar, controlar y mejorar sus actividades software relacionadas"* (ISO 1998a).

- *"Conjunto coherente de políticas, estructuras organizacionales, tecnologías, procedimientos y artefactos que son necesarios para concebir, desarrollar, empaquetar y mantener un producto software"* (Fuggeta, 2000).

- *"Conjunto parcialmente ordenado de actividades llevadas a cabo para gestionar, desarrollar y mantener sistemas software"* (Acuña et al., 2001).

- *"El proceso software define cómo se organiza, gestiona, mide, soporta y mejora el desarrollo, independientemente de las técnicas y métodos usados"* (Derniame et al., 1999).

El proceso software es un proceso con una naturaleza especial, determinada por las siguientes características (Derniame et al., 1999):

- Es complejo.

- No es un proceso de producción típico; ya que está dirigido por excepciones, se ve muy determinado por circunstancias impredecibles y cada uno tiene peculiaridades que lo distingue de los demás.

- Tampoco es un proceso de ingeniería "pura"; ya que se desconocen las abstracciones adecuadas, depende en gran medida de demasiada gente, el diseño y la producción no están claramente diferenciados, y los presupuestos, calendarios y calidad no pueden ser planificados de forma suficientemente fiable.

- No es (completamente) un proceso creativo; ya que algunas partes pueden ser descritas en detalle y algunos procedimientos son impuestos previamente.

- Está basado en descubrimientos que dependen de la comunicación, coordinación y cooperación dentro de marcos de trabajo predefinidos: los entregables generan nuevos requisitos; los costes del cambio del software no suelen reconocerse; y el éxito depende de la implicación del usuario y de la coordinación de muchos roles (ventas, desarrollo técnico, cliente, etc.).

La necesidad de participación humana de forma creativa y la ausencia de acciones repetitivas hacen que ni el desarrollo ni el mantenimiento del software sean procesos de fabricación, pero existen algunas similitudes entre ambos tipos de procesos que son útiles para comprender los procesos software con una perspectiva más amplia. Al igual que los procesos de fabricación, los procesos software constan de dos subprocesos interrelacionados (McLeod, 1990; Derniamel et al., 1999):

- **Proceso de Producción**, relacionado con la construcción y mantenimiento del producto software.

- **Proceso de Gestión**, que es el encargado de estimar, planificar y controlar los recursos necesarios (personas, tiempo, tecnología, etc.) para poder llevar a cabo y poder controlar el proceso de producción. Este control genera información sobre el proceso de producción, que puede ser usada posteriormente para mejorar el proceso y, por tanto, mejorar la calidad del producto software.

Por lo tanto, el proceso software es un campo de estudio amplio y complejo en el mundo de la ingeniería del software, en el que debido a la gran cantidad y diversidad de elementos relacionados, se podrían establecer en las siguientes categorías (Fuggeta 2000):

- **Tecnología de Desarrollo Software**, relacionado con el soporte tecnológico, en forma de herramientas, infraestructuras y entornos.

- **Métodos y Técnicas de Desarrollo Software**, que constituyen líneas guía sobre cómo se deben hacer las cosas: uso de la tecnología y realización de las actividades.

- **Comportamiento Organizacional**, relacionado con los recursos humanos. Los procesos software son llevados a cabo por equipos de personas que tienen que estar coordinados y deben gestionarse desde una eficiente estructura organizacional.

- **Economía y Marketing**, relacionado con la gestión de proyectos, debido a que el producto software final debe cumplir con unos plazos y costes determinados y debe satisfacer las necesidades del cliente al que va destinado.

La integración de las tecnologías de producción y de gestión en un entorno de trabajo constituye la esencia de la **Tecnología del Proceso Software** y como resultado se han desarrollado los denominados Entornos de Ingeniería del Software orientados al Proceso (*PSEE, Process-centered Software Engineering Environment*). A pesar de su importancia y de los avances en la investigación en estos temas, muy pocas propuestas de PSEE han sido aplicadas de forma práctica en la industria. Las razones son variadas, desde la rigidez de muchas de las propuestas que ha dificultado su aplicación industrial en mercados dinámicos teniendo en cuenta la naturaleza del software, a la necesidad de introducir este tipo de entornos poco a poco, partiendo de un modelado descriptivo de los procesos que ayude a su entendimiento y comunicación, para posteriormente añadir los detalles necesarios para proporcionar soporte a su ejecución.

Sin embargo, y a pesar de que el tema de los procesos software no se ha establecido aún como una disciplina que se enseñe y practique universalmente por la industria del software, es de esperar que en el futuro las tecnologías de soporte a los procesos software maduren y sean adoptadas por las organizaciones. En este capítulo se abordarán los aspectos más relevantes en la actualidad en relación a la gestión procesos software, con especial énfasis en su modelado.

## 9.2 GESTIÓN DE LOS PROCESOS SOFTWARE

Los requisitos de calidad más significativos de los procesos software son: (1) que produzcan los resultados esperados, (2) que estén basados en una correcta definición y (3) que sean mejorados en función de los objetivos de negocio, muy cambiantes ante la gran competitividad de las empresas hoy en día. Estos son los objetivos de la Gestión del Proceso Software (Florac y Carleton, 1999). Para aplicar esta gestión de forma efectiva es necesario asumir cuatro responsabilidades clave: Definir, Medir, Controlar y Mejorar el Proceso. Estas responsabilidades y sus relaciones se representan en la Figura 9.1.

De acuerdo a estas responsabilidades, para llevar a cabo de una forma eficiente la mejora del proceso es necesario tener en cuenta los siguientes aspectos:

- **Definición del Proceso**. La definición del proceso es la primera responsabilidad clave que hay que asumir para poder realizar una gestión efectiva de los mismos. Para ello, es necesario modelar los procesos, es decir, representar los elementos de interés que intervienen. El modelado de los procesos software, por lo tanto, constituye un paso fundamental para la comprensión y mejora continua de los procesos de una organización (Arbaoui et al., 2003).

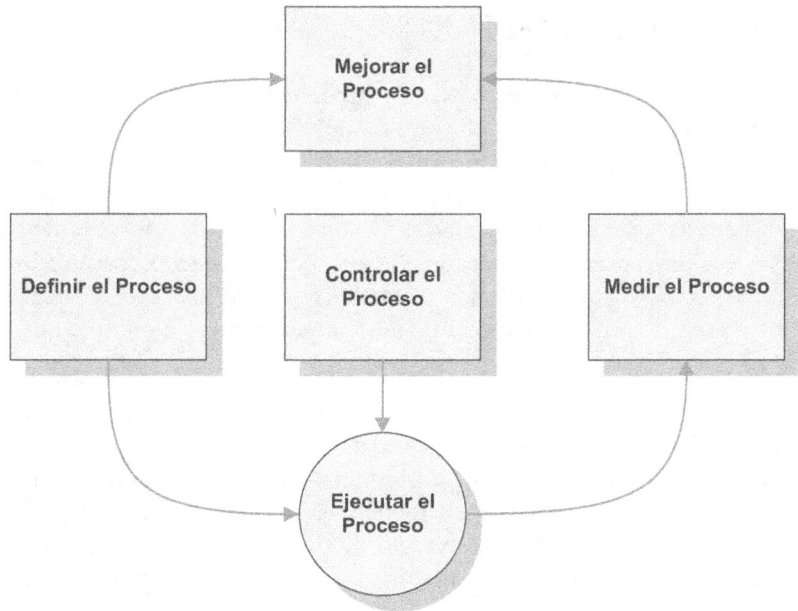

**Figura 9.1.** Etapas Clave de la Gestión del Proceso Software

▼ **Ejecución y Control del Proceso.** Los proyectos software de una empresa se llevan a cabo de acuerdo a los modelos de procesos definidos. En este sentido, es importante poder controlar en todo momento la ejecución de estos proyectos (y en consecuencia, de los procesos correspondientes) para garantizar que se obtienen los resultados esperados. Para ello, se han desarrollado en las dos últimas décadas los denominados "*Entornos de Ingeniería del Software orientados a Procesos*" (PSEE), que son los sistemas software que ayudan en el modelado de los procesos software utilizando un determinado lenguaje y en su posterior automatización por medio de su reificación (*enactment*).

▼ **Medición** y **Mejora.** Existe una importante correlación entre la medición y la mejora de los procesos software. Antes de poder mejorar un proceso es necesario llevar a cabo una evaluación, cuyo objetivo es detectar los aspectos que se pueden mejorar. Para ello, es conveniente disponer de un marco de trabajo efectivo que facilite la identificación de las entidades relevantes candidatas a ser medidas. Con los resultados de la medición de los procesos es posible disponer de una información objetiva que permita planificar, identificar y llevar a cabo de una manera eficiente las acciones de mejora necesarias. Dada la importancia de estos aspectos, se estudian con mucho mayor detalle a lo largo del libro.

## 9.3 EL MODELADO DE LOS PROCESOS SOFTWARE

Uno de los aspectos básicos y fundamentales para la tecnología de soporte a los procesos software es disponer de modelos de procesos que representen fielmente la forma de hacer las cosas de las organizaciones. En una empresa o en un dominio de aplicación, los procesos de diferentes proyectos tienden a seguir patrones comunes, bien porque las "*mejores prácticas*" son reconocidas formalmente, bien por la existencia de estándares utilizados. Por lo tanto se hace necesario intentar capturar estos aspectos comunes en una representación de proceso, la cual describe estas características comunes y fomenta la homogeneidad y la unificación de criterios.

Por lo tanto, uno de los grandes objetivos de la tecnología de procesos es lograr que la representación de procesos pueda ser usada para gestionar los procesos actuales de desarrollo y mantenimiento del software. Como primer paso, la tecnología de procesos introduce la noción de modelo de procesos, que consiste en la descripción de un proceso expresándolo en un lenguaje de modelado de procesos adecuado (Finkelstein et al., 1994). Un modelo de procesos puede ser analizado, validado y simulado, si es ejecutable. En los modelos de procesos se pueden describir de una forma precisa los diferentes aspectos relacionados con los procesos software, de forma que con diferentes modelos se puedan expresar las diferentes vistas de un proceso.

Los objetivos y beneficios que motivan la introducción de modelos de procesos son varios, destacando los siguientes (Curtis et al., 1992):

- Facilidad de entendimiento y comunicación, lo que requiere que un modelo de procesos contenga suficiente información para su representación. Un modelo, como representación del proceso que es, puede ser usado para la formación del personal.
- Soporte y control de la gestión del proceso.
- Provisión para la automatización orientada al rendimiento del proceso, lo que requiere un entorno de desarrollo efectivo del software, proporcionando orientaciones, instrucciones y material de referencia al usuario.
- Provisión para el soporte automático a la ejecución, para lo cual es necesario automatizar ciertas partes del proceso, dar soporte al trabajo en grupo, compilación de métricas y aseguramiento de la integridad del proceso.
- Soporte a la mejora del proceso.

En la literatura se pueden encontrar diversos lenguajes y formalismos de modelado, conocidos como "**Lenguajes de Modelado de Procesos**" (LMP), que tienen como objetivo representar de una forma precisa, y no ambigua, los diferentes elementos relacionados con un proceso software. A continuación se describen los diferentes elementos relacionados con el modelado de procesos, para lo cual se abordan en primer lugar los diferentes conceptos comunes relacionados con el proceso software. En el siguiente apartado se presentan diversos lenguajes o metamodelos para la definición y representación de modelos de procesos.

### 9.3.1 Elementos del Proceso Software

En general, se puede identificar una serie de conceptos básicos relacionados con los procesos software (Derniame et al., 1999) y que son comunes a los diferentes modelos de procesos (véase Figura 9.2):

- **Actividad**. Una actividad es una operación atómica o compuesta, o un paso de un proceso. Las actividades se encargan de generar o modificar un conjunto dado de artefactos; incorporan e implementan procedimientos, reglas y políticas. Además, una actividad es un concepto con un componente funcional fuerte ya que acarrea entradas, salidas y resultados intermedios.

▼ **Producto**. El conjunto de artefactos a ser desarrollados, entregados y mantenidos en un proyecto es lo que se denomina producto.

▼ **Recurso**. Un recurso es un activo que una actividad necesita para llevarse a cabo. En este campo, hay dos recursos de principal importancia: por un lado, los desarrolladores (los agentes humanos en el proceso) y, por otro, las herramientas de desarrollo (los agentes automatizados que tradicionalmente han sido usados en desarrollo del software como editores especializados y herramientas para la gestión, compiladores, etc.) y las herramientas de propósito general (como hojas de cálculo, editores de diagramas, etc. que pueden ser usados para manejar el proceso).

▼ **Roles y Directivas**. Normalmente, las herramientas están fuertemente unidas a las actividades en las que son usadas, mientras que los desarrolladores se relacionan indirectamente a una actividad por medio de sus roles, es decir, el conjunto de responsabilidades, obligaciones y tareas (por ejemplo diseñadores, jefes de proyecto, revisores, etc.). El carácter de la organización impacta en el proceso indirectamente por medio de roles, y también directamente por medio de directivas (políticas, reglas y procedimientos) que gobiernan las actividades. Las directivas normalmente vienen en manuales, y por lo tanto deberían ser estructuradas.

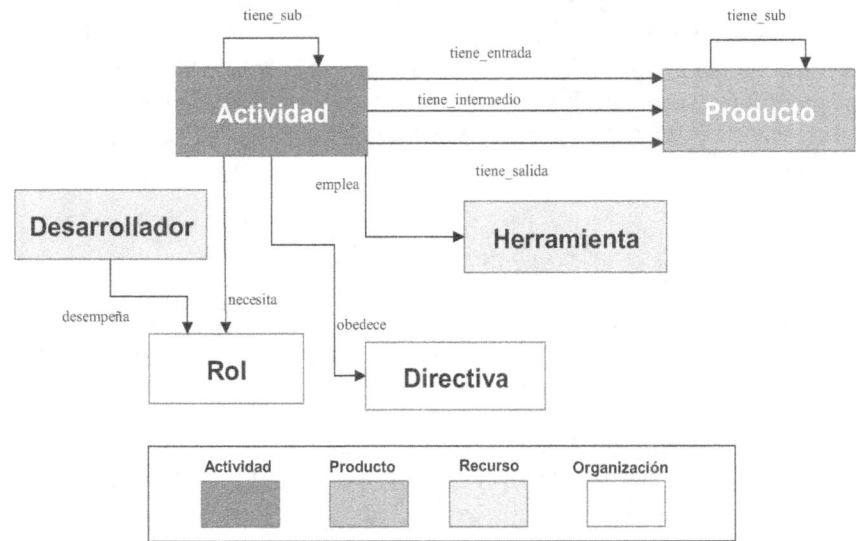

**Figura 9.2**. Elementos Básicos de un Modelo de Procesos

## 9.3.2 Clasificación de los Lenguajes de Modelado de Procesos (LMP)

Existen diferentes criterios para la clasificación de los lenguajes de modelado de procesos. Los procesos pueden ser modelados en diferentes niveles de abstracción y con diferentes objetivos.

La información de un modelo de procesos se puede estructurar bajo diferentes puntos de vista (Curtis et al., 1992):

- **Funcional,** que representa qué elementos del proceso se están implementando y qué flujos de información son importantes para los elementos básicos del proceso.

- **Comportamental**, que representa cuándo y bajo qué condiciones se implementan los elementos del proceso.

- **Organizacional**, que representa dónde y por qué persona de la organización son implementados los elementos del proceso.

- **Informativo**, que representa las entidades de información de salida o manipuladas por un proceso, incluyendo su estructura y sus relaciones.

Los diferentes lenguajes de modelado de procesos proporcionan la notación necesaria para representar los procesos software y dicha representación puede incluir las clases de información comentadas anteriormente. En la Tabla 9.1 se resume un buen número de las propuestas de modelado de proceso existentes, y los aspectos de información que capturan (Acuña et al., 2001).

Otra posible clasificación de los lenguajes de modelado es la establecida por (McChesney, 1995) según la cual se distingue entre lenguajes:

- **Descriptivos**, cuyo objetivo es describir un proceso que se está llevando a cabo en una organización. Se distinguen dos tipos de modelos descriptivos:

    - *Informales*, cuyo objetivo es proporcionar un modelo cualitativo e informal.

    - *Formales*, que están relacionados con la evaluación, mejora y predicción de procesos.

▼ **Prescriptivos**, tienen como objetivo definir los medios necesarios o recomendados para la ejecución de un proceso. Se clasifican en:

- *Manuales*, que pueden ser estándares, metodologías y métodos centrados en la gestión, desarrollo, evaluación, ciclo de vida del software y procesos de soporte al ciclo de vida. Ejemplos de este tipo de modelos son: metodologías tradicionales estructuradas, metodologías orientadas a objetos, metodologías de ingeniería del conocimiento, estándares de ciclos de vida como ISO 12207.

- *Automáticos*, que realizan actividades relacionadas con la asistencia, soporte, gestión y técnicas de producción de software asistida por ordenador. Ejemplo de este proceso es el "Proceso Unificado de Desarrollo" (Jacobson et al., 1999). Además este tipo de modelos se puede clasificar en: orientado a actividades u orientado a personas, en función de los aspectos en los que se centran.

| Lenguaje Base | Perspectivas de Información |
|---|---|
| Lenguaje de Programación Procedural (Ramanathan et al., 1988) | Funcional<br>Comportamental<br>Informativa |
| Análisis y Diseño de Sistemas, incluyendo Diagramas de Flujo de Datos (Frailey, 1991) y técnicas de análisis y diseño estructurado (McGowan et al., 1993) | Funcional<br>Organizacional<br>Informativa |
| Lenguajes y Aproximaciones de Inteligencia Artificial, incluyendo las reglas y las pre/post condiciones (Barghouti et al., 1995) | Funcional<br>Comportamental |
| Eventos y Disparadores / Control de Flujo (Finkelstein et al., 1994) | Comportamental |
| Diagramas de Transiciones de Estados y Redes de Petri (Deiters et al., 1991); (Bandinelli et al., 1995), Diagramas de Estado (Kellner et al., 1989); (Kellner, 1991); (Harel et al., 1998); (Raffo et al., 1999) | Funcional<br>Comportamental<br>Organizacional |
| Lenguajes Funcionales / Lenguajes Formales (Curtis et al., 1992); (Huff, 1996) | Funcional |
| Modelado de Datos, incluyendo diagramas entidad/interrelación, datos estructurados y declaraciones de relación (Penedo et al., 1991) | Informativo |
| Modelado de Objetos (Engels et al., 1994) | Organizacional, Informativo |
| Modelado Cuantitativo (Abdel-Hamid et al., 1991) | Comportamental |
| Redes de Precedencia, incluyendo modelado de dependencias de actores (Yu et al., 1994) | Comportamental, Organizacional |

**Tabla 9.1.** Lenguajes de modelado de procesos y perspectivas de información

Existen otras clasificaciones de lenguajes de modelado, como la que proporciona (Ambriola et al., 1997), en la que se distinguen tres categorías en función del nivel de abstracción: Lenguajes de Especificación de Procesos (Process Specification Languages, PSL), Lenguajes de Diseño de Procesos (Process Design Languages, PDL) y Lenguajes de Implementación de Procesos, (Process Implementation Languages, PIL). En (Zamli y Lee, 2001) se propone otra clasificación más genérica y menos centrada en los PSEE que la anterior, distinguiéndose entre LMP:

- **No ejecutable** (*Non-enactable*), en la que se incluyen a los LMP que proporcionan soporte únicamente a aspectos de entendimiento y comunicación y no a los aspectos de ejecución.

- **Simulados** (*Simulated*), que proporcionan una representación de los procesos software adecuada para su simulación a alto nivel, que normalmente sirve de ayuda para el diseño de los procesos, pero no proporciona detalle suficiente para la guía y control de ejecución de los procesos.

- **Ejecutable** (*Enactable*), que permiten que el modelo de procesos pueda ser ejecutado para guiar activamente e incluso controlar un proceso software.

A continuación se describen de forma general una serie de lenguajes representativos de modelado de proceso expresados en forma de metamodelos de procesos. En la bibliografía también podemos encontrar una gran diversidad de lenguajes de modelado que han sido propuestos en relación con Entornos de Ingeniería del Software Orientados al Proceso (PSEE), que se resumen al final de este capítulo.

### 9.3.3 Metamodelos de proceso software

Como se ha explicado anteriormente, para poder gestionar los procesos software de una organización es muy importante poder definir los mismos de una forma sistemática y precisa para su posterior ejecución efectiva. En función de los aspectos del proceso a representar será necesario incluir unos constructores u otros y por ello en la literatura se puede encontrar una gran diversidad de lenguajes para el modelado de los procesos software.

Entre las distintas propuestas de modelado de procesos se pueden encontrar metamodelos[4] de procesos como los de Gantt y PERT, que definen el mínimo número de constructores necesarios de un proceso para poder llevar a cabo la gestión del tiempo en los proyectos. Del mismo modo, otras propuestas de metamodelos de procesos han surgido con el objetivo de proporcionar un formato estándar de intercambio, como la propuesta PIF (*Process Interchange Format*, PIF) (Lee et al., 1998), que fue creado debido a la necesidad de diversas organizaciones (MIT, DEC, Stanford, etc.) de compartir sus modelos de procesos. Del mismo modo, el lenguaje de especificación de procesos (*Process Specification Language*, PSL) (Schlenoff et al., 1998) define una ontología estándar y un formato para el intercambio de especificaciones de procesos de fabricación. Por su parte, el modelo del proceso unificado (*Unified Process Model*, UPM) (Kruchten, 1999) es una propuesta conjunta de organizaciones como IBM, Rational, Unisys, etc., que se utilizó como metamodelo para definir el "Proceso Unificado de Rational". Otros metamodelos existentes son: CPR (Pease, 1998), que se centra en la definición de planes mediante la especificación del conjunto de acciones necesarias para satisfacer determinados objetivos; Arquitectura de Sistemas de Información Integrados (*Architecture of Integrated Information Systems*, ARIS) (Scheer, 1998), que tiene como objetivo dar soporte al modelado, análisis y reingeniería de procesos de negocio; SPEARMINT (Becker-Kornstaedt et al., 2003), que es una herramienta desarrollada por el Fraunhofer IESE (*Institute for Experimental Software Engineering*) y que tiene como base un metamodelo descriptivo de procesos; y PROMENADE (Franch y Ribó, 1999; Franch y Ribó, 2003), que es un lenguaje para el modelado de procesos software basado en UML.

Existen por tanto diversos formalismos para modelar los procesos software y ello implica un alto grado de heterogeneidad que requiere de una mayor estandarización. Con ese objetivo actualmente se pueden destacar tres propuestas que se describen con detalle en los siguientes subapartados: SPEM (*SPEM 2.0 (Software & Systems Process Engineering Metamodel Specification)*, actualmente en su versión 2.0, el estándar ISO ISO/IEC 24744 (*Software Engineering - Metamodel for Development Methodologies*) y SEMAT (*Software Engineering Method and Theory*).

---

4. Es un modelo explícito de los constructores y reglas necesarias para construir modelos específicos de un determinado dominio de interés.

## 9.3.4 ISO/IEC 24744

El estándar ISO 24744, también conocido como SEMDM (*Software Engineering — Metamodel for Development Methodologies*) (ISO 2013a) establece un marco de trabajo para la definición y extensión de metodologías de desarrollo de software, incluyendo sus tres aspectos principales: el **proceso** a seguir, los **productos** utilizados y generados y las **personas** implicadas.

SEMDM incorpora ideas de varios enfoques de metamodelado más resultados de investigación en el área, lo que facilita:

- La comunicación entre ingenieros de método y entre ingenieros de método y usuarios de la metodología (como por ejemplo los desarrolladores).
- El ensamblaje de metodologías a partir de repositorios existentes con fragmentos de método.
- La creación de metamodelos de metodologías extendiendo el metamodelo estándar mediante mecanismos de extensión.
- La comparación e integración de metodologías y metamodelos asociados.
- La interoperabilidad de herramientas de soporte a modelado y metodologías.

En la Figura 9.3 se muestra el contexto de SEMDM en el que se consideran tres dominios: esfuerzo, metodología y metamodelo. Los metamodelos son usados por los ingenieros de método para construir o modificar metodologías. En cambio, las metodologías son usadas por los desarrolladores para construir productos o entregar servicios en el contexto de esfuerzos. Estos tres dominios o áreas de experiencia constituyen los niveles de abstracción de SEMDM.

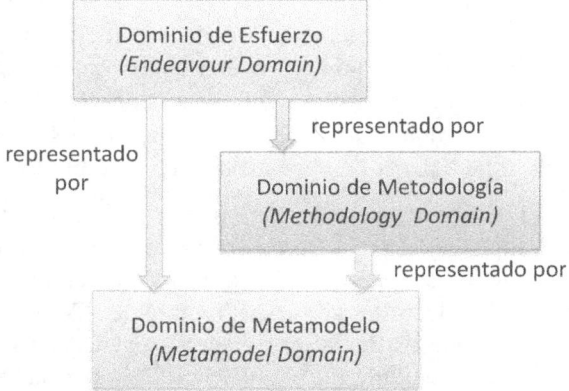

**Figura 9.3.** Las tres áreas de experiencia o dominios, que constituyen el contexto de SEMDM (ISO 2013a)

SEMDM es conforme con la idea de ingeniería de métodos (ver Apartado 3.5), definiendo el metamodelo como un conjunto de clases a partir de las que se pueden crear fragmentos de metodologías para construir metodologías completas y usables. No obstante, el enfoque de ingeniería de métodos ha sido principalmente usado en el campo de los procesos (por ello se denomina también "ingeniería de procesos"), mientras que SEMDM lo extiende al modelado de dominio.

Las principales características del metamodelo SEMDM se pueden resumir en las siguientes:

- ▼ **Integran** los aspectos del **proceso** y del **modelado de producto** en un único metamodelo.

- ▼ El metamodelo incluye constructores específicos para **modelar** la **capacidad** de los **procesos** definidos. Esta es una dimensión muy significativa que puede afectar a las metodologías definidas y, por tanto, debe ser considerada a nivel de metamodelo.

El metamodelo SEMDM se basa en la utilización de dos conceptos fundamentales, además de los propios de modelado de metodologías. En primer lugar, el modelado de los dominios de esfuerzo y metodología da lugar al uso de pares de clases en el metamodelo que representan el mismo concepto a diferentes niveles de clasificación. Por ejemplo, la clase "Documento" (*Document*) en el metamodelo, que pertenece al dominio de esfuerzo, representa los documentos gestionados por los desarrolladores, mientras que la clase "Tipo de Documento" (*DocumentKind*) representa sus tipos y pertenece al dominio de la metodología. Por ejemplo, un "diagrama de clases" es una instancia de tipo de documento pero un diagrama de clases en el dominio de esfuerzo, con un autor y fecha concreta de realización, es una instancia de documento. Estas dos clases se relacionan mediante una relación de clasificación denominada "kinds of". Este patrón de dos clases en la cual una representa el tipo de otra se denomina patrón de "powertype".

Del mismo modo, los elementos a nivel de esfuerzo deben ser instancias de elementos a nivel de metodología y los elementos de metodología instancias de los elementos de metamodelo. Ello implica considerar el concepto híbrido de clase/objeto al que se denomina "Clabject", que en SEMDM son el mecanismo para construir una metodología a partir de los patrones del metamodelo.

En la Figura 9.4 se representan en UML las clases que constituyen el núcleo de SEMDM. En el nivel más alto de abstracción, SEMDM define las clases *MethodologyElement* y *EndeavourElement* para representar los elementos a nivel de metodología y a nivel de esfuerzo, respectivamente. Como se puede apreciar en la figura, entre las subclases de estos elementos existe una relación basada en *powertypes* (representada mediante un pequeño círculo que parte del elemento de metamodelado y conecta con una línea discontinua el elemento a nivel de modelo), ya que representan elementos de distintos niveles de abstracción. Los aspectos temporales del proceso son representados con las clases *StageKind* y *Stage*, los aspectos de trabajo mediante las clases *WorkUnitKind* y *WorkUnit* que representan operaciones realizadas durante un proyecto. Por otro lado, los artefactos obtenidos o utilizados son modelados mediante las clases *WorkProductKind* y *WorkProduct*. Las clases *ActionKind* y *Action* representan el acto específico de utilizar un determinado producto de trabajo por algunos tipos de unidades de trabajo (*workunits*). Los roles son modelados mediante las clases *ProducerKind* y Producer que son los responsables (normalmente humanos) para llevar a cabo ciertas acciones. Finalmente, las clases *ModelUnitKind* y *ModelUnit* representan los bloques básicos de construcción de productos de trabajo y *ModelUnitUsageKind* y su clase asociada a nivel de modelo *ModelUnitUsage* representan usos específicos de una determinada unidad de modelo (*modelunit*) en un producto de trabajo.

Por otro lado, la clase recurso se especializa en: *Language*, que representa un conjunto interrelacionado de *model unit kinds* que pueden utilizarse para construir ciertos modelkinds; Notation (un conjunto de artefactos, normalmente gráficos, más reglas de uso, que pueden utilizarse para representar productos de trabajo); *Guideline* (reglas y directivas sobre el uso apropiado de un determinado elemento de una metodología); *Constraint* (una condición relacionada a la ejecución de una acción) y *Outcome* (un resultado visible del rendimiento de un determinado producto de trabajo).

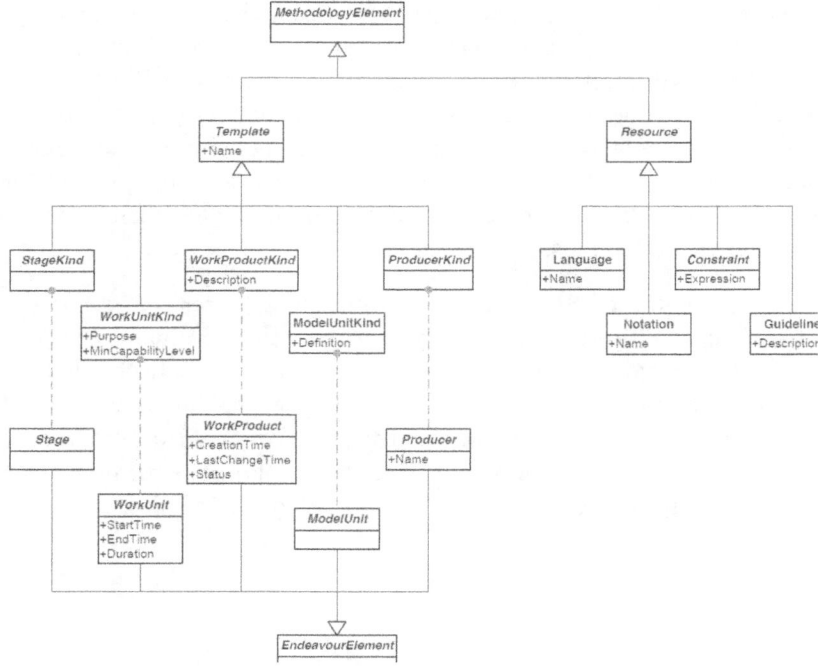

**Figura 9.4.** Núcleo de SEMDM (ISO 2013a)

Por lo tanto, mediante los constructores anteriores con SEMDM se da soporte a los principales constructores de modelados de procesos para definir una metodología, en particular:

- ▼ De Proceso, que hacen referencia a los elementos del método que representan unidades de trabajo y de organización tales como, fases, procesos y tareas.

- ▼ De Realizadores, que incluyen a las personas que participan en el método y sus responsabilidades.

- ▼ De Producto, que son resultado del método como modelos que se generan como resultado del trabajo de un componente de proceso o herramientas para realizarlas.

### 9.3.5 SPEM 2.0

SPEM 2.0 (Software & Systems Process Engineering Metamodel Specification) (OMG 2008) es un metamodelo para definir modelos de procesos de ingeniería del software y de ingeniería de sistemas. Se limita a incluir los elementos mínimos necesarios para definir dichos procesos sin añadir características específicas de un dominio o disciplina particular. No obstante, SPEM 2.0 sirve para definir métodos y procesos de diferentes estilos, culturas, niveles de formalismo o modelos de ciclos de vida, por lo que se puede considerar como un lenguaje general de modelado de procesos pero orientado a los procesos software. El objetivo fundamental de esta especificación es tratar de homogeneizar la diversidad terminológica existente en los lenguajes de modelado de procesos software en los que los mismos conceptos se tratan con nombres diferentes.

La idea central de SPEM 2.0 para representar procesos está basada en tres elementos básicos: rol, producto de trabajo y tarea (véase Figura 9.5). Las tareas representan el esfuerzo a hacer, los roles representan quién lo hace y los productos de trabajo representan las entradas que se utilizan en las tareas y las salidas que se producen. La idea central subyacente es que un modelo de proceso consiste, básicamente, en decir quién (rol) realiza qué (tarea) para, a partir de unas entradas (productos de trabajo), obtener unas salidas (productos de trabajo).

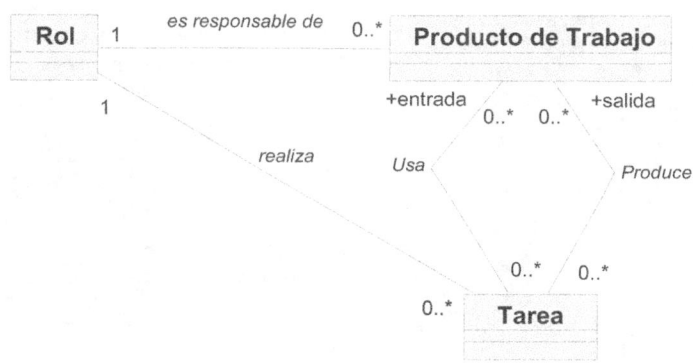

**Figura 9.5.** Conceptos centrales de SPEM 2.0

Además de un metamodelo para ingeniería de procesos, SPEM 2.0 es un marco de trabajo conceptual que proporciona los conceptos necesarios para modelar, documentar, presentar, publicar, gestionar, intercambiar y realizar métodos y procesos software. Por ello, está destinado a ingenieros de procesos, jefes de proyectos, gestores de proyectos y programas, que son los responsables de mantener e implementar procesos para sus organizaciones o para proyectos concretos. La Figura 9.6 muestra el marco conceptual de SPEM 2.0 en el que se incluyen los escenarios más habituales de su uso.

Como se puede apreciar en la Figura 9.6, al trabajar con SPEM 2.0 existen 4 escenarios fundamentales:

- Proporcionar una librería o repositorio de "contenidos de método" reutilizables, es decir, una colección organizada de roles, tareas, productos de trabajo, guías, fragmentos de método y procesos, etc. Con ello se pretende crear una base de conocimiento de métodos y prácticas clave de desarrollo de software que facilite el trabajo de los desarrolladores.

- Dar soporte al desarrollo, gestión y crecimiento de procesos software. Los equipos de desarrollo necesitan saber cómo aplicar los métodos de desarrollo y las mejores prácticas a lo largo del ciclo de vida. Esto implica combinar, reutilizar y extender los elementos de método anteriores para configurar los procesos que sirven para guiar los proyectos.

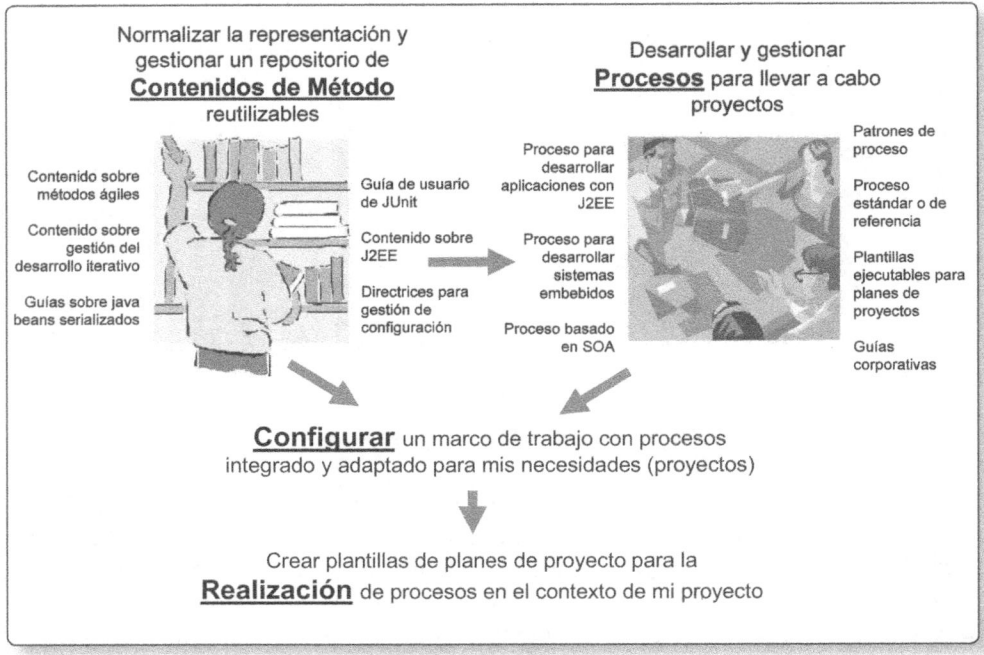

**Figura 9.6.** Marco de trabajo general de SPEM 2.0

▼ Definir configuraciones de contenidos de método y procesos en función de las características específicas de los proyectos. Para ello, SPEM permite dar soporte al despliegue del contenido de método y proceso que justo se necesita en cada caso, teniendo en cuenta que ningún proyecto es exactamente como el anterior y nunca exactamente el mismo proceso software se ejecuta dos veces. En este punto es importante recordar que el nivel 3 de CMMI (proceso definido) necesita disponer de procesos estándares en la organización y de mecanismos de adaptación (tailoring) y SPEM 2.0 proporciona por tanto ambos aspectos.

▼ Dar soporte a la realización de un proceso para llevar a cabo los proyectos de desarrollo concretos. Esto supone que a partir de ahora los jefes de proyecto pueden contar con mucha más información y disponible de manera automática a la hora de definir los planes de los proyectos.

En SPEM 2.0 se distinguen dos grupos de conceptos a la hora de implementar una metodología (ver Figura 9.6 y Figura 9.7):

1. Primero, se define el contenido del método (method content) mediante la inclusión de elementos de contenido (content elements), es decir, mediante los constructores básicos (definición de producto de trabajo, rol, guía, tarea y categoría).

2. Después, se combinan y utilizan dichos elementos para definir procesos específicos (process).

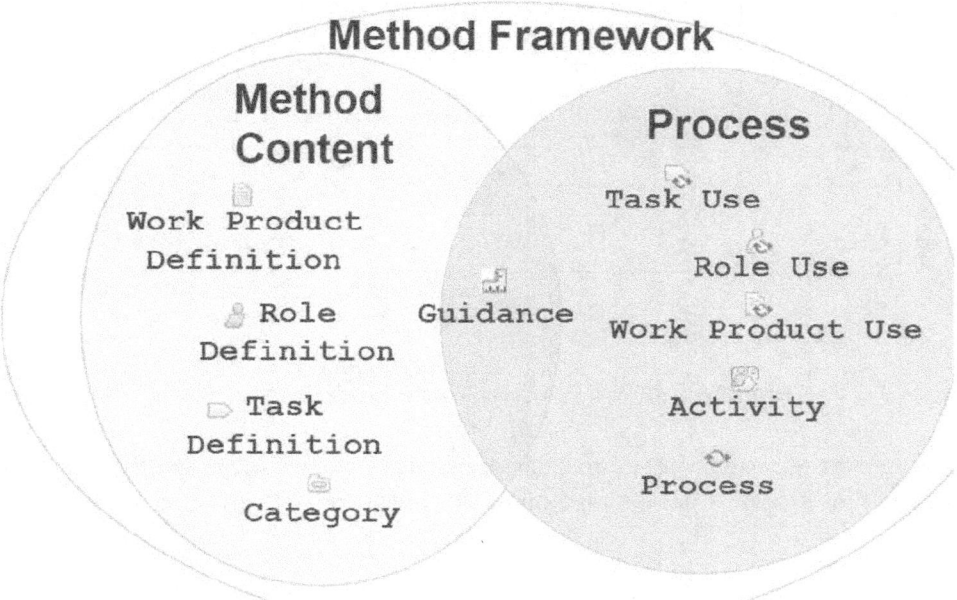

Figura 9.7. Elementos de Modelado de Métodos y Procesos

En la Figura 9.8 se muestra la diferencia entre contenido de método y proceso tomando como ejemplo las dimensiones del proceso unificado. En este ejemplo, el contenido de método representa las distintas disciplinas de desarrollo de software y cada disciplina se descompondría en definiciones de tarea (no mostradas en la figura) que indicarían paso a paso cómo se debería realizar el trabajo para satisfacer los objetivos de dicha tarea. El eje horizontal de la figura muestra el proceso específico de desarrollo que se está siguiendo y en el cual, en varias iteraciones a lo largo del tiempo, se combina el uso de las distintas disciplinas con distinta carga de trabajo tal como se representa en las curvas correspondientes.

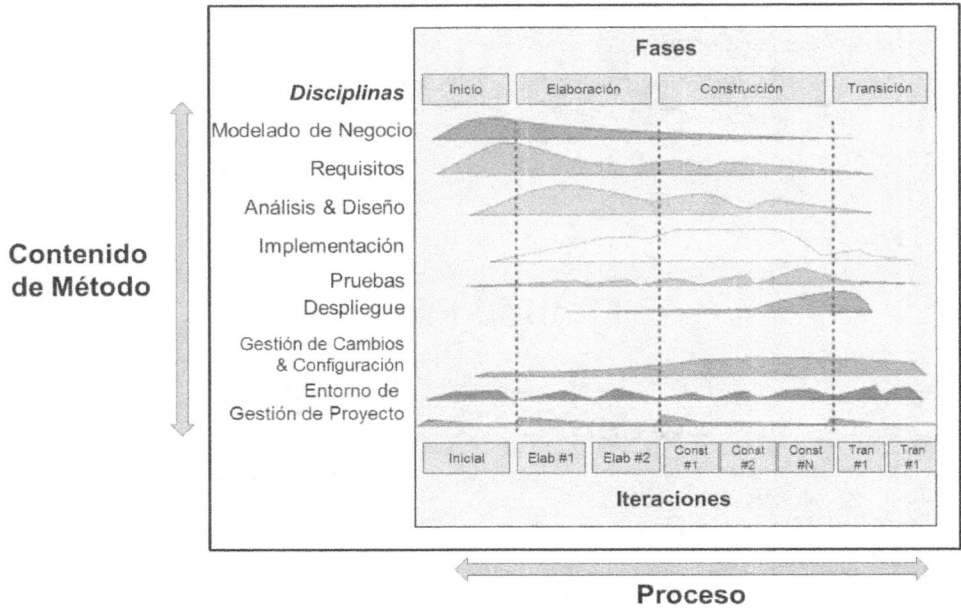

**Figura 9.8.** Relación ortogonal entre Contenidos de Método y Procesos

A continuación se resumen las principales características de SPEM 2.0 para la representación de procesos y métodos. Una guía detallada puede ser consultada en (Ruiz y Verdugo, 2008).

### 9.3.6 Visión General del Metamodelo de SPEM 2.0

SPEM 2.0 utiliza UML como notación y por tanto adopta un enfoque orientado a objetos. Al igual que UML, con fines de organización y reutilización, SPEM está organizado en 7 paquetes (packages), que se muestran en la Figura 9.9. Cada paquete es una unidad lógica que extiende los paquetes de los que depende, proporcionando estructuras y capacidades adicionales. Los paquetes definidos en un nivel inferior pueden ser realizados en una implementación parcial de SPEM 2.0 sin necesidad de los paquetes de los niveles superiores. Como regla general, cada clase del metamodelo (constructor) se incluye en el paquete del nivel más inferior posible. En algunos casos, las clases se extienden (especializan) en paquetes de nivel superior vía el mecanismo "merge" (idéntico al de UML 2) para incluir más propiedades e interrelaciones. Un ingeniero de procesos puede elegir utilizar diferentes niveles de capacidades, conjuntos de conceptos y niveles de formalismo para expresar sus procesos utilizando unos u otros paquetes.

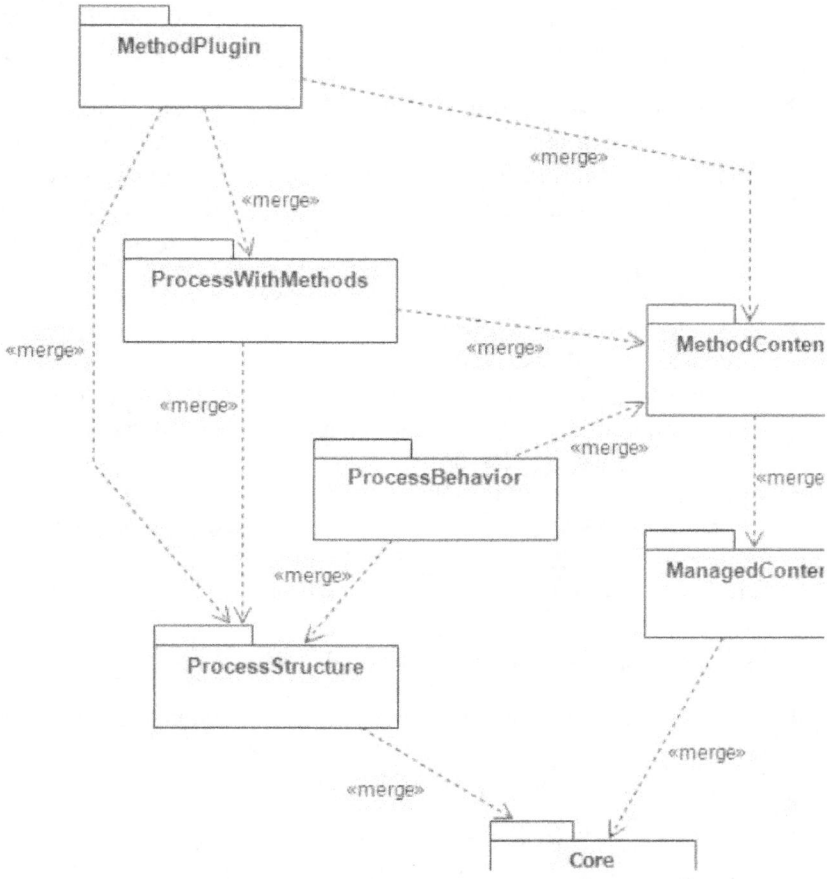

**Figura 9.9.** Estructura de paquetes del metamodelo SPEM 2.0

De forma resumida, los contenidos de cada paquete son los siguientes:

- ▼ *Core*: contiene las clases y abstracciones que sirven de base para las clases de los demás paquetes.

- ▼ *Process Structure*: este paquete contiene los elementos necesarios para la definición de modelos de procesos flexibles y sencillos. Define un proceso como una agregación de actividades, que se pueden descomponer jerárquicamente estableciéndose una estructura de descomposición de trabajo (EDT), sus relaciones de precedencia, los roles que las realizan y los productos de entrada/salida de dichas actividades. También incluye mecanismos para la reutilización mediante el ensamblado de procesos. Estas estructuras se utilizan para representar procesos básicos de alto nivel. En la Figura 9.10 se muestra un ejemplo de EDT del proceso de análisis de la metodología METRICA 3 representada con SPEM 2.0.

- ▼ *Process Behavior*: permite extender las estructuras del paquete anterior con modelos de comportamiento externos: diagramas de actividad de UML 2 (comportamiento de proceso), máquina de estados (ciclo de vida de un producto de trabajo), etc. En vez de incluir un mecanismo propio para representar el comportamiento, se opta por reutilizar los ya existentes (de UML o de otro tipo).

- ▼ *Managed Content*: permite incorporar y gestionar descripciones en lenguaje natural, documentos y otras informaciones útiles para la comprensión por humanos. Esta posibilidad es muy interesante y útil porque ciertos valores y culturas no pueden ser formalizados con modelos, solo pueden ser capturados con documentación en lenguaje natural. Hay libertad total para combinar modelos estructurales de proceso con contenidos en lenguaje natural. Así, un proceso puede estar formado solo por una colección de guías definiendo buenas prácticas (esto es especialmente apto en el caso de métodos ágiles poco estructurados); solo una estructura de actividades sin ningún tipo de documento textual; o una combinación interrelacionada de ambas cosas.

- ▼ *Method Content*: define los elementos fundamentales para la descripción de procesos, roles, tareas o productos de trabajo y las relaciones entre ellos, dando lugar a la creación del método.

- ▼ *Process with Methods*: permite integrar los procesos definidos con el paquete *"Process Structure"* con los elementos de método (instancias del paquete *"Method Content"*). Tal como se ha descrito anteriormente, mientras el contenido de método define técnicas y métodos fundamentales para el desarrollo de software, es necesario definir procesos que sitúen dichas técnicas y métodos en el contexto de un ciclo de vida determinado en el que por ejemplo se establezcan ciertos hitos. Al asociar elementos de método a partes específicas de procesos, se crean nuevas clases (tarea en uso, rol en uso, etc.) que heredan de los elementos de método pero que pueden ser particularizados a un contexto específico y por tanto tener sus propios cambios respecto al elemento del que heredan.

▼ **Method Plugin**: incorpora conceptos tales como *Method Plugin, Process Component, Variability*, etc., con el fin de poder diseñar y gestionar bibliotecas o repositorios de contenidos de método y de procesos, que sean mantenibles a gran escala, reutilizables y configurables. Con estos conceptos los ingenieros de procesos pueden definir una o varias Configuraciones de Método, de cada proceso. Esto permite tener vistas diferentes de un mismo proceso adaptadas a distintas audiencias o tipos de usuarios.

**Figura 9.10.** Ejemplo de estructura de descomposición de trabajo con SPEM 2.0: Proceso de Análisis (versión paradigma Estructurado) de METRICA 3

Utilizando unos u otros paquetes, un ingeniero de procesos puede disponer de diferentes capacidades, conjuntos de conceptos y niveles de formalismo para expresar sus procesos. Los escenarios más habituales son los siguientes:

1. ***Core + Managed Content + Method Content***: en este caso no hay modelos de proceso formales definidos, sino tan solo un repositorio para gestionar la documentación de descripciones de métodos de desarrollo y mantenimiento, técnicas y mejores prácticas.
2. ***Opción 1 + Process Structure + Process Behavior***: ahora ya existe un proceso definido pero no son necesarios mecanismos avanzados para organizar o gestionar un repositorio de métodos, o para permitir diferentes vistas de un mismo proceso.
3. **Los 7 paquetes completos** se emplean cuando se quiere disponer de toda la potencia y funcionalidad de SPEM 2.0.

### 9.3.7 Definición de Modelos de Procesos con SPEM 2.0

Tal como se ha descrito anteriormente, para definir procesos con SPEM 2.0 en primer lugar se debe definir el método o reutilizar elementos de métodos existentes en la librería. A partir de los métodos se pueden definir los procesos específicos. Las Tabla 9.2 y la Tabla 9.3 proporcionan un resumen de la notación gráfica de SPEM para los elementos básicos de los métodos y procesos respectivamente. En los siguientes subapartados se describen dichos constructores con más detalle.

**Definición de Métodos con SPEM 2.0**

A continuación, se describen los constructores básicos para definir métodos en SPEM 2.0. Los conceptos que se presentan corresponden principalmente con los paquetes "*Managed Content*", "*Method Content*" y "*Process with Methods*".

| Elemento | Icono SPEM 2.0 | Elemento | Icono SPEM 2.0 | Elemento | Icono SPEM 2.0 |
|---|---|---|---|---|---|
| Actividad | | Producto de Trabajo (artefacto) | | Rol | |
| Tarea | | Producto de Trabajo (resultado) | | Herramienta | |
| Paso | | Producto de Trabajo (entregable) | | Guía | |

**Tabla 9.2.** Iconos de los principales constructores de contenido de método

| Elemento | Icono SPEM 2.0 | Elemento | Icono SPEM 2.0 | Elemento | Icono SPEM 2.0 |
|---|---|---|---|---|---|
| Proceso | | Tarea en Uso | | Iteración | |
| Proceso para despliegue | | Producto de Trabajo en Uso | | Fase | |
| Patrón de proceso | | Rol en Uso | | | |

**Tabla 9.3.** Iconos de los principales constructores de procesos

El contenido de método puede ser organizado por el usuario mediante una jerarquía de paquetes de contenido (*Content Package*), cada uno de los cuales puede incluir roles, tareas, productos de trabajo y guías. En la Figura 9.11 se muestra la jerarquía completa de conceptos empleados en el contenido de método, incluidos los elementos de contenido (*Content Element*).

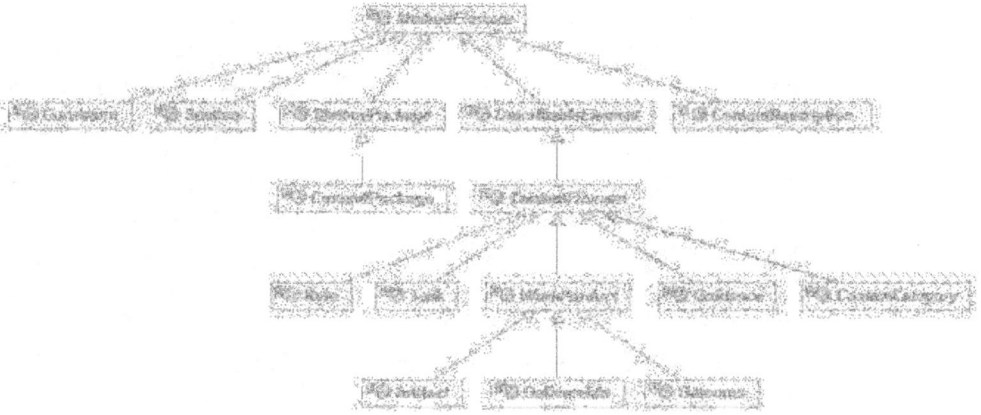

**Figura 9.11.** Jerarquía de elementos de método

Los elementos describibles (*Describable Element*) son elementos de método (o de proceso) que pueden tener descripciones textuales mediante una Descripción de Contenido (*Content Description*) opcional, que incluye nombre, descripción breve, descripción principal (que permite texto enriquecido) y propósito. Por su parte, los elementos de contenido (*Content Element*) son los constructores básicos y se derivan del patrón primitivo de trabajo presentado en la Figura 9.11. Por tanto, los cuatro tipos de elementos de contenido son: Tarea, Rol, Producto de Trabajo y Guía. Adicionalmente, existe un quinto tipo de elemento de contenido incluido con fines de clasificación y agrupación, llamado Categorías. A continuación, se presentan estos constructores básicos comenzando por aquellos que están incluidos en el paquete de contenido de método (*Method Content*):

▼ **Tarea** (*Task Definition*). Es la unidad atómica de trabajo para definir procesos y su granularidad es de unas pocas horas a unos pocos días. Una tarea está relacionada con:

- Uno o más *Roles*, distinguiendo entre un rol realizador principal que es obligatorio (responsable de la tarea) y cero o más realizadores opcionales.
- Uno o más *Productos de Trabajo* que pueden ser definidos como: entradas obligatorias, entradas opcionales y salidas.
- Cero o más *Herramientas* que se recomiendan usar para la realización de la tarea.
- Cero o más *Pasos* que describen de forma secuencial el trabajo a realizar.
- Cero o más *Habilidades* que se requieren para llevar a cabo la tarea.

▼ **Paso** (*Step*), organiza las tareas en partes o subunidades de trabajo. Un paso puede estar compuesto por otros pasos. No todos los pasos tienen porqué ser realizados cada vez que se invoca un tarea en un proceso, lo que implica que los pasos se pueden expresar como flujos de trabajo alternativos de modo que para conseguir el mismo objetivo de una tarea en un proceso se puedan seguir diferentes combinaciones de pasos. Los tipos básicos de pasos que se consideran como parte de una tarea son de:

- Pensamiento *(Thinking steps)*, en los que el rol entiende la naturaleza de la tarea, recopila y examina los artefactos (*artifacts*) de entrada y formula un resultado (*outcome*).
- Realización *(Performing steps)*, en los que el rol crea o modifica algunos artefactos.
- Revisión (Reviewing steps), en los que los roles inspeccionan los resultados respecto a unos criterios.

▼ **Producto de Trabajo** (*Work Product Definition*). Los productos de trabajo son los elementos del contenido de método que son utilizados, modificados y producidos por las tareas. Un producto de trabajo puede asimismo estar relacionado con otros productos de trabajo. Se distinguen tres tipos:

- Artefacto (*artifact*), que define un producto de trabajo tangible, como por ejemplo un modelo, un documento, código fuente, etc. Un artefacto puede estar compuesto por otros artefactos.
- Entregable (*deliverable*), representa una salida de un proceso que tiene valor para un usuario, cliente u otro participante. Define y soporta el empaquetamiento de otros productos de trabajo con el fin de entregar a un cliente interno o externo.
- Resultado (*outcome*), es de naturaleza intangible (resultado o estado). También se utilizan para representar productos de trabajo que no están formalmente definidos. Se diferencian de los artefactos en que los resultados no son candidatos a ser reutilizables.

▼ **Rol** (*Role Definition*), define un conjunto de habilidades, competencias y responsabilidades de una persona o un conjunto de personas. Una persona puede desempeñar varios roles y un rol puede ser desempeñado por varias personas. Esta correspondencia es normalmente realizada por el director de proyecto cuando planifica el personal específico que va a llevar a cabo las tareas del proyecto.

▼ **Cualificación** (*Qualification*), que documenta las aptitudes, habilidades o competencias requeridas para la realización de tareas por parte de los roles. No tiene asociado un icono gráfico en SPEM 2.0.

▼ **Herramienta** (*Tool*), describe capacidades de una herramienta CASE, o de propósito general, o cualquier otra unidad automatizada que da soporte a los roles a la hora de realizar las tareas.

Otros constructores importantes a tener en cuenta en la definición de métodos son los siguientes, definidos en el paquete *Managed Content*:

▼ **Categoría** (*Category*), permite agrupar cualquier número de elementos descriptibles (*Describable Element*) de cualquier subtipo en base a unos criterios. Una categoría puede anidarse estableciéndose jerarquías de categorías. Las categorías estándar son:

- Disciplina (*Discipline*), permite categorizar el trabajo (tareas). Una disciplina es una colección de tareas que están relacionadas dentro de una determinada área de interés de un proyecto. Suelen estar basadas en una perspectiva tradicional de proyectos en cascada: requisitos, análisis, diseño, construcción, pruebas, mantenimiento, etc., de modo que la separación de los tipos de tareas en distintas disciplinas ayuda a entender mejor el proceso de desarrollo.
- Conjunto de Roles (*Rol Set*), agrupa roles que tienen algo en común, como el hecho de usar técnicas similares, requerir habilidades parecidas, etc.

- **Guía** *(Guidance)*, proporciona información adicional a cualquier elemento descriptible. Existen diversos tipos de guías, tales como: líneas guía (*guidelines*), listas de comprobación (*cheklists*), plantillas (*templates*), informes (*reports*), estimaciones (*estimates*), etc.
- **Métrica** (*Metric*), define una medición estándar para las instancias de cualquier elemento descriptible en SPEM 2.0, como por ejemplo el esfuerzo estimado en horas de una tarea.

De forma resumida, las principales asociaciones que se pueden establecer entre los elementos anteriores son las siguientes (Ver Figura 9.12):

- **Tareas y Pasos** (*Task-Steps*), se indica la lista ordenada de pasos que se llevan a cabo en una tarea.
- **Tareas y Roles** (*Task-Roles*), incluye un realizador principal obligatorio para la tarea y puede tener asimismo varios realizadores adicionales.
- **Tareas y Productos de Trabajo** (*Task-Work Products*), se distinguen entradas obligatorias (*mandatory inputs*); opcionales (*optional inputs*) y salidas (*outputs*).
- **Tareas y Guías** (*Task-Guidances*), se indican las guías relacionadas con la tarea (solo admisibles los tipos checklist, concept, estimating guideline, example, guideline, reusable asset, supporting material y tool mentor).
- **Tareas y Categorías** (*Task-Categories*), se indican las disciplinas (*disciplines*) y categorías personalizadas (*custom categories*) a las que pertenece la tarea.
- **Roles y Productos de Trabajo** (*Role-Work Products*), se indican los productos de los que es responsable el rol y los productos de trabajo que son salida de las tareas que realiza este rol.
- **Roles y Guías** (*Role-Guidances*), de las que solo se permiten como tipos: *checklist, concept, example, guideline, reusable asset y supporting material*.
- **Roles y Categorías** (*Role-Categories*): se establecen conjuntos de roles (*role sets*) y las categorías a las que pertenecen.
- **Productos de Trabajo y Guías** (*Work Product-Guidances*), solo se permiten los tipos: *checklist, concept, estimating guideline example, guideline, report, reusable asset, supporting material, template, y tool mentor*.
- **Productos de Trabajo y Categorías** (*Work Product-Categories*).
- **Guías y Guías** (*Guidance-Guidances*), permite establecer anidamiento de guías.

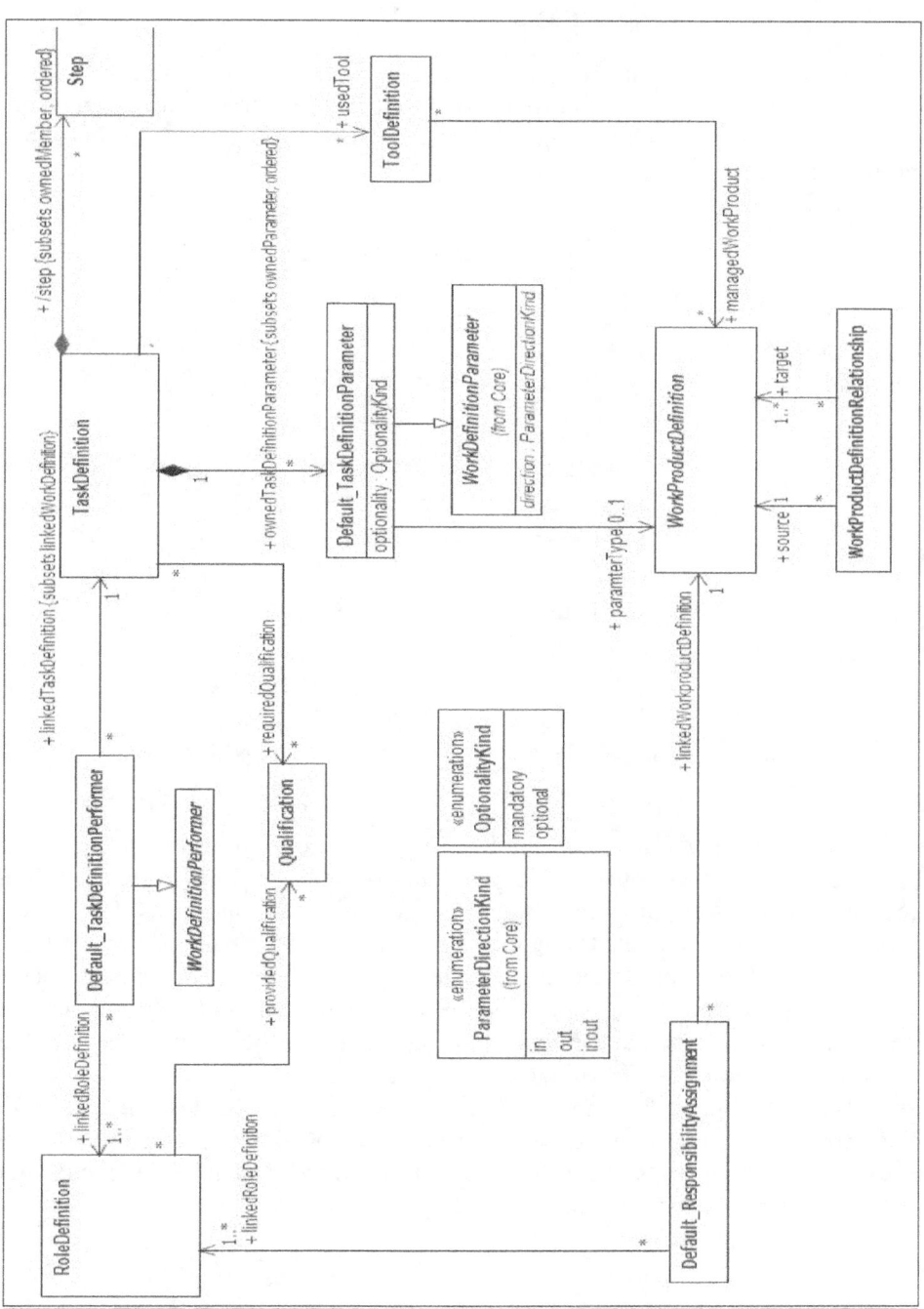

**Figura 9.12.** Relaciones entre elementos de contenido de método

**Definición de Procesos con SPEM 2.0**

Una vez que se han especificado los elementos del contenido del método es posible definir procesos específicos. Para ello SPEM incorpora mecanismos que permiten definir procesos y patrones de procesos. En la Figura 9.13 se muestra la jerarquía de elementos.

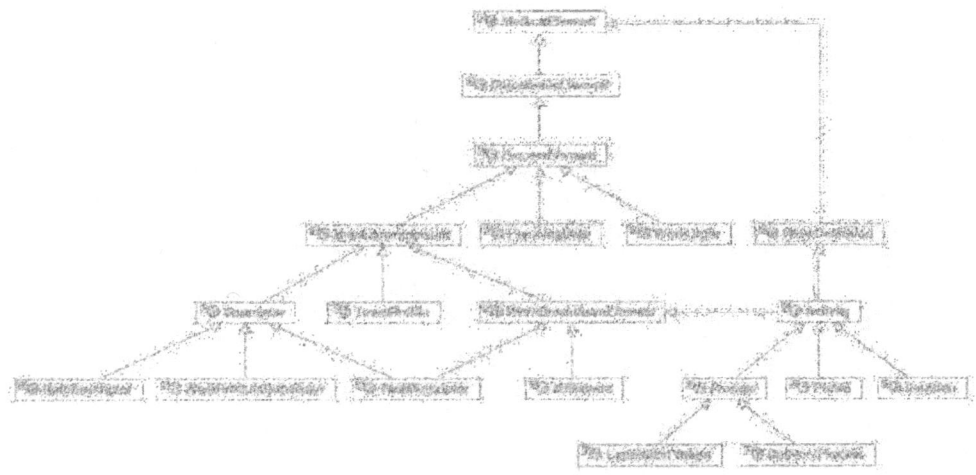

**Figura 9.13.** Jerarquía de elementos para la definición de procesos y patrones de procesos

En primer lugar, destacar que la definición de cualquier tipo de trabajo en SPEM se abstrae en el concepto de definición de trabajo (*Work Definition*), que puede incluir una serie de precondiciones y de postcondiciones. Las definiciones de trabajo pueden ser modeladas de forma gráfica mediante diagramas de actividad de UML 2. Un Elemento de Descomposición de Trabajo (*Breakdown Element*) es una generalización abstracta para cualquier tipo de elemento que aparece en una estructura de este tipo. Cada elemento de desglose tiene asociada una estructura de desglose de trabajo (*WBS, Work-Breakdown Structure*) que representa su estructura interna (ver por ejemplo Figura 9.10). Los tipos de elementos de descomposición de trabajo son actividades (*activities*) e hitos (*milestones*) y el flujo entre los elementos de descomposición de trabajo se representa por medio de Secuencias de Trabajo, que pueden ser de uno de los siguientes tipos (Figura 9.14):

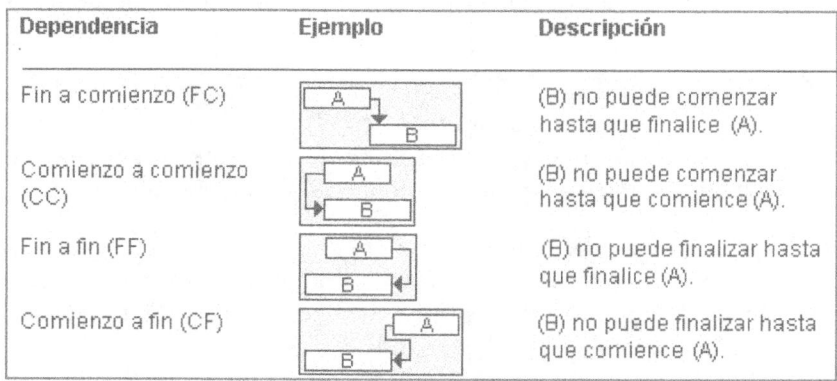

**Figura 9.14.** Relaciones de secuencia de flujo entre elementos de descomposición de trabajo

La descomposición del trabajo en distintos niveles de detalle se realiza mediante el concepto de **Actividad** (*Activity*), de forma que cualquier elemento de descomposición de trabajo con estructura interna (es decir, que incluye otros elementos de descomposición) recibe el nombre de Actividad, independientemente del nivel de descomposición. Una actividad es por tanto un elemento de descomposición de trabajo (*Work Breakdown Element*) y de definición de trabajo (*Work Definition*) que representa una unidad general de trabajo asignable a realizadores específicos. Pueden recibir entradas y producir salidas. SPEM 2.0 tiene como predefinidos tres tipos especiales de actividades: Iteración, que representa un conjunto de actividades anidadas que se repiten más de una vez; Fase, representa un periodo de tiempo que es significativo para un proyecto, y que acaba con un punto de control de gestión importante, un hito o un conjunto de entregables concluidos; y Proceso, que describe la estructura de un tipo particular de proyectos de desarrollo o parte de ellos. En este sentido cabe destacar que SPEM no sigue los tres niveles estáticos de descomposición utilizados en el modelo de procesos de ISO/IEC 12207 o en metodologías como METRICA 3: procesos formados por actividades y actividades formadas por tareas.

Un **Hito** (*Milestone*) representa un evento significativo para el desarrollo de un proyecto como el momento en que se toma una decisión importante, la conclusión de un entregable, la finalización de una fase, etc.

A la hora de definir procesos a partir del contenido de método es importante considerar los denominados elementos en uso. Estos elementos son elementos de contenido de método (tareas, roles y productos de trabajo) instanciados y particularizada para un contexto de proceso determinado. Los elementos en uso no son por tanto reutilizables, para ello ya están las descripciones de los elementos en el contenido de método. Los principales constructores para definir procesos son (ver Figura 9.15):

- **Tarea en Uso** (*Task Use*), representa la ocurrencia de una Definición de Tarea (Contenido de Método) en el contexto de una Actividad. En ella se pueden precisar y modificar, respecto de la tarea original, su documentación, pasos, roles y productos de entrada y de salida.

- Un **Producto de Trabajo en Uso** (*Work Product Use*) representa la ocurrencia de un Producto de Trabajo real en el contexto de una Actividad, siendo posible modificar su documentación y dar valor a sus atributos estado de entrada y estado de salida.

- Un **Rol en Uso** (*Role Use*) representa la ocurrencia de un Rol real en el contexto de una Actividad, pudiendo particularizar la documentación, productos de los que es responsable o que modifica, y equipos (roles compuestos) a los que pertenece. Un Rol Compuesto (*Composite Role*) es un rol en uso especial, que se corresponde con más de una Definición de Rol del Contenido de Método.

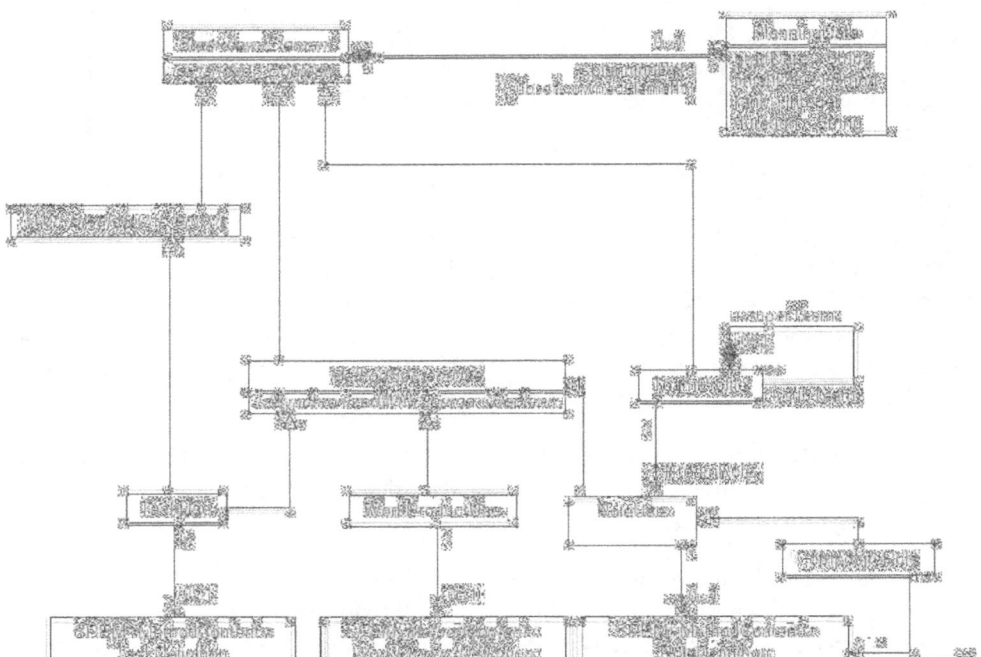

Figura 9.15. Elementos de contenido de método en uso

Finalmente, a la hora de definir procesos con SPEM 2.0 es importante considerar los distintos tipos posibles. Mediante un proceso se pueden representar distintos tipos de métodos de ingeniería del software: un proceso, un modelo de procesos completo, un ciclo de vida con sus diversos procesos o una metodología completa. En SPEM 2.0 existen dos tipos principales de procesos:

- **Patrón de Capacidad** (*Capability Pattern*): es un "fragmento de proceso" que describe un grupo de actividades reutilizable como solución a algún tipo de problema o situación habitual. Se definen para poder ser empleados más de una vez en uno o varios procesos o con fines de organización. Se pueden almacenar en una jerarquía de Paquetes de Proceso (*Process Package*). Son útiles por ejemplo para: construir procesos para despliegue o patrones de proceso más complejos; para facilitar la ejecución de proyectos que no siguen un proceso bien definido, sino que trabajan en base a fragmentos de proceso (buenas prácticas) de una manera flexible como los métodos ágiles; para describir el conocimiento de una cierta área clave, buena práctica, disciplina, etc. Los patrones de proceso pueden ser incorporados como elementos de desglose a una WBS. Esto implica la reutilización automática de todos sus elementos y estructura (actividades, tareas, roles, productos de trabajo, WBS, etc.).

- **Proceso para Despliegue** (*Delivery Process*): describe una aproximación completa e integrada para realizar un tipo específico de proyecto, abarcando un ciclo de vida completo de desarrollo o mantenimiento. Sirven como plantillas para planificar y ejecutar los proyectos. En un Proceso de Despliegue se ensamblan Patrones de Proceso y Elementos en Uso (tareas, roles y productos de trabajo en uso). Ejemplos de estos procesos son el proceso unificado de Rational (RUP), la programación extrema (XP), METRICA 3, etc.

Otro tipo de proceso es la denominada Plantilla para Planificación de Procesos (*Process Planning Template*), que es como los anteriores pero incluye información ampliada para especificar un plan de proyecto concreto (fechas de tareas, asignación de personal específico, etc.). Este tipo de procesos se suele definir para poder generar un archivo que sirva de plantilla para un plan de proyecto concreto y que pueda ser exportarlo a una herramienta de gestión de proyectos.

### 9.3.8 Variabilidad y Extensibilidad con SPEM 2.0

Para dar soporte a la posibilidad de reutilizar contenidos de métodos y procesos, SPEM incluye un mecanismo de *plugins*. Dicha reutilización se puede hacer de modo que al crear un plugin nuevo se puede referenciar a otros plugins o se puede usar de forma directa el contenido de un plugin desde otro plugin diferente. Se distinguen dos tipos de plugins:

- **De método** *(Method plugins)*, para particularizar y adaptar contenidos de método sin modificar el original.

- **De procesos** *(Process plug-ins)*, para procesos, pudiendo añadir o sustituir procesos en la estructura de descomposición de procesos sin afectar al original

Por otro lado, cuando se pretende reutilizar el contenido de un plugin con ciertas modificaciones, SPEM incluye el mecanismo de variabilidad (*Variability*), que permite modificar elementos de método o de proceso sin modificar directamente el original. Mediante la variación se permite personalizar la estructura del proceso o método sin modificarlo directamente, sino definiendo elementos con las diferencias (adiciones, cambios, omisiones) relativas al original. Dichas diferencias afectan a las propiedades, es decir, a los atributos y a las asociaciones con otros elementos.

Ello facilita la adaptación de los procesos a las circunstancias exactas en las que se desempeñan. Sin embargo, la propuesta de variabilidad incluida en SPEM se centra principalmente en la inclusión de variabilidad en la definición de métodos, más que en procesos. Ello limita las opciones de variabilidad de un proceso, que son las entidades que deberían adaptarse, ya que son las que van a ser ejecutadas en forma de proyectos. Tal y como está definido actualmente, la única forma de aplicar variabilidad sobre un proceso es mediante la modificación de las actividades que este integra. Para paliar estas limitaciones, en la bibliografía se pueden encontrar propuestas de extensiones a SPEM 2.0 que da soporte a la variabilidad de procesos y permite adoptar un enfoque de desarrollo de familias de procesos, es decir, variantes de un proceso siguiendo la filosofía de las líneas de producto (Martínez-Ruiz et al., 2008).

En la Figura 9.16 se ilustra cómo se pueden aplicar los mecanismos de reutilización y extensión para configurar procesos específicos adaptados a determinados contextos, como un proceso de desarrollo para aplicaciones J2EE.

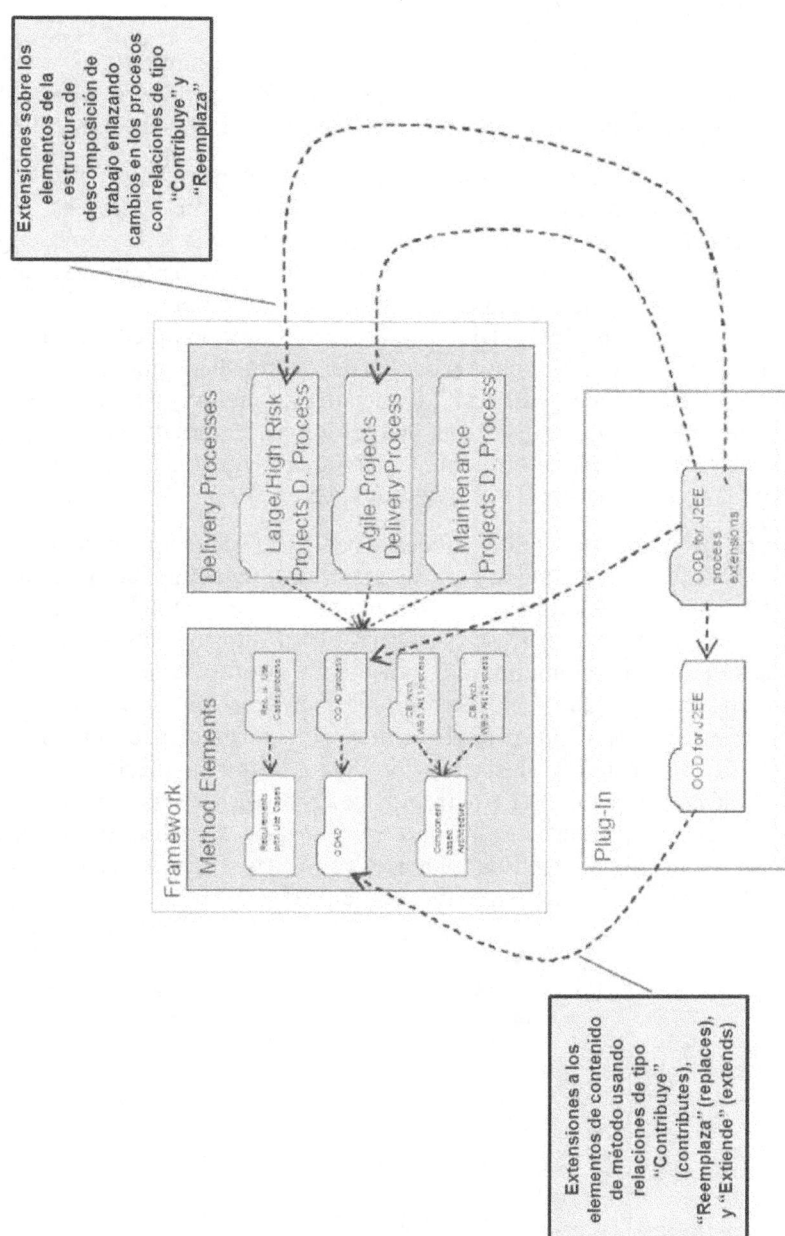

**Figura 9.16.** Ejemplo del mecanismo de plugins en SPEM para permitir variabilidad y extensibilidad

### 9.3.9 EPF COMPOSER

En este apartado se muestran de forma resumida las principales funcionalidades de la herramienta *Eclipse Process Framework Composer* (EPFC). Una descripción más detallada se puede consultar en (Ruiz y Verdugo, 2008).

EPFC es una herramienta gratuita, desarrollada dentro del entorno ECLIPSE, que sirve para editar fragmentos de método, procesos o metodologías, y generar automáticamente la documentación adecuada en formato para la web. Como lenguaje de modelado utiliza la Arquitectura de Método Unificado "Unified Method Architecture" (UMA), que está basada en el metamodelo de SPEM 2.0 y por tanto permite generar modelos compatibles con SPEM. Dichos modelos se almacenan en formato XMI, lo que facilita la portabilidad de dichos modelos hacia otras herramientas. En resumen, EPFC es un editor de procesos SPEM 2.0 que además incluye las implementaciones públicas, abiertas y gratuitas de varias metodologías: OpenUP (proceso unificado abierto), SCRUM y XP. La herramienta y sus implementaciones relacionadas están accesibles en la web de Eclipse (http://www.eclipse.org/).

En primer lugar, para editar procesos con EPFC es recomendable definir los elementos de contenido de método para su posterior utilización para la definición de procesos. Este paso no es obligatorio pero facilita enormemente la reutilización de fragmentos de método en los procesos software. El repositorio o biblioteca de métodos sirve además de base de conocimiento, por ejemplo sobre los métodos, artefactos, técnicas en una empresa que se pueden utilizar para crear procesos. Para definir los elementos de método con EPFC primero se deben crear paquetes de contenido con los elementos básicos de método: roles, tareas, productos de trabajo y guías. Ello se hace en la vista Biblioteca (Figura 9.17). La herramienta despliega además para cada elemento de método una serie de pestañas en la que se pueden especificar sus atributos, como el nombre, descripción breve, objetivos, relaciones con otros elementos, etc. Por ejemplo, en la Figura 9.18 se muestra la pestaña de definición de una tarea.

**Figura 9.17.** Jerarquía para organizar un repositorio de fragmentos de método con EPFC

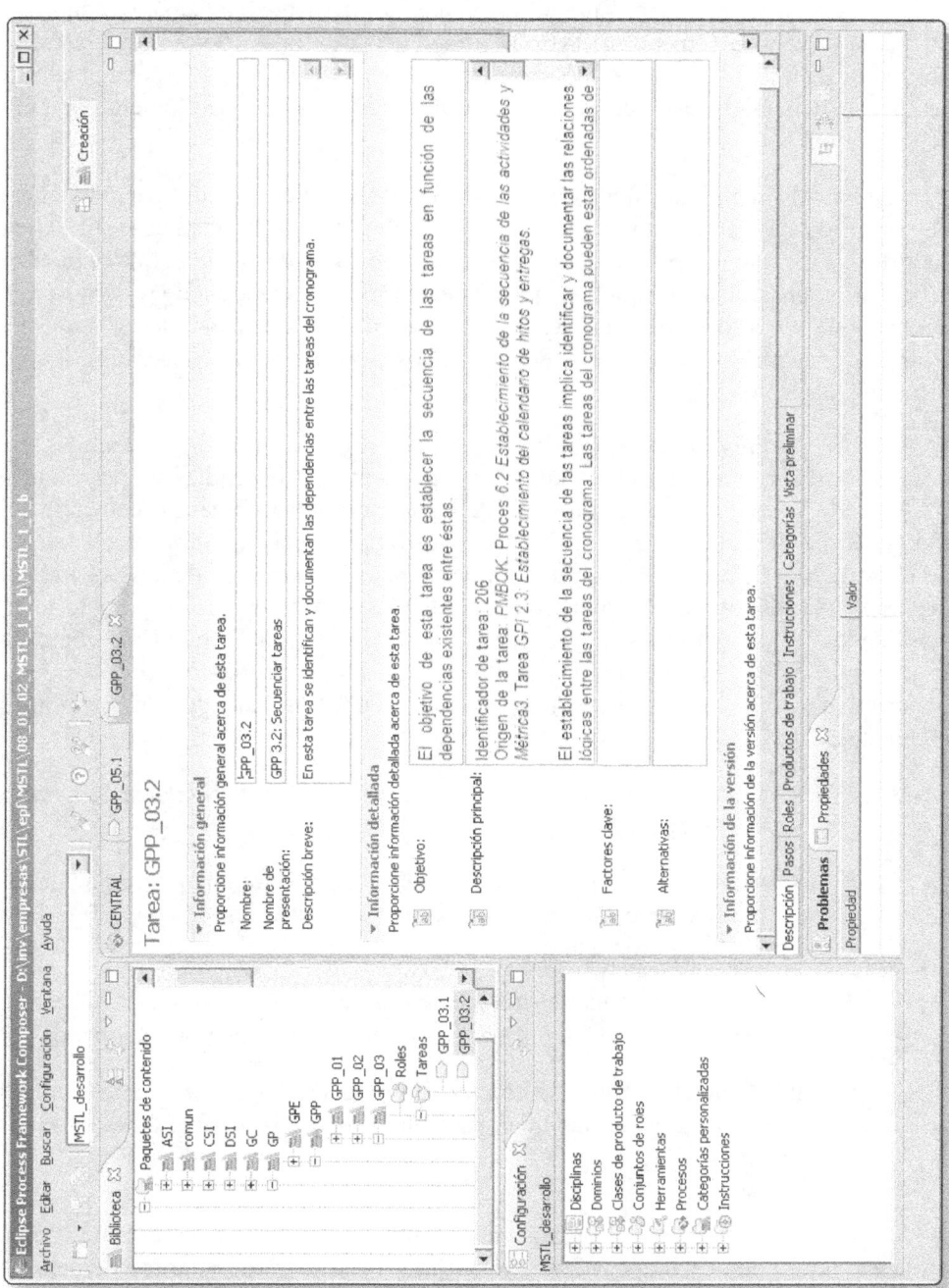

**Figura 9.18.** Ficha de una tarea en EPFC

Los elementos del contenido de método se pueden además categorizar mediante su asociación con categorías estándar (disciplinas, dominios, clases de productos de trabajo, conjuntos de roles y herramientas). También se pueden definir categorías personalizadas que pueden contener cualquier tipo de elemento (Figura 9.17).

Para la definición de procesos con EPFC se pueden reutilizar elementos de contenido de método aunque también se pueden definir directamente. EPFC da soporte a la creación de patrones de proceso y procesos de despliegue, que se pueden organizar y jerarquizar mediante paquetes de proceso. La creación de procesos y de paquetes de proceso se hace en la vista Biblioteca. En la pestaña Descripción del editor se especifican los atributos de los procesos (descripción breve, descripción principal, objetivos, etc.).

Para representar los dos tipos de procesos se utilizan estructuras de descomposición, mediante las cuales se representa la jerarquía de actividades (incluyendo fases e iteraciones) e hitos. Además, permiten ordenar la secuencia del trabajo (flujo de trabajo), indicando relaciones de precedencia entre los elementos de la estructura de descomposición. Para desarrollar la estructura de desglose de un proceso o metodología, se deben crear los elementos de desglose que lo forman: actividades (y sus variantes, fases e iteraciones), hitos y en el nivel más bajo de la jerarquía, tareas, roles o productos de trabajo. Estos últimos dependerán de la perspectiva de desglose (pestaña) en la que estemos trabajando, existiendo las siguientes:

- Estructura de Descomposición de Trabajo (*Work Breakdown Structure*) (véase Figura 9.19).

- Asignación de Equipos (*Team Allocation*), muestra una jerarquía similar a la anterior pero mostrando para cada actividad (en cada nivel) la lista de roles que participan.

- Utilización de Productos de Trabajo (*Work Product Usage*), que se centra en mostrar para cada actividad sus productos de trabajo relacionados.

- Vista Consolidada (*Consolidated View*), que combina las informaciones que se muestran en las tres vistas anteriores. No permite edición de los elementos.

Los elementos de descomposición de trabajo se pueden crear directamente en la estructura de descomposición o se pueden reutilizar del contenido de método (tareas, roles y productos) o de otros patrones de proceso (actividades). Existen tres formas de abordar la especificación de un proceso:

▼ **Descendente**: definir la jerarquía del proceso de arriba a abajo, de forma que el proceso se desarrolla definiendo de forma descendente la jerarquía de actividades (fases, iteraciones...) e hitos; para después indicar los elementos que forman las actividades del nivel más bajo en la jerarquía.

▼ **Ascendente**: se define la jerarquía de abajo a arriba, creando primero las actividades de más bajo nivel, que solo contienen elementos y no otras actividades, mediante patrones de proceso. Después se definen patrones más complejos componiendo otros patrones creados. Finalmente se define el proceso para despliegue mediante la composición de patrones complejos.

▼ **Mixta**: las dos formas anteriores se combinan.

| Nombre de presentación | Índice | Predecesores | Tipo |
|---|---|---|---|
| ⊟ Fase: CENTRAL | 0 | | Patrón de p |
| ⊟ ASI 06: DISEÑO DE CLASES | 1 | | Patrón de p |
| ASI 06.1: Selección de casos de uso | 2 | | Descriptor d |
| ASI 06.2: Identificación de clases asociadas a los casos de uso | 3 | 2 | Descriptor d |
| ASI 06.3: Descripción de la interacción entre objetos | 4 | 3 | Descriptor d |
| ⊟ ASI 07: DISEÑO DE LA ARQUITECTURA DE MÓDULOS DEL SISTEMA | 5 | 1 | Patrón de p |
| ASI 07.1: Identificación de responsabilidades y atributos | 6 | | Descriptor d |
| ASI 07.2: Identificación de asociaciones y agregaciones | 7 | 6 | Descriptor d |
| ASI 07.3: Identificación de generalizaciones | 8 | 7 | Descriptor d |
| ⊟ ASI 08: ESPECIFICACIÓN DE LA INTERFAZ DE USUARIO | 9 | 5 | Patrón de p |
| ASI 08.1: Identificación de perfiles y diálogos | 10 | | Descriptor d |
| ASI 08.2: Especificación de formatos individuales de la interfaz de pantalla | 11 | 10 | Descriptor d |
| ASI 08.3: Especificación del comportamiento dinámico de la interfaz | 12 | 11 | Descriptor d |
| ASI 08.4: Especificación de formatos de impresión | 13 | 12 | Descriptor d |
| ⊟ ASI 09: ESPECIFICACIÓN DE ELEMENTOS DE SEGURIDAD | 14 | 9 | Patrón de p |
| ASI 09.1: Identificación de elementos de seguridad | 15 | | Descriptor d |
| ⊟ ASI 10: APROBACIÓN E INTEGRACIÓN DE CLASES DE ANÁLISIS | 16 | 14 | Patrón de p |
| ASI 10.1: Aprobación del modelo de clases de análisis | 17 | | Descriptor d |
| ASI 10.2: Integración de clases de análisis con las de iteraciones anteriores | 18 | 17 | Descriptor d |
| ⊟ DSI 03: DISEÑO DE CASOS DE USO REALES | 19 | 16 | Patrón de p |
| DSI 03.1: Identificación de clases de diseño asociadas a los casos de uso seleccionados | 20 | | Descriptor d |
| DSI 03.2: Diseño de la realización de casos de uso | 21 | 20 | Descriptor d |
| ⊟ DSI 04: DISEÑO DE CLASES | 22 | 19 | Patrón de p |
| DSI 04.1: Identificación de clases adicionales | 23 | | Descriptor d |
| DSI 04.2: Diseño de asociaciones y agregaciones | 24 | 23 | Descriptor d |

**Figura 9.19.** Estructura de Desglose de Trabajo (WBS) en forma de tabla en EPFC

Para añadir una nueva actividad (fase, iteración) o un hito en un proceso, se hace clic derecho en el elemento padre en el que se quiere incluir, se selecciona Nuevo hijo y se elige el elemento que se desea añadir. Las actividades e hitos se pueden añadir en cualquiera de las estructuras de desglose y EPFC no restringe este aspecto, por lo que es responsabilidad del ingeniero de procesos definir una jerarquía que sea lógica.

La perspectiva más útil para definir un proceso es el WBS, ya que en ella se establece la jerarquía de todos los esfuerzos o trabajos que deben ser realizados; utilizando las otras dos perspectivas de edición para los detalles de los participantes y de los productos asociados con cada elemento de desglose, que siguiendo el metamodelo SPEM 2.0 puede ser: las actividades que son los elementos básicos que representa un grupo de elementos de desglose (otras actividades, tareas, etc.); los hitos; y los descriptores de tarea (*Task Descriptor*) que corresponden a la *Tarea en Uso* en SPEM. Cada vez que se añade como elemento de desglose un elemento de método de tipo tarea, todos los roles y productos de trabajo asociados con ella se incorporan automáticamente a la WBS.

El nivel inferior de la WBS lo conforman las tareas. En EPFC existen dos formas de añadir una tarea a una actividad: una es reutilizar las tareas definidas en el contenido de método arrastrando elementos desde la vista Configuración o haciendo clic derecho en la actividad padre y seleccionando "añadir desde el contenido de método"; la otra es definir las tareas directamente en el proceso.

En la pestaña Propiedades (Properties) de un WBS es posible incluir información más completa y precisa para los elementos del WBS, que completan la heredada desde los elementos reutilizados. En la pestaña General (General), la propiedad Dependencia (Dependency) permite precisar el tipo de las relaciones de precedencia inmediata entre los elementos de un WBS (véase Figura 9.19). En la pestaña Documentación (Documentation) se pueden asignar valores a las propiedades: prefijo (prefix), descripción breve (brief description), guía de utilización (usage guidance), factores clave (key considerations) y descripción perfeccionada (refined description). En la pestaña Roles (Roles) la propiedad "asistido por" (assisted by) sirve para indicar otros roles que apoyan al realizador principal (primary performer). En la pestaña Productos de trabajo (Work products), la propiedad "entradas externas" (external inputs) permite añadir entradas externas al proceso, es decir, que no se generan como salida de ninguna actividad del proceso.

Otro aspecto importante a considerar es la forma en la que se pueden reutilizar los elementos de proceso a partir del contenido de método. EPFC incluye unas opciones diferentes para reutilizar actividades definiendo en el proceso las actividades en uso:

- Copiar (*Copy*) el contenido de la actividad, de forma que las modificaciones en la copia no afectan a la actividad original ni las modificaciones en la actividad original se reflejan en las copias.

- Extender (*Extend*), en la que se hereda el contenido de la actividad de modo que se pueden añadir nuevos elementos a la actividad heredada pero no se puede modificar el contenido heredado. Los cambios realizados en la actividad extendida no afectan a la original, pero los cambios realizados en la actividad original se reflejan en las actividades que la extienden.

▼ Copia en Profundidad (*Deep Copy*), se copia todo el contenido de la actividad y, si dentro de ella existe un elemento que fue aplicado utilizando la opción extender, en el sitio donde se copia se respetará la relación de extensión.

En relación a los distintos tipos de diagramas que se pueden crear con EPFC para representar los modelos de procesos, es importante destacar que SPEM 2.0 no dispone de notación gráfica propia, pero al estar definido como *profile* UML 2 es posible utilizar notación UML para representar modelos de procesos, incluyendo los estereotipos e iconos asociados de los constructores propios de SPEM (ver Tabla 9.2 y Tabla 9.3). Los principales diagramas que pueden ser utilizados para representar las distintas vistas de un proceso software con EPFC son los siguientes:

▼ Los **Diagramas de Actividad** (*Activity Diagram*) muestran el flujo de control de elementos de tipo actividad (incluidos iteración y fase) o de tipo proceso (patrón o para despliegue). La Figura 9.20 muestra un diagrama de este tipo junto a la paleta del editor de diagramas del EPFC.

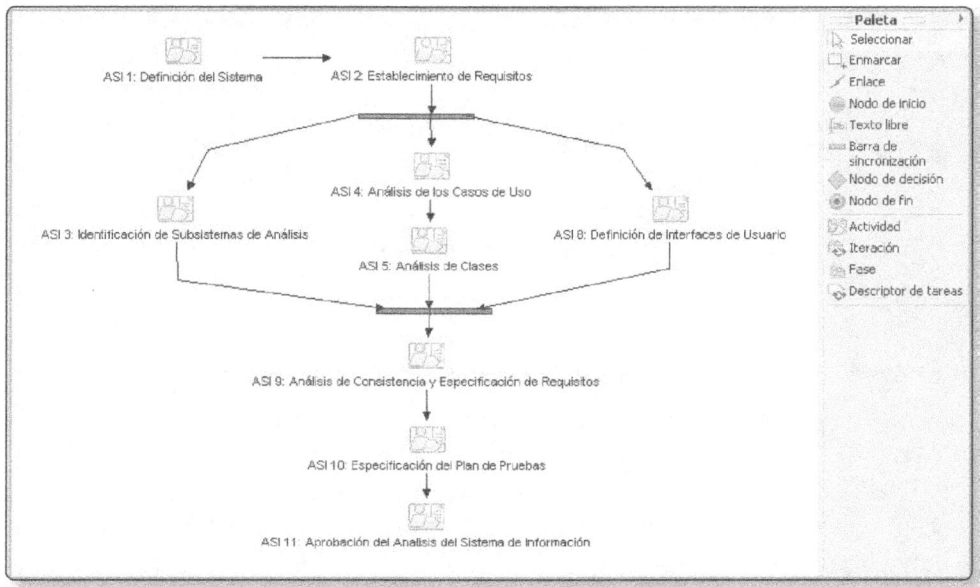

**Figura 9.20.** Diagrama de Actividad representado con EPFC

▼ **Diagramas de Detalle de Actividad** *(Activity Detail Diagram)*, que se aplica para los elementos de proceso de tipo actividad (sin incluir los subtipos iteración y fase) o de tipo patrón de proceso. Muestran las tareas que forman la actividad, así como los roles que son realizadores principales (*Primary Performer*) y los productos de trabajo que son entradas obligatorias (*mandatory input*) o salidas (*output*) de cada tarea. La información mostrada en estos diagramas se corresponde con las estructuras de desglose "Asignación de Equipos" y "Uso de Productos de Trabajo". La Figura 9.21 muestra un diagrama de este tipo y la paleta de su editor gráfico.

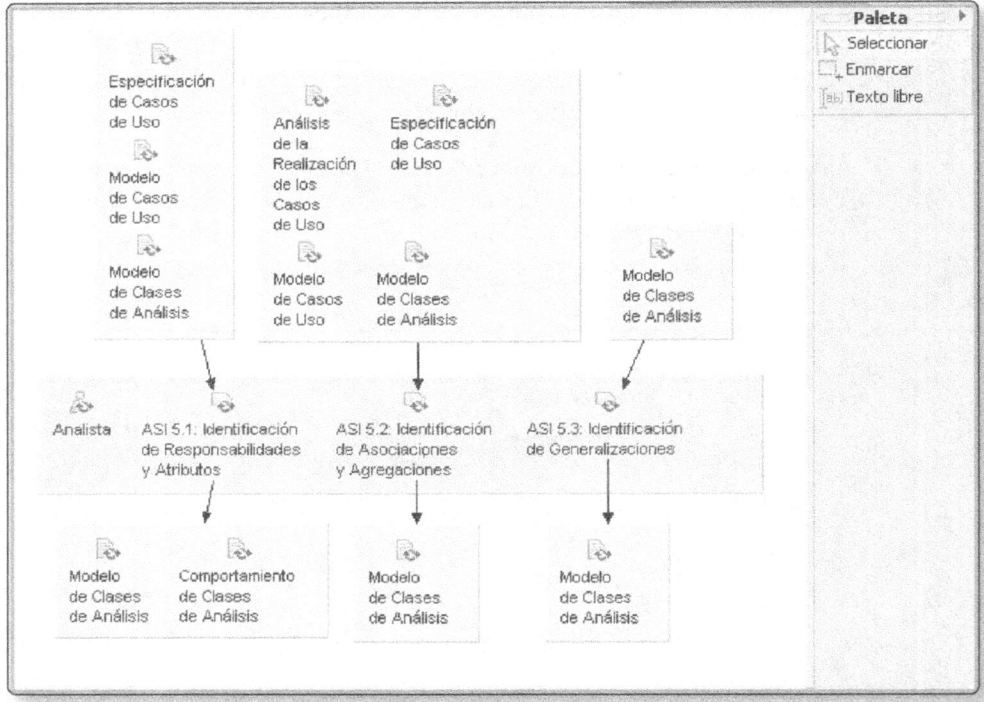

**Figura 9.21.** Diagrama de Detalle de Actividad representado con EPFC

▼ **Diagramas de Dependencias de Producto de Trabajo** *(Work Product Dependency Diagrams)*, como el mostrado en la Figura 9.22, permiten representar cómo uno o más productos de trabajo son usados en la creación o modificación de otros productos de trabajo. Los productos de trabajo del diagrama son incluidos automáticamente por EPFC pero no así sus relaciones, que deben ser dibujadas con el editor gráfico.

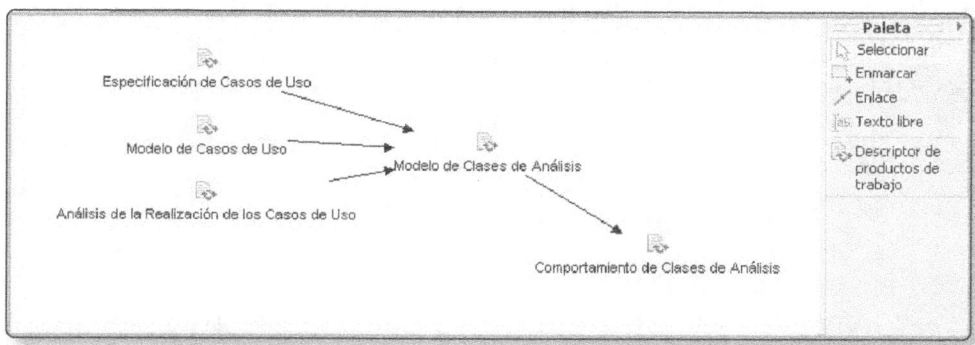

**Figura 9.22.** Diagrama de Dependencias de Producto de Trabajo representado con EPFC

Otros diagramas UML 2 que se pueden utilizar para representar gráficamente modelos SPEM 2.0 son los diagramas de componentes (*Component Diagrams*) que permiten crear diagramas de componentes de proceso.

Finalmente, otra de las funcionalidades importantes de la herramienta EPFC es la posibilidad de publicar los contenidos de los modelos de procesos definidos mediante la generación de un sitio web con toda la información relacionada o aquella que el usuario ha seleccionado. En la Figura 9.23 se muestra el aspecto de un sitio web generado por EPFC.

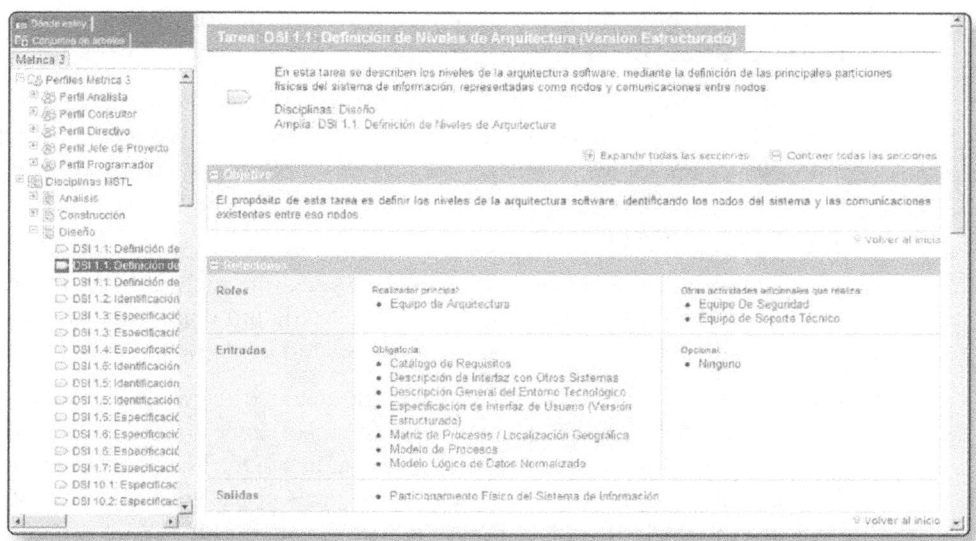

**Figura 9.23.** Ejemplo de sitio Web generado con EPFC

## 9.3.10 Ejemplo: METRICA 3 Modelada en SPEM 2.0 con EPFC

En este apartado se va a ilustrar lo explicado anteriormente para definir una parte de la metodología METRICA 3 con SPEM 2.0 (Ruiz y Verdugo, 2008).

Tal como se indicó anteriormente en primer lugar se debe poblar el contenido del método. Para el caso de METRICA 3 se siguen las siguientes reglas:

- Los **procesos principales** de METRICA 3: Planificación de Sistemas de Información (PSI), Desarrollo de Sistemas de Información (DSI) y Mantenimiento de Sistemas de Información (MSI) se definen como **paquetes de contenidos** (*content package*). Dichos paquetes se pueden estructurar en subpaquetes de modo que mediante dicha jerarquía se puede modelar la estructura proceso-subproceso de METRICA 3 (véase Figura 9.24).

- Los **roles** y **productos de trabajo** de METRICA 3, al ser generales a toda la metodología, se definen dentro de un paquete de contenidos común (véase Figura 9.24).

- Los **productos finales** se implementan como *deliverables*. Dichos productos corresponden en METRICA 3 a las salidas de cada proceso. Los productos finales formados por otros más simples se representan como *deliverables* con *deliverable parts,* siendo cada deliverable part un artifact. Por ejemplo, el Producto Software (salida del proceso CSI) es un deliverable cuyos deliverable parts son los artifacts código fuente de los componentes, procedimientos de operación y administración del sistema, manuales de usuario, etc.

- Los **productos** se **clasifican** empleando en primer lugar categorías estándar para distinguir entre documentos, modelos, código, datos, entornos e intangibles; y posteriormente se emplean tipos de productos (*work product kinds*) para agrupar productos: documentos de pruebas, documentos de análisis, etc.

- Las **interfaces a otros procesos** (Gestión de Proyectos, Gestión de Configuración, Seguridad y Calidad) se pueden definir como subprocesos dentro de un paquete "Interfaces" dentro del contenido de método.

- Cada **tarea** se define como una *task* y se organizan de acuerdo a cada una de las siguientes disciplinas (*disciplines*) según el proceso o subproceso al que pertenece: Planificación, Viabilidad, Análisis, Diseño, Construcción, Implantación, Mantenimiento, Gestión del Proyecto, Seguridad, Gestión de Configuración y Calidad. En la Figura 9.25 se muestra la descripción de la tarea Determinación del Alcance del Sistema correspondiente a la disciplina de Análisis.

**Figura 9.24.** METRICA 3. Estructura General, Roles y Productos de Trabajo

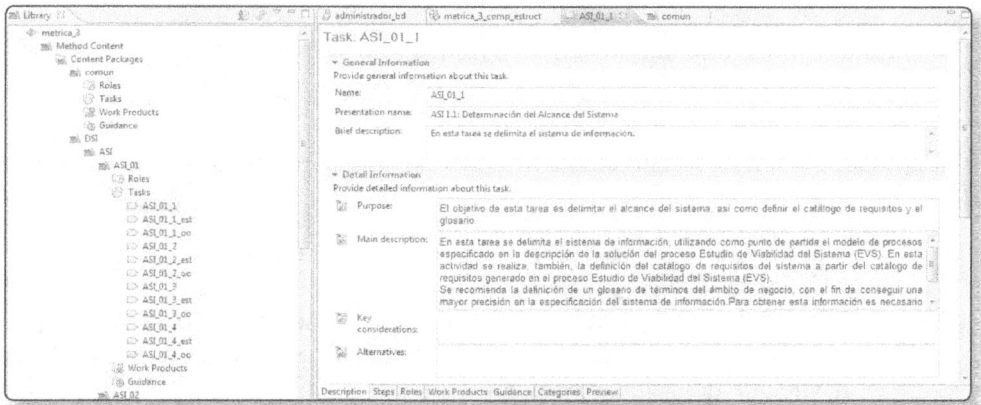

**Figura 9.25.** METRICA 3. Definición de la tarea Determinación del Alcance del Sistema

Una vez completado el contenido de método, se van a definir los procesos específicos del siguiente modo (véase Figura 9.26):

▼ Cada **proceso, subproceso o interfaz** tendrá asociado un patrón de capacidad (*capability pattern*). Si de un proceso existieran varias versiones diferentes para diferentes tipos de proyectos, cada versión tendrá su propio patrón.

▼ Cada **versión de la metodología** para ciertos tipos de proyectos se definirá con un proceso para despliegue (*delivery process*) diferente.

Por ejemplo, se ha definido una versión para desarrollos siguiendo el paradigma estructurado y desarrollos siguiendo orientación a objetos.

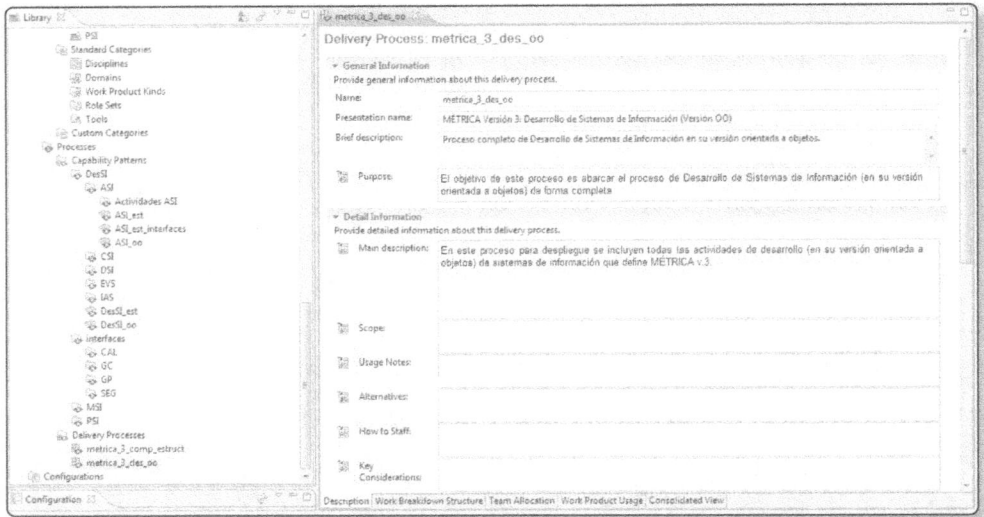

**Figura 9.26.** METRICA 3. Estructura de Patrones de Capacidad y Procesos de Despliegue

Los elementos específicos de METRICA 3 que son incluidos en los procesos se definen del siguiente modo:

▼ **Participantes**. Los perfiles generales (Directivo, Jefe de Proyecto, Consultor, Analista y Programador) y los equipos que no aparecen definidos como participantes se definen como conjuntos de roles (*rol sets*). Por su parte, cada participante se define como un rol a partir del contenido del paquete común.

▼ **Técnicas y Prácticas**. De acuerdo a la definición de METRICA 3, las técnicas y prácticas se definen como líneas guía (*guideline*) y se distinguen unas de otras mediante su descripción en los campos descripción breve y principal. Mediante la composición de *guidelines* se pueden crear grupos de técnicas y las prácticas se agrupan usando el constructor *practice* con referencias a sus prácticas individuales.

▼ **Procesos, Actividades y Tareas**.

- **Procesos.** Se definen sus propiedades generales y su estructura de descomposición de trabajo (WBS), que en un primer nivel está formada por los patrones de capacidad de las actividades que componen el proceso. El flujo del proceso se representa mediante diagramas de actividades del *capability pattern* del proceso. El flujo del proceso Análisis de Sistema de Información se muestra en la Figura 9.27.

- **Actividades.** Se representan como un patrón de capacidad (*capability pattern*). Las actividades de un mismo proceso se crean en un paquete de procesos con el nombre del proceso al que pertenecen (por ejemplo, Actividades ASI). Al igual que para los procesos, cada actividad incluye su estructura de descomposición de trabajo y su flujo de trabajo que se representa mediante diagramas de actividad (véase Figura 9.27). Además, también se utilizan los diagramas de detalle de actividad para mostrar las correspondencias entre participantes responsables de cada tarea y los productos de entrada y de salida. En la Figura 9.28 se muestra un ejemplo de dicho diagrama.

- **Tareas.** Se representan como tareas (*task*) dentro del paquete de contenidos que a su vez forma parte del contenido de método. Las tareas que tienen variación entre estructurado y OO se implementan creando una tarea general de la que heredan las específicas a cada paradigma. Si una tarea incluye una lista de acciones a realizar, estas se definen como pasos (*steps*). Finalmente se definen los productos de entrada, salida, técnicas, prácticas y participantes (*roles*) asociados.

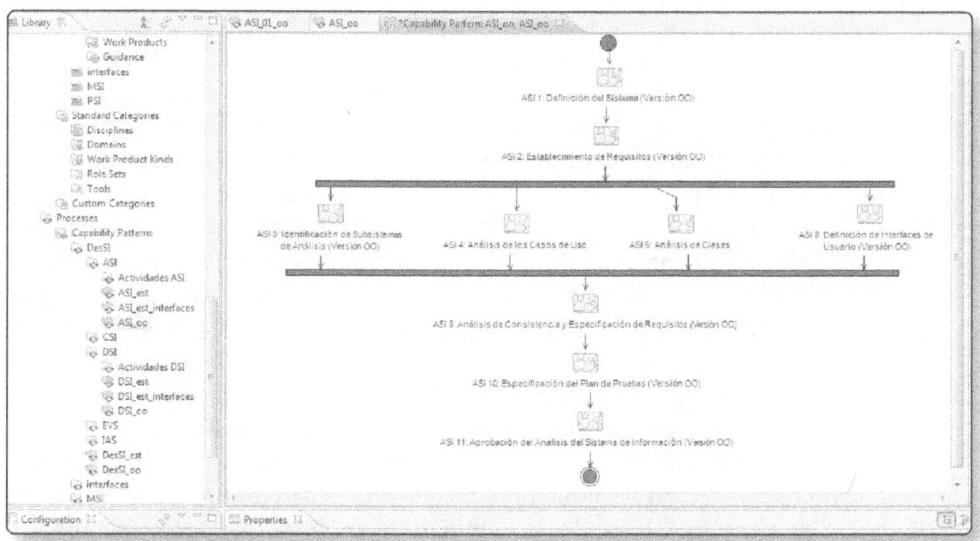

**Figura 9.27.** METRICA 3. Análisis de Sistemas de Información. Diagrama de Actividad

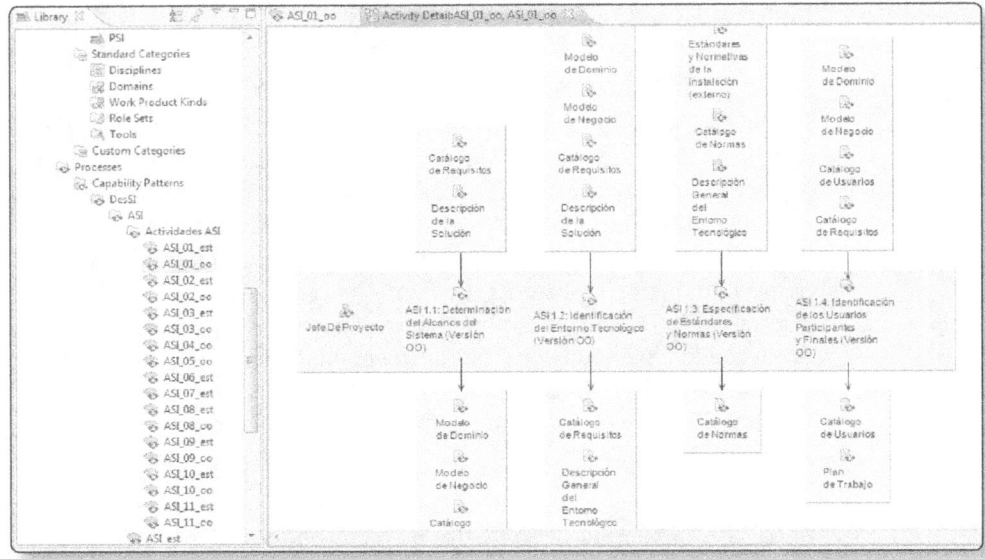

Figura 9.28. METRICA 3. Análisis de Sistemas de Información. Diagrama de Detalle de Actividad

▼ **Productos**. En METRICA 3 se obtienen a partir de la especificación de los productos de entrada y de salida de las tareas y también en algunas técnicas se describe el contenido y forma de algún producto (especificación de un caso de uso, modelo de clases, etc.). De este modo, cada producto de trabajo que se emplea como entrada o salida en alguna tarea se implementa como un producto de trabajo (*work product*) dentro del paquete de contenidos común (véase Figura 9.24). Por defecto, su tipo es artefacto (*artifact*) salvo en el caso de que se trate de entregables (*deliverables*), resultados (*outcome*). La naturaleza de los productos puede ser: documento, modelo, código, datos (resultados, normalmente contenidos en un archivo), entorno (colección de herramientas adecuadamente instaladas y configuradas de pruebas, de construcción, etc.), o intangible. Dicha naturaleza se especifica como dominio (*domain, standard category*) asociado al producto (*work product*) correspondiente. Finalmente, los productos se pueden clasificar de manera opcional usando tipos de productos (*work product kinds*) cuyo nombre está formado por la concatenación de la naturaleza del producto y del proceso en el que se produce. Por ejemplo, documento de análisis, documento de diseño, datos de gestión del proyecto, etc.

## 9.4 SEMAT

SEMAT son las siglas Método y Teoría de la Ingeniería del Software (*Software Engineering Method And Theory*), cuya propuesta de lenguaje de modelado de procesos "Essence Kernel and Language for Software Engineering Methods" ha sido adoptada en junio de 2014 por OMG como un estándar (OMG 2014).

Esta iniciativa promueve la adopción de un enfoque más pragmático para facilitar a las organizaciones la adopción y administración de métodos de Ingeniería del Software, tratando de solventar limitaciones como la falta de base teórica en las propuestas anteriores, la dificultad de comparación entre métodos, la escasez de validación empírica y la distancia entre la investigación y aplicación práctica en la industria en este campo. Para ello SEMAT propone *Essence* con el que se define un núcleo y un lenguaje de soporte a la creación, uso y mejora de métodos que sean escalables, extensibles y fáciles de usar. La idea es permitir que las personas puedan describir los aspectos esenciales de los actuales y futuros métodos y prácticas de modo que se puedan comparar, evaluar, adaptar, utilizar, simular y medir y que puedan ser fácilmente utilizados tanto por los profesionales en la práctica como por la academia en su enseñanza de la Ingeniería del Software.

Las principales características de Essence son:

- Separar el "qué" de la Ingeniería del Software (considerado en *Essence Kernel*) del "cómo" (prácticas y métodos), promoviendo un vocabulario común y un marco de trabajo de definición de métodos y prácticas.

- Proporcionar una base común y fácilmente extensible que sea válida para esfuerzos de Ingeniería del Software de cualquier envergadura.

- Guiar de forma activa a los profesionales en la realización de su trabajo.

- Centrado en método en vez de en descripción de métodos, soportado mediante constructores *alfa* que permiten en cualquier momento medir la salud y progreso de un Proyecto.

- Facilitar la construcción de métodos a partir de la composición de prácticas, de modo que los métodos puedan ser ensamblados rápidamente por los equipos de proyecto para satisfacer sus necesidades. Se comienza con métodos simples para ir haciéndolos crecer.

- Dar soporte a la adopción incremental que facilite y permita a las PyMES asumir los costes bajos iniciales.

▼ Separar el soporte a los métodos de los diferentes tipos de usuarios que pretenden hacer dichos métodos usables y accesibles a todos en el campo de Ingeniería del Software. Es decir, los ingenieros de procesos se centran en los aspectos metodológicos pero dicho interés no debería sobrecargar a los desarrolladores, analistas, gestores de proyecto, etc.

▼ Dar soporte a la agilidad en los métodos, de modo que los métodos puedan ser modificados en un proyecto de acuerdo a la experiencia, lecciones aprendidas, necesidades cambiantes.

▼ Dar soporte a la escalabilidad (de un producto, de un equipo, de un método a muchos).

▼ Aplicar el principio de separación de asuntos (*Separation of Concerns, SoC*) poniendo el foco en lo que más importa.

La arquitectura general de SEMAT se muestra en la Figura 9.29, donde un método es una composición simple de prácticas que son descritas mediante el *Kernel* y Lenguaje de *Essence*.

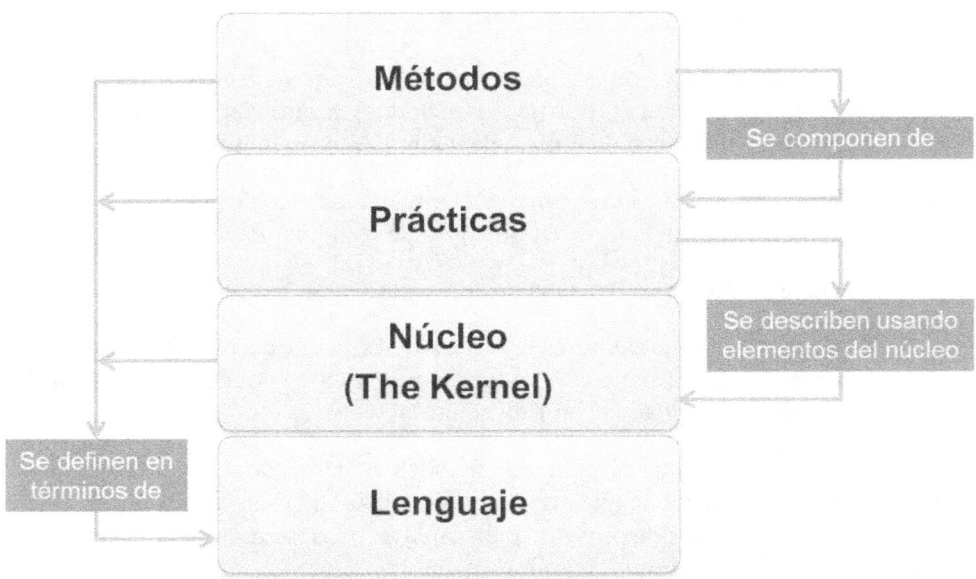

**Figura 9.29.** Arquitectura de métodos de SEMAT (OMG 2014)

Tal como se puede observar en la Figura 9.29, los principales elementos de SEMAT son:

- ▼ Un **método** (composición de prácticas) que no solo constituyen descripciones para los desarrolladores, sino que son dinámicos y soportan sus actividades diarias. Es decir, a diferencia de la descripción de métodos en otras propuestas descritas en este capítulo, en SEMAT un método no solo describe lo que supuestamente se debe hacer sino también lo que realmente se hace.

- ▼ Una **práctica** es un enfoque repetible para hacer algo con un objetivo concreto en mente, proporcionando un modo sistemático y verificable de resolver un aspecto particular de trabajo. Puede formar parte de muchos métodos.

- ▼ **Essence Kernel**, captura, como su nombre indica, los elementos esenciales de la Ingeniería del Software, es decir, aquellos que son fundamentales en todos los métodos.

- ▼ **Essence Language**, que es el lenguaje específico de dominio para definir métodos, prácticas y *kernels*.

## 9.4.1 Kernel

*Essence Kernel* proporciona los elementos comunes para entre otros aspectos comparar métodos y ayudar en la toma de decisiones sobre las prácticas. El Kernel se organiza en tres **áreas discretas de interés**, cada una enfocada a un aspecto específico de la Ingeniería del Software, que son:

- ▼ **Cliente** (*Customer*), que contiene todo lo relativo al uso y explotación real del software a producir.

- ▼ **Solución** (*Solution*), relativa a la especificación y desarrollo del sistema software.

- ▼ **Esfuerzo** (*Endeavor*), relativa al equipo y la forma en que acomete su trabajo.

Las áreas anteriores se suelen representar para su uso en la práctica con colores (verde, amarillo y azul respectivamente) y se les pueden asociar etiquetas de texto para facilitar su comprensión en los diagramas en que aparecen.

Por su parte, los **tres principales tipos de elementos** que contiene el Kernel son:

1. *Alfas*, representaciones del trabajo esencial a realizar proporcionando las descripciones necesarias para que los equipos desarrollen, mantengan y den soporte al software, así como evaluar el progreso y salud del proyecto a través de un conjunto predefinido de estados que contienen *checklists*. Los estados no solo se organizan de forma lineal, sino que se puede regresar a estados previos e iterar entre estados múltiples veces dependiendo de la elección de las prácticas. En la Figura 9.30 se muestran los *alphas* y sus relaciones. En particular, los alphas de cada área de interés son:

    - **Cliente**: en la que el equipo necesita entender los stakeholders o interesados (personas, grupos u organizaciones que influyen o son afectadas por el sistema software) y las oportunidades a ser aprovechadas, que son las circunstancias que hacen apropiado desarrollar o mantener un sistema software y se representan por el entendimiento común del equipo de las necesidades de los interesados.

    - **Solución,** en la que el equipo necesita establecer un entendimiento común de los requisitos e implementar, construir, probar, desplegar y dar soporte al sistema software que los satisface. Los requisitos son lo que el sistema software debe hacer para resolver la oportunidad y satisfacer a los interesados; y el sistema software está compuesto por software, hardware y datos y puede formar parte de otro sistema software o hardware mayor o solución de negocio.

    - **Esfuerzo**, en la que se realiza un trabajo por parte de uno o varios equipos que tienen una forma de trabajo. El trabajo se considera como la actividad que requiere esfuerzo mental o físico para alcanzar un resultado. Este trabajo es guiado por las prácticas que constituyen la forma de trabajo del equipo. El equipo es un grupo de personas que están activamente implicadas en el desarrollo, mantenimiento, entrega o soporte de un sistema software. La forma de trabajo se define como la particularización (*tailoring*) de un conjunto de prácticas y herramientas usadas por un equipo para dar soporte a su trabajo.

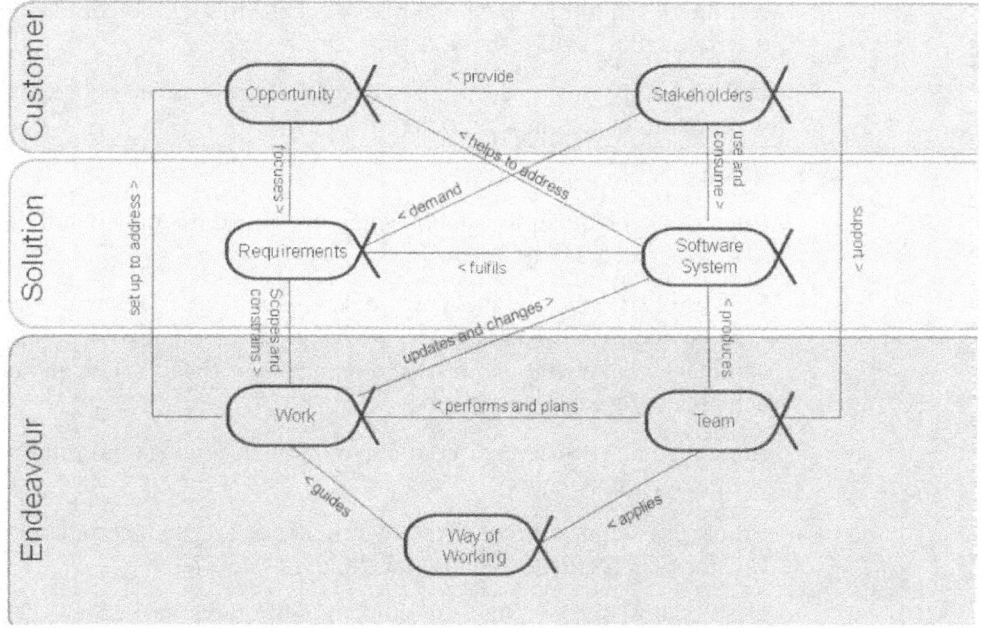

**Figura 9.30.** Kernel de SEMAT: los Alfas (OMG 2014)

2. **Espacios de Actividad** (*Activity Spaces*), que representan lo esencial a hacer, describiendo los retos a los que se enfrenta un equipo cuando desarrolla, mantiene y da soporte a sistemas software, y el tipo de cosas a hacer para conseguirlos. Los espacios de actividad se muestran en la Figura 9.31. En particular, los espacios de actividad de cada área de interés son:

- **Cliente**, en la que el equipo debe entender la oportunidad e implicar a los interesados, para lo cual hay que:

    - *Explorar las posibilidades* u opciones de creación de un Sistema software analizando las oportunidades e identificando a los *stakeholders*.

    - Entender las necesidades de los stakeholders, implicándoles y asegurando que se producen los resultados correctos esperados, lo cual incluye identificar y trabajar con stakeholders representativos para que la oportunidad tenga el progreso adecuado.

- Asegurar la satisfacción de los stakeholders, compartiendo los resultados del trabajo para obtener su aceptación y verificar que la oportunidad ha sido resuelta de forma exitosa.

- Utilizar el Sistema, observando su uso en un entorno en operación y ver cómo beneficia a los stakeholders.

• **Solución**, para lo cual es necesario:

- Entender los requisitos, estableciendo un entendimiento común de lo que el sistema debe hacer.

- Perfilar el sistema, que incluye el diseño general y el desarrollo de la arquitectura del sistema con el fin de que sea fácil de desarrollar, cambiar y mantener de forma que pueda satisfacer demandas actuales y futuras.

- Implementar el Sistema, que incluye también pruebas unitarias y corrección de defectos.

- Probar el sistema, que consiste en verificar que el sistema producido satisface los requisitos de los stakeholders.

- Desplegar el sistema, haciéndolo disponible fuera del entorno del equipo de desarrollo.

- Operar con el sistema, dando soporte al uso del sistema en el entorno de producción.

• **Esfuerzo**, área en la que se establece la forma de proceder para que el equipo esté formado y progrese de acuerdo a lo acordado, en particular:

- Preparación para la realización del trabajo. Se establece el equipo y su entorno de trabajo y se les asigna el trabajo.

- Coordinar la actividad, que consiste en coordinar y dirigir el trabajo del equipo, incluyen planificación y re-planificación continua del trabajo y reajustes del equipo.

- Dar soporte al equipo, ayudando a sus miembros a colaborar, ayudarse entre ellos y mejorar su forma de trabajar.

- Realizar seguimiento del progreso, midiendo y valorando el progreso del equipo.

- Parar el trabajo, consistente en parar el esfuerzo de Ingeniería del Software y el traspaso de las responsabilidades del equipo.

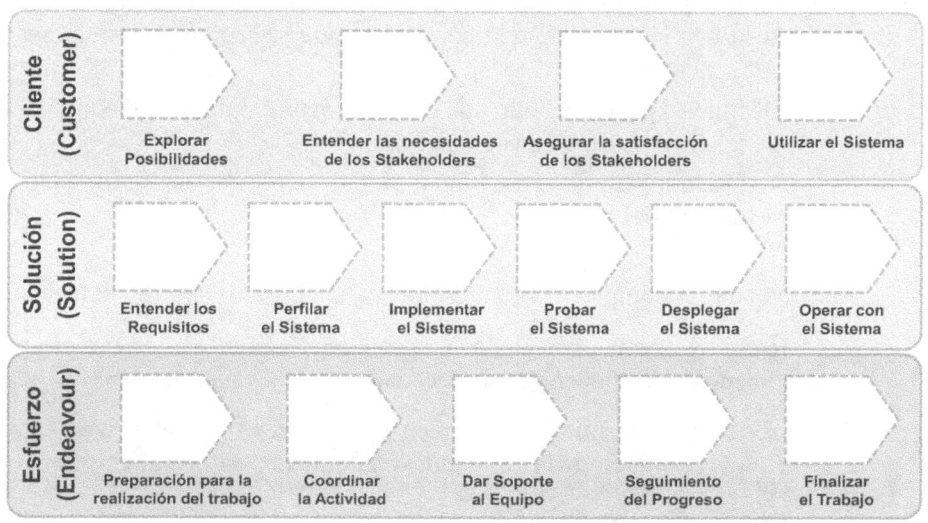

**Figura 9.31.** Kernel de SEMAT: los Espacios de Actividad (OMG 2014)

3. **Competencias** (*Competencies*), que representan las capacidades clave necesarias para realizar el trabajo requerido. Se muestran en la Figura 9.32 y por área de interés son:

- **Cliente**, en la que el equipo tiene que demostrar un claro entendimiento del negocio y los aspectos clave del dominio del mismo y tener la habilidad de comunicar de forma precisa la visión de sus interesados. Para ello se requiere la competencia:
    - **Representación de stakeholder,** que encapsula además la habilidad de recopilar, comunicar y balancear las necesidades de los stakeholders.

- **Solución**, que requiere las tradicionales competencias en Ingeniería del Software de:
    - **Análisis**, con la que entender las oportunidades y requisitos relacionados de los *stakeholders* y transformarlas en un conjunto acordado y consistente de requisitos.
    - **Desarrollo**, que encapsula la habilidad de diseñar y programar de forma efectiva sistemas software siguiendo normas y estándares acordados por el equipo.
    - **Pruebas**, que encapsula la habilidad de probar un Sistema, verificando que es usable y satisface los requisitos.

- **Esfuerzo**, área en la que el equipo debe ser capaz de organizarse o gestionar su carga de trabajo, para lo que se requieren las siguientes competencias:
  - Liderazgo, con el que una persona inspire y motive al equipo a un resultado exitoso de su trabajo.
  - Gestión, habilidad coordinar, planificar y hacer un seguimiento del trabajo del equipo.

Cada una de las competencias anteriores tiene cinco niveles de realización:

1. *Assists*: se demuestra un entendimiento básico de los conceptos implicados y se pueden seguir adecuadamente las instrucciones.
2. *Applies*: capaz de aplicar los conceptos en contextos simples mediante la aplicación rutinaria de la experiencia obtenida hasta la fecha.
3. *Master*: capaz de aplicar los conceptos en más contextos y se tiene experiencia suficiente para trabajar sin la necesidad de supervisión.
4. *Adapts:* capacidad de razonar de forma crítica cuándo y cómo aplicar los conceptos a contextos más complejos. Hacer posible a los demás la aplicación de los conceptos.
5. *Innovates*: experto reconocido, capaz de extender los conceptos a nuevos contextos e inspirar otros.

**Figura 9.32.** Kernel de SEMAT: las Competencias (OMG 2014)

## 9.4.2 Lenguaje Essence

Los métodos, prácticas y el propio núcleo de *Essence* se describen usando el Lenguaje de Essence, que es un lenguaje específico de dominio (DSL, *Domain Specific Language*) que está constituido por una base estática (sintaxis y reglas de consistencia) para la descripción de los elementos anteriores y una semántica operacional para habilitar el uso y la adaptación de estos elementos.

En la Figura 9.33 se muestran los elementos principales del lenguaje y sus relaciones. Tal como se puede observar, los elementos centrales de la figura (*Alfa, Estado Alfa, Espacio de Actividad* y *Competencia*) se usan para describir los contenidos del núcleo (*Kernel*) proporcionando las abstracciones de las cosas esenciales a hacer, cosas con las que trabajar y cosas a saber en los esfuerzos de ingeniería del software. Con estos 4 elementos es suficiente para poder hablar del estado, progreso y salud de un esfuerzo. Mientras que estos elementos usados por el *Kernel* son abstractos, las guías concretas se proporcionan mediante prácticas (*Practices*) añadiendo los elementos que aparecen en la parte derecha de la Figura 9.33:

- ▼ Productos de Trabajo con los que trabajar y que proporcionan evidencias de los estados en los que está un Alfa. Por ejemplo el código fuente de evidencias sobre si un componente está totalmente implementado o solo se trata de un esqueleto.

- ▼ Actividades: proporcionan la guía explícita sobre cómo producir o modificar productos de trabajo que conducirán a cambios de estados en los *Alfa*.

La semántica dinámica del lenguaje se representa con estados Alfa y Actividades.

Los Patrones y Recursos son conceptos genéricos que pueden ser asociados con cualquier elemento del lenguaje y no son considerados en la semántica dinámica del lenguaje. Por ejemplo, un recurso puede ser una plantilla asociada a un producto de trabajo, "scripts"/herramientas asociadas a una actividad o materiales de aprendizaje asociado a competencias. Una forma de adaptar un conjunto predefinido de prácticas es añadiendo recursos especializados a las mismas o reemplazando los existentes por otros. Los patrones pueden organizar los elementos en estructuras con algún significado especial. Por ejemplo, fases que organizan y secuencian actividades o espacios de actividades, o hitos, que alinean la consecución de un grupo de estados *alfa*. En la Figura 9.34 y 9.35 se muestra el metamodelo del lenguaje Essence.

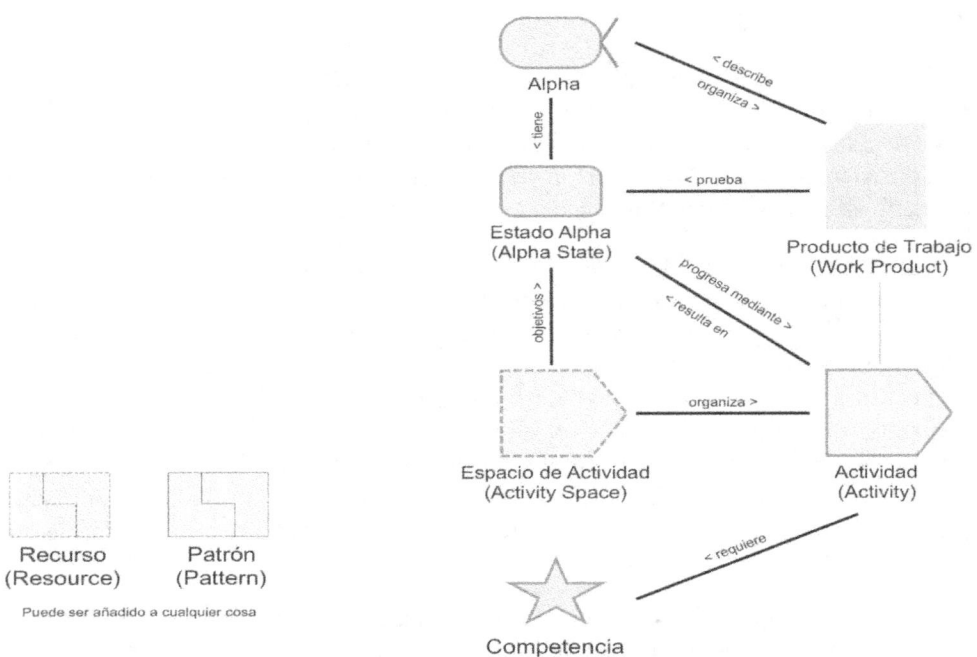

**Figura 9.33.** Visión General del Lenguaje Essence (OMG 2014)

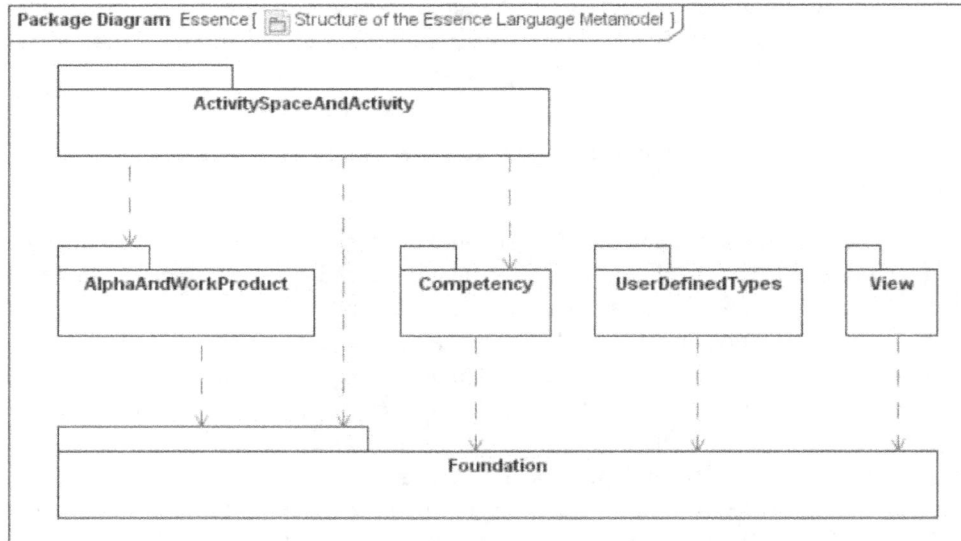

**Figura 9.34.** Estructura del Metamodelo del Lenguaje Essence (OMG 2014)

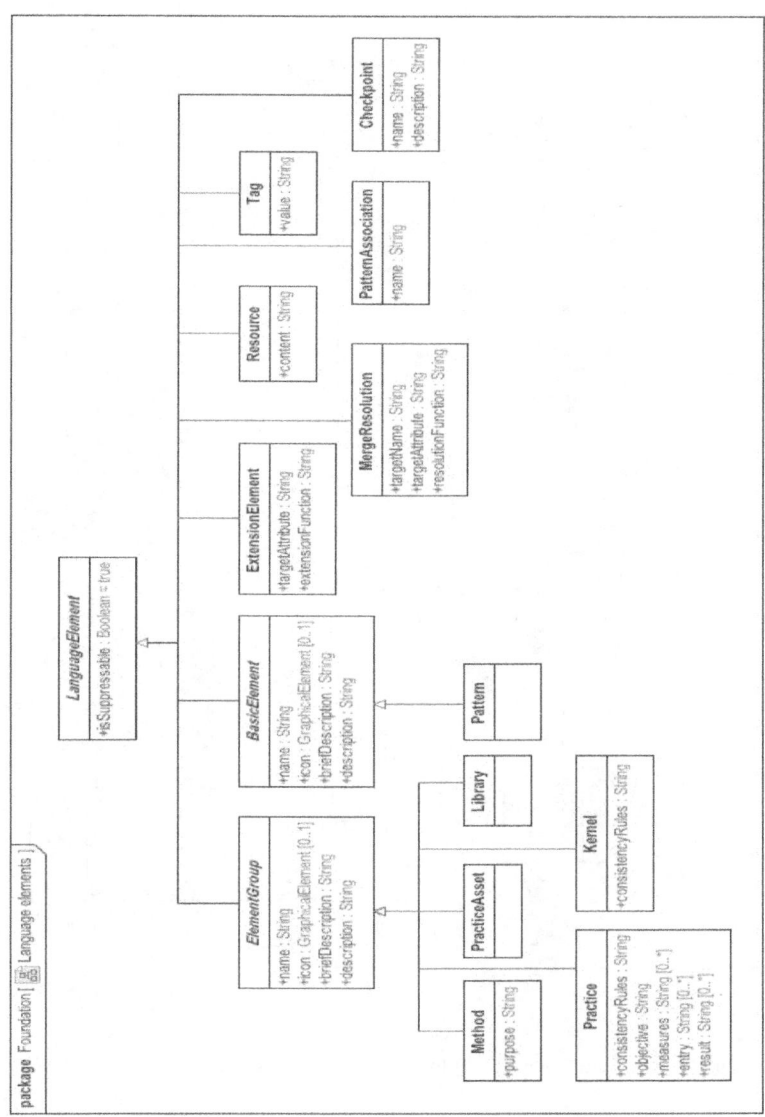

**Figura 9.35.** Metamodelo del Lenguaje Essence: Elementos principales (OMG 2014)

En la Figura 9.36 se muestra el metamodelo de la parte correspondiente a la sintaxis gráfica del lenguaje. En dicha sintaxis se da soporte tanto a la representación mediante diagramas como mediante tarjetas y se consideran cuatro elementos principales para la representación gráfica: nodos, enlaces, etiquetas y texto.

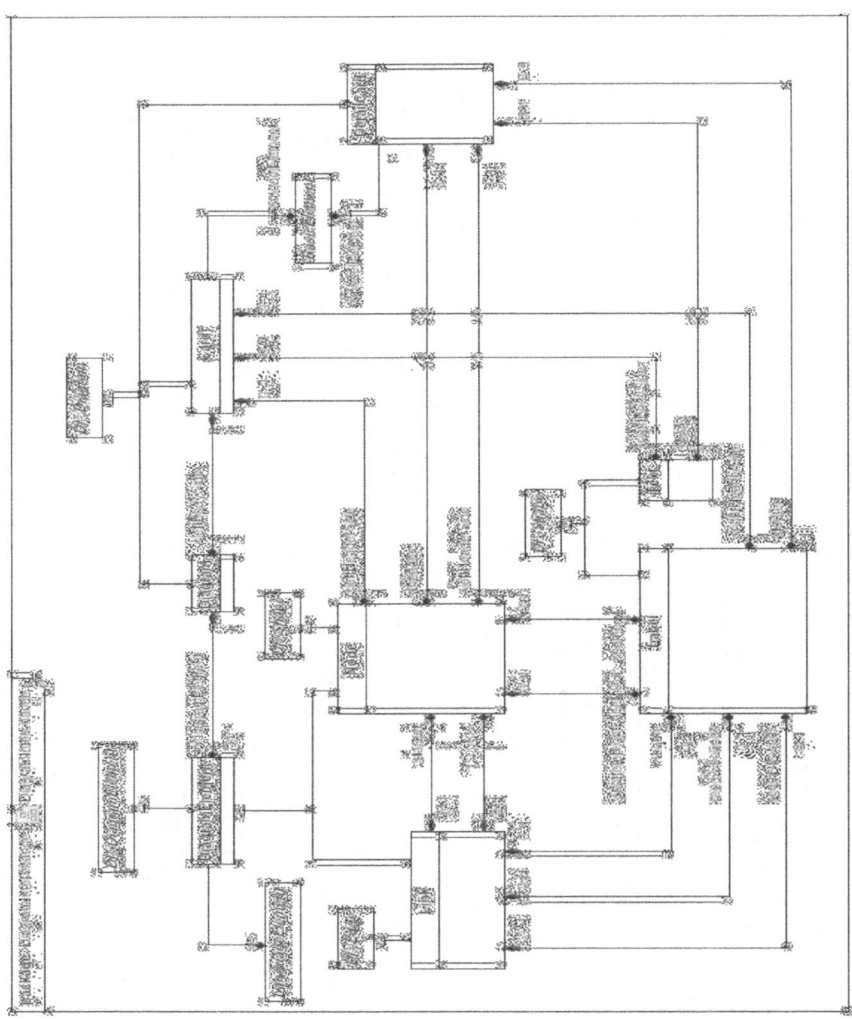

**Figura 9.36.** Metamodelo del Lenguaje Essence: Sintaxis gráfica (OMG 2014)

En la Figura 9.37 se muestra un ejemplo de tarjeta para la definición de la actividad "Identificar Historias de Usuario", en la que se muestran en la parte izquierda los símbolos correspondientes a las entradas de la actividad, competencias requeridas y salidas y en la parte derecha una breve descripción junto con una lista de criterios de compleción y enfoques.

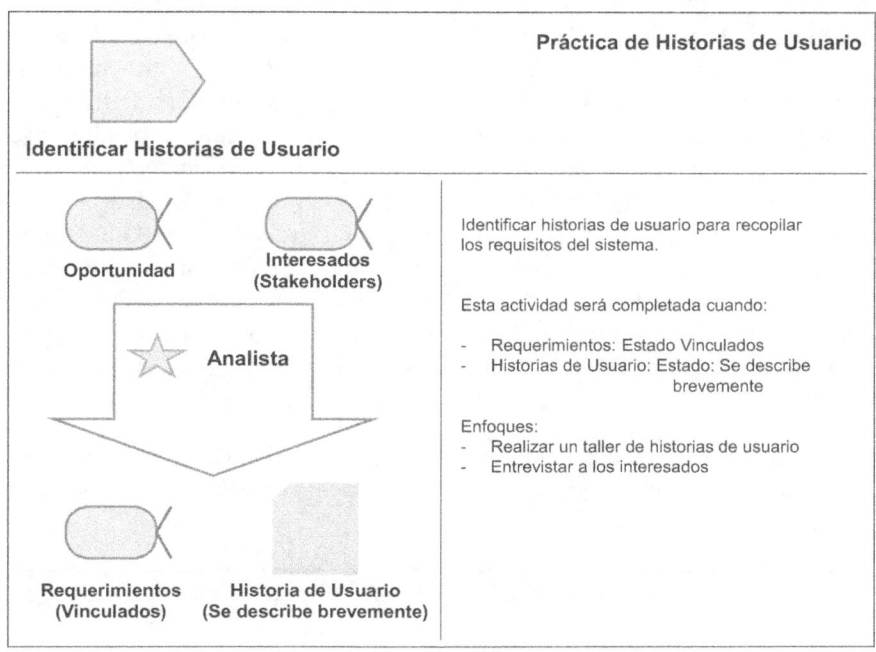

Figura 9.37. Ejemplo de tarjeta para la definición de una actividad (OMG 2014)

## 9.4.3 Extensiones

El Kernel de SEMAT puede ser extendido para dar soporte a distintas áreas. En la especificación se definen las siguientes extensiones opcionales:

▼ Extensión de Análisis de Negocio, que incluye dos *alfas*: "Necesidad" y "Representante de Interesado (Stakeholder)" como subordinados de "Requisito" y "Stakeholder" respectivamente.

▼ Extensión de Desarrollo, que añade dos *alfas*: "Elemento de Requisito" y "Sistema Software".

▼ Extensión de Gestión de Tareas, que añade tres *alfas*: "Miembro del Equipo", "Adopción de Tarea" y "Adopción de Práctica".

Por su parte, es de destacar la extensión KUALI-BEH, propuesta por el grupo de la Dra. Hanna Oktaba de la Universidad Nacional Autónoma de México (UNAM), para dar mayor soporte a la realización de proyectos software y que añade cuatro nuevos *alphas* para extender la forma de trabajo y progreso en tales proyectos, en particular: Autoría de prácticas y métodos como subordinado de forma de trabajo (Practice Authoring, Method Authoring) e instancias de práctica y realización de método (Practice Instance, Method Enactment) como subordinados de trabajo. El alfa "Practice Authoring" permite expresar unidades de trabajo como practices que pueden estar formadas por métodos, soportados en el alfa "Method Authoring". La forma de trabajo definida como prácticas y/o métodos es realizada por los trabajadores de una organización para convertirlos en unidades de trabajo que están soportadas por el alfa "Practice Instance" agrupadas como un conjunto en el elemento "Method Enactment" y cuyo progreso puede ser evaluado. En la Figura 9.38 se muestra una tarjeta de soporte a esta extensión para la definición de métodos. En Morales-Trujillo et al. (2015) puede encontrarse el proceso de incorporación de la extensión al estándar OMG, y en Morales-Trujillo et al. (2016) la aplicación de ESSENCE a una organización de nivel 5 de CMMI.

Por otra parte, Jacobson y su equipo siguen publicando regularmente sobre Essence y sus aplicaciones; así, por ejemplo, en Jacobson et al. (2016) proponen un método ágil a escala industrial.

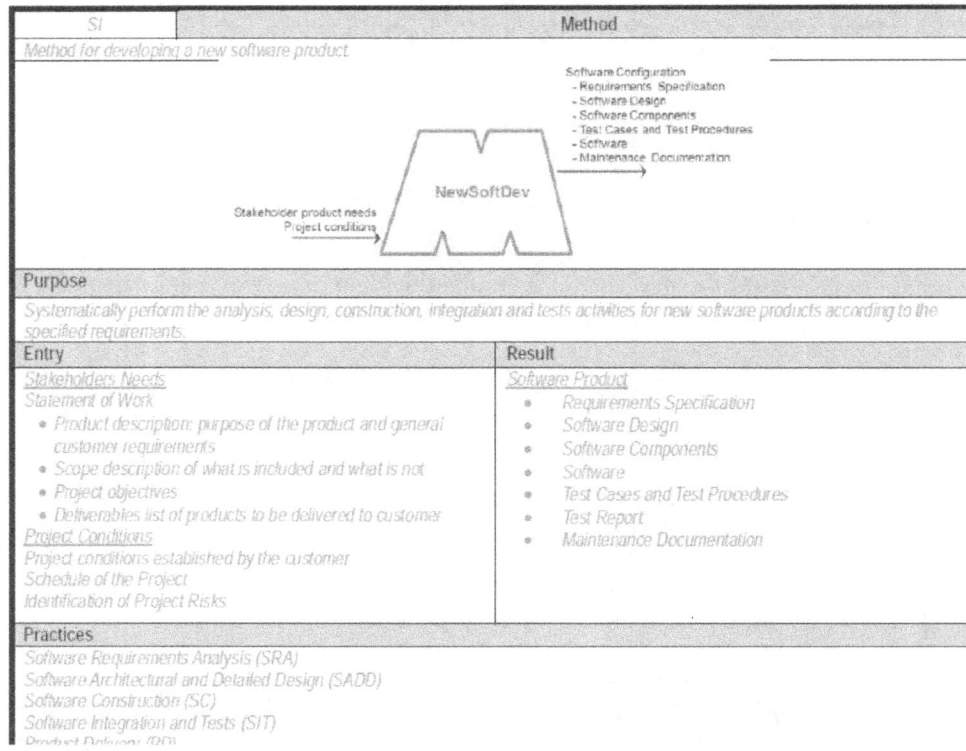

**Figura 9.38.** Extensión Kuali-Beh: Tarjeta de definición de método (OMG 2014)

## 9.5 COMPARATIVA SPEM-SEMAT

En este apartado se han presentado los tres enfoques más relevantes en la actualidad para el modelado de los procesos software. Sobre todo es de interés analizar las diferencias entre las SPEM y SEMAT, auspiciados ambos por OMG y que se solapan en sus principales objetivos. Sin embargo, es posible encontrar algunas diferencias clave que pueden facilitar a una organización seleccionar la propuesta más adecuada a sus necesidades. Respecto a SPEM se debe destacar que adopta una filosofía de Ingeniería de Métodos (o Ingeniería de Procesos) y está orientada a organizaciones que quieren mantener una separación de la definición de métodos y los procesos necesarios para el desarrollo de proyectos. También destaca su mayor madurez en la actualidad en comparación a SEMAT y su soporte por herramientas como EPFC. Por su parte, Essence introduce nuevos conceptos como *Alphas*, para la valoración y progreso de la salud de los procesos y se centra en el uso de los métodos más que en su definición (en la que se centra más SPEM). Además soporta la adopción incremental partiendo de un conjunto pequeño de elementos y por tanto que sea más apropiado para que pequeñas organizaciones se embarquen en el modelado de los procesos.

Del mismo modo en la especificación de SEMAT (OMG 2014) se describen algunas formas complementarias de usar SPEM y Essence, en particular para organizaciones que estén aplicando SPEM y quieran promover adopción incremental de métodos ágiles, o quieren continuar con su librería de procesos y métodos pero quieren usar *Essence* para promover la evaluación del progreso y salud de sus proyectos o quieren hacer uso del vocabulario básico del *Kernel*.

## 9.6 ENTORNOS DE INGENIERÍA DEL SOFTWARE ORIENTADOS AL PROCESO

### 9.6.1 Introducción y Características

La Tecnología de Procesos Software ha experimentado un intenso trabajo investigador desde que, a finales de los años 80, Leo Osterweil impartió una charla invitada en la conferencia internacional ICSE (*International Conference on Software Engineering*) cuyo título fue "*Software processes are software too*" (Osterweil 1987). Este trabajo fue el inicio de una nueva forma de abordar los procesos software, en el que los modelos que representan los aspectos del proceso son ejecutados y controlados con la ayuda de un entorno tecnológico denominado Entorno de Ingeniería del Software Orientados al Proceso (PSEE).

Los PSEE dan soporte a los procesos de ingeniería, usados para concebir, diseñar, desarrollar y mantener un producto software, a través de un modelo de procesos explícito definido mediante un LMP adecuado. Los modelos asociados a un PSEE especifican cómo las personas deben interactuar y trabajar, y también cómo y cuándo las herramientas utilizadas en el proceso deben ser utilizadas y/o activadas automáticamente. Un elemento clave del entorno lo constituye el **motor del proceso** (*process engine*), que es el encargado de guiar y ayudar a las personas a la hora de llevar a cabo las distintas actividades del proceso, y automatiza la ejecución de las actividades que no requieren intervención humana. El motor de procesos está constituido por los siguientes elementos (Cugola y Ghezzi, 1998):

- Un **Intérprete** del **Modelo** de **Procesos**, ejecuta el modelo controlando las herramientas usadas durante el proceso, guiando a las personas participantes y verificando que se satisfacen las restricciones especificadas en el modelo (como por ejemplo el orden de ejecución de ciertas actividades).

- Un **Entorno** de **Interacción** del **Usuario**, constituido por las herramientas que utilizan los usuarios, como pueden ser editores, compiladores, agendas, herramientas de gestión de proyectos, etc. Estas herramientas son controladas por el intérprete, que las utiliza para recibir realimentación de los usuarios y darles soporte durante el proceso.

- Un **Repositorio**, gestiona la información que es persistente en el entorno. Almacena los artefactos producidos durante el proceso y que son gestionados por el entorno, como pueden ser archivos de código fuente, documentación, ejecutables, casos de prueba, informes, etc. También se incluye toda la información del estado actual del proceso que está siendo ejecutado.

Basado en los elementos anteriores se ha desarrollado un modelo de referencia y una propuesta arquitectural para entornos PSEE en general (Fugget et al., 1999). De acuerdo a este modelo de referencia, un PSEE está controlado por un **motor de procesos**, cuyo objetivo es controlar el flujo de información entre los desarrolladores de acuerdo al modelo de procesos. El modelo es almacenado en un **repositorio**, junto con la definición del producto e información relevante sobre el estado del proceso. Además del repositorio, existe otro nivel de memoria importante formado por los **espacios de trabajo**, que son conjuntos de recursos informáticos que los desarrolladores utilizan cuando desempeñan un determinado rol en cierta actividad o tarea. Un PSEE también tiene que tener la capacidad para compartir datos con el exterior mediante **canales de importación/exportación**, que permitan el intercambio de productos y modelos en un formato de comunicación reconocible. En la Figura 9.39 se resumen los componentes esenciales de este modelo de referencia. La línea discontinua desde el motor de procesos a la capa de comunicación indica que el motor de procesos controla el PSEE esencialmente controlando el flujo de información entre el repositorio y los espacios de trabajo, entre unos espacios de trabajo y otros, y entre los usuarios y sus espacios de trabajos.

### 9.6.2 Clasificación de los PSEE

En primer lugar cabe destacar que todo PSEE está caracterizado por el LMP que utiliza. Como se ha descrito en el apartado anterior, existe una gran multitud de LMP y, en el contexto de los PSEE, los LMP utilizados pueden adoptar alguno de los siguientes cuatro enfoques (Cugola y Ghezzi, 1998): **Lenguaje Basado en la Programación**, consistentes en extender lenguajes de programación existentes introduciendo conceptos relacionados con el proceso software, como es el caso de APPL/A (Heimbigner et al., 1990) que es una extensión de Ada; **Basados en Reglas**, caracterizados por el uso de reglas de producción para describir los procesos software en los cuales las actividades se describen mediante reglas formadas por precondiciones, acciones y postcondiciones. Estas reglas tienen asociados roles encargados de realizarlas y recursos necesarios como por ejemplo herramientas. Ejemplos representativos de estos lenguajes son *Marvel* and *Merlin*; **Basados en Autómatas Extendidos**, como Diagramas de Estados o Redes de Petri, formalismos que fueron extendidos para proporcionar una notación más expresiva de los procesos software. Ejemplos de estos lenguajes son *Leu* y *ProcessWeaver* que están basados en Redes de Petri; **Multiparadigma**, que combinan dos o más paradigmas para describir los distintos aspectos de un proceso software. *SPADE* (Bandinelli et al., 1993) es un ejemplo de este tipo, en el que su estructura principal está basada en Redes de Petri, proporciona un modelo de datos orientado a objetos para describir artefactos y utiliza un lenguaje operacional para describir las acciones asociadas a las transiciones definidas.

Otro de los aspectos clave de los PSEE es el tipo de soporte que ofrecen a los usuarios, distinguiéndose entre cuatro posibles tipos (Bandinelli et al., 1996):

- ▶ **Rol Pasivo**. El usuario guía el proceso y el PSEE opera en respuesta a las peticiones del usuario.

- ▶ **Guía Activa**. El PSEE guía el proceso y pregunta al usuario cuando es necesario, recordándoles en todo momento qué actividades deberían realizar. Los usuarios son libres para decidir y realizar las acciones sugeridas por el entorno.

▼ **Obligación**. El PSEE fuerza a los usuarios a actuar tal y cómo se ha especificado en el modelo de procesos.

▼ **Automatización**. El PSEE ejecuta las actividades sin intervención de los usuarios.

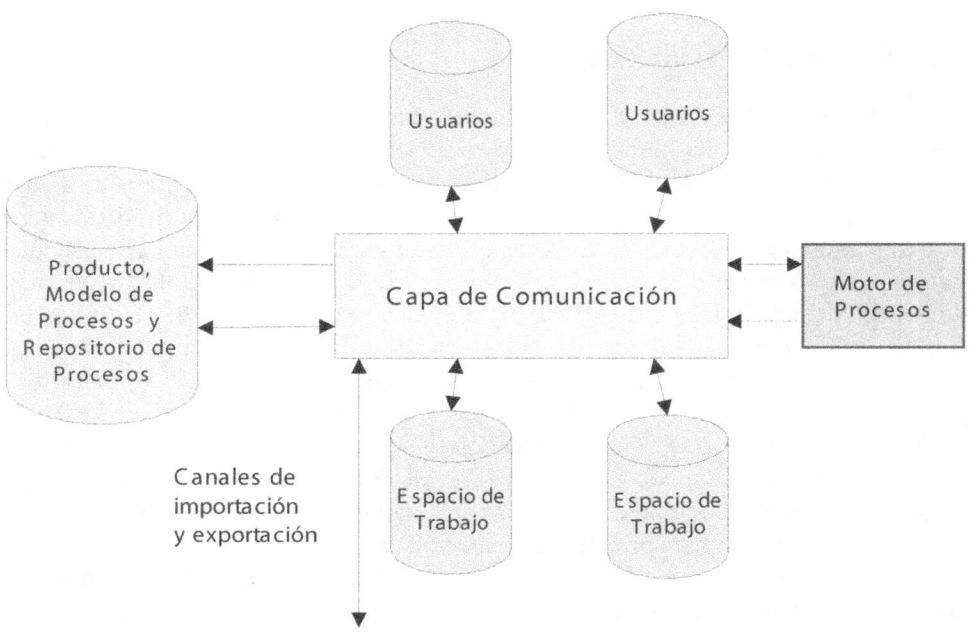

**Figura 9.39.** Arquitectura Funcional de un PSEE

Un mismo PSEE puede adoptar distintas formas de soporte al usuario, como por ejemplo adoptar el enfoque de automatización para actividades que no requieren la intervención de los usuarios y el de obligación para el resto.

También es posible clasificar los PSEE en función de la forma de controlar y guiar el proceso. En este caso se distingue entre PSEE **Proactivos**, en los que el entorno inicia y controla las operaciones realizadas por las personas, y **Reactivos** en los que el entorno queda subordinado a los usuarios.

En las últimas dos décadas se ha propuesto una gran diversidad de PSEE, entre los que se pueden destacar los siguientes (Harrison et al., 1999), (Cugola y Ghezzi, 1998), (Derniame et al., 1999), Adele (Belkhatir et al., 1991), AP5 (Balzer y Narayanaswamy, 1993), Arcadia (Taylor et al., 1988), EPOS (Conradi et al., 1994), HFSP (Katayama, 1989), Marvel (Kaiser, Barghouti et al., 1990), Merlin

(Junkermann et al., 1994), OIKOS (Montangero y Ambriola, 1994), SPADE (Bandinelli et al., 1993), GOODSTEP (Emmerich et al., 1993), MELMAC (Deiters y Gruhn, 1990), Oz (Ben-Shad y Kaiser, 1994), PCTE (Boudier et al., 1988), APEL (Dami et al., 1998; Estublier et al., 2003), Serendipity (Grundy y Hoskins, 1998). Sin embargo, la repercusión industrial de estos entornos ha sido mínima, quedando en un plano meramente investigador a nivel de prototipos. Solo algunos entornos han sido comercializados como es el caso de IPSE 2.5 (Warboys, 1990), SynerVision (Company, 1993) y ProcessWeaver (Fernström, 1993). Una comparativa de muchos de estos entornos es proporcionada por (Arbaoui et al., 2002).

A pesar de los grandes avances en la investigación de los PSEE, la gran mayoría no ha tenido la aceptación industrial esperada. Una de las causas más significativas ha sido el énfasis que los PSEE han dado a la descripción de modelos de procesos como modelos normativos cuyo seguimiento debía ser estricto. Ello originó PSEE muy rígidos que se adaptaban mal a la naturaleza de las organizaciones, aspecto especialmente crítico hoy en día en el que el mercado es muy dinámico y altamente competitivo (Derniame y Oquendo, 2004). Por otro lado, muchas de las propuestas incluyen LMP muy complejos y poco intuitivos que ha dificultado su uso por los profesionales que prefieren lenguajes más intuitivos y que les facilite su comunicación y entendimiento del proceso (Fuggeta, 2000). Todo ello ha originado una importante reflexión en la comunidad investigadora, siendo algunos requisitos y retos importantes para el futuro los siguientes (Arbaoui, et al., 2002):

- ▼ El PSEE debe dar **soporte dinámico** a la **ordenación** de **actividades**. Si la ordenación de las actividades puede ser elaborada y modificada dinámicamente, el motor de reificación del PSEE debe ser capaz de continuar apoyando y asistiendo durante la realización del proceso. Un aspecto clave son las interacciones de los humanos con el PSEE. El PML y el PSEE (como soporte del PML) deberían permitir cierta flexibilidad que les permita ser útiles dentro de la estrategia adoptada por una compañía, que puede ir desde un estricto y disciplinado proceso "dirigido por el plan" hasta un proceso completamente libre donde "la desviación es la norma".

- ▼ El PSEE debe dar **soporte** a la **distribución** de **procesos software**, lo cual comprende la modularidad, heterogeneidad, interoperabilidad y composición de procesos y la federación de fragmentos de proceso. También implica que el PSEE debe ser capaz de dar soporte a la comunicación, coordinación, cooperación y negociación entre los usuarios realizadores con sus diferentes roles.

- ▼ El PSEE debe dar soporte a la **evolución de procesos software**: tanto evolución "*off-line*" como "*on-line*". En este caso deben tenerse en cuenta las consecuencias en los procesos que están en curso y en los que ya han sobrepasado el punto de cambio en el modelo. Los PSEE también deben dar soporte a la evolución privada: el cambio será local a la instancia de modelo de proceso que se está ejecutando, sin impactar ni en el modelo reificado ni en el modelo en sí mismo. Las desviaciones del proceso respecto del modelo deben ser soportadas y negociadas, y su impacto debe ser gestionado.

También es importante remarcar que, en los últimos años, se puede apreciar un considerable y creciente interés en el análisis y estudio de los Procesos de Negocio, tanto en el ámbito empresarial como de sistemas. Existe un cierto grado de paralelismo entre los procesos de negocio y los procesos de software, dado que un proceso software es un caso particular de proceso de negocio para el desarrollo y/o mantenimiento de software. Por ello es de interés considerar los avances que se producen en el campo de los procesos de negocio y de los que se pueden beneficiar los procesos software. La gestión de los procesos de negocio pretende proporcionar el soporte necesario a todas las fases del ciclo de vida del proceso desde su definición y modelado, posterior implementación para finalmente el análisis y mejora. Más información general sobre este campo se puede encontrar en (Weske, 2007) (Dumas et al., 2013).

## 9.7 LECTURAS RECOMENDADAS

▼ *Fuggetta, A., Di Nitto, E. (2014). Software process. Future of Software Engineering (FOSE) 2014, pp 1-12.*

Este artículo analiza la evolución de la investigación y práctica de los procesos software en los últimos 15 años, estableciendo los nuevos retos investigadores a abordar en la actualidad.

▼ *Derniame J.C., Wastell D., Kaba A. (eds.) (1999). Software Process: Principles, Methodology and Technology, LNCS N°1500, Springer Verlag.*

Este libro proporciona al lector una panorámica completa del campo de los procesos software enfocada en las tecnologías de proceso software, y más concretamente en los Entornos de Ingeniería del Software Orientados al Proceso y los Lenguajes de Modelado de Procesos que le dan soporte.

▼ *Proceedings of the International Conference on Software Process (ICSP).*

Esta conferencia es actualmente la referente en la investigación sobre los procesos software a nivel internacional.

▼ *Ruiz, F. y Verdugo, J. (2008). "Guía de Uso de SPEM 2.0 y EPF Composer", versión 3.0.*

Disponible en *http://alarcos.esi.uclm.es/ipsw/doc/guia-spem2&epf_v30.pdf*

▼ *Garcia, F., Vizcaíno, A., Ebert, C. (2011). Process Management Tools. IEEE Software. Vol. 28 (2) pp. 15-18.*

Este artículo proporciona una visión general de las tecnologías de soporte para procesos software.

## 9.8 SITIOS WEB RECOMENDADOS

▼ *semat.org*

Sitio web oficial de la organización SEMAT donde se puede encontrar diversa documentación relacionada con su propuesta de Método y Teoría de Ingeniería del Software, así como herramientas de soporte, información adicional y eventos y conferencias relacionadas.

▼ *www.omg.org/spec/SPEM/2.0*

Sitio web de OMG (Object Management Group) con toda la información relevante de SPEM 2.0, entre la que se incluye el documento oficial de referencia así como los enlaces para descarga de los archivos del metamodelo y perfil UML de SPEM 2.0.

▼ *kualikaans.fciencias.unam.mx*

Sitio web del Grupo de Investigación en Métodos de Ingeniería de Software, dirigido por la Dra. Hanna Oktaba de la UNAM (México), en el que se puede encontrar información en castellano sobre ESSENCE, KUALI-BEH y otros temas relacionados con los procesos software.

## 9.9 EJERCICIOS

1. Representar el proceso de METRICA 3 "Planificación de Sistemas de Información" utilizando los siguientes Lenguajes de Modelado de Procesos:

    - Diagrama de Gantt
    - Diagramas de Actividad UML
    - SPEM 2.0 (Software Process Engineering Metamodel)
    - SEMAT

2. ¿Qué lenguaje de los utilizados anteriormente proporciona mayor expresividad para representar dicho proceso?

3. Abrir con la herramienta EPFC el contenido de métodos que incluye como ejemplo correspondiente a la metodología SCRUM. A partir de la definición de método, crear un proceso específico para la aplicación de SCRUM en una empresa desarrolladora de software y que extienda las actividades de SCRUM con actividades y tareas específicas de desarrollo de software de METRICA 3.

4. Realizar un estudio sobre un PSEE de ejemplo entre los siguientes: SPADE, APEL y Serendipity, analizando en qué medida se adaptan a la arquitectura de un PSEE y estableciendo sus similitudes y diferencias.

5. Realizar una búsqueda bibliográfica para analizar la influencia que tienen los sistemas de trabajo cooperativo basado en computador (CSCW) en los Entornos de Ingeniería del Software Orientados al Proceso.

6. Analizar la posibilidad de automatización de los Procesos Software con tecnología de Procesos de Negocio (Business Process Management Systems), poniendo especial énfasis en las características particulares de los procesos software y las dificultades que pueden surgir.

7. Realizar un ejemplo en el que se aplique uno de los Entornos de Ingeniería del Software Orientado al Proceso analizados en este capítulo para un caso particular de Proceso Software.

8. ¿Cuál ha sido la evolución en la tecnologías de procesos software hasta nuestros días? (véanse lecturas recomendadas).

9. Plantear en base a lecturas recomendadas (se recomienda ver actas recientes del ICSP) retos actuales y futuros en la gestión de procesos software.

10. Analizar el estado de las tecnologías de Procesos Software para resolver los retos adicionales que supone el Desarrollo Global en cuanto a comunicación, coordinación y control.

# 10

# PROCESOS DEL CICLO DE VIDA

## 10.1 CONCEPTO DE CICLO DE VIDA

Uno de los problemas más importantes en cualquier departamento de sistemas de información es definir un marco de referencia común que pueda ser empleado por todas las personas que participan en el desarrollo de los sistemas, y en el que se definan los procesos, las actividades y las tareas a llevar a cabo.

Precisamente, las principales organizaciones profesionales y organismos internacionales se han venido ocupando del ciclo de vida de los sistemas y del software, así, por ejemplo, tanto IEEE como ISO/IEC han publicado a lo largo del tiempo diversos estándares titulados, respectivamente, "*IEEE Standard for Developing Software Life Cycle Processes*" e "*Information technology – Software life-cycle processes*". En la actualidad proponen una norma conjunta ISO/IEC 12207 también conocida por IEEE Std 12207. Esta norma entiende por modelo de ciclo de vida "*un marco de referencia de procesos y actividades que conciernen el ciclo de vida, que puede organizarse en etapas, y que sirve como referencia común para la comunicación y el entendimiento*".

El **ciclo de vida** abarca toda la "vida" del sistema, producto, servicio, o proyecto, comenzando con su concepción y finalizando cuando ya no se utiliza. A veces también se habla de "ciclo de desarrollo", que es un subconjunto del anterior y que empieza en el análisis y finaliza con la entrega del sistema al usuario.

A continuación se resumen los procesos del ciclo de vida del software según la norma ISO/IEC 12207 (ISO, 2017a), que son en general una especialización de los procesos de la norma ISO/IEC 15288 (ISO 2015o), que ISO/IEC propone para el ciclo de vida de los sistemas.

## 10.2 PROCESOS DEL CICLO DE VIDA DEL SOFTWARE

En la norma ISO/IEC 12207, las actividades que se pueden realizar durante el ciclo de vida del software se agrupan en cuatro grandes categorías (véase Figura 10.1).

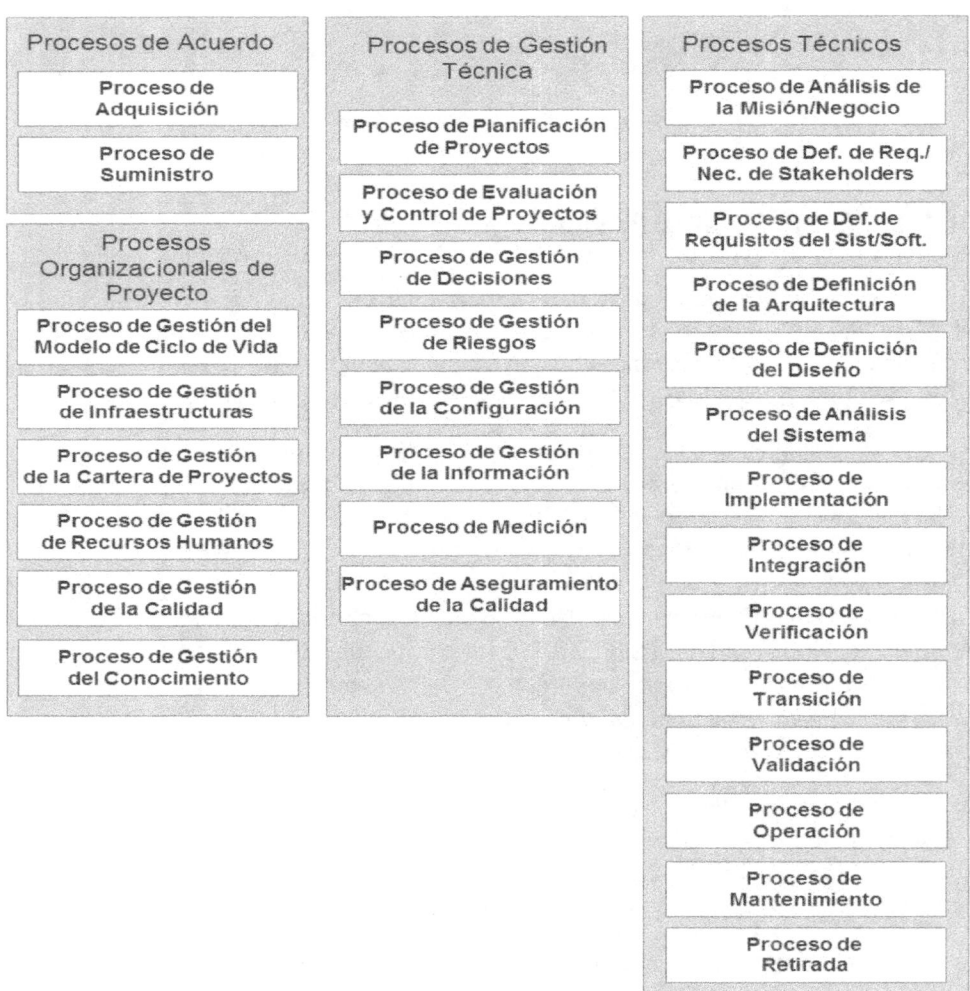

**Figura 10.1.** Procesos del ciclo de vida según la norma ISO 12207

Los procesos del ciclo de vida se agrupan en cuatro categorías.

### 10.2.1 Procesos de Acuerdo

Definen las actividades necesarias para establecer un acuerdo entre dos organizaciones (la compradora y la proveedora de los productos o servicios). Se encuadran en esta categoría:

- El **Proceso de Adquisición**, cuyo propósito es obtener el producto o servicio de acuerdo a los requisitos del comprador. Se compone de las siguientes actividades:

    - Prepararse para la adquisición
    - Publicitar la adquisición y seleccionar el proveedor
    - Establecer y mantener un acuerdo
    - Monitorizar el acuerdo
    - Aceptar el producto o servicio

- El **Proceso de Suministro**, cuyo propósito es proveer un producto o servicio al comprador, que cumpla los requisitos acordados. Se compone de las siguientes actividades:

    - Prepararse para el suministro
    - Responder a una licitación
    - Establecer y mantener un acuerdo
    - Ejecutar el acuerdo
    - Entregar y dar soporte al producto o servicio

### 10.2.2 Procesos Organizacionales que Posibilitan los Proyectos

Estos procesos se encargan de asegurar la disponibilidad de los recursos necesarios para que el proyecto satisfaga las necesidades y expectativas de las partes interesadas de la organización. Son los siguientes:

- **Proceso de Gestión del Modelo de Ciclo de Vida**, que se encarga de definir, mantener y asegurar la disponibilidad de políticas, procesos, modelos y procedimientos del ciclo de vida. Consta de tres actividades básicas como son: establecer, evaluar y mejorar el proceso.

- **Proceso de Gestión de Infraestructuras**, cuyo propósito es proveer la infraestructura (sus principales actividades son establecer y mantener la infraestructura) y los servicios a los proyectos para dar soporte a los objetivos del proyecto y de la organización durante el ciclo de vida.

- **Proceso de Gestión de la Cartera de Proyectos,** encargado de iniciar y mantener los proyectos necesarios, suficientes y adecuados para cumplir los objetivos estratégicos de la organización. Sus principales actividades son: definir y autorizar proyectos, evaluar la cartera de proyectos y finalizar los proyectos.

- **Proceso de Gestión de Recursos Humanos**, que asegura que se proveen los recursos humanos necesarios y mantiene sus competencias, en consonancia con las necesidades de negocio. Para ello se llevan a cabo las siguientes actividades: identificar, desarrollar, adquirir y proporcionar habilidades.

- **Proceso de Gestión de la Calidad**, que pretende asegurar que los productos, servicios e implementaciones del proceso de gestión de la calidad cumplen los objetivos de calidad del proyecto y de la organización y logran la satisfacción del cliente. Según la norma, como resultado de este proceso se tiene que conseguir que:

  - Se definan e implementen objetivos, políticas y procedimientos de gestión de la calidad de la organización.

  - Se establezcan criterios y métodos de evaluación de la calidad.

  - Se proporcionen a los proyectos los recursos y la información para dar soporte a la operación y monitorización de las actividades de aseguramiento de la calidad del proyecto.

  - Se obtienen y analizan los resultados de evaluación del aseguramiento de la calidad.

  - Se mejoran las políticas y procedimientos de gestión de la calidad basándose en resultados de proyecto y organizacionales.

    Este proceso contempla las siguientes actividades:

    – Planificar la gestión de calidad

    – Evaluar la gestión de la calidad

    – Llevar a cabo acciones preventivas y correctivas de gestión de la calidad

▼ **Proceso de Gestión del Conocimiento**, cuyo propósito es crear la capacidad y los activos que permiten a la organización explotar las oportunidades de volver a aplicar conocimiento existente. Comprende las actividades de planificar la gestión del conocimiento, compartir conocimientos y habilidades en la organización, compartir activos de conocimiento, y gestionar conocimiento, habilidades y activos de conocimiento.

### 10.2.3 Procesos de Gestión Técnica

Estos procesos se ocupan de la gestión de los recursos y activos asignados por la dirección de la organización y de aplicarlos para cumplir los acuerdos a los que se compromete la organización:

▼ **Procesos de Planificación de Proyectos**, que produce y coordina los planes realistas y efectivos, para lo cual se descompone en las actividades siguientes: definir el proyecto, planificar la gestión técnica y la del proyecto, y activar el proyecto.

▼ **Proceso de Control y Evaluación de Proyectos**, cuyo propósito es asegurar que los planes están alineados y son factibles, determinar el estado del proyecto, y del desempeño técnico y del proceso, y dirigir la ejecución para asegurar que el desempeño está de acuerdo a lo planificado, con los presupuestos previstos y satisfacer los objetivos técnicos. Comprende las actividades relativas a: planificar el control y la evaluación del proyecto, evaluar el proyecto y controlar el proyecto.

▼ **Proceso de gestión de decisiones,** proporciona un marco analítico y estructurado para identificar, caracterizar y evaluar, de manera objetiva, un conjunto de alternativas para una decisión en cualquier punto del ciclo de vida y seleccionar la opción más beneficiosa. Para ello, engloba las siguientes actividades: prepararse para las decisiones, analizar la información para la decisión, tomar y gestionar las decisiones.

▼ **Proceso de gestión de riesgos,** cuyo propósito es identificar, analizar, tratar y monitorizar de manera continua los riesgos, para lo que se llevan a cabo las siguientes actividades: planificar la gestión de riesgos, gestionar el perfil de riesgo, analizar los riesgos, tratar los riesgos y monitorizar los riesgos.

▼ **Proceso de gestión de la configuración**, encargado de gestionar y controlar los elementos y las configuraciones del sistema a lo largo del ciclo de vida. Comprende las actividades relativas a: planificación de la gestión de configuración, realización de la identificación de la configuración, de la gestión del cambio de la configuración, de la determinación del estado de la configuración, de la evaluación de la configuración y del control de liberaciones.

▼ **Proceso de gestión de la información**, cuyo propósito es generar, obtener, confirmar, transformar, conservar, recuperar, diseminar y destruir la información a los stakeholders designados. Se compone de dos actividades: prepararse para la gestión de información y llevar a cabo la gestión de la información.

▼ **Proceso de medición**, encargado de recoger, analizar y reportar de forma objetiva datos e información para dar soporte a una gestión efectiva y demostrar la calidad de productos, servicios y procesos. Se descompone en: preparar la medición y llevarla a cabo.

▼ **Proceso de aseguramiento de la calidad**, que sirve para ayudar a asegurar la aplicación efectiva del proceso de gestión de calidad de la organización al proyecto. Según la norma, como resultado de este proceso se tiene que conseguir que:

- Se definan e implementen procedimientos de aseguramiento de la calidad de los proyectos
- Se definan criterios y métodos para evaluar el aseguramiento de la calidad
- Se lleven a cabo evaluaciones de productos, servicios y procesos del proyecto, de forma consistente con las políticas, procedimientos y requisitos de calidad
- Se proporcionen a los stakeholders relevantes los resultados de las evaluaciones
- Se resuelvan los incidentes
- Se traten los problemas priorizados

Para ello la norma propone las siguientes actividades: preparación del aseguramiento de la calidad, llevar a cabo evaluaciones de producto o servicio, y de los procesos, gestionar los registros e informes de aseguramiento de calidad, y tratar incidentes y problemas.

## 10.2.4 Procesos Técnicos

Estos procesos son los que se utilizan para definir los requisitos de un sistema intensivo en software, transformar los requisitos en un producto efectivo, permitir la reproducción consistente del producto cuando sea necesario, usar el producto para proporcionar los servicios requeridos, mantener la provisión de estos servicios y eliminar el producto cuando se retire del servicio. La norma incluye en este apartado los siguientes procesos:

- **Proceso de análisis de la misión o negocio**, para definir el negocio o la misión o la oportunidad, caracterizar el espacio de la solución y determinar las soluciones potenciales que pueden abordar el problema o sacar ventaja de una oportunidad.

- **Proceso de definición de requisitos y necesidades de los stakeholders**, para que un sistema o producto software pueda proveer las capacidades necesarias a los usuarios y otros stakeholders en un entorno definido.

- **Proceso de definición de requisitos del sistema/software,** cuyo propósito es transformar la visión orientada al usuario o stakeholder de las capacidades deseadas a una vista técnica de una solución que cumple las necesidades operacionales del usuario.

- **Proceso de definición de la arquitectura**, para generar alternativas de la arquitectura del sistema, seleccionar una o más alternativas que atiendan las preocupaciones de los stakeholders y cumplan los requisitos del sistema y expresar la arquitectura en un conjunto de vistas consistentes.

- **Proceso de definición del diseño**, para proporcionar suficientes datos e información detallada acerca del sistema y sus elementos que permitan la implementación consistente con las entidades arquitectónicas definidas en los modelos y vistas de la arquitectura del sistema.

- **Proceso de análisis del sistema**, que proporciona una base rigurosa de datos e información para la comprensión técnica que sirve para ayudar a la toma de decisiones a lo largo del ciclo de vida.

- **Proceso de implementación**, cuyo propósito es realizar un elemento de software o de sistema específico.

- **Proceso de integración**, que sintetiza un conjunto de elementos software o de sistema en un software o sistema realizado (producto o servicio) que satisface los requisitos, arquitectura y diseño de software y de sistema.

- **Proceso de verificación**, cuyo propósito es proporcionar evidencia objetiva de que un sistema o elemento software o de sistema cumple sus requisitos o características especificadas.

- **Proceso de transición**, para dotar a un producto software o sistema de la capacidad de proporcionar servicios especificados por los requisitos de los stakeholders en el entorno operacional.

- **Proceso de validación**, cuyo propósito es proporcionar evidencia objetiva de que el sistema, cuando se usa, satisface los requisitos de los stakeholders y los objetivos organizacionales logrando su uso previsto en el entorno operacional previsto.

- **Proceso de operación**, por el que se usa el producto software o sistema para proporcionar sus servicios.

- **Proceso de mantenimiento**, cuyo propósito es conservar la capacidad del sistema de proporcionar un servicio.

- **Proceso de retirada**, que finaliza la existencia de un elemento software o un sistema para un uso determinado, manipulando los elementos retirados o reemplazados de forma apropiada y atendiendo las necesidades críticas de retirada que se han identificado (por los acuerdos, políticas, aspectos legales, medioambientales, de seguridad, etc.).

## 10.2.5 Proceso de Adaptación

El anexo A de la norma muestra cómo adaptarla a casos particulares con el fin de obtener procesos del ciclo de vida nuevos o modificados teniendo en cuenta circunstancias tan variadas como: estabilidad o variedad de entornos operacionales; riesgos (comerciales o de desempeño) de las diferentes partes interesadas; novedad, tamaño y complejidad; fecha de inicio o duración de la utilización; cuestiones de integridad como seguridad, seguridad en el funcionamiento (safety), privacidad, usabilidad o disponibilidad; oportunidades tecnológicas emergentes; presupuesto y recursos organizacionales disponibles; disponibilidad de los servicios de los sistemas de soporte; roles, responsabilidades y autorizaciones en el ciclo de vida del sistema; necesidad de cumplir otros estándares, etc.

## 10.3 MODELOS DEL CICLO DE VIDA

Las funciones principales de un modelo de ciclo de vida software son:

- ▼ Determinar el orden de las fases y procesos involucrados en el desarrollo del software y su evolución.

- ▼ Establecer los criterios de transición para pasar de una fase a la siguiente (productos intermedios). Todo ello, incluye los criterios para la terminación de la fase actual y los criterios para seleccionar e iniciar la fase siguiente.

El modelo de ciclo de vida que se seleccione en un proyecto influirá en la velocidad de desarrollo, mejorar la calidad, el control y el seguimiento del proyecto, minimizar gastos y riesgos, o mejorar las relaciones con los clientes. Una selección ineficaz puede ser una fuente constante de ralentización del trabajo, trabajo repetitivo, innecesario y frustrante.

A continuación, se presentan algunos de los modelos de ciclo de vida más comunes.

### 10.3.1 Modelo en cascada ("waterfall")

La versión original del modelo del ciclo de vida en cascada fue propuesta por Royce (Royce 1970) y, desde entonces, han aparecido numerosos refinamientos y variaciones de dicho modelo (Boehm 1981); (Sommerville 1985). El número de fases o etapas que se proponen en este ciclo suele variar, aunque suelen ser: análisis de requisitos del sistema, análisis de requisitos del software, diseño preliminar, diseño detallado, codificación, pruebas, explotación y mantenimiento (véase Figura 10.2 ).

Algunas características de este ciclo son:

- ▼ Cada fase empieza cuando se ha terminado la fase anterior.

- ▼ Para pasar de una fase a otra es necesario conseguir todos los objetivos de la etapa previa. Para ello, se realiza una revisión al final de la fase.

- ▼ Ayuda a prevenir que se sobrepasen las fechas de entrega y los costes esperados.

- Al final de cada fase el personal técnico y los usuarios tienen la oportunidad de revisar el progreso del proyecto.

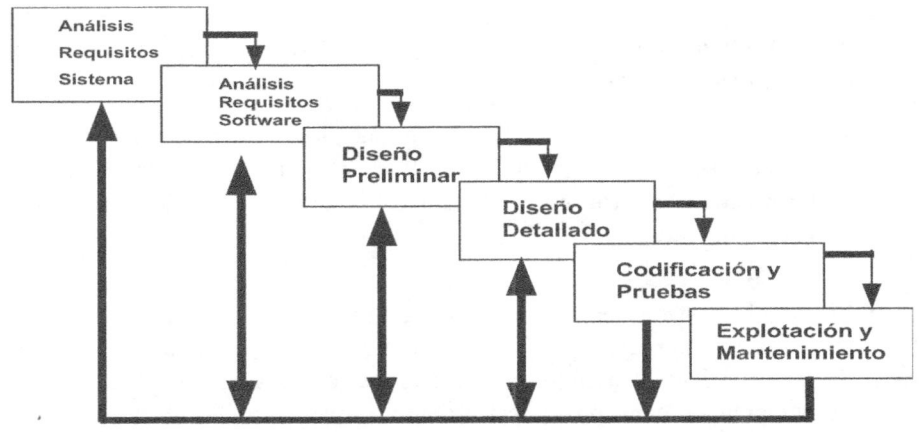

**Figura 10.2.** Ciclo de Vida en Cascada

Aunque es el ciclo de vida más antiguo y el más ampliamente utilizado, debido a las facilidades que da a los gestores para controlar el progreso de los sistemas, ha recibido numerosas críticas (McCracken y Jackson, 1982), entre las que destacan:

- No refleja el proceso "real" de desarrollo de software, ya que los proyectos reales raramente siguen un flujo secuencial, puesto que siempre hay iteraciones. Aunque en este modelo la iteración está permitida en etapas contiguas, en la vida real normalmente la iteración abarca más de una etapa; por ejemplo, la redefinición de los requisitos cuando se está codificando la aplicación.

- Se tarda mucho tiempo en pasar por todo el ciclo, dado que hasta que no se finalice una fase no se pasa a la siguiente. Así, se podría dar el caso de no salir nunca de la fase de análisis de requisitos software ("parálisis por análisis").

- Acentúa el fracaso de la industria del software con el usuario final, requiriendo del usuario mucha paciencia, ya que el sistema en funcionamiento no estará disponible hasta las fases finales del proyecto.

## 10.3.2 Modelo incremental

El modelo incremental (Lehman 1984) corrige la necesidad de una secuencia no lineal de pasos de desarrollo. En el modelo incremental (véase Figura 10.3) se va creando el sistema software añadiendo componentes funcionales al sistema (llamados incrementos). En cada paso sucesivo, se actualiza el sistema con nuevas funcionalidades o requisitos, es decir, cada versión o refinamiento parte de una versión previa y le añade nuevas funciones. El sistema software ya no se ve como una única entidad monolítica con una fecha fija de entrega, sino como una integración de resultados sucesivos obtenidos después de cada iteración.

El modelo incremental se ajusta a entornos de alta incertidumbre, por no tener la necesidad de poseer un conjunto exhaustivo de requisitos, especificaciones, diseños, etc., al comenzar el sistema, ya que cada refinamiento amplía los requisitos y las especificaciones derivadas de la fase anterior.

El modelo incremental constituyó un avance sobre el modelo en cascada, pero también presenta problemas. Aunque permite el cambio continuo de requisitos, aún existe el problema de determinar si los requisitos propuestos son válidos. Los errores en los requisitos se detectan tarde y su corrección puede resultar en algunos casos tan costosa como en el modelo en cascada.

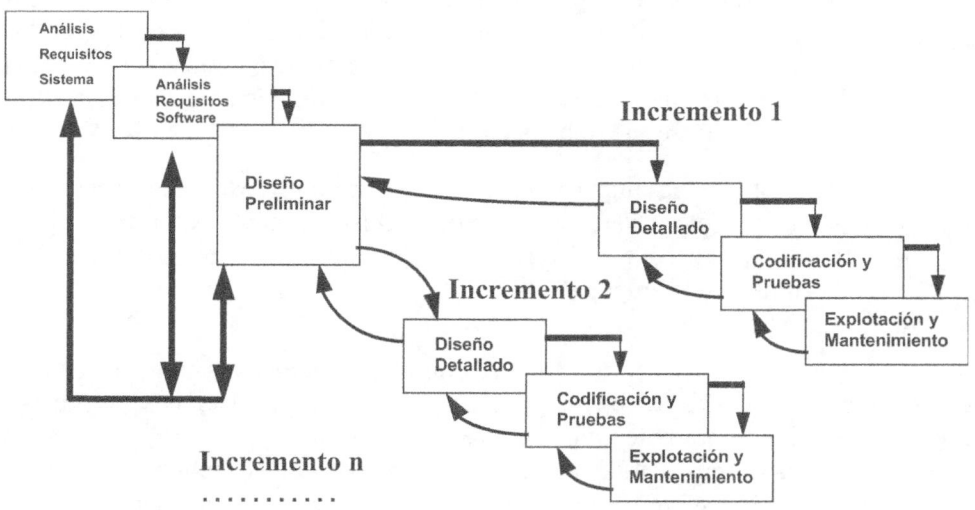

**Figura 10.3.** Modelo en cascada utilizando el desarrollo incremental

### 10.3.3 Modelo en espiral

Con el fin de paliar los inconvenientes del modelo en cascada, (Boehm 1988) propuso el modelo en espiral (véase Figura 10.4), que consta de una serie de ciclos, que empiezan identificando los objetivos, las alternativas y las restricciones. Una vez evaluadas las alternativas respecto a los objetivos y teniendo en cuenta las restricciones, se lleva a cabo el ciclo correspondiente para, una vez finalizado, empezar a plantear el próximo.

Para ver de forma más clara el modelo en espiral, lo explicaremos con un ejemplo. Cada ciclo de la espiral comienza con la *identificación* de:

- ▼ Los objetivos de la parte del producto que está siendo elaborada (rendimientos, funcionalidad, adaptación al cambio, etc.).

- ▼ Las alternativas principales de la implementación de esta porción del producto (usar el diseño A, usar el diseño B, reutilizar el módulo X de la aplicación Z, comprar a un proveedor externo, etc.). Para el ejemplo anterior, existen diferentes alternativas: en el área de tecnología se podría reutilizar software o utilizar ciertas herramientas, determinados métodos que condujeran al desarrollo de mejores productos. Pero también existen alternativas "no software" que marcan la posibilidad de realizar actividades no software, por ejemplo en las áreas de gestión (la organización de los proyectos, la política de la empresa, la planificación y el control de los proyectos, etc.), de personal (la incorporación de plantilla, la promoción de incentivos, la formación, etc.) y de soporte (comunicaciones entre el personal, lugares de trabajo, etc.).

- ▼ Las restricciones impuestas para cada alternativa (costes, planificaciones, interfaces, etc.). Para el ejemplo, las restricciones podrían ser que el aumento de productividad fuera a un coste razonable, que no se cambiase la cultura de la empresa, etc.

El siguiente paso es *evaluar* las diferentes alternativas que se plantean teniendo en cuenta los objetivos a conseguir y las restricciones impuestas. Frecuentemente, este paso identifica las áreas de incertidumbre del proyecto con sus correspondientes riesgos. Para el ejemplo anterior, los riesgos encontrados podrían ser que las ganancias en productividad no fueran significativas y que además dichas mejoras no fueran compatibles con la cultura de la empresa.

Si existen riesgos, se lleva a cabo la *formulación de una estrategia* efectiva en coste (utilizando prototipos, simulación, bancos de prueba, cuestionarios para los usuarios, modelización analítica o combinaciones de estas y otras técnicas de resolución de riesgos) para resolver dichos riesgos. Para el ejemplo, podría recurrirse a la realización de informes y análisis.

Luego se pasa a revisar los resultados del análisis de riesgos. Así, para el ejemplo que estamos tratando, los resultados podrían indicar la posibilidad de conseguir ganancias significativas de productividad a un coste razonable persiguiendo un conjunto integrado de iniciativas en las áreas de tecnología, gestión, personal y soporte.

El siguiente paso consiste en planificar la fase posterior. En el ejemplo práctico, se incluiría la necesidad de realizar informes y análisis más profundos y, por lo tanto, de contar con más personal.

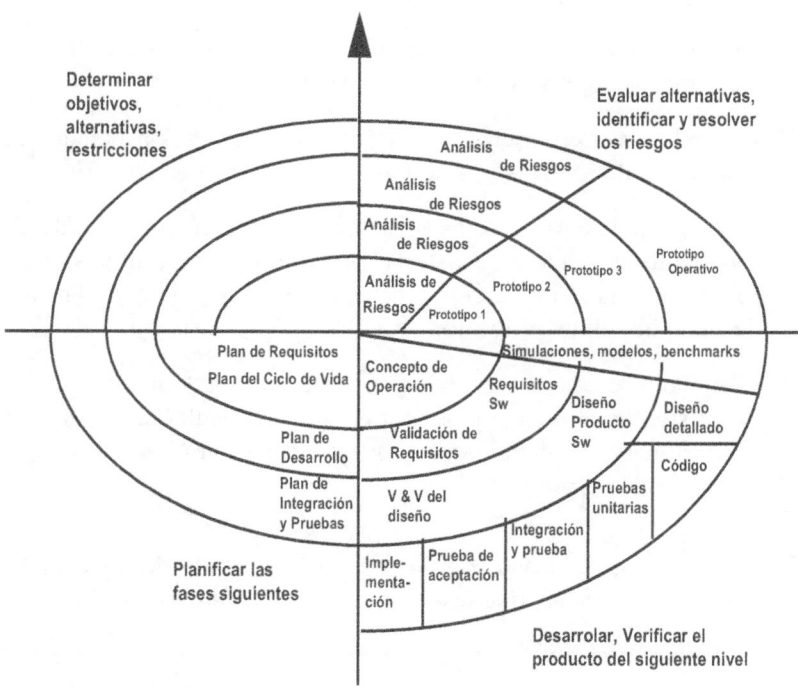

**Figura 10.4.** Modelo en espiral de Boehm

Una característica importante del modelo en espiral es que cada ciclo se completa con una revisión en la que participan los stakeholders que tienen relación con el producto. Esta revisión cubre todos los productos desarrollados durante el ciclo anterior, incluyendo los planes para el siguiente y los recursos necesarios para llevarlos a cabo. La revisión de los principales objetivos sirve para asegurar que todas las partes involucradas están de acuerdo respecto al método de trabajo para la siguiente fase.

Los planes para las fases sucesivas pueden también incluir una partición del producto en incrementos (para desarrollos sucesivos), o en componentes (para ser desarrollados por organizaciones individuales o personas). En este último caso, se pueden prever una serie de ciclos en paralelo, uno por cada componente, añadiendo así una tercera dimensión al concepto de modelo en espiral. Por ejemplo, las espirales separadas pueden aparecer a partir de componentes software separados.

Las principales diferencias entre el modelo en espiral y los métodos más tradicionales son las siguientes:

- Existe un reconocimiento explícito de las diferentes alternativas para alcanzar los objetivos de un proyecto.

- El modelo se centra en la identificación de riesgos asociados con cada una de las alternativas y las diferentes maneras de resolverlos.

- La división de los proyectos en ciclos, cada uno con un acuerdo al final de cada ciclo, implica que existe un acuerdo para los cambios que hay que realizar o para terminar el proyecto, en función de lo que se ha aprendido desde el inicio del proyecto.

- El modelo se adapta a cualquier tipo de actividad, incluidas algunas que no existen en otros métodos (por ejemplo, consulta de asesores expertos o investigadores ajenos) que son muy útiles para la consecución de los objetivos de un proyecto.

El modelo en espiral puede aplicarse en la mayoría de las ocasiones. Sin embargo, en algunos casos hay que resolver ciertas dificultades (Boehm 1988):

- Trabajo con software contratado. El modelo en espiral trabaja bien en los desarrollos internos, pero necesita un ajuste posterior para adaptarlo a la subcontratación de software. En el desarrollo interno existe una gran flexibilidad y libertad para ajustarse a los acuerdos etapa por etapa, para aplazar acuerdos de opciones específicas, para establecer miniespirales, para resolver caminos críticos, para ajustar niveles de esfuerzo, o para acomodar prácticas como prototipado, desarrollo evolutivo, o uso de métodos de diseño ajustado al coste. En el desarrollo de software bajo contrato no existe esta flexibilidad y libertad, por lo que es necesario mucho tiempo para definir los contratos, ya que los entregables no estarán previamente definidos de forma clara.

▼ Necesidad de expertos en evaluación de riesgos para identificar y manejar las fuentes de riesgos de un proyecto. Normalmente, un equipo sin experiencia puede producir una especificación con una gran elaboración de los elementos de bajo riesgo bien comprendidos, y una pobre elaboración de los elementos de alto riesgo. A no ser que se realice una inspección por expertos, en este tipo de proyecto se tendrá la ilusión de progresar durante un período, y, sin embargo, se encuentra dirigido directamente hacia el desastre. Otro aspecto a tener en cuenta es que una especificación dirigida por riesgos es también dependiente del personal y en especial de la experiencia que tenga.

### 10.3.4 Modelos para sistemas orientados a objetos

En general, podemos decir (Parets y Vega, 1991) que los modelos orientados a objetos caracterizan el desarrollo orientado al objeto por:

▼ La eliminación de fronteras entre fases, ya que, debido a la naturaleza iterativa del desarrollo orientado al objeto, estas fronteras se difuminan cada vez más.

▼ Una nueva forma de concebir los lenguajes de programación y su uso, ya que se incorporan bibliotecas de clases y otros componentes reutilizables.

▼ Un alto grado de iteración y solapamiento, lo que lleva a una forma de trabajo muy dinámica.

En general, todos los expertos en tecnología de objetos proponen seguir un **desarrollo iterativo e incremental.** Es iterativo porque las tareas de cada fase se llevan a cabo de forma iterativa, a la vez que existe un ciclo de desarrollo análisis-diseño-instrumentación-análisis que permite hacer evolucionar al sistema. Por lo que respecta al desarrollo incremental, el sistema se divide en un conjunto de particiones, cada una de las cuales se desarrolla de manera completa, hasta que se finaliza el sistema. Como ya señalaba (Goldberg, 1993), "la idea de la integración incremental es la diferencia clave de cómo debe ser gestionado un proyecto que utiliza tecnología orientada al objeto".

Se han propuesto diversos modelos, de los que exponemos los más importantes a continuación.

## 10.3.4.1 MODELO DE AGRUPAMIENTO (*CLUSTER*)

Según (Meyer 1990), la cultura implícita en los modelos tradicionales de ciclo de vida está basada en el "proyecto" (véanse características en la Tabla 10.1), mientras que en el desarrollo orientado al objeto está basada en el "producto", entendido como elementos software reutilizables y cuyo beneficio económico aparece a largo plazo.

Para la cultura del producto, (Meyer 1990) propone el modelo de agrupamiento (cluster), en el que se tiene en cuenta esta nueva fase de generalización (véase Figura 10.5), que aparece combinada con la fase de validación. El concepto clave de este modelo es el agrupamiento, que es un conjunto de clases relacionadas con un objetivo común (por ejemplo, un agrupamiento gráfico).

|  | PROYECTO | PRODUCTO |
|---|---|---|
| Producto final | Resultados | Componentes / Bibliotecas |
| Resultados económicos | Beneficios | Inversión |
| Unidad | Departamento | Compañía / Industria |
| Tiempo | Corto plazo | Largo plazo |
| Objeto | Programas | Sistemas |
| Piezas | Elementos del programa | Componentes de software |
| Estrategia | Descendente | Ascendente |
| Metodología | Funcional | Orientada al objeto |
| Lenguaje | C, Pascal, etc. | C++, Smalltalk, etc. |

**Tabla 10.1.** Ciclos de vida basados en el proyecto frente a los basados en el producto

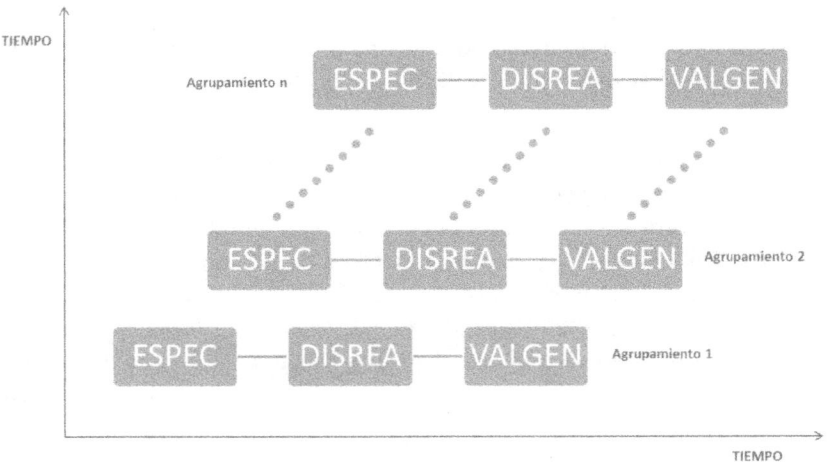

**Figura 10.5.** Modelo de agrupamiento

Se crean así diferentes "subciclos" de vida, que se pueden solapar en el tiempo. Cada uno incluye una fase de Especificación, otra de Diseño y Realización, y, por último, una de Validación y Generalización (véase Figura 10.5). Cada agrupamiento depende de los desarrollados con anterioridad, ya que se utiliza un enfoque ascendente: se empieza por las clases básicas que pueden estar incluidas en bibliotecas.

### 10.3.4.2 MODELO FUENTE

El modelo fuente fue definido por (Henderson-Sellers y Edwards, 1990) con el fin de representar gráficamente el alto grado de iteración y solapamiento que hace posible la tecnología de objetos. En la base está el análisis de requisitos, a partir del cual va creciendo el ciclo de vida (véase Figura 10.6, donde cada "burbuja" corresponde a una fase), cayendo solo para el mantenimiento necesario (de ahí el nombre de "fuente"). La "piscina" sería el repositorio de clases.

Estos autores proponen, además, un modelo de ciclo de vida para cada clase (o "módulo"), ya que cada una puede estar en una fase diferente del ciclo de vida durante el desarrollo de un sistema.

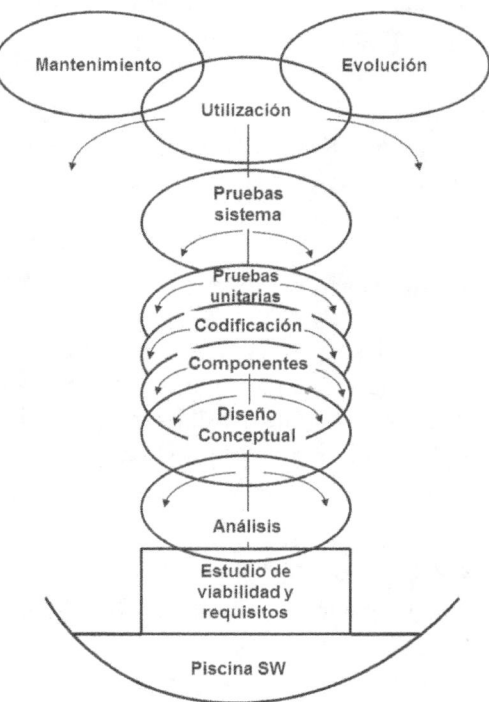

**Figura 10.6.** Modelo de ciclo de vida "fuente"

### 10.3.4.3 EL MODELO REMOLINO

En (Rumbaugh, 1992) se analizan distintas cuestiones que afectan al ciclo de vida en el desarrollo orientado al objeto, entre las que destaca que las metodologías de desarrollo no ofrecen una visión real del mismo, que es mucho más "desordenado" y que implica "múltiples iteraciones interrelacionadas".

Según Rumbaugh, el modelo en cascada asume solo una dimensión de iteración, consistente en la fase del proceso, pero se pueden identificar otras dimensiones:

- *Amplitud*, o tamaño del desarrollo (por ejemplo, número de elementos).
- *Profundidad*, referida a nivel de abstracción o detalle.
- *Madurez*, entendida como el grado de compleción, corrección y "elegancia".
- *Alternativas*, diferentes soluciones a un problema.
- *Alcance*, en cuanto a objetivos del sistema, ya que los requisitos van cambiando a lo largo del proyecto

Las diferentes dimensiones se pueden anidar de muchas maneras, por ejemplo: fase-madurez-amplitud. Este proceso "fractal" (más que lineal), consistente en un desarrollo "multicíclico", tiene la forma de un remolino en lugar de una cascada, de ahí su nombre.

### 10.3.4.4 EL MODELO "PINBALL"

Un modelo muy curioso y didáctico a la hora de explicar el desarrollo orientado al objeto es el propuesto por (Ambler 1998) quien señala que el "pinball[5]", refleja realmente la forma en que se desarrolla software. En este modelo la pelota representa un proyecto completo o un subproyecto y el jugador es el equipo de desarrollo.

Se procede de forma iterativa a encontrar clases, atributos, métodos e interrelaciones (actividades que se pueden englobar en la fase de análisis) y definir colaboraciones, herencia, agregación y subsistemas (que se incluyen en el diseño).

---

5. También conocido como juego de máquina de petacos o flipper.

Por último se pasa a la programación, prueba e implementación. Realmente, como en el "pinball", los pasos se pueden tomar en cualquier orden y de forma simultánea.

Ambler también destaca dos estilos a la "hora de jugar":

- "A lo seguro", con tecnologías y métodos probados.
- "Al límite", con mayor riesgo, pero también más ventajas. A veces, esta es la única manera de conseguir beneficios espectaculares.

El autor destaca que, al igual que en el juego del "pinball", la habilidad es el factor más importante (junto con la experiencia) pero además se requiere algo de suerte.

### 10.3.4.5 MODELO DEL PROCESO UNIFICADO DE DESARROLLO

#### 10.3.4.5.1 Introducción

El Proceso Unificado de Desarrollo de Software (PUD, de ahora en adelante) (Jacobson et al., 2000) se caracteriza por ser un marco genérico para el desarrollo de software, pudiéndose aplicar al desarrollo de cualquier tipo de software, área de aplicación, tipología de organización, envergadura de proyecto, etc. El lenguaje de modelado para especificar todos los modelos y artefactos en el PUD es el estándar UML (OMG 2009).

El PUD gestiona la ejecución de proyectos de tamaño considerable mediante tres características que lo convierten en un proceso: (i) dirigido por casos de uso, (ii) centrado en la arquitectura e (iii) iterativo e incremental.

**Dirigido por casos de uso**

Un proyecto solo será exitoso si es de utilidad y aporta valor a sus usuarios, y por ello es imprescindible saber qué necesitan. Teniendo en cuenta que se considera usuario a todo actor humano, dispositivo hardware o sistema externo que interactúe con el sistema que se está desarrollando, cada caso de uso del sistema representará una forma de interacción. Deberán considerarse todas las que los usuarios necesiten.

El conjunto completo de casos de uso que satisfacen todas las necesidades de los usuarios conforman el modelo de casos de uso. Dicho modelo no es solamente útil para registrar qué debe hacer el sistema, sino que resulta una herramienta imprescindible para guiar todo el proceso de desarrollo (análisis, diseño, implementación, pruebas, etc.).

Durante el desarrollo, el equipo validará todos los modelos y artefactos realizados contra el modelo de casos de uso y el equipo de pruebas identificará los casos de prueba necesarios en base a los casos de uso identificados. Por esto, se dice que los casos de uso no solo inician el proceso de desarrollo, sino que lo guían a través de una serie de flujos de trabajo, ya que constituyen el hilo conductor mediante el cual se avanza en el desarrollo del producto software.

**Centrado en la arquitectura**

De acuerdo a la metáfora del arquitecto (del ámbito de la construcción) empleada en (Jacobson et al., 2000), este proyecta sus construcciones mediante distintas vistas que permiten especificar la estructura de los edificios, la fontanería, los conductos de la calefacción, la electricidad, etc. Trasladando esta metáfora a la arquitectura software, la construcción de un sistema software requiere también la elaboración de distintas vistas que se complementan y que permiten obtener una visión integrada del sistema a desarrollar.

La arquitectura permite representar los aspectos estáticos y dinámicos del sistema a desarrollar, y debe tener en cuenta aspectos tecnológicos que debe cumplir el sistema, como la plataforma de despliegue, el contexto tecnológico, restricciones a nivel de negocio, etc.

La arquitectura guarda una estrechísima relación con el modelo de casos de uso, ya que ambos evolucionan de forma conjunta e integrada: el desarrollo de un caso de uso debe encajar en la arquitectura planteada, y la arquitectura planteada debe permitir desarrollar los casos de uso identificados en el modelo de casos de uso.

**Iterativo e incremental**

El PUD propone dividir un proyecto en fragmentos más pequeños o miniproyectos. Cada uno de estos miniproyectos recibe el nombre de iteración, y produce como resultado un incremento.

Estas iteraciones se planifican al comienzo del proyecto, acotando qué casos de uso se desarrollará en cada una de ellas. Las iteraciones son una forma eficaz de acotar los riesgos inherentes al desarrollo del producto software: cada iteración identifica sus propios riesgos y los gestiona, y además estos riesgos son conocidos desde el primer momento.

En cada iteración, los artefactos que se van desarrollando a través de los flujos de trabajo sirven para completar gradualmente la arquitectura del sistema. Si al final de una iteración cuando se revisan los objetivos de la misma se detectan desviaciones o resultados no satisfactorios, habrá que revisar las decisiones tomadas y, en el peor de los escenarios, repetirla.

### 10.3.4.5.2 El ciclo de desarrollo del PUD

El desarrollo de un producto software siguiendo el PUD se extiende a lo largo de un ciclo completo (Figura 10.7). Un ciclo de desarrollo se divide en cuatro fases (Inicio, Elaboración, Construcción y Transición), cada una de las cuales finaliza con un hito formado por un conjunto de artefactos que deben haber sido desarrollados. Una vez finalizado el ciclo se obtiene una versión del producto lista para entregar al cliente.

Si con el paso del tiempo surgieran nuevos requisitos, o el sistema tuviera que ser sometido a tareas de mantenimiento, se iniciaría un nuevo ciclo de desarrollo tras el cual, se obtendría una nueva versión del sistema adaptado a las nuevas necesidades.

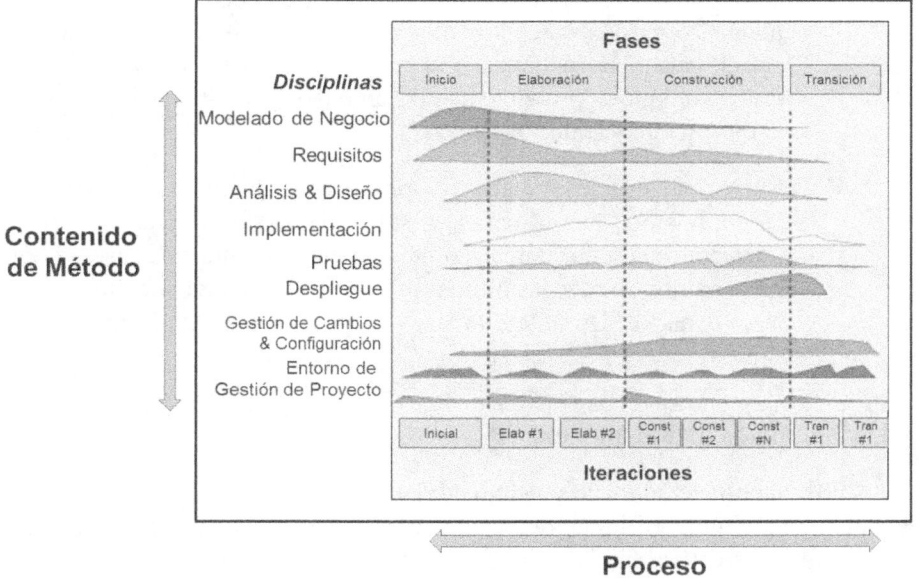

**Figura 10.7.** Organización del PUD en ciclos, fases, iteraciones y flujos de trabajo

### 10.3.4.5.3 Fases del PUD

A continuación se describirán las fases del PUD, incluyendo algunas de las características de las mismas:

- ▼ Inicio: permite establecer los usuarios y las funcionalidades que tendrá el sistema, establece una arquitectura base y el plan de proyecto que se deberá seguir para desarrollar el producto.

- ▼ Elaboración: permite especificar prácticamente todos los casos del modelo de casos de uso desarrollado durante la fase de inicio y la arquitectura del sistema. Tras la fase de elaboración, el jefe de proyecto puede realizar las planificaciones y estimaciones de costos necesarias para la finalización del proyecto.

- ▼ Construcción: durante esta fase se procede a la creación del producto a partir de todas las especificaciones desarrolladas en la fase de elaboración. En esta fase, la arquitectura del sistema se completa con todo lo necesario para la obtención del producto final. Durante la construcción, se pueden replantear ciertos aspectos menores de los requisitos y la arquitectura. Durante esta fase se llevan a cabo la mayor parte de las pruebas del sistema, aunque es probable que durante la fase de transición se detecten defectos que haya que solucionar.

- ▼ Transición: durante esta fase, el producto se convierte en una versión beta del mismo, que probarán un subconjunto de los usuarios con el fin de detectar cualquier defecto o deficiencia. Durante esta fase, el equipo de desarrollo resuelve las últimas incidencias e incluye mejoras sugeridas por los usuarios. Durante esta fase también se realiza la formación de los usuarios.

### 10.3.4.5.4 Flujos de trabajo del PUD

Tal y como se ha mencionado, cada una de las fases del ciclo de desarrollo del PUD se subdivide en iteraciones, cada una de las cuales pueden considerarse como un miniproyecto al final del cual se obtiene un incremento, que representa una parte funcional del sistema. A su vez, cada una de estas iteraciones se subdivide en flujos de trabajo elementales (ver Figura 10.8).

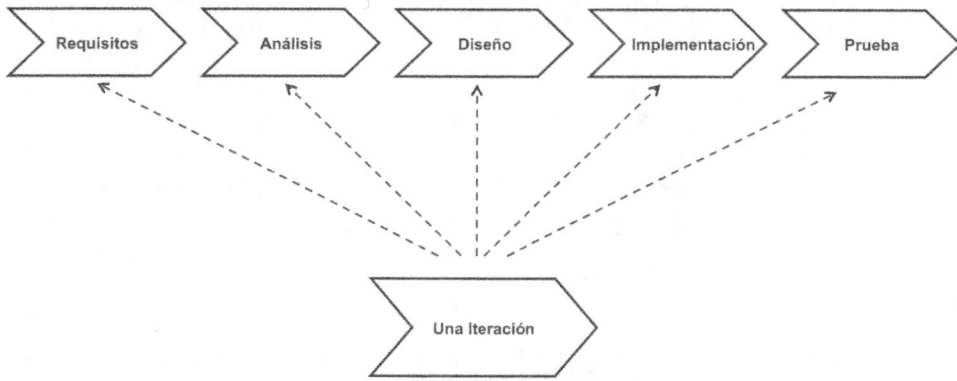

**Figura 10.8.** . Flujos de trabajo

Es importante puntualizar que los flujos de trabajo que se presentarán a continuación no van a representar la ejecución completa del ciclo de desarrollo en el Proceso Unificado de Desarrollo. Dichos flujos de trabajo, ejecutados en un orden establecido, se ejecutarán una vez por cada una de las iteraciones en las que se ha descompuesto cada una de las fases del ciclo de desarrollo. Por esto, si por ejemplo la planificación del proyecto cuenta con diez iteraciones, los flujos de trabajo se ejecutarán diez veces (una vez por cada iteración).

### Captura de requisitos

El principal objetivo de este flujo de trabajo es conseguir describir los requisitos del sistema de una forma adecuada como para que, tanto el equipo de desarrollo como el cliente, entiendan conjuntamente el fin del propio sistema, disminuyendo la brecha intelectual inherente a cada uno de las partes. El resultado de este flujo es también de vital importancia para realizar la planificación de las iteraciones de las que constará el proyecto.

Las tareas de las que suele constar la captura de requisitos son las siguientes:

- ▼ Enumerar los requisitos candidatos: conjunto de ideas que "podrían llegar a ser requisitos", junto con información importante para la planificación que permitirán estimar la viabilidad de dichas ideas.

- ▼ Comprender el contexto del sistema: es necesario disponer de un buen conocimiento del sistema que se pretende desarrollar, que incluye los conceptos y objetos de negocio más importantes.

▼ Capturar requisitos funcionales: mediante casos de uso se representa qué debe hacer el sistema, o mejor dicho, qué formas hay de usar dicho sistema.

▼ Capturar requisitos no funcionales: permitirán especificar restricciones, aspectos de calidad o requisitos de rendimiento. Los requisitos no funcionales suelen afectar al funcionamiento de los casos de uso, por lo que se consideran complementarios a estos.

**Análisis**

El objetivo principal de este flujo de trabajo no es otro que describir los requisitos con mayor nivel de detalle. Mientras que en la Captura de Requisitos se establecía una representación común al equipo de desarrollo y el cliente, en el flujo de Análisis se utiliza una terminología propia de los desarrolladores, lo que precisamente permite describir los requisitos con mayor precisión y nivel de formalismo.

El flujo de Análisis produce como resultado el modelo de análisis que permite representar incluso aspectos dinámicos del sistema mediante los diagramas de interacción. El modelo de análisis debe ser mantenible y flexible para facilitar posibles modificaciones de los requisitos.

**Diseño**

En el flujo de trabajo de diseño, se modela el sistema de forma que tanto los requisitos funcionales como los no funcionales queden reflejados. El punto de partida para el desarrollo del modelo de diseño es el modelo de análisis, que ya esboza una estructura del sistema.

El diseño es el flujo de trabajo que más esfuerzo implica durante la fase de elaboración, ya que se centra en establecer una estructura estable para el sistema que será implementada en la siguiente fase del desarrollo. El modelo de diseño permite llevar a cabo la realización física de los casos de uso (requisitos funcionales), los requisitos no funcionales y las restricciones asociadas al entorno de desarrollo u otras restricciones aplicables al sistema a implementar.

**Implementación**

En este flujo de trabajo se toma como entrada los modelos generados durante el flujo de diseño para implementar los componentes del sistema. Así, y a lo largo de las iteraciones, el sistema se va implementando gradualmente de forma incremental.

Este flujo de trabajo tiene su foco en las iteraciones pertenecientes a la fase de construcción, aunque también esté presente en las fases de elaboración (se establezca la línea base de la arquitectura) y transición (en la que se solucionarán los efectos detectados durante la implantación del sistema en sus versiones beta).

**Prueba**

Durante el flujo de trabajo de Prueba (que se centra principalmente en las fases de construcción y transición) se verifica el resultado de la implementación. Tal verificación se lleva a cabo probando cada elemento implementado, individualmente y en su conjunto, incluidas las versiones finales que se entregarán al cliente.

Durante este flujo de trabajo, se planifican las pruebas necesarias para cada iteración (integración y de sistema), se diseñan e implementan las pruebas creando para ello los casos de prueba (que describen la prueba en sí), los procedimientos que se llevarán a cabo y el componente físico que ejecutará la prueba. Por último, los elementos o artefactos defectuosos (de acuerdo a la descripción del caso de uso) deberán ser revisados en el flujo de trabajo correspondiente para ser reparado.

### 10.3.4.5.5 Procesos de soporte

Tal y como se observa en la Figura 10.7, además de los flujos de trabajo elementales existen otros 3 procesos que cabe destacar:

- ▼ **Gestión de la configuración y del cambio**. Entre las responsabilidades de esta disciplina se puede destacar: la descripción de la estructura del producto identificando de qué artefactos podrán existir distintas versiones; definición de las diferentes configuraciones del producto; asignación de identificadores y etiquetas sobre las versiones de los artefactos del producto que aseguren la trazabilidad de los mismos; gestión de los cambios sobre los artefactos, incluyendo seguimiento y estudio del impacto; y mantener información sobre el estado del producto, el estado de las entregas, el avance, etc.

- ▼ **Gestión de proyectos**. Esta disciplina provee de un marco completo para la gestión de proyectos software, incluyendo prácticas para: llevar a cabo la planificación, la gestión del personal involucrado en el proyecto, supervisión de la ejecución del proyecto (iteración tras iteración) y la gestión de riesgos (acotada a las iteraciones). La gestión de proyectos tiene como objetivo balancear todos las aspectos involucrados en el proyecto para lograr su finalización en tiempo y costes, y cumpliendo los requisitos del cliente.

▼ **Gestión del Entorno.** El objetivo de esta disciplina es el de llevar a cabo las actividades necesarias para preparar el entorno necesario (en términos de procesos y herramientas) para el desarrollo del proyecto. Las actividades de esta disciplina tratan de describir, de forma detallada, cómo los procesos a ejecutar se adaptarán y llevarán a cabo en el contexto del desarrollo del proyecto. Para ello, se hará uso de determinadas guías y plantillas que permitirán adaptar el Proceso Unificado de Desarrollo al contexto del proyecto y la organización.

## 10.3.5 Modelos ágiles

Los métodos "ágiles", que surgen a finales de los años noventa como intento de simplificar la complejidad de las metodologías existentes, se basan en una serie de principios que se exponen en el Manifiesto Ágil presentado en 2001:

▼ Valorar más a los individuos y su interacción que a los procesos y las herramientas

▼ Valorar más el software que funciona que la documentación exhaustiva

▼ Valorar más la colaboración con el cliente que la negociación contractual

▼ Valorar más la respuesta al cambio que el seguimiento de un plan

Como señalan (Garzás et al., 2012), a diferencia de ciclos de vida iterativos e incrementales más relajados, en un proyecto ágil cada iteración no se compone de una "mini cascada", ya que la duración de las iteraciones (normalmente entre 1 y 4 semanas) lo hace casi imposible. Por lo que de manera solapada durante una iteración se está casi a la vez diseñando, programando y probando, lo que implica la máxima colaboración e interacción de los miembros del equipo, que deben ser multidisciplinares. Además se busca finalizar la iteración con un prototipo operativo, que se revisa junto al cliente, lo que puede llevar consigo la modificación de los requisitos o la aparición de otros nuevos.

### 10.3.5.1 EXTREME PROGRAMMING (XP)

El ciclo de vida de Extreme Programming (Beck, 1999) se representa en la Figura 10.9, en la que se pueden observar diferentes fases (Garzás et al., 2012):

▼ **Exploración:** fase en la que los clientes plantean las necesidades a partir de historias de usuario que serán realizadas durante la primera iteración.

A su vez el equipo de desarrollo revisa las tecnologías, prácticas y herramientas a ser utilizadas durante el proyecto. En caso de dudas puede ser necesario explorar posibilidades de arquitectura mediante prototipos (denominados "architectural spikes") que permiten explorar diferentes soluciones. Como resultado de ello se obtendrá la metáfora del sistema, el hilo conductor de las historias de usuario, el alcance y las priorizaciones.

▼ **Planificación:** los programadores y clientes se ponen de acuerdo para priorizar las historias de usuario y el alcance de la primera versión del sistema. La planificación de esta primera versión tendrá una duración de entre dos y seis meses. La primera versión estará conformada por un número determinado de iteraciones de entre una y cuatro semanas. Durante la primera iteración se crea la estructura del sistema. También en esta fase se pueden utilizar prototipos para mejorar la estimación.

▼ **Desarrollo o iteración hacia la primera versión:** en cada iteración el cliente decide las historias de usuario que se realizarán, que serán los requisitos de la siguiente versión. Al finalizar cada iteración, el cliente realizará las pruebas funcionales para asegurarse de que todo funciona correctamente. En caso de que existan defectos, estos se solucionarán en las siguientes iteraciones. Por lo tanto, al finalizar la última iteración, el sistema estará en producción.

▼ **Producción:** el pase de un sistema a producción requiere de pruebas de aceptación y comprobaciones adicionales. Y se tiene que decidir si se incluyen en la versión actual nuevas funcionalidades o modificaciones. Durante esta fase, las iteraciones pueden disminuir su duración, pasando, por ejemplo, de tres a una semana para aumentar la velocidad y el ritmo con el que se converge al final de la versión. A partir de aquí las evoluciones no tendrán la velocidad con la que se ha realizado la primera versión.

▼ **Mantenimiento:** es una fase de evolución constante, refactorizaciones y mejoras del código fuente, y consiste, por lo tanto, en volver a realizar la planificación, el desarrollo en iteraciones y la puesta en producción.

▼ **Muerte del proyecto:** un proyecto entrará en esta fase cuando el cliente no tenga más historias de usuario para ser incluidas en el sistema, pasándose a generar la documentación final del sistema y dejar de realizar cambios en la arquitectura.

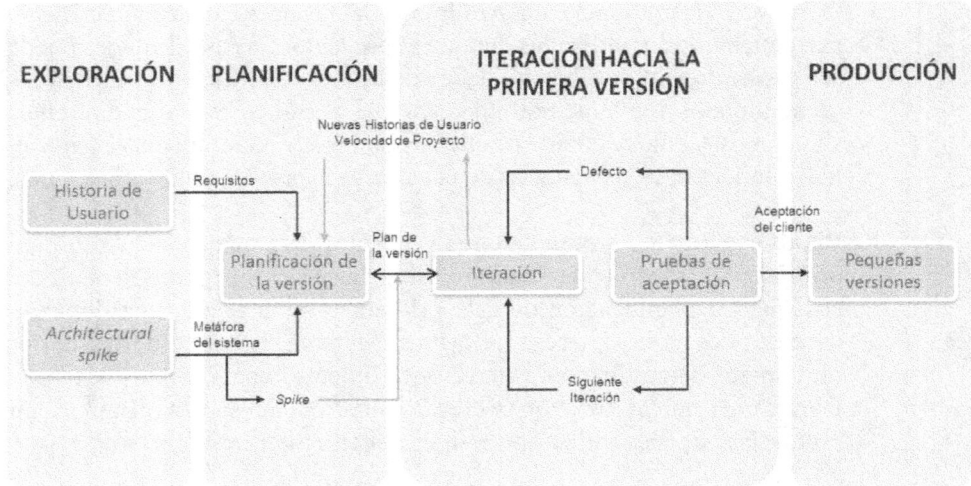

**Figura 10.9.** Ciclo de vida de Extreme Programming

### 10.3.5.2 SCRUM

En Scrum (Schwaber y Beedle, 2001), la metodología ágil más popular en la actualidad, cada iteración se denomina "sprint", durante la cual se implementarán características que provienen del "product backlog". El equipo de desarrollo selecciona las historias de usuario que se van a desarrollar en el sprint conformando el "sprint backlog", cuya composición es decidida por el equipo de desarrollo.

Para realizar el sprint backlog, se suele crear un desglose de tareas representadas en una tabla, en la que se describe cómo el equipo va a implementar las historias de usuario durante el siguiente sprint. La realización de las tareas se divide en horas, donde ninguna tarea debe durar más de 16 horas al ser realizada por un integrante del equipo. Además, la lista de tareas se mantendrá inamovible durante toda la iteración.

La relación entre el Product Backlog, el Sprint Backlog y el Sprint se representa en la Figura 10.10.

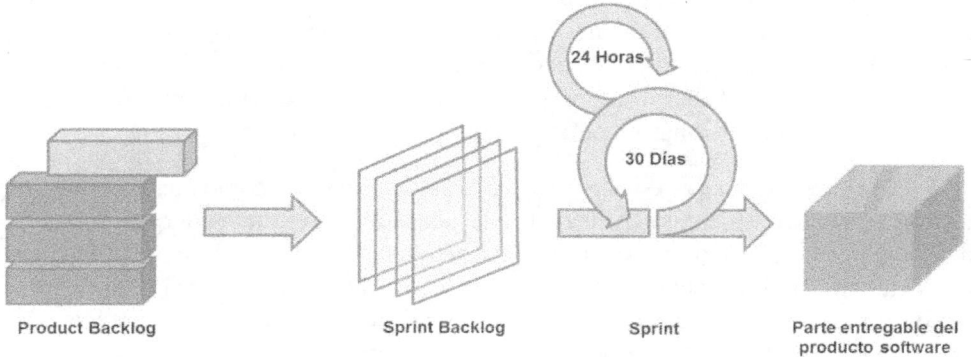

**Figura 10.10.** Ciclo de vida de Scrum

Muchas veces se piensa que cada Sprint es un miniciclo de vida en cascada. Esto no es del todo así, en realidad el Sprint mantiene una serie de características que lo diferencian de un ciclo de vida en cascada (Garzás et al., 2012):

- El diseño es continuo, así como la integración durante el desarrollo o las pruebas: estas actividades se realizan de manera continua a lo largo del sprint. En un ciclo de vida en cascada se realizan de manera secuencial, como si se tratase de compartimentos estancos.

- El equipo de trabajo: en Scrum las personas que integran un equipo de desarrollo realizan diferentes tareas (estimación, diseño, desarrollo, pruebas, etc.), sin que exista una especialización, como sucede en el ciclo de vida en cascada.

- La duración del sprint no puede modificarse: en un proyecto que sigue una metodología en cascada se puede extender el tiempo planificado, mientras que en un sprint no, aunque no se pueda cumplir con las actividades planificadas para ese sprint.

## 10.3.6 Modelos para la generación automática de software

Otro enfoque que cambia el ciclo de vida del software es el que se conoce desde los años ochenta como "síntesis automática de software", término con el que se describía la transformación de requisitos o de unas especificaciones formales o de alto nivel a código.

En la actualidad, su principal exponente es el "Desarrollo Software Dirigido por Modelos" (DSDM, también denominado MDD por su acrónimo en inglés, Model-Driven Development) en la que se le atribuye a los modelos el papel principal de todo el proceso, frente a las propuestas tradicionales basadas en lenguajes de programación y plataformas de objetos y componentes software.

Se puede decir que este paradigma de desarrollo surge como una evolución de los L4G y las herramientas CASE de las décadas anteriores, que, aunque proponían modelos y generar código a partir de ellos, se quedaban principalmente en técnicas de documentación de sistemas, sin que se actualizarán al modificar el código, ni se validaban los modelos de forma adecuada al no disponer de la tecnología precisa. En el enfoque DSDM se pretende que el modelo contenga toda la información necesaria para generar el sistema de forma automática, los modelos se crean al principio, no se dejan para el final; en definitiva se los considera "ciudadanos de primera clase".

En (García et al., 2013) se representa gráficamente el cambio de "filosofía" que impacta de lleno en el ciclo de vida. Desde una aproximación tradicional (Figura 10.11), en la que se desarrolla en primer lugar el código y posteriormente se documenta el sistema usando una notación como UML, al desarrollo dirigido por modelos (Figura 10.12), en el cual se define el modelo a partir del cual se genera de forma automática el código.

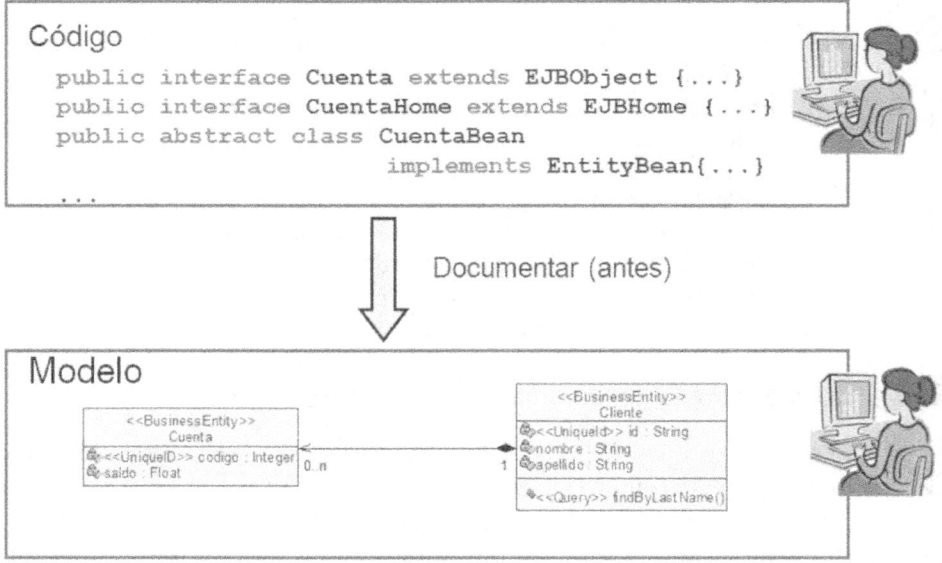

**Figura 10.11.** Aproximación tradicional al desarrollo de software

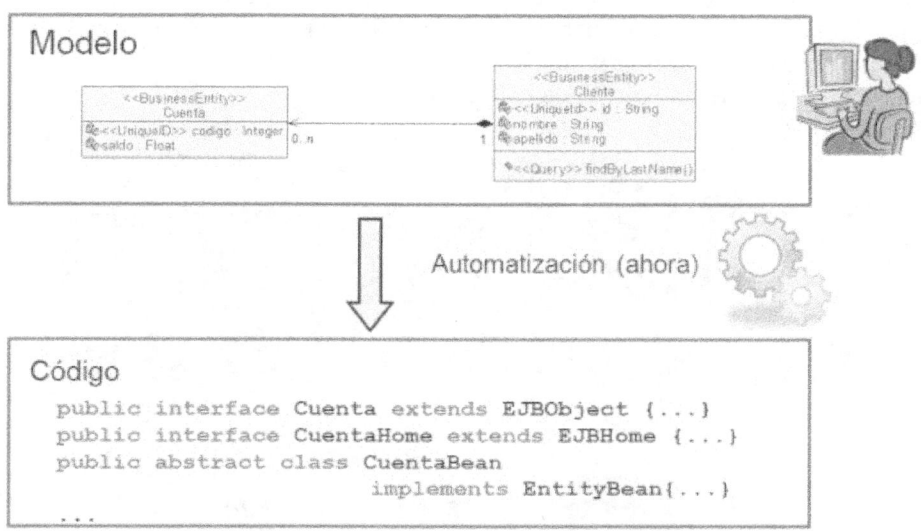

**Figura 10.12.** Desarrollo dirigido por modelos

### 10.3.7 Modelos con reutilización de software

Desde el propio nacimiento de la Ingeniería del Software se viene hablando de la reutilización del software. En la década de los noventa se enfatiza esta aproximación con el fin de reducir el time to market, desarrollándose frameworks (armazones) y packages (paquetes) de objetos y potenciándose el desarrollo basado en componentes (COTS) (Cechich et al., 2003).

En los últimos años se ha propuesto utilizar líneas de productos software, cuya definición más comúnmente aceptada procede de Clements que las considera como *"un conjunto de sistemas software, que comparten un conjunto común de características (features), las cuales satisfacen las necesidades específicas de un dominio o segmento particular de mercado, y que se desarrollan a partir de un sistema común de activos base (core assets) de una manera preestablecida"*. Aunque el concepto de familia de productos software no es nuevo, de hecho ya lo apuntaba David Parnas en 1979, sí es verdad que hasta hace unos pocos años no se ha utilizado este paradigma de desarrollo de software. *"Las líneas de producto software prometen revolucionar la manera en la que las organizaciones, grandes y pequeñas, conceptualizan y llevan a cabo sus actividades de desarrollo de software"* (Clements y Northrop, 2002). Según los estudios desarrollados por el SEI, las líneas de producto permiten mantener controlado el coste acumulado de desarrollar una serie de productos de una línea a partir del tercer producto de la misma. En las líneas de producto hay que diferenciar (véase Figura 10.13) el ciclo de desarrollo de la propia línea usando Ingeniería del Dominio, del ciclo de vida del producto que se construye a partir de los activos de la línea de productos.

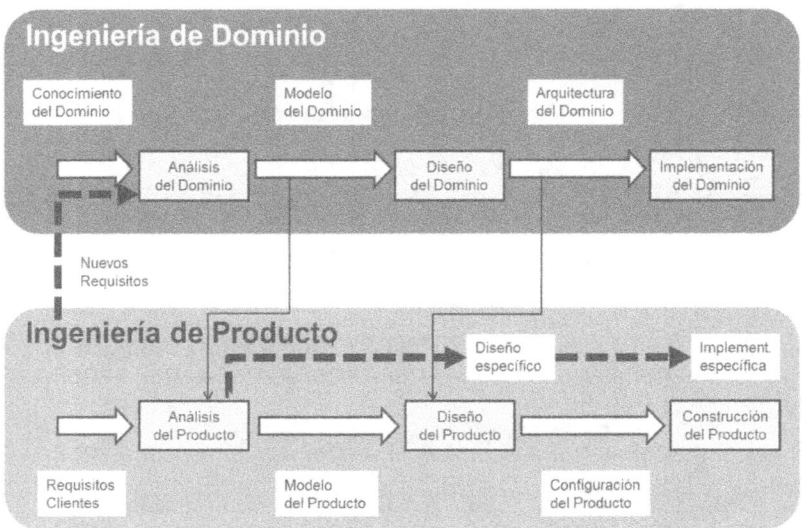

**Figura 10.13.** Ciclo de vida para líneas de producto

## 10.3.8 El modelo espiral de compromiso incremental

El ICSM (*Incremental Commitment Spiral Model*) es de los últimos modelos de ciclo de vida que ha propuesto Barry Boehm, del que empezó a publicar algunos aspectos en 2007, y que finalmente ha profundizado en (Boehm y Huang, 2014) (Boehm, 2014).

En este modelo, se han establecido los siguientes principios:

▼ Evolución y definición del sistema basadas en el valor del stakeholder

▼ Responsabilidad y compromiso incremental

▼ Definición y desarrollo del sistema hardware-peopleware-software concurrente

▼ Evidencia y toma de decisiones basadas en riesgos.

Como se puede ver en la Figura 10.14, en cada espiral se abordan de forma concurrente los requisitos y las soluciones, así como los aspectos relativos a productos, procesos, hardware, software, factores humanos y análisis de casos de negocio de configuraciones alternativas de producto o inversiones en líneas de producto. Los stakeholders evalúan los riesgos y los planes de mitigación de riesgos y deciden el curso de la acción.

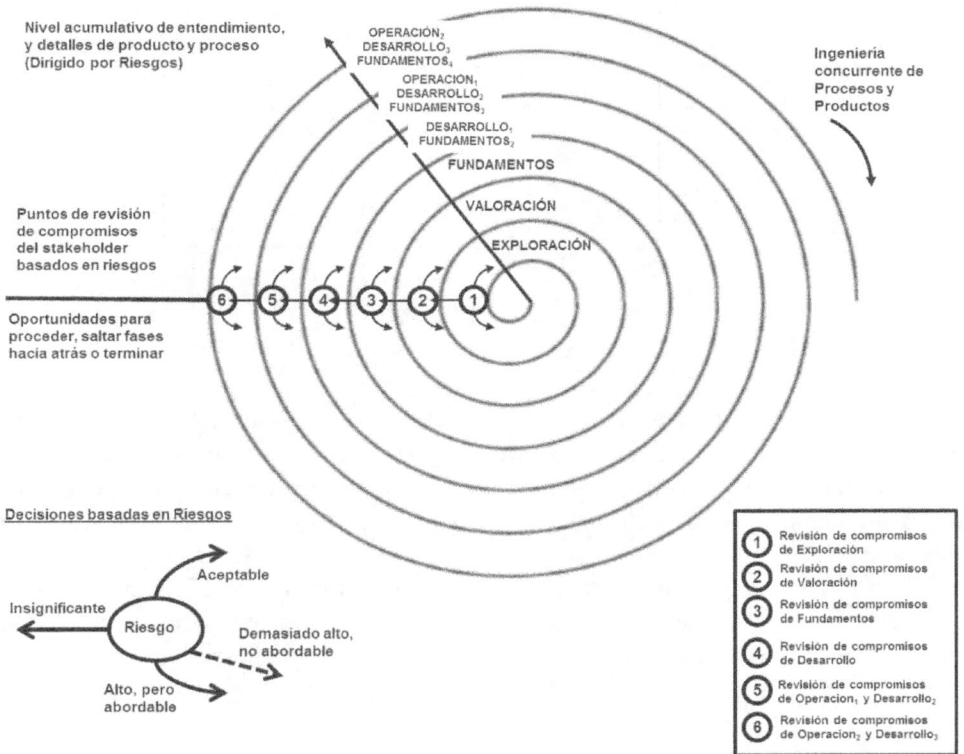

**Figura 10.14.** Modelo espiral de compromiso incremental (Boehm et al., 2014)

Realmente el modelo ICSM es un modelo de generación de procesos, que proporciona además vistas complementarias a la vista de espiral de la figura: vista en fases, vista de evolución, vista de concurrencia y vista de swimlanes.

## 10.3.9 Comparación de modelos del ciclo de vida

Siguiendo a (Davis et al., 1988), vamos a comparar los diferentes modelos de ciclos de vida, para lo cual (como se muestra en la Figura 10.15) se va a considerar en el eje X el tiempo y en el eje Y la funcionalidad que tiene que ofrecer el software, y (como es lógico) que las necesidades del usuario van aumentando con el tiempo.

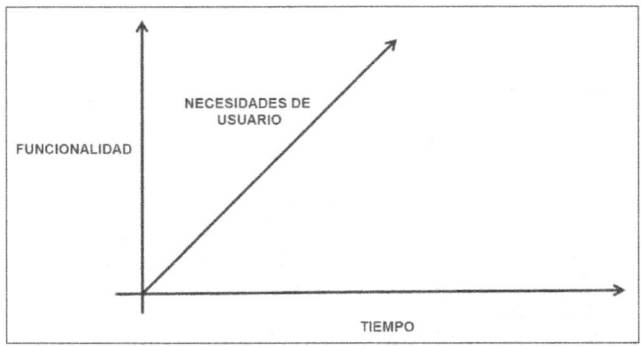

**Figura 10.15.** Evolución de las necesidades del usuario con el tiempo

En un modelo de ciclo de vida en cascada, véase Figura 10.16, en un tiempo t0 se reconoce la necesidad de un software y empieza el desarrollo, en el tiempo t1 se produce ya un software, pero que no satisface por supuesto las necesidades del usuario en ese momento, ni siquiera las que tenía en el momento t0 ya que no se comprendieron bien esas necesidades en un principio. El sistema sufre una serie de mejoras entre t1 y t3 por lo que en algún momento acaba satisfaciendo las necesidades iniciales (por ejemplo, en t2), hasta que el coste de mejora es tan grande que se decide empezar un nuevo sistema (en t4) empezando otra vez con los mismos problemas.

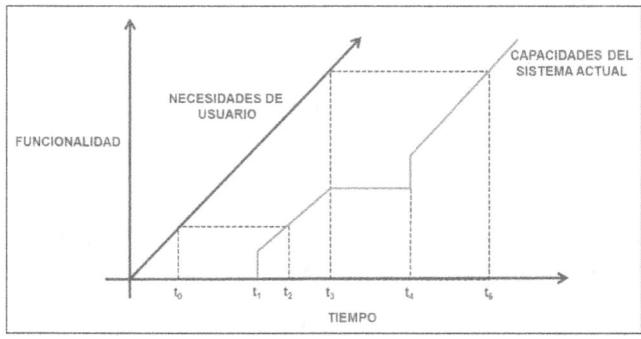

**Figura 10.16.** Necesidades de usuario vs. capacidades del sistema en un ciclo de vida en cascada

De esta manera (Figura 10.17) se pueden distinguir algunas cuestiones como:

- **Diferencia** ("gap"), que mediría lo que le falta a un sistema operacional en un tiempo t, para cumplir los requisitos reales en el tiempo t.

- **Retraso**, entendido como medida del tiempo que transcurre entre la aparición de un nuevo requisito y su satisfacción.

- **Adaptabilidad**, que es la velocidad con la que el software se adapta a los nuevos requisitos (se correspondería a la pendiente de la curva de solución).

- **Longevidad**, es decir, el tiempo en que un software es adaptable a los cambios y permanece viable (desde su creación hasta su retirada).

- **Falta de adecuación**, que corresponde al área sombreada en la figura entre las necesidades del usuario y la curva de solución.

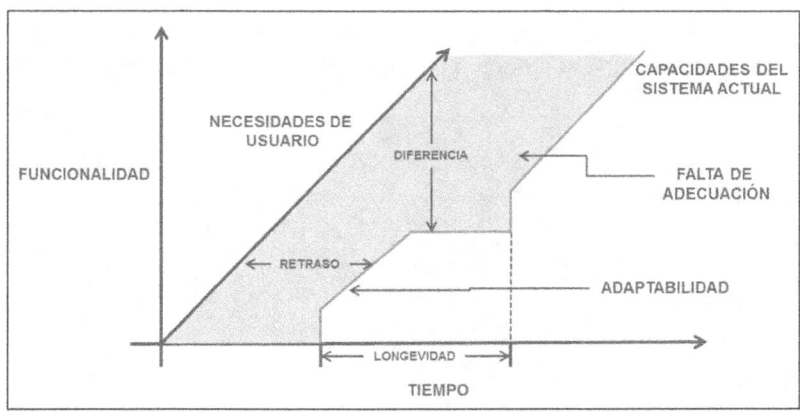

**Figura 10.17.** Cuestiones relativas a la falta de adecuación del software

Cuando se utiliza un enfoque incremental, el tiempo inicial de desarrollo se reduce (ya que se entrega algo de funcionalidad antes), y el software se puede mejorar más fácilmente (véase Figura 10.18).

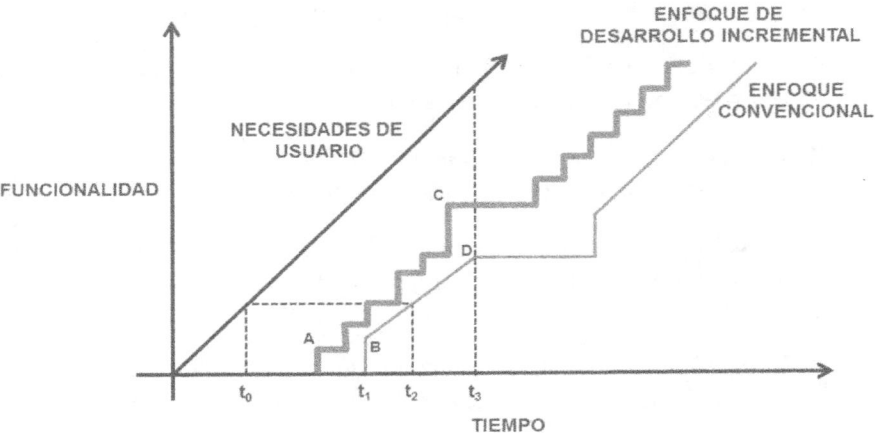

**Figura 10.18.** Modelo de ciclo de vida incremental y adecuación del software

Si se utiliza un enfoque evolutivo, como el ciclo de vida en espiral, se consigue acercarse a la solución de una manera más continua (véase Figura 10.19).

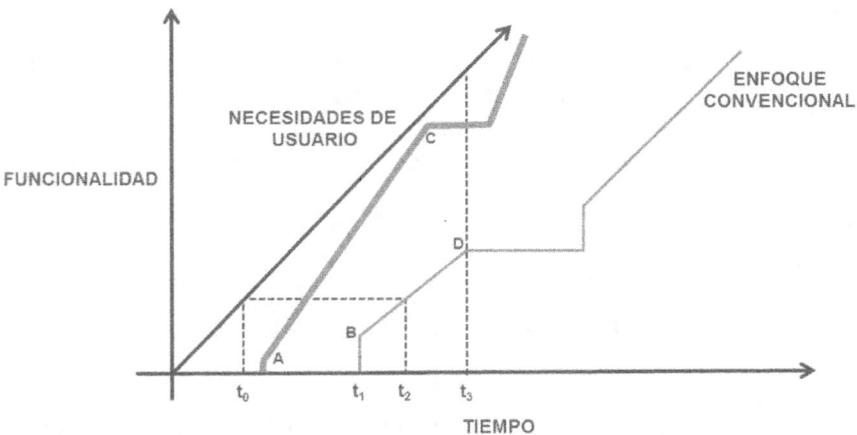

**Figura 10.19.** Modelo de ciclo de vida evolutivo y adecuación del software

En el caso de la reutilización del software, se consigue disminuir el tiempo del desarrollo inicial (véase Figura 10.20) pero si se utiliza un ciclo de vida convencional, el resto de cuestiones no cambian significativamente.

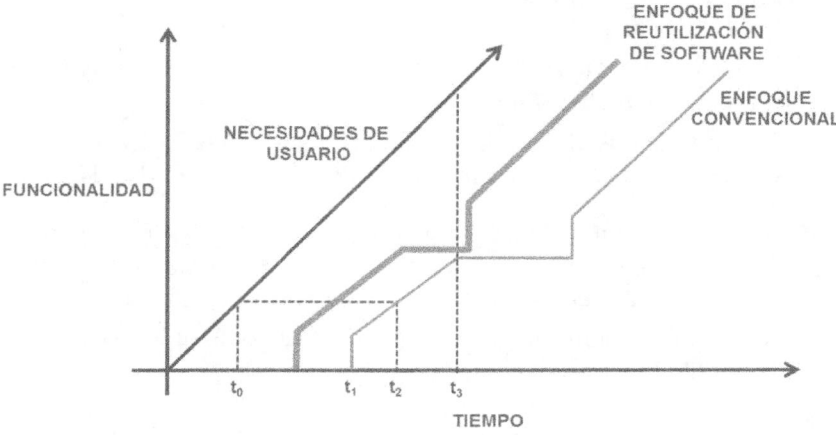

**Figura 10.20.** Reutilización y adecuación del software

En el caso de la generación o síntesis automática de software (véase Figura 10.21), no solo se reduce significativamente el tiempo de desarrollo, sino que además se consigue una mayor adaptación ("regenerando" el sistema completo), siendo la longevidad de las sucesivas versiones mucho más corta.

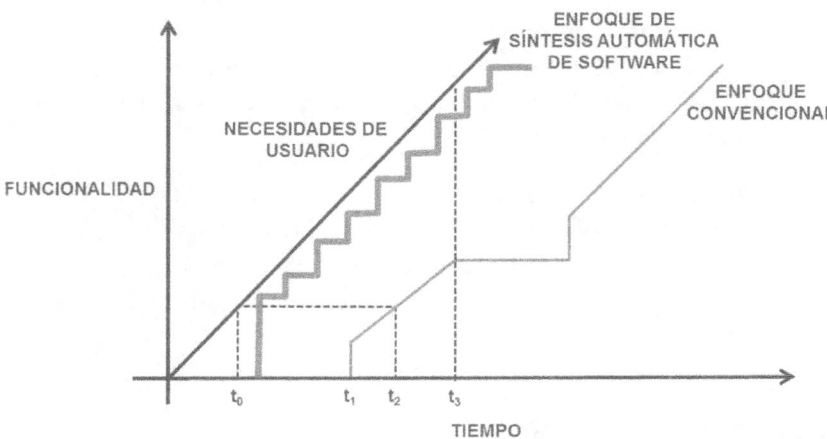

**Figura 10.21.** Síntesis automática y adecuación del software

## 10.4 LECTURAS RECOMENDADAS

- *ISO (2015o). ISO/IEC 15288 Systems Engineering — System life cycle processes. Ginebra, ISO.*

  Es la norma ISO/IEC que define los procesos del ciclo de vida de sistemas, que complementa la presentada en este capítulo (ISO/IEC 12207).

- *ISO (2018c). ISO/IEC 24748-3, Systems and Software Engineering – Life Cycle Management – Part 3: Guide to the application of ISO/IEC 12207 (Software life cycle processes).*

  Se trata de un informe técnico que explica cómo aplicar la norma ISO/IEC 12207.

- *Boehm, B., Turner, R., Lane, J.A. y Koolmanojwong, S. (2014). The Incremental Commitment Spiral Model: Principles and Practices for Successful Systems and Software, Pearson Education.*

  Se trata del nuevo modelo propuesto por Barry Boehm, basado en el modelo en espiral, al que se añaden consideraciones no solo de software, sino también de hardware y personal, y que permite afrontar mejor el ritmo acelerado de cambio que caracteriza el desarrollo de sistemas en el siglo XXI.

- *Garzás, J. (2015). Cómo sobrevivir a la planificación de un proyecto ágil. Madrid, 233gradosdeTI.*

  En este libro Javier Garzás nos da consejos sobre la gestión de un proyecto ágil, destilados de la implantación de proyectos ágiles en cientos de empresas a nivel internacional.

- *Canales, R. (2017). Conversaciones con CEOs y CIOs sobre Transformación Digital y Metodologías Ágiles. Agibili Books.*

  Este ameno libro de Roberto Canales Mora explica la utilización de las metodologías ágiles y su influencia en la calidad del desarrollo de software.

## 10.5 SITIOS WEB RECOMENDADOS

- *www.12207.com*

  Sitio web con información actualizada y completa sobre la norma ISO 12207 y sus estándares y propuestas relacionadas.

▼ *www.ieee.org*

Sitio web de la organización IEEE, en el que se pueden encontrar todos los estándares publicados por la misma.

▼ *www.incose.org*

Sitio web que proporciona información adicional sobre los procesos del ciclo de vida de sistemas.

## 10.6 EJERCICIOS

1. Especifique cuáles procesos de ciclo de vida software que aparecen en la norma ISO 12207 son más aplicables para pequeñas y medianas empresas de desarrollo de software.

2. Establezca el tipo de participación de los diferentes "stakeholders" (jefes de proyecto, analistas, programadores, responsables de calidad, etc.) en cada uno de los procesos de ciclo de vida.

3. Analice las diferencias entre el proceso de soporte de la ISO 12207 "Aseguramiento de la Calidad" y la norma ISO 90003.

4. Examine hasta qué punto las herramientas CARE (Computer-Aided Requirements Engineering) soportan el proceso de análisis de requisitos de la norma ISO 12207. Sugerencia: consulte el informe técnico ISO/IEC TR 24766 Information technology -- Systems and software engineering -- Guide for requirements engineering tool capabilities.

5. Analice cómo afecta el uso de los prototipos a los diferentes ciclos de vida y a la adecuación del software a las necesidades de los usuarios. Tenga en cuenta que hay que distinguir entre prototipos descartables ("maquetas"), evolutivos y operaciones. Consulte a (Davis 1992).

6. Compare los procesos del ciclo de vida de Gestión Técnica de la norma ISO/IEC 12207 con los propuestos por el PMI en el PMBOK

7. Estudie el proceso de análisis de la misión/negocio, ¿Qué metodologías o técnicas propondría usar para llevar a cabo este proceso?

8. Proponga un entorno para implementar el proceso de gestión del conocimiento de la norma ISO/IEC 12207

9. ¿Qué diferencia encuentra entre los modelos de ciclo de vida ágiles y el de espiral?

10. Proponga qué modelo de ciclo de vida utilizaría preferentemente para desarrollar distintos tipos de software: de gestión, crítico, de tiempo real, etc.

# 11
# EVALUACIÓN Y MEJORA DE PROCESOS

## 11.1 INTRODUCCIÓN

La calidad final del producto software se encuentra directamente relacionada con la forma en que se desarrolla y mantiene, es decir, con el proceso; lo que explica la aparición de numerosos modelos de evaluación, referencia y mejora de procesos, así como que las organizaciones dedicadas al desarrollo y mantenimiento del software se preocupen cada vez más de la mejora de sus procesos. En este sentido, este tipo de modelo (referencia, evaluación y mejora de procesos) y su estandarización han adquirido un papel muy importante para la identificación, integración, medición, refinamiento y optimización de las buenas prácticas esperadas en los procesos de una organización que desarrolla y mantiene productos software.

En este capítulo se presenta una perspectiva general de algunos modelos de evaluación, referencia y mejora de procesos, así como una propuesta para armonizar diferentes modelos de este tipo cuando se pretende utilizarlos de manera conjunta. También se describe de forma resumida una serie de modelos representativos propuestos en la bibliografía para el incremento de calidad en las organizaciones software, como lo son ISO 90003, Seis-sigma y EFQM. Además se presentan un modelos adaptado a las características específicas de las pequeñas empresas: COMPETISOFT. En el siguiente capítulo presentamos otra propuesta más reciente en este mismo ámbito, la norma ISO/IEC 29110.

## 11.2 PANORÁMICA GENERAL

La búsqueda de la calidad del software, considerando el enfoque orientado a la mejora de los procesos, ha llevado a que en los últimos años se haya generado una gran proliferación de propuestas para la evaluación, referencia y mejora de los procesos. En (Sheard y Lake, 1998) se destaca la gran cantidad de marcos que pueden convertir este campo en *"una ciénaga en la que se empantanen los esfuerzos de mejora de procesos si una organización no es cuidadosa"*. La Figura 11.1 muestra diferentes estándares y modelos relacionados con madurez, evaluación y mejora de procesos.

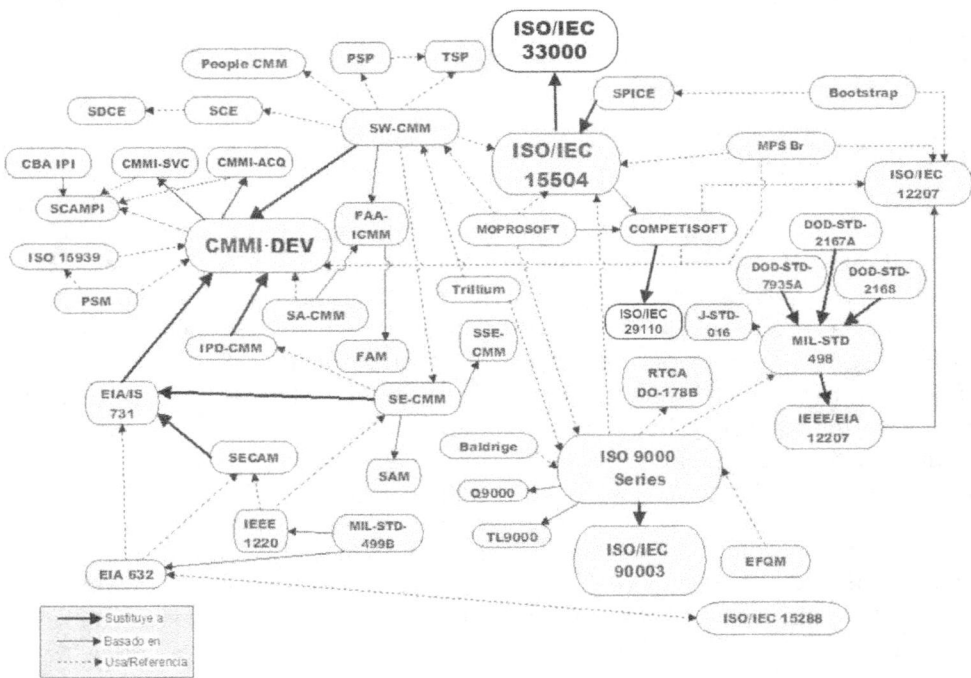

Figura 11.1. La ciénaga de los estándares y modelos de referencia de la madurez, evaluación y mejora de procesos (adaptado de http://www.software.org/quagmire)

Entre los modelos descritos en la Figura 11.1 es posible distinguir:

▼ *Estándares y guías*, que establecen lo que debería hacerse en una situación contractual, como las normas ISO, estándares como el EIA

Interim Standard (IS) 632 para procesos de ingeniería de sistemas, o los estándares militares como el MIL-STD-498 (desarrollo y documentación de software).

▼ *Métodos de evaluación*, que permiten juzgar y decidir sobre la capacidad de los procesos y la madurez de las organizaciones que están sujetas a análisis, como SCAMPI o el estándar ISO/IEC 15504, entre otros.

▼ *Modelos de referencia*, que establecen un camino a seguir describiendo las características y prácticas de los buenos procesos en diferentes aspectos organizacionales, como CMMI-DEV para el desarrollo de productos, CMMI-ACQ para la adquisición de productos, CMMI-SVC para la prestación de servicios, ISO/IEC 12207 para la ingeniería del software, ISO 15288 para la ingeniería de sistemas, Trillium para telecomunicaciones, etc. Además la norma ISO 9001 (y su correspondiente guía para software ISO 90003) también se utiliza como referente para promover la adopción de un enfoque basado en procesos cuando se desarrolla, implementa y mejora un sistema de gestión de la calidad en el contexto de la industria del software.

▼ *Métodos de selección de contratistas*, que especifican el examen de los procesos de una organización por alguien externo con el fin de comparar las fortalezas y debilidades de los contratistas para poder minimizar el riesgo de la compra. Por ejemplo, Software Capability Evaluation (SCE) o el SDCE de las Fuerzas Armadas de EEUU.

Entre algunos modelos representativos de referencia para la madurez, evaluación y mejora de procesos software propuestos en la literatura cabe mencionar: BOOTSTRAP (Kuvaja et al., 1994), EIA 632 Processes for Engineering a System (Sheard y Lake, 1998), ISO/IEC 15504 (ISO 2004a), ISO/IEC 90003 (ISO 2014m), MOPROSOFT (Oktaba, 2005), COMPETISOFT (Oktaba et al., 2007), Mps BR (Weber et al., 2005), CMMI for Development v1.3 (SEI 2010c) CMMI for Acquisition v1.3 (SEI 2010b) CMMI for Services v1.3 (SEI 2010a), SCAMPI - Standard CMMI Appraisal Method for Process Improvement (SEI 2006), PSP - Personal Software Process (SEI 2010e), TSP - Team Software Process (SEI 2010f), IDEAL (McFeeley, 1996). De entre todas estas iniciativas, cabe destacar la influencia que han tenido CMMI y las normas ISO 15504 e ISO 12207 para la evaluación de la madurez organizacional y en la mejora de los procesos software.

En (Wendler, 2012) se puede encontrar un estudio sobre modelos de madurez en el campo de la Ingeniería del Software. En este trabajo se muestra que hay diferentes modelos de madurez aplicables a más de veinte dominios los cuales están fuertemente dominados por el desarrollo de software e ingeniería de software (por ejemplo: ingeniería y desarrollo de software, gestión de proyectos, gestión del conocimiento, gestión de procesos, gobierno, educación y sector público, entre otros). Además, en los últimos años, investigadores, profesionales y consultores han desarrollado diferentes modelos con el fin de medir y describir ciertos aspectos de madurez de la gestión del ciclo de vida de desarrollo del producto (Vezzetti et al., 2014).

A pesar de las mejoras que estos modelos han supuesto para el desarrollo y mantenimiento de software, hay que ser conscientes que las actividades de mejora muchas veces no se llevan a cabo de forma continua, y que las mejoras no terminan de implantarse a nivel de toda la organización (Uskarci y Demirörs, 2017).

## 11.3 ARMONIZACIÓN DE ESTÁNDARES Y MODELOS

Como se puede observar, actualmente existe un gran abanico de modelos que pueden ser tomados como referencia de procesos, evaluación y mejora; sin embargo sería imprudente pensar que alguno de los marcos de referencia definidos en la actualidad es la "panacea" o que provee una solución completa para todas las diferentes áreas de la organización (Piattini y Hervada, 2007).

Considerando que las empresas necesitan diferentes modelos para abordar todos sus procesos organizacionales, es importante y necesario armonizar los diferentes marcos de buenas prácticas y facilitar así su implantación y utilización en la empresa. La armonización de modelos es una actividad que busca definir y configurar la estrategia más adecuada que permita relacionar dos o más modelos con el fin de apoyar objetivos de negocio de la organización (Pardo, 2012). Para ello, se han propuesto algunas ontologías, como la de (Henderson-Sellers et al., 2014) para los estándares ISO, o (Pardo et al., 2012) y (Pardo et al., 2014) para diferentes marcos relacionados con el gobierno y la gestión de las TIC.

También se han propuesto marcos para la evaluación multimodelo como el de (Larrucea y Santamaría, 2014), o los de (Pardo, 2012; Pardo et al., 2013), en los que se propone un marco de referencia que soporta la armonización de los elementos de proceso de los diferentes modelos que pretenden utilizar para la evaluación y mejora de procesos. Un marco de referencia de este tipo facilita la disminución de la complejidad generada cuando una organización necesita utilizar múltiples modelos para solucionar distintos problemas presentes en diferentes áreas y niveles organizativos. En este sentido, el marco de referencia de (Pardo, 2012) describe un conjunto de elementos para armonizar los múltiples modelos de una manera sistemática y coherente. La Figura 11.2 presenta una vista general de los elementos y relaciones que conforman este marco de referencia, y a continuación se describen de manera resumida cada uno de ellos:

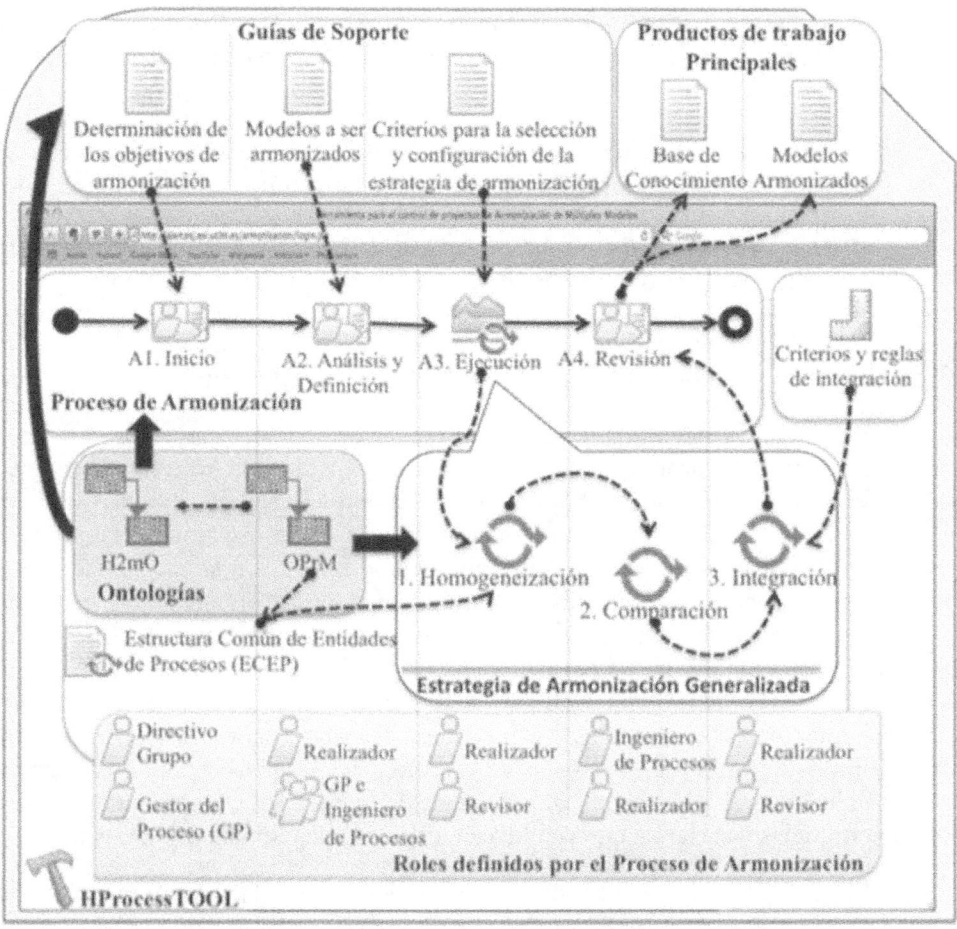

**Figura 11.2.** Vista general del marco de referencia de armonización

▼ *Guía para la determinación de los objetivos de armonización.* Los objetivos de armonización deben estar claramente identificados y definidos. Para ello, es necesario analizar el plan estratégico y los objetivos organizacionales definidos en la misión organizacional. El análisis permitirá identificar los marcos a armonizar.

▼ *Proceso para la armonización de marcos*. Este proceso constituye la guía sobre la cual se lleva a cabo la identificación, definición y configuración de las estrategias de armonización.

▼ *Ontologías para la armonización de marcos*. Estas ontologías identifican los términos, definiciones y relaciones necesarias para apoyar la armonización de marcos (H2MO) y modelos de referencia de procesos (OPrM).

▼ *Conjunto de técnicas y métodos*. El conjunto de técnicas y métodos facilitan la configuración y definición de las estrategias de armonización.

▼ *Herramienta Software HProcessTOOL*. Herramienta web que permite gestionar, controlar y monitorear un proyecto de armonización.

### 11.3.1 Proceso para la armonización de estándares y modelos

Si se analiza detenidamente cada estándar o modelo, es posible notar que cada uno describe sus propios elementos (actividades, prácticas, roles, productos de trabajo, entre otros elementos). La mayoría de las organizaciones exitosas utilizan múltiples modelos, creando su propia arquitectura y descripciones de proceso (Siviy et al., 2008). Es por esto que la heterogeneidad de los marcos, sumada a las características y necesidades únicas y/o particulares de cada organización, hace que la definición de un marco único o universal sea una idea difícil de concebir. Con el objetivo de desarrollar y satisfacer los objetivos y necesidades de una organización es necesario proveerla de un mecanismo que de manera sistemática facilite la gestión e implementación de las técnicas y/o métodos necesarios para la armonización de marcos. En este sentido, el propósito de este proceso es proveer una guía para la armonización de múltiples marcos de referencia de procesos que permita identificar y definir estrategias necesarias que conduzcan a la armonización de múltiples marcos.

En la Figura 11.3 se muestra una vista detallada del proceso para llevar a cabo la armonización de múltiples marcos de referencia de procesos.

El proceso para la armonización de múltiples marcos está dividido en tres actividades: Inicio, Análisis y Definición. A continuación se presenta una descripción de cada una.

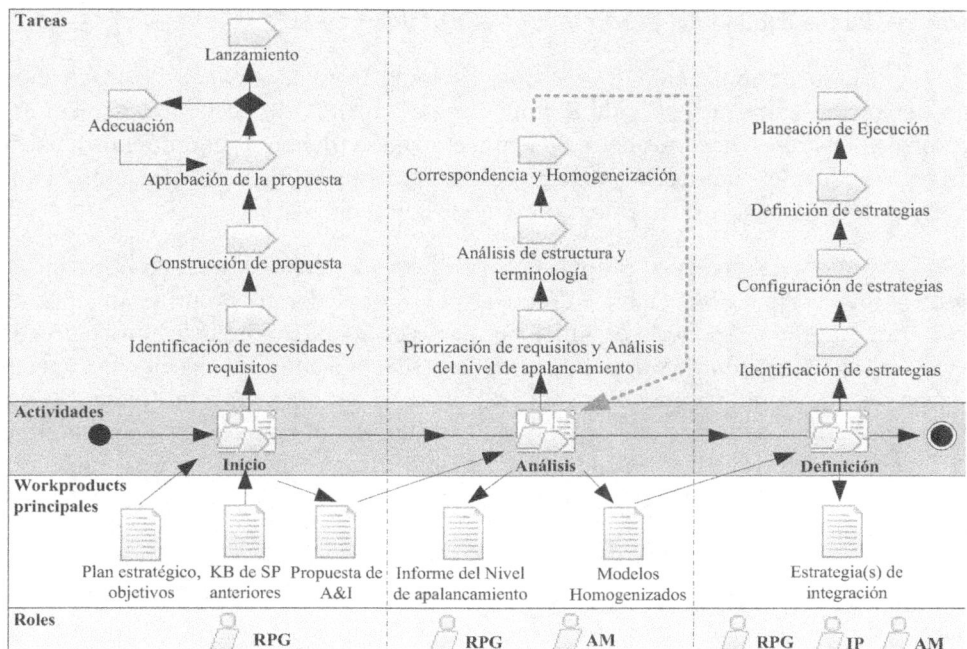

**Figura 11.3.** Proceso para la armonización de marcos de referencia de procesos

## Actividad 1: Inicio

Esta actividad se caracteriza por la identificación de las necesidades internas y/o externas (por ejemplo, la organización puede estar motivada a iniciar un proyecto de mejora multimarco con el objetivo de mejorar la manera como realiza sus procesos, y/o puede estar motivada por la participación o abertura de nuevos nichos de mercado), requisitos organizacionales y demás características que sean importantes a tener en cuenta para la toma de decisiones. Como ayuda a la identificación de las necesidades, se recomienda a las organizaciones que resuelvan un conjunto de interrogantes que permitirán identificar y detallar mejor ciertos aspectos relacionados con los posibles marcos a utilizar.

Asimismo, esta actividad se caracteriza por la definición de *una propuesta de armonización* en la cual se fijarán las actividades y objetivos que guiarán a todo el personal involucrado. Es importante tener en cuenta que: (i) la propuesta debe estar basada en las necesidades del negocio, y (ii) el enfoque de aplicación del framework está determinado por los objetivos de armonización identificados y definidos a partir de la misión empresarial. Los objetivos de armonización permiten determinar el enfoque de aplicación a abordar, el cual puede ser orientado a la armonización de marcos para la calidad del producto y/o calidad del proceso.

En la armonización de marcos, es importante la creación y asignación de personal. Asimismo, es vital definir otros elementos de gestión, por ejemplo, responsables, roles, criterios de inclusión o exclusión (deberán ser definidos a partir de las necesidades internas y/o externas de la organización) para la selección de los marcos de referencia y las técnicas de armonización necesarias.

Luego de crear la propuesta y asignar el personal que conformará la infraestructura, una de las tareas a realizar para establecer el compromiso antes de lanzar el programa y ponerlo en funcionamiento es la obtención de la aprobación de la *propuesta de armonización* por parte de la gerencia o autoridad pertinente, la cual puede resultar en una aprobación total, adecuación o rechazo. En la Figura 11.3 se presenta el flujo de tareas que conforman esta actividad, entre ellas se encuentran: la identificación de las necesidades del negocio y los requisitos de armonización, construcción de la propuesta, obtención de la aprobación de la propuesta y *lanzamiento*.

**Actividad 2: Análisis**

Para el comienzo de esta actividad, es necesario que se hayan aprobado y asignado los recursos identificados en la *propuesta de armonización*. El trabajo que aquí se lleva a cabo es fundamental para la realización de la siguiente actividad. Una de las tareas fundamentales en esta actividad es el estudio de los marcos y su comprensión a nivel de la composición de sus estructuras de proceso. Es decir, se lleva a cabo el análisis de los marcos bajo una estructura de elementos de proceso genérica que facilitará la armonización entre los marcos, y por ende, del establecimiento de las diferencias y similitudes. Los aspectos y particularidades identificadas facilitarán la identificación de las estrategias a seguir para la armonización de las diferentes características que conformarán la solución.

Por otra parte, es probable que para la ejecución de esta actividad se lleven a cabo varias *iteraciones* antes de seguir con la identificación, configuración y definición de las estrategias. En la Figura 11.3 se presenta el flujo de tareas que conforman la actividad de análisis, entre ellas se encuentran: la priorización de los requisitos del proceso, análisis de la estructura y terminología, y correspondencia de la información. En la ejecución de las tareas definidas para esta actividad, se hace uso de una estructura de proceso genérica presentada en (Pardo et al., 2009) y (Pardo et al., 2009). Esta estructura ha sido definida con el objetivo de permitir organizar los diferentes elementos propios de cada uno de los marcos en una estructura genérica para facilitar la homogeneización. Además, proveer una mejor comprensión e identificación de las relaciones o diferencias entre marcos, de esta manera se facilitaría llevar a cabo la identificación y análisis del nivel de detalle (profundidad y/o *granularidad*), solapamiento, complementariedad, sinergia, entre otros.

**Actividad 3: Definición**

El objetivo de esta actividad es llevar a cabo la identificación y configuración de las estrategias que armonizarán los marcos. Dichas estrategias se conforman a partir de la configuración de técnicas de armonización. Es importante tener en cuenta que la definición y configuración de la(s) estrategia(s) a seguir están influenciadas por las interpretaciones de los individuos que guiarán a la organización a través del enfoque *multimarco*.

Asimismo, en esta actividad se lleva a cabo la definición del proceso que permitirá llevar a cabo de manera sistemática la ejecución de las estrategias de armonización. Dichos procesos permitirán conducir de manera sistemática las técnicas identificadas para llevar a cabo la armonización de marcos. En la Figura 11.3 se presenta el flujo de tareas que conforman esta actividad, entre ellas se encuentran: la identificación de las estrategias a seguir, su configuración, documentación y planeación.

## 11.3.2 Roles

En la Tabla 11.1, se presentan los roles y una descripción de las competencias requeridas.

| Abrev. | Rol | Competencias |
|---|---|---|
| AM | Analista de Marcos | Es la persona responsable del análisis de los marcos y la correspondencia de su información con la *estructura genérica*. Esta persona debe tener la capacidad de abstracción, interrelación y conocimiento de los marcos. |
| IP | Ingeniero de Procesos | Es la persona encargada de llevar a cabo las actividades relacionadas con la definición de las estrategias, entre ellas: identificación de estrategias, configuración, diseño del proceso, documentación y guía de su ejecución. Esta persona debe tener conocimiento en la definición, modelado y ejecución de procesos. |
| RGP | Responsable de la Gestión del Proceso | Esta persona es la encargada de guiar la ejecución de las actividades del proceso de armonización. Además debe poseer cualidades de liderazgo y gestión para: comprender los requisitos y necesidades del negocio, establecer su prioridad y obtener la aprobación de los recursos y elementos necesarios para la normal ejecución de las actividades. |

**Tabla 11.1.** Roles involucrados

### 11.3.3 Tareas

A continuación, en la Tabla 11.2 se describen las tareas, pasos y roles requeridos para la realización de las actividades

| ROL | DESCRIPCIÓN |
|---|---|
| **A1. Inicio** | |
| RPG | *A.1.1. Identificar las necesidades del negocio y los requisitos de armonización.*<br>– Identificar las necesidades de mejora.<br>– Definir los objetivos del proyecto de armonización a partir de las necesidades y objetivos estratégicos de la organización.<br>– Resolver los siguientes interrogantes como ayuda a la identificación de las necesidades:<br>  • ¿Qué necesidades puntuales se necesitan mejorar?<br>  • ¿Qué marcos proveen una solución a las necesidades identificadas?<br>  • ¿Qué tanto se conoce o desconoce de los marcos a utilizar?<br>  • ¿Es posible establecer relaciones con los marcos seleccionados? |
| RPG | *A.1.2. Construir una propuesta.*<br>– Conformar una infraestructura de trabajo donde se definan y asignen roles y sus respectivos responsables de acuerdo a sus capacidades.<br>– Identificar los elementos típicos de gestión, horarios de trabajo, cronogramas, recursos necesarios (informáticos, capacitaciones, etc.), estrategias para el logro o alcance de los objetivos planteados, resultados, costo, riesgos y *criterios de inclusión o exclusión* para la selección de los marcos de referencia.<br>– Construir una *propuesta de armonización* de marcos con los elementos y recursos identificados. |
| RPG | *A.1.3. Obtener la aprobación de la propuesta.*<br>– Obtener de la alta gerencia o autoridad correspondiente la aprobación de los elementos y recursos identificados en la propuesta de armonización. |
| RPG | *A.1.4. Adecuar la propuesta.*<br>– Si es necesario, adecuar la propuesta a las recomendaciones o cambios propuestos por la alta gerencia. Por ejemplo, adaptaciones en los presupuestos, disposición de personal, o que la gerencia quiera incluir algunas recomendaciones que no se hayan tenido en cuenta y que sean de suma importancia incluir. |
| RPG | *A.1.5. Lanzamiento.*<br>– Comenzar las actividades determinadas para dar soporte a la infraestructura, por ejemplo, compartir información, facilitar, aconsejar y supervisar esfuerzos, facilitar el desarrollo del proyecto, permitir la visibilidad y asignación de recursos de comunicación, establecer los grupos de trabajo, etc. |

| | |
|---|---|
| **A2. Análisis** | |
| RPG AM | ***A.2.1. Priorización de los requisitos de proceso.***<br>– Priorizar los marcos a *homogeneizar* con base a las necesidades del negocio identificadas y los objetivos plasmados en la *propuesta de armonización*.<br>– Relacionar las necesidades y requisitos del negocio con la información presentada en los marcos (procesos, actividades, tareas, prácticas, recomendaciones, declaraciones, etc.), de esta manera los requisitos de negocio identificados inicialmente se convierten en *requisitos de mejora* mejor detallados. |
| AM | ***A.2.2. Análisis de estructura y terminología.***<br>– Analizar el enfoque, estructura de proceso, términos y sintaxis de los marcos mediante la técnica y estructura de homogeneización. |
| AM | ***A.2.3. Correspondencia de la información.***<br>– Corresponder y organizar los elementos de proceso de los marcos seleccionados en las 4 secciones de elementos de proceso descritos en la *estructura genérica*. |
| **A3. Definición** | |
| RPG IP AM | ***A.3.1. Identificar las estrategias.***<br>– Identificar las estrategias que facilitarán la armonización de los marcos. |
| IP AM | ***A.3.2. Configuración.***<br>– Configurar o disponer el orden en el que se ejecutarán las estrategias de armonización. |
| IP AM | ***A.3.3. Documentación.***<br>– Documentar el proceso que definirá los pasos de ejecución de las estrategias. |
| IP RPG | ***A.3.4. Planeación.***<br>– Identificar las actividades, recursos y demás elementos de gestión que permitan planear adecuadamente la ejecución de las estrategias de armonización |

Tabla 11.2. Tareas y roles para el proceso de armonización

## 11.3.4 Técnicas para la armonización de Marcos de Referencia de Procesos

Las estrategias de armonización son el conjunto de métodos y/o técnicas definidas sistemáticamente para llevar a cabo la armonización de marcos. Estas estrategias pueden estar conformadas por diferentes técnicas que facilitan la armonización de marcos. Según (Siviy et al., 2008), la armonización no es:

▶ Crear un metamodelo maestro o nuevo y único que abarque a todos los marcos.

▼ La declaración de una sola combinación de marcos como la mejor, o sugerir una combinación universal para todos.

Por el contrario, la armonización se trata de desarrollar una solución adecuada para satisfacer los objetivos de una organización. La armonización metódica e intencional de marcos permite la creación de un proceso multimarco en beneficio de una mejor gestión del esfuerzo que representa la implementación por separada de varios marcos (Siviy et al., 2008). Es por esto que de acuerdo a lo anterior, y al análisis y estudio realizado en (Pardo et al., 2009) y (Pardo et al., 2009), es posible definir la *armonización* de marcos de referencia de procesos como una actividad que busca definir y configurar la estrategia más adecuada que permita relacionar dos o más marcos.

Es posible que la identificación de las relaciones y diferencias deba llevarse a cabo a través de diferentes métodos, técnicas o estrategias. A continuación se listan, con su respectiva definición, algunas de las técnicas, métodos o estrategias identificadas para la armonización de marcos de referencia de procesos.

### 11.3.5 Homogeneización

En (Pardo et al., 2009) y (Pardo et al., 2009) se define la *homogeneización* como el conjunto de pasos y herramientas mediante las cuales son tratados uno o varios marcos de referencia para convertir sus estructuras de elementos de proceso en estructuras homogéneas, de esta forma se apoya y facilita la implementación de otras técnicas. Con el fin de apoyar la *homogeneización* se ha desarrollado una técnica que consta de tres actividades principales: (i) Análisis de estructura y terminología, (ii) Identificación de requisitos de mejora a ser armonizados, y (iii) Correspondencia de la información de los requisitos en una estructura genérica.

### 11.3.6 Comparación

Según la comparación de marcos realizada en (Paulk, 1995; Minnich, 2002; Pino et al., 2009), es posible definir la *comparación* como el análisis de las características de alto nivel entre marcos. Además, si analizamos la acepción dada por el Diccionario Real de la Academia Española (DRAE), se podría decir que en la comparación de marcos debe primar la necesidad de conocer el nivel de igualdad y proporción correspondiente entre las cosas que se comparan.

Con el fin de apoyar la *comparación*, se debe seguir el proceso definido por (Pino et al., 2009). Las tareas son: (i) Analizar los modelos, (ii) Diseñar la comparación, (iii) Llevar a cabo la comparación, (iv) Presentar los resultados de la comparación y (v) Analizar los resultados.

### 11.3.7 Mapeo

El *mapeo* es posible definirlo como un tipo de comparación que va mucho más allá de la simple identificación de diferencias y similitudes entre marcos de procesos, además de realizar comparaciones a un bajo nivel de abstracción. Con base en la literatura, es posible identificar que entre las técnicas que más se llevan a cabo se encuentran: mapeo, correspondencia, complementariedad y sinergia de marcos. Sin embargo, es posible observar que la mayoría de trabajos utiliza el mapeo como técnica base para la ejecución de otras técnicas, además de resaltar la importancia de tener en cuenta las diferencias en términos de contexto, lenguaje y estructura. Además, según (Biffl et al., 2006), desde el punto de vista académico, un *mapeo* sistemático de variantes de proceso es un prerrequisito para una unificación conceptual y construcción sistemática de marcos de proceso de acuerdo a necesidades predefinidas.

Por otra parte, de acuerdo a los mapeos realizados en (Oshana y Linger, 1999; Mutafelija y Stromber, 2003; Yoo et al., 2004; Biffl et al., 2006; Yoo et al., 2006; Rout y Tuffley, 2007; Ferchichi et al., 2008), es posible identificar una serie de características a tener en cuenta al realizar un mapeo:

- Los mapeos deberán ser completos, claros y sin ambigüedades.
- Investigación de los marcos de procesos específicos de acuerdo a: componentes, estructura interna, productos, actividades, etc.
- El mapeo puede ser complementado por descripciones adicionales.
- Tener en cuenta las diferencias en términos de contexto, lenguaje y estructura.

En (Yoo et al., 2006) se identifican dos tipos de errores que se cometen comúnmente en el mapeo de ISO 9001 y CMMI, y estos errores también pueden extenderse a la comparación de cualquier marco:

- Considerar una correspondencia verdadera como inválida, y
- Considerar una correspondencia falsa como válida.

## 11.3.8 Sinergia

Si adaptamos la acepción proporcionada por el DRAE, podríamos definir la *sinergia* como la integración de marcos que da como resultado algo más grande que la simple suma de estos, es decir, cuando dos o más marcos se unen sinérgicamente crean un resultado que aprovecha y maximiza las cualidades de cada uno de los marcos. Por lo tanto, para decir que existe la sinergia entre marcos, debe existir como prerrequisito la integración y afinidad entre estos. En este sentido, la integración de marcos solo será posible si existe afinidad. En (Ferchichi et al., 2008) es posible ver un ejemplo del análisis de la sinergia entre marcos.".

## 11.3.9 Correspondencia

De acuerdo a la acepción matemática dada por el DRAE, la *correspondencia* se presenta cuando al menos a un elemento de un primer conjunto le corresponde inequívocamente un elemento de un segundo conjunto. En los marcos de procesos, la correspondencia se podría analizar como la relación existente entre las recomendaciones de marcos diferentes. Los marcos de procesos describen a diferente nivel de detalle sus prácticas y/o recomendaciones. En la armonización de marcos, la mayoría de las veces la correspondencia no es completa, razón por la cual a menudo se definen escalas de correspondencia para el establecimiento de las relaciones; un ejemplo de estas escalas pueden verse en (Oshana y Linger, 1999) y (Paulk, 1995). La escala de correspondencia definida permitirá clasificar en un rango aproximado el nivel de correspondencia de las relaciones en los marcos analizados. La escala a utilizar varía según el criterio del experto y del método utilizado.

## 11.3.10 Complementariedad

La *complementariedad* es una característica por medio de la cual se determina que un grupo de marcos de procesos son complementarios, y que es posible mejorar su nivel de detalle incorporando características inexistentes o que no son dirigidas en ellos. En ese sentido, la complementariedad facilita el apalancamiento entre marcos, ya que las prácticas inexistentes de un marco institucionalizado en una organización pueden complementarse con las de otro(s) marco(s). Un ejemplo de marcos complementarios puede verse en (Oshana y Linger, 1999).

## 11.3.11 Integración, fusión o combinación

En (Ibrahim y Pyster, 2004; Yoo et al., 2004; Ferchichi et al., 2008; Siviy et al., 2008) se lleva a cabo la *integración* de varios marcos de procesos; las técnicas utilizadas tienen como fin principal la fusión o combinación de las recomendaciones de los marcos analizados. Como se puede ver en (Yoo et al., 2004), para llevar a cabo la integración de marcos es importante documentar adecuadamente la fusión de los nuevos conceptos o recomendaciones creados a partir de los marcos analizados. En ese sentido, es posible definir la *integración* de marcos como la acción o efecto de aunar o fusionar dos o más marcos a partir de la implementación de técnicas como las mencionadas en esta sección. En ese sentido, la integración de marcos no debe considerarse como una técnica, sino como un fin por el cual un conjunto de técnicas de armonización son implementadas con el objetivo de llevar a cabo la integración de varios marcos de referencia de procesos.

## 11.4 LA NORMA ISO/IEC 90003

La norma ISO/IEC 90003 ((ISO 2014m) proporciona una guía para las organizaciones en la aplicación de la norma ISO 9001 para la adquisición, provisión, desarrollo, operación y mantenimiento del software mediante la definición de un sistema de gestión de calidad. ISO 90003 no modifica los requisitos de ISO 9001, sino que ofrece pautas que los aclaran, extienden y los hacen más específicos para organizaciones desarrolladoras de software.

En cuanto al alcance del sistema de gestión de la calidad se destaca que es aplicable a cualquier tipo de software, ya forme parte de un contrato, sea un producto disponible en el mercado, utilizado en un proceso organizacional, embebido en un hardware o relacionado con un servicio. Además de los procesos de la ISO 9001, se señala la necesidad de identificar los procesos para el desarrollo, operación y mantenimiento de software; así como los modelos de ciclo de vida (cascada, iterativo, etc.).

Por lo que respecta al liderazgo, apunta el beneficio que tendría para la organización que las personas que desempeñen roles y tengan responsabilidades de calidad, tengan experiencia en el desarrollo de software.

En el apartado de planificación, la norma establece que el sistema de gestión de la calidad debería, además de definir los modelos de ciclo de vida, los productos de trabajo (p.ej., documento de requisitos, código, etc.), los contenidos de los planes de software (de gestión de configuración, verificación y validación, etc.), la adaptación de los métodos, las herramientas y entornos para el desarrollo, operación y mantenimiento, las convenciones para el uso de los lenguajes de programación (p.ej., reglas de codificación), y la reutilización de software.

En la cláusula relativa al soporte, destaca que la infraestructura (además de lo que establece la ISO 9001), debería incluir hardware, software, herramientas e instalaciones para el desarrollo, operación y mantenimiento de software. En lo relativo al software contemplar: herramientas de análisis, diseño, pruebas, gestión de proyectos, generación de código, etc.; entornos de desarrollo de aplicaciones; herramientas de gestión del conocimiento, mesa de ayuda (help desk), control de accesos, bibliotecas de software, etc.

En lo referente a la operación, indica la importancia de abordar todos los procedimientos de gestión de configuración, monitorización, etc.; haciendo también especial mención tanto a las pruebas de software, como a la protección de los medios en los que se almacena el software y a la verificación de virus.

Respecto a la evaluación del desempeño, destaca la importancia de todo tipo de métricas, desde las de calidad de producto y servicio, como las provenientes del análisis de las llamadas a la mesa de ayuda.

Por último, en cuanto a la mejora, señala entre otros temas la trazabilidad y el análisis de impacto.

Esta guía remite a varias de las normas ISO/IEC que hemos incluido en este libro (12207, 33000, 25000, etc.) como fuentes útiles para complementar la ISO 9001 a la hora de aplicar al software.

## 11.5 SEIS-SIGMA PARA SOFTWARE

Seis-sigma puede ser aplicado en ingeniería del software, ya que ofrece técnicas para garantizar que se entienden los requisitos del cliente, que se mida y evalúe el impacto de los cambios y que el proceso de desarrollo sea más confiable (Tayntor 2007). Seis-sigma ofrece modelos enfocados en la mejora incremental de procesos existentes, como son: DMAIC y DFSS. En este sentido, la fase de definición del modelo DMAIC busca identificar los clientes y entender el proceso actual antes de hacer cualquier cambio. El primer paso para aplicar seis-sigma al desarrollo de software es entender cómo definir la metodología de desarrollo, quiénes (departamentos o funciones) están involucrados en cada fase y cuáles son los flujos de trabajo y sus dependencias. Las fases típicas en las metodologías de desarrollo de software son: iniciación del proyecto, análisis del sistema, diseño del sistema, construcción, pruebas y aseguramiento de la calidad e implantación. A continuación se describe de manera general cómo seis-sigma puede ser aplicado e integrado en estas fases, una discusión detallada se puede encontrar en (Tayntor, 2007). La Tabla 11.3 muestra la correspondencia entre las fases típicas para el desarrollo de software, las fases de DMAIC y DFSS de seis-sigma:

| Fases de desarrollo de software | DMAIC | DFSS |
|---|---|---|
| Iniciación del proyecto | Definir, medir, analizar | Identificación y definición |
| Análisis del sistema | Definir, medir, analizar | Definición y desarrollo |
| Diseño del sistema | Analizar | Desarrollo |
| Construcción | Mejorar | Desarrollo |
| Pruebas y aseguramiento de la calidad | Mejorar | Verificación |
| Implantación | Mejorar y controlar | Verificación |

Tabla 11.3. Mapeo de las fases de desarrollo, seis-sigma y DFSS

▼ *Iniciación del proyecto*. Los objetivos de esta fase son: identificar el problema, formar el equipo, identificar los requisitos preliminares, validar los requisitos, desarrollar un estudio de viabilidad y obtener la aprobación del proyecto. En este sentido, incorporar todos los pasos de la fase de definición del modelo DMAIC y la inclusión de algunos pasos de la fase de identificación y definición de DFSS puede ayudar a incrementar la posibilidad de un proceso de desarrollo de software exitoso.

▼ *Análisis del sistema*. En términos de seis-sigma el sistema o producto $(y)$ es un resultado del diseño y construcción $(f)$ basado en los requisitos $(x)$, es decir, $y = f(x)$. Usar procesos y herramientas de seis-sigma puede ayudar a mejorar la compleción y exactitud de los requisitos, y así incrementar la probabilidad de desarrollar el sistema o producto que el cliente realmente espera. Basado en el análisis realizado del mapeo de esta fase con las descritas por seis-sigma, se recomiendan los siguientes pasos: entender el proceso actual; identificar los requisitos; priorizar los requisitos; identificar potenciales mejoras del proceso; determinar cuáles mejoras tendrán un gran impacto sobre los requisitos de alta prioridad; crear un mapa de procesos a llevar a cabo detallado; valorar el impacto y riesgo de las mejoras de procesos propuestas; completar el desarrollo del diseño conceptual; completar el documento de especificación de requisitos; obtener la aprobación.

▼ *Diseño del sistema*. El diseño de sistemas consta de tres actividades que son ejecutadas secuencialmente: realizar el diseño funcional, realizar el diseño técnico y realizar el diseño del programa, que pueden ser apoyadas por técnicas de DFSS. Así, por ejemplo, se puede utilizar QFD (*Quality*

*Funtion Deployment*) para asegurar la calidad de los requisitos en cada una de las actividades del diseño. Además, se puede utilizar la técnica FMEA (*Failure Modes and Effects Analysis*) para buscar, identificar y luego prevenir potenciales fallos de cada actividad, ya que esta técnica permite identificar los riesgos en un proceso, cuantificar los efectos que la falla podría tener sobre el cliente y establecer planes de mitigación para ítems de alto riesgo.

▼ *Construcción*. Para asegurar que el código satisface los requisitos del cliente, es útil comparar la funcionalidad del código contra la matriz de requisitos del cliente descritos en QFD. Otras técnicas útiles pueden ser el Análisis de Causa Principal para los errores, el diagrama de Pareto para analizar la frecuencia de los mismos, y garantizar que los ítems con una alta frecuencia de errores sean estudiados de manera exhaustiva para documentar un plan de acción correctivo en el FMEA construido en la fase de diseño.

▼ *Pruebas*. En términos de seis-sigma, un plan de pruebas ayuda a reducir la variación y asegurar que las medidas de los defectos son repetibles y reproducibles. Además seis-sigma ofrece herramientas para pruebas como: (i) Análisis del error, para cuantificar y categorizar los errores que son descubiertos durante las pruebas, (ii) Análisis de causa principal y diagramas de Pareto, para identificar los errores más frecuentes, y (iii) FMEA, para ayudar a prevenir su recurrencia tomando acciones correctivas.

▼ *Implantación*. El objetivo de esta fase es tener un producto entregable al cliente y colocarlo en producción en el entorno de trabajo. Este objetivo se puede conseguir con la ejecución de un conjunto de actividades como: entrenamiento del cliente, documentación del cliente y evaluación del proyecto. Las dos primeras actividades son parte de la fase de mejora del modelo DMAIC y la última es parte de la fase de control, además las tres actividades pueden ser consideradas parte de la fase de verificación de DFSS. En este sentido, incorporar algunos pasos y herramientas de estas fases de seis-sigma ayuda a incrementar la posibilidad de una implantación exitosa del software.

## 11.6 EFQM PARA SOFTWARE

Aunque EFQM es una estrategia para ayudar a los directores de las organizaciones en la aceleración del progreso de la calidad en sus organizaciones, hay pocos trabajos en la literatura que abordan la aplicación o integración de este modelo en el campo de la calidad de software, entre los existentes podemos destacar:

- El modelo integrado EFQM/SPICE (Ostolaza y García, 1999) desarrollado por el European Software Institute (ESI), el cual combina las características más destacadas de los modelos EFQM y SPICE, llevando a la práctica las ideas de la calidad total aplicadas al proceso de desarrollo de software. Según (Álvarez, 2004), mientras que el modelo EFQM no está concebido de forma específica para las empresas de desarrollo de software, los modelos de mejora de los procesos software tradicionales no están orientados al aseguramiento de la calidad total y por tanto pierden el punto de vista empresarial de la consecución de objetivos. Por ello, el modelo integrado EFQM/SPICE se centra en la mejora de los resultados de los procesos de negocio, considerando las expectativas de los clientes, y garantizando la conexión entre la mejora del proceso software y los resultados empresariales que se obtienen. Este modelo mantiene la estructura externa del modelo EFQM, pero se configura internamente como SPICE, basado en categoría de procesos, prácticas base y productos-trabajos. Hay una categoría de procesos por cada agente facilitador (liderazgo, personas, política y estrategia, recursos y procesos) y en cada una de estas categorías hay tantos procesos como subcriterios para el agente facilitador.

- El "nuevo modelo de EFQM para organizaciones intensivas en software" (Ostolaza, 2010), desarrollado también por el ESI en el marco del Proyecto Europeo SwTQM, que aborda la mejora de procesos software desde la perspectiva del impacto de esta estrategia en los resultados de negocio y dentro de un marco de excelencia en gestión, tomando como referencia el modelo de excelencia EFQM y el modelo CMMI. Este modelo adopta la estructura externa y el ciclo de mejora del modelo EFQM y propone un conjunto de procesos operacionales específicos para el desarrollo del software basados en CMMI. Es decir, se ha modificado internamente el contenido de las partes de los criterios habilitadores de EFQM, se ha modificado, incluyendo nuevas guías que facilitan la integración de la iniciativa de mejora de procesos de software dentro del marco de la gestión de negocio. Además, los criterios del nuevo modelo de EFQM se han adaptado teniendo en cuenta las prácticas relevantes procedentes del modelo CMMI facilitando de esta manera la integración de los dos enfoques.

- El framework propuesto en (Gray et al., 2005) para la evaluación y mejora de procesos software, el cual analiza las técnicas de evaluación basadas en el uso de cuestionarios, matrices de evaluación, talleres y esquemas de evaluación pro-forma, junto con temas de recursos humanos como son la motivación y la participación. Este Framework describe una posible secuencia de pasos de mejora para lograr el Nivel 3 (Establecido), basado en los niveles de capacidad de procesos de SPICE y el Modelo de Excelencia EFQM.

## 11.7 MEJORA DE PROCESOS EN PEQUEÑAS EMPRESAS

La evaluación y mejora de procesos software teniendo en cuenta las características y necesidades especiales de las pequeñas empresas es un reto que han abordado diferentes iniciativas regionales e internacionales, ya que las empresas de este tipo necesitan sobrevivir en un mercado global cada vez más competitivo, pero no tienen suficientes recursos económicos para aplicar métodos complejos.

Actualmente, se evidencia un creciente interés por parte de las pequeñas empresas en asegurar la calidad de sus productos a través de la mejora del proceso acreditándose en modelos o estándares para la evaluación y mejora de instituciones como el SEI (véase, por ejemplo, Falessi et al., 2014). Sin embargo, la aplicación de estos modelos de mejora de procesos software es difícil de aplicar en pequeñas empresas debido a su estructura organizacional, al coste que estos implican y a que la preparación previa a la acreditación en un estándar internacional es larga y costosa. Además, a menudo se considera que las buenas prácticas y soluciones propuestas por estos modelos son costosas, provocan pérdida de tiempo y apuntan más hacia organizaciones grandes, y por lo tanto difíciles de aplicar en compañías pequeñas (Richardson y Wangenheim, 2007). Así pues, en la academia y en la industria hay tendencia a resaltar que los programas SPI exitosos solo son posibles para empresas grandes que cuentan con los recursos suficientes para embarcarse en este tipo de modelos.

Bajo el panorama descrito previamente, es necesario apoyar a las pequeñas organizaciones software interesadas en asegurar la calidad del producto a través de la mejora de los procesos software, ya que mediante esta estrategia ellas pretenden: mantenerse en su mercado local; hacer de sus proyectos unidades administrativas eficaces y eficientes; crecer y poder exportar software e ingresar y mantenerse en un mercado global. En este sentido, muchos autores coinciden en que las características especiales de las pequeñas organizaciones software hacen que los programas de mejora de procesos deban aplicarse de un modo particular y visiblemente diferente a como se hace en las grandes organizaciones y que esto no es tan sencillo como el hecho de considerar dichos programas de mejora de versiones a escala de las grandes compañías (Richardson, 2001; Mas y Amengual, 2005).

En este sentido, actualmente existen diferentes modelos propuestos para mejorar procesos en pequeñas organizaciones, los cuales pretenden ofrecer otra solución para que estas empresas puedan mejorar y certificar los procesos y buenas prácticas relacionadas con el desarrollo de software. En consecuencia, en el contexto latinoamericano, merecen especial atención las propuestas de modelos de evaluación y mejora adaptados a pequeñas y medianas empresas, como MOPROSOFT (Oktaba, 2006), COMPETISOFT (Oktaba et al., 2007), AgileSPI (Hurtado et al., 2008), MPS-BR (Montoni et al., 2009) y el Modelo de Madurez para la Industria del Software de AENOR (Garzás et al., 2013), que presentamos en el capítulo 13. También es importante resaltar que propuestas como MOPROSOFT y COMPETISOFT han servido como base para la creación del estándar internacional ISO/IEC 29110.

## 11.8 COMPETISOFT

COMPETISOFT (Oktaba et al., 2008) es una iniciativa integradora de diferentes propuestas de mejora de procesos software para micro, pequeñas y medianas empresas desarrolladoras de software. Pretende apoyar el incremento del nivel de competitividad de las PyMES Iberoamericanas productoras de software mediante la creación y difusión de un marco metodológico común, el cual ha sido desarrollado teniendo presente las características y necesidades de este tipo de empresas. La estructura del marco metodológico propuesto (compuesto por un *modelo de referencia de procesos*, un *modelo de evaluación* y un *modelo que guía la mejora*) permite que pueda ser utilizado por cualquier PyME que considere este marco adecuado para su programa de mejora de procesos.

### 11.8.1 Modelo de Referencia de Procesos

El *modelo de referencia de procesos* de COMPETISOFT es una evolución y refinamiento del modelo de procesos propuesto en MoProSoft (Oktaba, 2006), al cual se le añaden elementos de la metodología de mantenimiento de software MANTEMA (Polo et al., 1999). Este modelo agrupa los procesos en tres categorías principales: Alta dirección, Gerencia y Operación. Esta división de procesos se ajusta a la organización funcional de una empresa. En la Figura 11.4 se muestran las categorías de procesos de COMPETISOFT junto con los procesos que engloba cada una de ellas.

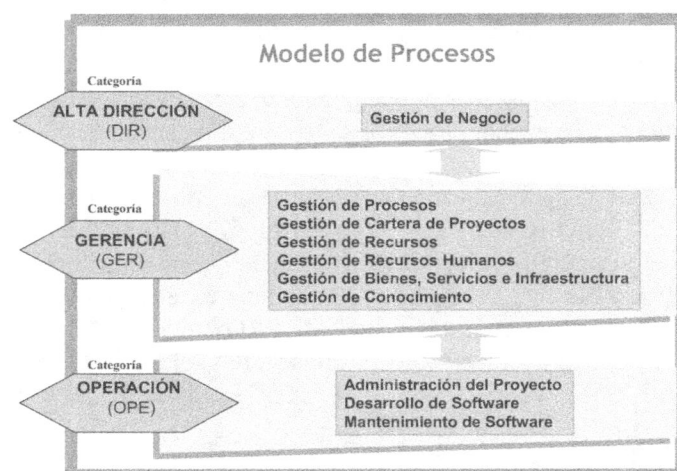

**Figura 11.4.** Categorías y procesos del Modelo de Referencia de COMPETISOFT

Dentro de la categoría de Alta dirección (DIR) se incluye únicamente el proceso de Gestión de Negocio que engloba todas las prácticas relacionadas con la gestión de la empresa. Así, establece los objetivos y las condiciones necesarias para lograrlos en función de las necesidades de los clientes y de los cambios que permitan alcanzar la mejora continua. La Categoría de Gerencia (GER) está compuesta por cinco procesos, en los que se incluyen las prácticas necesarias para la gestión de procesos, proyectos y recursos en función de las directrices establecidas desde la alta dirección. Así mismo, se configura como punto de unión entre esta y los procesos de la Categoría de Operación, a los cuales les proporciona los elementos necesarios para su funcionamiento, y de los que sintetiza todos los resultados generados para comunicarlos a la dirección de la organización. En la Categoría de Operación (OPE) se incluyen las prácticas de los proyectos de desarrollo y mantenimiento de software agrupadas en tres procesos. La Categoría de Operación se sitúa por debajo de la Categoría de Gerencia, por lo que realiza sus actividades de acuerdo a las directrices marcadas por esta (en consonancia con los objetivos de la organización) y a la que entrega toda la información y productos generados.

### 11.8.2 Modelo de Evaluación de Procesos

Con respecto al *modelo de evaluación de procesos*, COMPETISOFT sugiere utilizar como base la norma internacional ISO/IEC 15504. No se describe un Modelo de Evaluación particular, sino que se sugiere que cada país interesado defina su propio Modelo de Evaluación que esté acorde con las necesidades de su industria de software y conforme a esta norma internacional. El propósito es permitir el reconocimiento mutuo de las evaluaciones formales de COMPETISOFT entre diferentes países que utilicen: (i) un modelo de evaluación que sea conforme con la norma internacional ISO/IEC 15504 y (ii) el modelo de referencia de procesos de COMPETISOFT.

### 11.8.3 Modelo de Mejora de Procesos

El *modelo de mejora de procesos* de COMPETISOFT parte y propone una adecuación y refinamiento del modelo y proceso de mejora propuesto en Agile SPI (Hurtado et al., 2008). El modelo de mejora de COMPETISOFT se caracteriza por ser un modelo ligero con el fin de facilitar su aplicabilidad en las PyMEs desarrolladoras de software, y está basado en el análisis de las necesidades de mejora de procesos de las PyMEs presentado en (Pino et al., 2008). El modelo de mejora propuesto ha sido desarrollado con el fin de:

- ▼ Establecer los elementos necesarios para guiar y gestionar la mejora de procesos en una pequeña organización software, y lograr institucionalizar la cultura de la mejora continua al interior de la organización.

- ▼ Facilitar su aplicación en las pequeñas organizaciones software de forma económica, con pocos recursos y en poco tiempo, buscando siempre obtener resultados de mejora visibles a corto plazo.

Para guiar a las pequeñas organizaciones software en la conducción y gestión de los proyectos de mejora, el modelo de mejora de COMPETISOFT define un conjunto de componentes (ver Figura 11.5), los cuales se describen a continuación:

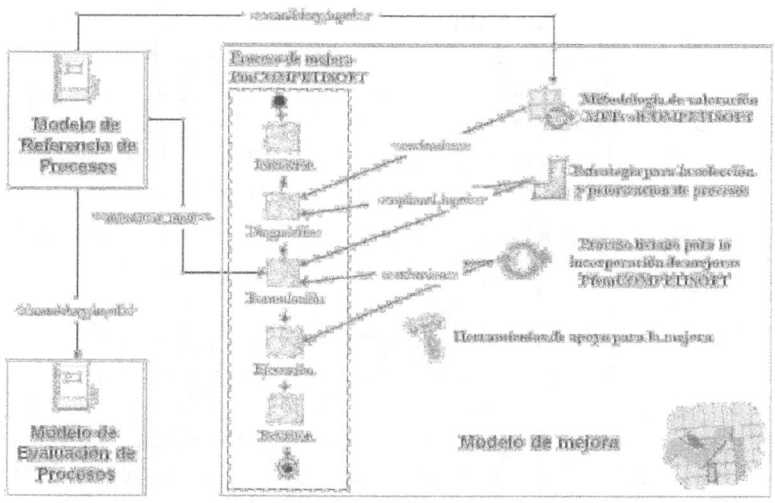

**Figura 11.5.** Componentes del modelo de mejora de COMPETISOFT

▼ Un proceso para guiar la mejora continua de procesos denominado PmCOMPETISOFT, que tiene como propósito mejorar los procesos de la organización en función de sus objetivos de negocio, así como ayudar a conducir la mejora de procesos software enfocada en las pequeñas organizaciones a través de la definición de una guía para implementar paso a paso la mejora de procesos. Este proceso se compone de uno o más ciclos de mejora, donde cada ciclo de mejora consta de cinco actividades: Instalación del ciclo, Diagnóstico de procesos, Formulación de mejoras, Ejecución de mejoras y Revisión del ciclo.

▼ Una metodología para la valoración de procesos (evaluación interna de procesos) denominada METvalCOMPETISOFT (Pino et al., 2010), la cual pretende dar soporte a la actividad de diagnóstico de procesos de PmCOMPETISOFT. METvalCOMPETISOFT apoya el principio de diagnóstico continuo y rápido de procesos propuesto por el Modelo de mejora de COMPETISOFT, y está compuesta por:

- PvalCOMPETISOFT, un proceso para guiar la valoración de procesos, el cual tiene como propósito generar información confiable con la que identificar de manera general las fortalezas, debilidades y riesgos de los procesos software de la organización (esta información debe ser la base para tomar las decisiones relacionadas con el ciclo de mejora). Este proceso describe cinco actividades: Planificación de la valoración, Ejecución de la valoración, Generación de resultados, Priorización de procesos y Planificación preliminar de mejoras.

- Un método de valoración ágil denominado Light MECPDS (Pino et al., 2006), el cual es conforme con el estándar internacional ISO/IEC 15504. Para hacer el método más ágil y fácil de utilizar, solo se han considerado los dos primeros niveles de capacidad de proceso (realizado y gestionado) del estándar internacional y sus tres atributos de proceso asociados (de los nueve propuestos).

- Un conjunto de herramientas de soporte a la valoración de procesos software.

▼ Una guía para formular y ejecutar mejoras utilizando Scrum (Pino et al., 2010), la cual pretende ayudar a las pequeñas empresas a formular y ejecutar las oportunidades de mejora encontradas en la actividad de diagnóstico de procesos. El objetivo es aprovechar la sinergia de la valoración de procesos y encausarla hacia la iniciación de la realización efectiva de mejoras al interior de la pequeña organización software. La mayor parte del esfuerzo del trabajo relacionado con la formulación y ejecución de mejoras recae en los empleados de la empresa, así que esta guía ofrece una visión de cómo organizar este trabajo para que el proyecto de mejora pueda seguir su flujo normal y lograr sus objetivos.

▶ Una estrategia para la selección y priorización de procesos (Pino et al., 2007; Pino et al., 2009), que presenta la selección de un conjunto de procesos que son considerados fundamentales para la implementación de un proyecto de mejora de procesos en micro y pequeñas empresas software, así como la priorización de estos procesos. El objetivo es ofrecer una estrategia sobre las primeras prácticas que este tipo de organizaciones deben realizar cuando emprendan un proyecto de mejora. El principio fundamental de la propuesta es que la mejora de procesos debe estar engranada con las otras responsabilidades de la gestión de procesos. Así pues un proyecto SPI en una PyME debe establecer primero una infraestructura básica relacionada con las responsabilidades de la gestión de procesos. Por tal razón, se sugiere que los primeros procesos a establecer sean los relacionados con mejora y gestión con el objetivo de crear el ciclo Mejorar–Definir–Ejecutar–Medir necesario en la gestión de procesos. El segundo paso es introducir el control de procesos a través de procesos de soporte, y finalmente llevar a cabo la mejora de procesos de ingeniería de las PyMEs.

### 11.8.4 Aplicación de COMPETISOFT

El Marco Metodológico de COMPETISOFT fue inicialmente aplicado mediante estudios de caso controlados en ocho pequeñas empresas, dos de Argentina, una de Chile, dos de España y tres de Colombia. Su propósito fue mostrar la aplicación de la estrategia propuesta por el proyecto COMPETISOFT en el contexto real de diferentes pequeñas empresas de desarrollo de software de Iberoamérica. El tipo de diseño del estudio de caso fue "múltiples casos – embebido", ya que se ha aplicado COMPETISOFT en el contexto de ocho empresas diferentes con el objetivo de mejorar los procesos de Desarrollo de Software y Administración del Proyecto (dos unidades de análisis diferentes). El marco metodológico de COMPETISOFT se aplicó para dar soporte a la implantación de varios ciclos de mejora de procesos, durante un periodo de entre 3 y 6 meses (Pino et al., 2016).

A partir de la información recolectada de la aplicación de COMPETISOFT, se observó que las ocho empresas incrementaron el nivel de capacidad de sus procesos de Desarrollo de Software y/o Administración del Proyecto, entre otros. Este incremento les permitió a unas empresas alcanzar el siguiente nivel de capacidad de sus procesos bajo intervención, y a otras incrementar el valor de alguno de sus atributos de proceso (aunque no hayan logrado pasar al siguiente nivel). El incremento de capacidad de cada proceso bajo intervención se observó al encontrar nuevas prácticas base establecidas en estos procesos, las cuales fueron registradas en los reportes de mejora de cada empresa. En este sentido y basados en el análisis de los datos recolectados de los casos de estudio, hay evidencia que muestra que el Marco Metodológico de COMPETISOFT permite introducir nuevas prácticas de desarrollo de software para incrementar la capacidad de los procesos de las pequeñas organizaciones.

Además, analizando el esfuerzo realizado por las empresas en la aplicación del Marco Metodológico de COMPETISOFT, se puede extraer que el esfuerzo invertido por semana en horas/persona para llevar a cabo el ciclo de mejora en cada empresa fue apropiado a las características de cada una de las pequeñas empresas. El esfuerzo promedio invertido en las iniciativas de mejora realizadas por una empresa es de aproximadamente una persona trabajando 10 horas por semana. El grupo de empleados involucrados en el ciclo de mejora de cada una de estas empresas fue capaz de asumir este esfuerzo particular relacionado con las iniciativas de mejora sin generar contratiempos en sus actividades diarias. Esta capacidad de asumir adecuadamente el esfuerzo de llevar a cabo la mejora de procesos es una evidencia de que el Marco Metodológico de COMPETISOFT es apropiado para las pequeñas empresas.

Además, las propias empresas han reportado que el trabajo de mejora realizado les ha traído diferentes beneficios; entre los más significativos se encuentran:

- Dar el paso de unos procesos software caóticos e impredecibles a unos tangibles, que se usan actualmente para el desarrollo de sus proyectos, iniciando el camino de un enfoque de desarrollo de software centrado en procesos.

- Comenzar a generar una base de conocimiento relacionada con: (i) los procesos mejorados y sus productos de trabajo asociados, (ii) la forma como se mejoraron, y (iii) la instanciación de estos en proyectos de la empresa. Esto permite disponer de información histórica que sirve para tomar decisiones.

- Abordar la cultura de mejora de procesos software al interior de la organización como instrumento para asegurar la calidad de sus productos.

## 11.9 LECTURAS RECOMENDADAS

▼ *Nanda. V., Robinson J. (2011). Six Sigma Software Quality Improvement: Success Stories from Leaders in the High Tech Industry. New York. McGrawHill.*

Este libro muestra cómo Seis Sigma es aplicable a la industria de TI describiendo historias de éxito de su aplicación en empresas de TI.

▼ *Oktaba, H., y M. Piattini, F. (eds.) (2008). Software Process Improvement for Small and Medium Enterprises: Techniques and Case Studies. USA, Idea Group.*

En esta obra se presentan los principales trabajos a nivel internacional sobre mejora de procesos software en PyMES.

▼ *Oktaba, H., M. Piattini, F. Pino, M. J. Orozco y C. Alquicira, Eds. (2008). COMPETISOFT: Mejora de Procesos Software para Pequeñas y Medianas Empresas y Proyectos. Madrid, Ra-Ma.*

Es el libro de referencia del proyecto COMPETISOFT, presentando además los modelos de referencia y mejora, casos prácticos y consejos útiles para la mejora de procesos en pequeñas empresas y proyectos.

## 11.10 SITIOS WEB RECOMENDADOS

▼ *alarcos.esi.uclm.es/competisoft*

Sitio web donde se describen los procesos del modelo COMPETISOFT, de manera completa y que puede ser utilizado libremente para iniciarse en el campo de la mejora de procesos, sobre todo para las pymes.

## 11.11 EJERCICIOS

1. Realice una búsqueda sobre los principales modelos de madurez propuestos para la Ingeniería de Requisitos, compárelos entre sí y con los procesos relacionados de la norma ISO/IEC 12207.

2. Intente realizar un modelo "integrador" que represente los principales conceptos comunes a las normas ISO/IEC 90003 e ISO/IEC 12007.

3. Analice la propuesta del SEI sobre armonización de estándares denominada Process Improvement in Multimodel Environments (PrIME).

4. Busque diferentes propuestas sobre la adaptación de métodos Lean Seis Sigma al desarrollo de software.

5. Compare los modelos de referencia de COMPETISOFT y MPS-BR.

6. Proponga un modelo de mejora para pequeñas empresas desarrolladoras de software basado en SCRUM.

7. Lleve a cabo una adaptación de COMPETISOFT para el desarrollo de software para móviles/celulares.

8. Elabore una guía para la realización de auditorías siguiendo el modelo COMPETISOFT.

9. Investigue el porcentaje de PyMES que se han certificado con los modelos CMMI, ISO/IEC 15504/33000, ISO/IEC 29110, ISO/IEC 9001, etc.

10. Desarrolle una herramienta de soporte que facilite la implantación de algún modelo de referencia y madurez en las PyMES.

# 12

## ISO/IEC 29110

## 12.1 INTRODUCCIÓN

Basándose en el modelo COMPETISOFT que vimos en el capítulo anterior, y con el fin de apoyar a las pequeñas empresas en la realización de sus esfuerzos de mejora de procesos, ISO constituyó el grupo de trabajo denominado SC7-WG24 con el objetivo de que sus estándares de procesos software (o sus adaptaciones) puedan ser aplicados en pequeñas empresas desarrolladoras de software. Este grupo de trabajo ha establecido un marco común para describir perfiles evaluables del ciclo de vida de software para ser usados en *Very Small Entites* –VSE– (una organización de menos de 25 empleados). Así pues, el trabajo desarrollado por el SC7-WG24 es una contribución muy importante en el esfuerzo por hacer que los actuales estándares de ingeniería de software de ISO sean más accesibles a pequeñas empresas, ya que según el estudio presentado en (Laporte et al., 2008) a las pequeñas empresas les resulta difícil relacionar las normas ISO con sus necesidades de negocio y por tanto justificar la aplicación de estas normas. Este mismo enfoque se ha aplicado recientemente a la entrega de servicios en las VSE.

En este capítulo se presenta una perspectiva general de la norma ISO/IEC 29110: Software Engineering —Lifecycle— Lifecycle Profiles for Very Small Entities (VSEs) describiendo inicialmente sus partes constitutivas, luego se hace una síntesis de los procesos de gestión de proyectos e implementación de software, fundamentales del quehacer de una VSE, posteriormente se plantean algunos procesos para prestar servicios por una VSE y finalmente se presente un esquema de certificación por conformidad de requisitos de esta norma internacional.

## 12.2 VISIÓN GENERAL

El nombre general de la norma ISO/IEC 29110 es *Software Engineering — Lifecycle Profiles for Very Small Entities* (VSEs). Se compone de varios documentos, unos son normas internacionales (IS, International Standards) y otros son informes técnicos (Technical Report o TR). Un perfil es un subconjunto de uno o más estándares necesarios para llevar a cabo una función particular, e incluye típicamente elementos extraídos de los estándares y diseñados para proporcionar una implementación coherente de funcionalidades específicas. Los informes técnicos se utilizan para presentar las guías sobre la implementación de perfiles en VSE, y estas guías proporcionan información práctica para facilitar la implementación de los perfiles.

La estructura de ISO/IEC 29110 se muestra en la Figura 12.1.

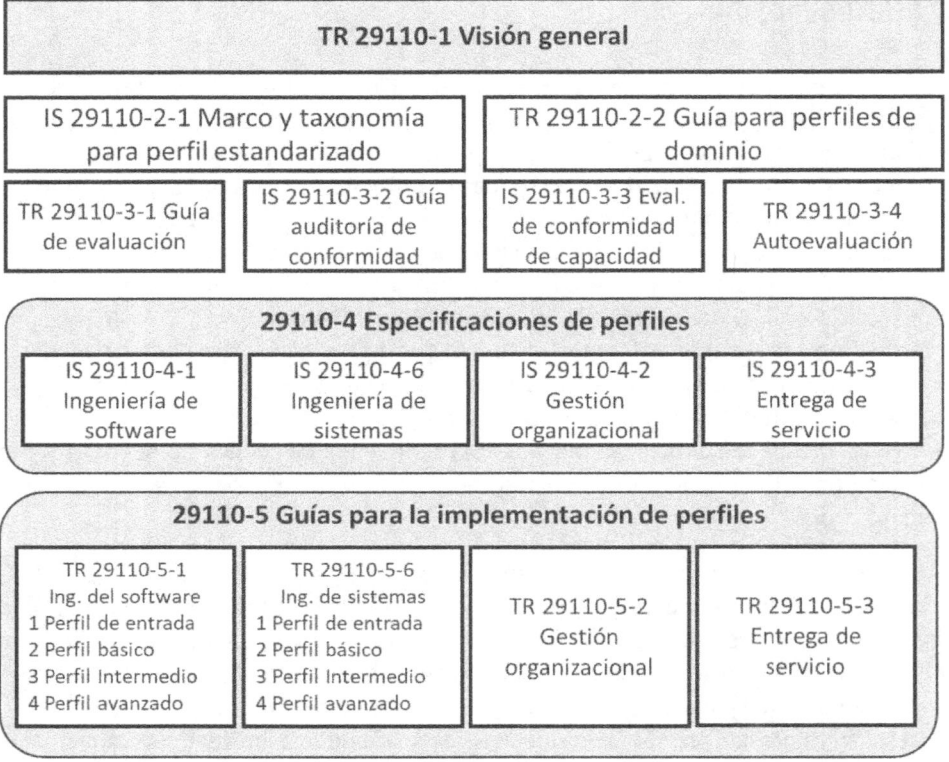

**Figura 12.1.** Familia de documentos ISO/IEC 29110

A continuación, resumimos las normas más importantes, de las que están ya publicadas en el momento de la elaboración de este libro.

## 12.2.1 ISO/IEC 29110-1

La norma ISO/IEC 29110-1 (ISO 2016f) introduce los principales conceptos necesarios para comprender y utilizar la serie de normas ISO/IEC 29110.

## 12.2.2 ISO/IEC 29110-2

ISO/IEC 29110-2 presenta los conceptos para perfiles estandarizados de ingeniería del software para VSE y define los términos comunes a la serie ISO/ EC 29110. Además, establece la lógica detrás de la definición y aplicación de perfiles estandarizados. También especifica los elementos comunes a todos los perfiles estandarizados (estructura, conformidad, evaluación) e introduce la taxonomía (catálogo) de los perfiles ISO/IEC 29110. De esta sección de la norma cabe resaltar las siguientes partes:

- ▼ *ISO/IEC 29110-2-1: Marco y taxonomía para perfil estandarizado (ISO 2015e)*. Esta norma introduce los conceptos principales de perfiles de software e ingeniería de software para empresas muy pequeñas, y define los términos comunes al conjunto de los documentos asociados a los perfiles VSE. Esta parte de la norma establece la lógica de la definición y aplicación de perfiles, además de especificar los elementos comunes asociados a todos los perfiles estandarizados (estructura, requisitos, conformidad y evaluación).

- ▼ *ISO/IEC 29110-2-2: Guía para el desarrollo de perfiles específicos de dominio (ISO 2016g)*. Esta guía permite desarrollar un perfil que es específico para un dominio (de negocio) de las VSEs. Puede ser utilizado por asesores técnicos, incluyendo consultores, para ayudar a las VSEs que tengan problemas en los procesos de software. También proporciona un marco conceptual para desarrolladores de perfiles estandarizados utilizando los conceptos de la serie ISO/IEC 29110.

## 12.2.3 ISO/IEC 29110-3

ISO/IEC TR 29110-3 define las guías de evaluación del proceso y los requisitos de cumplimiento necesarios para cumplir con el propósito de los perfiles VSE definidos. ISO/IEC TR 29110-3 también contiene información que puede ser útil para los desarrolladores de métodos de evaluación y herramientas de evaluación. El conjunto de estándares ISO/IEC TR 29110-3 está dirigido a aquellos que tienen una participación directa en el proceso de evaluación como, por ejemplo, los auditores, los organismos de certificación, los organismos de acreditación y el patrocinador de la auditoría, que necesitan orientación para asegurar que se cumplen los requisitos para llevar a cabo una evaluación. De esta sección de la norma cabe resaltar las siguientes partes:

- ▼ *ISO/IEC 29110-3-1: Guía de evaluación (ISO 2015f)*. Esta norma define los sistemas de certificación, las directrices de evaluación y los requisitos de cumplimiento para la evaluación de la capacidad del proceso, las evaluaciones de conformidad y las autoevaluaciones para mejorar los procesos. Una evaluación de procesos, es una evaluación disciplinada de los procesos de una unidad organizativa contra un Modelo de Evaluación de Procesos (PAM, *Process Assesment Method*), en este contexto, el Modelo de Evaluación de Procesos consiste en un subconjunto de propósitos y resultados del proceso de un Modelo de Referencia de Procesos (PRM, *Process Reference Model*) y los atributos de proceso, niveles de calidad y escala de calificación que se definen en el correspondiente Modelo de Evaluación de Procesos. Un modelo de referencia de proceso es, por ejemplo, ISO/IEC 12207 y el subconjunto aplicable es definido en una especificación de un perfil, como, por ejemplo, ISO/IEC 29110-4-1.

- ▼ *ISO/IEC 29110-3-2: Esquema de certificación por conformidad (ISO 2017d)*. Esta norma define las reglas aplicables para la certificación de la implementación de procesos de ingeniería de sistemas y/o software que cumplan con los requisitos de las normas ISO/IEC 29110-4-6 o ISO/IEC 29110-4-1. Esta parte también proporciona la información necesaria para asegurar la confianza de los clientes sobre la forma en que se ha concedido la certificación de sus proveedores.

- ▼ *ISO/IEC 29110-3-3: Requisitos de certificación para evaluación por conformidad de perfiles VSE usando modelos de evaluación de procesos y de madurez (ISO 2016h)*. Esta norma define los requisitos para los organismos de certificación que realizan evaluación por conformidad según las normas ISO/IEC 29110-4-n para los perfiles VSE haciendo uso de evaluación de procesos y modelos de madurez.

- ▼ *ISO/IEC 29110-3-4: Método de mejora basado en autonomía (ISO 2015g)*. Esta guía "basada en la autonomía", sirve para la autoevaluación y mejora por parte de las organizaciones proporcionando una herramienta para mejorar la "forma de trabajo" (es decir, un proceso) con respecto al desarrollo de sistemas y software.

## 12.2.4 ISO/IEC 29110-4

ISO/IEC 29110-4-m proporciona la especificación para todos los perfiles en un grupo de perfil que se basan en subconjuntos de elementos de estándares apropiados. Los perfiles VSE se aplican y están dirigidos a autores/proveedores de guías y herramientas y otro material de soporte. De esta sección de la norma cabe resaltar las siguientes partes:

- ▼ *ISO/IEC 29110-4-1: Especificaciones de perfiles: grupo de perfil genérico (ISO 2011g)*. Esta norma proporciona una especificación para el perfil básico dentro del grupo de perfil genérico. El perfil básico se aplica a las VSE involucradas en el desarrollo de software, seleccionando los elementos del proceso de implementación de software y gestión de proyectos de ISO/IEC 12207 y los productos de ISO/IEC 15289 desde la perspectiva de un solo proyecto. Las especificaciones del perfil básico contienen elementos de perfil referentes al Proceso de Gestión de Proyectos (PM, Project Management) y al Proceso de Implementación de Software (SI, Software Implementation).

- ▼ *ISO/IEC 29110-4-3: Especificaciones de perfil de entrega del servicio (ISO 2017e)*. Esta norma proporciona una especificación para el perfil de entrega de servicios. Los requisitos para el perfil de entrega del servicio se agrupan en cuatro procesos: Gobierno (GO, Governance), Control del Servicio (CO, Service Control), Relaciones del Servicio (RE, Service Relationship), e Incidentes del Servicio (IN, Service Incident).

## 12.2.5 ISO/IEC 29110-5

ISO/IEC TR 29110-5-m-n proporciona una guía de implementación e ingeniería para el perfil VSE descrito en ISO/IEC 29110-4-m. De esta sección de la norma cabe resaltar las siguientes partes:

- ▼ *ISO/IEC 29110-5-1-1: Guía de ingeniería y Gestión: Grupo de perfil genérico: Perfil de entrada (ISO 2012g)*. Se trata de una guía de gestión y de ingeniería para el perfil de entrada descrito en la norma ISO/IEC 29110-4-1 a través de los procesos de gestión de proyectos e implementación de software. El perfil de entrada es el primer perfil del grupo de perfiles genérico, que se define para el caso en que se necesite un proceso de software más flexible y ágil que el ámbito de perfil básico.

- ▼ *ISO/IEC 29110-5-1-2: Guía de ingeniería y Gestión: Grupo de perfil genérico: Perfil básico (ISO 2011h)*. Se trata de la guía de gestión y de ingeniería para el perfil básico descrito en la norma ISO/IEC 29110-4-1 a través de procesos de gestión de proyectos e implementación de software. El perfil básico es el segundo perfil del grupo de perfiles genérico, y es aplicable a las VSE que no desarrollan software crítico. Esta parte de la norma ISO/IEC 29110 está destinada a ser utilizada por la VSE para establecer procesos que implementen cualquier enfoque o metodología de desarrollo incluyendo, por ejemplo, ágil, evolutivo, incremental, dirigido por pruebas, desarrollo, etc. basados en las necesidades de la organización o proyecto de una VSE.

- ▼ *ISO/IEC 29110-5-1-3: Guía de ingeniería y Gestión: Grupo de perfil genérico: Perfil intermedio (ISO 2017f).* Consiste en la guía de gestión y de ingeniería para el perfil intermedio descrito en términos de gestión empresarial, gestión de proyectos, implementación de software y procesos de adquisición. Es una guía independiente que se aplica en los proyectos de desarrollo de software, ya sea en el cumplimiento de un contrato interno o externo. El perfil intermedio es el tercer perfil del grupo de perfiles genéricos, y es aplicable a las VSE que no desarrollan software crítico. Esta parte de la norma ISO/IEC 29110 se ha desarrollado utilizando la guía de gestión y de ingeniería del perfil básico y modificando y agregando elementos (por ejemplo, proceso, tarea, producto de trabajo, rol) para las VSE involucradas en el desarrollo de más de un proyecto en paralelo con más de un equipo de trabajo. Ademas está destinada a ser utilizada con cualquier ciclo de vida, procesos, técnicas y métodos que mejoren la productividad.

- ▼ *ISO/IEC 29110-5-2-1: Guías de gestión organizacional (ISO 2016i).* Proporciona una guía de gestión organizacional para los perfiles descritos en ISO/IEC 29110-4-1 a través de procesos de gestión organizacional, gestión de cartera de proyectos, gestión de recursos y gestión de procesos. El uso de esta guía le permite a una VSE obtener beneficios en los siguientes aspectos:

    - Ejecución múltiple de proyectos y supervisión de su desempeño, asegurándose de que todos los procesos se ejecuten de acuerdo a la estrategia organizacional;
    - Seguimiento continuo de la satisfacción del cliente;
    - Despliegue y mejora de los procesos estándar de organización en todos los proyectos;
    - Controlada de los recursos necesarios.

▼ *ISO/IEC 29110-5-6-1: Ingeniería de sistemas: Guía de Gestión e ingeniería: Grupo de perfil genérico: Perfil de entrada (ISO 2015h).* Esta norma proporciona la guía de gestión y de ingeniería para el perfil de entrada descrito en la norma ISO / IEC 29110-4-6 a través de la gestión de proyectos y la definición del sistema y los procesos de realización. Esta parte de la norma es aplicable a las VSE que no desarrollan software crítico.

▼ ISO/IEC 29110-5-6-2: *Ingeniería de sistemas: Guía de Gestión e ingeniería: Grupo de perfil genérico: Perfil básico (ISO 2014n).* Esta norma proporciona una guía de gestión e ingeniería del perfil básico descrita en ISO/IEC 29110-4-6 a través de la gestión de proyectos y la definición del sistema y los procesos de realización. Es una guía independiente que se aplica en los proyectos de desarrollo de software, ya sea en el cumplimiento de un contrato interno o externo. Esta parte de la norma es aplicable a las VSE que no desarrollan software crítico.

## 12.3 PROCESOS DE LA NORMA ISO/IEC 29110

La norma ISO/IEC 29110 propone como hemos visto, dos procesos para la gestión y desarrollo de software; y cuatro para la entrega de servicios. A continuación se describen estos procesos.

### 12.3.1 Procesos para la gestión y desarrollo de software

La norma ISO/IEC 29110 propone en su perfil básico dos procesos software que deberían estar implementados en todas las VSE. El propósito del proceso de Gestión de Proyectos es establecer y llevar a cabo de manera sistemática las tareas del proyecto de Implementación de Software, lo que permite cumplir con los objetivos del proyecto en la calidad, tiempo y costos esperados.

#### 12.3.1.1 GESTIÓN DE PROYECTOS (PM)

El objetivo de este proceso es "establecer y llevar a cabo de manera sistemática las tareas del proceso de implementación de software, lo que permite cumplir con el alcance del proyecto, en calidad, tiempo y costes esperados"

Este proceso cuenta con quince requisitos de gestión de proyectos que se deben cumplir, permitiendo asegurar que la implementación del proceso de gestión de proyectos sea exitosa:

- Se deberá definir el alcance del trabajo para el proyecto, incluidos sus entregables.

- Se deberá definir las tareas y los recursos asociados con el alcance del trabajo.

- Se deberá obtener la viabilidad de coste, viabilidad técnica y cronograma.

- Se deberá estimar el horario, esfuerzo, coste y duración del trabajo, así como otras métricas si fuera necesario.

- Se deberá planificar la asignación de recursos humanos.

- Se deberá preparar el plan de ejecución del proyecto según el alcance del trabajo, los recursos humanos planificados y las tareas definidas.

- Se deberá acordar el plan de ejecución con el cliente.

- Se deberá identificar y monitorizar los riesgos durante la ejecución del proyecto.

- Se deberá desarrollar e implementar una estrategia de control de versiones del software, incluyendo la copia de seguridad y la restauración.

- Se deberá identificar y controlar los elementos relevantes de la configuración de software, incluyendo su almacenamiento, línea base, manejo y modificaciones.

- Se deberá monitorizar y registrar el avance del proyecto según la planificación.

- Se deberá tomar medidas para ajustar y corregir desviaciones al plan de ejecución.

- Se deberá realizar las actividades de revisión entre el cliente y el equipo de trabajo para asegurar que el trabajo ha sido realizado, y que cumple con los requisitos de software y plan de ejecución.

- Se deberá registrar y seguir los acuerdos resultantes de las actividades de revisión.

- Se deberá realizar el cierre del proyecto después de la aceptación del cliente.

### 12.3.1.2 IMPLEMENTACIÓN DEL SOFTWARE (SI)

El objetivo de este proceso es "la realización sistemática del análisis, diseño, construcción, integración y pruebas para los productos de software nuevos o modificados de acuerdo con los requisitos especificados y el plan de ejecución."

Este proceso cuenta con diecinueve requisitos de implementación de software que se deben cumplir, y que permiten asegurar que el proceso de implementación de software sea exitoso:

- Se deberá comprender y revisar los requisitos de software y el plan de ejecución por el equipo de trabajo.
- Se deberá definir los requisitos del software.
- Se deberá analizar los requisitos del software para su corrección y prueba.
- Se deberá acordar los requisitos del software con el cliente o patrocinador del proyecto.
- Se deberá establecer y comunicar la línea base para los requisitos de software a los stakeholders.
- Se deberá evaluar los cambios en los requisitos software a nivel de coste, horario y efectos técnicos.
- Se deberá desarrollar la arquitectura del software y el diseño detallado, establecer una línea base y comunicarla a los stakeholders.
- Se deberá describir los componentes de software y sus interfaces internas y externas relevantes en la arquitectura software y el diseño detallado.
- Se deberá establece la consistencia y trazabilidad entre los requisitos software, la arquitectura software y el diseño detallado del software.
- Se deberán producir los componentes de software definidos por el diseño detallado.
- Se deberá controlar y poner a disposición de los stakeholders la liberación de los artefactos.
- Se deberá realizar las pruebas unitarias para verificar la consistencia del software y su conformidad con los requisitos y con el diseño detallado.
- Se deberá establecer la consistencia y trazabilidad entre los componentes de software, los requisitos y el diseño.
- Se deberá elaborar la documentación del usuario.

- Se deberá producir el software mediante la integración de los componentes de software.

- Se deberá probar y verificar el software, registrar los resultados y comunicarlos al equipo de trabajo.

- Se deberá corregir los defectos identificados en las revisiones, pruebas y verificaciones.

- Se deberá integrar y almacenar, en el repositorio del proyecto, la configuración del software; se deberá establecer una línea base final y comunicarla al equipo de trabajo y al cliente.

- Se deberá terminar y entregar el producto para su uso después de la validación por parte del patrocinador de proyecto o cliente.

### 12.3.2 Procesos para la entrega de servicios

El objetivo de ISO / IEC 29110-4-3 es proporcionar un conjunto de requisitos auditables basados en múltiples estándares que respalden la entrega de servicios por una VSE. Estos servicios pueden ser entregados a clientes internos o externos. El propósito de este perfil es establecer y llevar a cabo de manera sistemática las tareas para la entrega de un servicio por parte de una VSE. A continuación se describen los cuatro procesos de este perfil.

#### 12.3.2.1 GOBIERNO (GO)

El objetivo de este proceso es "establecer un sistema para dirigir y controlar las actividades de entrega del servicio en una VSE". Este proceso cuenta con cinco requisitos:

- La alta dirección deberá definir el ámbito de las actividades de entrega del servicio.

- Se deberá crear, documentar, implementar y revisar una política de entrega del servicio (con elementos de seguridad de la información), basada en el ámbito de las actividades de entrega del servicio.

- Se deberán asignar, monitorizar y gestionar las responsabilidades y autoridades que soportan la política de entrega de servicios.

- El gestor del servicio deberá revisar y reportar a la dirección las acciones y logros respecto a los objetivos de la entrega del servicio y actualizar los planes para conseguir estos objetivos.

▼ La alta dirección deberá revisar las políticas, procesos, procedimientos y servicios para confirmar su cumplimiento y relevancia continua con el fin de abordar circunstancias o requisitos de cliente cambiantes.

### 12.3.2.2 CONTROL DEL SERVICIO (CO)

El objetivo de este proceso es "soportar y controlar los cambios para definir servicios de negocio vitales y mitigar los riesgos asociados a loa cambios". Este proceso cuenta con cinco requisitos:

▼ La alta dirección deberá definir servicios y controlar la información de los componentes del servicio.

▼ El director de control deberá evaluar los cambios de los servicios con el fin de aprobarlos o rechazarlos en base a los criterios establecidos y actualizar la planificación de cambio de los servicios.

▼ Los diseños de los servicios deberán ser conformes con el diseño, construcción, pruebas y procedimientos de despliegue documentados.

▼ Deberán estar disponibles y protegerse las copias maestras de los componentes de servicio autorizados (por ejemplo hardware, software, documentación).

▼ El director de control deberá aprobar o rechazar el despliegue de un cambio de servicio en base a los resultados de las pruebas comparados con los criterios de aceptación, acuerdos con los clientes y planificación de los cambios de los servicios.

### 12.3.2.3 RELACIONES DEL SERVICIO (RE)

El objetivo de este proceso es "mantener las relaciones necesarias con los clientes y los proveedores para soportar una entrega de servicios efectiva y eficiente". Este proceso cuenta con tres requisitos:

▼ Se deberá documentar todos los servicios ofrecidos en términos de negocio en uno o más catálogos de servicio y hacerlos disponibles a los grupos apropiados de stakeholders.

▼ Se deberá acordar, documentar, revisar y actualizar, como sea requerido, los requisitos para la entrega de servicios entre la VSE y sus clientes y/o proveedores.

▼ Se producirá, aunque sea de manera mínima, informes de servicio a los clientes o desde los proveedores sobre la satisfacción de los clientes, reclamaciones y desempeño del servicio respecto a las medidas de servicio acordadas.

#### 12.3.2.4 INCIDENTE DEL SERVICIO (IN)

El objetivo de este proceso es "restaurar el servicio para el negocio con una interrupción mínima o prevenir que ocurran incidentes". Este proceso cuenta con cuatro requisitos:

▼ Se deberá registrar y gestionar hasta su cierre todos los incidentes reportados o identificados que reduzcan la calidad o impidan el uso de los servicios.

▼ Recursos competentes, internos o externos a la VSE, deberán investigar incidentes reales o potenciales, con la intención de restaurar el servicio lo antes posible.

▼ Se deberá documentar y acordar todos los pasos tomados para restaurar el servicio.

▼ Se deberá investigar los incidentes, reales o potenciales con un impacto significativo en la organización, para descubrir las causas raíz y una solución que se tomará, si se aprueba, para prevenir o minimizar futuras ocurrencias.

## 12.4 ESQUEMA DE CERTIFICACIÓN DE ISO/IEC 29110

En la actualidad las VSEs quieren disponer de oportunidades para poder adquirir certificaciones que se puedan adecuar a su contexto y recursos, tales que, se pueda garantizar la calidad de los productos y/o servicios que dichas organizaciones ofrecen a sus clientes. En efecto, surge la necesidad de ofrecer a las VSEs esquemas de certificación que se ajusten a sus características, donde se tenga en cuenta aspectos como número de empleados, presupuesto, tiempo y beneficio neto en el establecimiento de procesos de ciclo de vida del software, con el fin de brindar mayor productividad y competitividad en los mercados nacionales e internacionales.

El esquema de certificación del estándar ISO/IEC 29110-4-1 (ver Figura 12.2) permite a una empresa certificadora a través de su implementación, determinar si los procesos establecidos en una pequeña organización están conformes o no con los requisitos definidos en el estándar ISO/IEC 29110-4-1. Un componente del esquema es la plantilla de apoyo a la certificación que proporciona una guía de implementación que les permitiría a las pequeñas organizaciones poder seguir los pasos para lograr la satisfacción del cumplimiento de los requisitos definidos por el estándar. La guía mencionada está divida en cinco partes, (i) proceso de auditoría, el cual contiene la información necesaria para llevar a cabo el proceso de auditoría para una organización que quiere optar por una certificación, (ii) definición de indicadores de cumplimiento, donde se presentan las características de los productos de trabajo para cada una de las tareas definidas, (iii) definición de indicadores de cumplimiento de requisitos a partir de tareas, donde se muestra una serie de indicadores de satisfacción para que una pequeña organización logre cumplir con los requisitos establecidos en el estándar ISO/IEC 29110-4-1, junto con una descripción que ilustra cómo se logra el cumplimiento de los requisitos a partir de las tareas definidas en el estándar ISO/IEC 29110-5-1-2, (iv) definición de indicadores de cumplimiento a partir de productos de trabajo, donde se describe la relación que existe entre los requisitos presentados en el estándar ISO/IEC 29110-4-1 y los productos de trabajo presentados en el estándar ISO/IEC 29110-5-1-2, y (v) la relación de los elementos del esquema de certificación, parte que describe como un requisito presentado en el estándar ISO/IEC 29110-4-1 puede ser satisfecho a partir del cumplimiento de las tareas relacionadas presentadas en el estándar 29110-5-1-2 y demostrando las evidencias o productos de trabajo correspondientes descritos en el mismo estándar. Una descripción detallada de este esquema de certificación puede encontrarse en Pino et al. (2018)

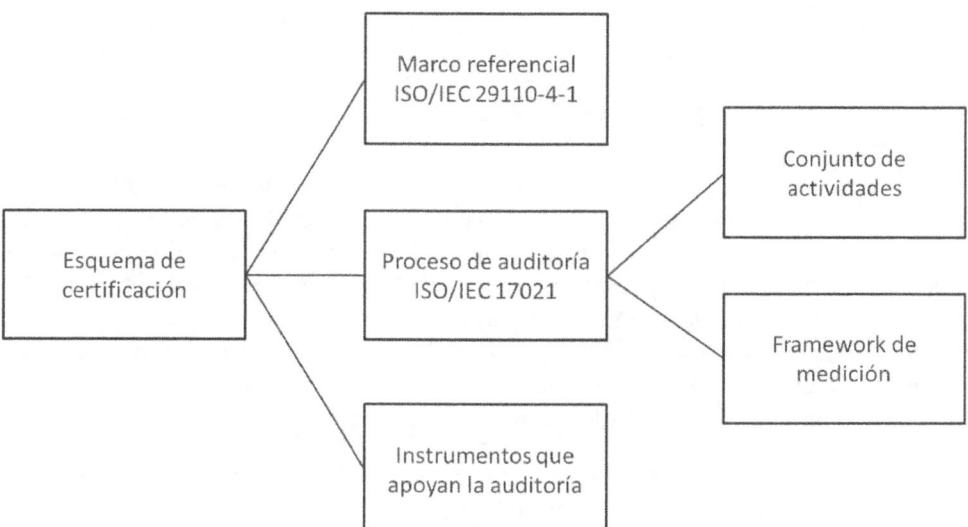

**Figura 12.2.** Alcance del esquema de certificación ISO/IEC 29110

Para llevar a cabo la auditoría de las pequeñas organizaciones desarrolladoras de software que desean cumplir con los requisitos establecidos en el estándar ISO/IEC 29110-4-1, se debe seguir el proceso que se muestra en la Figura 12.3. Este proceso es conforme con las directrices establecidas en las normas ISO/IEC 17021 e ISO/IEC 17065.

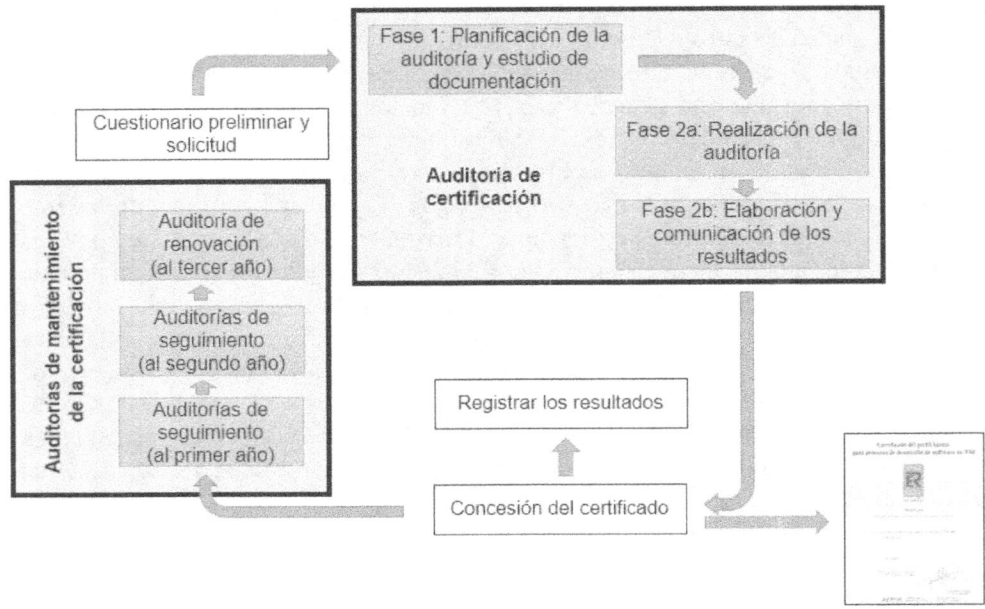

**Figura 12.3.** Proceso de auditoría de ISO/IEC 29110

Para la solicitud, el organismo certificador debe obtener toda la información necesaria para cumplir con el proceso de certificación, entre las que se encuentran, las características generales del cliente, incluyendo su nombre y dirección de las ubicaciones físicas, los aspectos significativos de sus procesos y operaciones, y cualquier obligación legal pertinente. El organismo certificador realiza un proceso de revisión de la solicitud que le permita validar la información del cliente solicitante, definir el alcance y la disposición de los medios para realizar la evaluación, entre otras que el organismo certificador considere pertinentes.

En la etapa de "Auditoría de certificación" Fase 1:Planificación de la auditoría, el organismo certificador debe desarrollar y documentar el plan de auditoría, que le permita definir claramente las actividades que se van a llevar a cabo, asignar el equipo auditor, establecer horarios para las actividades, otras que el organismo certificador considere necesarias para su desarrollo.

En la etapa de "Auditoría de certificación" Fase 2a:Realización de la auditoría, el organismo certificador debe ejecutar las actividades de evaluación con los recursos asignados para tal fin que se definieron en el plan de evaluación. Los productos se deben evaluar frente a los requisitos cubiertos por el alcance de la certificación y los requisitos especificados en el esquema de certificación. El alcance para lograr una certificación por conformidad para el estándar ISO/IEC 29110-4-1, es el cumplimiento de los requisitos de Gestión de proyectos (PM) e Implementación de Software (SI).

Finalmente, en la etapa de "Auditoría de certificación" Fase 2b:Elaboración y comunicación de los resultados, se elaboran los informes de la auditoría y entregan los resultados de la auditoría a la organización cliente. En estos informes debe detallarse las no conformidades detectadas (mayores y menores), y si el cliente expresa interés en continuar el proceso de certificación, el organismo de certificación debe proporcionar información con respecto a las labores de evaluación adicionales necesarias para verificar que las no conformidades se han corregido.

Las auditorías de seguimiento comprueban que la organización mantiene los procesos establecidos, y la auditoría de renovación al tercer año se realiza con el fin de renovar la certificación u optar por estándares más apropiados a sus necesidades.

## 12.5 LECTURAS RECOMENDADAS

▶ *Pino, F.J., Caicedo, A.M., Pino, A.F. y Piattini, M. (2018). Procesos software para pequeñas empresas basado en la Norma ISO/IEC 29110. Madrid, AENOR.*

Este libro propone la implantación de la norma ISO/IEC 29110 para pequeñas empresas definiendo un esquema de evaluación, mejora y certificación basada en conformidad de la norma.

## 12.6 SITIOS WEB RECOMENDADOS

▶ www.*iso29110*.es

En esta web se presentan los principales conceptos y novedades sobre la norma ISO/IEC 29110.

## 12.7 EJERCICIOS

1. Compare los procesos para la gestión y desarrollo de software de la norma ISO/IEC 29110 con los de Competisoft y los de SPICE-AENOR.

2. Analice cómo encajan los cuatro procesos para el perfil de entrega de servicios de la norma ISO/IEC 29110 en marcos como ITIL o la norma ISO/IEC 20000.

3. Proponga un esquema de auditoría basada en conformidad para los dos procesos del perfil de Ingeniería del Software.

4. Utilizando alguna herramienta (como EPFC) intente crear una guía que ayude a las VSE a implementar los dos procesos del perfil de Ingeniería del Software.

5. Analice cuántas organizaciones se encuentran certificadas por la norma ISO/IEC 29110 en su país.

6. ¿Qué documentación sugeriría crear a las VSE para soportar los procesos para la gestión y desarrollo de software de la norma ISO/IEC 29110?

7. ¿Qué formación, certificaciones y habilidades demandaría a los auditores de la norma ISO/IEC 29110?

8. Proponga herramientas para facilitar el cumplimiento de los requisitos de los procesos para la gestión y desarrollo de software de la norma ISO/IEC 29110.

9. Examine cómo encaja el proceso de gobierno de servicio de la norma ISO/IEC 29110 con otras normas de gobierno de TI como la ISO/IEC 38500.

10. Busque en la bibliografía estudios de caso de aplicación de la norma ISO/IEC 29110.

# 13

# LA NORMA ISO/IEC 33000

## 13.1 INTRODUCCIÓN

En 1991 se llegó a un consenso internacional sobre la necesidad de un modelo de referencia para la evaluación de procesos buscando afrontar el problema de selección de proveedores para los sistemas que dependían en gran medida del software. Es así como en 1993 la comisión ISO/IEC JTC1 aprobó un proyecto para el desarrollo de un modelo que fuera la base de un futuro estándar internacional para la evaluación de los procesos del ciclo de vida del software. Este proyecto recibió el nombre de SPICE (*Software Process Improvement and Capability dEtermination*) y se constituyó en el origen de lo que sería posteriormente la norma ISO 15504. En junio de 1995 se publicó el primer borrador de esta norma y, tras las primeras evaluaciones, en 1998 se liberó el reporte técnico con la denominación ISO/IEC TR 15504:1998 constituida inicialmente por 9 partes, que sufrió una importante revisión en el año 2004.

En la actualidad, la norma ISO/IEC 15504 ha sido sustituida por la serie de normas ISO/IEC 33000. Considerando la importancia que tiene esta norma, en este capítulo se presenta en la sección 2 una visión general de su última versión, en la sección 3 se describe la evaluación de proceso según la familia de normas ISO/IEC 33000, y en la cuarta, el Modelo de Madurez de Ingeniería del Software de AENOR que utiliza esta norma para certificar empresas software mediante niveles de madurez organizacionales.

## 13.2 VISIÓN GENERAL DE ISO/IEC 33000

El propósito de la serie de estándares para la evaluación de procesos ISO/IEC 33000 es proporcionar un enfoque estructurado para la evaluación de los procesos con el objetivo que le permita a una organización: (i) comprender el estado de sus propios procesos buscando la mejora de los mismos; (ii) determinar la idoneidad de sus propios procesos para un requerimiento en particular o para un conjunto de requerimientos; y (iii) determinar la idoneidad de los procesos de otra organización para un contrato específico o para un conjunto de contratos. La evaluación del proceso incluye la determinación de las necesidades del negocio, una evaluación (medición) de los procesos utilizados por una organización y el análisis del estado actual de dichos procesos. Los resultados del análisis serán utilizados para guiar las actividades de mejora de procesos o para determinar la capacidad de los procesos empleados por una organización. En este sentido, el marco de trabajo para la evaluación del proceso ofrecido por la serie ISO/IEC 33000:

- facilita la autoevaluación;
- proporciona una base para su uso en la mejora de procesos y la determinación de la capacidad del proceso;
- apoya la evaluación de otras características de los procesos, además de la capacidad de los mismos;
- tiene en cuenta el contexto en el que el proceso evaluado es implementado;
- produce una calificación del proceso;
- aborda la capacidad del proceso para lograr su propósito;
- es apropiado para diferentes dominios de aplicación y tamaños de la organización;
- puede proporcionar un punto de referencia objetivo entre los procesos de las organizaciones.

Por otro lado, la serie ISO/IEC 33000 define un *Modelo de referencia de procesos* (PRM) como un conjunto de procesos que juntos pueden lograr las metas principales de una comunidad de intereses. Un *Modelo de referencia de procesos* proporciona la base para la creación de uno o más *Modelos de evaluación de procesos* (PAM) ya que estos últimos se basan en los procesos definidos en el *Modelo de referencia de procesos*. Además, ISO/IEC 33000 introduce el concepto de *Modelo de madurez organizacional* (OMM) que tiene su origen en uno o más *Modelos de evaluación de procesos* (González et al., 2013). En concordancia con estos modelos definidos por ISO/IEC 33000, la Tabla 13.1 muestra un esquema de clasificación de los diferentes estándares que actualmente están planeados para su desarrollo al interior de la serie.

### Elementos normativos (33001 a 33009)

- ISO/IEC 33001 Conceptos y terminología
- ISO/IEC 33002 Requisitos para realizar la evaluación de procesos
- ISO/IEC 33003 Requisitos para los marcos de medición de procesos
- ISO/IEC 33004 Requisitos para modelos de referencia de procesos, modelos de evaluación de procesos y modelos de madurez

### Orientación (33010 a 33019)

- ISO/IEC 33010 Guía para la realización de la evaluación de procesos
- ISO/IEC 33011 Guía para definir un proceso de evaluación documentado
- ISO/IEC 33012 Guía para la construcción de marcos de medición de procesos
- ISO/IEC 33013 Guía para la construcción de modelos de referencia de procesos, modelos de evaluación de procesos y modelos de madurez organizacional
- ISO/IEC 33014 Guía para la mejora de procesos

### Marcos de trabajo para la medición (33020 a 33029)

- ISO/IEC 33020 Marco de medición de procesos para la evaluación de la capacidad del proceso

### Procesos de evaluación documentados (33030 a 33039)

- ISO/IEC 33030 Ejemplo de un proceso de evaluación documentado

### Modelos de referencia de procesos (33040 a 33059)

- ISO/IEC 33052 Modelo de referencia de proceso para gestión de la seguridad de la información

### Modelos de evaluación de procesos (33060 a 33079)

- ISO/IEC 33060 Modelo de evaluación de la capacidad de proceso para los procesos del ciclo de vida del sistema
- ISO/IEC 33061 Modelo de evaluación de la capacidad de proceso para los procesos del ciclo de vida del software
- ISO/IEC 33063 Modelo de evaluación de la capacidad de proceso para las pruebas del software
- ISO/IEC 33064 Modelo de evaluación de la capacidad de proceso para las extensiones de seguridad
- ISO/IEC 33072 Modelo de evaluación de la capacidad de proceso para la gestión de la seguridad de la información
- ISO/IEC 33073 Modelo de evaluación de la capacidad de proceso para la gestión de la calidad

### Modelos de madurez organizacional (33080 – 33099)

**Tabla 13.1.** Normas de la serie ISO/IEC 33000

A continuación resumimos las principales normas de esta familia, relacionadas con la calidad de procesos software:

▼ *ISO/IEC 33001: Conceptos y terminología (ISO 2015i).* Esta norma proporciona un glosario de términos relacionados con la realización de la evaluación del proceso, junto con una introducción general de los conceptos y estándares para la evaluación de procesos de la familia de normas ISO/IEC 33000. Ofrece información general sobre los conceptos de evaluación de procesos, la aplicación de la evaluación de procesos para evaluar el cumplimiento de las características de calidad de proceso, y la aplicación de los resultados de la evaluación de procesos a la gestión de procesos. Describe cómo encajan las partes de la familia de estándares para la evaluación de procesos y proporciona orientación para su selección y uso, además explica los requisitos contenidos en el conjunto y su aplicabilidad a la realización de evaluaciones.

▼ *ISO/IEC 33002: Requisitos para realizar la evaluación de procesos (ISO 2015j).* Esta norma establece los requisitos para la realización de una evaluación que garantice la coherencia y la repetitividad de los valores y resultados obtenidos durante la evaluación del proceso. Estos requisitos ayudan a garantizar que los resultados de las evaluaciones sean auto-consistentes y proporcionen evidencia para fundamentar las calificaciones y para verificar el cumplimiento de los requisitos.

▼ *ISO/IEC 33003: Requisitos para los marcos de medición de procesos (ISO 2015k).* Esta norma proporciona los requisitos que se aplican a los marcos de medición de procesos que apoyan y permiten la evaluación de las características de calidad del proceso.

▼ *ISO/IEC 33004: Requisitos para modelos de referencia de procesos, modelos de evaluación de procesos y modelos de madurez (ISO 2015l).* Esta norma establece los requisitos para la construcción y verificación de modelos de referencia de procesos, modelos de evaluación de procesos y modelos de madurez. Los requisitos definidos en esta norma internacional forman una estructura que especifica:

- la relación entre las clases de los modelos de procesos asociadas con la realización de la evaluación del proceso,

- la relación entre los modelos de referencia de procesos y los modelos prescriptivos/normativos de la realización del proceso, constituidos, por ejemplo, por las actividades y tareas definidas en la norma ISO/IEC 12207 o ISO/IEC 15288,

- la integración de modelos de referencia de procesos y marcos de medición de procesos para establecer modelos de evaluación de procesos,
- el uso de un conjunto común de indicadores de evaluación de la realización del proceso y la calidad del proceso en los modelos de evaluación del proceso,
- la relación entre modelos de madurez y modelos de evaluación de procesos y el grado en el que un modelo de madurez puede ser construido utilizando elementos de diferentes modelos de evaluación de procesos.

▼ *ISO/IEC TR 33014: Guía para la mejora de procesos (ISO 2013d)*. Esta guía informa sobre el uso de la evaluación de procesos para realizar la mejora de procesos, dentro de un marco de mejora continua. También proporciona directrices sobre cómo fortalecer y mantener las habilidades para asegurar el éxito con la mejora continua del proceso. Esta norma se ocupa de la mejora de procesos en tres niveles: (i) estratégico: qué objetivos alcanzar, la motivación y la dirección, (ii) táctica: cómo lograr los objetivos de mejora de procesos, y (iii) operativo: cómo realizar la mejora del proceso. La norma tiene tres perspectivas de mejora: (i) perspectiva del proceso: mejora del proceso como un programa o proyecto, (ii) perspectiva organizacional: mejora de la capacidad organizacional para asegurar el éxito con proyectos de mejora, y (iii) perspectiva del proyecto: mejorar la calidad de un proyecto y alcanzar el éxito de la mejora. Esta norma incluye aspectos como: utilizar los resultados de una evaluación de procesos, los principios de mejora continua de procesos, los roles en la mejora de procesos, los principios de mejora de la capacidad organizacional, los elementos de apoyo a la mejora del proceso, las estrategias de cambio en general y el alcance del cambio.

▼ *ISO/IEC 33020: Marco de medición de procesos para la evaluación de la capacidad del proceso (ISO 2015m)*. Esta norma define un marco de medición del proceso que respalda la evaluación de la capacidad del proceso de acuerdo con los requisitos establecidos en la norma ISO/IEC 33003. El marco de medición del proceso proporciona un esquema que puede usarse para construir un modelo de evaluación del proceso (conforme a la norma ISO/IEC 33004) que puede ser usado durante la evaluación de la capacidad del proceso de acuerdo con los requisitos establecidos por la norma ISO/IEC 33002. La norma considera la capacidad del proceso como una característica de calidad relacionada con la capacidad de un proceso para cumplir con los objetivos de negocio actuales o futuros. Los marcos de medición del proceso definidos en esta parte de la norma forman una estructura que: a) facilita la autoevaluación, b) proporciona una base para el uso en la mejora del proceso y la determinación de la calidad del proceso, c) es aplicable a todos los dominios y tamaños de la organización, d) produce un conjunto de valoraciones de atributos de proceso y, e) obtener un nivel de capacidad de proceso.

▼ *ISO/IEC TS 33030: Ejemplo de un proceso de evaluación documentado (ISO 2017g).* Esta especificación técnica contiene un ejemplo de un proceso de evaluación y sirve como guía sobre la naturaleza de las actividades requeridas para este proceso. El contenido de este ejemplo contiene los elementos mínimos de un proceso de evaluación documentado aplicable para realizar todas las clases de evaluaciones definidas en el estándar ISO/IEC 33002. ISO/IEC TS 33030 es adecuada para todas las clases de evaluaciones definidas en ISO/IEC 33002. El ejemplo presentado en esta parte de la norma, incluye las actividades describiendo las tareas, las entradas, las salidas y los roles y responsabilidades relacionados con la evaluación, además contiene implícitamente otros elementos que están incluidos en el proceso, como el propósito, las condiciones iniciales y finales, los roles/responsabilidades o los recursos necesarios adicionales de apoyo. Si bien este ejemplo contiene todas las actividades que se consideran necesarias para una evaluación del proceso, puede existir variación en las evaluaciones de procesos individuales y, por lo tanto, podría ser necesario algún grado de adaptación de este proceso de evaluación. Se permite la adaptación del proceso de evaluación, aunque es responsabilidad del evaluador principal y debería ser conforme a los requisitos de la norma ISO/IEC 33002. ISO/IEC TS 33030 no está diseñada para ser utilizada en la realización de evaluaciones de madurez organizacional.

## 13.3 EVALUACIÓN DE PROCESOS SEGÚN ISO/IEC 33000

La familia de normas ISO/IEC 33000 incluye conceptos como medición de características de calidad, modelo de referencia de procesos, modelo de evaluación de procesos, modelos de madurez de procesos organizacionales, competencias de los asesores y aplicación de los resultados de la valoración. En este apartado resumimos los tres más relevantes: la medición de las características de calidad del proceso, el modelo de evaluación de proceso y el modelo de madurez organizacional.

## 13.3.1 Medición de las características de la calidad del proceso

La norma ISO/IEC 33003 proporciona los requisitos para definir marcos de medición de procesos de atributos de procesos para características de calidad de proceso tales como su capacidad, eficiencia, efectividad, etc. Para la medición de la característica de calidad de capacidad del proceso la norma ISO/IEC 33020 define un conjunto de niveles de capacidad de proceso y sus correspondientes atributos de procesos. La lista de atributos de proceso y niveles de capacidad se muestran en la Tabla 13.2.

| Nivel de capacidad | ID PA | Atributo de proceso (PA) |
|---|---|---|
| Nivel 0 Proceso Incompleto | | |
| Nivel 1 Proceso Realizado | PA 1.1 | Realización del proceso |
| Nivel 2 Proceso Gestionado | PA 2.1 | Gestión de la realización |
| | PA 2.2 | Gestión del producto de trabajo |
| Nivel 3 Proceso Establecido | PA 3.1 | Definición del proceso |
| | PA 3.2 | Despliegue del proceso |
| Nivel 4 Proceso Predecible | PA 4.1 | Medición del proceso |
| | PA 4.2 | Control del proceso |
| Nivel 5 Proceso Optimizado | PA 5.1 | Innovación del proceso |
| | PA 5.2 | Optimización continua |

**Tabla 13.2.** Niveles de capacidad y atributos de proceso

Además, dentro de este marco de medición de procesos un atributo de proceso es una propiedad medible de la capacidad del proceso. En este sentido, la valoración del atributo de proceso es un juicio sobre el grado de consecución del atributo de proceso para el proceso evaluado. Así pues, un atributo de proceso se mide usando la siguiente escala ordinal:

▶ (N) No alcanzado: Hay poca o ninguna evidencia del logro del atributo de proceso definido en el proceso evaluado.

- (P) Parcialmente alcanzado: Hay alguna evidencia de un enfoque y un cierto logro del atributo del proceso definido en el proceso evaluado. Algunos aspectos del logro del atributo del proceso pueden ser impredecibles.

- (L) Ampliamente alcanzado: Hay evidencia de un enfoque sistemático y un logro significativo del atributo de proceso definido en el proceso evaluado. Algunas deficiencias relacionadas con este atributo del proceso pueden existir en el proceso evaluado.

- (F) Totalmente alcanzado: Hay evidencia de un enfoque completo y sistemático y el pleno logro del atributo de proceso definido en el proceso evaluado. No existen debilidades significativas relacionadas con este atributo del proceso en el proceso evaluado.

Para generar la calificación de un atributo de proceso se debe hacer la siguiente distinción:

- Para valorar el atributo PA 1.1 Realización de proceso, hay que considerar que un resultado de la realización del proceso es el resultado observable del logro exitoso del propósito del proceso respectivo bajo evaluación a partir de los resultados de proceso descritos para ese proceso especificado en el modelo de referencia de procesos.

- Para valorar el resto de atributos de proceso (PA 2.1 ... PA 5.2), hay que considerar que un resultado de un atributo de proceso es el resultado observable del logro de un atributo de proceso especificado a partir de las prácticas genéricas definidas para cada uno de estos atributos de proceso.

Los resultados del proceso y los resultados de los atributos del proceso pueden caracterizarse como un paso intermedio para proporcionar una calificación de atributo de proceso. En base a los resultados obtenidos en la valoración de cada uno de los atributos de proceso de un proceso específico bajo evaluación, se puede emitir una calificación del nivel de capacidad de dicho proceso. Esto se logra a partir de un método de agregación que se fundamenta en que un proceso tiene un nivel de capacidad X, si todos los atributos de proceso de los niveles anteriores tienen una valoración de "totalmente alcanzados" (F) y los atributos de proceso del nivel de capacidad X tienen una valoración de al menos "ampliamente alcanzado" (L).

## 13.3.2 Modelo de evaluación de procesos

Una evaluación del proceso se lleva a cabo comparando los resultados de la realización de los procesos de interés, en el contexto organizacional, con los resultados esperados de la implementación del proceso definidos en un modelo de evaluación del proceso. Un modelo de evaluación de procesos combina el conjunto básico de descripciones de proceso (definidas en uno o más modelos de referencia de proceso) con los constructos y elementos definidos en el marco de medición de proceso seleccionado.

La Figura 13.1 muestra la relación entre: (i) un modelo de evaluación de proceso, (ii) un modelo de referencia de proceso correspondiente, y (iii) un marco de medición de proceso. El modelo bidimensional mostrado en esta figura consiste en un conjunto de procesos definidos en términos de su propósito y resultados del proceso, y un marco de medición del proceso que contiene un conjunto de atributos del proceso relacionados con la característica de calidad del proceso de interés. Los atributos del proceso se aplican a todos los procesos, y se pueden agrupar en niveles de capacidad de proceso para caracterizar el proceso en términos de esta característica de calidad. El resultado de la evaluación incluye un conjunto de perfiles de proceso y, opcionalmente, una calificación del nivel de calidad del proceso (en término de capacidad) para cada proceso evaluado.

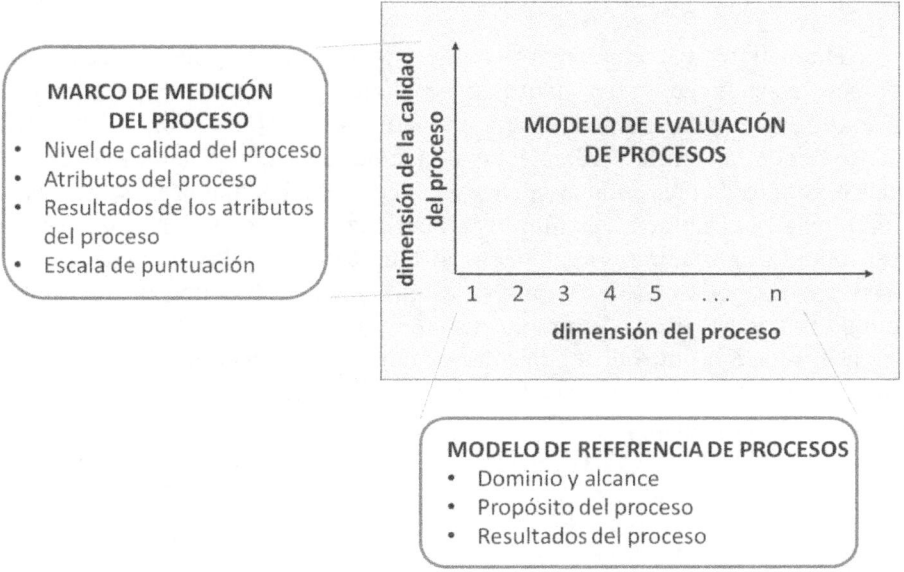

**Figura 13.1.** Relación entre elementos para la evaluación de la capacidad del proceso

Con el objetivo de maximizar la repetitividad, confiabilidad y consistencia de las evaluaciones, la evidencia documentada que justifica la valoración de los procesos debe ser almacenada y estar disponible cuando sea necesario. Esta evidencia se presenta en forma de indicadores de evaluación, que generalmente toman la forma de características objetivamente demostradas de productos de trabajo, prácticas y recursos asociados de los procesos evaluados. Un modelo de evaluación de procesos contiene detalles de los indicadores de evaluación que se utilizan para la valoración de la capacidad de los procesos, y dichos indicadores se pueden documentar mediante el uso de algún tipo de base de datos, listas de verificación o cuestionarios (ISO/IEC 33010 incluye una guía sobre la disponibilidad y uso de indicadores de evaluación durante la evaluación).

### 13.3.3 Modelo de madurez organizacional

Algunas normas de la familia ISO/IEC 33000 describen aspectos esenciales para una evaluación de la madurez organizacional, además definen un marco para determinar la madurez de la organización, sobre la base de los perfiles evaluados de la capacidad del proceso, y definen las condiciones en las que estas evaluaciones son válidas. En esta familia de normas se define la madurez organizacional como una expresión del grado en que una organización lleva a cabo constantemente los procesos dentro de un alcance definido que contribuye a la consecución de sus objetivos de negocio (actuales o proyectados).

Un modelo de madurez: (i) se obtiene de uno o más modelos de evaluación de proceso especificados, (ii) identifica los conjuntos de procesos asociados con cada uno de los niveles en una escala de madurez de procesos organizacionales, y (iii) se relaciona con la creciente capacidad de una organización para alcanzar niveles más altos de una característica específica de calidad del proceso. El entorno de referencia para una evaluación de la madurez organizacional es determinada por el modelo de madurez organizacional empleado para la evaluación, el cual se basa en un modelo de evaluación del proceso, y se ocupa de los ámbitos y contextos para el uso del modelo de referencia de procesos. La Figura 13.2 muestra la relación entre el modelo de madurez organizacional y el modelo de evaluación de procesos especificado cuando se lleva a cabo una valoración de la madurez organizacional.

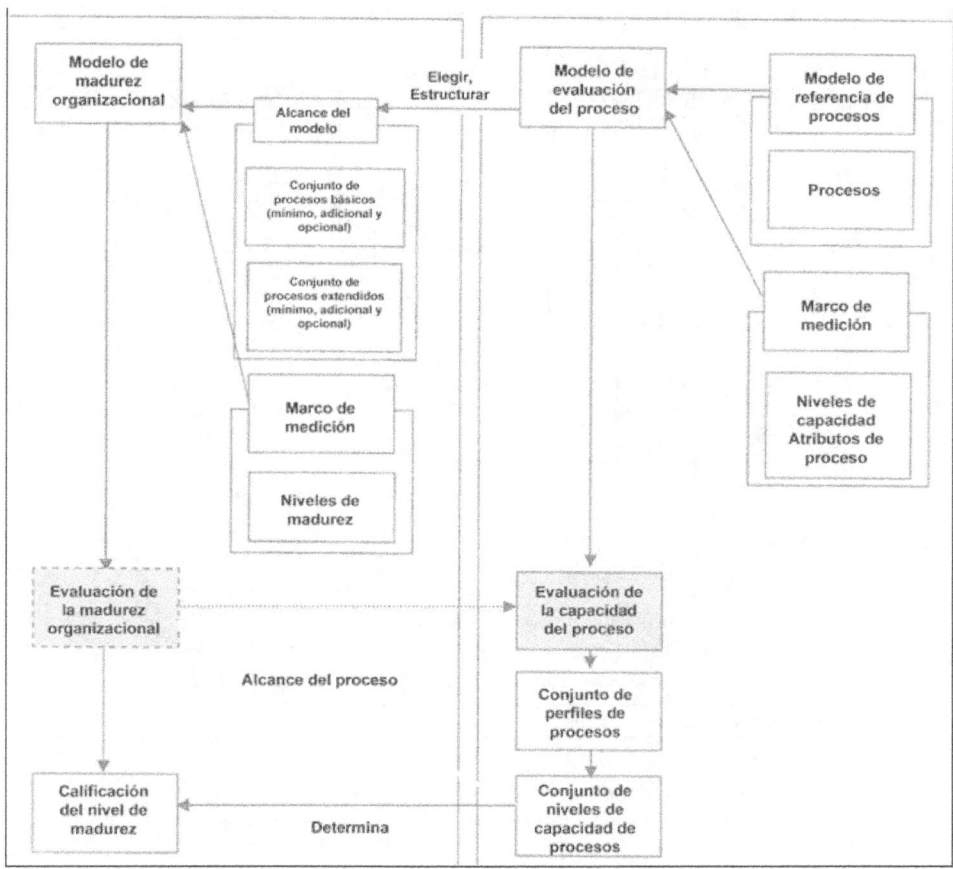

**Figura 13.2.** Relación entre valoración de capacidad de procesos y la obtención de la madurez organizacional

La Figura 13.3 muestra las reglas para obtener los niveles de madurez a partir de los niveles de capacidad. Esta figura ilustra la relación entre niveles de capacidad y procesos, además muestra las limitaciones que caracteriza los niveles de madurez. En la Figura 13.3 los diferentes conjuntos de procesos (básicos y extendidos) indican la dimensión de la capacidad. Con respecto al nivel 4 y 5 de madurez, se puede observar que solo aquellos procesos del nivel 3 seleccionados necesitan ser llevados al nivel de capacidad 4; para el nivel 5, solo aquellos procesos del nivel 4 seleccionados necesitan ser llevados al nivel de capacidad 5.

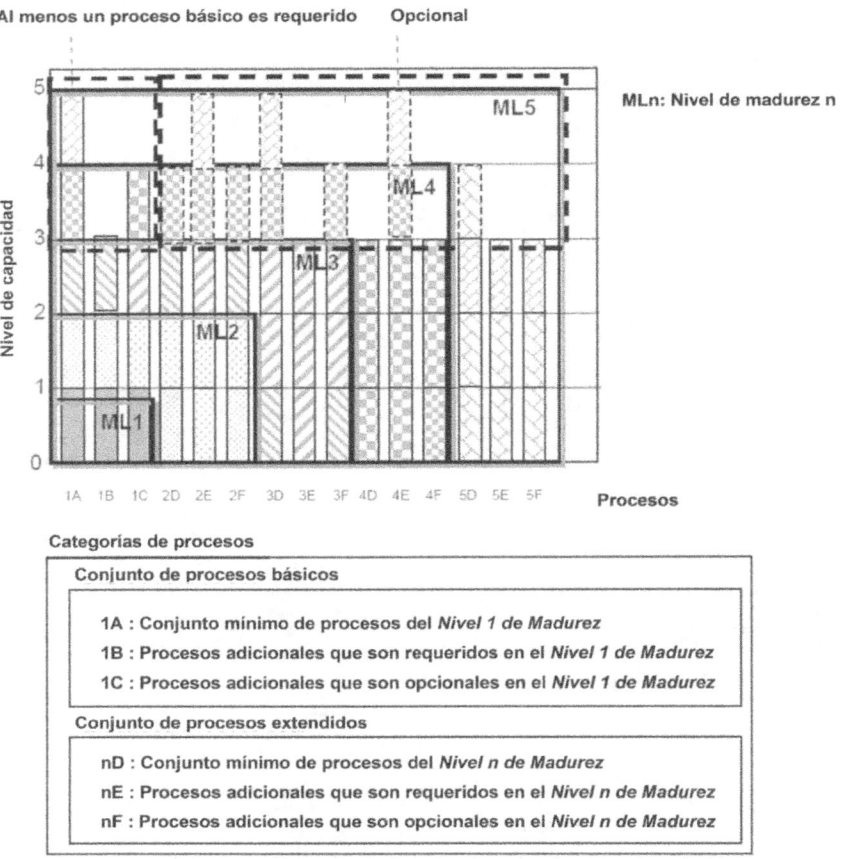

**Figura 13.3.** Reglas para derivar niveles de madurez desde niveles de capacidad

## 13.4 MODELO DE MADUREZ DE LA INDUSTRIA DEL SOFTWARE DE AENOR - MMIS

En este apartado se presenta el Modelo de Madurez de la Industria del Software ISO/IEC 33000/SPICE (MMIS) de AENOR, que es un modelo para la evaluación de madurez organizacional para empresas de desarrollo de software, con especial atención en las pequeñas organizaciones con menos de 50 empleados. El principal objetivo de este modelo es minimizar los problemas que tienen los modelos de mejora de procesos orientados a grandes organizaciones y además que la evaluación esté claramente orientada y adaptada a procesos software, por lo que la complejidad y coste de la implantación del modelo y la de su evaluación sea menor. El esquema de certificación propuesto por este modelo está basado en:

▼ El modelo de referencia de procesos del ciclo de vida del software propuesto por ISO/IEC 12207.

▼ El modelo de evaluación de la capacidad de procesos propuesto por ISO/IEC 33000.

▼ Los requisitos para el proceso de auditoría propuesto por ISO/IEC 17021 (ISO 2015n).

Una descripción completa y detallada de este nuevo modelo para la certificación de madurez organizacional se puede encontrar en (Pino et al., 2015). A continuación, se describen de manera general el modelo de referencia de procesos y el proceso de auditoría que sigue AENOR.

### 13.4.1 Modelo de Referencia de Procesos

Este modelo proporciona una colección estructurada de procesos que son útiles para el desarrollo del software, y los cuales forman parte de los niveles de madurez de MMIS. Para la creación de este Modelo de referencia del ciclo de vida de software se tomó como base los procesos descritos en el estándar ISO/IEC 12207, incluyendo los siguientes:

▼ Nivel 1: Proceso de Planificación del Proyecto y Proceso de Implementación.

▼ Nivel 2: Proceso de Suministro, Proceso de Gestión del Modelo de Ciclo de Vida, Proceso de Control y Evaluación del Proyecto, Proceso de Gestión de la Configuración, Proceso de Medición, Proceso de Definición de Necesidades y Requisitos de Stakeholders, y Proceso de Aseguramiento de la Calidad.

▼ Nivel 3: Proceso de Gestión de Infraestructuras, Proceso de Gestión de Recursos Humanos, Proceso de Gestión de la Decisión, Proceso de Gestión de Riesgos, Proceso de Definición de Requisitos del Sistema/Software, Proceso de Definición de la Arquitectura, Proceso de Integración, Proceso de Verificación, y Proceso de Validación.

▼ Nivel 4: Proceso de Gestión del Portfolio.

▼ Nivel 5: Proceso de Gestión del Conocimiento y Proceso de Análisis del Negocio o Misión.

Cada uno de estos procesos esta descrito en términos de: (i) su propósito a conseguir y los resultados del proceso esperados para conseguir dicho propósito como elementos requeridos del modelo, y (ii) un conjunto de tareas y productos de trabajo que son una guía para alcanzar los resultados esperados como elementos esperados del modelo.

### 13.4.2 Proceso de auditoría

El Modelo de Madurez de la Ingeniería de Software de AENOR describe un proceso para llevar a cabo la auditoría de las empresas que desean certificarse en este modelo, que se explica en el capítulo anterior y que es conforme a los requisitos de ISO/IEC 17021.

El elemento principal de las auditorías son las evidencias de implementación de los procesos. En particular para el modelo de madurez propuesto se debe presentar: (i) "evidencia objetiva" de cada uno de los outcomes y de los atributos de gestión de todos los procesos asociados al nivel de madurez y (ii) una serie de indicadores que evidencien la implementación de dichos elementos de proceso (outcomes y atributos de gestión) en al menos 4 proyectos de la organización. Estos indicadores de implementación pueden ser de 3 tipos: (i) *artefactos directos*, salidas que resultan de la implementación directa de un elemento de proceso; (ii) *artefactos indirectos*, artefactos que son consecuencia de la implementación de un elemento de proceso, pero que no son el propósito para el cual se realizan; y (iii) *afirmaciones*, entrevistas que confirman la implementación de un elemento de proceso. En este sentido, la evidencia objetiva se compone de un documento que describa el proceso, más un artefacto directo, más un artefacto indirecto y/o una afirmación.

Otro elemento de la auditoría son los criterios para la evaluación de cada uno de los componentes del modelo de evaluación. En este sentido la escala para valorar los atributos de proceso son:

- ▼ *No implementado (NI)*: el grado de alcance de los componentes asociados al atributo de proceso es del 0% al 15%.

- ▼ *Parcialmente implementado (PI)*: el grado de alcance de los componentes asociados al atributo de proceso es del 16% al 50%.

- ▼ *Ampliamente implementado (AI)*: el grado de alcance de los componentes asociados al atributo de proceso es del 51% al 85%.

- ▼ *Completamente implementado (CI)*: el grado de alcance de los componentes asociados al atributo de proceso es del 86% al 100%.

Una vez calificados los atributos de proceso, se califica el nivel de capacidad de cada proceso. Para alcanzar un nivel de capacidad, los atributos de proceso de los niveles inferiores deben estar calificados como Completamente Implementado (CI), y los atributos de proceso del nivel de capacidad que está siendo evaluado deben estar calificados como Ampliamente implementado (AI) o Completamente implementado (CI). Por último, el nivel de madurez se calificará en base a los niveles de capacidad obtenidos para el conjunto de procesos correspondientes a dicho nivel, siendo el nivel de madurez organizacional el menor nivel de capacidad que ha obtenido un proceso en la evalaución.

### 13.4.3 Utilización del Modelo de Madurez Organizacional

Actualmente hay casi un centenar de organizaciones desarrolladoras de software que han obtenido una certificación en los niveles de madurez organizacional 2 y 3 del Modelo de Madurez de Ingeniería del Software de AENOR y que la han renovado. Estas organizaciones confirman que: (i) los requisitos y recomendaciones establecidos por el modelo son fáciles de entender y apropiados para el contexto del desarrollo de software; (ii) el modelo es una respuesta apropiada a las preocupaciones de las organizaciones de llevar a cabo prácticas software adecuadas, maduras, responsables, innovadoras y comprometidas tanto con los clientes como con la Industria de Software; y (iii) el modelo les ha permitido mejorar su "quehacer" relacionado con el desarrollo de software mediante la incorporación de prácticas de gestión de procesos que les permitió incrementar la capacidad de los mismos y adquirir un mayor grado de madurez organizacional para desarrollar productos software con mejor calidad (Pino et al., 2015).

Además, de las experiencias obtenidas por los auditores que participaron en la certificación de estas organizaciones se puede evidenciar que: (i) la complejidad de implementación de este modelo se gestiona de forma adecuada por las pequeñas organizaciones, (ii) el coste de la certificación del modelo puede ser asumido por este tipo de organizaciones, y (iii) el esfuerzo, tiempo y recursos requeridos para implementar un nivel de madurez permiten a las organizaciones tener un rápido retorno a la inversión.

Los resultados obtenidos a partir de las auditorías de certificación en términos de esfuerzo, beneficios y certificaciones de madurez organizacional alcanzadas por las empresas son un indicador de que el Modelo de Madurez de Ingeniería de Software propuesto por AENOR es una estrategia útil y práctica cuando una organización desarrolladora de software desea mejorar sus procesos y obtener una certificación de madurez organizacional (Garzás et al., 2013).

## 13.5 AUTOMOTIVE SPICE V3.0

De los diferentes modelos que se han construido a partir de la norma ISO/IEC 33000 (anteriormente ISO/IEC 15504), el que más éxito ha tenido (después del modelo de AENOR) es el Automotive SPICE. Este modelo (VDA, 2015) especifica un esquema de evaluación para procesos software en el contexto de la industria automotriz que se ha convertido en un estándar de facto para esta industria. Se fundamenta en que la evaluación de procesos es una evaluación disciplinada de los procesos de una unidad organizacional contra un modelo de evaluación de procesos. En este sentido, el modelo de evaluación de procesos (PAM) Automotive SPICE está diseñado para ser utilizado al realizar evaluaciones de conformidad de la capacidad del proceso en el desarrollo de sistemas automotrices integrados. Ha sido desarrollado de acuerdo con los requisitos de ISO/IEC 33004.

Automotive SPICE tiene su propio modelo de referencia de proceso (PRM), cuya versión actual fue desarrollado en base al modelo de referencia de proceso Automotive SPICE 4.5, el cual se ha desarrollado todavía más y se ha seguido adaptando teniendo en cuenta las necesidades específicas de la industria del automotriz. Si se necesitan procesos más allá del alcance de Automotive SPICE, se pueden agregar procesos adecuados de otros modelos de referencia de proceso como ISO/IEC 12207 o ISO/IEC 15288 en función de las necesidades comerciales de la organización. El modelo de referencia de procesos se utiliza junto con el modelo de evaluación del proceso Automotive SPICE al realizar una evaluación de los procesos involucrados en el desarrollo de productos software de la industria automotriz. Este modelo de evaluación del proceso automotriz SPICE contiene un conjunto de indicadores que se deben considerar al interpretar la intención del modelo de referencia del proceso Automotive SPICE. Estos indicadores también se pueden usar cuando se implementa un programa de mejora de procesos posterior a una evaluación. En cuanto a marco de medición utiliza el definido en ISO/IEC 33020, con sus seis niveles de capacidad y los nueve atributos de proceso, así como la misma escala de puntuación, refinada con cuatro nuevos valores, como se muestra en la Tabla 13.3.

| P- | Logrado parcialmente - | >15% a <= 32,5% |
| P+ | Logrado parcialmente + | >32,5% a <= 50% |
| L- | Logrado ampliamente - | >50% a <= 67,5% |
| L+ | Logrado ampliamente + | >67,5% a <= 85% |

**Tabla 13.3.** Escala de puntuación refinada (VDA, 2015)

Automotive SPICE contempla diferentes procesos agrupados en varias categorías:

- ▼ Procesos de adquisición: Acuerdo del contrato, Monitorización del proveedor, Requisitos técnicos, Requisitos legales y administrativos, Requisitos de proyecto, Peticiones de propuestas, y Calificación de proveedores.

- ▼ Procesos de suministro: Oferta de proveedores y Liberación de productos.

- ▼ Procesos de ingeniería de sistemas: Elicitación de requisitos, Análisis de requisitos del sistema, Diseño arquitectónico del sistema, Integración del sistema y prueba de integración, y Prueba de cualificación del sistema.

- ▼ Procesos de ingeniería de software: Análisis de requisitos de software, Diseño arquitectónico de software, Diseño detallado y construcción unitaria de software, Verificación unitaria de software, Integración de software y prueba de integración, y Prueba de cualificación de software.

- ▼ Procesos de soporte: Aseguramiento de la calidad, Verificación, Revisión conjunta, Documentación, Gestión de configuración, Gestión de resolución de problemas, y Gestión de petición de cambio.

- ▼ Procesos de gestión: Gestión de proyectos, Gestión de riesgos, y Medición.

- ▼ Procesos de mejora: Mejora de procesos.

- ▼ Procesos de reutilización: Gestión del programa de reutilización.

## 13.6 LECTURAS RECOMENDADAS

- ▼ *Actas de la conferencia EUROSPI: Software Process Improvement European Conference publicadas por Springer en su serie Lecture Notes on Computer Engineering.*

    Esta conferencia, que se celebra anualmente, suele tratar de aplicaciones prácticas de la norma ISO/IEC 33000.

- ▼ *Actas de la conferencia SPICE: Process Improvement and Capability dEtermination publicadas por Springer en su serie Communications in Computer and Information Science.*

Esta conferencia, que se celebra anualmente, trata aspectos teóricos y prácticos de la norma ISO/IEC 33000.

▼ *Modelo de Madurez de Ingeniería del Software*. Pino, F., Rodríguez, M., Piattini, M., Fernández, C.M., y Delgado, B., (2018), Madrid, AENOR

Este libro presenta con detalle el Modelo de Madurez de Ingeniería del Software definido por AENOR.

## 13.7 SITIOS WEB RECOMENDADOS

▼ www.iso33000.org.

Portal que ofrece información y noticias sobre la norma internacional ISO/IEC 33000 en castellano.

▼ www.iso.org

Portal del catálogo de la normas ISO relacionadas con Ingeniería de software y sistemas.

## 13.8 EJERCICIOS

1. Señale las diferencias que existen entre un modelo de referencia, un modelo de evaluación y un modelo de mejora de procesos software. ¿Qué tipo de modelos contempla la norma ISO/IEC 33000?

2. Proponga dos o tres resultados (outcomes) más relevantes para los diferentes procesos del ciclo de vida de software según la norma ISO/IEC 12207.

3. Elabore un nuevo modelo de evaluación del proceso basado en el modelo de referencia de procesos de la última versión de la norma ISO/IEC 12207.

4. CMMI es conforme con la norma ISO/IEC 33000, ¿podría explicar cuáles son las partes de CMMI y SCAMPI análogas a las diferentes partes de la familia de normas ISO/IEC 33000?

5. La norma ISO/IEC 33000 (y su versión anterior ISO/IEC 15504) se utiliza ya en ámbitos diferentes a los propios del desarrollo del software; la ISACA por ejemplo la utiliza para evaluar la madurez en cuanto a la

aplicación de COBIT 5, analice cómo se propone su utilización. Puede encontrar información al respecto en *www.isaca.org*

6. Lleve a cabo una autoevaluación de los procesos software de su organización utilizando el Modelo de Madurez de la Industria del Software ISO/IEC 33000/SPICE (MMIS) de AENOR.

7. Compara el modelo COMPETISOFT y la norma ISO/IEC 29110 con el Modelo de Madurez de la Industria del Software ISO/IEC 33000/SPICE (MMIS) de AENOR.

8. Compare el proceso de auditoría propuesto por el Modelo de Madurez de la Industria del Software ISO/IEC 33000/SPICE (MMIS) de AENOR con el que se utiliza para la auditoría de la norma ISO 9001 o ISO 27001.

9. Ponga ejemplos de artefactos directos e indirectos para los procesos de análisis y diseño de sistemas software.

10. ¿Qué conocimientos, habilidades y competencias exigiría a un Auditor Jefe que utilice la norma ISO/IEC 33000?

# 14

# MODELOS CMMI, SCAMPI E IDEAL

## 14.1 INTRODUCCIÓN

El SEI (Software Engineering Institute) fue fundado en el año 1984 por la Universidad Carnegie Mellon y patrocinado por el Departamento de Defensa de los Estados Unidos, con el objetivo de disponer de modelos de evaluación y mejora en el desarrollo de software que dieran respuesta a los problemas presentados en la programación e integración de software durante la construcción de sistemas militares del ejército de Estados Unidos. Teniendo en cuenta este objetivo, el SEI se ha centrado desde su creación en proporcionar la base necesaria para mejorar el desarrollo del software siguiendo el principio de que la calidad del producto depende principalmente de la calidad de los procesos empleados en su desarrollo y considerando a las tareas de desarrollo del software como una serie de procesos que se pueden definir, medir y controlar. Es así como el SEI ha creado un conjunto de modelos utilizados para incrementar la calidad del software, entre los cuales podemos mencionar a CMM, SCAMPI e IDEAL, que luego sería ampliado con nuevos modelos como CMMI-DEV, CMMI-ACQ, o CMMI-SVC, entre otros. Posteriormente estos modelos han sido mantenidos por el CMMI Institute, que ha sido adquirido por la ISACA en 2016.

Considerando la importancia que han tenido estos modelos a nivel internacional, en este capítulo se presenta en la sección 2 una visión general del Framework CMMI, en las secciones siguientes se describen los modelos CMMI-DEV, CMMI-ACQ y CMMI-SVC y en las últimas dos secciones se abordan los modelos SCAMPI e IDEAL.

## 14.2 FRAMEWORK CMMI

El *Framework* CMMI (SEI, 2007) define los componentes comunes a todos los modelos CMMI o aplicables a un modelo específico. El material común se denomina *CMMI Model Foundation* (CMF), cuyos componentes se combinan con materiales aplicables a una determinada área de interés para producir un nuevo modelo. Se denomina "constelación" a una colección de componentes que se usan para construir modelos, materiales de formación y materiales de evaluación en un área de interés (por ejemplo, desarrollo, adquisición o servicios). Las constelaciones definidas actualmente para CMMI son:

- ▶ CMMI para el Desarrollo (CMMI-DEV), que proporciona guías para medir, controlar y gestionar los procesos de desarrollo.

- ▶ CMMI para la Adquisición (CMMI-ACQ), que proporciona una guía para controlar y gestionar la adquisición de productos y servicios que cumplan con las necesidades del cliente.

- ▶ CMMI para los Servicios (CMMI-SVC), que proporciona guías para aquellos que proveen servicios dentro de la organización y a clientes externos.

Cada uno de los modelos CMMI está compuesto por áreas de proceso, algunas comunes a todas las constelaciones y otras específicas para cada constelación. Además, para mejorar y evaluar las áreas de interés de una organización, CMMI establece dos representaciones: la representación continua donde las áreas de proceso se han organizado en categorías (que abarcan gestión de procesos, gestión de proyectos y áreas de soporte), y la representación escalonada en la que las áreas de proceso se han organizado en niveles de madurez. A continuación se presenta una descripción de las áreas de proceso, los objetivos específicos y genéricos, y las representaciones del Framework CMMI.

### 14.2.1 Áreas de Proceso

Un área de proceso es un conjunto de prácticas relacionadas en un área que, cuando se implementan juntas, satisfacen un conjunto de objetivos considerados importantes para realizar mejoras en esa área. Cada área de proceso está formada por objetivos específicos, que se implementan mediante prácticas específicas y objetivos genéricos que se implementan mediante prácticas genéricas, tal y como se muestra en la Figura 14.1.

Los *objetivos específicos* describen las características únicas que deberán estar presentes para satisfacer un área de proceso. Una práctica específica (de un objetivo específico) describe una actividad que se considera importante para alcanzar la meta específica asociada. Las prácticas específicas describen las actividades con las cuales se espera el logro de las metas específicas de un área de proceso, estas prácticas son componentes esperados del modelo.

Los *objetivos genéricos* pueden ser aplicados a múltiples áreas de proceso, y describen las características que deberán estar presentes para institucionalizar los procesos que implementa un área de proceso. Las prácticas genéricas muestran prácticas aplicables a múltiples áreas de proceso. Una práctica genérica es la descripción de una actividad que es considerada importante para el logro de un objetivo genérico asociado, este es un componente esperado del modelo.

Una característica de los objetivos específicos es que son propios de cada una de las áreas de proceso y los objetivos genéricos son transversales a todas las áreas de proceso. En CMMI se definen tres objetivos genéricos con sus correspondientes prácticas genéricas, las cuales se describen a continuación:

▼ ***Objetivo Genérico 1****: Lograr objetivos específicos (Proceso realizado)*
- GP 1.1 Realizar las prácticas específicas

▼ ***Objetivo Genérico 2****: Institucionalizar un Proceso Gestionado*
- GP 2.1 Establecer una política organizativa
- GP 2.2 Planificar el proceso
- GP 2.3 Proporcionar recursos
- GP 2.4 Asignar responsabilidades
- GP 2.5 Formar al personal
- GP 2.6 Controlar los productos de trabajo
- GP 2.7 Identificar e involucrar *stakeholders* relevantes
- GP 2.8 Monitorizar y controlar el proceso
- GP 2.9 Evaluar objetivamente la adherencia
- GP 2.10 Revisar el estado con el nivel directivo

▼ ***Objetivo Genérico 3****: Institucionalizar un Proceso Definido*
- GP 3.1 Establecer un proceso definido
- GP 3.2 Recoger experiencias relativas al proceso

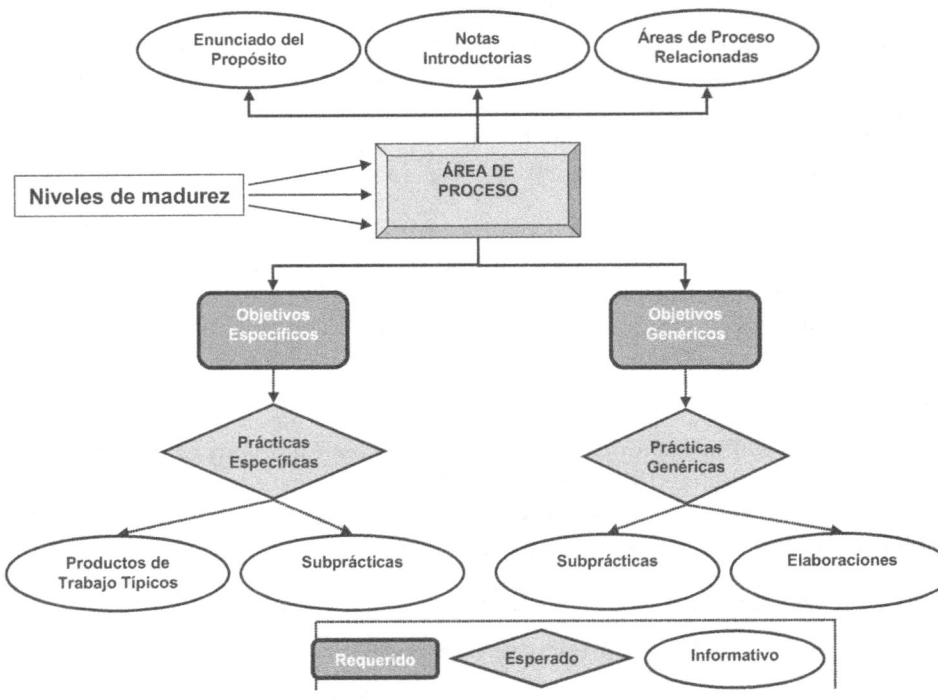

**Figura 14.1.** Estructura del Framework CMMI

La Tabla 14.1 presenta las 16 áreas de proceso (listadas en orden alfabético y con su correspondiente acrónimo) comunes a los modelos CMMI correspondientes al desarrollo, adquisición y servicios (CMMI-DEV, CMMI-ACQ y CMMI-SVC).

| No. | Área de Proceso | Acrón. | Categoría |
|---|---|---|---|
| 1 | Causal Analysis and Resolution (Análisis Causal y Resolución) | CAR | Soporte |
| 2 | Configuration Management (Gestión de la Configuración) | CM | Soporte |
| 3 | Decision Analysis and Resolution (Análisis de Decisiones y Resolución) | DAR | Soporte |
| 4 | Integrated Project Management (Gestión Integrada de Proyectos) | IPM | Gestión de Proyecto |
| 5 | Measurement and Analysis (Medición y Análisis) | MA | Soporte |
| 6 | Organizational Performance Management (Gestión del Rendimiento Organizacional) | OPM | Gestión de Proceso |

| No. | Área de Proceso | Acrón. | Categoría |
|---|---|---|---|
| 7 | Organizational Process Definition (Definición de Procesos Organizacionales) | OPD | Gestión de Proceso |
| 8 | Organizational Process Focus (Enfoque en Procesos Organizacionales) | OPF | Gestión de Proceso |
| 9 | Organizational Process Performance (Desempeño de Procesos Organizacionales) | OPP | Gestión de Proceso |
| 10 | Organizational Training (Formación Organizacional) | OT | Gestión de Proceso |
| 11 | Project Monitoring and Control (Monitorización y Control de Proyectos) | PMC | Gestión de Proyecto |
| 12 | Project Planning (Planificación de Proyectos) | PP | Gestión de Proyecto |
| 13 | Process and Product Quality Assurance (Aseguramiento de la Calidad de Procesos y Productos) | PPQA | Soporte |
| 14 | Quantitative Project Management (Gestión Cuantitativa de Proyectos) | QPM | Gestión de Proyecto |
| 15 | Requirements Management (Gestión de Requisitos) | REQM | Gestión de Proyecto |
| 16 | Risk Management (Gestión de Riesgos) | RSKM | Gestión de Proyecto |

**Tabla 14.1.** Áreas de proceso comunes a los modelos CMMI

A continuación se describen los propósitos de las áreas de proceso que forman parte del Framework CMMI:

- ▼ *Análisis Causal y Resolución*, cuyo propósito es identificar las causas de los fallos y de otros problemas, y tomar acciones para prevenir que sucedan en el futuro.

- ▼ *Gestión de la Configuración*: cuyo propósito es establecer y mantener la integridad de los productos de trabajo utilizando la identificación, control, contabilidad de estado y auditorías de la configuración.

- ▼ *Análisis de Decisiones y Resolución*: cuyo propósito es analizar posibles decisiones utilizando un proceso de evaluación formal, que evalúa alternativas siguiendo criterios establecidos.

- ▼ *Gestión Integrada del Proyecto*: cuyo propósito es establecer y gestionar el proyecto, e involucrar a los *stakeholders* relevantes de acuerdo a un proceso definido e integrado que está adaptado a partir del conjunto de procesos estándares de la organización.

- ▼ *Medición y Análisis*: cuyo propósito es desarrollar y mantener la capacidad de medición que sea utilizada para apoyar las necesidades de información de gestión.

- ▼ *Gestión del Desempeño Organizacional*: cuyo propósito es gestionar proactivamente el desempeño organizativo para satisfacer los objetivos del negocio.

- ▼ *Definición del Proceso Organizacional*: cuyo propósito es establecer y mantener un conjunto útil de activos de proceso organizativo y de estándares de entorno de trabajo.

- ▼ *Enfoque al Proceso Organizacional*: cuyo propósito es planificar, implementar y desplegar la mejora de procesos organizativa a través de un estudio profundo de las fortalezas y debilidades actuales de los procesos y activos de procesos de la organización.

- ▼ *Desempeño de Procesos Organizacionales*: cuyo propósito es establecer y mantener un entendimiento cuantitativo del desempeño del conjunto de procesos estándar de la organización como soporte a los objetivos de calidad y de desempeño de procesos, y para proporcionar datos del desempeño de los procesos, líneas base y modelos para gestionar cuantitativamente los proyectos de la organización.

- ▼ *Formación Organizacional*: cuyo propósito es desarrollar las habilidades y el conocimiento del personal, para que puedan desempeñar sus roles de manera efectiva y eficiente.

- ▼ *Seguimiento y Control de Proyectos*: cuyo propósito es dar a conocer el progreso del proyecto, de manera que se puedan tomar las acciones correctivas apropiadas cuando el rendimiento del proyecto se desvía significativamente respecto del plan.

- ▼ *Planificación de Proyectos*: cuyo propósito es establecer y mantener planes que definan las actividades del proyecto.

- ▼ *Aseguramiento de la Calidad de Procesos y Productos*: cuyo propósito es proporcionar a la dirección y al resto del personal una visión objetiva de los procesos y los productos de trabajo asociados.

- ▼ *Gestión Cuantitativa de Proyectos*: cuyo propósito es gestionar cuantitativamente los procesos definidos en el proyecto para alcanzar los objetivos de calidad y de rendimiento de procesos establecidos para el proyecto.

- ▼ *Gestión de Requisitos*: cuyo propósito es gestionar los requisitos de los productos del proyecto y los componentes del producto, e identificar inconsistencias entre dichos requisitos y los planes de proyecto y productos de trabajo.

▼ **Gestión de Riesgos**: cuyo propósito es identificar problemas potenciales antes de que ocurran, de manera que las actividades de gestión del riesgo puedan ser planificadas y activadas a tiempo a lo largo de la vida del producto o proyecto, para mitigar impactos adversos sobre los objetivos a alcanzar.

Además de estas 16 áreas de proceso del Framework CMMI comunes, cada modelo agrega áreas de proceso adicionales dependiendo del propósito del mismo. Por ejemplo, para el CMMI-ACQ existen 6 áreas de proceso adicionales, para el CMMI-DEV son 6 las áreas adicionales y para el CMMI-SVC se añaden 8 áreas de proceso.

### 14.2.2 Representaciones de CMMI

CMMI establece dos caminos evolutivos para mejorar los procesos de una organización: la representación continua y la representación escalonada. La representación escalonada ayuda a una organización a madurar en el desarrollo software evolucionando por las distintas etapas, y la representación continua permite que una empresa seleccione un área de proceso específica para mejorarla. Así pues, la representación continua se basa en los niveles de capacidad, mientras que la representación escalonada se basa en los niveles de madurez. Independientemente de la representación que se escoja, el concepto de nivel es el mismo.

Los niveles en CMMI se usan para describir un enfoque evolutivo, recomendado para organizaciones que buscan mejorar sus procesos y adquirir capacidades, incluyendo productos y servicios. Los niveles pueden también ser los resultados de las calificaciones de las actividades evaluadas, que pueden aplicarse a toda la empresa, a grupos pequeños de proyectos, o una división en una organización. Para llegar a un nivel en particular, una organización debe satisfacer apropiadamente todos los objetivos (genéricos y específicos) del área de proceso o el conjunto de áreas de proceso que sean elegidas para mejorar. Independientemente si es un nivel de capacidad o de madurez, ambas representaciones proporcionan la vía para implementar la mejora de procesos con el fin de lograr los objetivos del negocio, y ambas proveen y usan el mismo contenido esencial de componentes del modelo.

Las dos dimensiones (capacidad y madurez) de CMMI se usan para llevar a cabo actividades de comparación y evaluación, así como para guiar los esfuerzos de mejora de las organizaciones. Sin embargo los enfoques asociados para mejorar los procesos son diferentes. En la Tabla 14.2 se presenta un cuadro comparativo entre las dos dimensiones. Los niveles de capacidad son un medio para mejorar gradualmente los procesos correspondientes a un área de proceso determinada. Hay cuatro niveles de capacidad, que están numerados del 0 al 3. Los niveles de madurez son un medio para predecir los resultados generales del próximo proyecto a emprender. Hay cinco niveles de madurez, numerados del 1 al 5.

| Nivel | Representación Continua Niveles de Capacidad | Representación Escalonada Niveles de Madurez |
|---|---|---|
| 0 | Incompleto | - |
| 1 | Ejecutado | Inicial |
| 2 | Gestionado | Gestionado |
| 3 | Definido | Definido |
| 4 | - | Gestionado Cuantitativamente |
| 5 | - | En optimización |

Tabla 14.2. Niveles de capacidad y madurez de CMMI

#### 14.2.2.1 REPRESENTACIÓN ESCALONADA

La representación escalonada de CMMI proporciona un marco predefinido para la mejora organizacional basada en el agrupamiento y ordenación de procesos y en las relaciones organizacionales asociadas. El término escalonado viene de la forma en la que el modelo describe este marco como una serie de "etapas", denominadas "niveles de madurez". Por su parte, cada nivel de madurez tiene un conjunto de áreas de procesos que indican en qué aspectos debería centrarse una organización para la mejora sus procesos. Cada área de procesos está descrita en términos de prácticas que contribuyen a satisfacer sus objetivos. Las prácticas describen la infraestructura y actividades que más contribuyen en la implementación e institucionalización efectiva de las áreas de procesos. El progreso ocurre satisfaciendo los objetivos de todas las áreas de proceso en un nivel de madurez determinado. La representación escalonada se estructura en torno a niveles de madurez, que se van alcanzando en la medida que se cumplen en la organización las áreas clave de proceso asociadas a cada nivel de madurez. Esta representación permite evaluar los procesos de una organización para establecer la madurez global de la misma.

#### 14.2.2.2 REPRESENTACIÓN CONTINUA

La representación continua proporciona una guía menos específica con respecto al orden en el cual debería realizarse el proceso de mejora. Se denomina continua porque ninguna etapa discreta está asociada con la madurez de la organización. El modelo continuo tiene áreas de procesos que contienen prácticas específicas y genéricas que dan soporte al incremento de la capacidad de los procesos de la organización de manera individual. La mayoría de las prácticas asociadas con la mejora de la capacidad de procesos son genéricas; son externas a las prácticas específicas descritas por las diferentes áreas de proceso y son aplicables a todas las áreas de procesos. Las prácticas genéricas están agrupadas bajo niveles de capacidad, y un nivel de capacidad para un área de proceso se logra cuando todos los objetivos genéricos son satisfechos hasta ese nivel. La representación continua no se estructura en torno a niveles de madurez, sino que lo que se facilita es la evaluación de procesos individuales, permitiendo que una organización pueda seleccionar un conjunto de sus procesos individuales para evaluarlos y conocer la capacidad concreta de dichos procesos.

## 14.3 CMMI-DEV

CMMI para desarrollo (CMMI-DEV) (SEI 2010c) es un modelo de referencia que cubre las actividades del desarrollo y del mantenimiento aplicadas tanto a los productos como a los servicios. Los modelos de la constelación CMMI para desarrollo contienen prácticas que cubren la gestión de proyectos, la gestión de procesos, la ingeniería de sistemas, la ingeniería del hardware, la ingeniería del software y otros procesos de soporte utilizados en el desarrollo y el mantenimiento.

CMMI-DEV contiene 22 áreas de proceso, 16 que se toman del Framework CMMI y 6 que son específicas y requeridas por la constelación del CMMI para desarrollo. La Figura 14.2 muestra las áreas de proceso que forman parte de este modelo.

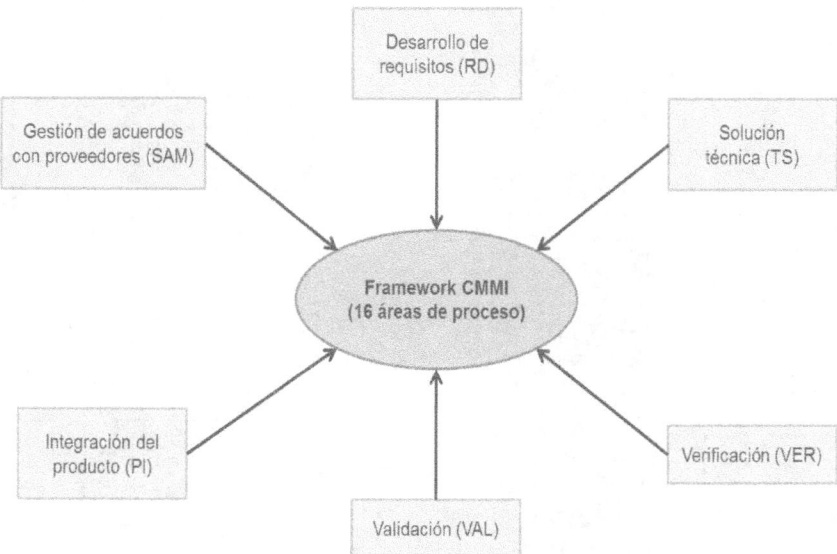

**Figura 14.2.** Áreas de proceso de CMMI-DEV

A continuación se describen los propósitos de las áreas de proceso que forman parte del Modelo CMMI-DEV:

- ▼ **Verificación** (VER): cuyo propósito es asegurar que los productos de trabajo seleccionados cumplen con los requisitos especificados.
- ▼ **Validación** (VAL): cuyo propósito es demostrar que un producto o un componente funciona adecuadamente cuando se instala en el entorno previsto.
- ▼ **Gestión de Acuerdos con Proveedores** (SAM): cuyo propósito es gestionar la adquisición de productos de proveedores.
- ▼ **Desarrollo de Requisitos** (RD): cuyo propósito es producir y analizar los requisitos del cliente, del producto y de los componentes del producto.
- ▼ **Solución Técnica** (TS): cuyo propósito es diseñar, desarrollar e implementar soluciones a los requisitos. Las soluciones, diseños e implementaciones incluyen productos, componentes y procesos relacionados con el ciclo de vida del producto.
- ▼ **Integración del Producto** (PI): cuyo propósito es ensamblar el producto a partir de sus componentes, asegurar que el producto funciona adecuadamente y entregar el producto.

La Figura 14.3 presenta una vista general del modelo CMMI-DEV desde el punto de vista de áreas de proceso y su representación escalonada y continua.

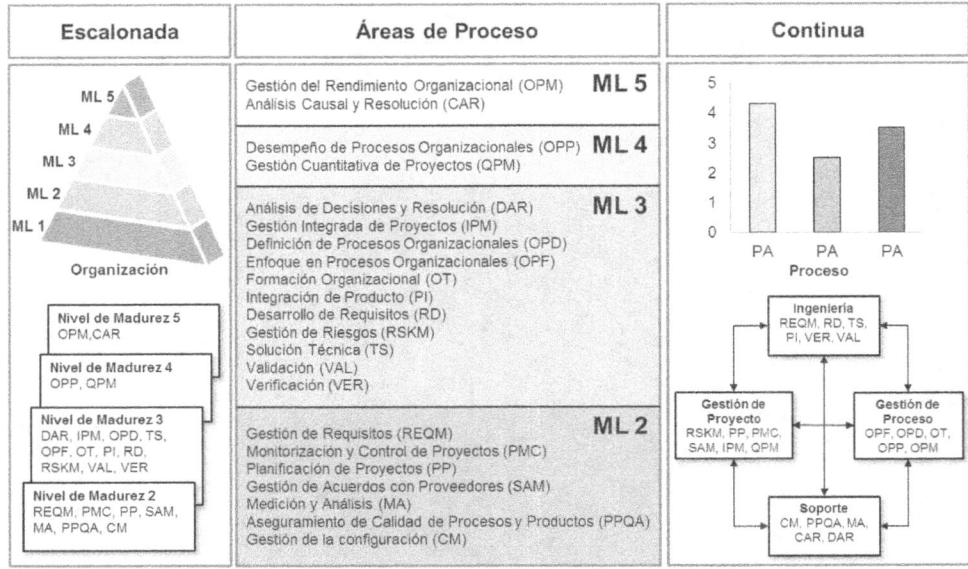

**Figura 14.3.** Vista general del modelo CMMI-DEV

## 14.4 CMMI-ACQ

CMMI para adquisición (CMMI-AQC) (SEI 2010b) es un modelo de referencia que proporciona una guía para la aplicación de las mejores prácticas de CMMI por parte del comprador. Las mejores prácticas en este modelo se centran en las actividades de inicio y gestión de la adquisición de productos y servicios que satisfagan las necesidades del cliente. Aunque los proveedores puedan ofrecer artefactos útiles para los procesos abordados en CMMI-ACQ, el enfoque del modelo está en los procesos de la empresa que adquiere, y por tanto este modelo integra los cuerpos de conocimiento que son esenciales para un comprador.

CMMI-ACQ contiene también 22 áreas de proceso, 16 que se toman del Framework CMMI y 6 que son específicas y requeridas por la constelación del CMMI para adquisición. La Figura 14.4 muestra las áreas de proceso que forman parte de este modelo.

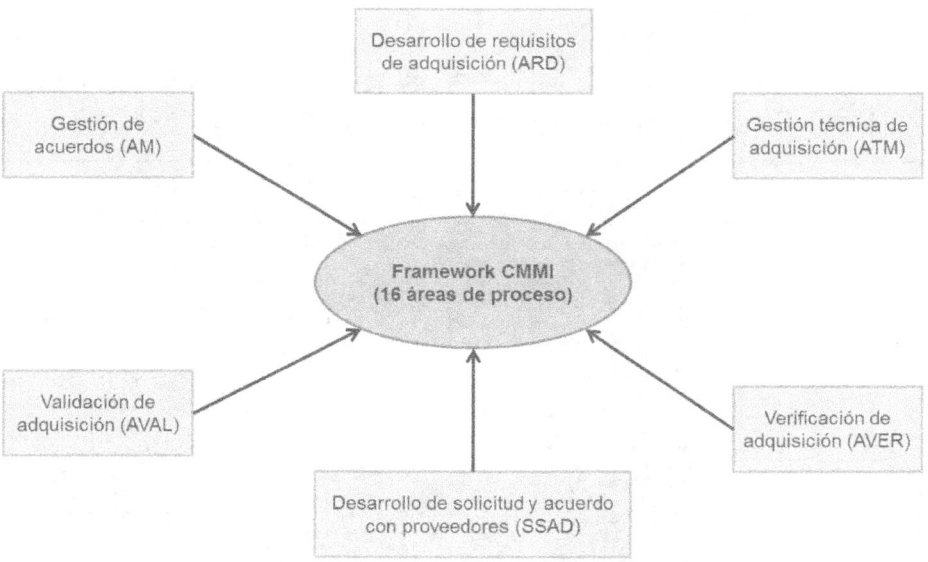

**Figura 14.4.** Áreas de proceso de CMMI-ACQ

A continuación se describen los propósitos de las áreas de proceso que forman parte del Modelo CMMI-ACQ:

▼ *Gestión de acuerdos* (AM): cuyo propósito es garantizar que el proveedor y el comprador lleven a cabo el trabajo de acuerdo con los términos del contrato del proveedor.

▼ **Desarrollo de requisitos de adquisición** (ARD): cuyo propósito es desarrollar y analizar los requisitos contractuales y de los clientes.

▼ **Gestión técnica de adquisición** (ATM): cuyo propósito es evaluar la solución técnica del proveedor y gestionar las interfaces seleccionadas de dicha solución.

▼ **Validación de la adquisición** (AVAL): cuyo propósito es demostrar que un producto o servicio adquirido cumple con su uso previsto cuando se coloca en su entorno previsto.

▼ **Verificación de adquisición** (AVER): cuyo propósito es asegurar que los productos de trabajo seleccionados satisfacen sus requisitos especificados.

▼ **Desarrollo de solicitud y acuerdo con proveedores** (SSAD): cuyo propósito es preparar un pedido, seleccionar uno o más proveedores para entregar el producto o servicio, y establecer y mantener el contrato del proveedor.

La Figura 14.5 presenta una vista general del modelo CMMI-ACQ desde el punto de vista de áreas de proceso y su representación escalonada y continua.

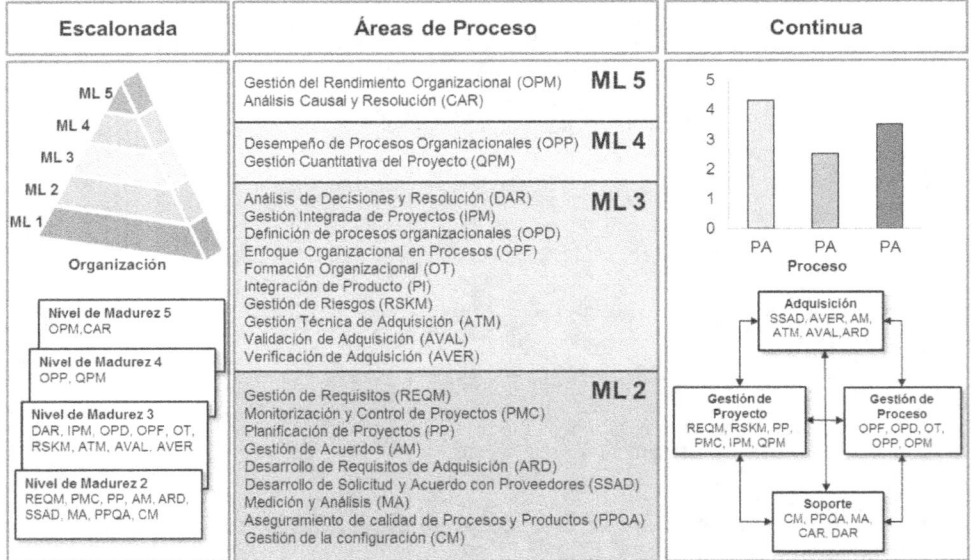

**Figura 14.5.** Vista general del modelo CMMI-ACQ

## 14.5 CMMI-SVC

La constelación de CMMI para servicios (CMMI-SVC) (SEI 2010d) es un modelo de referencia que abarca las actividades necesarias para establecer, entregar y administrar servicios. Los objetivos y prácticas de este modelo de referencia son potencialmente relevantes para cualquier organización interesada en la prestación de servicios, proporcionando una guía para que este tipo de organizaciones aplique las buenas prácticas de CMMI. CMMI-SVC contiene prácticas que abarcan la gestión de proyectos, gestión de procesos, establecimiento de servicios, apoyo y liberación de servicios y soporte a procesos. Las buenas prácticas descritas por este modelo se centran en actividades que permitan entregar un servicio de calidad a los clientes y usuarios finales.

CMMI-SVC contiene también 24 áreas de proceso, 16 que se toman del Framework CMMI, 7 que son específicas y requeridas por la constelación del CMMI para servicios y un área de proceso opcional. La Figura 14.6 muestra las áreas de proceso que hacen parte de este modelo.

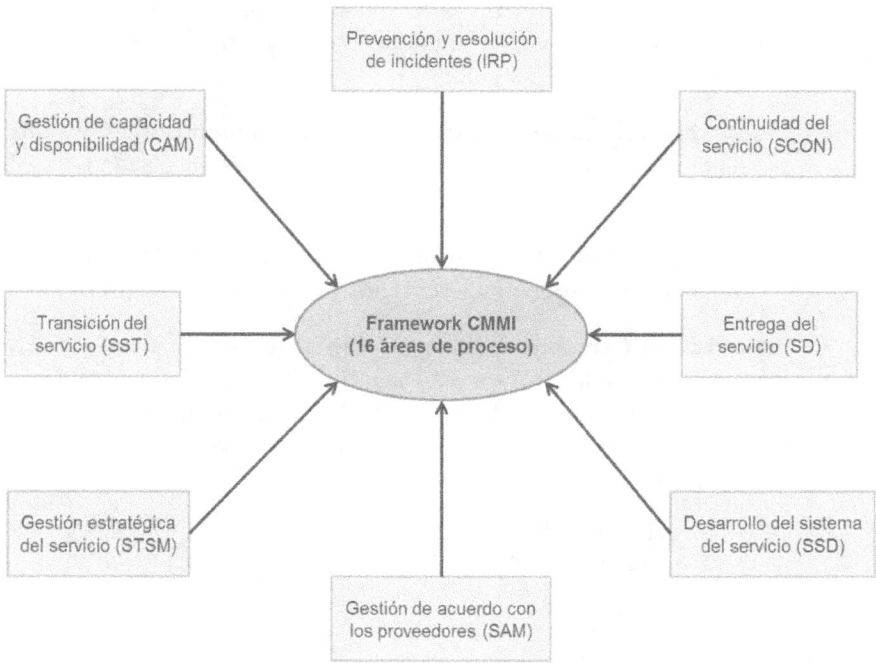

**Figura 14.6.** Áreas de proceso del modelo CMMI-SVC

A continuación se describen los propósitos de las áreas de proceso que forman parte del Modelo CMMI-SVC:

▼ **_Gestión de la capacidad y disponibilidad_** (CAM): cuyo propósito es garantizar la eficacia del funcionamiento del sistema del servicio y garantizar que los recursos se prestan y se utilizan efectivamente para apoyar los requisitos de servicio.

▼ **_Prevención y resolución de incidentes_** (IRP): cuyo propósito es garantizar la resolución oportuna y eficaz de las incidencias del servicio y la prevención de las incidencias del servicio, según corresponda.

▼ **_Continuidad del servicio_** (SCON): cuyo propósito es establecer y mantener planes para asegurar la continuidad de los servicios durante y después de cualquier interrupción de las operaciones normales.

▼ **_Entrega del servicio_** (SD): cuyo propósito es la entrega de servicios en conformidad con los acuerdos de servicio.

▼ **_Transición del sistema de servicio_** (SST): cuyo propósito es el despliegue de componentes nuevos del sistema, componentes modificados significativos, o servicios mientras se gestiona su efecto sobre la prestación del servicio actual.

▼ **_Gestión estratégica del servicio_** (STSM): cuyo propósito es establecer y mantener los servicios estándar de acuerdo con las necesidades y planes estratégicos.

▼ **_Gestión de acuerdo con proveedores_** (SAM): cuyo propósito es gestionar la adquisición de productos y servicios desde los proveedores.

▼ **_Desarrollo del sistema del servicio_** (SSD): cuyo propósito es analizar, diseñar, desarrollar, integrar, verificar y validar los sistemas del servicio, incluyendo componentes del sistema del servicio, para satisfacer contratos de servicio existentes o previstos. Esta área de proceso es opcional.

La Figura 14.7 presenta una vista general del modelo CMMI-SVC desde el punto de vista de áreas de proceso y su representación escalonada y continua.

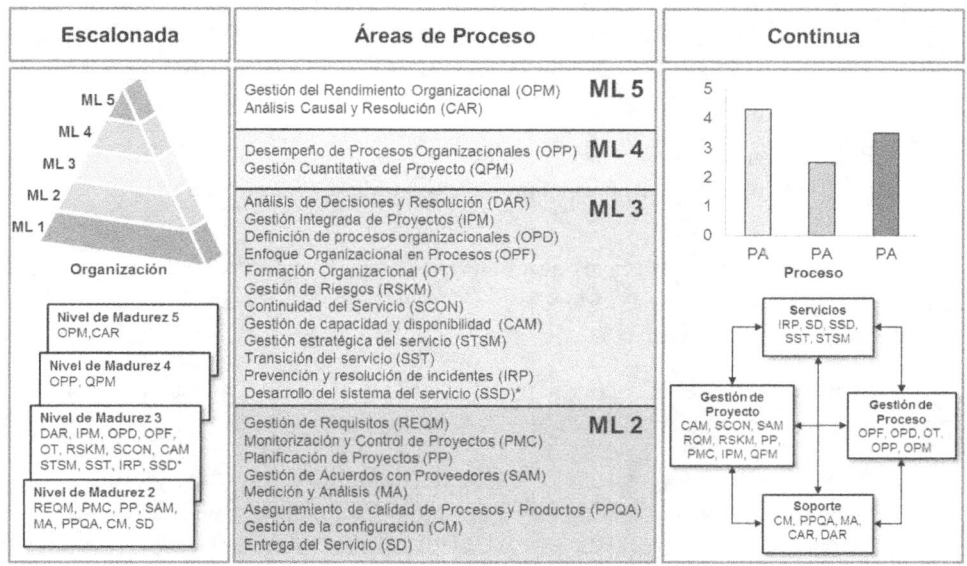

**Figura 14.7.** Vista general del modelo CMMI-SVC

## 14.6 SCAMPI

Para la evaluación basada en el modelo CMMI se usa el método SCAMPI (Standard CMMI Appraisal Method for Process Improvement) (SEI 2011). SCAMPI es un método de evaluación aplicable a un amplio rango de modelos de evaluación, incluyendo tanto las evaluaciones internas (valoraciones) como la determinación de la capacidad externa y el nivel de madurez organizacional.

Para llevar a cabo una evaluación de capacidad de procesos o madurez organizacional, SCAMPI describe un conjunto de fases:

▼ *Planificación y preparación de la evaluación*, en la que se incluyen el análisis de los requisitos de la evaluación (objetivos, alcance, restricciones, etc.), el desarrollo del plan de evaluación, la selección y preparación del equipo, la obtención e inventario de la evidencia objetiva inicial y la preparación de la evaluación.

- ▼ *Realización de la evaluación*, en la que se prepara a los participantes, se examina y documenta la evidencia objetiva, se verifica la evidencia objetiva y se validan los hallazgos preliminares y se generan los resultados de la evaluación.

- ▼ *Informe de resultados*, en el que se entregan los resultados de la evaluación y se empaquetan y archivan de forma adecuada.

En cada una de estas fases del método SCAMPI se lleva a cabo un conjunto de procesos para describirlas de manera más detallada y tener una guía sistemática para la realización de las mismas.

Dependiendo de la rigurosidad en la ejecución de las actividades hay tres tipos de evaluaciones SCAMPI, la clase A, B y C:

- ▼ *SCAMPI Clase A:* es el método más amplio y riguroso, y el único que puede proporcionar un nivel de madurez organizacional o un perfil de capacidad de procesos en CMMI para una empresa. Es liderado por un SCAMPI Lead Appraiser.

- ▼ *SCAMPI Clase B:* es menos amplio y detallado que el clase "A" y más económico. Se utiliza como evaluación inicial o parcial, enfocado en las áreas que requieren atención para una futura evaluación formal en CMMI. En este tipo de SCAMPI no se requiere de un Lead Appraiser para ser realizado, pero sí de un Team Leader o una persona formada en los modelos y con experiencia.

- ▼ *SCAMPI Clase C:* es el más sencillo, económico y requiere una capacitación menor. Se enfoca en áreas de interés o de mayor riesgo en la organización cuando se aborda un proyecto de mejora. Puede ser llevada a cabo por una persona formada en los modelos y con experiencia.

Mediante una evaluación SCAMPI se determina el nivel de capacidad de procesos o madurez organizacional que ha alcanzado una empresa que aplica CMMI en sus procesos. Los resultados de la evaluación permiten determinar las fortalezas, debilidades y oportunidades de mejora de los procesos de la organización, respecto a las prácticas descritas en un modelo de referencia CMMI. En este sentido las principales aplicaciones del método SCAMPI se resumen en la Tabla 14.3.

| Aplicación | Descripción |
|---|---|
| Mejora Interna del Proceso | La evaluación interna de los procesos se aplica en las organizaciones para:<br>– Establecer una línea base de su nivel de capacidad/madurez.<br>– Establecer o actualizar un programa de mejora del proceso.<br>– Medir el progreso en la implementación de un programa de mejora.<br><br>Las aplicaciones de evaluación interna incluyen:<br>– Medición del progreso de la mejora.<br>– Conducción de auditorías del proceso.<br>– Enfoque sobre dominios específicos o líneas de productos.<br>– Evaluar proyectos específicos.<br>– Preparación para evaluaciones externas conducidas por el cliente. |
| Selección del Suministrador | Los resultados se usan como factores discriminantes para la selección de suministradores y para establecer los riesgos relacionados con el proceso de aceptación de un contrato. Constituyen un factor más de selección y constituyen la línea base para un posible posterior control de los procesos del suministrador seleccionado. |
| Monitorización del Proceso | Se puede usar la evaluación como mecanismo de control de los procesos del suministrador una vez que ha sido seleccionado. |

**Tabla 14.3.** Aplicaciones del método SCAMPI

En el método SCAMPI se consideran dos tipos de evidencias:

▼ **Artefactos**, una forma tangible de evidencia que indica el trabajo que se ha llevado a cabo, por ejemplo, políticas organizativas, actas de reuniones, revisiones, etc.

▼ **Afirmaciones**, tanto orales como escritas que confirman o soportan la implementación de una práctica del modelo.

Estas evidencias se usan para considerar si una práctica está completamente implementada (FI, Fully Implemented), considerablemente implementada (LI, Largely Implemented), parcialmente implementada (PI, Partially Implemented), no implementada (Not Implemented, NI) o todavía no (NY, Not Yet). Una vez consensuada la caracterización de la implementación de las prácticas tanto a nivel de una instanciación concreta como a nivel organizacional, el equipo evaluador debe consensuar el grado de satisfacción de los objetivos y, basándose en ello, el nivel de capacidad o madurez correspondiente.

## 14.7 IDEAL

El marco de mejora de procesos del SEI lo constituye el modelo IDEAL (McFeeley 1996) en el que se define un marco de ciclo de vida para la mejora de procesos. Este modelo fue concebido originalmente como un ciclo de vida para la mejora de procesos software basado en el modelo CMM, y posteriormente el modelo IDEAL fue revisado en la versión 1.1 para proporcionarle un alcance más amplio. IDEAL constituye un enfoque usable y entendible para la mejora continua estableciendo los pasos necesarios que se deben seguir para llevar a cabo un programa de mejora y proporcionando un enfoque ingenieril y disciplinado. En la Figura 14.8 se muestra la estructura de este modelo.

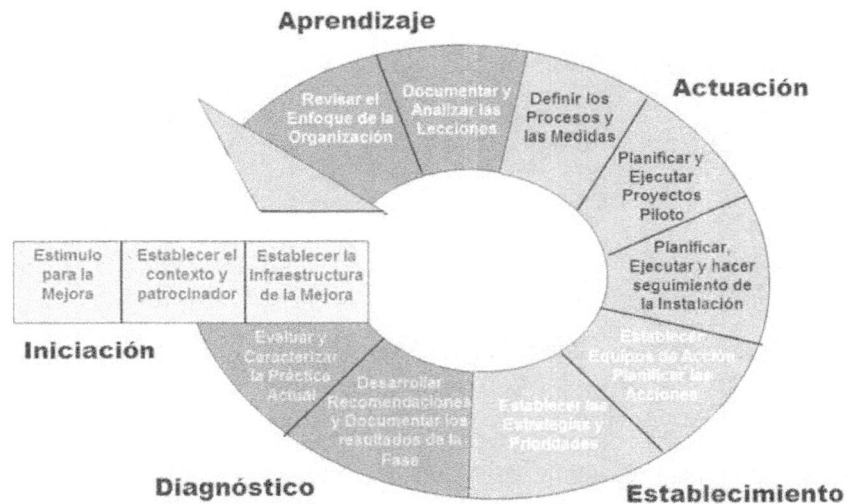

Figura 14.8. El modelo IDEAL (McFeeley 1996)

Como se puede observar en la Figura 14.8, el modelo IDEAL está compuesto por cinco fases, cada una de las cuales está formada por una serie de actividades:

▼ *Iniciación*, que constituye el punto de partida, en el cual se establece la infraestructura, los roles y responsabilidades que hay que asumir y se asignan los recursos necesarios. En esta fase se elabora el plan de mejora de procesos que proporciona la guía necesaria para completar el inicio y llevar a cabo las fases de diagnóstico y establecimiento. Además, se decide la aprobación del programa de mejora, se establecen los recursos necesarios y se establecen los objetivos generales de la mejora a partir de las necesidades de negocio de la organización. Estos objetivos son refinados en la fase posterior de establecimiento. Respecto a la infraestructura, se establecen dos componentes fundamentales: un grupo directivo de gestión (*Management Steering Group, MSG*) y un grupo de procesos de ingeniería del software (*Software Engineering Process Group*, SEPG). Durante la fase de inicio también se realizan planes para comunicar el comienzo de la iniciativa de mejora y se sugiere la necesidad de realizar evaluaciones para determinar la preparación de la organización a la hora de llevar a cabo una iniciativa de mejora de procesos.

▼ *Diagnóstico*, en la que se lleva a cabo el trabajo preliminar necesario para realizar las fases posteriores. En esta fase se inicia el plan de acción de la mejora de acuerdo con la visión de la organización, el plan de negocio estratégico, las lecciones aprendidas de esfuerzos de mejora realizados en el pasado, aspectos clave a los que se enfrenta la organización y los objetivos a largo plazo. Se realizan actividades de valoración para establecer una línea base del estado actual de la organización, entregándose sus resultados y recomendaciones en las acciones del plan de mejora. En esta fase es donde se lleva a cabo una evaluación SCAMPI clase C o B.

▼ *Establecimiento*, durante la cual se priorizan los aspectos que la organización ha decidido mejorar, se desarrollan las estrategias necesarias para obtener las soluciones de mejora y se completa el borrador del plan de mejora definido en las fases anteriores. En esta fase también se desarrollan objetivos medibles a partir de los objetivos generales fijados en la fase de inicio y que son incluidos en el plan de mejora. Ello conlleva además la definición de las métricas necesarias para el control del progreso y se preparan los recursos, y se proporciona la formación necesaria a los grupos de trabajo técnico (*Technical Working Groups*, TWG). El plan de acción desarrollado debe guiar las actividades de mejora de acuerdo a los aspectos detectados para la mejora, ordenados según su prioridad y según las recomendaciones de la fase de diagnóstico. También durante esta fase se crean plantillas de acciones tácticas que los grupos de trabajo técnico deben completar y llevar a cabo.

▼ *Actuación*, en la que se crean y se llevan a cabo las acciones destinadas a mejorar las áreas identificadas en las fases previas. Se desarrollan planes para ejecutar las acciones de mejora, y para evaluar o probar los procesos nuevos o mejorados. Una vez completada exitosamente la prueba de nuevos procesos y tras determinar su adecuación para ser adoptados en la organización, se desarrollan y ejecutan los planes necesarios para su implantación.

▼ *Aprendizaje*, cuyo objetivo es tratar de hacer más efectiva la siguiente iteración por el modelo IDEAL cuando sea necesaria. Una vez alcanzada esta fase, se han desarrollado las soluciones, se han aprendido importantes lecciones del proceso y se han tomado mediciones sobre el rendimiento y la consecución de los objetivos marcados. Estos artefactos son añadidos a la base de datos del proceso, que constituye una fuente de información muy relevante para el personal implicado en la próxima iteración por las fases del modelo. La información reunida permite realizar una evaluación sobre la estrategia, los métodos y la infraestructura utilizados en el programa de mejora, lo que permite su corrección y ajuste de cara a futuras mejoras. Es necesario plantear algunas preguntas, como por ejemplo sobre el rendimiento de la infraestructura (equipos de trabajo MSG, SEPG, TWG, etc.) y los métodos empleados por los TWG en sus actividades de desarrollo de la solución. Una respuesta adecuada a cada una de estas preguntas es fundamental para plantear el siguiente ciclo del modelo IDEAL.

## 14.8 LECTURAS RECOMENDADAS

▼ Chrissis, B. (2012). *CMMI para el desarrollo, versión 1.3: Guía para la integración de procesos y la mejora de productos*. Editorial Universitaria Ramón Areces.

Se trata de la traducción del modelo CMMI-DEV coordinada por el Dr. J.A. Calvo-Manzano Villalón, donde se pueden encontrar todos los detalles de las diferentes áreas de proceso del modelo.

▼ Hayes, W. (2015). *SCAMPI: Standard CMMI Appraisal Methods for Process Improvement*. Addison-Wesley.

SEI Series in Software Engineering. Una versión reciente del modelo SCAMPI, en la que se profundiza en sus actividades y resultados.

## 14.9 SITIOS WEB RECOMENDADOS

▼ *www.sei.cmu.edu*

Se trata del sitio oficial del Software Engineering Institute, en el que se pueden encontrar centenares de documentos, presentaciones, etc. sobre los diferentes modelos tratados en este capítulo.

▼ *www.cmmiinstitute.com*

El CMMI Institute es el encargado en la actualidad de la formación y certificación relativa a los diferentes modelos CMMI.

## 14.10 EJERCICIOS

1. Compare las áreas de procesos del CMMI-DEV con los procesos software propuestos en la norma ISO 12207, estableciendo una mapeo entre ambos marcos de referencia.

2. Compare el área de procesos IPM (Gestión Integrada de Proyectos) con los procesos propuestos por el PMBOK del PMI.

3. Compare el área de procesos MA (Medición y Análisis) con la norma ISO 15939, véase Capítulo 16.

4. Analice cómo podría adaptarse el modelo CMMI a un enfoque más ágil. Le recomendamos que revise (Pino, et al., 2010) y (Morales et al., 2011)

5. ¿Qué problemas puede prever que existan para aplicar CMMI en pequeñas empresas? ¿Cómo podría adaptarse el CMMI-DEV en este caso?

6. Cree una guía para la externalización (outsourcing) de software basándose en CMMI-ACQ.

7. Compare CMMI-SVC con la última versión del marco ITIL y de la norma ISO/IEC 20000.

8. Ponga ejemplos de artefactos que evidencien las diferentes áreas de proceso de nivel 2 de CMMI-DEV.

9. Lleve a cabo una adaptación del modelo IDEAL para una PyME que utilice CMMI-DEV.

10. Analice el último Maturity Profile Report que podrá encontrar en el sitio web del CMMI Institute y analice la situación de su país respecto a las certificaciones mundiales de CMMI-DEV. ¿Qué causas podrían explicar esta situación? ¿Cree que un impulso mayor por parte de su gobierno o de las empresas podría mejorar esta situación?

# 15

# INTRODUCCIÓN A LA MEDICIÓN

## 15.1 NECESIDAD DE MEDIR

No le faltaba razón al físico Lord Kelvin cuando a finales del siglo XIX afirmaba que: *"cuando puedes medir sobre lo que estás diciendo, y expresarlo en números, sabes algo sobre ello, pero cuando no puedes medirlo ni expresarlo en números entonces tu conocimiento es precario e insatisfactorio"*. De hecho, la medición es fundamental en nuestra vida cotidiana. Continuamente realizamos o utilizamos mediciones que nos guían a la hora de tomar decisiones y seleccionar la alternativa que creemos mejor, como por ejemplo a la hora de comprar un producto, seleccionar la ruta a seguir en nuestras vacaciones, decidir ir al médico si tenemos fiebre, etc.

La medición cuenta con una larga tradición y constituye una disciplina fundamental en cualquier ingeniería, y la ingeniería del software no es una excepción. La medición software es una disciplina joven, incluso más joven que la Ingeniería del Software, y ello ha influido notablemente en que esta última no haya alcanzado aún el grado de madurez que tienen otras ingenierías. No obstante, la medición del software es una disciplina en constante crecimiento y la importancia que ha adquirido es cada vez más evidente.

La necesidad y motivación por medir está ligada fundamentalmente a la mejora y de hecho una de las razones principales del incremento masivo en el interés en las métricas ha sido la percepción de que son necesarias para la mejora de la calidad del software (Fenton 2001). En efecto, para poder asegurar que un proceso o sus productos resultantes son de calidad o poder compararlos, es necesario asignar valores, descriptores, indicadores o algún otro mecanismo mediante los cuales se pueda llevar a cabo dicha comparación. Para ello, es necesario llevar a cabo un proceso de medición del software, que en general, persigue tres objetivos fundamentales: ayudarnos a entender qué ocurre durante el desarrollo y el mantenimiento, permitirnos controlar qué es lo que ocurre en los proyectos y poder mejorar los procesos y productos (Fenton y Bieman, 2014). En efecto, las métricas son un buen medio para entender, monitorizar, controlar, predecir y probar el desarrollo de software y los proyectos de mantenimiento (Briand et al., 1996) y pueden ser utilizadas por profesionales e investigadores para tomar mejores decisiones (Pfleeger, 1997).

En este capítulo se proporciona una visión general de la medición del software, para lo cual en primer lugar se presentan de forma introductoria algunos de sus fundamentos mediante el análisis de las aportaciones de la teoría de la medición al software y la terminología relacionada con la medición del software. Finalmente se presenta la evolución histórica que ha tenido la medición software hasta la actualidad.

## 15.2 CONCEPTOS BÁSICOS

En relación a la terminología relacionada con la medición software, tal como se ha comentado en el primer apartado, la medición de software es una disciplina relativamente joven y como consecuencia no existe aún un consenso general sobre la definición exacta de los conceptos que maneja. A pesar de contar con diversos estándares internacionales que tratan de normalizar estos temas, se han detectado ciertas lagunas e inconsistencias en los términos que dichos estándares definen, como son por ejemplo los conceptos de medida, métrica, medición, indicador, etc. La situación no es mucho mejor en los contextos académicos e industriales, en donde las distintas propuestas de modelos de medición de software tampoco han logrado consensuar una terminología coherente y ampliamente aceptada entre toda la comunidad científica.

En este apartado resumiremos los principales conceptos básicos de la medición siguiendo la "ontología de la medición" propuesta por (García et al., 2005) y que se representa en la Figura 15.1.

Así, suele existir en las organizaciones una "necesidad de medir" o **necesidad de información**, por ejemplo, de conocer el nivel de productividad de los programadores de un proyecto en comparación con lo habitual en otros proyectos en la organización. Esta necesidad de medir está asociada a un **concepto medible**, que se puede definir como una "relación abstracta entre atributos y necesidades de información"; por ejemplo, el ratio de productividad de un equipo de desarrollo frente a un grado de productividad objetivo. Un *atributo* será una "propiedad mensurable, física o abstracta, que comparten todas las *entidades* de una *categoría de entidad*", como el tamaño de un código fuente; pudiendo definir categoría de entidad como una colección de entidades caracterizadas por satisfacer un cierto predicado común; por ejemplo, los programas escritos en C.

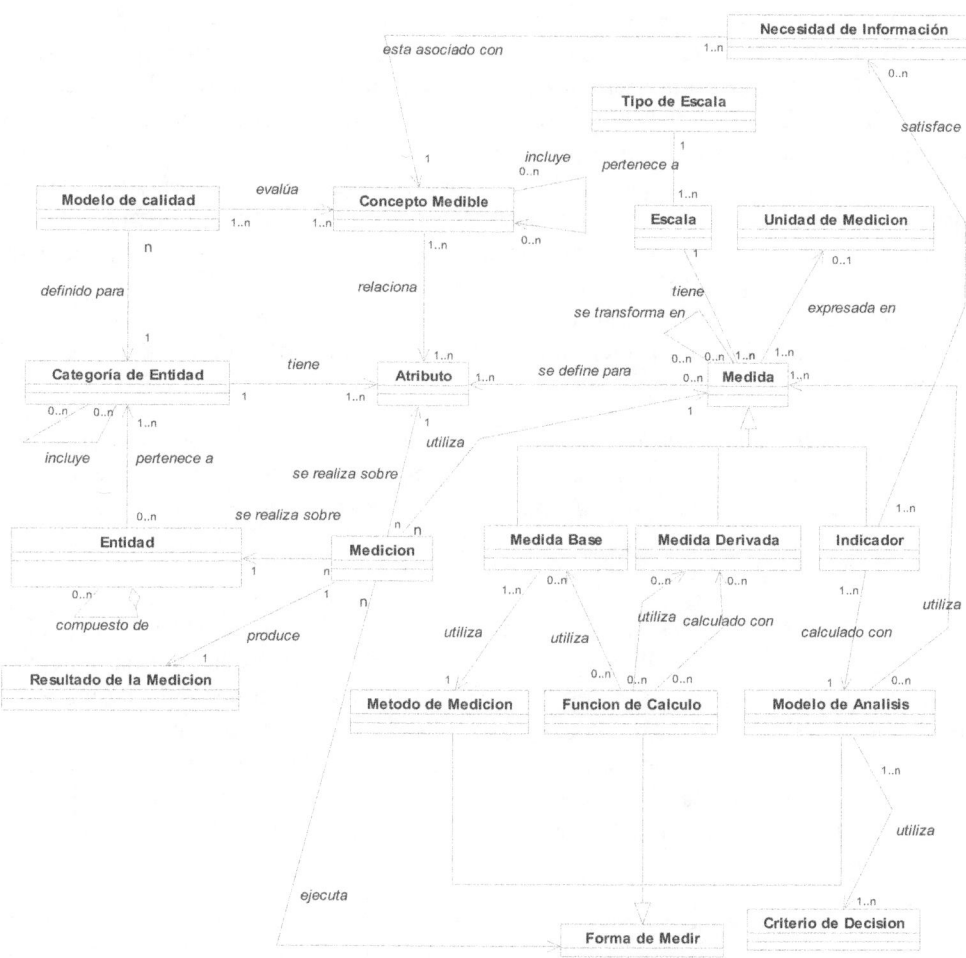

**Figura 15.1.** Conceptos de la Medición del Software y sus relaciones

Una *entidad* es "un objeto que va a ser caracterizado mediante una medición de sus atributos". En medición del software se pueden distinguir entre los siguientes tipos de entidades: *Procesos,* en el que se incluyen las mediciones relacionadas a las actividades del software; *Proyectos,* que son el resultado de la ejecución de los procesos y de los que se obtienen como resultado *Productos,* que incluyen los entregables y documentos resultantes de las actividades y se utilizan *Recursos,* que incluye los recursos necesarios para el desarrollo de los proyectos software tales como personal, software, hardware, etc.

Respecto a los atributos hay que hacer notar que suelen diferenciarse entre *atributos internos* y *externos*. Los atributos internos son aquellos que pueden ser medidos de una entidad sin necesidad de evaluar el comportamiento externo de dicha entidad. Ejemplos de atributos internos son: tamaño y complejidad de código fuente, que pueden ser evaluados sin necesidad de ejecutar el código. Los atributos externos son mediciones sobre cómo una entidad está relacionada con el entorno, como por ejemplo los atributos calidad y estabilidad de requisitos, en cuyo caso es necesario ejecutar el código para obtenerlos. Estos atributos son mucho más difíciles de evaluar que los atributos internos y la necesidad de disponer de mediciones de atributos internos para obtener el valor de atributos externos es bastante clara. Por ejemplo, para evaluar el atributo externo calidad del software es necesario conocer atributos internos como por ejemplo el número de fallos obtenidos en la actividad de pruebas.

Por otro lado hay que destacar que la medición se puede apoyar en ***modelos de calidad***, entendidos como "*Un conjunto de conceptos medibles y relaciones entre ellos que proporciona la base para especificar requisitos de calidad y evaluar la calidad de las entidades de una determinada categoría de entidad*", como los modelos propuestos por la norma ISO/IEC 25010.

La ***medida*** o ***métrica*** es "la forma de medir (método de medición, función de cálculo o modelo de análisis) y la escala de medición". Así, la medida o métrica "líneas de código" puede ser definida para realizar mediciones del "tamaño" de un "módulo en C" y para realizar mediciones del "tamaño" de un "programa en Java". La ***escala*** es "un conjunto de valores con propiedades definidas", como por ejemplo, el nivel de madurez de CMMI: 1, 2, 3, 4, 5 (ordinal), el tamaño de un código software expresado en líneas de código: Conjunto de los números naturales (ratio), etc.

El ***tipo de escala*** indica la naturaleza de la relación entre los valores de la escala. En la teoría de la medición aplicada al software destacan cinco tipos principales de escalas:

- ▼ **Escala Nominal**. Es la escala más básica, que sitúa a las entidades en diferentes clases o categorías asignando al atributo un nombre. De este modo las clases se identifican únicamente mediante un número o símbolo que no puede ser interpretado salvo como un mero identificador. Por ejemplo, distinguir de forma nominal a los jugadores de un equipo de baloncesto por su dorsal. El jugador "30" no puede interpretarse como dos veces superior al jugador "15".

▼ **Escala Ordinal.** Con esta escala los atributos pueden ser ordenados en rangos pero la distancia entre los mismos no es significativa. Por ejemplo, las respuestas a una encuesta podrían ser: "0=totalmente en desacuerdo", "1 = ni de acuerdo ni en desacuerdo", "2 = de acuerdo", "3=muy de acuerdo", "4= totalmente de acuerdo". En este caso, cuanto mayor es el valor hay un mayor acuerdo con lo planteado en la pregunta pero la distancia entre los valores 0 y 1 no tiene por qué ser igual que entre los valores 2 y 3.

▼ **Escala de Intervalo.** Este tipo de escala es como la ordinal pero con la diferencia de que la distancia entre los atributos sí tiene sentido. Por ejemplo, si se mide la temperatura en ºC, la distancia entre 30 y 40 es la misma que entre 60 y 70. Sin embargo, en esta escala las comparaciones de tipo ratio no tienen sentido, como por ejemplo: 40º no es el doble de calor que 20º (aunque el valor sí es el doble). Si las mismas distancias entre valores tienen aproximadamente el mismo significado, entonces estamos hablando de una escala "quasi" intervalo.

▼ **Escala de Ratio**, que es la más útil en la medición del software, ya que preserva el orden, el tamaño de los intervalos y también los ratios entre las entidades. Además, tiene un punto fijo de referencia: el cero. La escala debe comenzar en el 0 y se incrementa en pasos iguales. Además, con los valores de esta escala se pueden realizar las operaciones matemáticas de suma, resta, multiplicación y división. El peso es por ejemplo una variable de tipo ratio.

▼ **Escala absoluta,** que es la más restrictiva de todas y es utilizada únicamente cuando solo hay una forma posible de medir un atributo: la cuenta actual. En general, los atributos evaluados mediante un método basado en contar el número de elementos son de este tipo de escala, como por ejemplo el número de defectos encontrados o el número de personas en un proyecto. Todas las operaciones aritméticas sobre el resultado en esta escala tienen sentido.

En la Tabla 15.1 se muestra un resumen de las propiedades de las escalas de acuerdo a los criterios establecidos por (Maxwell 2002).

| Tipo de Escala | ¿Hay un orden significativo? | ¿Las mismas distancias entre valores tienen el mismo significado? | ¿El cálculo de ratios tiene sentido? |
|---|---|---|---|
| Nominal | No | No | No |
| Ordinal | Sí | No | No |
| Intervalo | Sí | Aproximadamente | No |
| Quasi-Intervalo | Sí | Sí | No |
| Ratio | Sí | Sí | Sí |
| Absoluta | Sí | Sí | Sí |

**Tabla 15.1.** Resumen de propiedades de las escalas

La **unidad de medición** es "una cantidad particular, definida y adoptada por convención, con la que se pueden comparar otras cantidades de la misma clase para expresar sus magnitudes respecto a esa cantidad particular". Ejemplos de unidades de medición serían: Líneas de código, Páginas, Persona-mes; Número de módulos, Número de clases, etc.

Otro de los aspectos a destacar de la teoría de la medición es la distinción que establece entre **medidas base (o directas)** y **derivadas (o indirectas)**. Una **medida base** es "una medida de un atributo que no depende de ninguna otra medida, y cuya forma de medir es un método de medición", por ejemplo, LCF (líneas de código fuente escritas), HPD (horas-programador diarias), CHP (coste por hora-programador, en unidades monetarias). Mientras que una **medida derivada** es una "medida que es derivada de otra medida base o derivada, utilizando una función de cálculo como forma de medir". Ejemplos de medidas derivadas son: HPT (horas-programador Totales = sumatorio de las HPD de cada día), LCFH (LOC por hora de programador), CTP (coste total actual del proyecto, en unidades monetarias, que es el producto del coste unitario de cada hora por el total de horas empleadas).

También se pueden distinguir los **indicadores** que son "medidas derivadas de otras medidas utilizando un modelo de análisis como forma de medir", por ejemplo, PROD (productividad de los programadores).

En cuanto a las **formas de medir** se puede distinguir un **método de medición**, que es "la forma de medir una medida base, y que se puede definir como la secuencia lógica de operaciones, descritas de forma genérica, usadas para realizar mediciones de un atributo respecto de una escala específica". Por ejemplo, contar líneas de código o anotar cada día las horas dedicadas por los programadores al proyecto. La forma de medir de las **medidas derivadas** es utilizando una **función de cálculo** (algoritmo o cálculo realizado para combinar dos o más medidas base y/o derivadas), como por ejemplo, LCFH = LCF / HPT, medida derivada definida en base a 2 medidas base.

La forma de medir un indicador es mediante un *modelo de análisis*, que lo podríamos definir como "un algoritmo o cálculo realizado para combinar una o más medidas (base, derivadas o indicadores) con criterios de decisión asociados". Un *criterio de decisión* "estará compuesto por valores umbral, objetivos, o patrones, usados para determinar la necesidad de una acción o investigación posterior, o para describir el nivel de confianza de un resultado dado", por ejemplo, LCFH/LCFHvm < 0'70 →PROD='muy baja'.

La *medición* entonces será "el conjunto de operaciones que permite obtener el valor del *resultado de la medición* para un atributo de una entidad, usando una forma de medir". Por ejemplo, la acción consistente en usar la forma de medir "contar el número de líneas de código" para obtener el resultado de la medición del atributo "tamaño" de la entidad "módulo nominas.c". Mientras que el resultado de la medición será la categoría o número asignado a un atributo de una entidad como resultado de una medición. Por ejemplo: 35.000 líneas de código, 200 páginas, 50 clases, 5 meses desde el comienzo al fin del proyecto, etc.

En definitiva, todo proceso medición del software tiene como objetivo fundamental satisfacer necesidades de información. Un proceso de medición no puede obtener resultados útiles si estos no satisfacen alguna necesidad de información detectada en la empresa en la que se lleva a cabo. A partir de las necesidades de información se deben identificar las entidades y los atributos de dichas entidades que son candidatos a ser medidos.

Una vez identificados los atributos objeto de la medición se deben definir las métricas necesarias. En la definición general de una métrica se deben especificar aspectos como la unidad en la que se expresa, la escala a la que pertenece, el atributo o atributos para los que se define, etc.

La definición de las métricas se debe realizar a distintos niveles o con diferentes alcances, ya que resultaría excesivamente complejo definir de forma directa métricas a partir de las cuales se satisfagan las necesidades de información. Por ello, es fundamental definir en primer lugar métricas que se aplican directamente sobre las características de una entidad para evaluar un determinado atributo. A partir de estas métricas directas se pueden definir métricas indirectas y finalmente se podrían definir métricas con el objetivo de proporcionar información útil para la toma de decisiones y, por lo tanto, más cercanas a satisfacer las necesidades de información.

Finalmente, se lleva a cabo el proceso de medición propiamente dicho, a partir de la definición de las métricas y de la caracterización de los atributos de las entidades objeto de la medición, mediante la realización de mediciones que como resultado obtienen resultados de medición.

## 15.3 UN POCO DE HISTORIA

Los orígenes de la medición del software se sitúan en torno a finales de los años sesenta, en los que aparecieron propuestas sobre los que se asentaron las bases para una mayor intensidad de trabajo en el área hasta la actualidad. Las principales etapas que se pueden distinguir en esta evolución son las siguientes (Zuse, 1998), (Ott, 1996):

### 15.3.1 Años 60 y 70

El trabajo más antiguo de definición de métricas data del año 1968, en el que (Rubey y Hartwick, 1968) presentaron una métrica para la definición de la calidad del software, basada en el número de instrucciones originales y modificadas durante la ejecución, así como los comentarios que incluyen las instrucciones del programa. Previamente a este trabajo se habían propuesto algunos modelos de estimación, como el de Delphi (Helmer-Heidelberg, 1966) y SDC de (Nelson, 1966).

En este periodo, en el que surge el paradigma estructurado (Yourdon, De Marco, etc.), las principales razones para concebir métricas software se basan en la influencia que la estructura del programa tiene sobre la fiabilidad del software, persiguiéndose mantener un alto grado de modularidad. En este sentido, (Parnas 1975) establece que los módulos se deberían reestructurar de modo que no tengan conocimiento de la estructura interna de otros módulos. Por ello, la medición del software se centró en este periodo en la evaluación de la complejidad del software, siendo las dos métricas más destacadas en este periodo la famosa **métrica de complejidad de** (McCabe, 1976) y la **métrica de la "ciencia del software"** de (Halstead, 1977). A finales de los 70 se produjo una gran proliferación de métricas de complejidad, basadas en la idea de mejorar las métricas propuestas previamente, alcanzándose un estado en el que (Curtis, 1979) llegó a afirmar que "*hay más métricas de complejidad que científicos de computación en activo*".

Otra de las métricas que merece especial atención en este periodo es la métrica **Líneas de Código Fuente** (LOC, Lines of Code). (Wolverton, 1974) hizo uno de los primeros intentos para definir formalmente la productividad de un programador usando LOC. Se trata de una de las métricas que ha estado sujeta a mayor debate y críticas, a pesar o debido a su simplicidad, y ha habido numerosas interpretaciones de la misma. De hecho, esta métrica se menciona en más de 10.000 artículos de investigación.

De los finales de los 70 también hay una medida de estimación que merece especial atención, los **puntos función,** definidos por (Albretch, 1979), y que sigue siendo hoy en día una métrica fundamental para la gestión de proyectos que se aplica ampliamente con las lógicas adaptaciones a la propuesta original.

A finales de este periodo también se propusieron las primeras métricas aplicables a la fase de diseño, en trabajos como el de (Gilb, 1977) -que además constituyó uno de los primeros libros sobre medición software-, (Yin y Winchester, 1978) y (Chapin, 1979). Del mismo modo, a finales de los 70 empieza a haber cierta repercusión del campo de la medición del software en los foros científicos de discusión, como se demuestra con la aparición de talleres especializados como el IEEE *Workshop on Quantitative Software Models* (octubre 1979) o un número especial de la revista *IEEE Transactions on Software Engineering*, en el que la investigación sobre métricas cobraba un papel protagonista.

## 15.3.2 Años 80

En los inicios de los años 80 se mantenía un cierto escepticismo sobre la aportación del campo de la medición del software, debido a una serie de críticas que se centraban en métricas específicas, como las críticas realizadas sobre las imprecisiones de la métrica de Halstead ((Coulter, 1983); (Lassez et al., 1981)) o la propia métrica de McCabe (Evangelist, 1984); o críticas en general sobre la precisión o simplicidad de las métricas definidas para medir atributos de calidad como la complejidad y sobre todo la falta de validación de las métricas definidas ((Curtis, 1981); (Belady, 1981)). Estas críticas resaltaron la importancia de realizar con rigor la investigación en el campo de las métricas software, de modo que en este periodo, aparte de haber una cierta continuidad en la investigación sobre métricas de complejidad del software aplicadas al diseño, como por ejemplo se aprecia en los trabajos de (Henry y Kafura, 1981), (Card y Agresti, 1988), (McCabe y Butler, 1989), se comienza a trabajar en otras áreas complementarias y esenciales en el campo de la medición como son los métodos, siendo el ejemplo más conocido la propuesta **GQM (*Goal Question Metric*)** (Basili y Weiss, 1984), que plantean la necesidad de definir métricas siempre orientadas a alcanzar un objetivo que se refina en forma de preguntas. Otros aspectos en los que se empieza a avanzar y que aportan un enfoque ingenieril al campo de la medición del software son la teoría de la medición, iniciada con trabajos tales como el (DeMillo y Lipton, 1981); (Baker et al., 1987) y que se fue asentando en los 90 (Fenton y Melton, 1990); (Fenton, 1991); (Zuse, 1991); (Fenton y Bieman, 2014). En relación a estos trabajos, (Weyuker, 1988) propuso un modelo de validación formal de las métricas software basado en propiedades. (Boehm, 1981) propuso el modelo COCOMO, uno de los modelos de estimación de costes más aplicado y que se basa en la métrica LOC.

También merece especial atención la investigación en técnicas estadísticas y de experimentación, con el fin de fomentar la validación de las métricas. En este sentido cabe destacar trabajos tales como el de (Basili et al., 1986), que proponen un marco de trabajo para ayudar al proceso experimental en el contexto del proyecto TAME (*Tailoring a Measurement Environment*) (Basili y Rombach, 1987).

A finales de los 80 también encontramos los primeros esfuerzos por la estandarización en el campo de la medición del software, con dos informes de (IEEE 1989). No obstante, la mayoría de las métricas abordadas en dichos informes eran de proceso centradas en la fase de mantenimiento.

Otro de los aspectos a mencionar en este periodo es la proliferación de proyectos de investigación sobre medición software tanto en Estados Unidos, encabezados mayoritariamente por el SEI (Software Engineering Institute) y la (NASA, 1981), como en Europa, en el que se desarrollan proyectos tales como METKIT (Metrics Educational Toolkit), COSMOS (Cost Management with Metrics of Specification) y MERMAID (Metrication and Resource Modelling Aid).

### 15.3.3 Años 90

En paralelo al auge del paradigma de orientación a objetos (OO), a finales de los 80 y fundamentalmente en los 90, se propusieron una gran cantidad de métricas, tales como las propuestas por (Chidamber y Kemerer, 1994), (Brito e Abreu y Carapuça, 1994), (Lorenz y Kidd, 1994), o las métricas de (Bieman, 1991) para reutilización en sistemas OO.

En el año 1993 se publicó el estándar IEEE 1061, el cual proporcionaba una guía sobre cómo validar métricas software.

Durante este periodo se asentaron las bases iniciadas en el periodo anterior, en relación a la validación teórica de las métricas propuestas, con la aparición de nuevos marcos de trabajo, como el de (Briand, et al., 1996), (Whitmire, 1997), (Zuse, 1998) y en validación empírica (Basili et al., 1999). También se sigue avanzando en la parte metodológica, con refinamientos al método GQM y propuestas de extensiones, como la metodología Goal Driven Measurement (Park et al., 1996).

En esta década se lanza la conferencia METRICS (*International Software Metrics Symposium*), cuya primera edición se celebró en Baltimore (EEUU), patrocinada por IEEE Computer Society.

### 15.3.4 Años 2000

En la década de los 2000, se sigue la tendencia de la cada vez mayor importancia de la validación empírica de las métricas, como demuestra la proliferación de trabajos en este campo (Wohlin et al., 2000), (Juristo y Moreno, 2001), (Basili et al., 1999) y (Perry et al., 2000). Otro ejemplo es la aparición de la conferencia ISESE (*International Symposium on Experimental Software Engineering*) cuya primera edición se celebró en Nara (Japón) en el año 2002. Las conferencias METRICS e ISESE se fusionaron a partir del año 2007 (edición celebrada en Madrid, España) en el denominado *International Symposium on Empirical Software Engineering and Measurement* (ESEM). Actualmente se celebra de manera anual la "Empirical Software Engineering International Week" (ESEIW) en la que se presentan los principales avances en cuanto a la validación y aplicación empírica de las métricas.

También es destacable en este periodo el énfasis en la parte metodológica, surgiendo nuevos enfoques como PSM (*Practical Software & Systems Measurement*), y el importante papel que empieza a asumir la medición del software en los estándares internacionales, mediante el desarrollo de estándares específicos como la ISO 15939, o su presencia significativa en otros estándares relacionados como ISO/IEC 25000, ISO/IEC 12207 o ISO 9000.

## 15.4 LECTURAS RECOMENDADAS

▼ *Fenton, N. y Bieman, J. (2014). Software Metrics: A Rigorous and Practical Approach, 3ª Edición (Chapman & Hall/CRC Innovations in Software Engineering and Software Development Series)*

Se trata de la última edición de un libro "clásico" que sentó las bases para la definición rigurosa de la medición en software.

▼ *Hubbard, D.W. (2014). How to Measure Anything. Finding the Value of "Intangibles" in Business 3ª ed. Wiley.*

En este libro se repasan temas clásicos de la medición, proponiendo un método que permite medir temas que aparentemente no se pueden medir (p.ej., la flexibilidad organizacional).

## 15.5 EJERCICIOS

1. La temperatura, ¿Qué tipo de escala tendría? Piense, por ejemplo, que 20°C son equivalentes a 68°F, mientras que 40°C son equivalentes a 104°F. Y la escala de Mohs, que mide la dureza de los minerales, ¿qué tipo de escala es?

2. ¿Qué diferencia hay entre indicador y medida? Por ejemplo, si mido la fiebre con un termómetro, ¿obtengo una medida o un indicador?

3. Indicar la escala a la que pertenecen las siguientes métricas: Número de Líneas de Código Fuente (SLOC); Experiencia del Programador (Alta; Media; Baja); Temperatura del Procesador; Lenguaje de Programación; Duración de la tarea de programación; Productividad del Programador (SLOC desarrolladas/Duración en horas de la tarea de programación).

4. Representar utilizando la Ontología de la Medición del Software un caso de ejemplo.

5. Busque la opinión que se tiene en la actualidad sobre la métrica de la "ciencia del software" de (Halstead 1977).

6. Analizar la evolución de la medición del software hasta nuestros días desde el punto de vista de los avances en la validación empírica de las métricas propuestas.

7. Razonar sobre la idoneidad de representar el conocimiento relacionado con la medición con una notación textual respecto a la creación de lenguajes de representación gráficos.

8. Establezca un proceso de definición que permita conseguir medidas válidas y útiles tanto desde el punto de vista formal (teoría de la medida) como empírico para productos software (véase Capítulo 7 del libro "Métodos de Investigación en Ingeniería del Software", Ra-Ma, 2014).

9. Investigue las métricas que se han propuesto en las últimas ediciones de la ESEIW.

10. Compare los conceptos de la ontología de la medición propuesta en este capítulo con los del "Structured Metrics Meta-Model (SMM)" del OMG (Object Management Group), que puede encontrar en: *http://www.omg.org/spec/SMM/*

# 16

## ESTÁNDARES Y METODOLOGÍAS DE MEDICIÓN

### 16.1 INTRODUCCIÓN

Como soporte al proceso de medición se pueden destacar diversos marcos de trabajo como GQM (*Goal Question Metric*) o PSM (*Practical Software Measurement*), así como ciertos estándares, entre los que destacan ISO 15939 e IEEE Std 1061. El objetivo de estos estándares y marcos de trabajo es proporcionar la referencia necesaria para poder llevar a cabo el proceso de medición de una forma efectiva y sistemática, en base a una serie de objetivos.

En este capítulo resumimos los principales marcos y estándares relacionados con la medición.

### 16.2 GOAL QUESTION METRIC (GQM)

El método GQM fue originariamente definido por (Basili y Weiss, 1984) y extendido posteriormente por (Rombach, 1990) como resultado de muchos años de experiencia práctica e investigación académica. El principio básico que subyace tras el método GQM es que la medición debe ser realizada, siempre, orientada a un objetivo. GQM propone definir un objetivo, refinarlo en preguntas y definir métricas que intenten dar información para responder a estas preguntas.

El método GQM se lleva a cabo en las siguientes fases (Solingen y Berghout, 1999):

▼ **Planificación**, durante la cual se selecciona, define, caracteriza y planifica un proyecto para la aplicación de la medición, obteniéndose como resultado un plan de proyecto.

▼ **Definición,** durante la cual se define y documenta el programa de la medición (objetivos, preguntas, métricas e hipótesis).

▼ **Recopilación de Datos,** en la que se reúnen los datos reales de la medición.

▼ **Interpretación,** en la que se procesan los datos recopilados respecto a las métricas definidas en forma de *resultados de medición*, que proporcionan respuestas a las preguntas definidas, a partir de las cuales se puede evaluar el logro del objetivo planteado.

Como puede verse en la Figura 16.1, la fase de planificación se lleva a cabo para satisfacer los requisitos básicos que permitan que un programa de medición GQM sea un éxito, para lo cual se incluyen aspectos de formación, implicación en la gestión y planificación de proyectos. Durante la fase de definición se elaboran productos que están principalmente basados en entrevistas estructuradas u otras técnicas de adquisición de conocimiento. En esta fase se identifica un objetivo, y todas las preguntas, métricas y expectativas (hipótesis) de las mediciones. Cuando se han completado todas las actividades de la medición, la medición real puede comenzar. Durante la fase de recopilación de datos se definen, rellenan y almacenan en una base de datos una serie de formularios en los que se obtienen todos los datos de las mediciones. Finalmente, durante la fase de interpretación, se utilizan las mediciones para responder a las preguntas formuladas, y se utilizan las respuestas de nuevo para ver si se han logrado los objetivos planteados.

A continuación se describen con mayor detalle las cuatro fases de GQM.

## 16.2.1 Planificación

Los objetivos principales de esta fase son la recopilación de toda la información necesaria para un inicio exitoso del proyecto de medición, así como la motivación y preparación de los miembros de la organización para llevar a cabo el programa de medición. El plan del proyecto constituye el producto principal de esta fase, en el que se incluyen los documentos, procedimientos, calendarios y objetivos del programa de medición, así como un plan de formación de los desarrolladores implicados en el programa. El plan proporciona la base para el fomento y aceptación del programa de medición por parte de la dirección. Las etapas que componen la fase de planificación son:

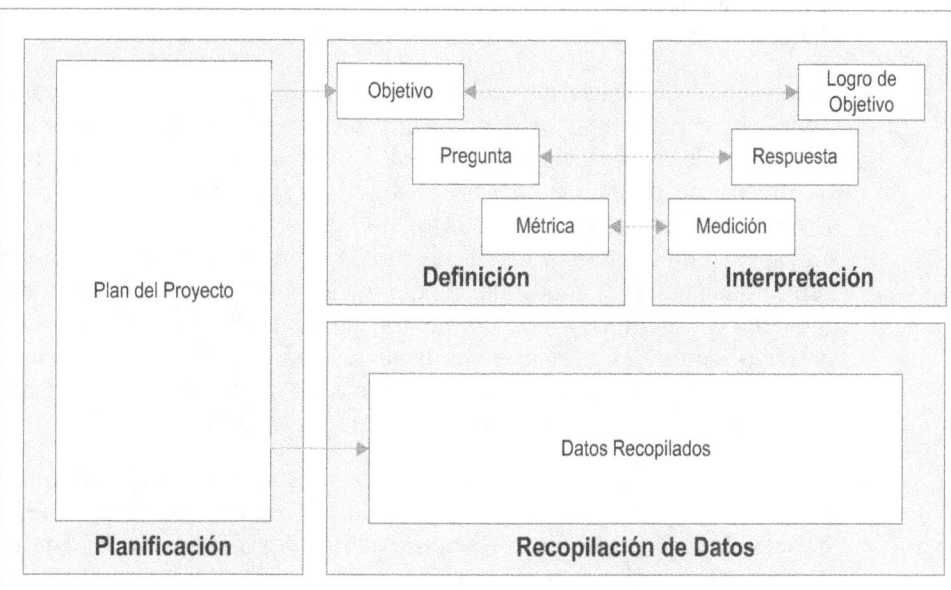

**Figura 16.1.** El Proceso GQM (Solingen y Berghout, 1999)

▼ **Establecer el equipo GQM**, que es una etapa fundamental ante la necesidad de garantizar la continuidad de los programas de medición. En muchas ocasiones, cuando apremian los plazos de entrega de los productos, se dedica menos atención a las actividades del programa de medición, por lo que se requiere un equipo GQM que debería tener las siguientes cualidades: ser independiente de los equipos del proyecto y no ser "parte interesada" en los resultados de la medición; poseer suficiente conocimiento previo sobre los objetos de la medición; respetar a los miembros del proyecto cuando llevan a cabo las tareas del proyecto y reconocer que son ellos los que llevan a cabo las acciones de medición y mejora; tener una mentalidad de orientación a la mejora, incluso sobre sí mismos; y ser entusiastas para motivar a los miembros del proyecto. Los roles del equipo GQM son: gestor (*manager*), que es el responsable de dar continuidad en todo momento al programa de medición, "*coach*" que es el experto en GQM, e ingeniero de soporte (*support engineer*) a las actividades de medición. Las principales actividades del equipo de GQM son: planificar los programas de medición en el contexto de los proyectos de desarrollo; realizar las actividades de definición de la medición y desarrollar los entregables QGM; comprobar los datos recogidos por el equipo del proyecto y los datos disponibles del proceso; preparar la interpretación de los datos de la medición; e informar sobre el progreso del equipo de proyecto y de gestión y comunicar los resultados.

▼ **Seleccionar las áreas de mejora** de los productos o procesos, como podrían ser: problemas evidentes a los que se enfrenta la organización, áreas a mejorar identificadas tras una valoración de procesos, o áreas de mejora de productos en base a objetivos de negocio de alto nivel. Esta selección debe realizarse en función de los objetivos de negocio, y en especial en relación a los costes, tiempo, riesgos y calidad. Una vez seleccionada un área adecuada, el equipo GQM debería considerar todos los detalles, incluyendo los problemas que podrían ocurrir; influencias externas como las personas implicadas, tecnologías, leyes, procesos y productos; y el conocimiento y experiencia previa en medición que tienen las personas que van a participar en el proyecto.

▼ **Seleccionar el proyecto de aplicación y establecer un equipo del proyecto.** El éxito de un programa de medición depende fundamentalmente de la voluntad, motivación y entusiasmo de los miembros del equipo de proyecto, ya que son ellos los que van a realizar las actividades de medición. Por ello, el equipo GQM debe hacer un esfuerzo para alinear los objetivos de la medición con las ideas de mejora del equipo del proyecto, para lo que deben controlar y estimular continuamente la dedicación del equipo del proyecto a las actividades de medición.

▼ **Crear el plan del proyecto,** actividad que se realiza una vez se ha establecido el equipo del proyecto y se han seleccionado las áreas de mejora. El plan del proyecto debería contener los siguientes elementos:

- *Resumen Ejecutivo,* que presenta de forma resumida (en 20 líneas aproximadamente) el programa de medición.

- *Introducción*, que presenta el alcance del programa de medición, así como la relación entre los objetivos de la mejora y los objetivos del proyecto de desarrollo de software.

- *Calendario,* que incluye la planificación temporal, entregables, asignaciones de recursos y análisis coste-beneficio del programa de medición.

- *Organización,* que describe las estructuras organizacionales, del proyecto y equipo GQM que son relevantes para el programa de medición.

- *Procesos de gestión,* que contiene prioridades, procedimientos de generación de informes de gestión así como actividades de control de riesgos.

- *Formación y promoción,* que presenta el plan para la formación de los miembros del equipo del proyecto y la comunicación de los resultados en la organización.

▼ **Formación y promoción,** ya que el equipo GQM debería organizar sesiones frecuentes de formación y promoción en las que se presenten de forma clara los objetivos de medición propuestos, los beneficios del programa de medición, el impacto del programa de medición en las actividades diarias del equipo de proyecto y las experiencias en otros proyectos u organizaciones. El objetivo es motivar y formar a los miembros del equipo del proyecto en la realización del programa de medición.

## 16.2.2 Definición

En esta fase se incluyen las actividades necesarias para definir formalmente el programa de medición y como resultado se obtienen los planes GQM, de medición y de análisis. Las etapas de la fase de definición son:

▼ **Definir los objetivos de la medición,** para lo que se consideran los objetivos de mejora del plan del proyecto definidos en la fase anterior. Como resultado se obtiene una definición formal y bien estructurada de los objetivos, para lo cual se utilizan plantillas como la que se muestra en la Tabla 16.1.

| | |
|---|---|
| Analizar | el **objeto de estudio** bajo medición |
| Con el propósito de | entender, controlar o mejorar el objeto |
| Con respecto a | el **enfoque de calidad** del objeto en el que se centra la medición |
| Desde el punto de vista de | la **perspectiva** de las personas que miden el objeto |
| En el contexto de | el **entorno** en el que la medición tiene lugar |

**Tabla 16.1.** Plantilla de Definición de GQM

- **Revisar o elaborar los modelos de proceso software.** Estos modelos de procesos deben dar soporte a la definición de las mediciones. Si existen previamente en la organización, se deben revisar y si es necesario mejorarlos. Si no existen, el equipo GQM debe definir los modelos de procesos, que deben ser aprobados por el equipo del proyecto.

- **Realizar entrevistas GQM,** de forma que los miembros del equipo GQM puedan extraer de los miembros del equipo del proyecto toda la información relevante en relación a los objetivos de la medición. Para ello se realizan entrevistas individuales en las que para facilitar la comunicación se puede hacer uso de las hojas de abstracción (*"abstraction sheets"*), que incluyen aspectos básicos a considerar en las entrevistas GQM, tales como: *¿cuáles son las métricas para medir el objeto asociado a un determinado objetivo, de acuerdo a los miembros del proyecto?, ¿cuál es el conocimiento actual del miembro del proyecto respecto a estas métricas?, o ¿qué factores externos pueden influenciar las métricas y de qué modo?*

- **Definir preguntas e hipótesis,** en base a los objetivos de la medición de forma que se dé soporte a la interpretación de los datos. De la misma forma que los objetivos se definen a un alto nivel de abstracción, las preguntas constituyen un refinamiento de los objetivos a un nivel más operacional. Con la respuesta a las preguntas planteadas, se debería poder concluir si se cumple un determinado objetivo. Para cada pregunta, las respuestas esperadas son formuladas como hipótesis que son comparadas en la fase de interpretación con los resultados reales de la medición.

- **Revisar preguntas e hipótesis,** para asegurar que se han formulado las preguntas e hipótesis correctas.

- **Definir las métricas.** Las métricas deben proporcionar la información cuantitativa que permita responder las preguntas planteadas de una forma satisfactoria. Por lo tanto, las métricas son el refinamiento de las preguntas en mediciones de los productos o procesos.

- **Comprobar consistencia y compleción de las métricas,** de forma que la definición de los objetivos, preguntas y métricas sea consistente y completa con respecto al objeto sujeto a medición.

- **Producir el plan GQM,** en el que se incluyen los objetivos, preguntas, métricas e hipótesis de un determinado programa de medición. Sirve como guía para la interpretación de los datos y para el desarrollo del plan de medición y análisis.

▼ **Producir el plan de medición**, en el que se incluye la definición formal, descripción textual y todos los resultados o valores posibles de las métricas directas así como el responsable de recoger dichos valores (programador, ingeniero, gestor del proyecto, etc.). También se incluye el momento en el que se debe tomar el valor de cada métrica directa y el medio (herramienta o formulario) que la persona encargada debe usar.

▼ **Producir el plan de análisis**, que es un documento en el que se simula la interpretación de los datos de acuerdo al plan GQM. Para ello se presentan simulaciones de los resultados de las métricas, así como gráficos y tablas en relación a los objetivos y preguntas planteadas. El plan de análisis pretende básicamente describir cómo la información relevante de la medición debe ser procesada con el fin de que pueda ser interpretada fácilmente por el equipo del proyecto

▼ **Revisar los planes**, que deben además ser aprobados por el equipo del proyecto antes de que comience la obtención de los datos reales de las mediciones.

En resumen, la definición de métricas con el método GQM se realiza mediante una aproximación descendente (Figura 16.2) en tres niveles: el nivel conceptual en el que se definen los objetivos (*goal*), el nivel operacional en el que se definen las preguntas (*question*) y el nivel cuantitativo en el que se definen las métricas (*metric*).

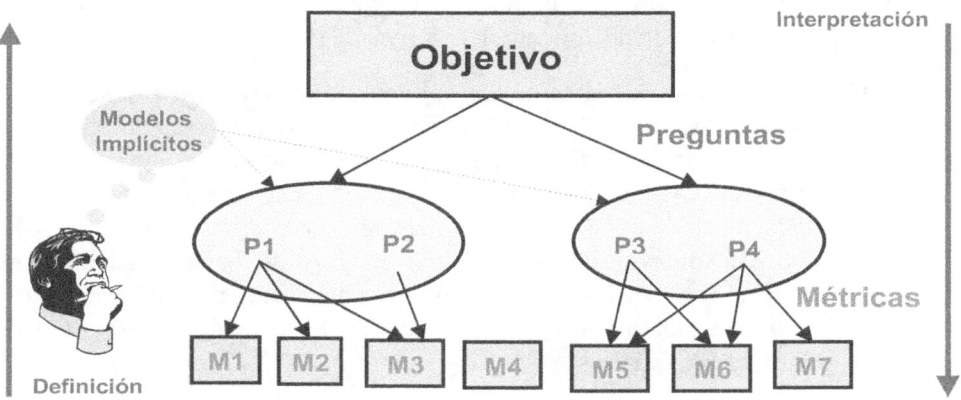

**Figura 16.2.** Fase de Definición de GQM (Basili y Weiss, 1984)

## 16.2.3 Recopilación de datos

Esta fase se inicia una vez se han completado todas las actividades de definición. Como resultado se obtiene una serie de formularios cumplimentados y almacenados en una base de datos. Las principales etapas que componen esta fase son:

▼ **Formación e inicio de la obtención de datos**, que incluye:

- **Periodo de Entrenamiento** *(Hold Trial)*. Este periodo de prueba se lleva a cabo antes de comenzar la toma real de datos y durante el mismo se definen y prueban los procedimientos de recogida de datos así como las herramientas y formularios. En esta actividad suelen intervenir dos personas como máximo (una al menos es preferible que sea un ingeniero senior) durante uno o dos días, y el principal objetivo es evitar errores y detectar posibles mejoras a realizar en los procedimientos, herramientas o formularios.

- **Sesión de Inicio** *(Kick off)*, durante la que todos los participantes en el programa de medición deben estar presentes. El principal objetivo es llegar a un acuerdo con el equipo del proyecto para el comienzo de la recogida de datos de la medición y se instruye a sus miembros en los procedimientos de recogida de datos, herramientas y formularios.

- **Recogida de Datos**, durante la que se rellenan los formularios y se entregan de manera frecuente, preferiblemente de forma diaria, al equipo GQM. El equipo GQM comprueba la consistencia y corrección y almacena los formularios, estableciendo la base de métricas para el posterior establecimiento del sistema de soporte a la medición.

▼ **Construcción del sistema de soporte a la medición** (*Measurement Support System*, MSS). Este sistema constituye un elemento esencial del programa de medición siendo su base un conjunto de herramientas genéricas tales como hojas de cálculo, herramientas estadísticas, aplicaciones de bases de datos y herramientas de presentación. El MSS debe dar soporte a todas las actividades de medición, en las que se incluyen la obtención, almacenamiento, procesamiento, presentación y empaquetamiento de los datos de medición. El sistema MSS está formado por tres partes básicas:

- *Base de Métricas MSS,* que contiene los datos recabados.

- *Hojas de Análisis MSS,* que son los distintos tipos de presentación de los datos obtenidos respecto a diferentes niveles de abstracción, que en orden ascendente son: datos sin procesar, datos procesados, y gráficos y diagramas. Cada hoja de análisis debe incluir: la descripción del objetivo y todas las preguntas derivadas del mismo (como en el plan GQM); así como todos los datos necesarios para responder las preguntas planteadas de una forma satisfactoria con respecto a los objetivos e hipótesis.

- *Transparencias de Análisis MSS*, que son las transparencias de presentación que son mantenidas de forma que cualquier cambio de las hojas de análisis produzca su actualización inmediata.

## 16.2.4 Interpretación

La fase de interpretación utiliza los datos tomados en la medición para responder las preguntas planteadas y, de esta forma, para identificar si se alcanzan o no los objetivos. Las etapas incluidas en esta fase son:

- **Preparación de las sesiones de realimentación**, en la que los miembros del equipo GQM deberían preparar todo el material necesario, como: hojas de análisis, diapositivas de presentación, material adicional, etc.

- **Sesiones de realimentación**. Durante estas reuniones se deben debatir los resultados de la medición y se suelen celebrar cada seis u ocho semanas con una duración típica de una hora y media a dos horas. Durante estas reuniones el equipo del proyecto, como expertos en el objeto bajo medición, debe analizar los resultados y obtener conclusiones y acciones a realizar. Para ello se centran en: evaluar puntos de acción de sesiones previas; analizar e interpretar los datos recogidos en la medición respecto a los objetivos y preguntas del plan GQM y obtener conclusiones y traducir estas conclusiones en acciones concretas. Para ello los miembros del equipo del proyecto deben adoptar un enfoque constructivo y dirigido por objetivos.

- **Generación de informes de interpretación de los resultados de la medición**. Al final de cada sesión de realimentación el equipo GQM elabora un informe en el que se incluyen todas las observaciones, interpretaciones, conclusiones y puntos de acción relevantes formulados. Este informe se distribuye a los miembros del equipo del proyecto.

- **Análisis de costes y beneficios del programa de medición**. El factor fundamental del éxito de un programa de medición es el logro de los objetivos planteados. Sin embargo, es también necesario incluir en el informe final un análisis de costes/beneficios.

En (Solingen y Berghout, 2001) se profundiza algo más tanto en las sesiones de realimentación, identificando los factores más importantes para facilitar el aprendizaje, a saber:

- Clima de "cultura de aprendizaje", con flujo libre de información, comunicación abierta, compartición de problemas y lecciones aprendidas, etc.

- Búsqueda de conocimiento, que debe ser continua y concernir a cualquier conocimiento que pueda ser relevante o aplicable en situaciones específicas.

- Información sobre el contexto y el estado actual del sistema.

- Aprendizaje de equipo.

- Modelado del sistema bajo control (sobre todo de las relaciones entre los requisitos de los productos y procesos).

- Posibilidades de control.

- Dirección implicada con el aprendizaje y la motivación del personal.

- Definición explícita de objetivos.

- Monitorización de la "brecha" (*gap*) de desempeño, entre la situación actual y la situación objetivo.

Estos autores también proponen un modelo de esfuerzos a aplicar en GQM (véase Tabla 16.2), señalando la siguiente estructura de costes para una aplicación GQM rutinaria:

- Casi el 30% del esfuerzo se emplea en la definición del programa de medición, mientras que el 70% restante se dedica a su continuación, sobre todo en las sesiones de realimentación.

- El 70% del esfuerzo lo lleva a cabo el equipo GQM, mientras que solo el 30% lo dedica el equipo del proyecto.

- El esfuerzo dedicado por el equipo del proyecto al programa de medición es menor que el 1% de su esfuerzo total de trabajo.

- Un total de 3 meses-persona, distribuido en un año, es el esfuerzo típico en un programa GQM.

| Tarea | Equipo GQM | Director | 1 ingeniero | 10 ingenieros | Total |
|---|---|---|---|---|---|
| Planificación del programa GQM | 4 | 2 | - | - | 6 |
| Identificar y definir objetivos GQM | 8 | 1 | 1 | 10 | 19 |
| Realizar entrevistas GQM | 40 | 2 | 2 | 8 | 50 |
| Desarrollar plan GQM | 40 | 1 | 1 | 6 | 47 |
| Recoger datos | 24 | 1 | 1,5 | 15 | 40 |
| Análisis e interpretación de datos (por sesión de realimentación) | 48 | 2 | 2 | 20 | 70 |
| Análisis e interpretación de datos (5 sesiones de realimentación) | 240 | 10 | 10 | 100 | 350 |
| Total | 356 | 17 | 15,5 | 139 | 512 |

**Tabla 16.2.** Ejemplo de modelo de esfuerzo para la aplicación rutinaria de GQM (horas/persona) (Solingen y Berghout, 2001)

Sin embargo, la primera vez que se usa GQM el reparto de los esfuerzos suele variar de la siguiente manera:

▼ El programa inicial necesita 8 meses-personas de esfuerzo.

▼ Aproximadamente el 50% del esfuerzo total se emplea en la definición del programa de medición.

▼ El esfuerzo invertido por el equipo de desarrollo suele ser el doble (menor del 2% del total) que en las aplicaciones sucesivas.

### 16.2.5 Extensiones a GQM

Existen en la literatura muchas propuestas de extensiones al modelo GQM, en este apartado resumimos algunas de ellas.

### 16.2.5.1 V-GQM

(Olsson y Runeson, 2001) proponen V-GQM (*Validating Goal/Question/Metric*) que añade una perspectiva de ciclo de vida a GQM, creando un proceso que comprende varios estudios GQM. Así, proponen dividir las métricas en cuatro categorías:

- No disponibles.

- Extendidas (si se recogieron más métricas que las sugeridas en el plan GQM).

- Generalizables (si se pueden utilizar para responder más preguntas que las planteadas en el plan). Por ejemplo, la métrica de proceso "distribución de defectos a lo largo del tiempo" (con la que se pretende identificar dónde intensificar los esfuerzos de verificación y validación) podría servir para informar sobre la densidad de defectos del producto.

- Suficientes.

Después de esta validación de las métricas se lleva a cabo un análisis de las preguntas, para ver cuáles se pueden mejorar y qué nuevas preguntas se derivan. Posteriormente, se refinan los objetivos y se hacen evolucionar.

### 16.2.5.2 GQM/MEDEA

(Briand et al., 2002) propone un proceso de medición denominado GQM/MEDEA (GQM/Metric Definition Approach), utilizable como una guía práctica para diseñar y reutilizar métricas técnicamente sólidas y útiles. El objetivo de este proceso es la construcción de sistemas de predicción, es decir, modelos que establecen una correspondencia entre los atributos software.

Los cuatro pasos de alto nivel de este proceso son:

- Determinar el estudio empírico, refinando los objetivos de la organización en objetivo de medición, basándose en el conocimiento de entorno que proporcionan los equipos del proyecto y la factoría de experiencias.

- Definir las medidas para los atributos independientes.

- Definir las medidas para los atributos dependientes.

- Refinar y verificar las hipótesis.

En esta propuesta, los autores proporcionan además un modelo conceptual que puede ser utilizado para implementar el esquema de un repositorio que contenga todo el conocimiento relevante sobre medición.

### 16.2.5.3 MULTIVIEW FRAMEWORK

(Baldassarre et al., 2003) proponen un método, denominado "marco multivista" (*multiview framework*), para diseñar un plan de medición de acuerdo con el modelo GQM y estructurarlo de manera que mejore su usabilidad. Pretenden que los planes de medición sean comprensibles, esto es, que permita que las medidas se interpreten correctamente dependiendo de los valores de las métricas e independientemente de quien las interpreta; y que sean eficientes, es decir, que el esfuerzo para interpretar las medidas sea relativamente pequeño a pesar de su exactitud.

Este marco presenta cuatro pasos:

- Definición del proyecto. En la que se identifican los procesos, entregables, actividades de gestión de proyectos y artefactos correspondientes; y actividades y artefactos para evaluar la adecuación de los objetivos de inversión.

- Determinación de objetivos, procesos, productos, gestión de proyectos y adecuación de inversión.

- Validación cruzada, entre los objetivos y los procesos, productos, gestión de proyectos y adecuación de inversión. Con el fin de medir la comprensibilidad del plan de medición se utilizan dos métricas: el número de dependencias y la densidad de dependencias.

- Verificación de la complejidad de la interpretación, para lo que se define una tabla de decisión para cada objetivo del plan de medición.

### 16.2.5.4 GQM EFICIENTE

(Berander y Jönsson, 2006) proponen una aproximación estructurada para localizar mediciones usables y útiles para diferentes procesos, tal y como se muestra en la Figura 16.3.

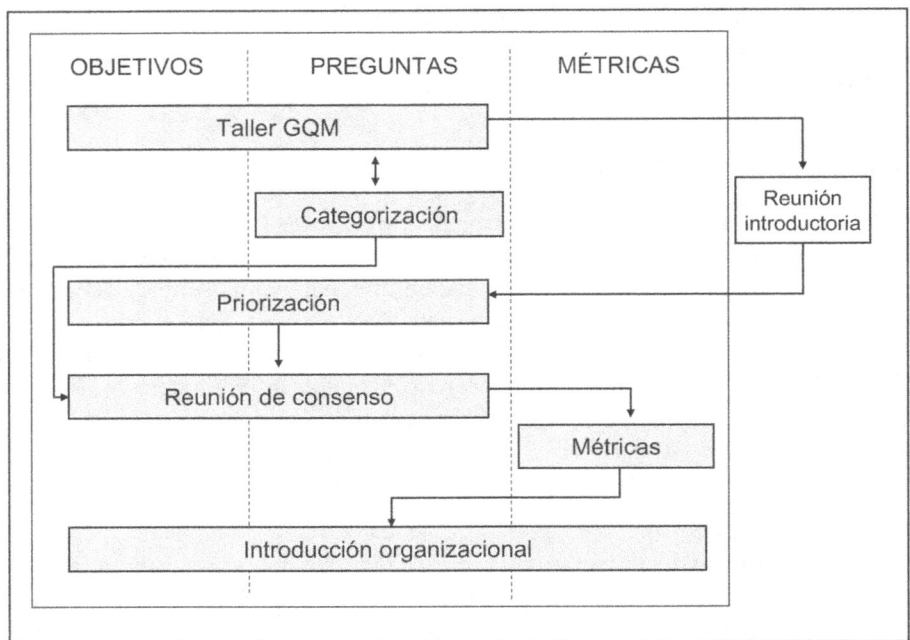

**Figura 16.3.** Pasos del proceso GQM eficiente (Berander y Jönsson, 2006)

Como se puede ver en la figura, este método consta de los siguientes pasos:

- Taller (*workshop*) GQM, con el fin de identificar objetivos y cuestiones interesante para la organización.

- Categorización, de las cuestiones respecto a sus características, con el fin de incluir cuestiones relativas a varias dimensiones.

- Reunión de introducción a la tarea de formular cuestiones, sobre cómo funciona GQM, etc.

- Priorización, de objetivos y cuestiones.

- Reunión de consenso, con el fin de determinar qué objetivos y cuestiones se incluyen, discutir los resultados y compartir experiencias (transferir conocimiento).

- Métricas, identificadas a partir de los objetivos y cuestiones escogidos.

- Introducción organizacional, que trata sobre la documentación y comunicación de los resultados a las partes interesadas (*stakeholders*).

## 16.2.5.5 GQM+ *STRATEGIES*

*GQM+ Strategies* es un enfoque para alinear los objetivos y estrategias de negocio de una organización a lo largo de sus distintas unidades o departamentos por medio de la medición (Basili et al., 2014). Para ello se consideran dos perspectivas fundamentales: **Planificación organizacional**, en la que se especifican los objetivos o metas de una organización (G, *goals*) junto con las estrategias para alcanzarlas (S, *strategies*) que establecen las acciones a llevar a cabo; y **Control organizacional**, perspectiva en la que se especifican los controles adecuados para evaluar la consecución exitosa de los objetivos. Para ello se definen modelos de medición con GQM, de modo que los objetivos organizacionales (G) se asocian con objetivos de medición (MG, *measurement goals*), con preguntas (Q) y métricas (M) que dan soporte a la obtención de información objetiva sobre la satisfacción de los objetivos (ver Figura 16.4).

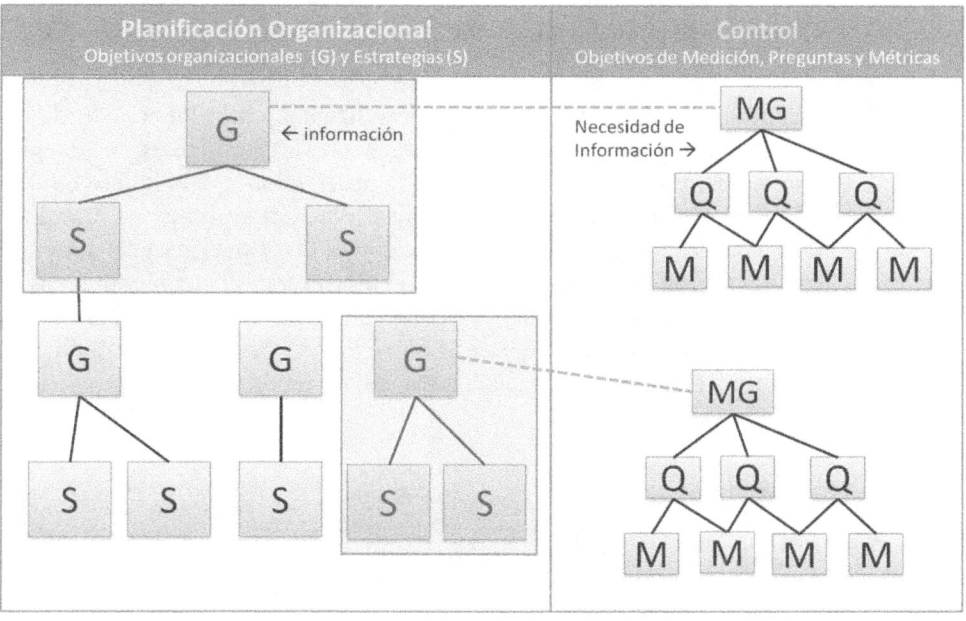

**Figura 16.4.** QGM+ Strategies: Perspectivas de planificación organizacional y control (Basili et al., 2014)

El proceso a seguir en GQM+ Strategies se muestra en la Figura 16.5, en la que, tal como se puede observar, el proceso se basa en el ciclo clásico PDCA (Plan, Do, Check, Act), y está formado por seis fases que se agrupan en las siguientes etapas (Basili et al., 2014):

▼ **Desarrollar** (*Develop*), durante la cual se desarrolla un modelo o cuadrícula (*grid*) que establece el alineamiento entre objetivos, estrategias y los datos de medición necesarios. En la primera fase se caracteriza la situación actual de la organización a partir de la cual en la fase 2 se define la cuadrícula.

▼ **Implementar** (*Implement*), que consiste en la ejecución de las estrategias y mediciones definidas en la cuadrícula, para comprobar el logro de dichos objetivos y la efectividad de las estrategias, entre otros aspectos. En la fase 3 se especifican los planes para recopilar los datos de las mediciones y ejecutar las estrategias establecidas en la cuadrícula. En la fase 4 se ejecutan y analizan los planes para comprobar el cumplimiento de los mismos. Si no se cumplen los objetivos, el líder del proyecto de mejora correspondiente puede hacer los ajustes locales necesarios en la cuadrícula en tiempo de ejecución. Si se alcanza un cierto hito o se produce algún disparador (*trigger*), como por ejemplo que un cierto objetivo no se pueda alcanzar sin cambios globales que van más allá del alcance y recursos del proyecto, hay que ir a la fase 5.

▼ **Aprender** *(Learn)*, que implica el aprendizaje a partir del análisis de los resultados y mejora del proceso para la generación de objetivos y estrategias adicionales. En la fase 5 se analiza la consecución de los objetivos y se realiza un análisis de las causas raíz para el éxito o fracaso de las estrategias. En la fase 6 se registra lo aprendido en las fases previas y se solicitan acciones de mejora si los resultados reales difieren de los planificados, y que pueden abarcar desde la revisión de características y suposiciones del contexto a ajustes de la estructura de objetivos y estrategias o la redefinición de la forma en que se realizan o interpretan las mediciones.

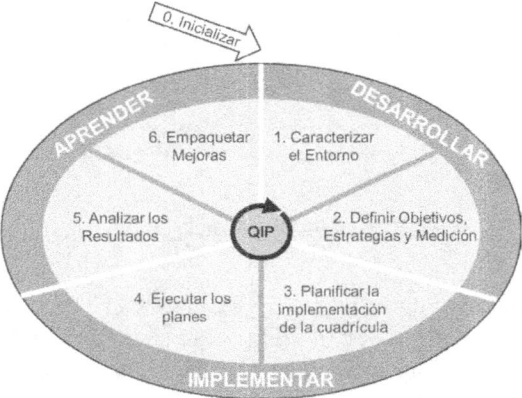

**Figura 16.5.** QGM+ Strategies (Basili et al., 2014)

En Basili et al. (2014) se pueden ejemplos de aplicación en diferentes organizaciones de desarrollo de software. En Trinkenreich et al. (2017) se utiliza este método para establecer estrategias para conseguir objetivos de servicios de TSI, señalando cómo ayuda a que se monitoricen mejor los resultados de las acciones y su alineamiento con los objetivos.

### 16.2.5.6 GQM DFMS

(Gencel et al., 2013) proponen un marco de trabajo de soporte a la selección de métricas basado en GQM. El objetivo es facilitar a las organizaciones la creación de programas de medición sostenibles en el tiempo, teniendo en cuenta la gran cantidad de objetivos y métricas que pueden surgir en programas de medición complejos y las limitaciones de recursos para la medición que pueden tener ciertas organizaciones.

El principio fundamental de GQM-DSFMS es optimizar de forma continua la selección de métricas dado un determinado presupuesto del programa de medición mediante la priorización de los objetivos y el seguimiento de la trazabilidad de las métricas y objetivos. La prioridad de las metas redunda en la importancia de las métricas, que tienen un coste asociado. Estas prioridades y costes se usan para seleccionar de forma óptima las métricas. En la Figura 16.6 se muestra el proceso de GQM-DSFMS:

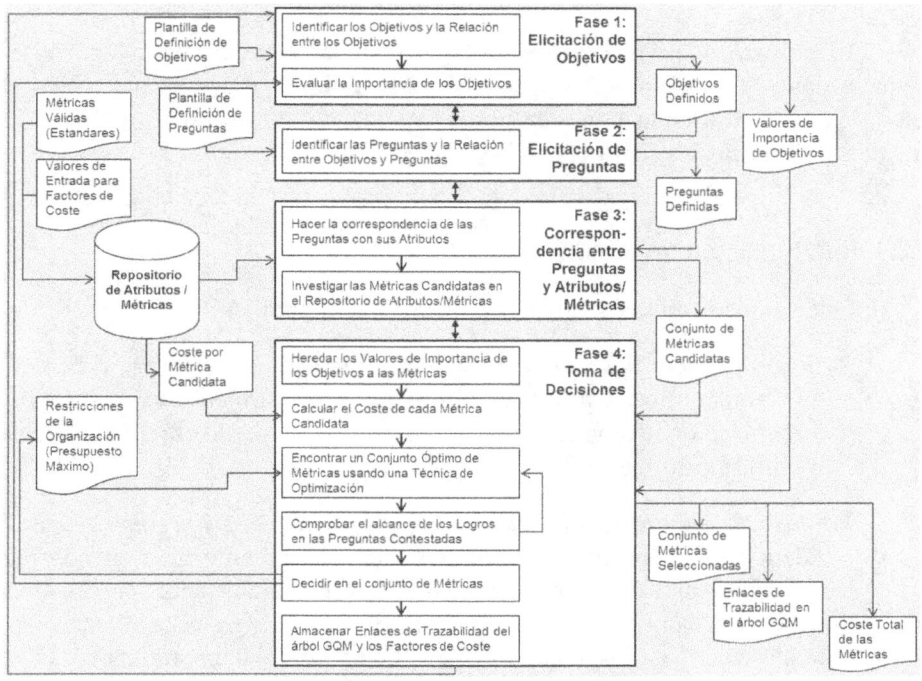

**Figura 16.6.** Proceso de QGM-DSFMS (Gencel et al., 2013)

Mediante la propuesta GMM-DFMS se trata además de dar soporte a entornos altamente dinámicos donde los objetivos de las organizaciones, sus restricciones, necesidades de información y prioridades cambian.

## 16.3 GOAL QUESTION INDICATOR METRIC (GQ(I)M) Y GOAL-DRIVEN SOFTWARE MEASUREMENT (GDSM)

La metodología GQ(I)M identifica y define métricas software que dan soporte al negocio de la empresa, la mejora de sus procesos y los objetivos de sus proyectos, asegurando la relevancia y trazabilidad de los objetivos respecto a los datos obtenidos. GQ(I)M comparte muchas similitudes con la metodología anteriormente descrita GQM, salvo en el aspecto de que añade soporte explícito a los indicadores. Por ello, el artefacto más relevante de esta metodología es la **"Plantilla de Indicadores"**, que es utilizada para definir de forma precisa el *"quién"*, *"qué"*, *"dónde"*, *"cuándo"*, *"por qué"* y *"cómo"* de un indicador, así como para documentar el alineamiento del mismo con los objetivos de la organización. Todo ello garantiza disponer de una colección consistente de métricas a la hora de construir un indicador y proporciona elementos adicionales para asegurar una interpretación consistente del mismo indicador (Goethert y Siviy, 2004).

El proceso que sigue la metodología GQ(I)M es el propuesto por el SEI en su enfoque **"Goal-Driven Software Measurement"** (Park et al., 1996). La metodología está formada por diez pasos organizados en torno a tres conjuntos generales de actividades (Park et al., 1996); (Zubrow, 1998):

### 16.3.1 Identificación de Objetivos

Que se divide en los siguientes pasos (véase Figura 16.7):

▼ *Paso 1. Identificar los objetivos de negocio.* En este primer paso se deben identificar y priorizar los objetivos que dirigen los esfuerzos de la organización. Como resultado se obtiene una lista de objetivos ordenada según su prioridad.

▼ *Paso 2. Identificar lo que se quiere conocer o aprender.* Una vez identificados los objetivos de negocio, el siguiente paso es comenzar a identificar lo que le gustaría saber a la organización con el fin de entender, valorar, predecir o mejorar las actividades relacionadas con la consecución de los objetivos. Para ello se formulan preguntas tales como *"¿Qué actividades tengo que gestionar o realizar?"* y se completan sentencias del tipo *"Para hacer esto, necesitaré..."*. Ello implica en este paso la traducción de los objetivos de negocio en declaraciones a nivel operacional. Los objetivos son enlazados con el conocimiento obtenido de los procesos de negocio y estrategias de la organización. Las preguntas relacionadas con los objetivos planteados son estructuradas en forma de entidades (productos de trabajo o actividades) y atributos (tamaño, esfuerzo o calidad) asociados con los procesos de la organización. En muchas ocasiones la descripción de los procesos de trabajo de la organización no es explícita y se encuentra más bien como un modelo mental en la misma. En todo caso es de gran relevancia identificar los productos de trabajo, actividades y otras entidades que puedan ofrecer oportunidades de mejora.

▼ *Paso 3. Identificar los subobjetivos.* Los subobjetivos proporcionan un refinamiento a nivel operacional de los objetivos generales. Se obtienen analizando las similitudes y aspectos comunes de las preguntas planteadas sobre las entidades, agrupando las mismas en función de los aspectos que tratan de resolver. Ello permite identificar más claramente la relación entre los resultados obtenidos (respuestas a las preguntas) y los objetivos.

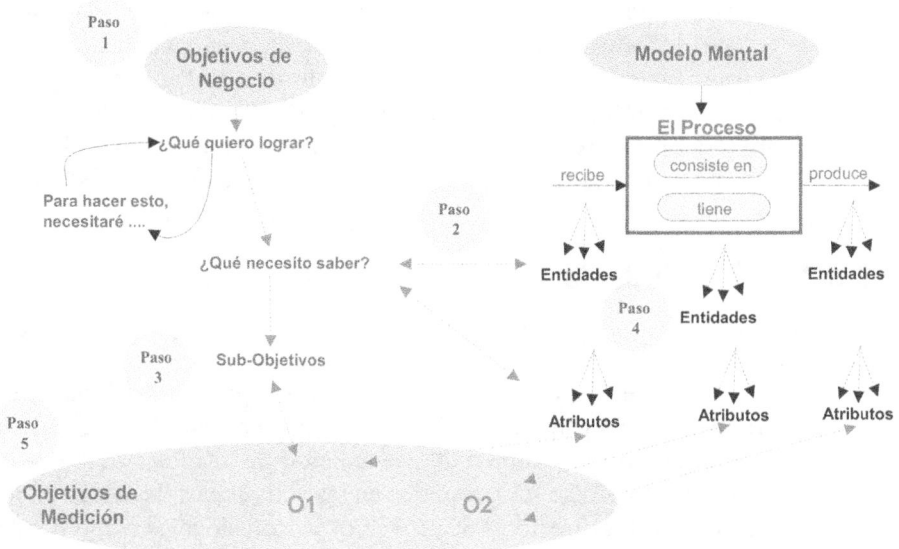

**Figura 16.7.** Identificación de Objetivos en GQ(I)M (Park, et al., 1996)

▼ **Paso 4. Identificar las entidades y atributos relacionados con los subobjetivos.** En este paso se utilizan las preguntas para refinar el modelo mental del proceso y sus entidades y atributos asociados. Esto permite establecer un conjunto bien definido de objetivos de negocio que son utilizados para el arranque del proceso GQ(I)M propiamente dicho. Este paso comienza seleccionando las preguntas que se consideran relevantes y que suelen estar asociadas con los subobjetivos de mayor prioridad. Una vez que se tiene una lista de preguntas, es necesario identificar las entidades implicadas y sus atributos. La cuantificación de estos atributos debe permitir obtener respuestas a las preguntas planteadas. Este paso es iterativo, lo que puede conducir al refinamiento de las cuestiones y subobjetivos a medida que se mejora el modelo mental del proceso.

▼ **Paso 5. Formalizar los objetivos de negocio.** En este paso se traducen los objetivos de negocio en objetivos de medición, que enlaza el propósito y las perspectivas de los objetivos del negocio con las posibilidades de medición que existen en la organización de acuerdo a sus procesos de trabajo. Además, el objetivo de medición expresa los factores del entorno que es importante entender por todos aquellos encargados del diseño y realización de las actividades de medición y análisis. Para estar bien estructurados, los objetivos de medición deben incluir: el objeto de interés (entidad), el propósito, la perspectiva, y una descripción del entorno y restricciones. El propósito de la medición puede ser: entender, predecir, planificar, controlar, comparar, valorar o mejorar algún aspecto de calidad o productividad del objeto o entidad. La perspectiva identifica quién o quiénes son los interesados en los resultados de la medición. La información del contexto, o entorno, ayuda en la interpretación de los resultados de la medición.

### 16.3.2 Definición de Indicadores

Que se pueden descomponer en:

▼ **Paso 6. Identificar preguntas cuantificables y los indicadores relacionados.** En este paso se identifican las preguntas e indicadores a partir de cada uno de los objetivos de medición planteados. Los indicadores representan los productos obtenidos en las actividades de medición y son utilizados por los directores de proyectos y profesionales como fuente de información de soporte para la toma de decisiones. A la hora de diseñar un indicador hay que considerar aspectos tales como la frecuencia de toma de datos, el tiempo requerido para generar el indicador, la necesidad de datos históricos, etc. En este sentido es muy útil el uso de plantillas que faciliten la definición de indicadores. Otro aspecto importante para facilitar que las organizaciones entiendan claramente si han alcanzado sus objetivos es distinguir los tipos de indicadores que se pueden definir. (Goethert y Siviy, 2004) distinguen tres tipos de indicadores:

- *Indicadores de éxito*. Estos indicadores se construyen a partir de criterios de éxito y se usan para determinar si se han alcanzado los objetivos (por ejemplo, de calidad o cuota de mercado). Los cuadros de mando integrales (*balanced scorecards*) suelen contener este tipo de indicadores.

- *Indicadores de progreso*. Estos indicadores se utilizan para realizar el seguimiento del progreso en la ejecución de las tareas definidas. Por ejemplo, las técnicas de "valor añadido" (*earned value*) o los diagramas de Gantt permiten construir buenos indicadores de este tipo. El cumplimiento de los valores de este tipo de indicador significará que la ejecución de las tareas se está llevando a cabo con éxito pero no garantiza la consecución de los objetivos de negocio, aunque un fallo en este indicador puede significar un problema importante para conseguir dichos objetivos.

- *Indicadores de análisis*. Este tipo de indicadores es utilizado para ayudar en el análisis de las salidas producidas por las tareas. Un indicador que representa el número y tipo de defectos detectado en cada fase del desarrollo es un ejemplo de este tipo de indicadores.

▼ **Paso 7. Identificar los elementos de datos**. Los indicadores reflejan los elementos de datos que son necesarios. En esta etapa se identifican estos elementos, lo que significa que no es necesario aunque se definan las métricas, tarea que se realiza en el siguiente paso.

▼ **Paso 8. Definir las métricas**. Una vez identificados los elementos de datos, hay que definir las métricas necesarias que permitan obtener respuesta a las preguntas planteadas. La definición de las métricas es un paso clave para obtener una interpretación adecuada de los datos recogidos y debe realizarse teniendo en mente el propósito del indicador o indicadores. Para facilitar una definición no ambigua de las métricas, el SEI ha propuesto una serie de marcos de trabajo de la medición con listas de comprobación para métricas que evalúan atributos como el tamaño, esfuerzo, consecución de hitos y defectos (Park, 1992); (Florac, 1992) y (Goethert, 1992).

En la Figura 16.8 se muestra el esquema general para la definición de indicadores.

### 16.3.3 Crear un plan de acción

Este plan de acción se compone de los siguientes pasos:

▼ *Paso 9. Identificar las acciones a implementar.* Hasta ahora se dispone de la definición de los indicadores y métricas que pueden dar respuesta a las preguntas planteadas en función de los objetivos de negocio. En este paso es el momento de analizar la situación actual en la organización con respecto a las necesidades de información planteadas. Es necesario identificar las fuentes de información existentes en la organización ya que los elementos de datos requeridos podrían encontrarse en una gran diversidad de fuentes que incluyen planes de proyectos, sistemas de seguimiento de defectos, de gestión de configuración, de generación de informes de esfuerzo, etc. Del mismo modo, hay que hacer un análisis de los datos que son necesarios y no están disponibles en la organización en el que se valore la cantidad de esfuerzo que requiere su obtención. En este aspecto se considera si son necesarias nuevas herramientas, formularios o incluso formación para obtener los datos. En este paso también se deben priorizar los datos respecto a los indicadores de los que dependen. Por ello para cada elemento de datos se debe determinar su estado respecto de si existe una explícita definición de una métrica para dicho elemento de datos, si se han determinado los puntos en el proceso en el que se realizarán las mediciones y su frecuencia, si hay formularios y procedimientos para recoger y registrar los datos, quién tomará dichos datos, cómo se analizarán, si hay herramientas de soporte, etc.

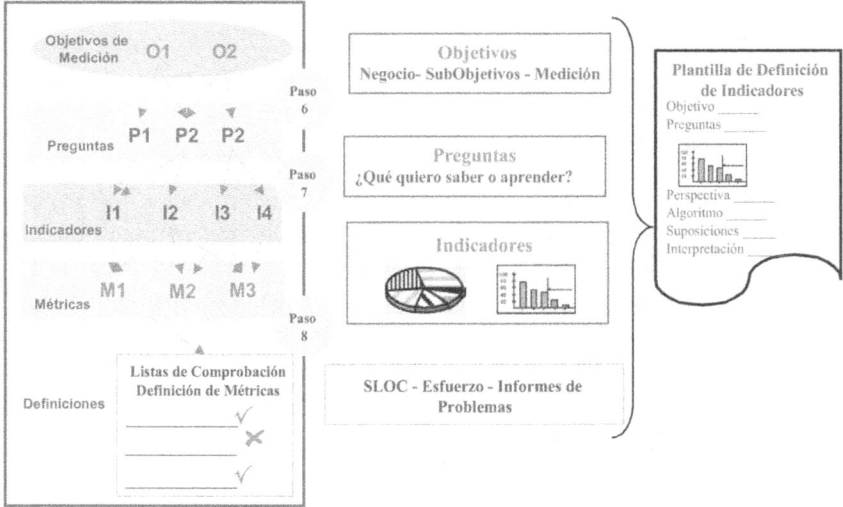

**Figura 16.8.** Definición de Indicadores en GQ(I)M (Adaptado de (Goethert y Siviy, 2004) y (Park et al., 1996))

▼ **Paso 10. Preparar un plan de acción.** Una vez que se ha realizado el análisis necesario y se conocen los datos requeridos y las actividades de medición a llevar a cabo para obtenerlos, es el momento de definir el plan en el que se incluyan las acciones concretas a llevar a cabo para satisfacer las necesidades de información planteadas.

## 16.3.4 Plantilla para la definición de indicadores

La plantilla para la definición de indicadores constituye el artefacto clave de la metodología GQ(I)M. Las organizaciones frecuentemente no obtienen los beneficios potenciales de un buen programa de medición debido a las inconsistencias en la construcción e interpretación de los indicadores derivados de los datos de la medición.

Para ello es importante disponer de una plantilla para su definición y de una guía que facilite la utilización de la misma, tal y como proponen (Goethert y Siviy, 2004). La plantilla de un indicador se utiliza para documentar de forma precisa un indicador, así como la forma de obtenerlo y de interpretarlo y presentarlo correctamente. También ayuda para asegurar la recopilación consistente de las métricas necesarias para obtener el indicador así como los criterios necesarios para la interpretación de las métricas obtenidas. Para la definición de un indicador la plantilla incluye los siguientes campos:

▼ Objetivo del indicador: el objetivo o propósito del indicador.

▼ Preguntas: la lista de preguntas que el usuario del indicador intenta responder con su definición.

▼ Representación gráfica del indicador.

▼ Perspectiva o punto de vista, es decir, la descripción de la audiencia para la que se ha definido el indicador.

▼ Entradas: la lista y definiciones de las métricas requeridas para construir el indicador.

▼ Algoritmos: la descripción de los algoritmos usados para construir el indicador a partir de las métricas definidas.

▼ Suposiciones: la lista de suposiciones sobre la organización, sus procesos, modelo de ciclo de vida y todos aquellos datos que sean importantes para obtener y usar el indicador.

▼ Información de toma de datos: en la que se indica cómo, cuándo, con qué frecuencia, quiénes, etc. reúnen los elementos de datos requeridos en la construcción del indicador.

▶ Información de generación de informes de datos: información sobre quién es responsable de generar los informes de los datos, para quiénes y la frecuencia de almacenamiento, recuperación y seguridad de los datos.

▶ Análisis e Interpretación de los resultados: información sobre cómo analizar e interpretar el indicador.

Las organizaciones pueden adaptar la estructura de esta plantilla a sus entornos particulares ya que la plantilla propuesta por el SEI incluye los campos que se consideran comunes para la definición de indicadores.

Algunos ejemplos de aplicación de la plantilla de indicadores pueden consultarse en (Goethert y Siviy, 2004).

## 16.4 PRACTICAL SOFTWARE MEASUREMENT (PSM)

La metodología PSM (*Practical Software Measurement*), patrocinada por el Departamento de Defensa de EEUU, se basa en la experiencia adquirida por docenas de organizaciones para saber cuál es la mejor manera de implementar un programa de medida de software con garantías de éxito. No se trata de una aproximación genérica, sino que incluye líneas guía para ajustar los marcos de trabajo de la medida y las prácticas a la situación de cada proyecto en cada organización.

PSM propone un Modelo de Procesos de Medida (Figura 16.9) que se divide en cuatro actividades principales:

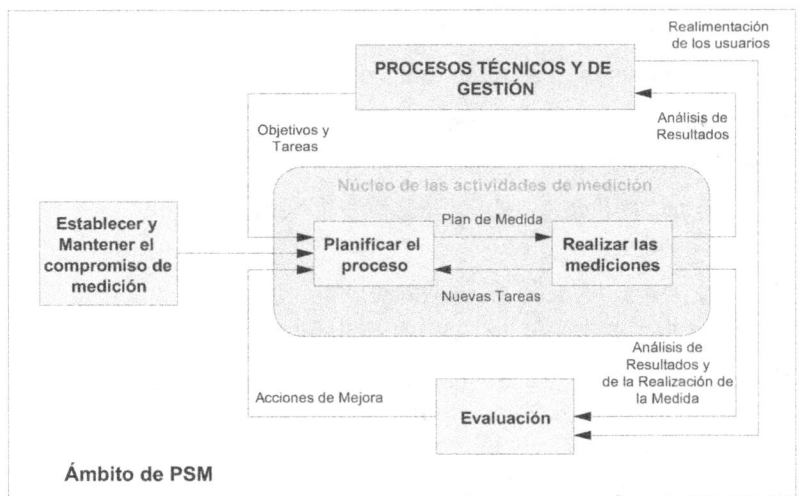

**Figura 16.9.** Modelo de Procesos de Medición de PSM

▼ **Planificación de la Medición.** En esta actividad se definen las métricas que proporcionen la suficiente visibilidad en los proyectos para satisfacer las necesidades de información (que PSM agrupa en siete categorías, véase Tabla 16.3). Esta actividad incluye (i) identificar qué necesitan saber los beneficiarios de la medición (encargados de la toma de decisiones), (ii) relacionar las necesidades de información con las entidades que pueden ser medidas, y (iii) seleccionar y especificar métricas basadas en los proyectos y en los procesos organizacionales.

▼ **Realización de la Medición.** Esta actividad implica reunir los datos de las mediciones, realizar el análisis y presentar los resultados para que la información pueda ser útil para la toma de decisiones.

▼ **Evaluación de la Medida.** En esta actividad tanto el proceso de medición como las propias métricas definidas deben evaluarse y mejorarse periódicamente según sea necesario.

▼ **Establecimiento y mantenimiento del Compromiso.** Esta actividad implica establecer los recursos, formación y herramientas necesarias para implementar un programa de medición de forma efectiva y, lo que es más importante, asegurar que la dirección usa la información producida.

| Planificación y progreso |
| --- |
| Recursos y costes |
| Tamaño y estabilidad del producto |
| Calidad del producto |
| Desempeño del proceso |
| Efectividad de la tecnología |
| Satisfacción del cliente |

Tabla 16.3. Categorías de necesidades de información según PSM

Un aspecto básico para disponer de programas de medición efectivos es el hecho de disponer, al final del proceso, de información útil para los encargados de la toma de decisiones. Para ello PSM incorpora un modelo de información de la medición que relaciona las entidades que son medidas con las medidas definidas y en última instancia con las necesidades de información que se satisfacen. Este modelo incorpora una estructura denominada constructor de la medición que describe cómo los atributos relevantes de los productos y procesos se cuantifican y se convierten en indicadores, que son elementos que proporcionan la base necesaria para la toma de decisiones. Todo constructor de la medición implica tres niveles de medida: medidas base, medidas derivadas e indicadores.

En definitiva, PSM proporciona un método sistemático para la planificación y realización del proceso de medición y análisis. Constituye la base del estándar internacional ISO/IEC 15939, y ambos se han convertido en la referencia para la industria proporcionando además un lenguaje común que facilita la comunicación en el ámbito de la medición software.

## 16.5 IEEE STD 1061. METODOLOGÍA PARA MÉTRICAS DE CALIDAD DEL SOFTWARE

Según este estándar (IEEE 1998), la calidad del software se puede considerar como el grado en el que el software posee una combinación claramente definida y deseable de atributos de calidad. Este estándar, pues, trata de definir la calidad del software para un sistema mediante una lista de atributos de calidad del software requeridos por el propio sistema.

El propósito de las métricas del software es hacer evaluaciones a través del ciclo de vida del software para comprobar si los requisitos de calidad del software se están cumpliendo, aunque sin que ello elimine la necesidad de un juicio humano en las evaluaciones de software.

El uso de esta metodología permite a una organización:

▼ Lograr sus objetivos de calidad.

▼ Establecer requisitos de calidad para un sistema desde su inicio.

▼ Establecer criterios de aceptación y estándares.

▼ Evaluar el nivel de calidad logrado frente a los requisitos establecidos.

▼ Detectar anomalías o problemas en el sistema.

▼ Predecir el nivel de calidad que se logrará en el futuro.

▼ Evaluar la facilidad de cambio en el sistema durante la evolución del producto.

▼ Normalizar, escalar, calibrar o validar una métrica.

En la Figura 16.10 se muestra el marco de trabajo para las métricas de calidad de software. Es un marco diseñado para ser flexible y aplicable a todos los sistemas, adaptándose a cada caso concreto sin cambiar los conceptos básicos.

El estándar IEEE 1061 propone una metodología con el fin de establecer los requisitos de calidad e identificar, implementar, analizar y validar el proceso y los productos de calidad del software. Esta metodología consta de los pasos que se detallan a continuación:

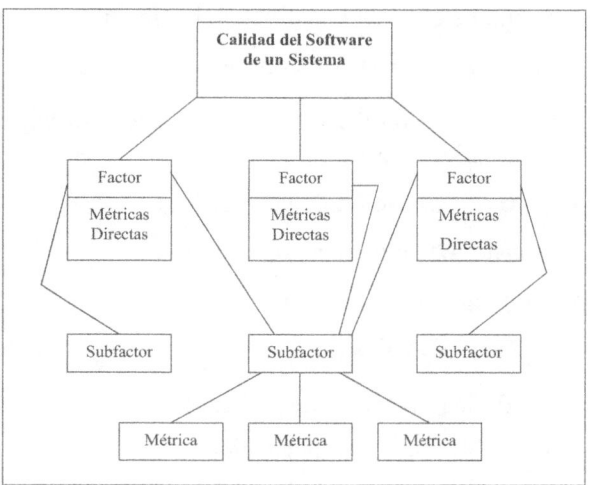

**Figura 16.10.** Marco de trabajo para métricas de calidad de software IEEE 1061

1. **Identificación de las Métricas de Calidad del Software. Las acciones a realizar en este paso son:**
   - Aplicar el marco de trabajo de las métricas de calidad del software.
   - Realizar un análisis coste-beneficio.
   - Identificar los costes de la implementación de las métricas.
   - Identificar los beneficios al aplicar las métricas.
   - Ajustar el conjunto de métricas.
   - Adquirir un compromiso con el conjunto de métricas.

2. **Implementación de las Métricas de Calidad del Software.** Para ello es necesario:
   - Definir procedimientos de la recogida de datos.
   - Realizar un prototipo del proceso de medición.
   - Agrupar los datos y calcular los valores de las métricas.

3. **Análisis de los Resultados de las Métricas del Software**. Paso compuesto por:

   - Interpretar los resultados.
   - Identificar la calidad del software.
   - Hacer predicciones de la calidad del software.
   - Garantizar la conformidad con los requisitos.

4. **Validación de las Métricas de Calidad del Software**. Para lo cual se realizan las siguientes acciones:

   - Propuesta de validación de las métricas.
   - Uso de criterios de validación.
   - Procedimiento de validación.
   - Requisitos adicionales.

5. **Validación de las Métricas de Calidad del Software**, que consiste en:

   - Propuesta de validación de las métricas.
   - Uso de criterios de validación.
   - Procedimiento de validación.
   - Requisitos adicionales.

## 16.6 ISO 15939

Este estándar internacional (ISO 2017h), basado en PSM, identifica las actividades y tareas necesarias para identificar, definir, seleccionar, aplicar y mejorar de manera exitosa la medición de software dentro de un proyecto general o de la estructura de medición de una empresa.

De acuerdo a este estándar, el principal objetivo del proceso de medición del software es reunir, analizar y proporcionar datos relativos a los productos desarrollados y a los procesos implementados dentro de una organización, para ayudar a una gestión efectiva de los procesos y demostrar objetivamente la calidad de los productos. Como resultado de esta implementación:

> ▼ Se establece y mantiene un acuerdo dentro de la organización a la hora de medir.

▼ Se identifican las necesidades de información de los procesos técnicos y de gestión.

▼ Se identifica y/o define un conjunto apropiado de medidas en función de las necesidades de información.

▼ Se identifican las actividades de la medición.

▼ Se recopilan, almacenan y analizan los datos necesarios y se interpretan los resultados.

▼ Se usan productos de información para apoyar las decisiones y proporcionar una base objetiva para la comunicación.

▼ Se evalúan el proceso de la medida y las propias medidas.

▼ Se comunican las mejoras al responsable del proceso de medición.

El proceso de medición de software propuesto en el estándar se compone de cuatro actividades principales (Figura 16.11) que se suceden en un proceso iterativo permitiendo una realimentación y una mejora continua del proceso de medición.

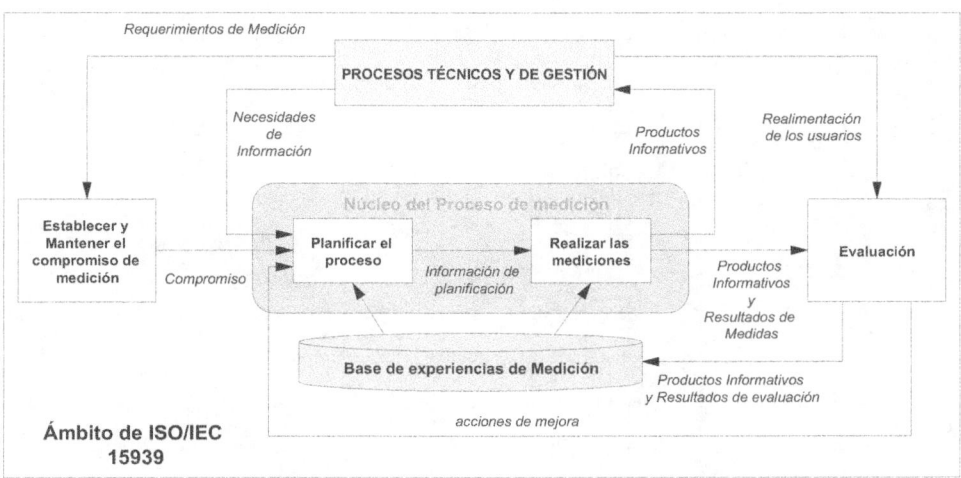

**Figura 16.11.** Modelo de Procesos de Medición de Software (ISO/IEC 15939)

Los *Procesos Técnicos y de Gestión* de una organización no se encuentran dentro del ámbito de este estándar, aunque son una interfaz externa importante para las actividades de medición que se incluyen en el estándar.

Hay dos actividades que se consideran el núcleo del proceso de medición: Planificar y Realizar el Proceso de Medición. Son las actividades que indican principalmente la implicación del usuario de la medición. Las otras dos actividades proporcionan la base del núcleo del proceso y realimentación para el propio núcleo e involucran más al propietario del proceso.

Como se aprecia en la Figura 16.11, para cada necesidad de información, el núcleo del proceso de medición proporciona un producto de información que la satisfaga y este se comunica a la organización para que sirva como base en la toma de decisiones.

La Base de Experiencia de Medición pretende capturar productos de información de iteraciones anteriores del ciclo, evaluaciones anteriores de productos de información y evaluaciones de iteraciones anteriores del proceso de medición. Así se incluyen las medidas que han resultado ser útiles en la organización.

Las tareas para las diferentes actividades del proceso de medición de acuerdo al estándar se muestran en la Tabla 16.4.

| Actividad | Tareas |
|---|---|
| Establecer y Mantener el Compromiso de Medición | Aceptar los requisitos de la medición |
| | Asignar recursos |
| Planificar el Proceso de Medición | Obtener las características de la organización |
| | Identificar las necesidades de información |
| | Seleccionar las medidas |
| | Definir los procedimientos de recolección de datos, análisis e informes |
| | Definir los criterios de evaluación de los productos de información y el proceso de medición |
| | Revisar, aprobar y proporcionar recursos para las tareas de medición |
| | Adquirir y utilizar tecnologías de apoyo |
| Realizar el Proceso de Medición | Integrar los procedimientos |
| | Tomar los datos |
| | Analizar los datos y desarrollar productos de información |
| | Comunicar los resultados |
| Evaluar la Medición | Evaluar los productos de información y el proceso de medición |
| | Identificar las mejoras potenciales |

**Tabla 16.4.** Actividades y tareas en ISO/IEC 15939

## 16.7 LECTURAS RECOMENDADAS

▼ *Actas de las conferencias ESEM (Empirical Software Engineering and Measurement) patrocinadas por la IEEE Computer Society.*

Es la conferencia más importante sobre medición de software e Ingeniería del Software Empírica (ESE).

▼ *Basili, V., Trendowicz, A., Kowalczyk, M., Heidrich, J., Seaman, C., Münch, J., Rombach, D. (2014). Aligning Organizations Through Measurement. The GQM+ Strategies approach. Springer.*

En este libro se presenta la estrategia GQM+ que permite alinear los objetivos de negocio con los tecnológicos, mediante una extensión de GQM.

## 16.8 SITIOS WEB RECOMENDADOS

▼ *www.iso.ch*

Sitio Web oficial de la organización ISO donde se puede encontrar el estándar ISO/IEC 15939 como estándar de referencia de la medición del software.

▼ *www.psmsc.com*

Sitio web oficial de la organización PSM, cuyos miembros son expertos en el campo de la medición software, y en el que se puede encontrar la guía de PSM y toda su documentación y material auxiliar.

## 16.9 EJERCICIOS

1. Aplicar GQM para la definición de un conjunto de objetivos, preguntas y métricas de un caso en el que se pretende evaluar la calidad del desarrollo de software.

2. Aplicar la plantilla de indicadores de GQ(I)M para la definición de un indicador representativo que permita evaluar la calidad del software.

3. Analizar las similitudes en las metodologías de medición y estándares presentados en este capítulo para proponer un conjunto de etapas generales que caracterizan los procesos de medición software.

4. Realizar una búsqueda bibliográfica de artículos en los que se propongan metodologías de medición para analizar las tendencias actuales y realizar una comparativa respecto a las metodologías de referencia GQM y PSM.

5. Comparar las actividades propuestas para la medición en CMMI, ISO/IEC 33000, ISO/IEC 12207 e ISO/IEC 15939.

6. ¿Qué incluiría en una "base de experiencia de medición" como la que proponen PSM o ISO/IEC 15939? Responda según el nivel de madurez de la organización.

7. Elabore una guía para la auditoría del proceso de medición.

8. ¿A qué objetivos y preguntas podrían corresponder las métricas "Número de Líneas de Código (LOC)" y Complejidad ciclomática?

9. Prepare en una hoja de cálculo el presupuesto y sus diferentes partidas necesarios para la implantación de un programa de medición.

10. Proponga los diferentes tipos de gráficos que considera más apropiados para diferentes tipos de métricas.

# 17
# MÉTRICAS SOFTWARE

## 17.1 INTRODUCCIÓN

Tal y como se ha descrito en los capítulos anteriores, el objetivo de todo proceso de medición es recopilar indicadores sobre entidades software, siendo una entidad software todo elemento software sobre el que se puede aplicar un proceso de medición, y que está caracterizada por una serie de atributos (tamaño, tiempo, etc.). Para realizar la medición es necesario identificar tanto las entidades como los atributos a medir, es decir, no se puede medir una entidad o un atributo de forma aislada, como por ejemplo medir un programa o medir el tamaño, sino que se tienen que medir de forma conjunta, especificando que lo que se quiere medir es el tamaño de un programa (Morasca 2001).

Con todo ello, para el estudio de la medición del software hay que estudiar las entidades que pueden ser objeto de medición así como los atributos característicos de dichas entidades. Tal y como se ha comentado, de acuerdo a modelos de evaluación y mejora como ISO/IEC 33000 o CMMI, a la hora de incrementar el nivel de madurez de una organización hay que establecer una base cuantitativa que de menor a mayor grado de madurez está enfocada sobre:

- ▼ **Medición del proyecto**, basado en la gestión de proyectos.
- ▼ **Medición del producto**, centrado en su calidad y aspectos técnicos.
- ▼ **Medición del proceso**, basado en el estudio y control de la capacidad de los procesos, así como en la gestión de los cambios en el proceso.

La relación entre las métricas de proceso, proyecto y producto se muestra en la Figura 17.1. Como se puede observar en dicha figura, el proceso software constituye la base a partir de la cual se realiza el trabajo dentro de una organización. Dichos procesos se aplican en la práctica en forma de proyectos. Como resultado de la ejecución de proyectos concretos se utilizan recursos y se obtienen productos. Por lo tanto, para establecer un marco de medición dentro de una organización es necesario definir, recoger y analizar métricas sobre el proceso, el proyecto y recursos asociados así como el producto software.

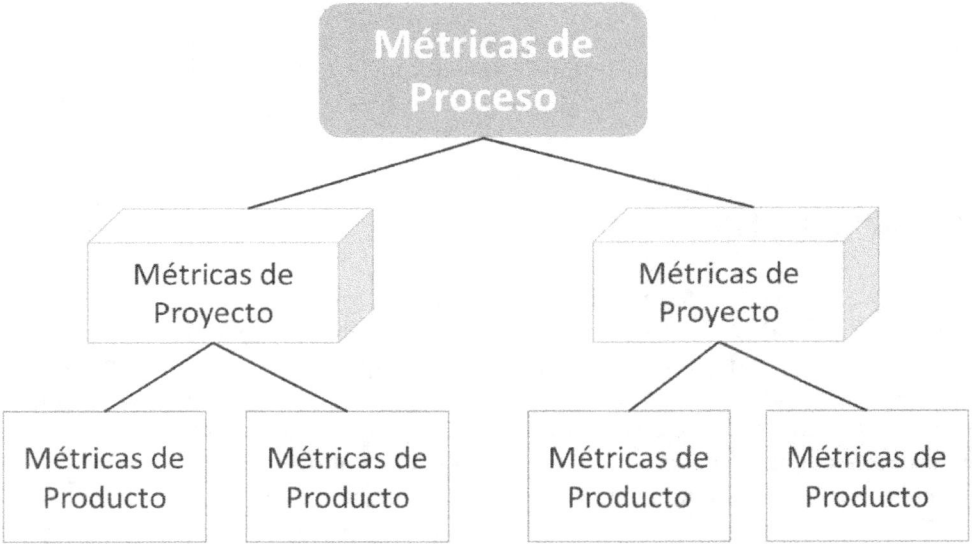

**Figura 17.1.** Tipos de entidades de medición del software

En este capítulo se describen un conjunto de métricas significativas que pueden ser de gran utilidad en la ayuda a la toma de decisiones para promover la mejora de la calidad y productividad en el desarrollo y mantenimiento del software, clasificadas de acuerdo al tipo de entidad al que pertenecen (proceso, producto, proyecto).

## 17.2 MEDICIÓN DEL PROCESO

La medición del proceso implica las mediciones de las actividades relacionadas con el software siendo algunos de sus atributos típicos el esfuerzo, el coste y los defectos encontrados (Fenton y Pfleeger, 1997).

De acuerdo a (Pressman, 2001), las métricas del proceso de software se utilizan para propósitos estratégicos y, en muchas propuestas, la medición del proceso se realiza extrayendo las características de tareas específicas de la ingeniería del software y obteniendo como resultados métricas sobre los errores detectados antes de la entrega del software, defectos detectados e informados por los usuarios finales, productos de trabajo entregados, el esfuerzo humano y tiempo consumido, ajuste con la planificación, etc. Por ello, en la bibliografía, el enfoque de medición del proceso se ha centrado en recopilar una serie de métricas de todos los proyectos y durante un largo periodo de tiempo, con el objetivo de proporcionar indicadores que lleven a mejoras de los procesos software a largo plazo. En este sentido, un área clave de investigación es el control estadístico de procesos (Florac y Carleton, 1999), tema del que se ofrece una visión más completa en el Capítulo 7.

Otro posible enfoque de medición del proceso es a nivel conceptual, ya que es posible que la complejidad u otras características de calidad del modelo del proceso puedan afectar a su ejecución (*enactment*) y por consiguiente a la calidad de los productos finales obtenidos. En este aspecto se pueden encontrar algunos estudios para evaluar la mantenibilidad de los modelos de procesos software (García 2004); (Canfora et al., 2005) en los que se definen un conjunto de métricas sobre modelos de procesos representados con el lenguaje SPEM (Software Process Engineering Metamodel) (OMG 2002), pero pueden ser aplicables directamente con otros lenguajes de modelado ya que las diferencias radican prácticamente solo en la terminología. El modelo conceptual de SPEM está basado en la idea de que un proceso de desarrollo de software consiste en la colaboración entre entidades abstractas y activas, denominadas "roles de proceso", que realizan operaciones denominadas "actividades" sobre entidades tangibles denominadas "productos de trabajo". A la hora de establecer las métricas de los modelos de procesos se consideran dos niveles de alcance: Nivel de Modelo, que son métricas que se aplican para medir la complejidad estructural del modelo de procesos en su conjunto y se representan en la Tabla 17.1; Nivel de los Elementos Fundamentales del modelo (Actividad, Rol del Proceso y Producto de Trabajo).

En la Figura 17.2 se muestra un ejemplo de un modelo simplificado de procesos perteneciente al Proceso Unificado de Rational (RUP). SPEM no dispone de una notación gráfica propia pero, al estar definido como perfil (*profile*) de UML, es posible usar los diagramas de UML (diagramas de clases, paquetes, actividad, casos de uso y secuencia) para representar las distintas vistas del proceso. A dichos diagramas se le deben incorporar los estereotipos propios de SPEM, que se han utilizado en el ejemplo para denotar los distintos tipos de productos de trabajo.

Como se puede observar en la Figura 17.2, es posible representar una vista del proceso software usando diagramas de actividad de UML. Esta vista incluye las diferentes actividades, sus relaciones de precedencia, los productos de trabajo producidos o utilizados y los roles responsables. Los valores obtenidos de las métricas definidas a nivel de modelo de procesos (presentadas en la Tabla 17.1) se pueden consultar en la Tabla 17.2.

| Métrica | Definición |
|---|---|
| NA(MP) | Número de actividades del modelo de procesos |
| NPT(MP) | Número de productos de trabajo del modelo de procesos |
| NRP(MP) | Número de roles que intervienen en el proceso |
| NDPTIn(MP) | Número de dependencias de entrada de los productos en las actividades del modelo |
| NDPTOut(MP) | Número de dependencias de salida de los productos en las actividades del modelo |
| NDPT(MP) | Número de Dependencias de Productos de Trabajo $NDPT(MP) = NDPTIn(MP) + NDPTOut(MP)$ |
| NDPA(MP) | Número total de dependencias de precedencia entre actividades |
| NCA(MP) | Nivel de Conectividad entre Actividades $$NCA(MP) = \frac{NA(MP)}{NDPA(MP)}$$ |
| RDPTIn(MP) | Proporción de dependencias de entrada de Productos de Trabajo $$RDPTIn(MP) = \frac{NDPTOut(MP)}{NDPT(MP)}$$ |
| RDPTOut(MP) | Proporción de dependencias de salida de Productos de Trabajo $$RDPTOut(MP) = \frac{NDPTIn(MP)}{NDPT(MP)}$$ |
| RPTA(MP) | Proporción de Productos de Trabajo y actividades $$RPTA(MP) = \frac{NPT(MP)}{NA(MP)}$$ |
| RRPA(MP) | Proporción de Roles de Proceso y actividades $$RRPA(MP) = \frac{NRP(MP)}{NA(MP)}$$ |

**Tabla 17.1.** Métricas a nivel de modelo de procesos

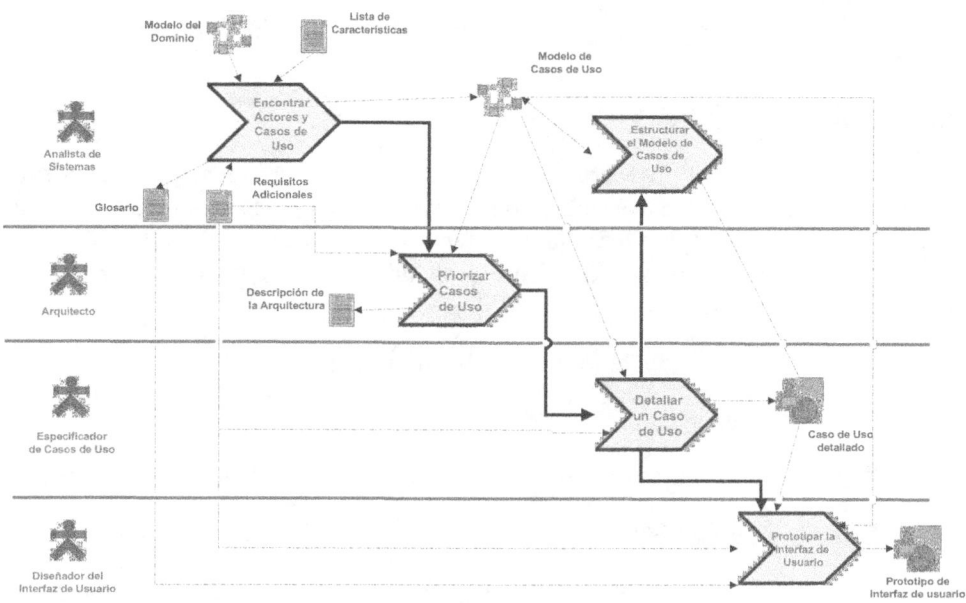

**Figura 17.2.** Ejemplo de un modelo de procesos

| Métrica | Valor | Métrica | Valor |
|---|---|---|---|
| NA | 5 | NDPA | 4 |
| NPT | 8 | NCA | 1,25 |
| NRP | 4 | RDPTIn | 0,68 |
| NDPTIn | 13 | RDPTOut | 0,32 |
| NDPTOut | 6 | RPTA | 1,6 |
| NDPT | 19 | RRPA | 0,8 |

**Tabla 17.2.** Valores de las métricas aplicadas al diagrama de la Figura 17.2

Para demostrar la utilidad práctica de una métrica es necesario llevar a cabo una validación empírica mediante experimentos. De esta manera ha sido posible comprobar la correlación existente entre las métricas NA, NPT, NDPTIn, NDPTOut, NDPT, NDPA y NCA, y la mantenibilidad de los procesos software (Canfora et al., 2005).

## 17.3 MEDICIÓN DEL PROYECTO

### 17.3.1 Mediciones clásicas

La medición del proyecto y sus recursos asociados constituye el elemento principal sobre el que se basa el estudio de las métricas del proceso software. Cuando se mide el proyecto el objetivo fundamental que se pretende es el de reducir el coste total y el tiempo de desarrollo del mismo. Los indicadores de proyecto permiten al administrador de software (Pressman, 2001):

- Evaluar el estado del proyecto en curso.
- Realizar un seguimiento de los riesgos potenciales.
- Detectar las áreas de problemas antes de que se conviertan en "críticas".
- Ajustar el flujo y las tareas de trabajo.
- Evaluar la habilidad del equipo del proyecto en controlar la calidad de los productos de trabajo de la ingeniería del software.

En relación a las métricas de proceso, las mediciones del proyecto de software se consideran a un nivel táctico, es decir, las métricas de proyectos y los indicadores derivados de ellos son utilizados por un administrador de proyectos y por un equipo de software para adaptar el flujo de trabajo del proyecto y las actividades técnicas.

(Putnam y Myers, 2003) establecen los siguientes aspectos a medir para la gestión de proyectos y cuyas métricas se denominan *five core metrics*:

- **Cantidad de Funcionalidad**, obtenida a través de las métricas de tamaño (LOC, Puntos Función, etc.).
- **Productividad**, relación entre funcionalidad producida en el tiempo y el esfuerzo dedicado.
- **Tiempo / Calendario**, Duración del proyecto (usualmente en meses de calendario).
- **Esfuerzo**, Cantidad de trabajo en Personas/Mes.
- **Fiabilidad**, Expresada en ratio de defectos (o su métrica recíproca MTTD – Tiempo Promedio entre defectos).

El primer tipo de métricas de proyectos software pueden ser obtenidas durante la fase de estimación. Las métricas recopiladas de proyectos anteriores se utilizan como la base a partir de la cual se realizan las estimaciones del esfuerzo y del tiempo necesario para el proyecto actual. A medida que avanza un proyecto, las métricas del esfuerzo y del tiempo consumido se comparan con las estimaciones originales (y la planificación del proyecto). El administrador de proyectos utiliza estos datos para supervisar y controlar el avance. Para la estimación del tamaño del software cabe destacar la métrica de "*Punto Función*" mientras que para la estimación de costes de un proyecto caben destacar los modelos COCOMO (COnstructive COst MOdel) (Boehm, 1981) y su posterior refinamiento en la versión actualmente en vigor COCOMO II, así como el modelo SLIM (Putnam y Myers, 2003).

Otros recursos relevantes a considerar son los equipos de trabajo y las herramientas (Fenton y Pfleeger, 1997). La productividad de los miembros del equipo de trabajo depende de muchos factores, como por ejemplo la estructura del equipo, las herramientas y los métodos utilizados. Por otro lado también se considera la experiencia como un factor importante de productividad, aunque es difícil de medir. También es importante considerar de forma separada la experiencia de los individuos y la experiencia del equipo, ya que aunque los integrantes de un equipo puedan tener buena experiencia, el equipo puede que no funcione bien y la productividad sea baja. En general la experiencia individual se puede medir con escalas ordinales pero es importante considerar que la experiencia se actualiza con mucha frecuencia. En relación a las herramientas, es importante establecer su relación con otras variables del proyecto como la eficacia de las herramientas en términos de la calidad obtenida, tiempo de entrega y la productividad del personal que las utilizó. De hecho los modelos de estimación consideran el uso de las herramientas a la hora de estimar el tamaño o coste de desarrollo de software.

Tal y como indica (Pressman, 2001), otras métricas de proyectos pueden ser obtenidas una vez que comienza el desarrollo del producto propiamente dicho y en este aspecto es importante realizar un seguimiento de los errores detectados durante todas las tareas de ingeniería del software. A medida que el software va evolucionando desde la especificación al diseño, se recopilan las métricas técnicas para evaluar la calidad del diseño y para proporcionar indicadores que influirán en el enfoque a seguir para la generación de código y para las pruebas. El uso de métricas para los proyectos tiene dos características fundamentales (McDermid, 1991): estas métricas se utilizan para minimizar la planificación de desarrollo guiando los ajustes necesarios que eviten retrasos y atenúen problemas y riesgos potenciales; y se utilizan para evaluar la calidad de los productos en el momento actual con el fin de poder mejorarlos.

## 17.3.2 Mediciones en proyectos ágiles

Los proyectos ágiles requieren métricas específicas de acuerdo a su naturaleza. En relación a las estimaciones sobre el esfuerzo necesario de desarrollo ágil, una de las métricas que se hizo más popular desde los inicios de la aplicación de métodos ágiles es la de "puntos historia" (Cohn, 2005).

Por su parte, en (Kupiainen et al., 2015) se lleva a cabo una revisión de métricas utilizadas en proyectos ágiles, a partir de 774 artículos. Estos autores destacan que las métricas se utilizan por cinco importantes razones:

- ▼ Planificación de proyecto y sprint, es decir: priorización de las tareas (para lo que se utilizan la mayoría de las métricas), determinación del alcance (utilizándose las métricas para estimar el tamaño y el número de características que se desarrollarán, destacándose las métricas relacionadas con la velocidad), y determinación de recursos (que sirve para flexibilizar el desarrollo).

- ▼ Monitorización del progreso del proyecto y sprint, que se subdivide en cuatro categorías: métricas para monitorizar el progreso del proyecto, incrementar la visibilidad, controlar el logro de los objetivos, y balancear el flujo de trabajo.

- ▼ Entendimiento y mejora de la calidad, en la que, por un lado, se pueden encuadrar métricas usadas para entender el nivel de calidad antes y después de la liberación, métricas usadas para mejorar el nivel de calidad, y métricas usadas para asegurar el nivel de pruebas.

- ▼ Corrección de problemas de procesos software, para ayudar a entender y corregir problemas en los procesos de ingeniería del software.

- ▼ Motivación de las personas. Se han utilizado las métricas para motivar a las personas a reaccionar más rápidamente a los problemas.

En la Tabla 17.3 se resume para cada categoría las principales métricas que se utilizan. Remitimos al lector a (Kupiainen et al., 2015) para localizar las fuentes en las que se explican todas estas métricas.

| Categoría | Métricas |
|---|---|
| Planificación de proyecto y sprint | Velocidad, Estimación de esfuerzo, Valor al cliente, Tiempo de entrega, Tareas realizadas/no realizadas, Fecha prevista de tarea realizada, N° previsto de defectos, Capacidades necesarias |
| Monitorización del progreso del proyecto y sprint | Trabajo terminado, N° de pruebas automáticas pasadas, Burndown, Check-ins, Defectos, Tendencias de defectos, Porcentaje de historias terminadas, Tipos de coste, Ratio de requisitos por fase, Varianza en handovers, Cuadro de deuda técnica, Tiempo de ciclo, Tiempo común, Trabajo en progreso, Porcentaje de flujo de historias, Efectividad del equipo, Inventario de requisitos en el tiempo, Estimación del esfuerzo, N° de requisitos por fase |
| Entendimiento y mejora de la calidad | N° de peticiones de cambio, Esfuerzo de mantenimiento, Puntuación de promotor neto, Defectos, Defectos diferidos, Defectos críticos enviados por los clientes, Burndown, Check-ins, N° de pruebas automáticas pasada, Estado del build y n° de pruebas unitarias, Cobertura de las pruebas, Ratio del crecimiento de las pruebas, Violación del análisis estático del código, Cuadro de deuda técnica, Trabajo en curso, Porcentaje de historias terminadas, Tiempo de ciclo |
| Corrección de problemas de procesos software | Tiempo de entrega, Tiempo de procesamiento, Tiempo de cola, Tipos de coste, Ratio de requisitos por fase, Varianza en handovers, N° de requisitos por fase, Porcentaje de flujo de historia, Tendencia de defectos, Índice de desempeño del coste, Índice del desempeño de la planificación, Porcentaje de historias terminadas, Trabajo en progreso, Inventario de requisitos en el tiempo, Velocidad, Burndown, Porcentaje de historias preparadas para el sprint, N° de bounce backs, N° de pruebas automáticas pasadas, Check-ins, Defectos, N° de ítems de trabajo, Tiempo de corrección de builds fallidos, Violación del análisis estático del código |
| Motivación de las personas | Defectos, Tendencia de defectos, Tiempo de corrección de builds fallidos, Estado del build, Violación del análisis estático del código, Cuadro de deuda técnica, N° de pruebas automáticas pasadas, Trabajo en progreso, Velocidad |

**Tabla 17.3.** Clasificación de las métricas ágiles según categorías.

En la Figura 17.3 se puede ver la distribución de métricas en función de la categoría.

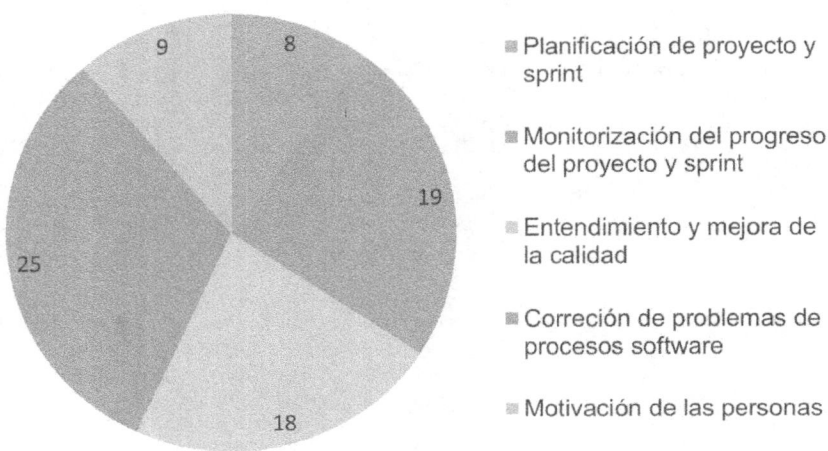

Figura 17.3. Distribución de las métricas por categorías

Los autores además destacan las métricas que tienen una mayor influencia en el desarrollo de software ágil. Tal y como se muestra en la Tabla 17.4, a dichas métricas se le asigna una ocurrencia e importancia a cada una de ellas. Para determinar la influencia de una métrica se utiliza, por un lado, el número de ocurrencias y por otro la importancia percibida en los estudios primarios.

En general se evidencia que las métricas que tienen más influencia son las que se pueden calcular utilizando herramientas existentes, las que tienen capacidad de provocar debates o análisis de causas raíz, y las que proporcionan visibilidad de los problemas.

| Métrica | Ocurrencia | Importancia |
|---|---|---|
| Velocidad | 15 | 3 |
| Estimación de esfuerzo | 12 | 3 |
| Satisfacción del cliente | 6 | 3 |
| Total de defectos | 8 | 2 |
| Deuda técnica | 2 | 3 |
| Estado del build | 2 | 3 |
| Progreso como código operativo | 1 | 3 |
| Tiempo de entrega | 4 | 2 |
| Porcentaje de flujo de historia | 1 | 2 |
| Velocidad de elaborar características | 1 | 2 |
| Porcentaje de historias terminadas | 1 | 2 |
| Nº de casos de prueba | 1 | 2 |
| Tiempo de cola | 1 | 2 |
| Tiempo de procesamiento | 1 | 2 |
| Indicador de tendencia de defectos | 1 | 2 |
| Trabajo en progreso | 6 | 1 |
| Nº de pruebas unitarias | 5 | 1 |
| Tipos de coste | 1 | 1 |
| Varianza en handovers | 1 | 1 |
| Defectos diferidos | 1 | 1 |
| Nº previsto de defectos en el backlog | 1 | 1 |
| Cobertura de pruebas | 1 | 1 |
| Ratio de crecimiento de pruebas | 1 | 1 |
| Check-ins por día | 3 | NA |
| Tiempo de ciclo | 2 | NA |

**Tabla 17.4.** Ocurrencia e importancia de las métricas.

### 17.3.3 Mediciones en proyectos DevOps

Los proyectos DevOps tienen una naturaleza iterativa en el que se sigue un enfoque de mejora continua basada en la realimentación recibida; son muy colaborativos; afecta a toda la organización, sus procesos y tecnología; y están altamente automatizados donde se busca entrega rápida, continua, con servicios seguros y efectivos en coste (Gartner, 2015).

Sobre todo se requiere de una gran sinergia y colaboración entre los departamentos de desarrollo y operaciones, la capacidad de producir nuevas versiones software en periodos menores de tiempo, y automatizar en lo posible el soporte a lo anterior, como por ejemplo proporcionando sistemas de tipo "infrastructure as code".

En (Davis, 2015) destaca que hay que mantener la filosofía "continua" no solo en la integración continua o la entrega continua, sino también en las métricas, para lo que propone un ciclo continuo como se muestra en la Figura 17.4.

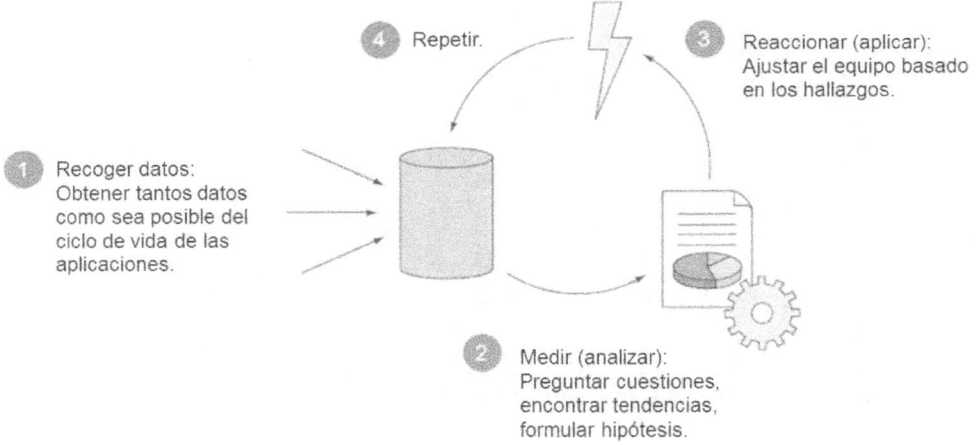

**Figura 17.4.** Ciclo continuo basado en métricas (Davis 2015).

También propone diferentes métricas ágiles, basándose en los diferentes componentes del ciclo DevOps (como los que se muestran en la Figura 17.5).

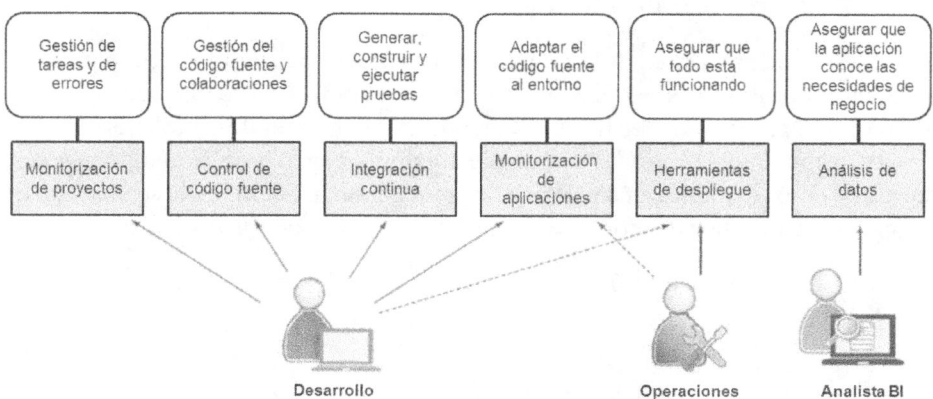

Figura 17.5. Componentes del ciclo DevOps (Davis 2015).

**Métricas de monitorización de proyectos**

Las medidas ágiles típicas utilizando datos del sistema de monitorización de proyectos son:

- ▼ *Burndown* (o diagrama de quemado), es una representación gráfica del trabajo por hacer en un proyecto en el tiempo.

- ▼ Velocidad, calculada teniendo en cuenta el total que se estima con el total realizado.

- ▼ Flujo acumulativo, que muestra cuanto trabajo agregado por tipo se asigna al equipo en el tiempo.

- ▼ Tiempo de entrega (*lead time*), como total de tiempo entre que una tarea empieza y cuando se termina.

- ▼ Nº de errores, que representan inconsistencias en el software.

Las métricas clave de gestión de proyectos que habrá que combinar para obtener una visión del desempeño del equipo son:

- ▼ Estimaciones, el total de esfuerzo percibido que un equipo asigna a una tarea antes de trabajar en ella.

- ▼ Volumen, número de tareas que se terminan.

- ▼ Errores, número de defectos que se crean y se trabajan por parte de un equipo.

- ▼ Reincidencia, tareas que alguien dijo que eran lo suficientemente buenas para hacer progresar en el proceso pero que terminaron por retroceder.

## Métricas de control de código fuente

Si se considera que en la actualidad en el desarrollo de software se suele trabajar en entornos DVCS (Distributed Version Control Systems), una práctica habitual es la de las peticiones de "pull". Es decir, cuando un desarrollador tiene un cambio o un conjunto de cambios que quiere combinar con la base de código maestra, envía sus cambios mediante una petición de "pull". Esta petición, incluye una lista de otros desarrolladores que deberían revisar la petición, antes de aprobarla o denegarla.

Por tanto, de la gestión de código fuente podemos extraer las siguientes métricas clave:

- Peticiones de pull
- Peticiones de pull denegadas
- Peticiones de pull combinadas
- Commits
- Revisiones

Todas estas métricas se pueden combinar en un gráfico como el que se muestra en la Figura 17.6.

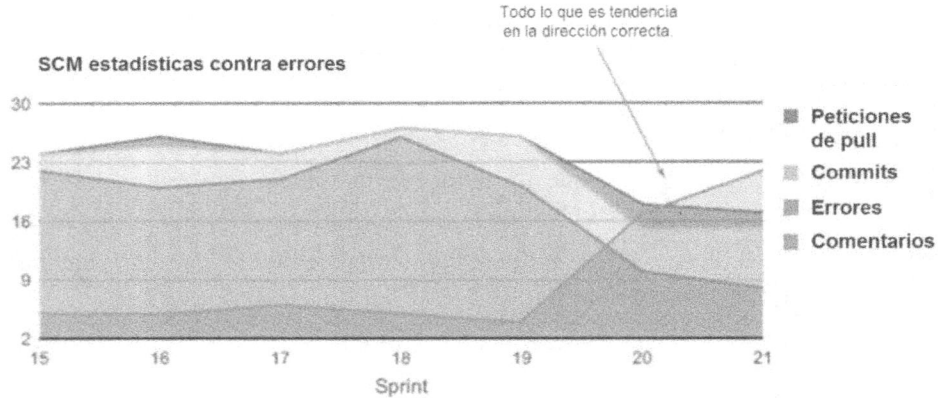

Figura 17.6. Combinación de métricas de control de código fuente (Davis 2015).

## Métricas de integración continua (y despliegue)

La información básica que se puede obtener de la integración continua es la de construcciones (*builds*) exitosas y fallidas (véase Figura 17.7).

Además podemos encontrarnos con métricas procedentes de diferentes herramientas como: herramientas de gestión de pruebas de diferentes tipos (unitarias, de integración, de estrés, etc) y de análisis estático (ej. SonarQube). Con todo esto podemos obtener información de:

- Informes de pruebas
- Número total de pruebas
- Porcentaje de pruebas exitosas y fallidas
- Análisis estático de código
- Porcentaje de cobertura de las pruebas
- Violaciones de código

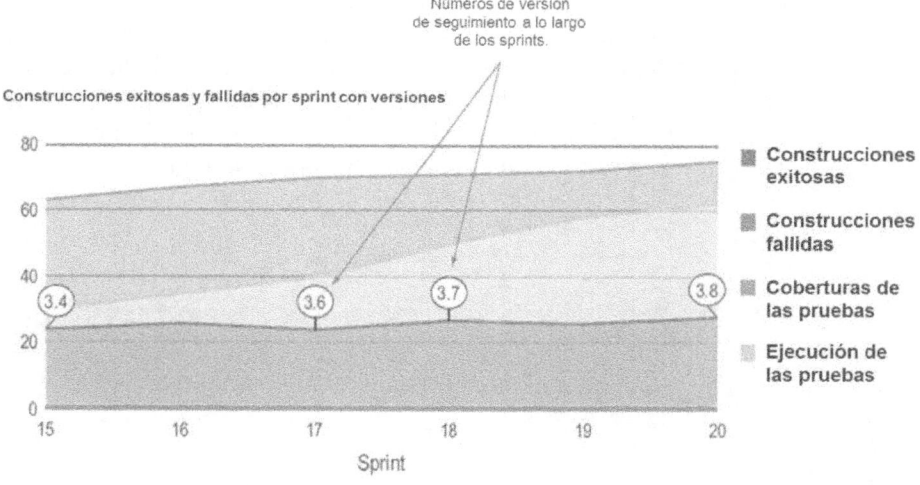

**Figura 17.7.** Integración de la integración continua (Davis 2015).

**Métricas de monitorización de aplicaciones (y análisis de datos)**

Los sistemas de monitorización permiten recabar métricas acerca de:

- Conexiones de red
- Utilización de CPU
- Utilización de memoria
- Transacciones
- Conexiones a bases de datos
- Espacio de disco
- Recolección de basura ("garbage")
- Cuenta de los hilos (threads)
- Tamaño de la pila (heap)
- Ratios de error
- Tiempos de respuesta

Nicolette (2015) distingue entre indicadores "trailing" o "lagging" que son los que proporcionan información sobre lo que ya ha pasado, e indicadores de "leading" que son los que ayudan a predecir cosas. En particular propone las siguientes métricas para enfoques adaptativos, como es el caso de los entornos DevOps, a las que añade sus correspondientes representaciones gráficas.

1. **Porcentaje de alcance terminado** (*percentage of scope complete*)

   Esta métrica sirve para saber si el proyecto se encuentra de acuerdo a la planificación, es decir, refleja la cantidad de trabajo planificado que ha sido terminada en la fecha, y puede ser un indicador de riesgos potenciales de entrega. En el caso de los entornos más adaptativos como DevOps, aunque siguen una gestión más ligera, también tienen una lista de características en forma de product backlog, lista de historias de usuario, o cola de trabajos, que se usan como base para el cálculo de esta métrica. Su representación gráfica se muestra en la Figura 17.8.

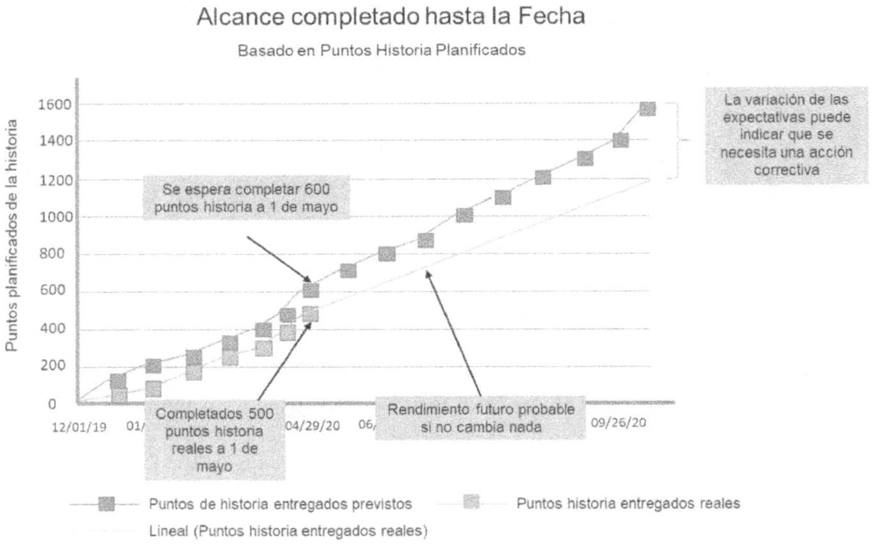

**Figura 17.8.** Porcentaje de alcance terminado (Davis, 2015)

2. **Agotamiento de presupuesto** (*budget burn*)

   Esta métrica sirve para conocer si se dispone de los suficientes recursos como para terminar el trabajo planificado según lo previsto. Refleja el rendimiento del presupuesto que se puede predecir basándose en el presupuesto real gastado hasta la fecha, por lo que advierte sobre posibles sobrecostes.

Su representación gráfica se muestra en la Figura 17.9.

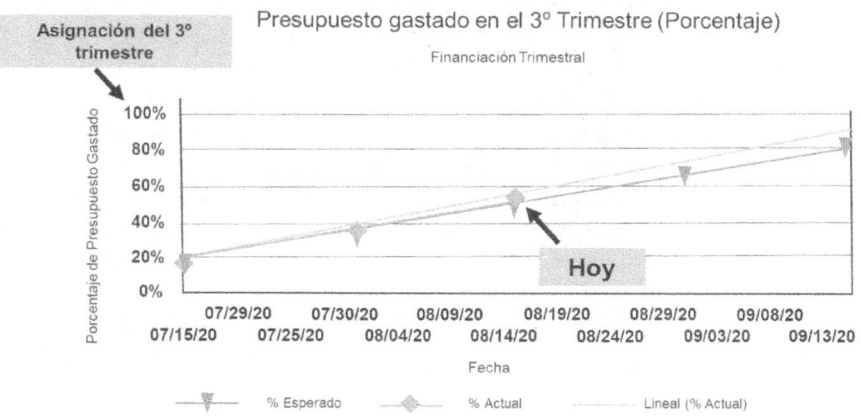

**Figura 17.9.** Agotamiento de presupuesto (Davis, 2015)

3. **Ratio de agotamiento del buffer** (*buffer burn rate*)

   Esta métrica permite conocer si sobrepasaremos el buffer de planificación (es decir el margen que prevemos en una planificación, que suele estar -según este autor- en un 35%), lo cual permite monitorizar el ratio de agotamiento del buffer, y ser conscientes de tendencias que indican la presencia de riesgos de entrega. Su representación gráfica se muestra en la Figura 17.10.

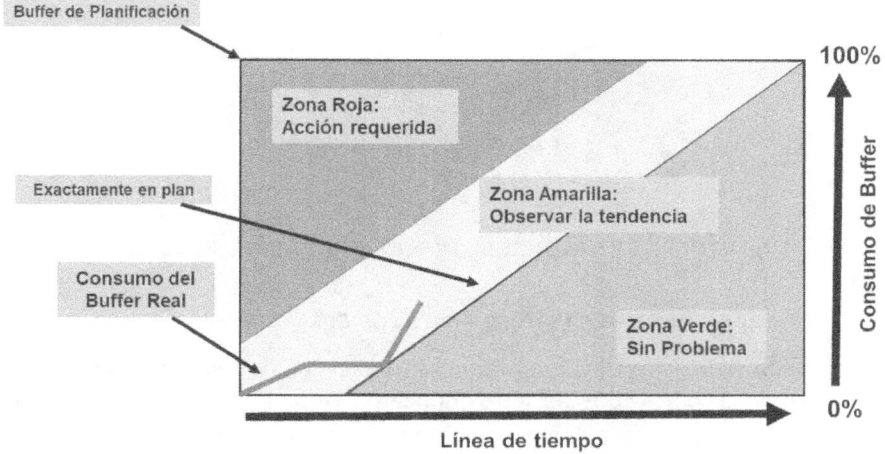

**Figura 17.10.** Ratio de agotamiento del buffer (Nicolette, 2015)

4. **Características probadas en ejecución** (*running tested features*)

   Esta métrica permite conocer cuántas de las características planificadas de la solución se encuentran en un estado listo de producción, por lo que permite conocer si se crean regresiones (fallos en software que funcionaba bien) cuando se despliegan nuevas características, y pueden servir también para estimar si se completará funcionalidad suficiente a tiempo como para justificar la continuación del proyecto, o el tiempo necesario para terminar un conjunto determinado de características para una nueva solución. Su representación gráfica se muestra en la Figura 17.11.

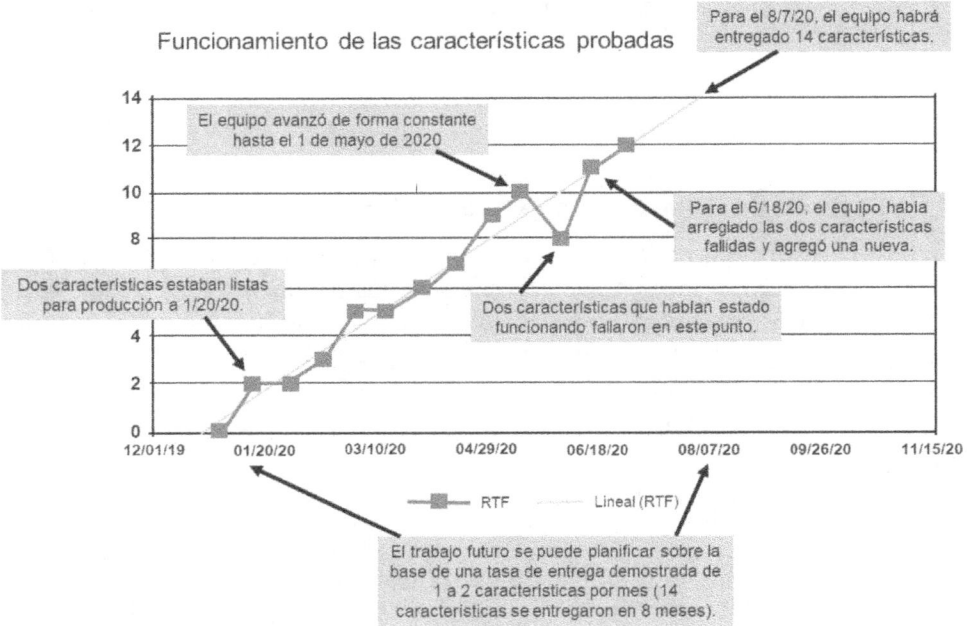

   **Figura 17.11.** Características probadas en ejecución (Nicolette, 2015)

5. **Valor de negocio ganado** (*earned business value*)

   Esta métrica refleja la proporción del valor que se ha entregado hasta a fecha, por lo que permite conocer si se han conseguido los objetivos del proyecto de manera que se pueda afirmar que estamos cumpliendo satisfactoriamente y podemos seguir adelante. También sirve, por tanto, para saber si vale la pena el coste de continuar desarrollando las características que quedan. Su representación gráfica se muestra en la Figura 17.12.

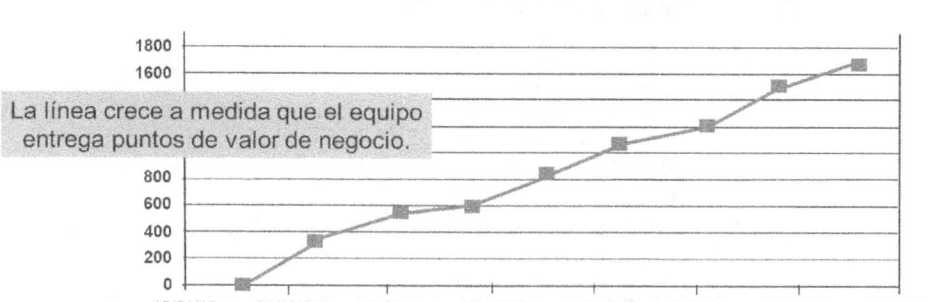

Figura 17.12. Valor de Negocio Ganado (Nicolette, 2015)

6. **Velocidad** (*velocity*)

Esta métrica representa la capacidad de entrega media del equipo por unidad de tiempo, es decir, podría utilizarse para saber si el equipo está entregando software a un ratio adecuado. Por tanto, esta métrica se puede utilizar para predecir el tiempo que el equipo necesitará para terminar de entregar una determinada funcionalidad. Su representación gráfica se muestra en la Figura 17.13.

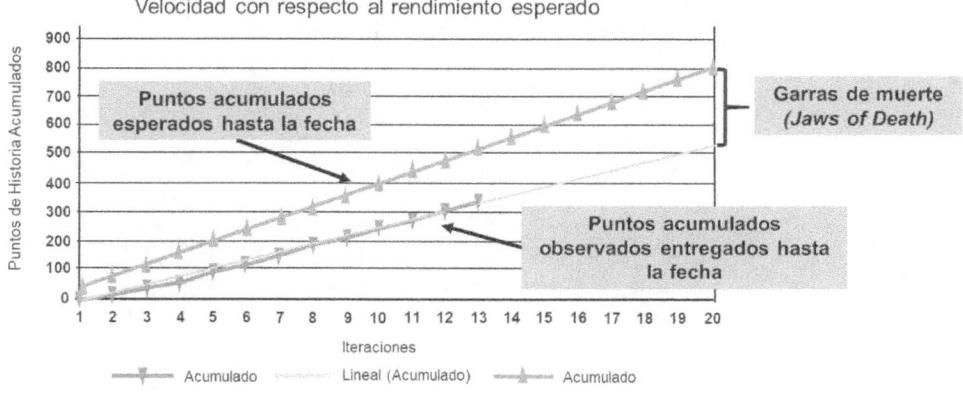

Figura 17.13. Velocidad (Nicolette, 2015)

7. **Tiempo de ciclo** (*cycle time*)

Esta métrica permite estimar el tiempo medio necesario para terminar un determinado elemento de trabajo, por lo que permite determinar la consistencia del desempeño de entrega del equipo. Su representación gráfica se muestra en la Figura 17.14.

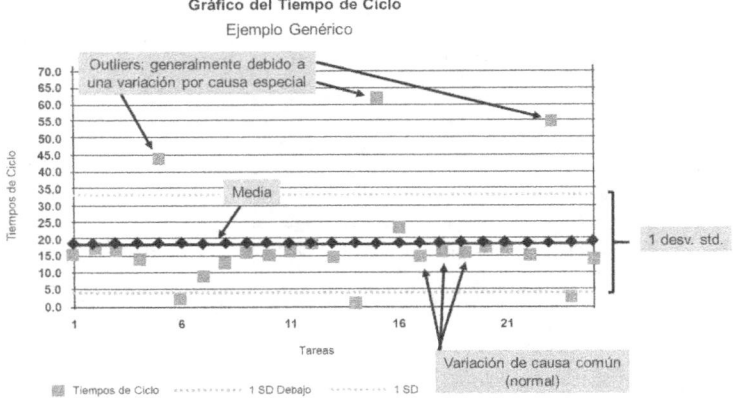

**Figura 17.14.** Tiempo de Ciclo (Nicolette, 2015)

8. **Diagrama de burn** (*burn chart*)

El diagrama de *burn* sirve para determinar la probabilidad del equipo de satisfacer los objetivos de entrega, y por tanto, el tiempo que el equipo necesitará para terminar el alcance planificado, o bien, cuánto alcance planificado puede terminar el equipo para una cierta fecha. Su representación gráfica se muestra en la Figura 17.15.

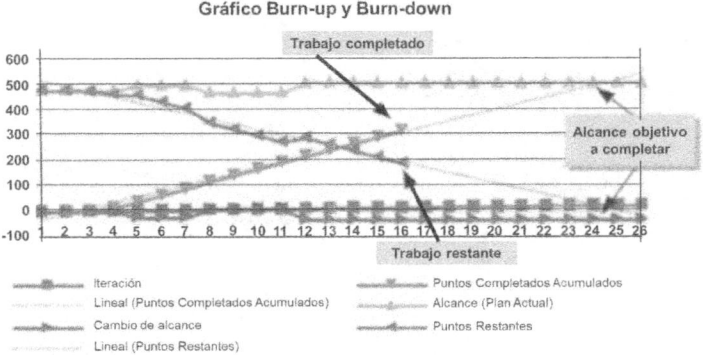

**Figura 17.15.** Diagrama de Burn (Nicolette, 2015)

9. **Producción** (*throughput*)

   Esta métrica determina cuánto software puede entregar un equipo en un determinado tiempo, y por tanto indica si el equipo entrega resultados a un ratio consistente. Su representación gráfica se muestra en la Figura 17.16.

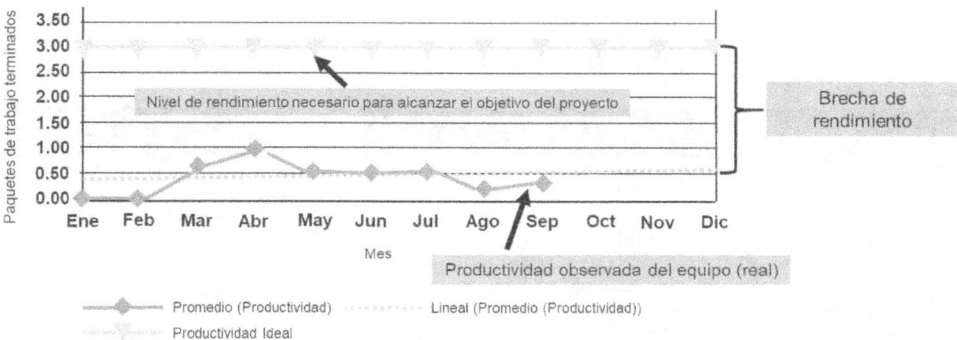

**Figura 17.16.** Producción (Nicolette, 2015)

10. **Flujo acumulado** (*cumulative flow*)

    Esta métrica permite conocer los cuellos de botella del proceso, el tipo de colas que se forman en el proceso, e incluso los puntos en los que la carga de trabajo no está balanceada. Su representación gráfica se muestra en la Figura 17.17.

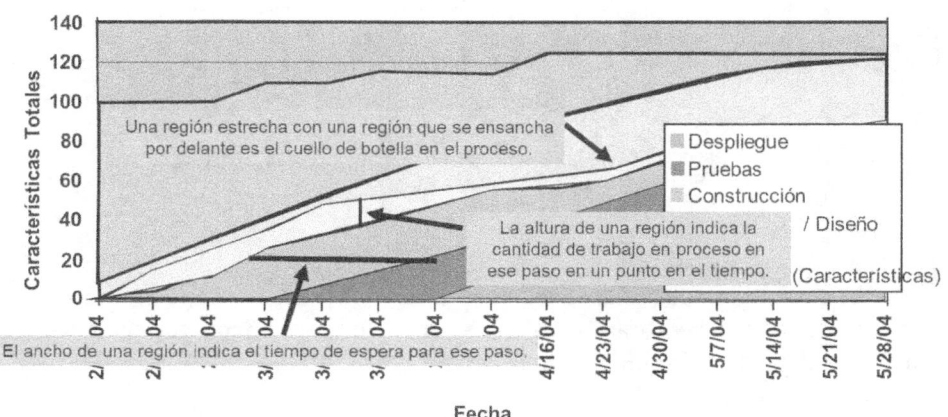

**Figura 17.17.** Flujo acumulado (Nicolette, 2015)

## 17.4 MEDICIÓN DEL PRODUCTO

La medición del producto software está centrada en evaluar la calidad de los entregables. Los productos del software son las salidas del proceso de producción del software, que incluyen todos los artefactos entregados o documentos que son producidos durante el ciclo de vida del software. En la literatura existe una gran diversidad de propuestas relacionadas con la medición del producto. En la Tabla 17.5 se presenta una sinopsis de las métricas relevantes a nivel de producto que serán abordadas en los siguientes subapartados.

| Denominación | Métricas | |
|---|---|---|
| Clásicas | A nivel de código | Tamaño (LOC, CLOC, NCLOC, DCD) Longitud del Programa (LT, SIZE1, Métricas Halstead Ciencia Software) Complejidad (Complejidad Ciclomática McCabe, Fan-In, Fan-Out, Complejidad de un Módulo) |
| Sistemas OO | A nivel de diseño | Métricas MOOSE Métricas MOOD Métricas de Lorenz y Kidd |
| | A nivel conceptual | Métricas para Casos de Uso Métricas Diagramas Clases Métricas Diagramas de Transición de Estados |
| Bases de Datos | A nivel conceptual | Métricas para Modelos ER |
| | A nivel lógico | Métricas Bases Datos Relacionales Métricas Almacenes Datos |
| Métricas para Web | Clasificación de varias propuestas de métricas, según el modelo de calidad WQM | |

Tabla 17.5. Clasificación de las métricas de producto incluidas en este apartado

### 17.4.1 Métricas "Clásicas"

Entre las métricas tradicionales de producto, en primer lugar cabe destacar las métricas de código fuente, siendo las más representativas la de Líneas de Código y de Longitud Total.

Líneas de código (LOC, Lines of Code) es la métrica más popular a nivel de código de programa. Sin embargo, a pesar de ser ampliamente conocida y utilizada, el problema de esta métrica ha sido la falta de consenso existente a la hora de definir qué es una línea de código, ya que esta definición variará en función de las necesidades o de la persona que la aplique. Por ejemplo, según el objetivo perseguido por la medición será importante contar las líneas de comentario como líneas de código mientras que en otras ocasiones será imprescindible no contar los comentarios como líneas de código. Por ello, para aplicar esta métrica es fundamental establecer claramente qué elementos hay que considerar como línea de código y cómo deben contarse. En particular es necesario clarificar elementos como las líneas en blanco, los comentarios, las declaraciones de datos y las líneas que contienen instrucciones separadas. En general se recomienda separar en la medición de la longitud las líneas de código y los comentarios.

Se define Longitud Total (LT) como la suma del Número de Líneas de Código que no son comentarios (NCLOC) más el número de líneas de código que son comentarios (CLOC).

A partir de la métrica anterior se pueden definir otras métricas derivadas útiles, como la densidad de comentarios (CLOC/LOC), que puede dar una idea sobre el punto hasta el cual está documentado el código.

Para facilitar la obtención e interpretación de la métrica LOC, el SEI ha definido listas de comprobación (Park 1992) en las que se indica que como línea de código se debe considerar todo el código ejecutable, declaraciones no ejecutables y directivas de compilación, pero no las líneas en blanco. También se debe considerar en la medición la forma en la que el código ha sido producido (programando, usando generadores de código fuente, copiado o reutilizado sin realizar cambios, modificado o convertido con traductores automáticos).

Otras métricas definidas para evaluar la longitud de un programa son:

- **Número de sentencias de programación**. Presenta el mismo tipo de problemas de ambigüedad que la métrica LOC.

- **SIZE1. Definida como el número de puntos y coma** (Li y Henry, 1993). Se creó intentando paliar el problema de ambigüedad de definición de las líneas de código. Como se puede deducir, esta métrica solo es aplicable a programas que utilicen este símbolo para separar unas sentencias de otras.

- **Métricas de la Ciencia del Software (Software Science)**. Propuestas por (Halstead 1977) para intentar independizar las métricas del lenguaje de programación. Se basan en los tokens (unidades sintácticas elementales distinguibles por el compilador) y que pueden ser divididos en operadores y operandos. Las métricas son la longitud de un programa, el volumen de un programa y el esfuerzo de implementación de un programa. Las métricas base definidas para estos elementos son:

- $\mu1$: el número de operadores diferentes que aparecen en el programa
- $\mu2$: el número de operandos diferentes que aparecen en el programa
- N1: el número total de veces que aparece el operador
- N2: el número total de veces que aparece el operando

A partir de las métricas base, Halstead define una serie de métricas derivadas que permiten evaluar (Pressman, 2001): la longitud global del programa; el volumen mínimo potencial para un algoritmo; el volumen real (número de bits requeridos para especificar un programa); el nivel del programa (una medida de la complejidad del software); nivel del lenguaje (una constante para un lenguaje dado); y otras características tales como esfuerzo de desarrollo, tiempo de desarrollo e incluso el número esperado de fallos en el software. Como métrica más representativa para evaluar la longitud, Halstead propone la métrica N, que es la suma de N1 y N2. Del resto de métricas cabe destacar:

- Volumen de un programa: $V = N \cdot \log2(\mu)$, siendo $\mu = \mu1 + \mu2$.
- Longitud global del programa: $N' = \mu1 \cdot \log2(\mu1) + \mu2 \cdot \log2(\mu2)$

(Fenton y Pfleeger, 1997) consideran que aunque la propuesta de Halstead ha tenido un gran impacto en la medición software, constituye un ejemplo de medición inadecuada, al proporcionar algunas métricas con definiciones confusas lo que puede provocar diversas interpretaciones de las mismas.

Entre las métricas clásicas de complejidad destacan las siguientes:

- **Complejidad Ciclomática (V(G))**, propuesta por (McCabe, 1976), para evaluar la complejidad de un programa. Esta métrica es, además de la primera métrica conocida, una de las más estudiadas y utilizadas. La métrica V(G) está basada en la teoría de grafos y mide el número de caminos linealmente independientes de un programa, que puede representarse mediante un grafo de flujo de control. Las estructuras típicas de un programa se representan mediante un grafo de flujo de control de acuerdo al esquema mostrado en la Figura 17.18:

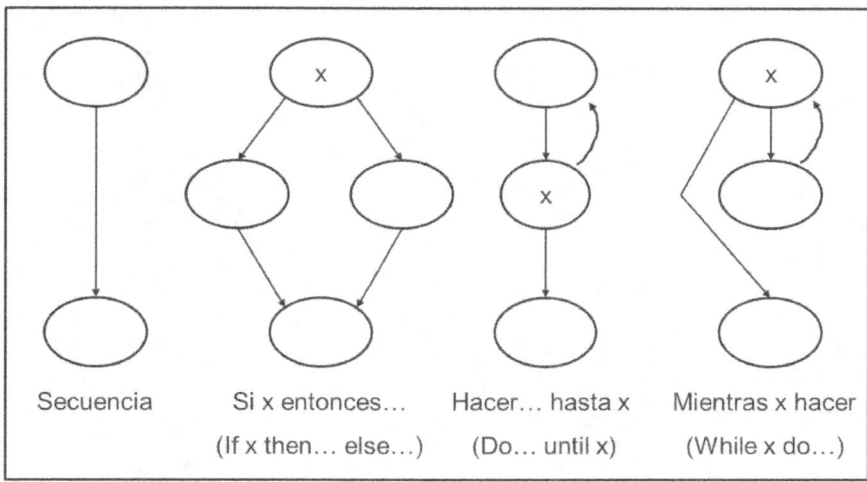

**Figura 17.18.** Grafos de control. Representación de las estructuras básicas de un programa

A partir de un grafo de control, las formas alternativas de cálculo de esta métrica son las siguientes:

- V(G) = A – N + 2, siendo $A$ el número de arcos del grafo y $N$ el número de nodos.

- V(G) = r, siendo r el número de regiones cerradas del grafo.

- V(G) = c + 1, siendo c el número de nodos de condición.

A mayor valor de la métrica V(G) mayor complejidad del programa. McCabe indicó también que un valor razonable de esta métrica para que un módulo fuera mantenible debía ser menor de diez. Diversos estudios empíricos han encontrado una fuerte correlación entre la métrica de McCabe y el número de errores que existen en el código fuente, así como el tiempo requerido para encontrar y corregir dichos errores. Otra de las aplicaciones de esta métrica ha sido a nivel de pruebas del software ya que puede utilizarse para predecir la cantidad de esfuerzo necesario para probar un módulo o programa.

Como ejemplo de cálculo de esta métrica considérese el ejemplo del programa en pseudocódigo mostrado en la Figura 17.19 (Piattini et al., 2003), junto con su representación de su grafo de control.

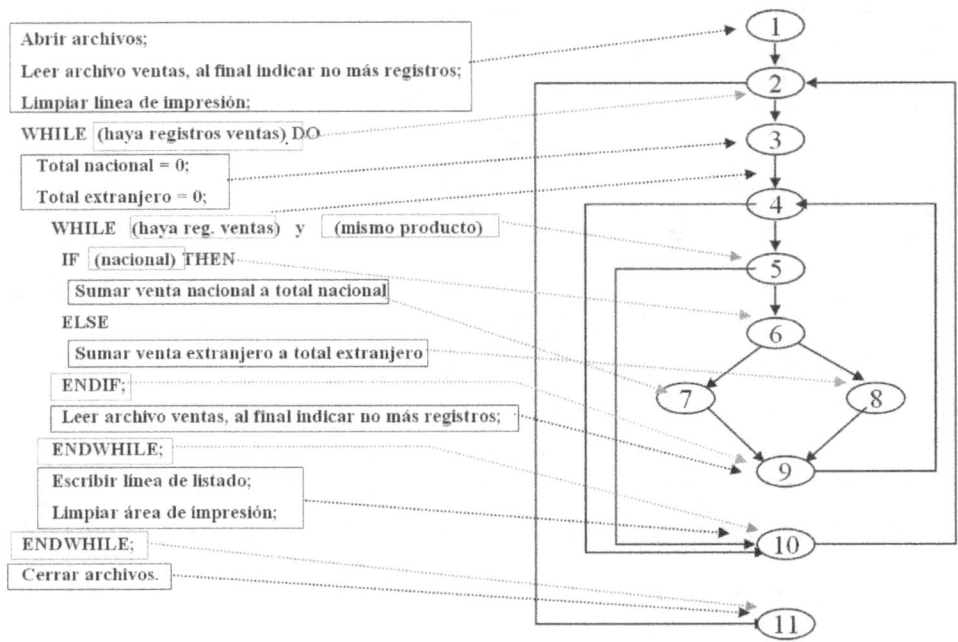

**Figura 17.19.** Ejemplo de un grafo de control

El valor de la métrica de McCabe para el ejemplo ilustrado en la Figura 17.19 sería el siguiente:

- $V(G) = 14 - 11 + 2 (A - N + 2)) = 5$
- $V(G) = 5$ regiones cerradas (incluyendo la región ficticia entre nodo 1 y nodo 12-13.
- $V(G) = 4 + 1 = 5 (c + 1)$

▼ **Fan-in (concentración) y fan-out (expansion).** Propuestas por (Henry y Kafura, 1981). Ambas métricas trabajan sobre la estructura de un módulo representada como un árbol o grafo de llamadas entre módulos. El *fan-in* de un módulo *m* es el número de flujos que terminan en *m* mientras que el *fan-out* es el número de flujos que salen de *m*.

▼ **Complejidad de un módulo**, que está basada en las dos métricas anteriores y creada también por (Henry y Kafura, 1981) siendo su definición: *MHK = longitud (i) · [fan-in(i) \* fan-out(i)]²*, donde la longitud (i) es el número de sentencias en lenguaje de programación en el módulo i.

Henry y Kafura amplían la definición de concentración y expansión no solo como el número de conexiones de control del módulo (llamadas al módulo), sino también el número de estructuras de datos del que el módulo i reúne (concentración) o actualiza (expansión) datos.

En la Figura 17.20 se muestra un ejemplo del diagrama de estructura que representa el diseño de un programa de gestión de préstamos bibliotecarios. El cálculo de las métricas para dicho ejemplo se muestra en la Tabla 17.6, en el que se indica la longitud de los distintos módulos.

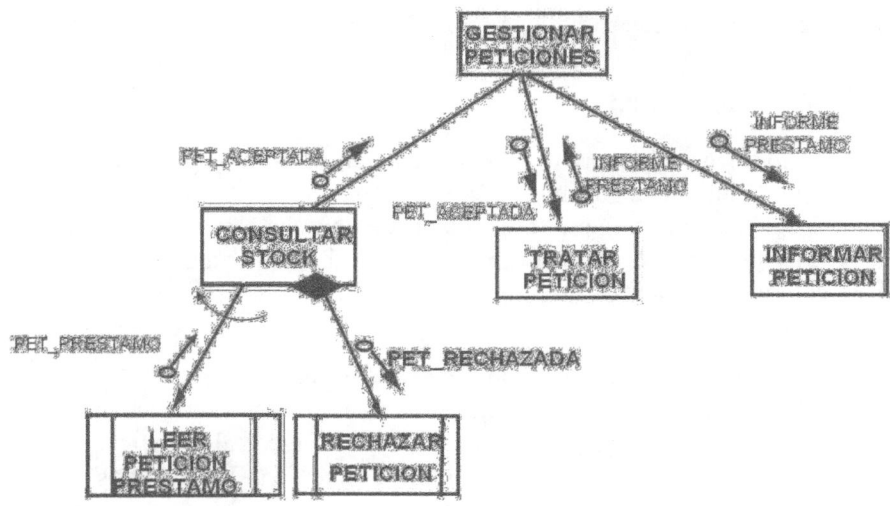

**Figura 17.20.** Programa de gestión de préstamos bibliotecarios. Diagrama de estructura

| Módulo | Fan-In | Fan-Out | [Fin*FOut]² | Longitud | MHK |
|---|---|---|---|---|---|
| Gestionar Peticiones | 2 | 2 | 16 | 10 | 160 |
| Consultar Stock | 1 | 1 | 1 | 14 | 14 |
| Tratar Petición | 1 | 1 | 1 | 20 | 20 |
| Informar Petición | 1 | 0 | 0 | 6 | 0 |
| Leer Petición Préstamo | 0 | 1 | 0 | 8 | 0 |
| Rechazar Petición | 1 | 0 | 0 | 5 | 0 |

**Tabla 17.6.** Valores de las métricas de (Henry y Kafura, 1981)

## 17.4.2 Métricas para sistemas OO

Aunque las métricas anteriores también se pueden usar para medir sistemas orientados a objetos (por ejemplo, el número de líneas de código de un programa escrito en Java), el software desarrollado siguiendo el paradigma OO difiere del desarrollado utilizando enfoques tradicionales. Ello planteó la necesidad de definir nuevas métricas adaptadas a las características particulares de este paradigma, de las cuales se presentan a continuación algunas propuestas representativas.

Las tres primeras propuestas, las métricas MOOSE, MOOD y las de Loren y Kidd, fueron definidas a nivel de diseño, considerando un nivel de diseño detallado. Las propuestas de métricas para diagramas UML se definieron a nivel conceptual.

### 17.4.2.1 MÉTRICAS MOOSE

Las métricas MOOSE o también conocidas como métricas CK fueron propuestas por (Chidamber y Kemerer, 1994) y son las más difundidas en orientación a objetos. De hecho existen numerosos trabajos empíricos sobre la relación de estas métricas y, por ejemplo, la propensión a errores, o la mantenibilidad de las clases, etc. Este conjunto de métricas, definidas a nivel de clases, está compuesto por las siguientes seis métricas:

▼ **Métodos ponderados por clase (WMC,** *Weighted Methods per Class***)**, que mide la complejidad de una clase. Si todos los métodos son igualmente complejos, entonces WMC es igual al número de métodos definidos en una clase. Sea la clase $C_i$ que tiene los métodos $M_1, ..., M_n$ siendo su complejidad respectiva $c_1, ..., c_n$, es posible definir la fórmula:

$$WMC = \sum_{i=1}^{n} C_i$$

Si consideramos en el ejemplo de la Figura 17.6 que todos los métodos tienen complejidad 1, entonces: WMC(Persona) = 8, WMC(Cliente)= 4 (no considerando los métodos heredados) y WMC(Empleado)=10 (no considerando los métodos heredados).

▼ **Profundidad del Árbol de Herencia de una Clase, (DIT,** *Depth of Inheritance Tree***)**. La métrica DIT mide el máximo nivel en la jerarquía de herencia. Se trata de la cuenta directa de los niveles de la jerarquía de herencia, considerando que en el nivel cero de la jerarquía se encuentra la clase raíz. DIT se considera como una métrica del número de clases antecesoras que una clase podría potencialmente afectar, debido a que cuanto mayor sea el nivel de profundidad de herencia de una clase mayor es el número de métodos y atributos que hereda de otras clases.

▼ **Número de Hijos (NOC,** *Number of Children***).** NOC es el número de subclases subordinadas a una clase en la jerarquía, es decir, la cantidad de subclases que pertenecen a una clase. Según (Chidamber y Kemerer, 1994), NOC es un indicador del nivel de reutilización, de la posibilidad de haber creado abstracciones erróneas, y del nivel de pruebas requerido.

Como ejemplo de cálculo de las métricas DIT y NOC, considérese el diagrama de UML de la Figura 17.21. Los valores de la métrica DIT serían: DIT(Clase Persona)=0 (clase persona es la clase raíz o nivel 0), Clase Cliente=1, Clase Empleado=1, Clase Empleado Fijo=2, y Clase Empleado Temporal=2. En cuanto a la métrica NOC, los valores resultantes serían: NOC(Clase Persona=2), Clase Cliente=0 y Clase Empleado=2.

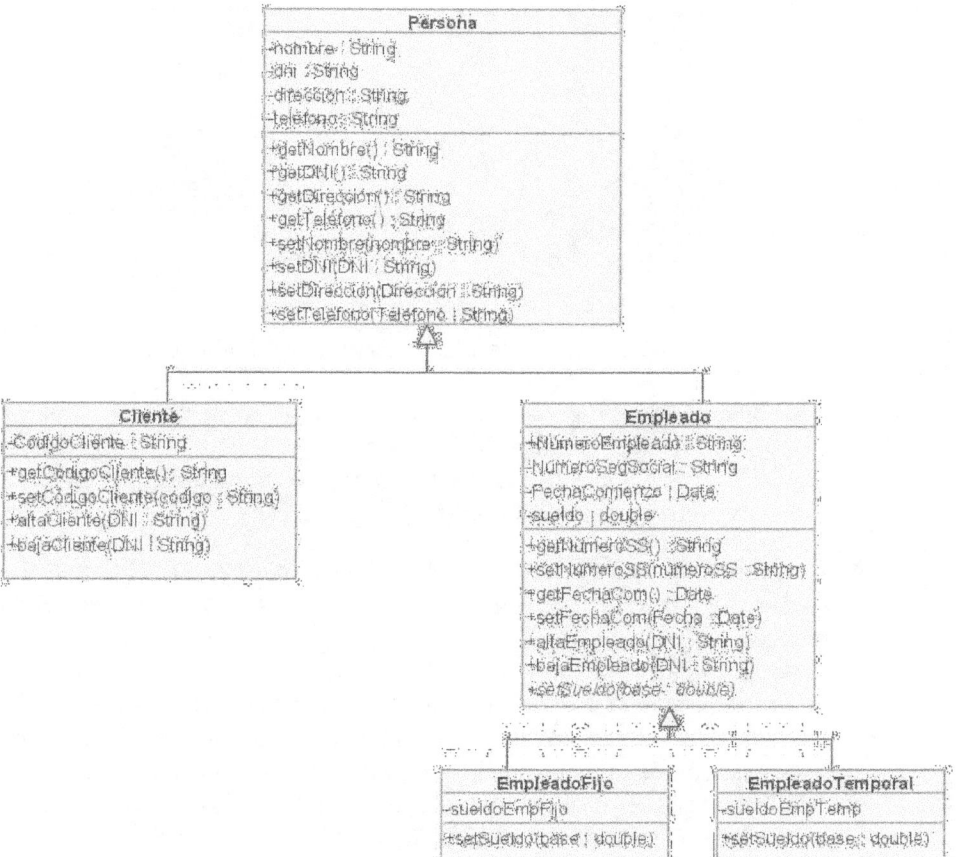

**Figura 17.21.** Diagrama de clases UML de ejemplo

▼ **Acoplamiento entre Objetos (CBO,** *Coupling Between Objects***).** La métrica CBO indica para una clase el número de otras clases con las que está acoplada. Se considera que un objeto está acoplado a otro cuando actúa sobre ese otro objeto, por ejemplo cuando un método de un objeto utiliza un método de otro objeto. Esta métrica se considera útil para predecir el esfuerzo necesario para el mantenimiento y las pruebas. Para ilustrar el cálculo de la métrica CBO considérese el siguiente ejemplo ilustrado con un diagrama de clases UML en la Figura 17.22.

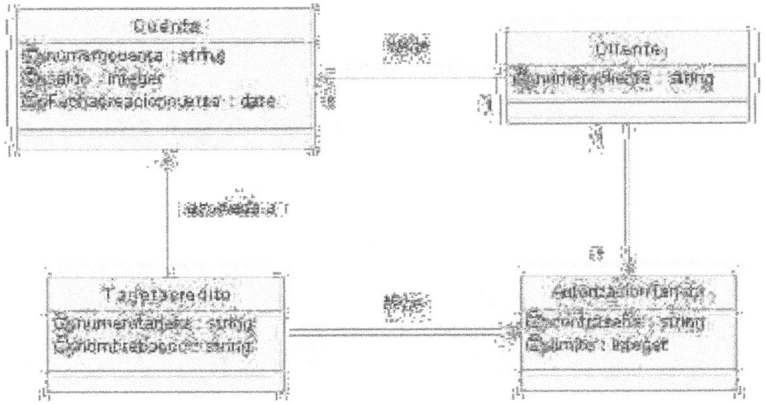

**Figura 17.22.** Diagrama de ejemplo para el cálculo de CBO

El acoplamiento entre objetos para cada clase sería: CBO (Cuenta) = 0, CBO (Tarjeta Crédito)= 2 (Usa métodos de las clases Cuenta y Autorización de Tarjeta) y CBO (Cliente)=2 (Usa métodos de las clases Cuenta y Autorización de Tarjeta).

▼ **Respuesta de una clase (RFC,** *Response For a Class***)**. RFC indica el número de métodos que pueden ser ejecutados potencialmente como respuesta a un mensaje recibido por un objeto de esa clase. RFC por lo tanto se calcula contando las ocurrencias de llamadas a otras clases de una clase particular. La fórmula para calcular esta métrica es la siguiente: RFC=|RS|, donde RS es el conjunto respuesta para la clase. El conjunto respuesta para la clase se puede expresar de la siguiente manera: RS= Ui {Ri}, donde {Ri} es el conjunto de métodos llamados por el método i y {M} es el conjunto de todos los métodos de la clase.

Para una mayor comprensión del modo de cálculo de RFC, considérese que se tiene un sistema compuesto por tres clases A, B y C, de modo que la clase A tiene 4 métodos A:f1,f2,f3,f4; la B tiene 4 métodos B:f1,f2,f3 y la clase C tiene 5 métodos C:*f1, ...,f5*. Las invocaciones de los métodos de A son según este esquema:

```
Clase A con cuatro métodos:
    A::f1( ) invoca B::f1( ), B::f2( ) y C::f3( )
    A::f2( ) invoca B::f1( )
    A::f3( ) invoca A::f4( ), B::f 3( ), C::f1( ) y C::f 2( )
    A::f4( ) No llama a otros métodos

Entonces
    RS=  { A::f1, A::f2, A::f3, A::f4 }
         U {B::f1, B::f2, C::f3 }
         U (B::f1}
         U {A::f4, B::f3, C::f1, C::f2
         -------------------------------------------
         = {A::f1, A::f2, A::f3, A::F4, B::f1, B::f2, B::f3,
            C::f1, C::f2, C::f3}

Resultando RFC(A)=10
```

La métrica RFC se ha calculado para la clase A, la cual tiene 4 métodos locales y llama desde esos métodos a 6 métodos remotos (B: f1, f2, f3 y C:f1,f2,f3). La métrica RFC (Respuesta para una clase) se considera por tanto como la suma de los métodos locales a una clase, más los métodos remotos (métodos invocados de otras clases desde los métodos locales a la clase).

▶ **Falta de cohesión en los métodos (LCOM,** *Lack of Cohesion in Methods*). LCOM establece en qué medida los métodos hacen referencia a los atributos. Se calcula como el número de pares de funciones sin variables compartidas de instancia menos el número de pares de funciones con variables de instancia compartidas. LCOM es una métrica de la cohesión de una clase en base al número de atributos comunes usados por diferentes métodos. Un valor alto en LCOM implica falta de cohesión, es decir, escasa similitud entre los métodos siendo siempre deseable un alto grado de cohesión en los métodos de una clase.

Para ilustrar el cálculo de LCOM, considérese la Figura 17.23 donde los óvalos representan los métodos de una clase y los puntos representan los atributos de la clase. Un punto estará dentro de un óvalo perteneciente a un método, si en el mismo se hace referencia al atributo representado por el punto.

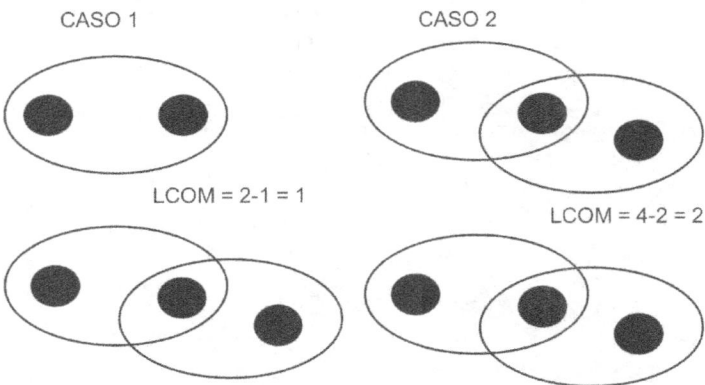

**Figura 17.23.** Diagrama de ejemplo para el cálculo de LCOM y LCOM*

En la Figura 17.23 se ve como LCOM se incrementa según se va incrementando el número de eslabones en la cadena. Esto no es deseable, ya que LCOM mide la cohesión y no debe depender del número de métodos en la cadena, sino de en qué medida los métodos afectan a los atributos de la clase. En el ejemplo de la Figura 17.23 con 3 métodos en la cadena LCOM=0. En cambio con 5 métodos en la cadena LCOM=2. Debido a estos problemas (Henderson-Sellers 1996) propone LCOM* como medida de cohesión, que se calcula mediante la siguiente fórmula, siendo M(A$i$) = número de métodos que accede al atributo $i$; $m$ = número de métodos de la clase.

$$LCOM^* = \frac{PROMEDIO\ (\forall_i\ M(A_i)) - |m|}{|1 - m|}$$

En el caso 1 de la Figura 17.24 el cálculo de esta métrica sería: i=6 (nº atributos), m=3 (nº métodos), M(A1)= M(A2)=M(A3)= M(A4)= M(A6)=1, M(A5)=2, LCOM*= [1/6 * ( 1+1+1+1+2+1)]-3 / (1-3), siendo LCOM*=0'916.

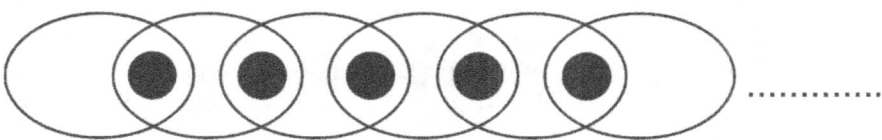

**Figura 17.24.** Incremento de LCOM

En Arvanitou et al. (2017) se presenta un mapeo sistemático que señala que la mantenibilidad es la característica (atributo de calidad) más estudiada, que normalmente la evaluación de las características de calidad se lleva a cabo por una sola métrica, en lugar de una combinación de varias, y resume las principales métricas utilizadas (con su frecuencia) para diferentes características de calidad como se muestra en la Tabla 17.7.

| Atributo de calidad | Métrica de calidad | Frec. |
|---|---|---|
| Mantenibilidad | Depth of Inheritance Tree (DIT) | 6 |
| | Lines of Code (LOC) | 6 |
| | Weighted Methods per Class (WMC) | 6 |
| | Cyclomatic Complexity (CC-VG) | 5 |
| | Lack of Cohesion of Methods-1 (LCOM1) | 5 |
| | Tight Class Cohesion (TCC) | 4 |
| | Number of Children (NOC) | 4 |
| | Response for Class (RFC) | 4 |
| | Message Passing Coupling (MPC) | 4 |
| | Data Abstraction Coupling (DAC) | 4 |
| | Number of Methods (NOM) | 4 |
| Reusabilidad | Lack of Cohesion of Methods-1 (LCOM1) | 3 |
| | Lines of Code (LOC) | 2 |
| | Coupling Between Objects (CBO) | 2 |
| | Response for Class (RFC) | 2 |
| | Message Passing Coupling (MPC) | 2 |
| | Weighted Methods per Class (WMC) | 2 |
| | Number of Children (NOC) | 2 |
| | External Class Complexity (ECC) | 2 |
| | External Class Size (ECS) | 2 |
| Propensión al cambio | Depth of Inheritance Tree (DIT) | 3 |
| | Number of Children (NOC) | 3 |
| | Coupling Between Objects (CBO) | 3 |
| | Response for Class (RFC) | 3 |
| | Lack of Cohesion of Methods-1 (LCOM1) | 3 |
| | Data Abstraction Coupling (DAC) | 3 |
| | Number of Attributes (NA) | 3 |

| Atributo de calidad | Métrica de calidad | Frec. |
|---|---|---|
| Comprensibilidad | Lines of Code (LOC) | 3 |
| | Depth of Inheritance Tree (DIT) | 2 |
| | External Class Complexity (ECC) | 2 |
| | External Class Size (ECS) | 2 |
| Facilidad de prueba (*testability*) | Response for Class (RFC) | 4 |
| | Coupling Between Objects (CBO) | 3 |
| | Lack of Cohesion of Methods-1 (LCOM1) | 3 |
| | Lines of Code (LOC) | 3 |
| Modificabilidad | Depth of Inheritance Tree (DIT) | 2 |
| | Halstead n1 | 2 |
| | Halstead n2 | 2 |
| Estabilidad | Weighted Methods per Class (WMC) | 2 |
| | Lines of Code (LOC) | 2 |
| | System Design Stability (SDI) | 2 |

**Tabla 17.7.** Características y métricas de calidad

Se destaca también que las métricas que mayor validez empírica presentan son DIT, NOC, RFC, LCOM1 y WMC.

Por su parte, (Núñez-Varela et al., 2017) realizaron un mapeo sistemático sobre métricas para código fuente, de modo que seleccionaron como relevantes un total de 226 artículos, publicados entre 2010 y 2015.

Uno de los aspectos abordados fue la clasificación de los trabajos sobre métricas de acuerdo al paradigma de programación, de modo que:

▼ Programación Orientada a Objetos, abarca con 194 más del 85% de los trabajos.

▼ Programación Orientada a Aspectos, que es considerada en 33 trabajos.

▼ Programación Procedural, con 12 trabajos relacionados.

▼ Programación orientada a Características (*feature oriented programming*), que es tratada en 16 trabajos.

En las Tablas 17.8 a 17.11 se muestran las propuestas de métricas relacionadas con el paradigma de orientación a objetos, orientación a aspectos, programación orientada a características y programación procedural, así como sus ocurrencias en los trabajos seleccionados en el estudio:

| Métricas (Orientación a Objetos) | Ocurrencias |
|---|---|
| Weighted Methods per Class (WMC) | 89 |
| Coupling Between Objects (CBO) | 89 |
| Lack of Cohesion in Methods (LCOM) | 86 |
| Depth of Inheritance Tree (DIT) | 81 |
| Lines of Code (LOC) | 79 |
| Number of Children (NOC) | 77 |
| Response for a Class (RFC) | 72 |
| Number of Methods (NOM) | 57 |
| Cyclomatic Complexity (V(G)) | 55 |
| Number of Attributes (NOA) | 43 |
| Fan-out (FANOUT) | 27 |
| Fan-in (FANIN), Number of Public Methods (NOPM) | 22 |
| Lines of Comments (LCOMM) | 21 |
| Afferent Couplings (Ca), Efferent Couplings (Ce) | 20 |
| Lack of Cohesion in Methods 2 (LCOM2) | 18 |
| Lines of Source Code (SLOC) | 17 |
| Lack of Cohesion in Methods 3 (LCOM3) | 16 |
| Cohesion Among Methods (CAM), Number of Classes (NCLASS), Number of Parameters (NPAR) | 15 |
| Nesting level (NEST), Message Passage Coupling (MPC) | 14 |
| Number of Overriden Methods (NMO), Number of Public Attributes (NOPA) | 13 |
| Lack of Cohesion in Methods 4 (LCOM4) | 12 |
| Effort (E), Instability (I), Lack of Cohesion in Methods 5 (LCOM5), Tight Class Cohesion (TCC) | 11 |
| Abstractness (A), Loose Class Cohesion (LCC), Numer of Statements (STAT), Number of Methods Inherited (NMI) | 10 |
| Attribute Hiding Factor (AHF), Class Cohesion (CC), Data Abstraction Coupling (DAC), Data Access Metric (DAM), Method of Aggregation (MOA), Method Hiding Factor (MHF), Normalized Distance from Main Sequence (Dn) | 9 |

**Tabla 17.8.** Métricas OO y ocurrencias en los estudios seleccionados (Núñez-Varela et al., 2017)

| Métricas (Orientación a Aspectos) | Ocurrencias |
|---|---|
| Concern Diffusion Over Components (CDC) | 11 |
| Concern Diffusion Over Operations (CDO) | 11 |
| Lack of Cohesion in Operations (LCOO) | 10 |
| Coupling Between Components (CBC) | 8 |
| Concern Diffusion over Lines of Code (CDLOC) | 8 |
| Depth of Inheritance Tree (DIT) | 7 |
| Concern Lines of Code (LOCC) | 6 |
| Coupling on Advice Execution (CAE) | 5 |
| Crosscutting Degree of an Aspect (CDA) | 5 |
| Coupling Between Modules (CBM) | 4 |
| Number of Attributes per Class (NAC) | 4 |
| Weighted Operations in a Module (WOM) | 4 |
| Lack of Concern-Based Cohesion (LCBC) | 4 |
| Degree of Scattering (DOS) | 3 |
| Degree of Tangling (DOT) | 3 |
| Number Concerns per Component (NCC) | 3 |
| Number of Children of the Aspect (NOC) | 3 |
| Response for a Module (RFM) | 3 |

**Tabla 17.9.** Métricas Orientación a Aspectos y ocurrencias en los estudios seleccionados (Núñez-Varela et al., 2017)

| Métricas (Orientación a Características) | Ocurrencias |
|---|---|
| Number of Features (NOF) | 6 |
| Number of Refined Constants (NCR) | 4 |
| Number of Constants (NOCT) | 3 |
| Number of Refinements (NOR) | 3 |
| Degree of Scattering (DOS) | 2 |
| Degree of Tangling (DOT) | 2 |
| Scattering of a Feature (FSCA) | 2 |
| Tangling of a Package (FTANG) | 2 |
| Lines of Feature Code (LOF) | 2 |
| Number of Methods Annotated (NFM) | 2 |
| Number of Annotations (NAN) | 2 |
| Number of Method Refinements (NMR) | 2 |
| Number of Refined Constants (NRC) | 2 |
| Number of Refined Methods (NRM) | 2 |

**Tabla 17.10.** Métricas Orientación a Características y ocurrencias en los estudios seleccionados (Núñez-Varela et al., 2017)

| Métricas (Programación Procedural) | Ocurrencias |
|---|---|
| McCabe Cyclomatic Complexity (V(G)) | 9 |
| Number of Lines of Code (LOC) | 8 |
| Blank lines of code (BLOC) | 4 |
| Lines of Comments (LCOMM) | 4 |
| Number of Distinct Operators (n1) | 3 |
| Number of Distinct Operands (n2) | 3 |
| Total Number of Operators (N1) | 3 |
| Total Number of Operands (N2) | 3 |
| Program Length (N) | 3 |
| Volume (V) | 3 |
| Difficulty (D) | 3 |
| Effort (E) | 3 |
| Program Vocabulary (n) | 2 |
| Number of Statements (STAT) | 2 |
| Nesting level (NEST) | 2 |
| Source Lines of Code (SLOC) | 2 |
| Essential Complexity (EV(G)) | 2 |
| Number of Possible Paths (NPATH) | 2 |
| Fan-Out (FANOUT) | 2 |

**Tabla 17.11.** Métricas de programación procedural y ocurrencias en los estudios seleccionados (Núñez-Varela et al., 2017)

### 17.4.2.2 MÉTRICAS MOOD

Este conjunto de métricas fue propuesto por (Brito e Abreu y Carapuça, 1994) y su objetivo es medir los principales mecanismos del paradigma OO, tales como encapsulación, herencia, polimorfismo y paso de mensajes, así como polimorfismo y su consecuente influencia sobre la calidad del software y la productividad en el desarrollo. Las métricas MOOD se pueden utilizar en las fases de diseño y se definieron para ser aplicadas a nivel de diagrama de clases (Tabla 17.12).

| Nombre | Definición |
|---|---|
| MHF | El Factor de Ocultamiento de los Métodos (*Meted Hiding Factor*) mide la proporción entre los métodos definidos como protegidos o privados y el número total de métodos. MHF se propone como una medida de **encapsulación**, cantidad relativa de información oculta. |
| AHF | El Factor de Ocultamiento de los Atributos (*Attribute Hiding Factor*) se define como el cociente entre la suma de las invisibilidades de todos los atributos definidos en todas las clases y el número total de atributos definidos en el sistema considerado. La invisibilidad de un atributo es el porcentaje del total de clases desde las cuales los atributos son invisibles. AHF se definió como una medida de **encapsulación.** |
| MIF | El Factor de Herencia de los Métodos (*Method Inheritance Factor*) se define como el cociente entre la suma de los métodos heredados en todas las clases del sistema considerado y el número total de métodos existentes (tanto los definidos localmente como los heredados) en todas las clases. MIF se define como una medida de herencia y, por lo tanto, como una medida del nivel de **reutilización.** |
| AIF | El Factor de Herencia de los Atributos (*Attribute Inheritance Factor*) se define como el cociente entre la suma de los atributos heredados en todas las clases del sistema considerado y el número total de atributos existentes (tanto los definidos localmente como los heredados) en todas las clases. Al igual que MIF, AIF se considera como un medio para expresar la capacidad de **reutilización** en un sistema. |
| PF | El Factor de Polimorfismo (*Polymorphism Factor*) se define como el cociente entre el número actual de posibles diferentes situaciones de polimorfismo, y el número máximo de posibles situaciones distintas de polimorfismo para la clase Ci. PF es una **medida del polimorfismo** y una medida indirecta de la asociación dinámica en un sistema. |

**Tabla 17.12.** Métricas MOOD

A continuación se ilustra con el siguiente ejemplo de código escrito en C++ el cálculo de las métricas anteriores.

```cpp
Class FormaGeométrica {
Protected:
Double posicionX;
Double posicionY;
Void Dibujar();
Public:
Void Cortar();
   Void Borrar();
   Void Mover(double DesplazX, double DesplazY);
   Void Desagrupar();
   Virtual void Posicionar (double posX, double
                            posY); //constructor
   Virtual void Escribir (int color); //llama a
                                      //dibujar
   Virtual double Area();
   }
Class cuadro:public FormaGeométrica{
   Protected:
      Double anchura;
      Double altura;
      Double DameAnchura();
      Double DameAltura();
   Public:
   Void Establecerdimensiones (double altura, double anchura);
   Void Posicionar (double posX, double posY);
   Void Escribir( int color);
   Double Area();
   }
Class círculo:public FormaGeométrica{
   Protected:
      Double radio;
   Public:
      Void EstablecerRadio (double radio);
      Void Posicionar (double posX, double posY);
      Void Escribir( int color);
      Double Area();
   }
```

▼ Cálculo de la métrica MHF

| Clase | $M_H$ | $M_V$ | $M_D$ |
|---|---|---|---|
| Forma Geométrica | 1 | 7 | 8 |
| Cuadro | 2 | 4 | 6 |
| Círculo | 0 | 4 | 4 |

- $M_H$: Forma Geométrica=1 (Dibujar); Cuadro=2 (DameAnchura, DameAltura); Círculo=0

- $M_V$: Forma Geométrica=7 (Cortar, Borrar, Mover, Desagrupar, Posicionar, Escribir, Area); Cuadro=4 (EstablecerDimensiones, Posicionar, Escribir, Area); Círculo=4 (EstablecerRadio, Posicionar, Escribir, Área)

- $M_D = M_H + M_V$
  MHF= 3/18= 0,1666666..

▼ Cálculo de la métrica AHF

| Clase | $A_H$ | $A_V$ | $A_D$ |
|---|---|---|---|
| Forma Geométrica | 2 | 0 | 2 |
| Cuadro | 2 | 0 | 2 |
| Círculo | 1 | 0 | 1 |

- $A_H$: Forma Geométrica=2 (posicionX, posicionY); Cuadro=2 (Anchura, Altura); Círculo=1 (Radio);

- $A_V$: Forma Geométrica=0; Cuadro=0; Círculo=0

- $A_D = A_H + A_V$
  AHF= 5/5= 1

▼ **Cálculo de la métrica MIF**

| Clase | $M_N$ | $M_O$ | $M_I$ | $M_D$ | $M_A$ |
|---|---|---|---|---|---|
| Forma Geométrica | 8 | 0 | 0 | 8 | 8 |
| Cuadro | 3 | 3 | 5 | 6 | 11 |
| Círculo | 1 | 3 | 5 | 4 | 9 |

- $M_N$: Forma Geométrica=8 (Todos los métodos); Cuadro=3 (DameAnchura, DameAltura, EstablecerDimensiones); Círculo=1 (Radio)

- $M_O$: Forma Geométrica=0; Cuadro=3 (Posicionar, Escribir, Área); Círculo=3 (Posicionar, Escribir, Área)

- $M_I$: Forma Geométrica=0; Cuadro=5 (Cortar, Borrar, Mover, Desagrupar, Dibujar); Círculo=5 (Cortar, Borrar, Mover, Desagrupar, Dibujar).

- $M_A = M_D + M_I$; $M_D = M_N + M_O$;
  **MIF= 10/28=0,3571428**

▼ **Cálculo de la métrica AIF**

| Clase | $A_N$ | $A_O$ | $A_I$ | $A_D$ | $A_A$ |
|---|---|---|---|---|---|
| Forma Geométrica | 2 | 0 | 0 | 2 | 2 |
| Cuadro | 2 | 0 | 2 | 2 | 4 |
| Círculo | 1 | 0 | 2 | 1 | 3 |

- $A_N$: Forma Geométrica=2 (posicionX, posicionY); Cuadro=2 (Altura, Anchura); Círculo=1 (Radio)

- $A_O$: Forma Geométrica=0; Cuadro=0 ; Círculo=0

- $A_I$: Forma Geométrica=0; Cuadro=2 (posicionX, posicionY); Círculo=2 (PosicionX, PosicionY)

- $A_D = A_N + A_O$; $A_A = A_D + A_I$;
  **AIF= 4/9=0,444444..**

▼ Cálculo de la métrica PF

| Clase | $M_O$ | $M_N$ | DC |
|---|---|---|---|
| Forma Geométrica | 0 | 8 | 2 |
| Cuadro | 3 | 3 | 0 |
| Círculo | 3 | 1 | 0 |

- $D_C$: Forma Geométrica=2 (Cuadro, Círculo); Cuadro=0; Círculo=0;
  **PF= 6/16=0,375**

Después de llevar a cabo un estudio empírico, (Brito e Abreu y Melo, 1996) sugirieron que:

- Cuando el valor de MHF aumenta, la densidad de defectos y el esfuerzo requerido para corregirlos tendrían que disminuir.

- Cuando el valor de MIF aumenta, la densidad de defectos y el esfuerzo requerido para corregirlos tendrían que disminuir.

- Idealmente, el valor de la métrica AHF sería 100%; por ejemplo, todos los atributos estarían ocultos y solo podrían ser accedidos desde los métodos de las clases correspondientes.

- A primera vista podría resultar tentador pensar que la herencia debería ser usada extensivamente. Sin embargo, la excesiva reusabilidad a través de la herencia hace a los sistemas más difíciles de comprender y mantener.

- En relación con la métrica PF, en algunos casos los métodos redefinidos pueden contribuir a reducir la complejidad e incluso a hacer el sistema más comprensible y fácil de mantener.

### 17.4.2.3 MÉTRICAS DE LORENZ Y KIDD

(Lorenz y Kidd, 1994) propusieron un conjunto de métricas llamadas "*métricas de diseño*", que se refieren a características estáticas del diseño de un producto software. Estos autores clasificaron las métricas en: métricas de tamaño, métricas de herencia y métricas de características internas de las clases (Tabla 17.13):

| | Nombre | Definición |
|---|---|---|
| Métricas de tamaño | PIM | El Número de Métodos de Instancia Públicos de una clase es el número total de métodos públicos de instancias. Los métodos públicos son aquellos que están disponibles como servicios para otras clases. |
| | NIM | El Número de Métodos de Instancia es la suma de todos los métodos de una clase, considerando tanto los métodos públicos como los protegidos y privados. |
| | NIV | El Número de Variables de Instancia es el número total de variables a nivel de instancia que tiene una clase, considerando las variables privadas y protegidas disponibles en una clase. |
| | NCM | El Número de Métodos de Clase es el número total de métodos a nivel de clase, por ejemplo, aquellos métodos que son globales a todas las instancias que tiene una clase. |
| | NVV | El Número de variables de Clase es el número total de variables a nivel de clase que tiene una clase. |
| Métricas de herencia | NMO | El Número de Métodos Sobrecargados es el número total de métodos sobrecargados por una subclase. |
| | NMI | El Número de Métodos Heredados es el número total de métodos que una clase hereda. |
| | NMA | El Número de Métodos Añadidos es el número total de métodos que se definen en una subclase. Esta métrica se definió para medir la calidad del uso de la herencia, ya que examina la relación de herencia entre subclases y superclases. |
| | SIX | El Índice de Especialización para cada clase se define así: $$\frac{NúmerodeMétodosSobreescritos * NiveldeAnidamientoEnLaJerarquía}{NúmeroTotalDeMétodos}$$ Esta métrica mide hasta qué punto una subclase redefine el comportamiento de una superclase. |
| Métricas de características internas de las clases | APPM | El Promedio de Parámetros por Método se define así: $$\frac{NúmeroTotalDeParámetrosPorMétodo}{NúmeroTotalDeMétodos}$$ |
| | LOC | Líneas de Código por Método. Es el número de líneas ejecutables en un método |
| | NOM | Número de mensajes enviados en un método |

**Tabla 17.13.** Métricas de (Lorenz y Kidd, 1994)

Considérese el ejemplo ilustrado en la Figura 17.6. El valor de las métricas anteriores sería como sigue:

- PIM(Persona) = 8 (todos los métodos de la clase son de visibilidad pública).

- NIM(Persona) = 8

- NIV(Persona) = 4 (todos los atributos de la clase son a nivel de instancia de visibilidad privada).

- NCM(Persona) = 0 (la clase persona no tiene ningún método estático o a nivel de clase).

- NVV(Persona) = 0 (la clase persona no tienen ningún atributo estático o a nivel de clase).

- NMO(Empleado Fijo) = 1 (redefine el método setSueldo).

- NMO(Empleado Temporal) = 1 (redefine el método setSueldo).

- NMI (Cliente) = 8

- NMA(Cliente) = 4

- SIX (Empleado Fijo) = 1 (método sobrescrito) * 2 / 16 (total de métodos).

- APPM(Persona) = 4 / 8 = 0,5

De acuerdo a nuestro conocimiento, no se han publicado trabajos sobre la validación teórica de estas métricas.

Después de aplicar estas métricas a cinco proyectos reales (escritos en Smalltalk y C++), (Lorenz y Kidd, 1994) propusieron ciertas recomendaciones, alguna de las cuales citamos a continuación:

- Una jerarquía poco profunda o demasiado profunda tiene repercusión directa sobre la calidad del diseño.

- Ningún método de instancias o muchos métodos de instancia pueden indicar una distribución de responsabilidades poco óptima (en relación con la métrica NIM).

- Un gran número de variables de instancia puede indicar demasiado acoplamiento con otras clases, lo que reduce la reutilización (en relación con la métrica NIV).

▼ El promedio de variables de clases debería ser bajo. En general debe haber menos variables de clase que variables de instancia.

▼ Demasiados métodos a nivel de clase pueden indicar el uso inapropiado de las clases para hacer el trabajo en lugar de instancias (en relación con la métrica NCM).

▼ Métodos sobrecargados, especialmente en niveles muy profundos de la jerarquía de herencia, pueden indicar un diseño pobre de la jerarquía (en relación con la métrica NMO).

▼ El Índice de Especialización para cada clase puede ser muy útil para identificar clases teniendo en cuenta su ubicación dentro de la jerarquía y aquellas que puedan traer problemas en el diseño.

▼ Ellos también sugieren un valor límite de 0,7 para el número de métodos promedio por clase (en relación con la métrica APM).

Para calcular los valores de estas métricas se desarrolló una herramienta llamada OOMetric, aunque solo se puede aplicar a código escrito en Smalltalk y C++.

### 17.4.2.4 MÉTRICAS PARA DIAGRAMAS UML

En esta sección resumiremos un conjunto de métricas OO extraídas de la literatura existente. Solamente se tendrán en cuenta aquellas métricas que se pueden aplicar a diagramas UML en una etapa de modelado conceptual o diseño de alto nivel.

Dado que los diagramas de clases, de casos de uso y de transición de estados son los más utilizados en el diseño de sistemas OO, existen numerosas propuestas de métricas para cuantificar objetivamente diferentes características de su calidad.

#### 17.4.2.4.1 Métricas para diagramas de clases

Dado que el diagrama de clases es el más utilizado, existen numerosas propuestas de métricas que, si bien fueron definidas para la etapa de diseño detallado, se pueden aplicar a nivel conceptual. Si se considera que durante la etapa de modelado conceptual en un diagrama de clases se incluyen: paquetes, clases, cada clase tiene atributos y operaciones, las operaciones solo tienen su signatura (el nombre de las operaciones y sus parámetros), relaciones (asociaciones, agregaciones, generalizaciones y dependencias); las propuestas de métricas que se podrían adaptar son algunas de las ya presentadas: (Chidamber y Kemerer, 1994), (Lorenz y Kidd, 1994), (Brito e Abreu y Carapuça, 1994), entre otras.

La única propuesta de métricas que fue definida específicamente para diagramas de clases UML y que ha sido validada empíricamente es la de (Genero et al., 2000), que presentaremos a continuación a modo de ejemplo. Un estudio más detallado sobre métricas para diagramas de clases se puede encontrar en (Cruz-Lemus et al., 2005).

(Genero et al., 2000) propusieron un conjunto de métricas para medir la complejidad estructural de los modelos de clases debido al uso de relaciones UML, como las agregaciones, asociaciones y dependencias, que se muestran en la Tabla 17.14.

| Nombre | Definición |
| --- | --- |
| NAssoc | La métrica Número de Asociaciones se define como el número total de asociaciones dentro de un modelo de clases. |
| NAgg | La métrica Número de Agregaciones se define como el número total de relaciones de agregación dentro de un modelo de clases (cada par todo-parte en una relación de agregación). |
| NDep | La métrica Número de Dependencias se define como el número total de relaciones de dependencia dentro de un modelo de clases. |
| NGen | La métrica Número de Generalizaciones se define como el número total de relaciones de generalización dentro de un modelo de clases (cada par padre-hijo en una relación de generalización). |
| NGenH | La métrica Número de Jerarquías de Generalización se define como el número total de jerarquías de generalización dentro de un modelo de clases. |
| NAggH | La métrica Número de Jerarquías de Agregación se define como el número total de jerarquías de agregación dentro de un modelo de clases. |
| MaxDIT | La métrica Máximo DIT se define como el máximo entre los valores DIT obtenidos de cada clase del modelo de clases. El valor de DIT para una clase dentro de una jerarquía de generalización es la longitud de la ruta más larga partiendo de la clase a la clase raíz de la jerarquía. |
| MaxHAgg | La métrica Máximo HAgg se define como el máximo de los valores HAgg obtenidos de cada clase del modelo de clases. El valor HAgg para una clase dentro de la jerarquía de agregación es la longitud de la ruta más larga desde la clase hasta las hojas. |

Tabla 17.14. Métricas para diagramas de clases UML (Genero et al., 2000)

A continuación mostramos un ejemplo del cálculo de estas métricas. El valor de las métricas mostradas en la Tabla 17.15 se basa en el diagrama de clases mostrado en la Figura 17.25.

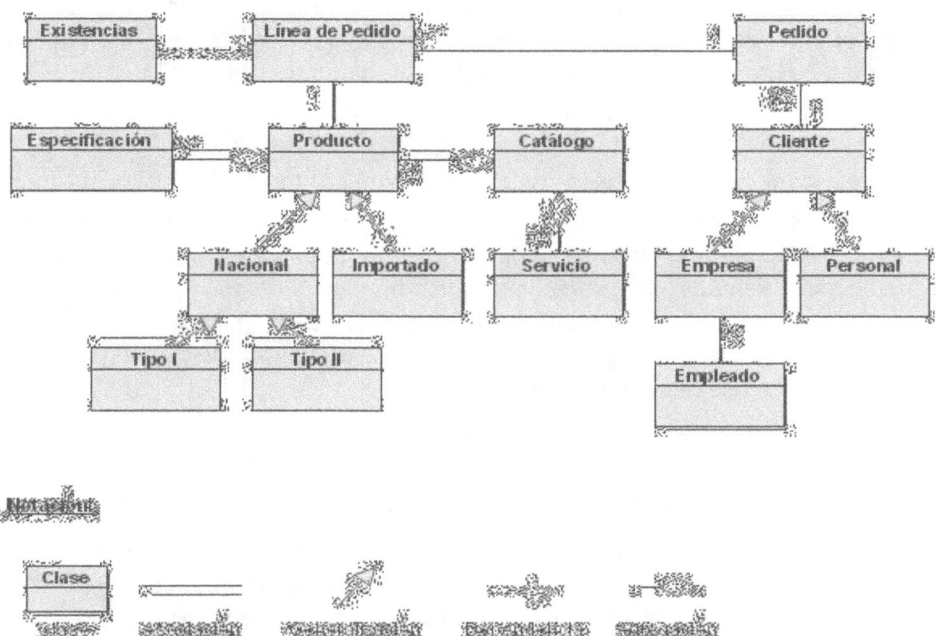

**Figura 17.25.** Diagrama de clases utilizado para calcular las métricas de (Genero et al., 2000)

| Métricas | Valores | Explicación |
|---|---|---|
| NAssoc | 4 | **Asociaciones** = (Pedido-Cliente), (Pedido, Línea de Pedido), (Línea de Pedido-Producto), (Cliente de la Empresa-Empleado), |
| NAgg | 3 | **Agregaciones** = (Catálogo-Producto), (Catálogo-Servicio), (Producto-Especificación) |
| NDep | 1 | **Dependencias** = (Existencias, Línea de Producto) |
| NGen | 6 | **Generalizaciones** = (Cliente, Empresa), (Cliente, Personal), (Producto, Nacional), (Producto, Importado), (Nacional, Tipo I), (Nacional, Tipo II) |
| NAggH | 1 | Existe una única jerarquía de agregación que tiene como parte "todo", la clase Catálogo. |
| NGenH | 2 | Existen dos jerarquías de generalización: una cuya clase raíz es Cliente y la otra Producto. |
| MaxHAgg | 2 | HAgg(Especificación) = 0, HAgg(Producto) = 1, HAgg(Catálogo) = 2, HAgg(Servicio) = 0; El valor máximo de la métrica HAgg es 2. |
| MaxDIT | 2 | DIT(Tipo II) = 2, DIT(Tipo I) = 2, DIT(Nacional) = 1, DIT(Producto) = 0, DIT(Importado) = 1, DIT(Empresa) = 1, DIT(Personal) = 1, DIT(Cliente) = 0; El valor máximo de la métrica DIT es 2. |

**Tabla 17.15.** Resultado del cálculo de las métricas aplicadas al diagrama de clases de la Figura 17.25

En (Genero, 2002) fueron validadas teóricamente usando el marco de (Briand et al., 1996), concluyendo que las métricas propuestas para diagramas de clases miden complejidad. También se utilizó el marco de (Poels y Dedene, 2000), concluyendo que las métricas miden los atributos que pretenden medir y que además están en la escala de ratio.

Se realizaron varios experimentos controlados para validar empíricamente estas métricas para diagramas de clases. En (Genero et al., 2007) se puede ver un resumen de la experimentación realizada con estas métricas y también los modelos de predicción obtenidos para el tiempo de entendimiento y tiempo de modificabilidad de los diagramas de clases. En esta experimentación también se consideraron tres métricas clásicas relacionadas con el tamaño de los diagramas de clases: número de clases, número de atributos y número de métodos.

Los autores comentan que las métricas que parecen estar más relacionadas con el tiempo que los modeladores tardan en entender y modificar los diagramas de clases son aquellas que tienen que ver con las asociaciones y las generalizaciones.

Los autores de esta propuesta sugirieron que para obtener resultados definitivos es necesario replicar los experimentos realizados, así como constatar si las métricas son válidas utilizando diagramas de clases obtenidos en proyectos reales.

### 17.4.2.4.2 Métricas para diagramas de transición de estados

Uno de los primeros trabajos para la definición de indicadores de comportamiento de los diagramas se pueden encontrar en (Derr, 1995), donde un grupo de métricas (Tabla 17.16) se aplican a los diagramas de estados desarrollados con OMT (Rumbaugh et al., 1991).

| Atributo medido | Métricas |
|---|---|
| Complejidad del modelo | Número de escenarios |
| Complejidad de las transiciones de los estados | Número de estados |
| | Número de transiciones |

Tabla 17.16. Métricas de (Derr, 1995)

Estas métricas, si bien se aplicaron a OMT, también son aplicables a UML.

(Carbone y Santucci, 2002) presentan un método para calcular la complejidad de una clase en un proyecto de software elaborado bajo el paradigma OO. Entre otras métricas, proponen algunas para diagramas de transición de estados que se muestran en la Tabla 17.17.

| Métricas | Nombre |
|---|---|
| numSta(*std*) | Número de estados |
| numAction(*std*) | Número de acciones |
| totSta(*c*) | Cantidad total de estados de la clase c |
| totAction(*c*) | Cantidad total de acciones de la clase c |

**Tabla 17.17.** Métricas de (Carbone y Santucci, 2002)

Todas estas métricas propuestas para diagramas de transición de estados no pasaron del proceso de definición. No existen trabajos que se refieran a su validación teórica y empírica.

Las únicas métricas validadas para estos diagramas fueron propuestas por (Cruz-Lemus et al., 2005). A continuación mostramos, en la Tabla 17.18, un resumen de la definición de estas métricas para medir la complejidad estructural y el tamaño de los diagramas de transición de estados.

| Nombre | Siglas | Descripción |
|---|---|---|
| Nivel de anidación de los estados compuestos | NLCS | El número máximo de estados compuestos anidados en otros estados compuestos en el diagrama de estados. |
| Número de actividades | NA | El número total de actividades (hacer/actividad) en el diagrama de estados. |
| Número de estados compuestos | NCS | El número total de estados compuestos en el diagrama de estados. |
| Número de transiciones complejas | NCT | Una transición compleja ha cumplido una serie de condiciones de guardia, eventos o acciones, mientras que una transición simple no. Esta métrica está especializada en tres tipos de métricas. |
| | NCTG1 | Número de transiciones que han cumplido una condición de guarda y un evento. |
| | BCTG2 | Número de transiciones que han cumplido un evento y una lista de acciones. |
| | NCTG3 | Número de transiciones que han cumplido un evento, una condición de guarda y una lista de acciones. |
| Número de eventos | NE | El número total de eventos, de cualquier tipo (cambio, llamada, señal o eventos temporales). |
| Número de acciones de entrada | NEntryA | El número total de acciones de entrada, es decir, las acciones que se realizan cada vez que se alcanza un determinado estado. |
| Número de acciones de salida | NExitA | El número total de acciones de salida, es decir, las acciones que se realizan cada vez que se deja un determinado estado. |
| Número de guardas | NG | El número total de condiciones de guarda del diagrama de estados. |
| Número de acciones indirectas | NIA | Número de acciones que deben realizarse asociadas a una transición. |

| Nombre | Siglas | Descripción |
|---|---|---|
| Número de estados simples | NSS | El número total de estados, considerando solo los estados simples (subestados) que componen los estados compuestos. |
| Número de transiciones | NT | El número total de transiciones, considerando las transiciones comunes (con diferentes estados en el origen y el destino), las transiciones iniciales y finales, transiciones sobre sí mismo (siendo el origen y el destino el mismo estado) y transiciones internas (transiciones dentro de un estado que responden a un evento, pero sin salir del estado). |

**Tabla 17.18.** Métricas para diagramas de transición de estados propuestas por (Cruz-Lemus et al., 2005)

A continuación, aplicaremos estas métricas al diagrama de transición de estados de la Figura 17.26. Los valores obtenidos para cada métrica se muestran en la Tabla 17.19.

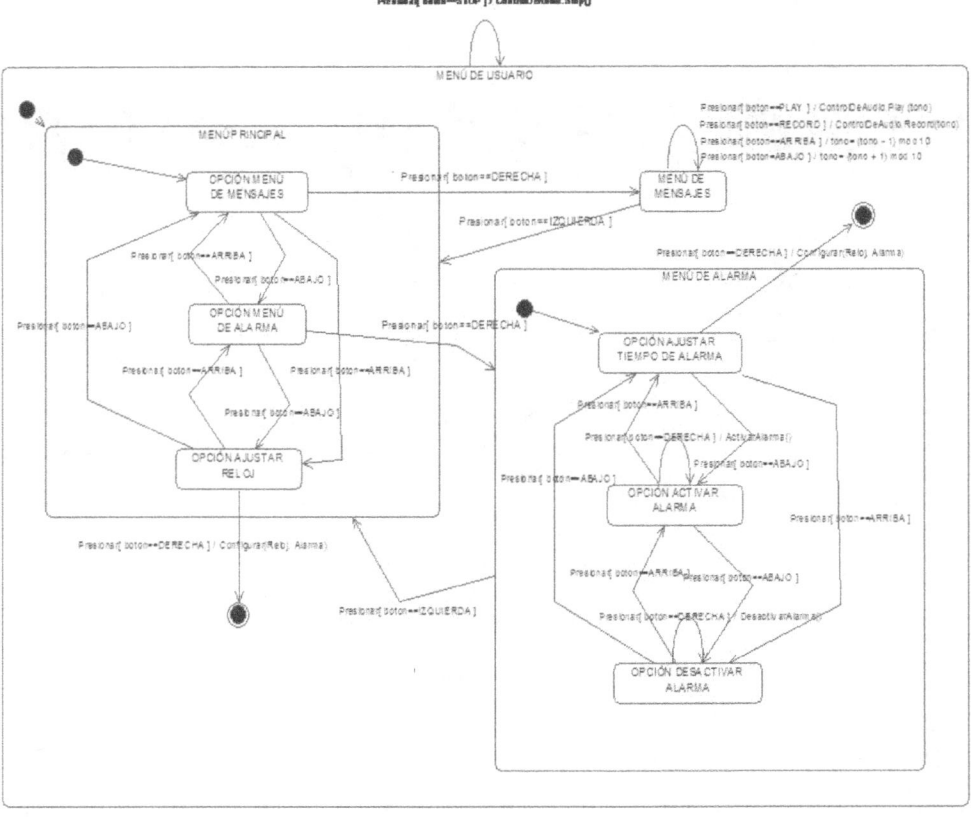

**Figura 17.26.** Diagrama de transición de estados para calcular las métricas de (Cruz-Lemus et al., 2005)

| Métricas | Valores | Explicación |
|---|---|---|
| NentryA | 0 | No hay acciones de entrada |
| NexitA | 0 | No hay acciones de salida |
| NA | 0 | No hay acciones del tipo do/Activity |
| NSS | 7 | OPCIÓN MENÚ DE MENSAJES, OPCIÓN MENÚ DE ALARMA, OPCIÓN AJUSTAR RELOJ, MENÚ DE MENSAJES, OPCIÓN AJUSTAR TIEMPO DE ALARMA, OPCIÓN ACTIVAR ALARMA, OPCIÓN DESACTIVAR ALARMA |
| NCS | 3 | MENÚ DE USUARIO, MENÚ PRINCIPAL y MENÚ DE ALARMA |
| NE | 25 | Uno por cada fecha etiquetada en el diagrama |
| NG | 25 | Una por cada condición encerrada entre corchetes [ ] |
| NT | 28 | Una por cada flecha que conecta dos estados en el diagrama |
| NLCS | 2 | MENÚ PRINCIPAL, dentro de MENÚ DE USUARIO |
| NTG1 | 16 | Transiciones con un evento y una condición de guarda asociados |
| NTG2 | 0 | No hay transiciones de este tipo |
| NTG3 | 8 | Transiciones con un evento, una condición de guarda y una acción interna asociadas |
| NIA | 8 | Transiciones con una acción interna asociada |

**Tabla 17.19.** Ejemplo del cálculo de las métricas propuestas en (Cruz-Lemus et al., 2005)

A través de experimentación, se ha encontrado que existe correlación entre el tiempo que se tarda en entender un diagrama de transición de estados y el número de guardas, el número de estados simples, el número de actividades y el número de transiciones.

También se han realizado numerosos experimentos para evaluar si el uso de estados compuestos mejora la entendibilidad de los diagramas de transición de estados, como era de esperar. Sin embargo, los resultados de la experimentación, tanto con estudiantes como con profesionales, mostraron que parece ser que los estados compuestos no facilitan el entendimiento de los diagramas de estados (Cruz-Lemus, 2007).

En futuros trabajos se estudiará si estas métricas tienen también influencia sobre la modificabilidad de los diagramas de transición de estados.

### 17.4.2.4.3 Métricas para diagramas de casos de uso

En realidad, UML solo cubre la notación de los diagramas de los casos de uso. Como varios autores comentan, los diagramas de casos de uso deben entenderse únicamente como una tabla de contenido de los propios casos de uso, no como una alternativa para su especificación textual. En los diagramas de casos de uso, solo se muestran el nombre de los casos de uso, los actores que participan y algunas relaciones entre casos de uso. La esencia de los casos de uso, es decir, su secuencia de interacciones actor-sistema, no puede derivarse de ninguna manera a partir de los diagramas de casos de uso. Así pues, es necesario complementar los diagramas de casos de uso con la especificación textual de los mismos.

Según nuestro conocimiento, existen pocas propuestas de métricas específicas para diagramas de casos de uso, tales como (Marchesi, 1998); (Saeki, 2003) y (Alexander, 2001). También existen otras propuestas específicas para casos de uso, como por ejemplo las propuestas de (Feldt 2000); (Henderson-Sellers et al., 2002) y (Bernárdez et al., 2004), entre otros.

Las métricas más comunes para casos de uso en la que se basan las propuestas de (Marchesi ,1998), (Saeki, 2003) y (Alexander, 2001) son: el Número de casos de uso ($N_{CU}$), el Número de actores ($N_A$) y el número de relaciones de inclusión y extensión ($N_I$, $N_E$) en un diagrama de casos de uso. Si aplicamos estas métricas al diagrama de casos de uso de la Figura 17.27, obtenemos los siguientes resultados:

- $N_{CU}$ = 6 (Casos de uso: Reciclar Elementos, Actualizar Valores, Consultar Informe Diario Elementos, Reponer Papel Recibos, Atender Problema, Solucionar Problema Elementos)
- $N_A$ = 2 (Actores: Usuario, Operador)
- $N_I$ = 0 (no existen relaciones de inclusión)
- $N_E$ = 2 (<<Extend>> (Problema Elementos), <<Extend>> (Fin Papel))

Basándose en estas métricas, (Saeki, 2003) definió un indicador de modificabilidad de los diagramas de casos de uso.

Alexander además define otras métricas que reflejan la existencia de posibles defectos en los requisitos, como: el número de casos de uso sin excepciones, el número de casos de uso sin eventos, el número de casos de uso aislados y el número de relaciones entre casos de uso.

Todas estas propuestas no han ido más allá de la propia definición de las métricas; es más, en algunos casos existen ciertas ambigüedades en la definición que hacen que su cálculo sea difuso.

Un estudio más profundo sobre métricas para casos de uso y diagramas de casos de uso puede encontrarse en (Bernárdez et al., 2005).

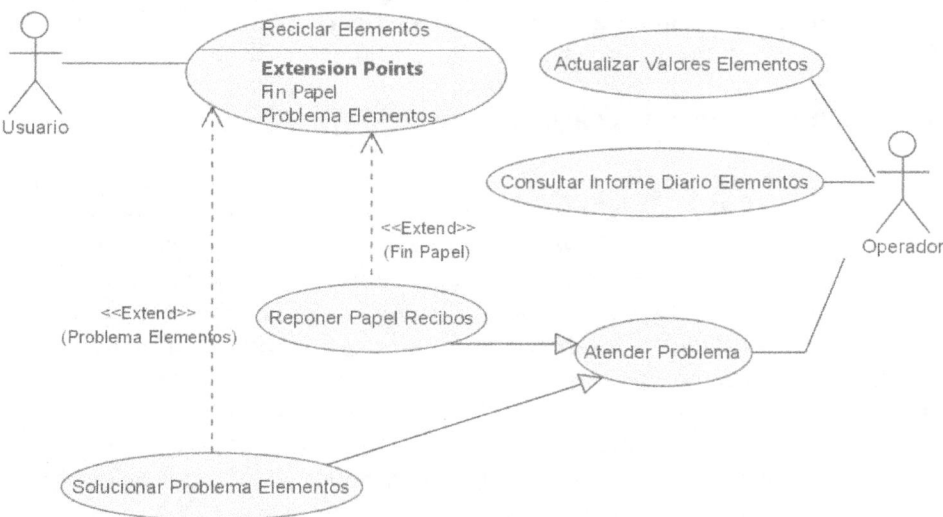

**Figura 17.27.** Ejemplo de un diagrama de casos de uso basado en el caso de la máquina de reciclaje (Jacobson, 1992)

#### 17.4.2.4.4 Otras propuestas para la calidad de los diagramas UML

Existen trabajos que proponen métricas y convenciones que tienen que ver con aspectos estéticos y de presentación de los elementos de un diagrama UML que hacen a la legibilidad de los diagramas (Purchase et al., 2002); (Eiglsperger et al., 2003) y (Kiewkanya y Muenchaisri, 2005).

También existen algunos libros como los propuestos por (Unhelkar, 2005) y (Ambler, 2005), que si bien no proponen métricas proponen listas de control para verificar aspectos sintácticos, semánticos y de estética de los diagramas UML.

Dada la importancia de la expresiones OCL para la especificación precisa de los diagramas UML, en (Reynoso et al., 2005) se han propuesto métricas para medir la complejidad, el acoplamiento, etc. de expresiones OCL. Estas métricas han sido validadas empíricamente como indicadores de la entendibilidad de las expresiones OCL.

En la página web de la herramienta SDMetrics (*www.sdmetrics.com*), se puede encontrar un listado de más de 100 métricas UML aplicadas a nivel de diagramas, de clases, de interfaces, etc. Lo destacado de esta herramienta es que no solo permite calcular y visualizar métricas sino que también tiene incorporado un conjunto de reglas que deben satisfacer los diagramas UML. También permite la definición por parte del usuario de nuevas métricas y de nuevas reglas.

### 17.4.3 Métricas para bases de datos

Las bases y almacenes de datos se han convertido en la principal herramienta para la toma de decisiones, tanto operacionales como estratégicas. Tal como establecen (Huang et al., 1999), *"las empresas deben gestionar la información como un producto importante, capitalizar el conocimiento como un activo principal y, de esta manera, sobrevivir y prosperar en la economía digital"*. Por tanto, es esencial poder asegurar la calidad de los datos y de la información. En la calidad de una base de datos, se deben considerar tres aspectos: la calidad del SGBD (Sistema Gestor de Base de Datos) -relacional, orientado a objetos, objeto-relacional, multidimensional, XML, etc.- que lo soporta, la calidad del modelo de datos (tanto conceptual, lógico como físico) y la calidad de los propios datos contenidos en la base de datos. En este apartado mostramos un conjunto significativo de métricas para evaluar la calidad de los modelos de datos a niveles conceptual y lógico.

#### 17.4.3.1 MÉTRICAS PARA MODELOS CONCEPTUALES DE BASES DE DATOS

También es importante evaluar la calidad de los modelos conceptuales de bases de datos, ya que tendrán gran influencia en la calidad de la bases de datos que será finalmente implementada.

Actualmente el modelo Entidad-Interrelación (ER) sigue siendo el más utilizado para el modelado conceptual de bases de datos (Muller, 1999); (Davies et al., 2006), por ello es necesario contar con métricas que permitan evaluar distintos aspectos que hacen a la calidad de los modelos ER.

Desde un punto de vista práctico, la disponibilidad de métricas en etapas iniciales, como el modelado conceptual, permitirá a los analistas y modeladores hacer:

- ▶ Comparaciones cuantitativas de diferentes alternativas de diseño y así lograr una selección objetiva entre diferentes modelos conceptuales alternativos.

- ▶ Una evaluación inicial de la calidad del modelo conceptual, durante la etapa de modelado y así permitir una mejor asignación de recursos basada en esa evaluación (por ejemplo rediseñando modelos de alto riesgo con respecto a diferentes características de calidad).

En esta sección presentamos algunas propuestas de métricas para modelos ER o también llamados diagramas ER.

(Moody, 1998) ha definido un conjunto de 25 métricas (Tabla 17.20) para evaluar algunas características de calidad de los modelos de datos (Moody y Shanks, 1994) y (Moody et al., 1998). Algunas de ellas son métricas objetivas (por ejemplo, el número de entidades o el número de atributos), mientras otras son el resultado de una evaluación subjetiva (por ejemplo, la habilidad de los usuarios para interpretar el modelo correctamente).

| Factor de calidad | Métricas |
|---|---|
| Compleción | – Nº de elementos del modelo de datos que no corresponden con requisitos de usuario.<br>– Nº de requisitos de usuario no representados en el modelo de datos.<br>– Nº de elementos de datos que corresponden a requisitos de usuario pero definidos de forma inexacta.<br>– Nº de inconsistencias con el modelo de procesos. |
| Integridad | – Nº de reglas del negocio que no se hacen cumplir por el modelo de datos.<br>– Nº de restricciones de integridad incluidas en el modelo de datos que no corresponden a políticas del negocio. |
| Flexibilidad | – Nº de elementos en el modelo que están sujetos a cambios en el futuro.<br>– Costes estimados de los cambios.<br>– Importancia estratégica de los cambios. |
| Comprensibilidad | – Valoración de los usuarios sobre la comprensibilidad del modelo.<br>– Capacidad de los usuarios de interpretar el modelo correctamente.<br>– Valoración de los desarrolladores de aplicaciones sobre la comprensibilidad del modelo. |
| Corrección | – Nº de violaciones de las convenciones de modelado de datos.<br>– Nº de violaciones a las formas normales.<br>– Nº de instancias de redundancia en el modelo. |
| Simplicidad | – Nº de entidades.<br>– Nº de entidades y relaciones.<br>– Nº de constructores ($aN^E + bN^R + cN^A$). |
| Integración | – Nº de conflictos con el modelo de datos corporativo.<br>– Nº de conflictos con los sistemas existentes.<br>– Valoración de los representantes de todas las áreas de negocio. |
| Implementabilidad | – Valoración de riesgo técnico.<br>– Valoración de riesgo de planificación.<br>– Estimación del coste de desarrollo.<br>– Nº de elementos físicos incluidos en el modelo de datos. |

**Tabla 17.20.** Métricas para evaluar la calidad de modelos ER (Moody, 1998)

En (Moody y Shanks, 2003) se presentó un estudio en el que se aplicaron estas métricas para la construcción de modelos de datos en un banco australiano. De este estudio se concluyó que solo 4 de las 25 métricas pueden aportar beneficios que superan el coste extra que supone su recolección. De estas cuatro métricas, solo una es una métrica de producto, el número de entidades e interrelaciones. El resto de las métricas tienen que ver con la estimación del tiempo de desarrollo, el porcentaje de reutilización y el número de defectos clasificados por característica de calidad.

(Piattini et al., 2001) proponen un conjunto de métricas para medir propiedades estructurales, como son el tamaño y la complejidad estructural de los modelos ER (Tabla 17.21). Y a continuación han estudiado empíricamente la relación existente entre dichas métricas y dos subcaracterísticas de la mantenibilidad de los modelos ER, la entendibilidad y la modificabilidad.

| Métricas | Definición |
|---|---|
| NE | Número total de Entidades dentro de un modelo ER. |
| NA | Número total de Atributos en un modelo ER, teniendo en cuenta los atributos de las relaciones como los de las entidades. En este número se incluyen atributos simples, compuestos y multivaluados, cada uno de los cuales toma el valor 1. |
| NDA | Número total de Atributos Derivados en un modelo ER. |
| NCA | Número total de Atributos Compuestos en un modelo ER. |
| NMVA | Número total de Atributos Multivaluados en un modelo ER. |
| NNR | Número total de Relaciones en una modelo ER, teniendo en cuenta solamente relaciones comunes. |
| NM:NR | Número total de Relaciones M:N en un modelo ER. |
| N1:NR | Número total de Relaciones 1:N (incluyendo también relaciones 1:1) en un modelo ER. |
| NBinaryR | Número total de Relaciones Binarias en un modelo ER. |
| NN-AryR | Número total de Relaciones N-arias (no binarias) en un modelo ER. |
| NIS_AR | Número total de Relaciones Es_Un (generalización/especialización) que existen en un modelo ER. En este caso, se considera una relación por cada par padre-hijo, dentro de la relación Es_Un. |
| NRefR | Número total de Relaciones Reflexivas que existen en un modelo ER. |
| NRR | Número de Relaciones Redundantes en un modelo ER. |

**Tabla 17.21.** Métricas para modelos ER (Piattini et al., 2001)

Para ilustrar el cálculo de las métricas, en la Tabla 17.22 se muestran los resultados de las métricas aplicadas al diagrama ER de la Figura 17.28.

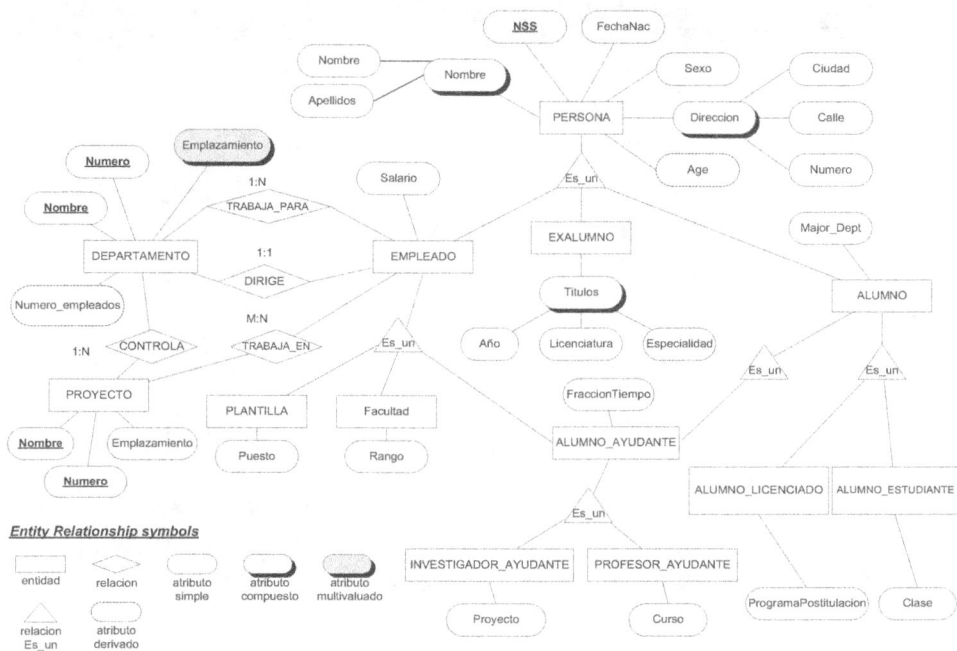

**Figura 17.28.** Ejemplo de un modelo ER para calcular las métricas de (Piattini, et al., 2001)

| Métricas | | Explicación |
|---|---|---|
| NE | 13 | **Entidades** = PROYECTO, DEPARTAMENTO, EMPLEADO, PLANTILLA, FACULTAD, ALUMNO_AYUDANTE, EXALUMNO, PERSONA, ALUMNO, ALUMNO_GRADUADO, ALUMNO_ESTUDIANTE, AYUDANTE_INVESTIGADOR, AYUDANTE_PROFESOR |
| NA | 23 | **Atributos simples, valor simples, no derivados** (no forman parte de los atributos compuestos)= PROYECTO(Nombre, Numero, Emplazamiento), DEPARTAMENTO(Nombre, Numero), EMPLEADO(Salario), PLANTILLA(puesto), FACULTAD(Rango), ALUMNO_AYUDANTE(FraccionTiempo), PERSONA(NSS, Sexo, FechaNac), ALUMNO(DepTitulacion), ALUMNO_LICENCIADO(ProgramaPostitulacion), ALUMNO_ESTUDIANTE(Clase), AYUDANTE_INVESTIGACION(Proyecto), AYUDANTE_PROFESOR(Curso) **Atributos derivados** = DEPARTAMENTO(Numero_empleados), PERSONA(Edad) **Atributos compuestos** = PERSONA(Nombre, Dirección), EXALUMNO(Títulos) **Atributos multivaluados** = DEPARTAMENTO (Emplazamiento) |
| NDA | 2 | **Atributos derivados** = DEPARTAMENTO(Numero_empleados), PERSONA(Edad) |

| Métricas | | Explicación |
|---|---|---|
| NCA | 3 | **Atributos compuestos** = PERSONA(Nombre, Dirección), EXALUMNO(Títulos) |
| NMVA | 1 | **Atributos multivaluados** = DEPARTAMENTO (Emplazamiento) |
| NR | 4 | **Relaciones** = CONTROLA, TRABAJA_PARA, DIRIGE, TRABAJA_EN |
| NM:NR | 1 | **Relaciones M:N** = TRABAJA_EN |
| N1:NR | 3 | **Relaciones 1:N** = CONTROLA, TRABAJA_PARA, DIRIGE |
| NN_AryR | 0 | **Relaciones N-arias** = {} |
| NBinaryR | 4 | **Relaciones binarias** = CONTROLA, TRABAJA_PARA, DIRIGE, TRABAJA_EN |
| NIS_AR | 11 | **Relaciones Es_un** = (PERSONA, EMPLEADO), (PERSONA, EXALUMNO), (PERSONA, ALUMNO), (EMPLEADO, PLANTILLA), (EMPLEADO, FACULTAD), (EMPLEADO, ALUMNO_AYUDANTE), (ALUMNO, ALUMNO_AYUDANTE), (ALUMNO, ALUMNO_LICENCIADO ), (ALUMNO, UNDERALUMNO_LICENCIADO), (ALUMNO_AYUDANTE, AYUDANTE_INVESTIGACION), ALUMNO_AYUDANTE, AYUDANTE_PROFESOR) |
| NRefR | 0 | **Relaciones Reflexivas** = {} |

**Tabla 17.22.** Valores de las métricas aplicadas al modelo ER de la Figura 17.28

Las métricas NE, NA, NCA, NDA y NMVA fueron validadas como métricas de tamaño, y NR, N1:NR, NM:NR, NBinaryR, NN-AryR, NIS_AR, NRefR, NRR como métricas de complejidad en (Piattini, et al., 2001), utilizando la aproximación basada en propiedades propuesta por (Briand et al., 1996). Utilizando el marco de (Poels y Dedene, 2000), se llegó a la conclusión de que todas estas métricas están en la escala de ratio.

En (Genero et al., 2008) se muestra un resumen de los estudios empíricos realizados con algunas de estas métricas. Estos autores llegaron a la conclusión de que la entendibilidad de los modelos ER se ve afectada por su complejidad estructural que introducen en los modelos ER los atributos y las interrelaciones, más concretamente las interrelaciones 1:1 y 1:N. Esto quiere decir que cuantos más atributos e interrelaciones (1:1 y 1:N) tenga un modelo ER más difícil será entenderlo. En estos estudios empíricos no se encontró evidencia de que el tamaño del modelo ER en términos del número de entidades afecte a la entendibilidad, a menos que sea a través de su correlación prevista con el número de interrelaciones.

Los autores de esta propuesta de métricas sugirieron que es necesario replicar los experimentos realizados para obtener conclusiones más sólidas sobre la utilidad de dichas métricas, especialmente relacionados con la modificabilidad de los modelos ER. Además resaltaron la necesidad de aplicar las métricas a modelos ER obtenidos en proyectos reales.

### 17.4.3.2 MÉTRICAS PARA MODELOS LÓGICOS DE BASES DE DATOS

A nivel lógico, el único criterio que se ha venido aplicando tradicionalmente es la teoría de la normalización para las bases de datos relacionales. Parece sorprendente que, existiendo centenares de métricas de software, las métricas para bases de datos hayan sido descuidadas. Esta situación puede ser explicada ya que, hasta hace no demasiado tiempo, las bases de datos jugaban un papel relativamente secundario dentro de los sistemas de información siendo los programas los verdaderos protagonistas. Ello justifica la gran presencia de métricas orientadas a código que podemos encontrar en la literatura. Sin embargo, aunque las bases de datos se han convertido en el corazón de los Sistemas de Información (SI) más relevantes para el funcionamiento de la sociedad, su diseño sigue siendo una tarea larga, difícil y costosa. Además, el tamaño y la naturaleza de los datos pueden influir, en gran medida, en muchos aspectos de un SI como el esfuerzo de desarrollo. Ello motiva la importancia de la evaluación de la calidad de las bases de datos, y sus modelos lógicos juegan un papel destacado.

En relación a las propuestas de métricas para modelos lógicos de datos, cabe destacar la propuesta de métricas de (Calero et al., 2001) para evaluar la mantenibilidad de los modelos relacionales, que se resumen en la Tabla 17.23.

| Métrica | Notación | Definición |
|---|---|---|
| Número de Atributos de una Tabla | NA(T) | definida como el número de atributos de una tabla T |
| Número de Claves Ajenas | NFK(T) | definida como el número de claves ajenas de una tabla T |
| Profundidad del Árbol Referencial de una Tabla | DRT(T) | definida como la profundidad máxima de todos los caminos referenciales del grafo que se forma, tomando la tabla T como el nodo raíz del grafo y todas las tablas relacionadas con T mediante integridad referencial como el resto de nodos y siendo las relaciones de integridad referencial los arcos del mismo |
| Ratio de Claves Ajenas de una Tabla | RFK(T) | definida como el porcentaje de atributos de la tabla T que son claves ajenas $$RFK(T) = \frac{NFK(T)}{NA(T)}$$ |

| Métrica | Notación | Definición |
|---|---|---|
| Número de Tablas | NT | definida como el número total de tablas que hay en el esquema |
| Cohesión del Esquema | COS | definida como la suma del número de tablas al cuadrado que hay en cada componente no conexa del grafo del esquema, siendo los nodos de este grafo las tablas del esquema y los arcos las relaciones de integridad referencial $$COS = \sum_{i=1}^{|US|} NT_{USi}$$ |
| Ratio de Normalidad | NR | definida como la relación entre el número de tablas en tercera forma normal (o superior) entre el número total de tablas $$NR = \frac{NT3NF}{NT}$$ Siendo NT3NF es el número de tablas en 3NF |
| Número de Atributos | NA | definida como el número total de atributos que hay en el esquema $$NA = \sum_{i=1}^{NT} NA(T_i)$$ |
| Número de Claves Ajenas | NFK | definida como el número total de claves ajenas que hay definidas en el esquema $$NFK = \sum_{i=1}^{NT} NFK(T_i)$$ |
| Profundidad del Árbol Referencial | DRT | definida como la profundidad máxima de todos los caminos referenciales del grafo que se forma tomando las tablas del esquema como los nodos y las relaciones de integridad referencial como los arcos del mismo $$DRT = \max_{i=1}^{NT}(DRT(T_i))$$ |
| Ratio de Claves Ajenas | RFK | definida como el porcentaje de atributos del esquema que son claves ajenas $$RFK = \frac{NFK}{NA}$$ |

**Tabla 17.23.** Resumen de métricas para el modelo relacional

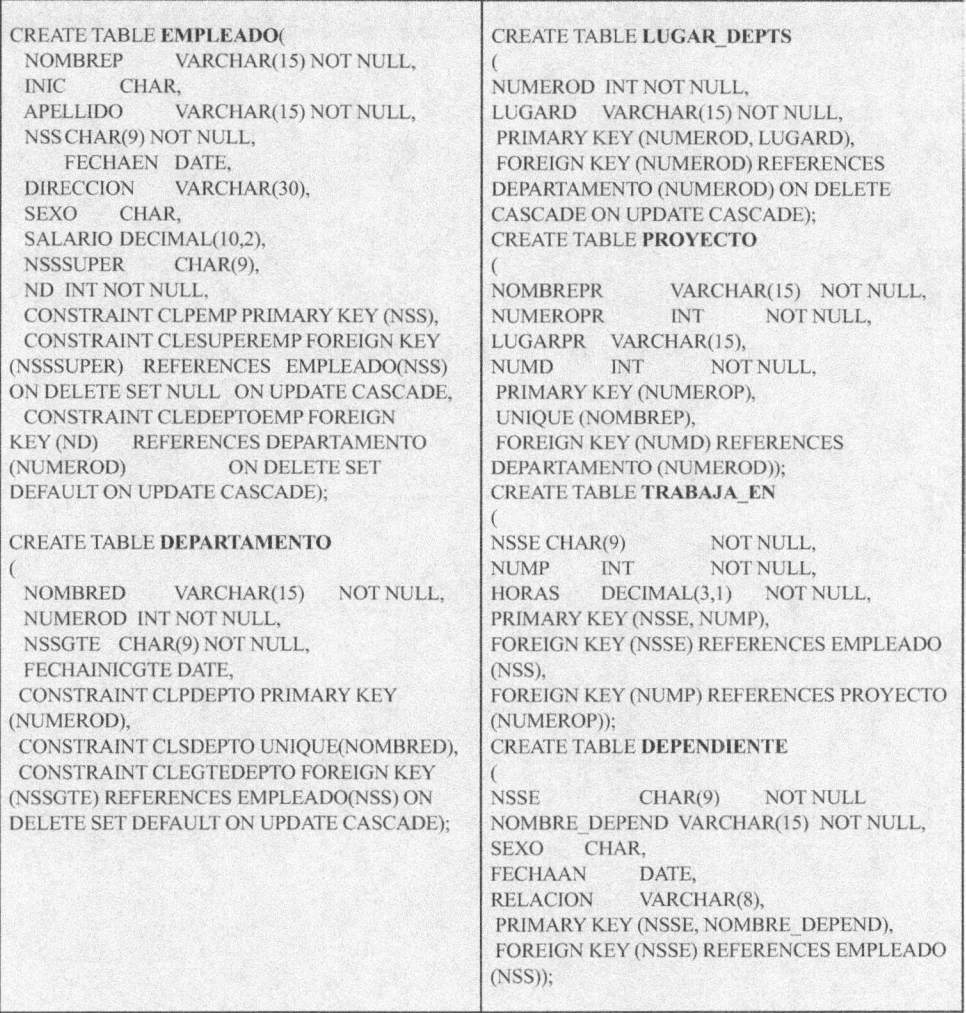

**Figura 17.29.** Esquema relacional del ejemplo

Como ejemplo de uso de estas métricas, en la Tabla 17.24 se muestran los resultados obtenidos al aplicarlas al ejemplo de la Figura 17.29 (Elmasri y Navathe, 1997), cuyo grafo relacional asociado se representa en la Figura 17.30.

|  | NA(T) | NFK(T) | DRT(T) | RFK(T) | COS | NR | NA | NFK | DRT | RFK |
|---|---|---|---|---|---|---|---|---|---|---|
| Empleado | 10 | 2 | 3 | 1/5 | | | | | | |
| Departamento | 4 | 1 | 3 | 1/4 | | | | | | |
| Lugares_Depts | 2 | 1 | 4 | 1/2 | | | | | | |
| Proyecto | 4 | 1 | 4 | 1/4 | | | | | | |
| Trabaja_En | 3 | 2 | 5 | 2/3 | | | | | | |
| Dependiente | 5 | 1 | 4 | 1/5 | | | | | | |
| Esquema | | | | | 36 | 1 | 8 | 8 | 5 | 2/7 |

Tabla 17.24. Valores de las distintas métricas para el ejemplo

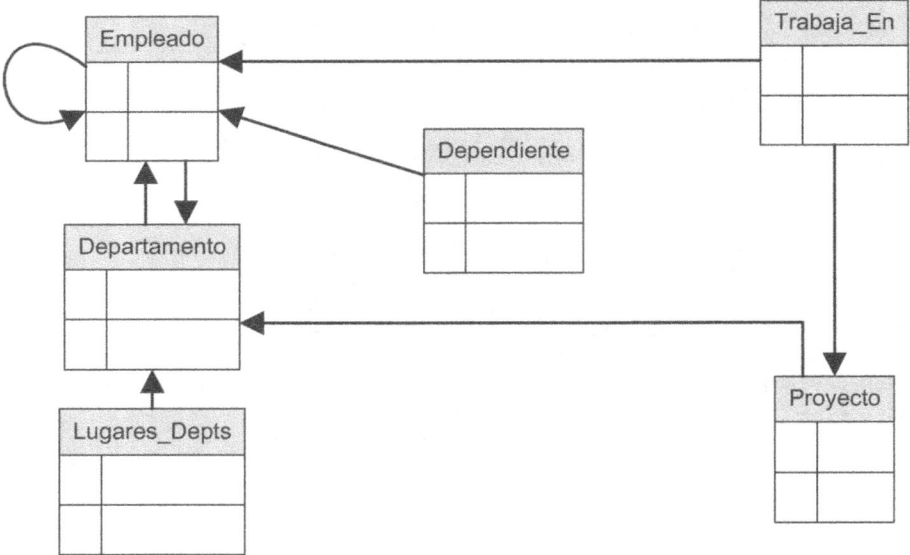

Figura 17.30. Grafo relacional del ejemplo

### 17.4.3.3 MÉTRICAS PARA ALMACENES DE DATOS (DATAWAREHOUSES)

Los almacenes de datos constituyen el corazón de los actuales sistemas de soporte a las decisiones, proporcionando a las empresas la información histórica necesaria (Jarke et al., 2002). La falta de calidad en los almacenes de datos puede ocasionar consecuencias desastrosas desde los puntos de vista técnicos y organizacionales, como la pérdida de clientes, pérdidas financieras o descontento en sus empleados (English, 1996). Por ello, para una empresa es fundamental garantizar la calidad de los almacenes de datos desde las etapas tempranas de su desarrollo.

Dentro de las posibilidades de diseño de los almacenes de datos merece especial importancia el diseño multidimensional, que es un reflejo directo de la manera en que se ven los procesos de negocio. Estos diseños capturan las mediciones de importancia de un negocio y los parámetros por los que se identifican estas mediciones. Las mediciones se denominan *hechos* o *medidas*. Los parámetros por los que un hecho puede ser visto se denominan *dimensiones* (Adamson y Venerable, 1998). Normalmente los modelos de datos multidimensionales se representan como esquemas en estrella en bases de datos relacionales, los cuales consisten en una tabla central y varias tablas de dimensión. Las medidas de interés se almacenan en la tabla de hechos (por ejemplo, ventas o inventario). Para cada dimensión del modelo multidimensional existe una tabla dimensional (por ejemplo, producto, tiempo) que almacena la información acerca de estas dimensiones (Jarke et al., 2002).

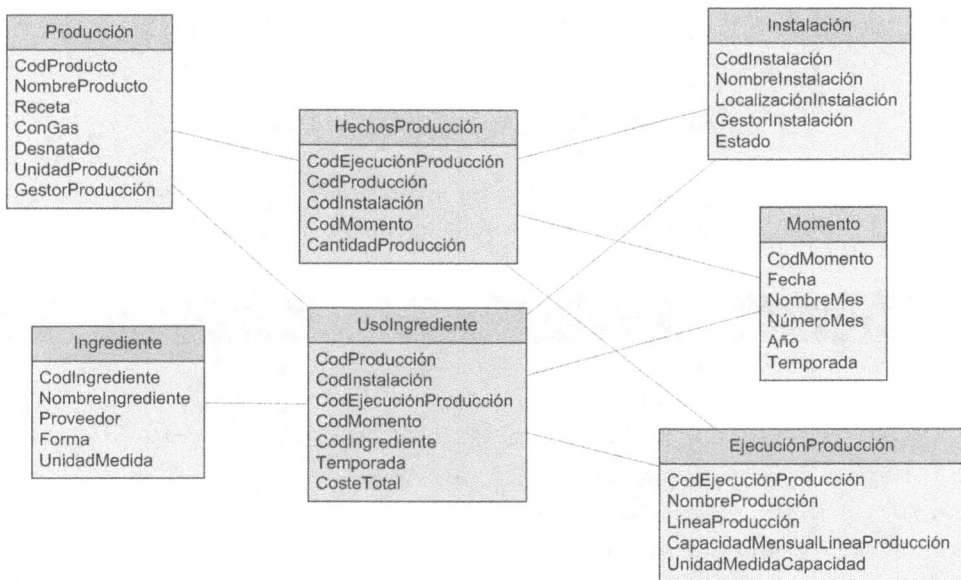

**Figura 17.31.** Ejemplo de un almacén de datos (Adamson y Venerable, 1998)

En la Figura 17.31 se puede observar el ejemplo de un esquema multidimensional, en el que se tienen dos tablas de hechos (HechosProducción y UsoIngrediente) y cinco tablas dimensionales (Producción, Ingrediente, Instalación, Momento, EjecuciónProducción).

A continuación se presenta una propuesta de métricas para modelos de datos de almacenes de datos, de acuerdo a tres niveles distintos en su definición: Nivel de Tabla, Nivel de Estrella y Nivel de Esquema (Calero et al., 2001):

- **Métricas a nivel de tabla.** En la Tabla 17.25 se pueden observar las métricas definidas a nivel de tabla y en la Tabla 17.26, los valores obtenidos de esas métricas para el esquema de la Figura 17.31.

| Métrica | Descripción |
|---|---|
| NA(T) | Número de atributos de una tabla |
| NFK(T) | Número de claves ajenas de una tabla |

**Tabla 17.25.** Métricas a nivel de tabla

| Tablas (T) | Producción | Ingrediente | Instalación | Momento | Ejecución Producción | Hechos Producción | Uso Ingredientes |
|---|---|---|---|---|---|---|---|
| NA(T) | 7 | 5 | 5 | 6 | 5 | 5 | 7 |
| NFK(T) | 0 | 0 | 0 | 0 | 0 | 4 | 5 |

**Tabla 17.26.** Valores de las métricas a nivel de tabla

- **Métricas a nivel de estrella.** En la Tabla 17.27 se detallan las métricas propuestas para el nivel de estrella, elemento principal de un almacén de datos.

| Métrica | Descripción |
|---|---|
| NDT(S) | Número de tablas dimensionales de una estrella |
| NT(S) | Número de tablas de la estrella |
| NADT(S) | Número de atributos de las tablas dimensionales de una estrella |
| NAFT(S) | Número de atributos de la tabla de hechos de la estrella |
| NA(S) | Número de atributos de la estrella |
| NFK(S) | Número de claves ajenas de una estrella |
| RSA(S) | Ratio de atributos de la estrella. Número de atributos de las tablas dimensionales dividido por el número de atributos de la tabla de hechos |
| RFK(S) | Ratio de claves ajenas. Número de atributos de la tabla de hechos que son claves ajenas |

**Tabla 17.27.** Métrica a nivel de estrella

En la Tabla 17.28 se pueden observar los valores de las métricas de nivel de estrella para el esquema del ejemplo que se está estudiando.

| Métrica | NA | NFK | RSA | NDT | NT | NADT | NAFT | RFK |
|---|---|---|---|---|---|---|---|---|
| HechosProducción | 28 | 4 | 23/5 | 4 | 5 | 23 | 5 | 4/28 |
| UsoIngrediente | 35 | 5 | 28/7 | 5 | 6 | 28 | 7 | 5/35 |

Tabla 17.28. Valores para las métricas a nivel de estrella

▶ **Métricas a nivel de esquema.** Por último se presentan, en la Tabla 17.29, las métricas al nivel del esquema de almacén de datos completo, el cual puede contener una o varias estrellas.

| Métrica | Descripción |
|---|---|
| NFT(Sc) | Número de tablas de hechos del esquema |
| NDT(Sc) | Número de tablas de dimensión del esquema |
| NSDT(Sc) | Número de tablas dimensionales compartidas por más de una estrella |
| NT(Sc) | Número de tablas del esquema |
| NAFT(Sc) | Número de atributos de las tablas de hechos del esquema |
| NADT(Sc) | Número de atributos de las tablas de dimensión del esquema |
| NASDT(Sc) | Número de atributos de las tablas de dimensión compartidas |
| NA(Sc) | Número de atributos del esquema |
| NFK(Sc) | Número de claves ajenas del esquema |
| RSDT(Sc) | Ratio de tablas dimensionales compartidas. Cantidad de tablas dimensionales que están relacionadas con más de una estrella |
| RT(Sc) | Ratio de tablas. Cantidad de tablas dimensionales por cada tabla de hechos |
| RScA(Sc) | Ratio de atributos del esquema. Número de atributos de las tablas dimensionales dividido por el número de atributos de las tablas de hechos |
| RFK(Sc) | Ratio de claves ajenas. Número de atributos que son claves ajenas |
| RSDTA(Sc) | Ratio de atributos de las tablas dimensionales compartidas. Número de atributos del esquema que son compartidos |

Tabla 17.29. Métricas a nivel de esquema

En la Tabla 17.30 se pueden observar los valores que obtienen las métricas del nivel de esquema para el esquema de la Figura 17.31.

| Métrica | Valor | Métrica | Valor | Métrica | Valor |
|---|---|---|---|---|---|
| NA | 40 | NAFT | 12 | RSDT | 4/5 |
| NFK | 9 | RFK | 9/40 | RT | 5/2 |
| NDT | 5 | NFT | 2 | RScA | 28/12 |
| NT | 7 | NSDT | 4 | RSDTA | 23/40 |
| NADT | 28 | NASDT | 23 | | |

Tabla 17.30. Valores para las métricas a nivel de esquema

Las métricas anteriores se han validado empíricamente mediante diversos experimentos (Serrano et al., 2002), (Serrano, et al., 2004), en las que se ha obtenido que las métricas NFT (Número de tablas de hechos), NT (Número de tablas) y NFK (Número de claves ajenas) parecen ser buenos indicadores de la complejidad de los almacenes de datos.

### 17.4.4 Métricas para Web

En la actualidad es destacable el importante papel que han cobrado las Tecnologías Web en los Sistemas de Información. Las Tecnologías Web son esenciales en la vida de las organizaciones, y se hace indispensable que los productos desarrollados, ya sean aplicaciones complejas o simples Sitios Web, satisfagan unos estándares mínimos de calidad. Tanto y más, cuanto que según el estudio realizado por el (Consortium, 2000) un 52% de los Sitios Web tienen una baja calidad. Las aplicaciones Web desarrolladas sin calidad tienen una alta probabilidad de funcionar con un bajo rendimiento y provocar fallos frecuentes. El proceso de producción de sistemas de información Web debe por tanto ser gestionado y dirigido de una manera rigurosa y cuantitativa. Ello ha motivado que en los últimos años los expertos en tecnologías Web hayan realizado diferentes propuestas para mejorar la calidad de los sitios web en forma de metodologías, marcos de calidad, modelos de estimación, guías de estilo y métricas.

En la bibliografía se puede encontrar una gran multitud de métricas, muchas de ellas provenientes de otros campos (Ingeniería del Software, Interacción Persona-Computador, Hipermedia, etc.).

En esta sección nos centraremos solo en métricas relacionadas con sitios web, ya que nos interesa la calidad del producto. Un estudio exhaustivo y más detallado de la extensiva lista bibliográfica sobre métricas Web puede encontrarse en (Ruiz et al., 2006), donde además se comentan otras propuestas relacionadas, por ejemplo con la estimación del esfuerzo de desarrollo de aplicaciones Web.

Como la cantidad de propuestas de métricas web es muy extensa, creímos conveniente mostrar un visión general de la clasificación de métricas realizada en (Calero et al., 2005), quienes para clasificarlas elaboraron el modelo WQM (Web Quality Model), que se resume a continuación.

## 17.4.4.1 WQM (WEB QUALITY MODEL)

El Modelo de Calidad de los Sitios Web (WQM, Web Quality Model) es un modelo tridimensional que considera las siguientes dimensiones ortogonales (Figura 17.32):

- ▼ Los **Componentes del Sitio Web**, su contenido y la estructuración del mismo, para lo cual se adopta el convenio ampliamente aceptado de considerar el diseño de un sitio web como la composición de tres elementos esenciales: su contenido, la navegación y la presentación.

- ▼ Las **Características de Calidad** a considerar, para lo cual se propone una combinación del estándar ISO/IEC 9126 con el modelo Quint2 (Niessink 2002).

- ▼ Los **Procesos del Ciclo de Vida**, para la cual se adopta el estándar ISO/IEC 12207, en el que aparte de incorporar los procesos primarios, se añaden los procesos de Gestión de los Procesos, que permite estimar el esfuerzo necesario en los proyectos, y la Reutilización de los Programas (recursos, en general).

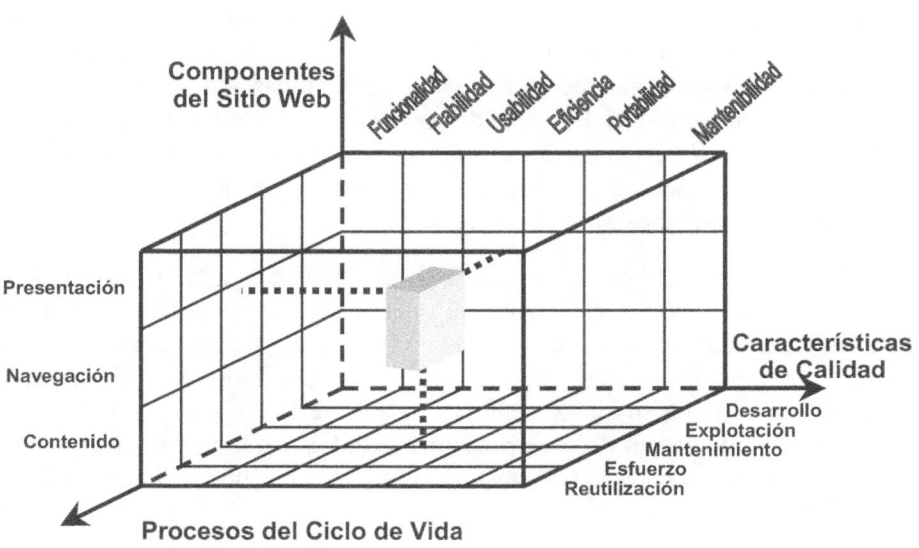

**Figura 17.32.** Modelo WQM

## 17.5 CONCLUSIONES

Sin lugar a dudas, la necesidad de medir está siendo cada vez más reconocida en la comunidad de las empresas dedicadas al desarrollo de software. La medición es necesaria a tres niveles: proceso, proyecto y producto. En este capítulo se ha presentado un conjunto de trabajos relevantes de la literatura sobre métricas para producto y proceso. En relación a las propuestas de métricas, es de destacar que las métricas utilizadas para la gestión de proyectos son las más aplicadas en las empresas. Respecto a las métricas para productos, existe una gran diversidad de propuestas ante la heterogeneidad de los artefactos software y los distintos niveles de abstracción a los que pertenecen. Si bien cada vez es más evidente la necesidad de medir en las etapas iniciales de ciclo de vida de un producto software, a nivel de modelos conceptuales, estas métricas aún no están demasiado consolidadas. Muchas de las propuestas de métricas a nivel conceptual no han pasado de la definición de la propia propuesta de las métricas, sin demostrar evidencia de su validez empírica en la práctica. Por ello, las métricas a nivel de código y a nivel de diseño detallado siguen siendo las más difundidas y validadas.

Aunque el campo de las métricas del software sigue en constante crecimiento, aún requiere de una mayor madurez. En primer lugar, se debe trabajar para llegar a un acuerdo en la comunidad de medición del software sobre la forma correcta de validar las métricas teóricamente. Solo entonces habrá un criterio consolidado y será posible demostrar la validación teórica de las métricas. Además, debe ponerse especial énfasis en la definición formal de las métricas (Baroni et al., 2002), ya que sin definiciones claras y precisas es imposible construir herramientas adecuadas para la extracción de las métricas, se dificulta la replicación de los experimentos y la interpretación de resultados no será correcta.

Otro de los aspectos en los que se debe avanzar para construir un cuerpo de métricas software sólido es la validación empírica de las métricas. De hecho, una de las principales carencias detectadas en la bibliografía es que muchas de las propuestas de métricas carecen total o parcialmente de validaciones empíricas que proporcionen evidencias sobre su utilidad en la aplicación en la práctica. Por ello es necesaria más validación empírica, especialmente aplicando las métricas a productos obtenidos en proyectos reales, para construir un cuerpo de conocimiento sólido sobre la utilidad de las métricas.

Y por último, mencionar la necesidad de contar con valores umbrales validados empíricamente para las métricas; aunque, como muchos expertos mencionan, la definición de valores umbrales generales es casi imposible, por lo que lo mejor es que cada organización pueda acumular datos de diferentes artefactos software desarrollados y definir valores umbrales válidos dentro del contexto de sus proyectos. Así también, utilizando los datos propios de cada empresa, se podrían construir modelos de predicción, basados en las métricas de producto, para predecir, por ejemplo, el esfuerzo de mantenimiento, la propensión a errores, etc.

## 17.6 LECTURAS RECOMENDADAS

▼ *Fenton, N. y Bieman, J. (2014). Software Metrics: A Rigorous and Practical Approach, Third Edition. Chapman & Hall.*

Se trata de la última edición de un libro "clásico" que sentó las bases para la definición rigurosa de la medición en software.

▼ *Genero, M., Piattini, M. y Calero, C. (Eds.). (2005). Metrics for Software Conceptual Models. Imperial College Press.*

En esta recopilación se incluyen las propuestas más importantes sobre las métricas para modelos conceptuales.

▼ *Menzies, T., Williams, L. y Zimmermann, T. (eds.) (2016). Perspectives on Data Science for Software Engineering. Morgan Kaufmann, Amsterdam, Países Bajos.*

En este libro se recopilan diversas propuestas sobre la recolección y el análisis de datos y la utilización de técnicas de la Ciencia de los Datos en la Ingeniería del Software.

▼ *Jones, C. (2017). A Guide to Selecting Software Measures and Metrics. CRC Press.*

En este libro se dan consejos muy relevantes sobre buenas prácticas a la hora de seleccionar y utilizar las métricas de software.

## 17.7 EJERCICIOS

1. Utilizar alguna herramienta de medición software y aplicarla en un caso representativo.

2. Analizar la cobertura de evaluación de la calidad de las métricas soportadas por la herramienta y la idoneidad de la presentación de los resultados.

3. Analizar las características y arquitectura principal de una herramienta de medición software.

4. Calcular las métricas de modelos de procesos aplicables a este modelo SPEM:

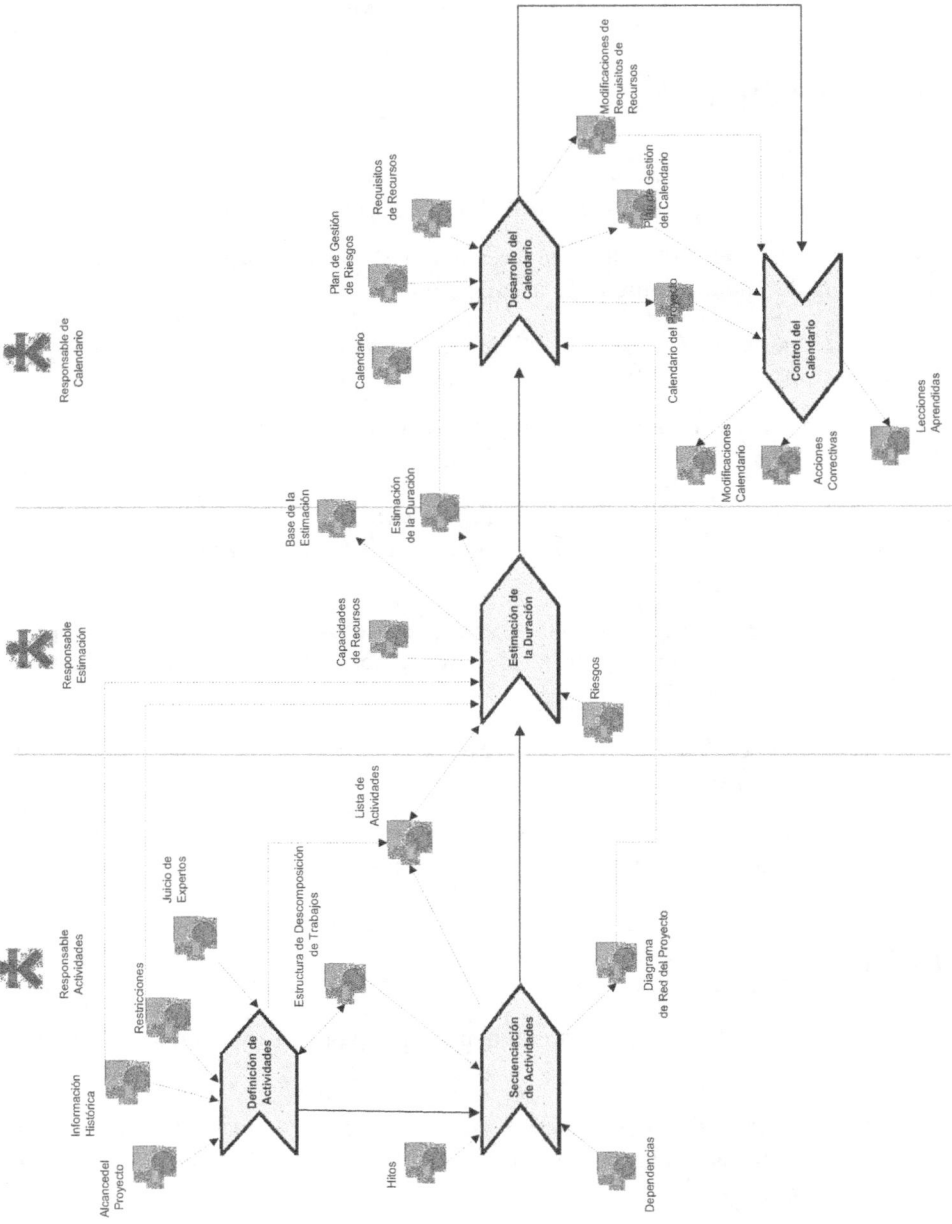

5. Seleccionar, de las métricas propuestas para sistemas OO, las que se pueden aplicar a este diagrama de casos de uso de un sistema de "Agencia Matrimonial" y obtener los resultados:

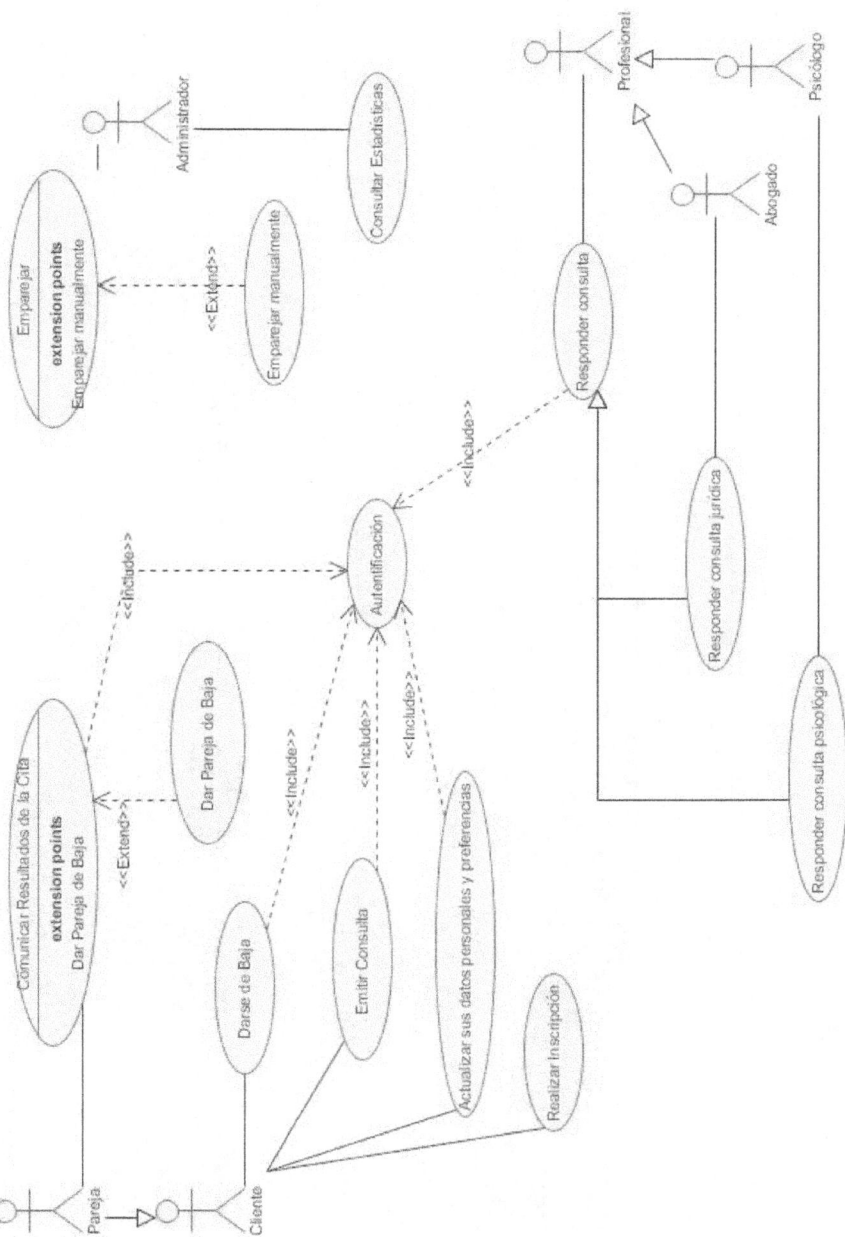

6. Seleccionar, de las métricas propuestas para sistemas OO, las que se pueden aplicar a este diagrama de clases de un sistema de "Agencia Matrimonial" y obtener los resultados:

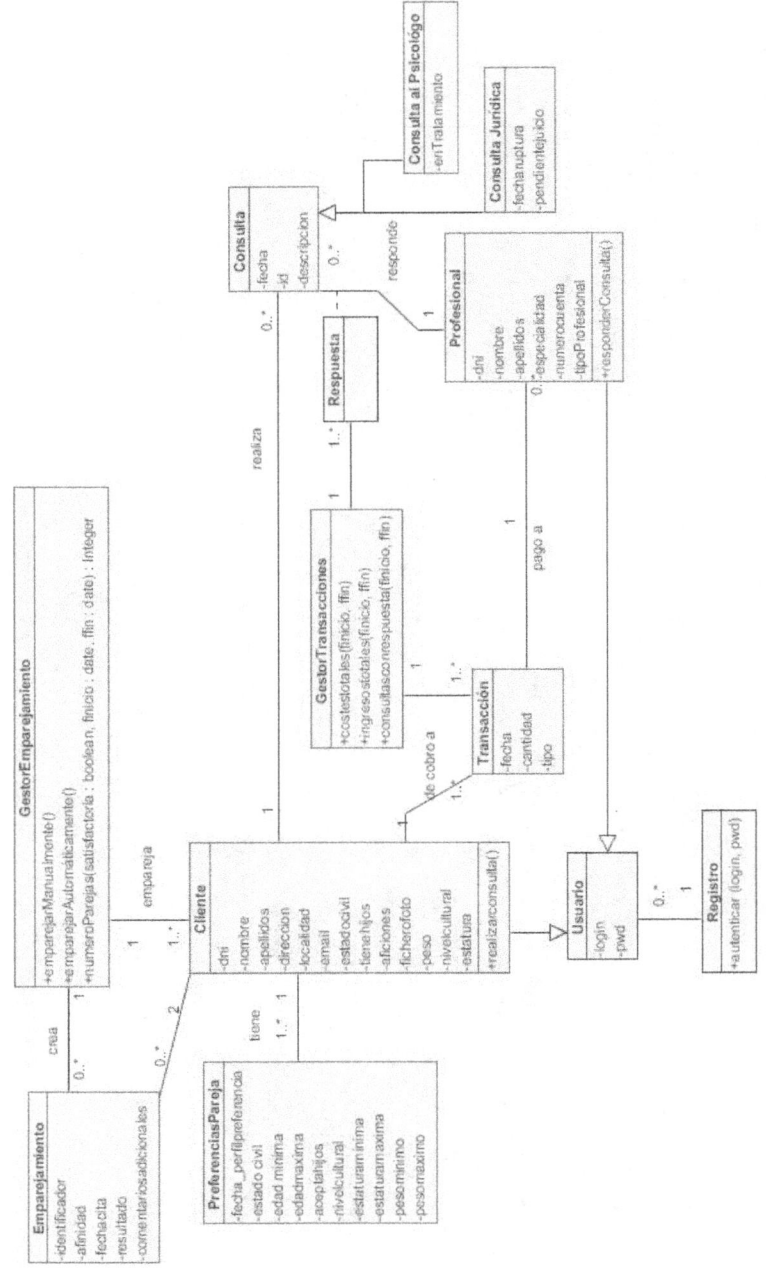

7. Calcular las métricas de Diagramas de Estados aplicables en este ejemplo:

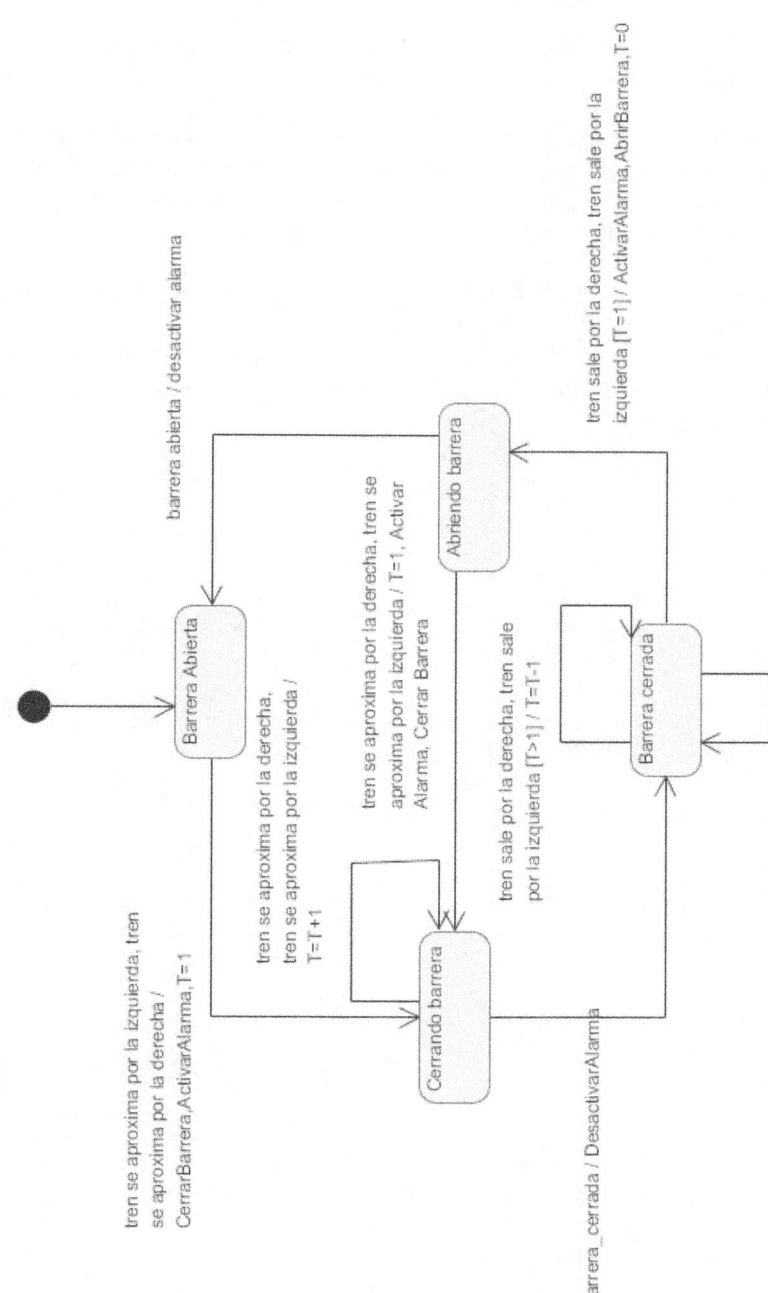

8. Pensar un conjunto de métricas que permitan evaluar la complejidad estructural de estos artefactos:

    - Modelos de Procesos de Negocio expresados en BPMN
    - Diagramas de Componentes UML

9. Calcule las métricas de una base de datos relacional que tenga su organización. ¿Cuál de las siguientes métricas piensa que afecta más a la complejidad de la base de datos: el número de claves ajenas, el número de tablas o la profundidad del árbol referencial?

10. Discuta sobre la posibilidad de reutilizar métricas de un paradigma a otro, por ejemplo, la métrica complejidad ciclomática de McCabe que se propuso para COBOL, ¿se puede utilizar también para medir la complejidad de los métodos de las clases en el paradigma orientado a objetos?

# 18

# CONTROL ESTADÍSTICO DE PROCESOS

## 18.1 INTRODUCCIÓN

El control estadístico de procesos (*Statistical Process Control*, SPC) tiene su origen a comienzos del siglo XX, más concretamente a principios de los años 20, cuando se inicia la introducción de técnicas estadísticas para la inspección final de productos. Fue propuesto en 1924 por Walter Shewhart, que, como señalamos en el capítulo 1, desarrolló el concepto estadístico de gráficos de control y proceso bajo control estadístico.

El SPC comenzó a utilizarse ampliamente en el sector industrial con el objetivo de controlar y mejorar los procesos de fabricación. Pero es durante la Segunda Guerra Mundial cuando, con más intensidad, se introdujeron dichas técnicas en la fabricación de armamento bélico, con el fin de disminuir el número de fallos del material durante los combates. Cabe destacar, como también señalamos, los trabajos de Edwards Deming en este campo.

En este capítulo se presenta la aplicación de SPC en el campo de los procesos software, abordando en primer lugar las particularidades de los procesos software que hacen necesario adaptar adecuadamente dicha aplicación. Posteriormente se presenta una panorámica general de la bibliografía en relación a los procesos software sobre los que se ha aplicado SPC y los gráficos de control utilizados. Finalmente se muestran a modo de ejemplo algunos trabajos representativos de aplicación de SPC en software. Los contenidos de este capítulo se complementan con el Anexo A en el que se explican los fundamentos, conceptos básicos y técnicas del SPC.

## 18.2 SPC EN PROCESOS SOFTWARE

La aplicación del SPC en procesos software se viene investigando y aplicando desde los ochenta (Florac y Carleton, 1999), y ha tenido una gran repercusión en la industria del software promovida por los modelos de madurez CMM y CMMI, ya que es una técnica recomendada para el soporte a la gestión cuantitativa de procesos y mejora continua en niveles altos de madurez, y por tanto, viene siendo aplicado en las organizaciones con nivel 4 y 5 de dichos modelos (Radice, 2000).

Por tanto, la utilización de SPC en la industria del software es relativamente joven y tiene el hándicap de que se han trasladado en su aplicación a la industria del software los mismos principios que se han utilizado en los procesos industriales de fabricación, no siendo directamente aplicables, ya que hay que tener en cuenta las diferencias entre los procesos software y los procesos de fabricación industrial (Lantzy, 1992), mostradas en la Tabla 18.1.

| Procesos Software | Procesos Industriales |
|---|---|
| Intensivos en Factor Humano, Actividad Cognitiva | Intensivos en Máquinas |
| Entradas y Salidas diferentes en cada ejecución | Entradas y Salidas iguales en cada ejecución |
| Alta variación en rendimiento del proceso debido al factor humano | Baja variación en rendimiento del proceso |
| Riesgos siempre presentes en todas las fases | La mayoría de los riesgos se concentran en la fase de diseño más que en producción |
| Es difícil de obtener conformidad con el producto en base a especificaciones de requisitos | Se puede comprobar la conformidad del producto respecto a las especificaciones de requisitos |

**Tabla 18.1.** Procesos Software vs. Procesos de Fabricación

El principal factor a considerar es que todo proceso software es intensivo en personas, es decir, el factor humano es fundamental y por tanto el proceso está dominado por actividades cognitivas. Cada entrada y salida de un proceso software es distinta en cada ejecución del mismo. El predominante factor humano implica diferencias en el rendimiento del proceso en cada ejecución y a este fenómeno se le denomina diversidad del proceso (Lindvall y Rus, 2000), (Baldassarre et al., 2004) (conocido por sus siglas en inglés, *PD, Process Diversity*), que implica dificultad a la hora de predecir, monitorear y mejorar un proceso software.

Las diferencias entre procesos software y de fabricación comienzan desde el inicio del ciclo de vida, ya que la captura y el análisis de requisitos software suponen una actividad muy subjetiva en los que la habilidad, creatividad de los participantes humanos suponen mucha más variabilidad en comparación al trabajo de una máquina. Los procesos software no están por tanto automatizados al mismo nivel que los procesos de fabricación, en los que el grado puede llegar incluso al 100%. Por ello, en cada ejecución de un proceso software el riesgo de cometer errores está siempre presente y no puede ser eliminado. En los procesos de fabricación, una vez terminado un proyecto y probada la producción por primera vez, si todo está bien, es probable que lo esté para cada repetición. Otra diferencia importante es la influencia del desempeño de cada subproceso individual. Un programador puede variar su productividad por muchas razones, desde que un dispositivo no funciona, un problema de salud, poco estado de ánimo, etc. Cualquier cambio provoca inevitablemente una mayor desestabilización y un proceso menos predecible, como un cambio en el lenguaje de programación, que puede suponer una disminución drástica de la productividad hasta que con la formación y el uso se adquiere la habilidad necesaria para estabilizar dicha productividad. En la fabricación industrial este efecto no es el mismo, por ejemplo, cuando se introduce una nueva máquina en una línea de producción lo más probable es que funcione correctamente al inicio o poco después. Otro aspecto diferencial importante es la mayor facilidad con la cual se puede verificar la conformidad del producto final con los requisitos en un entorno de fabricación industrial en comparación al software.

En la Tabla 18.2, se resumen los aspectos especiales y dificultades a considerar en la aplicación de SPC en el desarrollo software de acuerdo a la revisión bibliográfica realizada por (Chang y Tong, 2013):

| Dificultades de aplicación SPC en Software | Fuente |
|---|---|
| – Demasiados atributos y variables a considerar en el ciclo de vida del software | (Baldassarre et al., 2004) |
| – Dificultad a la hora de elegir indicadores adecuados para implementar SPC en procesos de desarrollo software | (Caivano, 2005) |
| – Especiales características de los procesos software (intensivos en factor humano y centrado en proceso)<br>– Múltiples causas comunes de variación en procesos software<br>– Dificultades para obtener un amplio conjunto de datos homogéneos | (Komuro, 2006a) |
| – El software lo producen las personas, no las máquinas<br>– Demasiadas fuentes de variabilidad en el entorno de desarrollo software<br>– Múltiples causas comunes de variación en procesos software<br>– El indicador de comportamiento de procesos varía con el ciclo de desarrollo | (Manlove et al., 2007) |
| – Fuentes de variación heterogéneas<br>– Demasiados pocos puntos de variación existen a la hora de construir límites de control válidos<br>– Se deben mantener demasiados gráficos de control al desagregar los datos según el atributo que caracterizan | (Raczynski et al., 2008) |
| – Múltiples causas comunes de variación en software<br>– Dificultades en selección de métricas para implementar SPC<br>– Dificultad en encontrar equilibrio entre número de puntos de datos y profundidad del análisis | (Sargut et al., 2006) |
| – Muestreo racional de datos del proceso<br>– Dificultad a la hora de elegir indicadores adecuados para implementar SPC en software<br>– Carencia de datos suficientes | (Tarhan et al., 2006) |
| – Pocos datos para construir gráficos de control<br>– Múltiples causas comunes de variación en software | (Weller et al., 2008) |

Tabla 18.2. Dificultades en la aplicación de SPC en Procesos Software (Chang y Tong, 2013)

En definitiva, se debe prestar especial atención a la aplicación del SPC en procesos software debido a su naturaleza con diferencias tan significativas respecto a los procesos industriales. Ello no implica que no se pueda aplicar y se deba desistir en su uso. De hecho, tal como se aborda a lo largo del libro, la mejora de procesos software (SPI) es una actividad obligatoria hoy en día para las empresas que quieren mantenerse competitivas. Para que las empresas desarrolladoras de software puedan aspirar a niveles altos de madurez, necesitan aplicar técnicas adecuadas para el análisis de grandes cantidades de datos que les permitan estabilizar los resultados de sus procesos y mantenerlos bajo control.

Por ello hay que tener muy presente que tanto la cantidad como la calidad de los datos son muy importantes para la aplicación de SPC en el software, por lo que es necesario que las organizaciones dispongan de definición de indicadores de sus procesos de software y hagan una adecuada recopilación de datos.

A continuación, se presenta una visión general de la aplicación de SPC en procesos software abordando los procesos del ciclo de vida analizados en la bibliografía así como los tipos de gráficos de control utilizados.

## 18.3 PROCESOS ABORDADOS EN SPC

Existen pocos estudios que realicen una revisión sistemática de la bibliografía para caracterizar la aplicación de SPC en procesos software. La revisión sistemática de referencia es la realizada por (Baldassarre et al., 2007). En dicha revisión, se establece como una de las preguntas clave de investigación, establecer los tipos de gráficos de control y los procesos software abordados en la aplicación de SPC. Se han actualizado los resultados de dicha revisión sistemática para dar una panorámica general de la aplicación de SPC en software en la actualidad. En la Figura 18.1 se muestran los procesos software sobre los que se ha trabajado en la bibliografía relacionada.

Tal como se puede observar en la Figura 18.1, los procesos de desarrollo y revisión de código y de pruebas son los más analizados. La razón se debe a que son procesos para los que se dispone de un mayor conjunto de datos que se recopilan durante largos periodos de tiempo, aspecto fundamental para la monitorización del proceso mediante el uso de gráficos de control. También se puede observar cómo SPC es aplicado a otros procesos de desarrollo, como diseño (13%), y a procesos auxiliares del ciclo de vida, como los relacionados con la gestión de los proyectos software (análisis y estimación de recursos), mantenimiento y mejora.

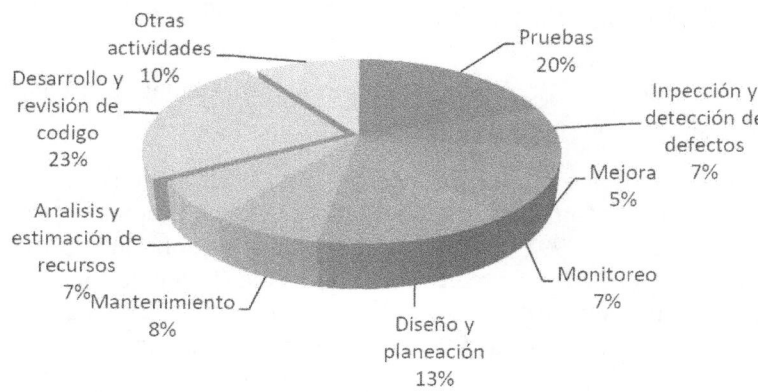

**Figura 18.1.** Aplicación de SPC en Software: Procesos abordados

## 18.4 GRÁFICOS DE CONTROL UTILIZADOS

La Figura 18.2 muestra los gráficos de control más utilizados en SPC aplicado a software, de acuerdo a la actualización de los resultados de la revisión sistemática de Baldasarre et al. (2007). Tal como se puede observar en la Figura 18.2, el gráfico de control más ampliamente utilizado es el gráfico XmR (40%), que puede deberse a que es el gráfico clásico en SPC, que es más sencillo de utilizar y sobre todo a que se aplica a puntos individuales de datos en vez de a grupos de datos que son más difíciles de obtener en procesos software.

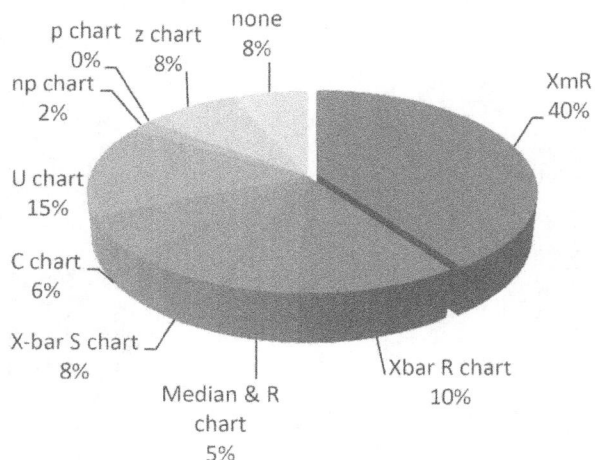

**Figura 18.2.** Aplicación de SPC en Software: Gráficos de control utilizados

## 18.5 CASOS DE APLICACIÓN DE SPC EN PROCESOS SOFTWARE

En este apartado se describen algunos casos representativos de aplicación de SPC en distintos procesos de software.

En relación a las propuestas para el uso de SPC en las organizaciones software, podemos encontrar en la bibliografía desde las propuestas tradicionales de (Florac y Carleton, 1999) y (Pandian, 2004), que establecen sus fundamentos de aplicación, a propuestas más recientes como las de (Chang y Tong, 2013), (Lee y Park, 2012) y (Barcellos et al., 2013), que proporcionan guías adicionales para adaptar la aplicación tradicional de SPC a la problemática de la industria del software.

Por su parte, tal como se ha mostrado en el apartado anterior, existen diversas publicaciones en la bibliografía en la que se ilustra cómo se ha aplicado SPC para la medición de características de distintos procesos software. A continuación se muestran a modo de ejemplo algunas de las propuestas más representativas.

### 18.5.1 SPC: PROCESO DE GESTIÓN DEL PROYECTO

(Jalote, 1999), en su libro de experiencias de aplicación de CMM en la empresa Infosys, evalúa con SPC diversos procesos con gráficos de control, entre ellos el proceso de planificación y gestión del proyecto considerando la fiabilidad de la planificación de tiempo, esfuerzo y calidad. Para ilustrarlo, se realizan gráficos de control X, como por ejemplo los mostrados en las figuras 18.3 y 18.4, para monitorizar la variación de calendario y esfuerzo y se da una serie de líneas guía que permitan mejorar dicho proceso de planificación.

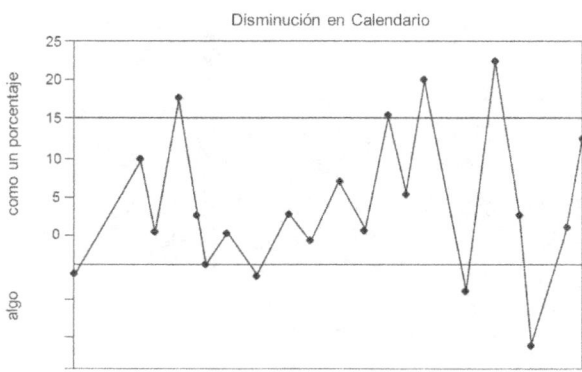

**Figura 18.3.** Ejemplo SPC evaluación disminución de calendario (Jalote, 1999)

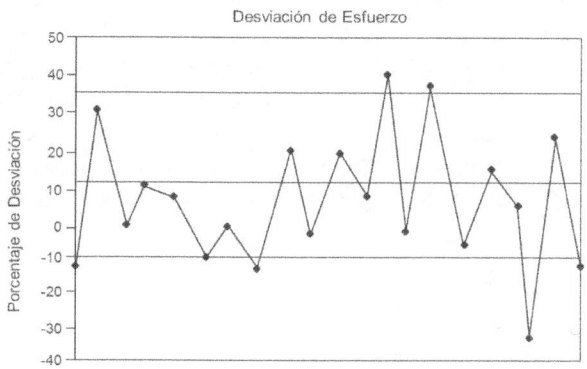

**Figura 18.4.** Ejemplo SPC evaluación desviación esfuerzo (Jalote 1999)

(Chang y Tong, 2013) proponen el uso de gráficos de control Q (Quesenberry, 1991), como un tipo de gráfico más apropiado que los tradicionales gráficos X y R, para su aplicación en procesos de desarrollo software ante la dificultad de disponer de grandes cantidades de datos. Para ilustrar su uso (ver por ejemplo Figura 18.5), lo aplican entre otros procesos al de seguimiento de costes en proyectos software mediante la monitorización de los indicadores SPI (*Schedule Performance Index*) y CPI (*Cost Performance Index*) de la técnica de valor ganado (*Earned Value Technique*). En concreto, se usan los datos de proyectos del ITRI (Industrial Technology Research Institute) en Taiwán. Los datos de cada muestra representada en el gráfico de control son recopilados en un intervalo de 15 días. Como resultado, los autores establecen que a diferencia se pueden representar simultáneamente en el mismo gráfico Q, lo que facilita a los gestores del proyecto su evaluación conjunta. Se detecta que el CPI se mantiene bajo control pero se detecta una anomalía en el indicador SPI, por lo que se sugiere realizar análisis causal para detectar la posible causa de dicha anomalía.

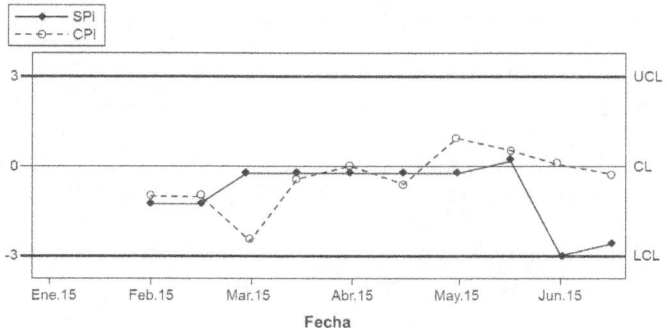

**Figura 18.5.** Evaluación de indicadores de valor ganado (Chang y Tong, 2013)

Otros trabajos se centran en el proceso de estimación de la fiabilidad software, en concreto (Prasad et al., 2011) analizan la idoneidad del método de estimación MMLE (*Modified Maximum Likelihood Estimation*). Se usó un gráfico de medias X, para identificar la variación del proceso de estimación situando en el eje Y la diferencia sucesiva de valores de media acumulativos y en el eje X el número total de fallos (Figura 18.6). Como resultado se identifican los puntos 10 y 25 por debajo del límite inferior de control, lo que indica la necesidad de análisis causal que no es realizado en el contexto de dicho trabajo.

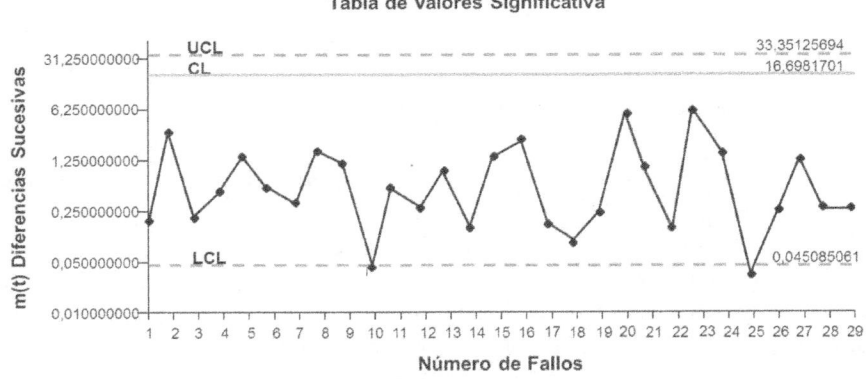

**Figura 18.6.** Evaluación de fiabilidad (Prasad et al., 2011)

## 18.5.2 SPC: PROCESO DE INSPECCIONES SOFTWARE

(Paulk, 2001) aplica SPC, en particular los gráficos de control XmR, a datos para la evaluación de la aplicación del Proceso Software Personal (PSP). Para la evaluación aplican las siguientes reglas de detección de anomalías (Wheeler y Chambers, 1992):

- **Regla 1**: un punto simple fuera de los límites de control (3 sigma).

- **Regla 2**: al menos dos de tres puntos sucesivos caen al mismo lado y están a más de dos sigmas de distancia respecto a la línea central.

- **Regla 3**: al menos cuatro puntos de cinco caen al mismo lado y más de un sigma de distancia respecto a la línea central.

- **Regla 4**: al menos ocho puntos sucesivos caen al mismo lado de la línea central.

Para ilustrar de forma introductoria la aplicación de SPC en PSP, (Paulk, 2001) se centra en el proceso de inspecciones, para lo que se usaron varios conjuntos de datos, de los cuales se muestra el análisis de 71 programas en C realizados por estudiantes. Como medidas se usan: el ratio de revisiones, calculado como la división entre número de líneas de código y esfuerzo (en minutos); y densidad de defectos, calculada como el número de defectos detectados dividido por la mediana de tamaño del programa. Como resultado del análisis de ratio de revisiones, se identificaron siete señales de alarma correspondientes a los puntos de datos 25, 43, 63, 69 y 88, tras cuyo análisis se detectó que se debía al uso de un proceso de inspección inestable debido a la inexperiencia de los estudiantes, que aplicaban por primera vez el proceso de inspecciones según PSP. Estos puntos fueron descartados para el cálculo de los límites de control del gráfico y de control de la densidad de defectos, pero sí fueron usados para su visualización en el gráfico, tras lo cual se identificaron dos señales de alarma correspondiente a los puntos 40 y 41. Tras ello se recomendó realizar un análisis causal antes de decidir si estos puntos correspondían a causas asignables que quedó fuera del alcance de trabajo.

(Florence, 2001) analiza el proceso de inspecciones por pares a lo largo del ciclo de vida del proyecto, para lo cual se centra en las siguientes medidas de datos de proyectos:

- ▼ **Muestra**: serie de revisión por pares
- ▼ **Unidades**: número de unidades software revisadas.
- ▼ **SLOC**: número de líneas de código fuente revisadas.
- ▼ **Defectos**: número de defectos detectados en cada muestra.
- ▼ **Defectos / 1000 SLOC**: defectos normalizados a 1000 líneas de código por muestra.

En particular, se ilustra con los siguientes ejemplos la obtención y análisis de gráficos de control:

- ▼ **Ejemplo 1**: se analizan 6 muestras (de febrero a abril de 1997), detectándose una alarma (punto fuera de los límites) en el tercer punto de datos (Figura 18.7). Mediante la aplicación de análisis causal se determinó que, cuando el proyecto implicaba el seguimiento de ciertos estándares de codificación, se detectaban numerosas violaciones a la norma debido a la falta de conocimiento sobre estos estándares. Como mejora se propuso aumentar la formación siempre que se introdujera un nuevo proceso o tecnología en el desarrollo de proyectos.

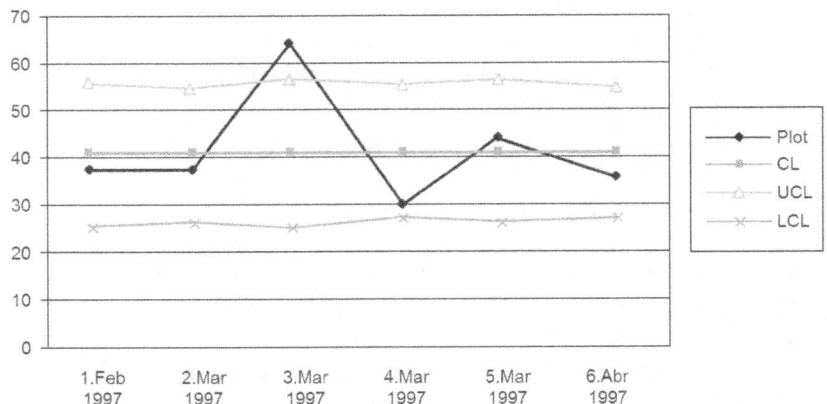

**Figura 18.7.** Ejemplo de gráfico de control del proceso de inspecciones (Florence, 2001)

▼ **Ejemplo 2**: se analizan 8 muestras (de marzo a mayo de 1998), detectándose una alarma en el quinto punto de datos. Mediante la aplicación de análisis causal, se determinó que los datos de esa muestra provenían de código de la base de datos mientras que el resto de muestras era código de aplicación. Dado que se debe tener homogeneidad de los datos en los gráficos de control, se eliminó dicha muestra y se volvió a realizar el análisis resultando un proceso bajo control estadístico.

(Fernandez-Corrales et al., 2013) también aplican gráficos de control SPC para el proceso de inspecciones analizando como medidas las siguientes:

▼ **Porcentaje de defectos rechazados**: porcentaje de defectos clasificados como "rechazados" respecto al total de defectos detectados. Los defectos de este tipo no se consideran por tanto defectos reales.

▼ **Porcentaje de defectos encontrados en operación**, que son los detectados por el cliente final respecto al total de los defectos detectados.

▼ **Porcentaje de defectos de criticidad alta detectados en producción**, porcentaje de defectos encontrados por el cliente final respecto al total de los defectos detectados.

▼ **Porcentaje de defectos de criticidad alta detectados en pruebas**: porcentaje de defectos encontrados por el cliente en la fase de pruebas respecto al total de los defectos detectados. Porcentaje de defectos causados por lógica defectuosa.

Para el análisis aplicaron las 8 reglas de (Nelson, 1999) para identificar alarmas en los gráficos de control. En particular se aplican los gráficos de control XmR y EWMA (*exponentially weighted moving average*), proporcionando una comparación entre ambos en los que se deduce que debido a los límites más cercanos obtenidos con gráficos EWMA hay más sensibilidad a pequeños incrementos en el porcentaje de defectos en comparación con los gráficos XmR (Figura 18.8).

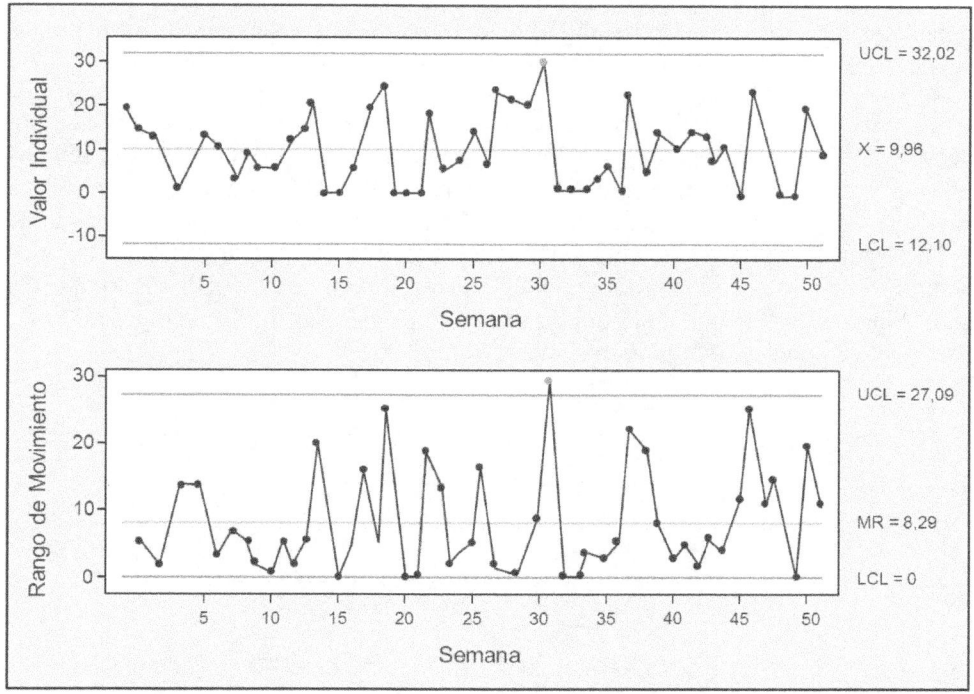

**Figura 18.8.** Ejemplo de gráfico de control XmR para analizar el porcentaje de defectos rechazados (Fernández-Corrales, et al., 2013)

### 18.5.3 SPC: PROCESO DE PRUEBAS

El proceso de pruebas es otro de los procesos relevantes sobre los que podemos encontrar diversas aplicaciones de SPC. A continuación se describen algunos casos a modo de ejemplo.

Weller (2000), además de aplicar SPC para la evaluación del proceso de inspección, ilustra la aplicación de SPC en la etapa de pruebas. En particular se aplica SPC para las pruebas de sistema con el fin de responder la pregunta de cuándo se finalizarán las pruebas. Para ello se puede usar la estimación de defectos que permanecen en el producto y el ratio de eliminación de defectos. Se utilizaron como gráficos de control los gráficos XmR y se evaluaron dos proyectos. En la Figura 18.9 se muestra el gráfico de control del ratio de llegada de problemas (defectos potenciales). En caso de ser negativo, el límite inferior se fija a cero, tal como ocurre en este caso. En este caso de estudio, tal como reconoce el propio autor, es necesario disponer de muestras mayores para desarrollar gráficos de control, normalmente de 16 a 20, pero no siempre es posible encontrarlas en la práctica. Con menos de 15 puntos de datos hay más probabilidad de que puntos que están cerca de los límites den señales incorrectas de proceso fuera de control.

Tal como se puede observar en la Figura 18.9, el ratio de llegadas está por debajo del límite superior hasta la semana 10 para ambos proyectos. En la semana 11 se puede observar que el ratio de problemas sube a 33, lo que supera el límite superior y sugiere buscar la causa especial. En este caso, el resultado se debió a que la fase de pruebas de sistema comenzó en la semana 11 y usó un conjunto de casos de prueba más robusto y configuraciones de prueba mayores. Por ello, dado que una nueva fase de pruebas había comenzado, se recalcularon los límites de control a partir de esa semana, tal como muestra la Figura 18.10.

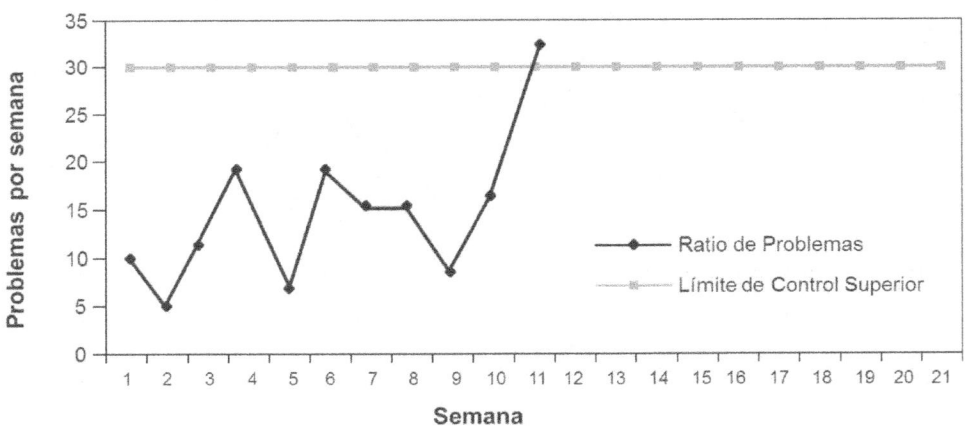

**Figura 18.9.** Ejemplo de gráfico de control para analizar el ratio de llegada de problemas (Weller 2000)

En base a los datos mostrados en la gráfica de la Figura 18.10, se deduce que con SPC no se puede responder a la pregunta de cuándo finalizará la etapa de pruebas, que podría malinterpretarse como cercano a la semana 20 debido a la tendencia a la baja de los valores. Pero con SPC, lo que se determina es si el proceso está bajo control o no, y tal como se muestra en la figura lo está si sus valores de problemas por semana oscilan entre 2,4 (LCL) y 27 (UCL). Si se observa la semana 24, el valor cae por debajo del límite inferior, lo que indica una causa asignable de variación. Esto podría ser el indicador de fin de pruebas si el análisis causal determina que la causa está relacionada con el producto (y no, por ejemplo, con una semana más corta de trabajo o falta de progreso del trabajo debido a situaciones de bloqueo, etc.).

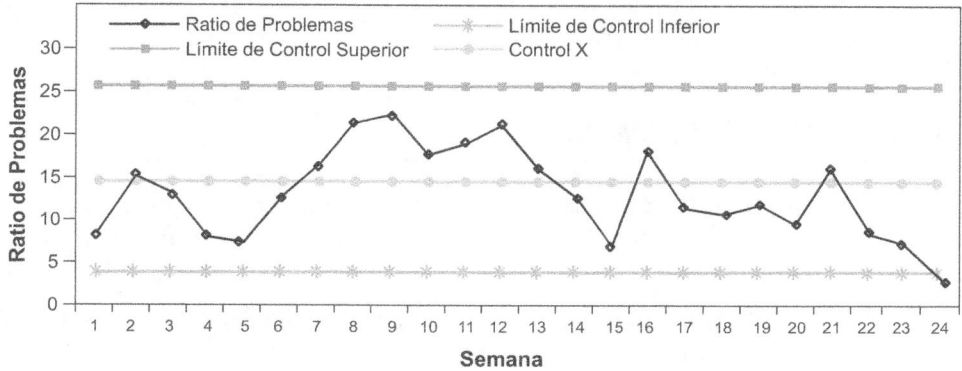

**Figura 18.10.** Ejemplo 2 de gráfico de control para analizar el ratio de problemas (Weller, 2000)

Como conclusión, (Weller, 2000) establece que SPC es una técnica que puede ser útil en procesos software, que los cálculos son relativamente sencillos y en su experiencia en los dos proyectos reportados en este ejemplo a partir del análisis SPC se consiguió reducir la densidad de defectos de las nuevas versiones del producto 10 veces más que en versiones anteriores.

(Card y Berg, 1989) desarrollan gráficos de control X para analizar medidas sobre defectos encontrados en la fase de pruebas en dos grandes proyectos de la NASA (promedio de 850.000 líneas de código). En particular se evalúa la tasa de errores totales (errores por cada mil líneas de código entregadas) informados en la fase de pruebas de sistema, de aceptación y de operación. En sus resultados detectaron anomalías en la versión 7 del producto de uno de los proyectos mientras que el otro se encontraba bajo control estadístico.

(Jalote, 1999) evalúa el proceso de pruebas software aplicando SPC, para lo cual ilustra con un gráfico de control X la densidad de defectos obtenida en el proceso de pruebas sobre programas desarrollados en Visual Basic.

(Komuro, 2006) aplica SPC en una empresa de desarrollo de software de alto nivel en Japón. En concreto, evalúa el proceso de revisión por pares y se incluyó dentro del control el proceso de prueba donde la medida a controlar fue el índice de errores, además de analizar la densidad de defectos en la fase de pruebas del producto final. Para el proceso de revisión por pares, las medidas a controlar fueron la velocidad de revisión, la densidad de defectos, detección temprana de errores (porcentaje del número de defectos detectados por revisión en pares con respecto al número total de defectos encontrados durante todo el proceso de desarrollo) y la eficiencia de revisión (número de errores detectados en la revisión por pares por persona-hora dedicada en la revisión).

## 18.6 LECTURAS RECOMENDADAS

▼ *Florac, W. A. y Carleton, A. D. (1999). Measuring the Software Process. Statistical Process Control for Software Process Improvement. Addison Wesley.*

En este libro se presentan los fundamentos de SPC en Procesos Software y se incluyen diversos ejemplos de aplicación.

▼ *Baldasarre, T., Caivano, D., Kitchenham, B., Visaggio, G. (2007). Systematic Review of Statistical Process Control: An Experience Report. Proceedings of the 11th International Conference on Evaluation and Assessment in Software Engineering (EASE). Keele, UK.*

En este artículo se presenta una revisión sistemática sobre SPC en Procesos Software.

## 18.7 EJERCICIOS

1. Ejemplo: en este ejemplo consideraremos el análisis del proceso de inspección de código en una empresa desarrolladora de software. Un proceso de inspección de código es una manera formal y eficiente de examinar un programa en detalle para identificar errores (Fagan, 1999). Para ello se utilizan varios indicadores, tal como el ratio de tiempo de preparación, ratio de inspección y total de defectos encontrados por miles de líneas de código (KLOC) (Barnard y Price, 1994). En este ejemplo basado en (Chang y Tong, 2013), se van a aplicar gráficos de control para monitorizar el ratio de inspección (defectos detectados por hora). A continuación se muestran en la siguiente tabla los datos a utilizar:

| Lote de Revisión | Ratio de inspección |
|---|---|
| 1 | 605 |
| 2 | 165 |
| 3 | 293 |
| 4 | 367 |
| 5 | 240 |
| 6 | 11 |
| 7 | 256 |
| 8 | 457 |
| 9 | 233 |
| 10 | 142 |
| 11 | 218 |
| 12 | 282 |
| 13 | 242 |
| 14 | 209 |
| 15 | 200 |

Se deben construir los gráficos de control X y R y analizar si se detecta alguna anomalía en los resultados de acuerdo a los patrones de test de Six-Sigma (ver Anexo A).

2. Realizar los mismos cálculos que en el ejercicio anterior para los datos mostrados en la siguiente tabla, donde se incluye el nivel de complejidad del código a revisar. Se deben realizar los gráficos X y R de los datos agrupados por categoría y se debe analizar si se detecta alguna anomalía de acuerdo a los patrones de test de Six-Sigma.

| Lote de Revisión | Ratio de Inspección | Nivel de Complejidad del código |
|---|---|---|
| 1 | 605 | Alta |
| 2 | 165 | Alta |
| 3 | 293 | Baja |
| 4 | 367 | Alta |
| 5 | 240 | Baja |
| 6 | 11 | Baja |
| 7 | 256 | Baja |
| 8 | 457 | Baja |
| 9 | 233 | Media |
| 10 | 142 | Alta |
| 11 | 218 | Baja |

| | | |
|---|---|---|
| 12 | 282 | Baja |
| 13 | 242 | Baja |
| 14 | 209 | Media |
| 15 | 200 | Media |
| 16 | 244 | Baja |
| 17 | 156 | Alta |
| 18 | 210 | Media |
| 19 | 146 | Alta |
| 20 | 134 | Alta |
| 21 | 192 | Media |
| 22 | 195 | Baja |
| 23 | 150 | Baja |
| 24 | 225 | Alta |
| 25 | 280 | Baja |
| 26 | 220 | Media |
| 27 | 226 | Baja |
| 28 | 145 | Alta |

3. Realizar una búsqueda bibliográfica de los estudios en los últimos cinco años en los que se ha aplicado SPC en Procesos Software, y rellenar la siguiente tabla en base a los resultados obtenidos.

| Referencia | Procesos Software abordados | Gráficos de control usados | Conclusiones |
|---|---|---|---|
| | | | |
| | | | |
| | | | |

4. Analizar las principales medidas software que son utilizadas para realizar SPC a partir de los resultados de la revisión del ejercicio 3. Razonar por qué las medidas obtenidas son apropiadas para su uso en SPC.

5. Realizar un análisis sobre la influencia del modelo de madurez de procesos CMMI para la implantación de SPC en Procesos Software a partir de los resultados de la revisión realizada en el ejercicio 3.

6. Realizar un análisis sobre la influencia del modelo de madurez de procesos ISO 15504 para la implantación de SPC en Procesos Software a partir de los resultados de la revisión realizada en el ejercicio 3.

7. Sintetizar las principales ventajas de aplicar SPC en procesos software a partir de las conclusiones obtenidas en la revisión bibliográfica del ejercicio 3.

8. Sintetizar las principales dificultades de aplicar SPC en procesos software a partir de las conclusiones obtenidas en la revisión bibliográfica del ejercicio 3.

9. Realizar un estudio comparativo de herramientas de soporte a la realización de gráficos de control.

10. Seleccionar una herramienta representativa y de libre uso, a partir del estudio realizado en el ejercicio 9, y aplicarla para resolver el ejercicio 1.

# 19

# IMPLANTACIÓN DE LA MEDICIÓN SOFTWARE

## 19.1 INTRODUCCIÓN

En este capítulo abordaremos algunos desafíos a los que se enfrentan las organizaciones que quieren implantar la medición de software. Para ello utilizaremos los conocimientos obtenidos de varios proyectos de investigación y colaboración con organizaciones, especialmente las investigaciones que realizamos para la implantación de programas de medición en pequeñas y medianas organizaciones (Díaz-Ley et al., 2008); (Díaz-Ley, 2009); (Díaz-Ley et al., 2010).

La implantación de la medición de procesos, proyectos, productos y servicios software parece sencilla y en los últimos años se ve favorecida por la aparición, como hemos visto, de decenas de entornos y herramientas de medición. Sin embargo, la medición plantea enormes desafíos a las organizaciones, que terminan en muchas ocasiones abandonando los programas de medición (Rubin, 1991) o no obteniendo ningún ventaja con su implantación (Pfleeger, 1999).

Por ello pensamos que es muy importante recoger en este capítulo el mayor número de ejemplos de implantaciones de medición software, que puedan ayudar al lector si se tiene que enfrentar a esta difícil labor.

## 19.2 PRINCIPALES DESAFÍOS

El objetivo de implantar la medición suele ser mejorar algún aspecto relacionado con la calidad o productividad de algún proceso del ciclo de vida del software. Un programa de medición tendrá éxito si se obtienen beneficios efectivos respecto a un problema, a partir de la información proporcionada por el programa de medición.

Sin embargo, demostrar este beneficio respecto al coste de implementación no es tarea fácil y, como indican (Solingen y Berghout, 2001), el hecho de no detectar con claridad los beneficios del programa de medición respecto a su coste provoca desconfianza en su implantación. Para vencer esta resistencia, estos autores sugieren medir el esfuerzo de implementación del programa de medición, los beneficios eficientes y otros ingresos adicionales y expresarlos en valores económicos. (Birk et al., 1998) promueven por otro lado el uso del método GQM como marco para definir los costes.

Por su parte, (Ebert et al., 2004) resaltan los siguientes riesgos a los que están sometidos los programas de medición:

- ▼ **Recopilar medidas sin significado**. La medición debe estar siempre orientada a los objetivos, es decir, debe ser *"goal driven"*. Por lo tanto cada medida debe tener una aplicación práctica, ya que en caso contrario solo supondría malgastar esfuerzo para obtenerla y puede provocar pérdida de motivación en los programas de medición.

- ▼ **No analizar las medidas**. Medir se puede considerar relativamente "sencillo", pero trabajar con números supone un esfuerzo poco reconocido. Por lo general, las medidas se incluyen en informes con gráficos y tablas pero esto es insuficiente, ya que es necesario realizar análisis más profundos que permitan relacionar las medidas con los objetivos y el rendimiento.

- ▼ **Establecer objetivos poco realistas**. Muchos gestores pueden estar muy entusiasmados con programas de medición y establecer un alineamiento entre los números y los objetivos, pero lo importante es que los objetivos sean realistas, se basen en la experiencia y situación de la organización y no conduzcan a una organización a "estar continuamente al límite".

- ▼ **Parálisis por análisis**. Situación que puede ocurrir cuando las medidas se usan de forma independiente de los ciclos de vida y procesos de software. Se recopila mucha información de forma frecuente y se malgasta mucho tiempo en burocracia. La clave está en entender que la medición no es una actividad separada sino una parte clave de los procesos de ingeniería y gestión.

En cuanto a los obstáculos con los que nos encontramos a la hora de implementar programas de medición, que se agravan especialmente en la pequeña y mediana empresa (Gresse et al., 2003); (Díaz-Ley et al., 2008), destacamos los siguientes:

- **Limitación de recursos y tiempo**: cuando el tiempo y los recursos de los proyectos son ajustados, no se dedica esfuerzo a las tareas de medición y suele ser la primera actividad que se deja sin hacer (Komi-Sirviö et al., 2001).

- **Dudosa fiabilidad de las actividades de medición**: en muchos casos, los procesos de recolección de datos, análisis, interpretación y comunicación de resultados son insuficientes, mal organizados y poco fiables lo que provoca desconfianza en el uso del programa de medición (Selby, 2005).

- **Escasa formación**: si hay limitaciones de presupuesto no se suele formar al personal en el área de medición del software. Esto hace que no haya cultura en la empresa respecto a la medición del software, que las personas desconozcan sus beneficios y relacionen la medición con la idea de controlar al personal y, por lo tanto, desconfíen del uso de tales iniciativas.

- **Poco conocimiento en el área de medición del software**: normalmente la cultura de la medición es pobre. Un programa de medición efectivo necesita mucho tratamiento de información, modelos, toma de decisiones, etc., por lo tanto, se convierte en una tarea complicada y más aún cuando las personas que lo llevan a cabo no tienen una formación extensa en esta área (Briand et al., 1996).

- **Coste**: una de las principales causas que impiden el uso de los programas de medición es que los beneficios que se obtienen de este no son claros respecto a su coste (Berry et al., 2004).

## 19.3 FACTORES CRÍTICOS DE ÉXITO

En este apartado mostramos los factores generales y más destacados que influyen en el éxito de un programa de medición. Estos **factores de éxito** se clasifican en dos tipos: técnicos y organizativos.

Los **factores técnicos** identificados son los siguientes:

- Disponer de un sistema para la captura de métricas, que sea sistemático y orientado al proceso, que haga que los jefes de proyecto tengan una percepción de seriedad y fiabilidad respecto a la actividad de medición y, por lo tanto, promuevan su uso.

- Emplear herramientas automatizadas para facilitar el uso de las métricas.

- Optimizar los procesos de captura para mejorar la precisión de los datos obtenidos, de forma que no disminuya la productividad del desarrollador debido a esta actividad.

- Utilizar métricas precisas y relevantes en el contexto.

- Emplear procedimientos de análisis formales y útiles para proporcionar más información y más precisa para la toma de decisiones.

- Formar en la medición del software, ya que las personas que conocen los beneficios de la medición usarán más estas técnicas que aquellos que no están formados en estos aspectos.

- Comunicar de manera adecuada y precisa la información obtenida de la medición.

Por su parte, los **factores organizativos** identificados son los siguientes:

- Acuerdo del personal con los objetivos de medición.

- Asignación de los recursos suficientes para el desarrollo de las actividades de medición.

- Apoyo de la dirección, para que se establezcan y perduren las iniciativas de medición.

- Suficiente nivel de madurez de la organización. Las empresas muy maduras tienen los procesos de medición mejor establecidos, harán mejor uso de la medición para la toma de decisiones y por lo tanto obtendrán mayor beneficio en el desempeño de sus procesos.

- Cultura de la compañía: el modo de trabajar establecido en la organización es un factor determinante en el uso de cualquier técnica y por lo tanto en el uso de las actividades de medición.

(Daskalantonakis et al.,1990), en el contexto de su propuesta de método de madurez para evaluar la tecnología de la medición del software, destacan también otro factor determinante para el éxito de la implantación de un programa de medición en una organización: su integración con el resto de procesos de software ya establecidos. Además expone que los jefes de proyecto e ingenieros involucrados en el proyecto son las mejores personas para analizar los datos recogidos en el programa de medición, ya que son los expertos en el dominio y pueden interpretar perfectamente el significado de los datos.

Por otro lado, (Hall y Fenton, 1997) identifican quince factores de éxito para la implantación de los programas de medición de los cuales ocho han sido expuestos, mientras que los siete restantes son los siguientes:

▼ Implementar el programa de medición gradualmente: es muy complicado por no decir imposible abordar gran cantidad de objetivos de medición de una vez, por lo que se aconseja implantar poco a poco las actividades de medición en la organización y, mientras, se van mejorando. Otros autores (Wiegers, 1999); (Bassman et al., 1995) recomiendan comenzar los programas de medición desarrollando objetivos comunes y conocidos además de necesarios en la organización.

▼ Disponer de un marco de medición bien planificado donde se asegure el adecuado flujo de información. Respecto a este punto, la mayoría de los autores (DoD, 2000), (Niessink y Vliet, 2001) defienden la idea de definir los programas de medición orientados a objetivos.

▼ Reutilizar, en la medida de lo posible, el material de medición que se tenga ya disponible.

▼ Involucrar a los desarrolladores durante la implementación.

▼ Hacer que el proceso de medición sea transparente para los desarrolladores.

▼ Mejorar el programa de medición constantemente.

▼ Contratar a "gurús" externos especialistas en la medición del software.

El último factor de éxito que destacaremos es que hay que asegurar que los programas de medición no se orienten a evaluar a las personas ya que en tal caso seguramente terminará perdiendo su validez. El personal se desconcentrará de su trabajo y registrará datos positivos y en algún acaso devaluados (Solingen et al., 1997).

Staron y Meding (2016) proponen un método para evaluar la robustez de los programas de medición, caracterizada por las siguientes cuestiones:

- ¿Cómo se utilizan las métricas en la organización?
- ¿Cómo resultan de útil las métricas para tomar decisiones?
- ¿Cuál es la infraestructura de medición?
- ¿Cómo de bien se aceptan las métricas en la organización? (madurez de medición)
- ¿Cómo se recogen, analizan y visualizan las métricas?
- ¿Cómo se identifican las buenas prácticas en organizaciones externas?
- ¿Cómo se identifican las buenas prácticas de la investigación?

Tras los factores analizados en este apartado podemos concluir que, aunque actualmente no se dispone de unas leyes universales que nos permitan saber con precisión qué técnicas aplicar para implantar exitosamente los programas de medición (Briand et al., 2002), es claramente positivo y recomendable evaluar el estado de la organización respecto a la aplicación de programas de medición con el fin de detectar imposibilidades, deficiencias y actuar consecuentemente. Esta evaluación se puede realizar revisando los factores de éxito indicados anteriormente.

## 19.4 CONSEJOS PRÁCTICOS

Como indica Pandian (2003), el verdadero significado de la medición se percibe cuando surge dentro de la cultura de la organización; por lo que la aplicación de los métodos, técnicas, aproximaciones y medidas existentes es análoga a cuando se implanta un modelo de calidad, es decir, se debe de adaptar a la cultura de la organización.

En este apartado enumeramos algunos consejos que surgen de los factores críticos de éxito expuestos anteriormente y en base a la experiencia en la industria.

### 19.4.1 Consejos de gestión

1. **Comenzar los programas de medición dando soporte a la mejora de procesos**. Los programas de medición comienzan con objetivos de mejora, de modo que los objetivos estratégicos deben dividirse en

objetivos de proyecto, y estos deben estar alineados con los objetivos de cada departamento y los contenidos de los planes de calidad. Del mismo modo, las mediciones y el control de los proyectos deben estar motivados por objetivos concretos y alcanzables (Ebert et al., 2004). Estos objetivos de mejora deben ser realistas en función de la madurez de la organización, de modo que una vez que el proceso de medición sea estable, la organización puede permitirse desarrollar programas de medición para determinados objetivos de negocio, pero si la organización no es suficientemente madura, sería complicado desarrollarlos y la probabilidad de fracaso sería alta, al igual que su coste.

2. **Integrar la medición en los procesos de desarrollo.** Como señala (Daskalantonakis, 1992), los programas de medición que se establezcan en la organización deben estar integrados en los procesos de desarrollo. Por ejemplo, si se definen métricas de evaluación de la calidad del software, al final del proyecto estas deben mostrarse en los informes de cierre de proyecto y por lo tanto deben contemplarse en la plantilla de cierre de proyecto. Además, el programa de medición debe adaptarse a las limitaciones de los procesos de desarrollo; por ejemplo, si el proceso de desarrollo no contempla establecer de manera formal y con un criterio establecido la fiabilidad de un producto, el programa de medición en principio no debería poder evaluar formalmente la fiabilidad de este.

3. **Comenzar de forma inmediata y con un pequeño alcance** (Ebert et al., 2004). La puesta en marcha de un programa de medición supone mucha comunicación y formación, de modo que se sugiere realizar sesiones de arranque ("kick off") para que los equipos técnicos y de gestión entiendan y usen la medición de forma consistente y se debe proporcionar formación sobre todo a gestores senior que evite el uso inadecuado de las medidas en su labor.

4. **Contar con el personal adecuado.** Los recursos humanos constituyen el factor de éxito clave en todo programa de medición, por lo que entre otros aspectos importantes es necesario dar una adecuada formación tanto a los desarrolladores técnicos como al personal de gestión (Ebert et al., 2004), ya que si las medidas se usan de forma inadecuada el coste del programa de medición será mucho mayor que el coste de formación. Del mismo modo, es recomendable implicar a todas las personas relacionadas con el desarrollo software en el proceso de medición, considerándolo una tarea más a realizar en su trabajo. Así se establece la cultura de medición, se percibe su utilidad, se realiza la toma de decisiones de manera efectiva y se realizan las mejoras en los procesos de software oportunos.

5. **Adaptar el programa de medición a la madurez de la organización respecto a la medición del software**. Una organización poco madura no puede plantearse, por ejemplo, obtener del programa de medición resultados empíricos de estimación. Esto podría dar lugar a resultados falsos, inesperados, difíciles de repetir en los siguientes estudios y difíciles de interpretar (Briand et al., 2002). Ello implica en empresas poco maduras en medición de software la necesidad de no involucrar a demasiadas personas en la definición del programa de medición en las primeras fases. La propuesta consistiría en que el grupo de analistas de medición desarrollen un borrador del programa de medición junto con un grupo de personas, de alto cargo, promotores de la iniciativa y que conozca bien los procesos, proyectos y productos del software llevados a cabo en la organización. Una vez realizado el primer borrador, se involucraría a desarrolladores claves y jefes de proyecto que vayan a hacer uso del programa de medición, quienes revisarán el borrador. Tras esta revisión el grupo de analistas actualizan y formalizan el programa de medición. Con esta propuesta es de esperar que el programa de medición se defina de manera más dinámica ya que no todos los interesados están involucrados desde las primeras fases. Además cuando no se tiene mucha experiencia en la medición del software, la información que se obtiene al principio puede no ser útil debido a la desconfianza en el programa de medición. En (Díaz-Ley et al., 2010) se presenta un modelo de madurez para PyMES que puede ayudar en este aspecto.

6. **Reutilización de los modelos de medición y adaptación a los proyectos específicos**. Este principio fue expuesto por (Basili y Rombach, 1988); (Basili y Rombach, 1988) y (Schneidewind, 1999) e indica la conveniencia de definir programas de medición que sean modelos válidos para todos los proyectos o productos que se desarrollan en la empresa. De acuerdo a este principio, definir programas de medición generales facilita el establecimiento del programa de medición en la organización o en la unidad de negocio y, posteriormente, el control de los procesos. Cuando surja un proyecto o producto habría que realizar pequeñas modificaciones para adaptar el programa general de medición al proyecto o producto específico o; en caso de que este tenga alguna necesidad de información particular, se hará un pequeño programa de medición específico pero no se establecerá en el proceso general de medición de la organización. Un ejemplo sería el de un programa de medición que analiza la fiabilidad de los productos resultantes de un proyecto. Si en general este programa se basa en los datos de los fallos del producto en producción (registrados en una herramienta de gestión de incidencias), puede que haya que adaptar el programa de medición al proyecto específico para aquellos productos

que no utilicen el mismo gestor de incidencias, o en el caso de que hubiera incidencias asociadas a un determinado producto en las que se asocian atributos específicos a tener en cuenta (la frecuencia en la que se produce el mismo fallo, fecha de ocurrencia, etc.).

## 19.4.2 Consejos técnicos

1. **Uso de métricas existentes y fáciles de recopilar**. Es recomendable hacer uso de las medidas proporcionadas por las herramientas de desarrollo, gestión de configuración, gestión de incidencias, gestión de recursos, etc. que pueda haber en la organización y evitar un proceso de recopilación de información complicado que puede llevar a inexactitudes o esfuerzos extra para los desarrolladores y jefes de proyecto. Del mismo modo es importante evitar "trampas estadísticas" (Ebert et al., 2004), considerando que las medidas se caracterizan por una escala y distribuciones estadísticas que determinan su utilidad y modo de aplicación. Por ejemplo, en determinadas situaciones un análisis por cuartiles es más adecuado que por medias, o en otras, junto con la media de un conjunto de valores es deseable mostrar también sus valores máximo y mínimo.

2. **El programa de medición definido debe ser automatizado**, aunque es preferible comenzar restringiendo a la utilización de herramientas específicas y sencillas antes que a herramientas complejas, ya que el personal debe inicialmente conocer bien el proceso de medición, sus objetivos y los pasos necesarios a seguir. A veces, con el uso de herramientas complejas se pierde la metodología y se confunde a los usuarios. Estas herramientas pueden ser sencillas hojas de cálculo o bases de datos. Una vez que el proceso de medición esté establecido, se podrán utilizar otras herramientas más complejas.

3. **Probar el programa de medición en un proyecto piloto antes de establecerlo en la organización**. Aunque se trate de un programa de medición ya revisado, no es recomendable establecerlo en la organización para su uso generalizado hasta que no se haya probado en un proyecto piloto. El programa de medición debería ser verificado por el jefe del proyecto "piloto", el grupo de analistas de medición y jefes de proyecto que cuenten con gran experiencia en otras áreas. La idea es utilizar el programa de medición en el proyecto, obtener los resultados y realizar los análisis para comprobar que el programa de medición es coherente, se ajusta al propósito, la información que se obtiene es útil, las herramientas de soporte están bien implementadas y son convenientes, etc. Si la prueba

piloto resulta ser satisfactoria para el grupo de validación, se incluirá dentro del proceso de medición de la organización y se usará en los siguientes proyectos. Con los programas de medición enfocados en el proceso o en el producto, se hará también una prueba piloto haciendo un análisis previo al uso formal del programa de medición.

## 19.5 MÉTODO DE IMPLANTACIÓN DEL PROGRAMA DE MEDICIÓN

A continuación se muestra una breve guía sobre cómo definir e implantar un programa de medición teniendo en cuenta los consejos y factores de éxito indicados anteriormente y lo expuesto en (Díaz-Ley, 2009); (Díaz-Ley et al., 2008).

### 19.5.1 Personas

Los grupos de personas que intervienen en la definición e implantación del programa de medición son los siguientes:

- **Grupo de definición**: está compuesto por uno o varios (dependiendo de la envergadura del programa de medición) analistas de medición y los promotores y algunos stakeholders del programa de medición. Para empresas pequeñas o medianas se recomienda que haya un solo analista de medición y una sola persona como interesado principal que debe conocer bien las necesidades del programa de medición, los proyectos que se llevan a cabo en la empresa, los procesos y productos. Sin embargo, puntualmente para ciertas consultas se pedirá ayuda otras personas relacionadas con el programa.

- **Grupo de revisores**: este grupo estará compuesto por el resto de stakeholders de los resultados del programa de medición y algunos desarrolladores que estarán involucrados en el proceso de medición. Los interesados (por ejemplo, los jefes de proyecto) revisarán si: el programa de medición cubre los objetivos requeridos; los análisis propuestos se pueden realizar tomando los datos de entrada especificados; los indicadores definidos cubren los objetivos del programa; los datos pueden ser recogidos de la manera propuesta, etc.

- **Grupo de aceptación**: en este grupo estarán todos o un grupo clave de stakeholders del programa de medición que finalmente lo aceptarán.

## 19.5.2 Metodología

Se pueden distinguir los siguientes pasos para llevar a cabo la definición e implantación del programa de medición:

1. **Identificar los objetivos de mejora del proceso.** En caso de que la organización sea madura respecto a la medición del software, se podría desarrollar directamente un programa de medición partiendo de los objetivos de negocio.

2. **Formalizar los objetivos de medición.** Se definen formalmente los objetivos de medición que dan soporte al objetivo de mejora del proceso o al objetivo de negocio. Además se especifica el propósito, el enfoque, el punto de vista y el entorno donde se define este objetivo.

3. **Definición de indicadores.** Puede ocurrir que la empresa tenga ya definido un programa de medición con un objetivo, contexto y propósito similar, por lo que se reutilizaría este modelo adaptándolo a las características específicas del proceso, producto o proyecto objetivo de medición. En caso contrario, se debe definir el indicador que da soporte al objetivo de medición, es decir, para cada objetivo de medición establecido, se detalla su correspondiente indicador completando la siguiente información: preguntas que se pretenden resolver, la representación gráfica del indicador, las entradas para generar el indicador, personas interesadas en la información resultante del indicador, personas responsables de generar, analizar e interpretar el indicador, información sobre cuándo se utilizarán los datos resultantes del indicador, la definición de los algoritmos necesarios para responder las preguntas y generar el indicador, las posibles salidas del indicador, posibles análisis e interpretaciones, etc.

4. **Definición de indicadores derivados.** En el caso de que el indicador principal definido necesite otros indicadores más específicos para poder ser generado, se debe definir el objetivo de medición derivado y su correspondiente indicador. Es decir, se deben repetir las actividades dos y tres veces hasta que todos los objetivos de medición e indicadores estén definidos.

5. **Definición de medidas y especificación de las necesidades para implementarlas.** Los indicadores definidos indican las medidas que se necesitan como entrada al indicador. En esta etapa se detalla la especificación de la medida a recolectar, es decir, qué datos se incluyen y cuáles se excluyen, cómo se obtendrán los datos y se analiza si es posible disponer de estos. En caso de que no sea posible obtenerlos, o

bien se modifica el indicador que hace uso de estos datos y se analiza el impacto en el objetivo de medición final, o bien se busca la manera de poder obtenerlos. La segunda opción es la menos recomendable y la que hay que intentar evitar, ya que realizar cambios en el proceso o incluir herramientas para recolectar cierta información puede interferir de manera substancial en el trabajo rutinario de los usuarios e, incluso, si estos cambios suponen una mejora, incrementa el riesgo de fracaso en la implantación del programa de medición.

6. **Integración del programa de medición.** En esta etapa se integra el programa de medición definido en el proceso de desarrollo. Por ejemplo, se pueden integrar en las plantillas de informes de seguimiento, los indicadores de monitorización definidos en el proyecto; en las plantillas de cierre de proyecto, los indicadores de calidad del desarrollo; en las actividades rutinarias de desarrollo, las actividades de recogida de datos, etc.

7. **Verificación del programa de medición.** El grupo de revisión verificará el programa de medición. Es conveniente que el analista de medición reúna al grupo para exponerle el programa de medición definido. Más tarde se deben dejar unos días para que lo revisen exhaustivamente y finalmente se realizará otra reunión para proponer los cambios necesarios. Tras estas reuniones el analista de medición actualizará el programa de medición.

8. **Automatización del programa de medición.** Tal vez sea necesario automatizar ciertas consultas para facilitar la captura de datos y reunir la información de distintas herramientas para poder realizar análisis globales. La automatización se puede realizar *ad-hoc* o adquiriendo una herramienta.

9. **Aceptación del programa de medición**. En esta etapa se prueba el programa de medición en un caso real, es decir, se utiliza el programa de medición en un proyecto piloto, o en un proceso o producto. Los resultados del programa de medición se presentan a los interesados (grupo de aceptación) para que evalúen si la información que se obtiene es coherente, útil, permite realizar los análisis requeridos etc. En caso afirmativo, el programa de medición se establece en la organización o unidad de negocio. Si el uso del programa de medición es puntual y útil solo para un proyecto o producto, esta etapa no es necesaria realizarla.

## 19.6 EXPERIENCIAS CON PROGRAMAS DE MEDICIÓN

En esta sección se muestra una serie de casos de aplicación de programas de medición. En primer lugar, se resumen algunos casos representativos de aplicación de las metodologías GQM y PSM, para a continuación ilustrar la aplicación de los programas de medición en función de si se trata de grandes o pequeñas organizaciones.

### 19.6.1 Casos de Aplicación de GQM

A continuación enumeramos cronológicamente algunos de los ejemplos más relevantes de utilización de GQM:

- (Bhandari et al., 1995) utilizan GQM conjuntamente con una técnica de descubrimiento del conocimiento conocida como AF (*Attribute Focusing*) para analizar los datos de la encuesta de satisfacción de usuarios de IBM.

- (Basili et al., 1996) reportan la utilización de GQM para entender y predecir el proceso de mantenimiento de software en desarrollos de la NASA para una serie de satélites científicos y los relativos al Space Shuttle.

- (Kontio et al., 1996) proponen utilizar GQM para definir criterios de evaluación para componentes reutilizables de software, en el marco del método OTSO. Algunos de los atributos de evaluación son: memoria utilizada por el componente cuando se carga, tiempo para inicializarlo, número de errores encontrados durante la evaluación, estimación del crecimiento potencial del vendedor, apariencia de la interfaz, etc.

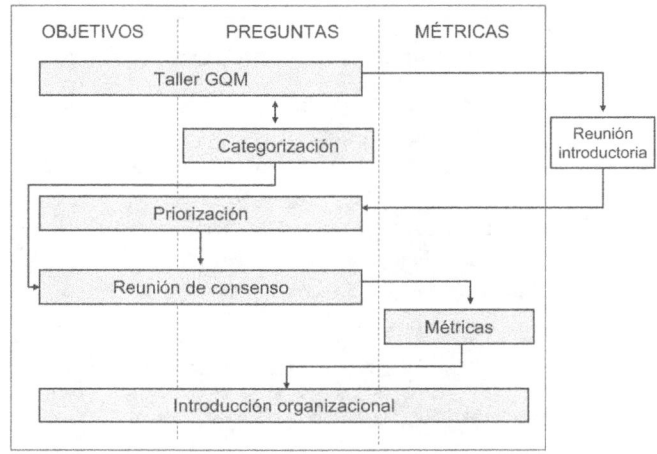

**Figura 19.11.** Pasos del proceso GQM eficiente (Berander y Jönsson, 2006)

- (Benedicenti et al., 1996) presentan la utilización de GQM en un programa que pretende institucionalizar un proceso de reutilización de software que incorpora actividades específicas de reutilización a lo largo del desarrollo orientado a objetos.

- (Houdek y Kempter, 1997) utilizan GQM como manera de aprender y capturar experiencias al analizar los datos obtenidos en experimentos, que junto con otro tipo de información constituyen "paquetes de experiencias".

- (Birk et al., 1998) presentan los resultados de aplicar GQM a Schlumberger Retail Petroleum Systems durante cuatro años, señalando sus costes y beneficios, así como los factores críticos de éxito que se muestran en la Tabla 19.1.

| Factores de éxito generales |
|---|
| – Compromiso de la dirección |
| – Nominación y disponibilidad de un patrocinador |
| – Actitud positiva del proyecto y la organización hacia la medición |
| – Identificación de objetivos y acciones de mejora |
| – Planificación detallada del programa de medición |
| – Existencia de un modelo descriptivo de los procesos a medir |
| – Acceso a investigadores y resultados de investigación |
| – Medición y mejora de los procesos de medición |
| – Definición explícita y operacional de los procesos de medición |
| **Factores de éxito para la aplicación inicial** |
| – Coordinación del programa de medición con la planificación del proyecto |
| – Número pequeño de objetivos |
| – Contemplación de los puntos de vista de todos los roles importantes del proyecto |
| – Objetivos de medición que sean fácilmente mensurables e interpretables |
| – Soporte de herramientas completo y sencillo |
| – Entrenamiento específico de roles |
| **Factores de éxito para la aplicación rutinaria** |
| – Soporte de herramientas avanzadas |

**Tabla 19.1.** Factores críticos de éxito en la aplicación de GQM (Birk et al., 1998)

- (Fuggetta et al., 1998) presentan los resultados de aplicar GQM en el Digital Software Engineering Center de Gallarate (Italia). En este caso los objetivos que se perseguían eran la fiabilidad y la reusabilidad de software. Además se consiguieron varios beneficios para la empresa: mejores prácticas en la recogida de datos, mejores sistemas de gestión de datos, mejor interpretación de datos, mejor motivación en la recogida de datos y mejor utilización de datos existentes.

- (MacDonell y Fletcher, 1998) utilizaron GQM para caracterizar los sistemas multimedia, especialmente para determinar el esfuerzo requerido para su desarrollo.

- (Solingen y Berghout, 1999) proporcionan cuatro ejemplos relevantes de aplicación de GQM en la industria. El primer caso de estudio es un programa de medición cuyos objetivos consistían en analizar, en un proyecto de desarrollo software, tanto el producto como el proceso para entender su fiabilidad y sus causas, así como la efectividad de la reutilización. La aplicación del programa de medición resultó un éxito y se obtuvieron como principales resultados un mejor entendimiento del producto y del proceso así como el incremento de experiencia en la realización de programas de medición. En el segundo caso se presenta el programa de medición RITME (*Reviews and Inspections*), programa centrado en investigar los efectos de las revisiones (por pares: desarrollador y el inspector) en la detección de fallos. El proyecto analizado fue el desarrollo de un sistema de gestión de estaciones de servicio, de seis años de duración y cuyo producto estaba escrito mayoritariamente en C++. El tercer caso de estudio consistía en investigar las causas y efectos de las interrupciones en el trabajo de los ingenieros software. El equipo del proyecto (dos ingenieros software, dos hardware y el jefe del proyecto) se dedicaba al desarrollo y mantenimiento de la unidad central de control de un dispensador de combustible en una estación de servicio. Estos datos sirvieron en la empresa para implementar mejoras, por ejemplo, reduciendo el número de interrupciones relacionadas con aspectos de documentación en un 80% mediante una actualización y mejor distribución de los documentos. El cuarto caso de estudio se centró en analizar la carga de trabajo de un equipo de proyecto que tenía que reorganizarse al cambiar su perfil de trabajo de desarrollo a mantenimiento.

- (Lavazza, 2000) resume la experiencia del programa de medición de Pirelli Cavi, la división italiana de la empresa *Pirelli Cables and Systems*, para la extracción de datos conforme a procesos y fiables en el desarrollo de un producto de una red de gestión de telecomunicaciones.

Para automatizar el proceso de medición se construyó una herramienta denominada GQM Tool.

▼ En (Morisio et al., 2000) se utiliza GQM para mejorar el desarrollo de software basado en COTS en el entorno de la NASA.

▼ GQM también se ha utilizado para el diseño de almacenes de datos (Bonifati et al., 2001), representando los requisitos del almacén como objetivos GQM.

▼ En (Basili et al., 2002) se repasan los 25 años del Software Engineering Laboratory, y la evolución en el esfuerzo realizado por mejorar el software mediante la medición y, especialmente, la aplicación de GQM.

▼ (Lindvall et al., 2002) utilizan GQM para demostrar la mejora producida en la reestructuración de una arquitectura de software en el Instituto Fraunhofer de EEUU.

▼ (Geppert y Weiss, 2003) utilizan GQM para desarrollar un programa de medición y determinar qué medidas serían usadas para detectar los dominios candidatos en un entorno de líneas de producto.

▼ El *Research Center On Software Technology* (RCOST) de Italia describe la utilización de GQM en un proyecto de reingeniería de procesos de negocio (BPR) (Aversano, et al., 2004). En ese caso, utilizando GQM se creó un marco de medición que ayudó a los analistas de los procesos de negocio a encontrar indicaciones útiles relativas al rendimiento del proceso, sus elementos críticos, salidas a mejorar, nuevos servicios requeridos, el impacto de los cambios escogidos, mejoras esperadas y herramientas de soporte.

▼ En (Manhart y Schneider, 2004), se presenta un caso de aplicación de GQM en Daimler-Chrysler para el desarrollo ágil de software embebido. En este caso se persiguen dos objetivos de negocio: incrementar el total de funciones basadas en software específicas de usuario (en este caso relacionadas con los vehículos) y lograr cero defectos en los procesos de software.

▼ Se ha utilizado también GQM para evaluar CSCW (Computer Suported Cooperative Systems) (Scholtz y Steves, 2004). En este caso, uno de los objetivos era que "la herramienta de mensajes genérica proporcione comunicación síncrona y asíncrona", mientras que las métricas se basaban en la efectividad, la satisfacción del usuario de la interfaz, etc.

▼ (von Konsky y Robey, 2005) presentan un caso de estudio que combina un subconjunto de TSP (Team Software Process) con una serie de métricas identificadas utilizando GQM y que fueron aplicadas para evaluar la efectividad de los roles de gestión de proyectos asignados a cada miembro del equipo de proyecto. Estos autores demuestran que el enfoque utilizado puede servir para evaluar el aprendizaje de los estudiantes y enfatizar la significación de la gestión de proyectos software.

▼ (Berander y Jönsson, 2006) resumen la aplicación de la versión extendida de GQM que proponen, en Ericsson AB en Suecia. Los procesos evaluados fueron gestión de cambios e ingeniería de requisitos.

▼ (Hussain y Ferneley, 2008) utilizan GQM para desarrollar una métrica de usabilidad para aplicaciones móviles.

▼ (Montini et al., 2009) han utilizado GQM para probar patrones de diseño de sistemas de tiempo real y empotrados, mientras que (Al-Nanih et al., 2009) lo usan para construir un modelo de calidad en uso aplicable a los sistemas de interacción persona-ordenador.

▼ (Sarcia' 2010) aplica una variante de GQM+ incluso a un dominio de desarrollo no software, como puede ser el entrenamiento militar.

▼ (Heidrich y Trendowicz, 2011) exponen la utilización de GQM+ en el Software Engineering Center de la Information-technology Promotion Agency de Japón, destacando como factores de éxito para alinear los proyectos con la estrategia organizacional y evaluar además el riesgo del no alineamiento, la documentación transparente de objetivos y estrategias, así como la recolección de indicadores clave de desempeño (KPI).

▼ (Vieira et al., 2011) explican cómo han utilizado GQM en la empresa Critical Software para promover la reutilización del software. (Khomh et al., 2011) usan GQM para construir redes bayesianas para la detección de antipatrones.

▼ (Monden et al., 2012) adaptan los modelos GQM para la monitorización de proyectos software.

▼ (Yahaya et al., 2013) utilizan GQM para la medición y la clasificación del "envejecimiento" (ageing) del software.

▼ (Munch et al., 2013) presentan la aplicación durante cinco meses de GQM+Strategies para elicitar, enlazar y alinear los objetivos de una organización de desarrollo de productos de sistemas a lo largo de varios niveles organizacionales.

▼ (Basili et al., 2013) describen cómo ECOPETROL está utilizando GQM+Strategies para medir el alineamiento entre el negocio y las TI con el fin de mejorar su competitividad.

- (Petersen et al., 2014) explican cómo han desarrollado en Ericsson AB un instrumento denominado GQM+S-EI que permite elicitar la información de los stakeholders de manera precisa y completa.

- (Aslan et al., 2014) utilizan GQM para estudiar cómo los datos de realización (*enactment*) del proceso afectan a la predicción de defectos de los productos software.

- (Tarhan y Yilmaz, 2014), explican los Resultados de un análisis y comparación sistemática del rendimiento del proceso de desarrollo y la calidad del product de sus procesos incrementales (adaptado del modelo cascada) y ágiles aplicados en una empresa de desarrollo de software de telecomunicaciones con 65 empleados. GQM se aplica como metodología para identificas los objetivos y medidas, combinándolo con un enfoque *bottom-up* para conciliar las medidas requeridas con las disponibles. Como resultado de la comparativa se llegó a la conclusión de que los procesos ágiles tenían mayor rendimiento que los incrementales en términos de productividad (79%), densidad de defectos (57%), ratio esfuerzo/resolución de defectos (26%), Efectividad de la Ejecución e Pruebas (21%), y capacidad de predicción de esfuerzo (4%). La aplicación de GQM ayudó a la hora de proporcionar objetivos adecuados y las medidas y preguntas relacionadas, permitiendo la definición de un programa de medición ordenado y que facilitaba la interpretación de los resultados.

- Carvalho et al., (2015) aplican GQM para la evaluación de la característica "calmness" en sistemas ubicuos, de modo que en la interacción con los usuarios el sistema no debe ser interrumpido de forma innecesaria. Como resultado definen su modelo de medición usando GQM y lo aplican en un caso de estudio evaluando tres aplicaciones móviles.

- (Lavazza et al., 2015), aplican un proceso, en el contexto del proyecto europeo MUSES, para la definición de indicadores clave del proceso (KPI) e indicadores de éxito, que incluye GQM para la definición de las métricas y el lenguaje estadístico R para el cálculo de los indicadores y su análisis. Como resultado del caso de estudio se concluye que el proceso de definición y evaluación de indicadores propuesto es adecuado para la definición e implementación de los indicadores.

- (Luo y van den Brand, 2016) proponen métricas para evaluación de la seguridad física y para ello proponen una metodología para diseñar este tipo de métricas desde diferentes dimensiones, incluyendo la realización de encuestas aplicando GQM, junto con la aplicación de un procedimiento basado en PSM y tormenta de ideas. Como resultado llevan a cabo un caso de estudio obteniendo 76 métricas y validando las mismas con una encuesta distribuida a 24 expertos.

▸ (López et al., 2016), aplican GQM+Strategies en una empresa grande multisectorial, obteniendo importantes beneficios como un mejor alineamiento e integración de los diferentes objetivos y una visión holística de los mismos. Así mismo, la aplicación de GQM+ Strategies permitió eliminar redundancias y esfuerzos duplicados en la empresa al proporcionar una mayor separación y equilibrio entre los objetivos y las estrategias, concluyendo que la aplicación de este método en contextos de empresas grandes y complejas es adecuado, aunque requiere un importante esfuerzo.

▸ (Mandic y Gvozdenovic, 2017) extienden GQM+ Strategies para incluir capacidades para evaluar la relación de objetivos y estrategias organizacionales mediante el análisis causal.

▸ (Yahya et al., 2017) aplican GQM para el desarrollo de un modelo de evaluación de la seguridad en un entorno cloud basado en necesidades reales.

### 19.6.2 Casos de Aplicación de PSM

En cuanto a la aplicación de PSM, a continuación se resume un conjunto de propuestas representativas:

▸ En la propia guía de PSM (DoD 2003) se pueden encontrar ejemplos de aplicación de la metodología a tres proyectos de desarrollo de software del departamento de defensa de los Estados Unidos.

- El primer caso de estudio consiste en la aplicación de la medición sobre un proyecto de desarrollo de un sistema sofisticado de armamento para barcos de combate. El enfoque de desarrollo se basa en la mejora de un sistema existente utilizando componentes COTS (*commercial off-the-shelf*) y reutilizando software en una arquitectura renovada y revisada. En este caso de estudio se ilustra cómo la implantación del programa de medición ayudó a identificar y analizar de forma objetiva los diferentes aspectos en el desarrollo del producto software y cómo el jefe del proyecto usó la información resultante para la toma de decisiones.

- Un sistema de información para la gestión del personal militar constituye el contexto del segundo caso de estudio, en el que se ilustra la aplicación de la metodología sobre un proyecto de desarrollo en curso, como consecuencia de no alcanzar satisfactoriamente uno de los hitos del proyecto respecto a calendario y costes. El proceso de medición fue adaptado a las características especiales del sistema, utilizando métricas tales como puntos función, y definiendo nuevas métricas para dar soporte al proceso de instalación. La aplicación de la metodología permitió recuperar el control del proyecto y los miembros del equipo del proyecto fueron conscientes de la importancia de la medición para identificar y resolver tanto aspectos técnicos como de gestión.

- El escenario del tercer y último caso de estudio es el desarrollo de un software de soporte para radares del ejército. Este caso ilustra el uso de la medición en un proyecto que ha estado operativo durante treinta años y que se aplica en las tareas de mantenimiento mediante la estimación del coste e impacto de las peticiones individuales de cambio.

▶ En (Ishigaki y Jones, 2003) se presenta la aplicación de PSM al Proceso Unificado de Rational (RUP). En la Tabla 19.2 se presenta la correspondencia entre las categorías de información de PSM y las fases de RUP.

| Fase de RUP | Categoría de información |
|---|---|
| Inicio | Planificación y progreso<br>Recursos y costes<br>Desempeño del proceso |
| Elaboración | Planificación y progreso<br>Recursos y costes<br>Tamaño y estabilidad del producto<br>Calidad del producto<br>Desempeño del proceso<br>Efectividad de la tecnología |
| Construcción | Planificación y progreso<br>Recursos y costes<br>Tamaño y estabilidad del producto<br>Calidad del producto<br>Desempeño del proceso<br>Efectividad de la tecnología<br>Satisfacción del cliente |
| Transición | Planificación y progreso<br>Recursos y costes<br>Calidad del producto<br>Satisfacción del cliente |

**Tabla 19.2.** Correspondencia entre PSM y RUP (Ishigaki y Jones, 2003)

▼ (Murdoch et al., 2003) discuten la aplicación de PSM al dominio de seguridad de funcionamiento (safety). Además de los conceptos que aparecen en la guía de PSM, los autores identificaron tres conceptos nuevos: *dependability-safety, assurance-safety, y scope-safety*; así como diversas medidas: el número de riesgos, el número de modo de fallos, el número de escenarios de fallos, el número de incidentes, etc.

▼ (Card, 2003) explica cómo integrar PSM y el cuadro de mando integral (*balanced scorecard*) ya que la perspectiva financiera del cuadro de mando integral se relaciona con la categoría de recursos y costes del PSM, la de proceso interno con la categoría de desempeño del proceso, y la perspectiva del cliente con la categoría de satisfacción del cliente.

### 19.6.3 Programas de Medición en Organizaciones según su tamaño

En este apartado se muestran dos experiencias de definición e implantación de un programa de medición en dos empresas de características muy diversas. La primera se llevó a cabo en Motorola, duró tres años, y la segunda, realizada en tres meses, fue llevada a cabo en una empresa pequeña (Banca Cobota). En estas experiencias se observa el objetivo del programa de medición en cada empresa, el esfuerzo que conllevó la definición del programa de medición, cómo se llevó a cabo teniendo en cuenta las necesidades de cada una según sus características y los resultados obtenidos.

#### 19.6.3.1 CASO DE ESTUDIO 1: IMPLEMENTACIÓN DE UN PROGRAMA DE MEDICIÓN EN UNA GRAN ORGANIZACIÓN

Una de las experiencias de programas de medición más referenciada en la literatura es el programa de medición implementado en la empresa Motorola por (Daskalantonakis, 1992).

El objetivo de esta iniciativa era conocer mejor el proceso de desarrollo y ser capaces de tomar decisiones para mejorar la productividad y la calidad. Respecto a las cuestiones culturales y sociales que se debían tratar destacan: la medición debe estar referida a un objetivo cuantitativo, la mentalidad de mejora debería extenderse a toda la organización y la medición del software debería estar integrada en los procesos de desarrollo. Respecto a las cuestiones técnicas, los sistemas necesarios antes de comenzar el programa de medición fueron un sistema de gestión de costes, una herramienta de control de configuración y una herramienta de gestión de incidencias. Estas herramientas ayudaron significativamente a la recopilación de los datos y al posterior análisis.

Para definir el programa de medición se utilizó GQM (1998, 1984) y se creó un grupo (MWG - Metrics Working Group) con la participación de todas las unidades de Motorola, que definieron el programa de medición y trabajaron intensamente durante tres años en este propósito. Además eran responsables de clarificar la definición de las métricas y las interpretaciones, dar consultoría y formación relacionada con estos temas, y se ocuparon de automatizar la recopilación de datos; el análisis, la evaluación de las herramientas de soporte y de la satisfacción del cliente, la organización en cada unidad de las personas encargadas de la medición, etc. Además de este grupo se formó otro llamado Grupo de Usuarios de la medición (Metrics Users Group - MUG) para transmitir su experiencia en el uso de métricas.

Las métricas que se definieron para dar soporte a la mejora de procesos se reflejan en la Tabla 19.3. Además se establecieron objetivos cuantitativos de calidad para el proceso de software y los productos según el concepto *six-sigma* de Motorola, haciéndose un seguimiento de las métricas indicadas anteriormente.

Las principales lecciones aprendidas de esta experiencia fueron las siguientes:

- Las métricas de mejora de proceso relativas a los defectos fueron muy útiles ya que se detectaban la fase donde se introducían los defectos y su causa, y por lo tanto se pudieron derivar conclusiones de mejora del proceso y del producto.

- Las métricas relativas a la estimación también fueron útiles para mejorar las técnicas de estimación.

- Las métricas relativas a los problemas detectados ayudaron a conocer el tiempo de respuesta ante un problema y asignar recursos a este tipo de tareas en vez de al desarrollo de proyectos.

- Se recomienda comenzar por un conjunto de métricas y evolucionar estas en vez de intentar encontrar la métrica perfecta.

- Las iniciativas de medición conllevan un coste considerable. En Motorola se asignaron 8 participantes en el grupo de MWG y 15 personas en el grupo de usuarios MUG. Estas personas estuvieron dedicadas a esta iniciativa al menos la mitad de la jornada laboral. Los recursos utilizados en una división fueron tres personas por año de 360 ingenieros, menos del 1% y en otra división fueron 0,75 personas de 70 personas, el 1%. El coste de la iniciativa sin embargo resultó ser aceptable en comparación con los beneficios obtenidos.

▼ Entre los beneficios objetivos que se obtuvieron destaca el 50% de la reducción de la densidad de defectos en 3,5 años.

▼ La gente en Motorola comenzó a pensar más seriamente sobre el proceso de software y la calidad. Los datos les han ayudado a entender el grado de los problemas a los que se estaban enfrentando y les ha dado la motivación para mejorar.

| Objetivo de mejora de proceso | Objetivo de la métrica |
|---|---|
| Mejorar la planificación del proyecto | Precisión en la estimación del calendario |
| | Precisión en la estimación del esfuerzo |
| Incrementar la contención de defectos | Efectividad en la detección de defectos antes de la entrega |
| | Efectividad en la detección de defectos por fase de desarrollo |
| Mejorar la fiabilidad del software | Densidad de fallos: número de fallos / tiempo de ejecución |
| Reducir la densidad de defectos | Comparativa entre defectos + errores en el proceso y los defectos en el proceso (normalizado por el tamaño de los fuentes) |
| | Defectos en la versión de entrega (normalizado por el tamaño de los fuentes) |
| | Defectos en la versión de entrega causados por los cambios en los fuentes (normalizado por el tamaño de los fuentes) |
| | Defectos detectados por el cliente (normalizado por el tamaño de los fuentes) |
| | Defectos detectados por el cliente causados por el cambios en los fuentes (normalizado por el tamaño de los fuentes) |
| Mejorar el servicio al cliente | Número de problemas abiertos en un mes relativos a la versión entregada |
| | Número total de problemas abiertos al final del mes |
| | Tiempo medio en que un problema se mantiene abierto |
| | Tiempo medio de los problemas que fueron cerrados en el mes analizado |
| Reducir el coste de la no conformidad | Coste del arreglo de los problemas durante el mes |
| Mejorar la productividad del software | Productividad total relativa al software: tamaño de los fuentes / esfuerzo |
| | Productividad delta relativa al software: (tamaño de los fuentes / esfuerzo) |

**Tabla 19.3.** Métricas definidas en Motorola

### 19.6.3.2 CASO DE ESTUDIO 2: IMPLEMENTACIÓN DE UN PROGRAMA DE MEDICIÓN EN UNA PEQUEÑA EMPRESA

En esta sección mostramos la experiencia de (Lavazza y Mauri, 2006) al implementar un programa de medición en una pequeña empresa denominada Banca Cobota. Esta organización se encarga del mantenimiento de doce aplicaciones de banca las cuales están codificadas fundamentalmente en Java y HTML. El tamaño de las aplicaciones se encontraba en un rango entre 30KLOCs (300 puntos función) hasta 500 KLOCs (cerca de 900 puntos función). Para el proceso de mantenimiento había 41 personas contratadas y coordinadas por el jefe de mantenimiento.

El origen del programa de medición surge de la necesidad de tomar decisiones tales como: ¿estamos realizando bien el trabajo? ¿La calidad de las aplicaciones gestionadas es buena? ¿Cómo de "buenas" son las personas encargadas del mantenimiento?, etc.

A pesar de utilizar varias herramientas de calidad y aplicaciones para el seguimiento de las peticiones de cambio, sin un proceso de medición ordenado y que englobase las métricas obtenidas por las herramientas anteriores, no eran capaces de determinar la respuesta a las preguntas anteriores.

Por lo tanto se decidió definir un programa de medición con el propósito expuesto y se escogió el método GQM. Los objetivos de medición que dieron soporte a este objetivo de mejora de proceso eran los siguientes:

- **Objetivo 1**: analizar la facilidad de mantenimiento del proceso con la intención de evaluar la calidad del producto desde el punto de vista del director de la organización.

- **Objetivo 2**: analizar el proceso de mantenimiento con la intención de evaluar la duración y el coste de las actividades de mantenimiento desde el punto de vista del director de la organización.

- **Objetivo 3**: analizar los recursos empleados en el proceso de mantenimiento con la intención de evaluar la adecuación de los recursos.

Sin embargo la organización impuso algunas condiciones que impedían desarrollar un programa de medición clásico. Estas eran las siguientes:

- El equipo de medición tenía que proporcionar resultados en tres meses. Podían ser resultados iniciales pero estos tenían que ser significativos, razonables y fiables.

- El presupuesto para la recogida de datos era bastante limitado.

- El proceso de medición debía interrumpir lo menos posible la actividad diaria de mantenimiento. Las razones de esta restricción eran que la dirección quería que la productividad del proceso de mantenimiento fuera la mayor posible.

La planificación del programa de medición se realizó inicialmente sin tener en cuenta estas restricciones para realizar un programa de medición completo que diese respuesta a los objetivos, dado que no se sabía de antemano cuáles eran las métricas que no se podrían recoger. Además se utilizó una herramienta para la definición del plan de medición, y finalmente se siguió una estrategia para conseguir información válida teniendo en cuenta las restricciones impuestas, según la cual:

- Las herramientas empleadas para las actividades de mantenimiento fueron explotadas para obtener datos automáticos. Con esta aproximación se esperaba obtener información fiable a bajo coste.

- Las herramientas de medición que ya se habían implantado también debían ser explotadas.

- La información subjetiva que no requería mucho esfuerzo se obtenía mediante entrevistas a uno de los directivos.

A la hora de realizar la fase de análisis era necesario recoger automáticamente los datos de las herramientas existentes y unificarlos. Se desarrolló una base de datos para este propósito. Una vez que se estudiaron todas las formas de extraer los datos de las herramientas se encontraron varias limitaciones:

- No se tenían los datos con el grado de detalle esperado. La mayoría de las métricas del programa de medición capturaban las características de cada petición de cambio. Sin embargo, las características del producto se medían cada tres meses por lo que los datos disponibles de las versiones del producto estaban separados por cientos de cambios.

- No fue posible obtener la información que relacionaba el cambio y el código modificado y las indicaciones que mostraban el esfuerzo estimado y el real eran imprecisas.

- Algunas de las métricas subjetivas no se pudieron obtener.

Por lo tanto el plan GQM definido inicialmente tuvo que ser modificado para poder implementarse. Para ello se identificaron las métricas que no podían ser obtenidas y se analizó el impacto que tenían a la hora de resolver el objetivo. Con todo ello el cumplimiento de los objetivos del programa de medición fue el siguiente:

- El nivel detalle y de precisión no pudo ser el deseado ya que los análisis se realizaban cada tres meses.

- El objetivo 1 quedaba satisfecho en el programa de medición pero no ocurría lo mismo con el objetivo 2 y 3. Respecto al objetivo 2, no se pudo obtener la información del esfuerzo en resolver una petición de cambio y la dificultad de este, por lo que el aspecto del objetivo respecto al coste no se obtuvo. Por lo que se refiere al objetivo 3, la falta de datos tampoco permitió evaluar la coherencia entre la duración estimada y real, y los costes.

Tras los análisis iniciales del programa de medición se obtuvieron los siguientes resultados:

- **Objetivo 1**: el proceso de mantenimiento parecía ser efectivo y los productos de buena calidad. Los cambios rechazados y los defectos que bloquean la ejecución del producto son pocos y la calidad del producto no disminuía con los cambios.

- **Objetivo 2**: la duración de las actividades de mantenimiento parecía adecuada respecto a la prioridad.

- **Objetivo 3**: los recursos por lo general parecen apropiados para satisfacer las peticiones y prevenir la creación de tareas pendientes (*backlogs*).

Los resultados del proceso de medición fueron presentados a la dirección de Banca Cobota quienes apreciaron los resultados y el método seguido. También estaban de acuerdo con la reutilización de las medidas, procesos de análisis y herramientas para las futuras iniciativas de medición.

## 19.7 LECTURAS RECOMENDADAS

- *Diaz-Ley, M.; García, F.; Piattini, M., (2008). Implementing a software measurement program in small and medium enterprises: a suitable framework, Software, IET 2 (5), 417-436.*

    En este artículo se presenta un marco de trabajo para dar soporte a la implementación de programas de medición en pequeñas y medianas empresas teniendo en cuenta sus características especiales.

▼ *Díaz-Ley, M., García, F. y Piattini, M. (2010): MIS-PyME software measurement capability maturity model - Supporting the definition of software measurement programs and capability determination. Advances in Engineering Software 41(10-11): 1223-1237.*

En este artículo se presenta un modelo de madurez de la capacidad de la medición que puede ayudar a las empresas (especialmente a las PyMES) a la hora de definir sus programas de medición y detectar posibles mejoras.

▼ *Tahir, T., Rasool, G. y Gencel, C. (2016). A systematic literature review on software measurement programs. Information and Software Technology 73, 101–121.*

Tahir et al. (2016) presentan una revisión sistemática actualizada de los principales programas de medición de software y factores críticos de éxito.

## 19.8 EJERCICIOS

1. Realizar una búsqueda bibliográfica para analizar la aplicación de las diferentes variantes de GQM en la industria.

2. Realizar un búsqueda bibliográfica de trabajos en los que se integren métodos de medición (GQM, PSM, etc.) para satisfacer los objetivos de medición en el contexto de un caso práctico.

3. Escoger un caso de estudio de aplicación de GQM en la industria y realizar un informe detallado de su aplicación indicando los resultados más relevantes en cada etapa.

4. Escoger un caso de estudio de aplicación de PSM en la industria y realizar un informe detallado de su aplicación indicando los resultados más relevantes en cada etapa.

5. Realizar un análisis comparativo de ambas metodologías en base a los resultados obtenidos en los casos de estudio.

6. Realizar un análisis coste-beneficio del programa de medición en los dos casos anteriores.

7. Analizar un caso de estudio de aplicación de metodologías de medición en pequeñas organizaciones software discutiendo los principales factores de éxito.

8. Comparar el caso de medición en pequeñas organizaciones con los casos anteriores (2 y 3), resaltando sus diferencias.

9. Comparar el modelo de madurez de la medición definido en (Díaz-Ley et al., 2010) con la medición en el modelo CMMI.

10. Comparar el modelo de madurez de la medición definido en (Díaz-Ley et al., 2010) con la medición en ISO/IEC 12207.

# Anexo A

## TÉCNICAS Y HERRAMIENTAS DE CALIDAD

### A.1 INTRODUCCIÓN

Las herramientas de calidad son técnicas y métodos que ayudan a obtener información para mejorar la calidad. Aunque son muchas las clasificaciones que se pueden encontrar, en este libro se ha optado por la propuesta por (Okes 2002) para presentar las más importantes. Esta clasificación permite agrupar las herramientas en las siguientes categorías:

- herramientas básicas
- herramientas de gestión
- herramientas de creatividad
- herramientas estadísticas
- herramientas de diseño
- herramientas de medición

En los siguientes apartados se expondrán los fundamentos de cada una de ellas, finalizando con una reflexión sobre los modelos de madurez y el uso de las herramientas.

## A.2 HERRAMIENTAS BÁSICAS DE CALIDAD

### A.2.1 Diagrama de Flujo

Los diagramas de flujo tienen como objetivo descomponer los pasos de un proceso en una secuencia. Se pueden emplear los siguientes elementos: secuencias de acciones, servicios o materiales que entran o salen del proceso, personas implicadas, tiempo empleado en cada uno de los pasos y medidas del proceso.

Se pueden usar cuando se pretende describir cómo se desarrolla un proceso o cuando pretende establecerse una comunicación entre personas relacionadas con el mismo. El diagrama de flujo es la base del análisis de procesos, que se llevará a cabo por grupos de trabajo y en talleres que intentarán resolver los problemas de un proceso u/y optimizarlo, de manera que se mejore la eficacia y la eficiencia del proceso.

Alguno de los símbolos que se puede utilizar son los representados en la Figura A. 1

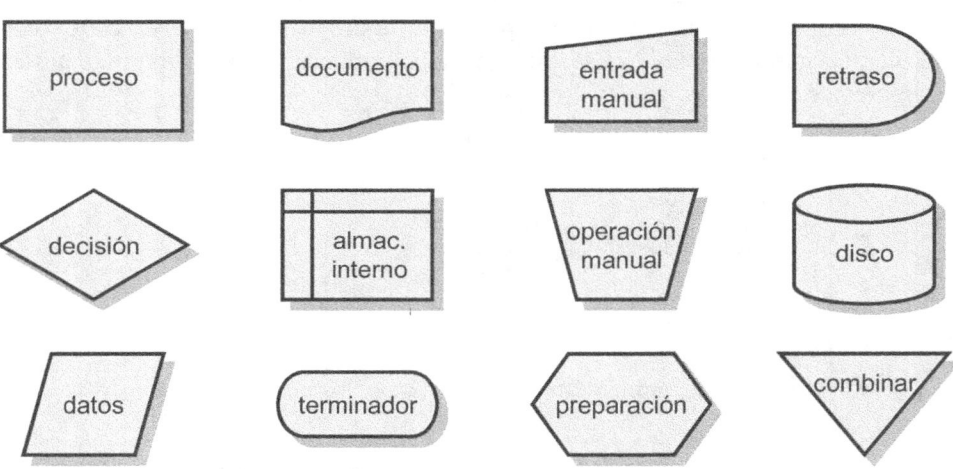

**Figura A.1.** Símbolos típicos usados en los Diagramas de Flujo

Para desarrollar un diagrama de flujo se recomienda seguir estos pasos:

1. Definir el proceso que debe ser representado.

2. Identificar y definir las actividades que deben ser desarrolladas y el orden en el que deben hacerlo.

3. Representar las actividades como cajas y la transición entre actividades como flechas de manera que sea posible hacer una traza de este desarrollo.

4. Revisar el diagrama de flujo con otras personas implicadas en el proceso para llegar a un consenso sobre su validez.

## A.2.2 Diagrama Causa-Efecto

También llamado **diagrama de raspa o espina de pescado** (por su forma) o **diagrama de Ishikawa** (por su creador), el diagrama causa-efecto es una herramienta que se utiliza para identificar, explorar y mostrar todas las posibles causas de un problema específico (efecto).

Es una herramienta que, combinada con otras de identificación de problemas como la tormenta de ideas, facilita y potencia el trabajo en grupo.

Su representación consiste en un rectángulo situado a la derecha del esquema donde se indica el efecto que se quiere analizar. Se dibuja una flecha de entrada (a modo de columna vertebral del pescado) a este rectángulo, a donde llegarán las otras fechas provenientes de los posibles focos de los problemas que generan el efecto que se está estudiando. A estas flechas, le llegarán otras secundarias con posibles subcausas relacionadas con dichos focos. A medida que el análisis vaya teniendo niveles más profundos, las subdivisiones irán ampliándose. Los focos principales suelen enunciarse como las 5 M: "*Mano de Obra*", "*Maquinaria*", "*Material*", "*Medio Ambiente*" y "*Método*".

Para elaborar un diagrama de causa/efecto como el de la Figura A.2 se puede seguir este procedimiento (Carretero et al., 1999):

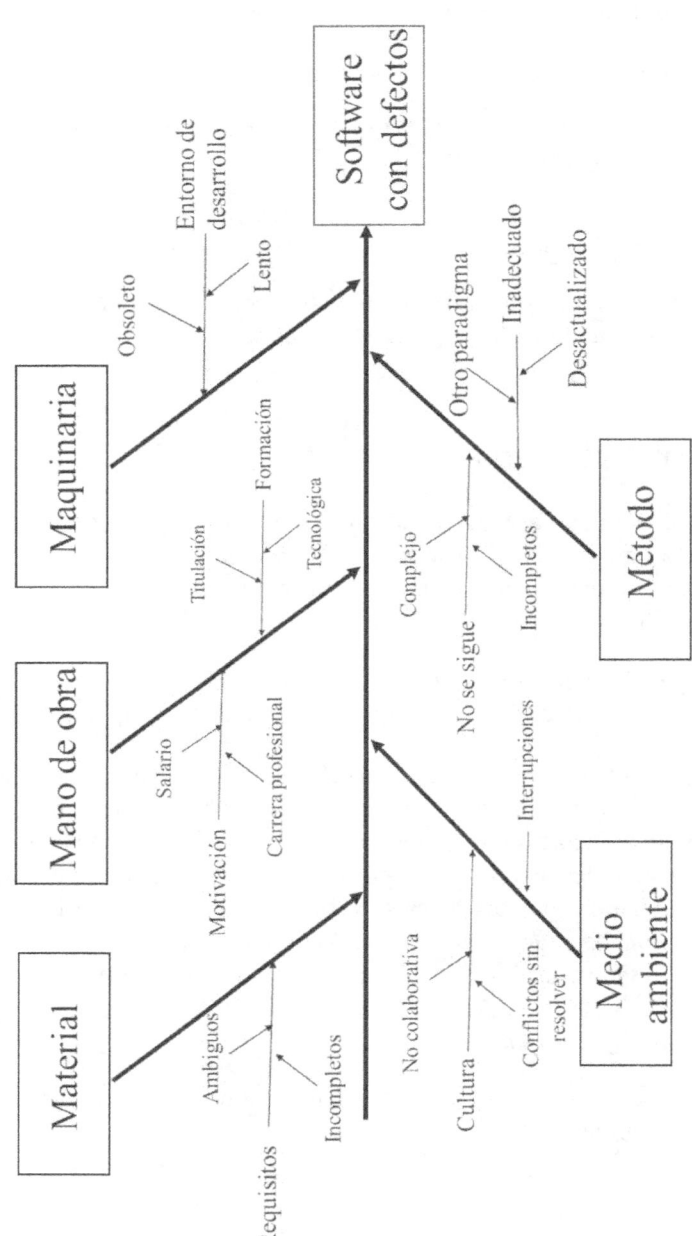

**Figura A.2.** Ejemplo de diagrama causa/efecto

- Elaborar un enunciado claro del efecto (problema) que se ha detectado.

- Dibujar el diagrama de raspa de pescado, colocando el efecto (problema) en un cuadro en el lado derecho.

- Identificar de 3 a 6 espinas mayores que puedan ser las causas del problema/efecto principal.

- Dibujar las espinas mayores como flechas inclinadas dirigidas a la flecha principal.

- Identificar causas de primer nivel relacionadas con cada espina mayor.

- Identificar causas de segundo nivel para cada causa de primer nivel.

- Identificar causas de tercer nivel para cada causa de segundo nivel, y así sucesivamente.

- Observando los resultados, identificar la causa raíz que permita obtener conclusiones en la resolución del problema.

## A.2.3 Diagrama de Pareto

Es una herramienta utilizada para establecer una jerarquía de los problemas o las causas que los generan, a partir de una representación gráfica de los datos obtenidos, dando una idea clara y cuantificada del orden en que deben ser abordados estos problemas o causas. Establece que *"al eliminar el 20% de las causas que generan un problema en una situación resolvería un 80% de ellos, mientras que el 80% de las causas restantes resuelven el 20% de los problemas restantes"*. El nombre de Pareto fue dado a esta herramienta por Juran en honor del economista italiano Wilfredo Pareto que definió la regla 80/20 para explicar la distribución de las riquezas en su momento histórico.

Para elaborar un diagrama de Pareto hay que seguir los siguientes pasos (véase Figura A.3):

1. Identificar el problema a analizar, seleccionando los problemas o variables que se van a investigar, decidiendo los datos y la forma de clasificarlos y definiendo el método a utilizar en la recopilación de datos.

2. Diseñar una hoja de recopilación de datos para guardar datos sobre las causas a investigar y el número de veces que aparecen.

3. Reunir los datos y efectuar el cálculo de porcentaje de las frecuencias de aparición.

4. Ordenar los datos en orden decreciente de frecuencia.

5. Una vez en esta disposición, calcular las frecuencias acumuladas para cada causa.

6. Dibujar dos ejes verticales y un eje horizontal. Marcar el eje vertical izquierdo con la cantidad de causas acumuladas y el derecho con una escala de 0% hasta 100%. Luego se divide el eje horizontal en un número de intervalos igual al número de ítems clasificados.

7. Construir un gráfico de barras con el mismo ancho y sin dejar espacio entre ellas; este gráfico está basado en las cantidades y porcentajes de cada uno de los ítems colocándolas de mayor a menor y de izquierda a derecha.

8. Dibujar la curva de frecuencias acumuladas.

9. Escribir cualquier información necesaria sobre el diagrama (título, departamento implicado, unidades, etc.) y sobre los datos (período de tiempo, número total de datos, etc.).

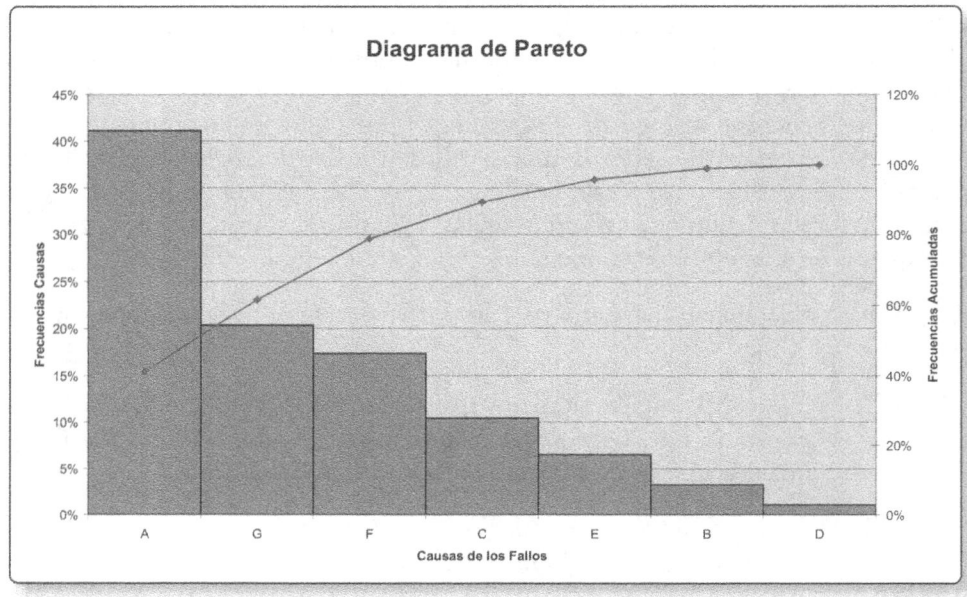

**Figura A.3.** Ejemplo de diagrama de Pareto

## A.2.4 Hoja de Chequeo o de Comprobación

La Hoja de Recopilación de Datos, también llamada Hoja de Registro, Lista de Verificación, Chequeo o Cotejo, sirve para identificar y analizar tanto los problemas como sus causas. Para ello establece los mecanismos necesarios para reunir y clasificar los datos recabados según determinadas categorías, mediante la anotación y registro de sus frecuencias para cada uno de los contextos posibles: verificación (inspección, chequeo o tareas de mantenimiento), localización de defectos en las piezas, distribución de variaciones de variables de los artículos, clasificación de artículos defectuosos, etc.

Para ello es preciso, por un lado, definir una estructura, en la que se almacenarán los datos; por otro, especificar el procedimiento de recopilación y análisis de dichos datos, indicando quién, cómo y cuándo hacer la planificación y la captura.

## A.2.5 Grafo o Diagrama de Control

Son representaciones gráficas utilizadas para determinar desde un punto de vista estadístico si un proceso está o no bajo control, esto es, si hay variabilidad en el proceso y descubrir a qué obedece esta variabilidad. La variabilidad es cualquier desviación que el producto o servicio final puede tener respecto a la especificación de los usuarios y que puede ser debida a cualquiera de los elementos.

Los gráficos de control sirven para representar una característica de calidad medida o calculada a partir de muestras del producto que son tomadas a lo largo de un espacio de tiempo. Consta de una línea central (que suele ponerse en torno a la media muestral µ) y dos límites de control superior (LCS) e inferior (LCI) que se basan en conceptos y resultados estadísticos[6] (véase Figura A.4).

---

6. Es posible definir una serie de tests que demuestran estadísticamente que el proceso está bajo control, aunque todos los puntos estén entre los dos límites.

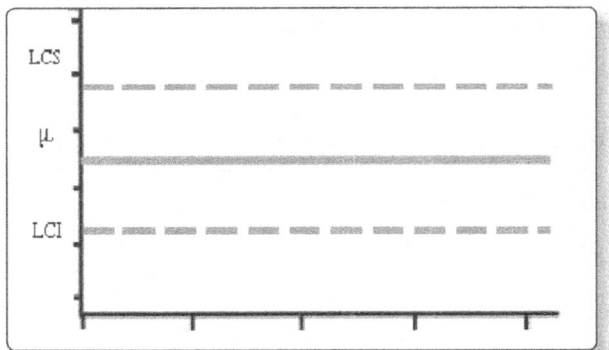

**Figura A.4.** LCS y LCI para un diagrama de control

En la Figura A.5 se muestra un ejemplo de diagrama de control y en el Apartado 5.1 se proporciona información detallada sobre la aplicación de los gráficos de control como técnica central del control estadístico de procesos.

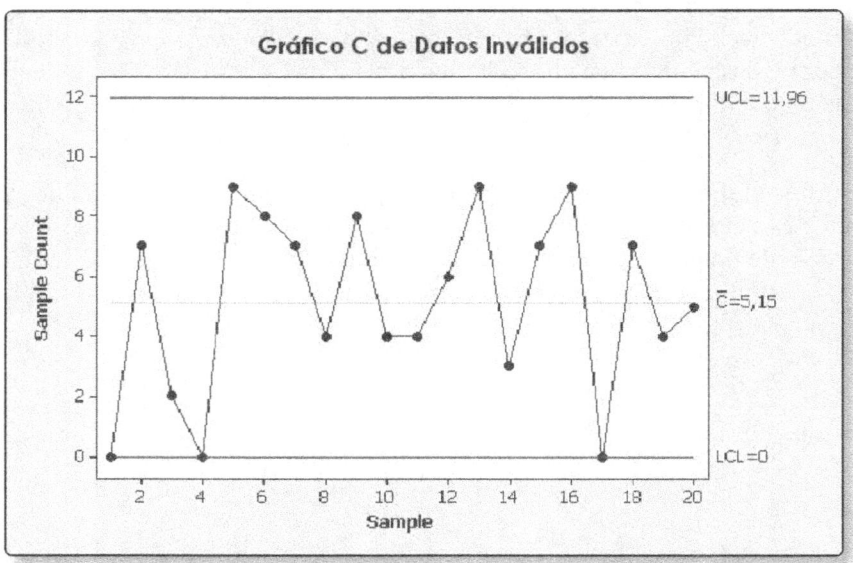

**Figura A.5.** Diagrama de Control por Atributos tipo c

## A.2.6 Histograma

El histograma o *diagrama de distribución de frecuencias* es una representación gráfica por medio de barras verticales que ilustra la frecuencia con la que ocurren eventos relacionados entre sí. Se trata de un instrumento de síntesis muy potente que permite apreciar la tendencia de un fenómeno. El histograma puede ser usado para:

- ▼ Obtener una comunicación clara y efectiva de la variabilidad del sistema.
- ▼ Mostrar el resultado de un cambio en el sistema.
- ▼ Identificar anormalidades examinando las formas del gráfico.
- ▼ Comparar la variabilidad con los límites de especificación.

Adjunto al histograma es recomendable realizar un gráfico denominado polígono de frecuencias trazado sobre las marcas de clase de las barras del histograma. Se forma uniendo los puntos formados por la intersección de la marca de clase o punto medio con la frecuencia absoluta o con la relativa desde la marca de clase anterior a la primera clase, hasta la marca de clase posterior a la última, (estas clases ficticias tienen una frecuencia cero). Visualizando ambos gráficos se pueden apreciar distintos tipos de histograma según su forma: normal, bimodal, de dientes rotos o de peine, cortado, distorsionado, etc. Un ejemplo de histograma es el mostrado en la Figura A.6.

## A.2.7 Diagrama de Dispersión o de Correlación

También llamado Diagrama de Correlación, esta herramienta sirve para estudiar una posible relación entre dos variables objeto de estudio de un control de calidad.

Para ello es preciso reunir datos de sucesos ocurridos donde participan los dos factores que se pretende determinar si tienen o no relación. Los datos serán en la forma (x,y), donde "x" representa el valor que se pretende determinar si influye (causa) e "y" es el valor del factor que se considera influido (consecuencia). Estos pares de puntos se dibujan en un diagrama en el plano como una nube. La observación de esta nube permitirá determinar si hay o no relación entre ellos. En caso de haber relación, se espera poder expresarla como una función matemática y=f(x). Normalmente, se espera que esta relación sea lineal, aunque otras funciones polinómicas son posibles.

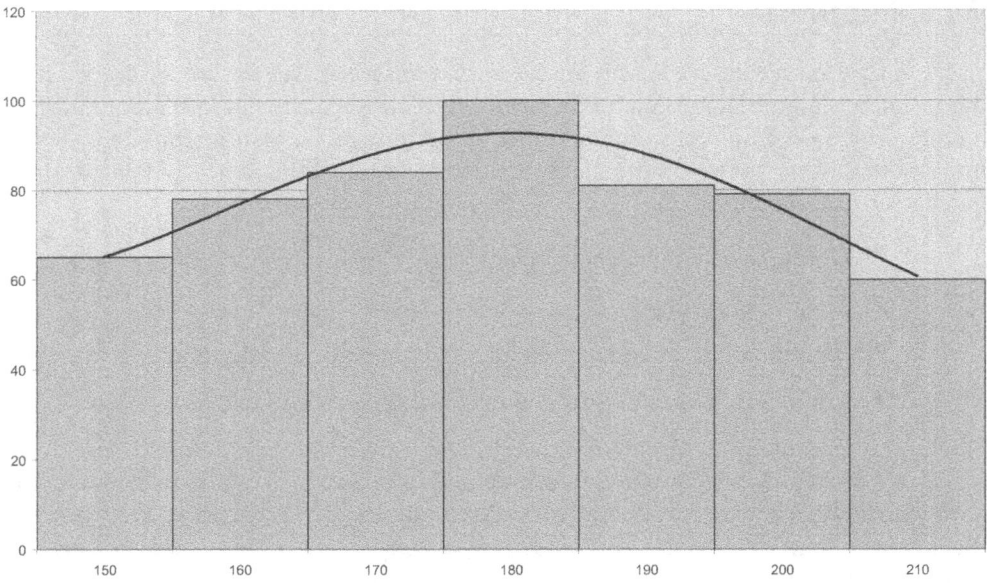

**Figura A.6.** Ejemplo de Histograma

La Figura A.7 muestra las diferentes relaciones que pueden darse: correlación fuertemente positiva, positiva, no correlación, negativa y fuertemente negativa. Como resultado del análisis, se obtendrá un coeficiente de correlación r, que indicará la fuerza de la relación, y si esta es positiva o negativa:

1. Si r es cero, entonces no hay correlación entre los dos factores estudiados.

2. Cuanto más cerca esté r de 1 o -1 más fuerte es la relación entre los dos factores.

3. Si r > 0, entonces a medida que la magnitud de la causa crece, la magnitud de la consecuencia también.

4. Si r < 0, entonces a medida que la magnitud de la causa crece, la magnitud de la consecuencia decrece.

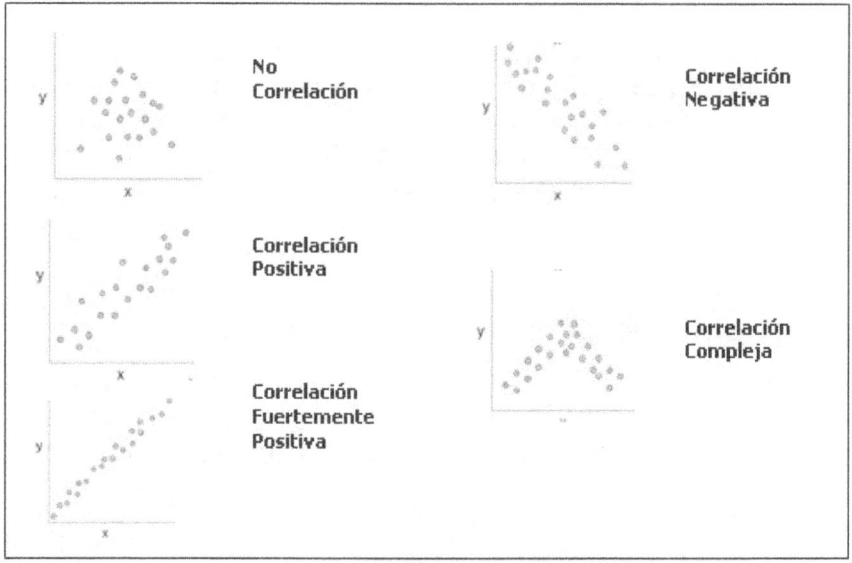

**Figura A.7.** Tipos de diagramas de correlación

## A.3 HERRAMIENTAS DE GESTIÓN

### A.3.1 Diagrama de Afinidad

Los diagramas de afinidad sirven para organizar un gran número de ideas en categorías relacionadas, o afines (Tague 2005). Fue creado por Kawakita en los años sesenta. Las ideas suelen venir de sesiones de trabajo o de sesiones de Tormentas de Ideas.

Para elaborar un diagrama de afinidad, se recomienda seguir estos pasos:

1. Registrar todas las ideas y conceptos que surjan en el grupo de trabajo.

2. Crear categorías generales para esas ideas basándose en criterios de afinidad.

3. Asignar cada idea o concepto a dichas categorías, en función del grado de afinidad.

## A.3.2 Diagramas de Relaciones

Es una herramienta utilizada para identificar las causas más significativas de un problema y representar gráficamente los vínculos que puedan existir entre los factores relacionados con ese problema. Esta herramienta ayuda a un grupo de trabajo a identificar los enlaces naturales entre diferentes aspectos de una situación compleja. Los diferentes elementos del diagrama se relacionan entre sí con flechas.

Los pasos que hay que dar para elaborar un diagrama de relación son los siguientes:

1. Identificar todas las causas posibles de un problema.

2. Proponer una causa como la más probable. Estudiar la relación entre esta primera causa y el resto de las causas, señalando con flechas las relaciones que vayan surgiendo. Es posible que haya diferentes niveles de relación.

3. Descartar en cada iteración las causas no seleccionadas.

4. Repetir la iteración hasta encontrar la causa que más relaciones tenga.

La Figura A.8 muestra un ejemplo de diagrama de relación.

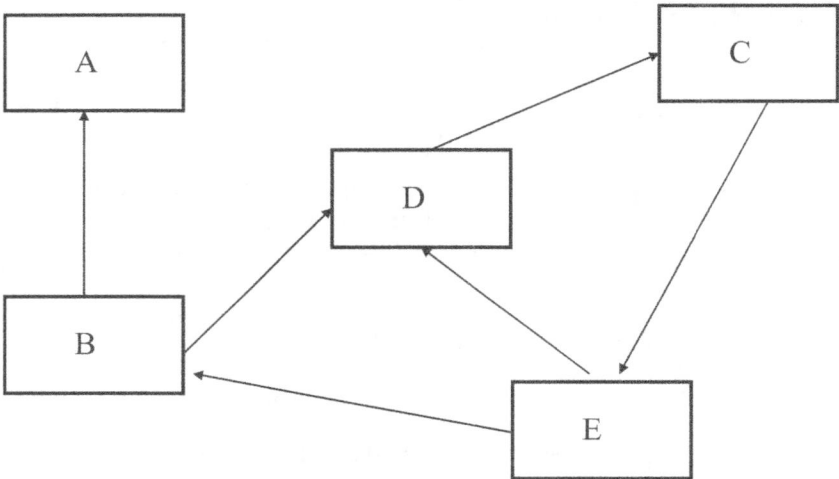

**Figura A.8.** Ejemplo de Diagrama de Relación

## A.3.3 Diagrama de Matriz o Matricial

Al igual que otras herramientas de las citadas hasta ahora, permite representar gráficamente la relación existente entre varios factores. Para ello hay que colocar los factores sobre las filas y columnas de una matriz. Si existe relación, se marca en la intersección de los factores. Es posible indicar el grado o intensidad de la relación existente. Se suele utilizar para definir la relación entre los distintos factores que intervienen directa o indirectamente en un proceso de mejora de calidad. La Figura A.9 representa un ejemplo de diagrama matricial.

|  | Mantenibilidad | Seguridad | Eficiencia |
|---|---|---|---|
| Mantenibilidad |  |  |  |
| Seguridad | + |  |  |
| Eficiencia | - | - - |  |

**Figura A.9.** Ejemplo de Diagrama Matricial

### A.3.3.1 MATRIZ DE ANÁLISIS DE DATOS

Algunos autores como (Tague 2005) identifican esta herramienta como un subtipo de la anterior, llamada L-Shape, que relaciona dos grupos de elementos entre sí, o incluso relaciona los elementos dentro del mismo grupo.

### A.3.3.2 DIAGRAMA DE REDES DE ACTIVIDAD O DE FLECHAS

Son una herramienta de planificación que se emplea para representar gráficamente y de forma estructurada la secuenciación de actividades que hay que desarrollar (por ejemplo, en un plan de mejora de calidad) siguiendo un orden cronológico. La información que se debe mostrar es la duración de cada tarea, holgura, dependencias entre actividades. Tienen un principio y un final, con lo que es posible estimar cuánto tiempo se va a necesitar para desarrollar el mencionado plan. Como las flechas indican caminos, es posible identificar caminos críticos en la realización del plan. La Figura A.10 muestra un ejemplo de este tipo de diagrama.

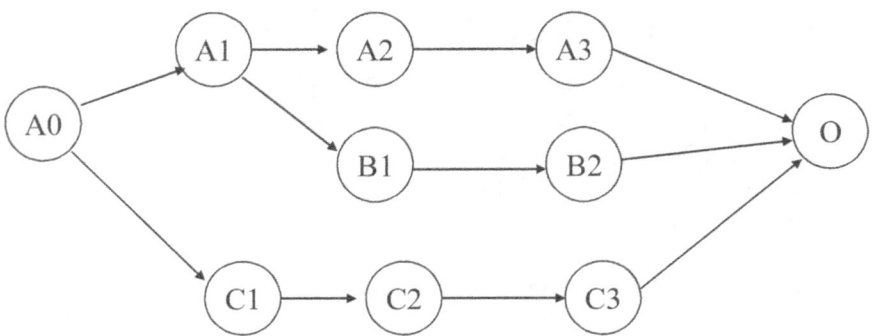

**Figura A.10.** Diagrama de redes de actividad

### A.3.3.3 DIAGRAMA DE ÁRBOL

Se utiliza para representar jerárquicamente los diferentes niveles de complejidad de un determinado proceso o producto, partiendo de un primer nivel genérico que se va descomponiendo en niveles de mayor detalle hasta alcanzar un nivel básico o autodescriptivo.

### A.3.3.4 DIAGRAMA DE PROCESO DE DECISIONES

Define un plan de actuación de cara a resolver un problema determinado. Se suele utilizar para implantar planes de actuación de cierta complejidad.

Para elaborar un diagrama de este tipo, se debería seguir este procedimiento:

▼ Obtener o desarrollar un diagrama de árbol con el plan propuesto, teniendo en el primer nivel el objetivo del plan, en el segundo, las actividades principales para conseguirlas y en el tercero, una lista de tareas para cada una de esas actividades.

▼ Para cada tarea del tercer nivel identificar qué es lo que podría salir mal.

▼ Revisar todas las listas de problemas potenciales y eliminar aquellos que sean improbables o cuyas consecuencias pudieran llegar a ser poco significativas. Los problemas resultantes podrían mostrarse como un cuarto nivel.

▼ Para cada problema potencial, identificar planes o acciones de contingencia que mitiguen los efectos de esos problemas. Estos planes se pueden mostrar en un quinto nivel.

▼ Estudiar la viabilidad de cada plan de contingencia, marcando con una "X" los impracticables y con una "O" los que sí podrían llegarse a dar.

## A.4 HERRAMIENTAS DE CREATIVIDAD

### A.4.1 Tormenta de ideas

Es una herramienta de trabajo en grupo basada en la creatividad de los componentes del grupo de trabajo. Se pretende obtener el mayor número de ideas o soluciones en el menor tiempo posible, seleccionando posteriormente las más indicadas, es decir, aquellas que mejor se adaptan a los objetivos del problema. Para ello es necesario que el equipo de trabajo conozca dichos objetivos. Existen dos modos de realización de esta técnica:

- **Modo estructurado**: todos los miembros del grupo se ven forzados a participar, siguiendo un turno riguroso.

- **Modo libre**: los miembros del grupo van aportando ideas según se le van ocurriendo sin seguir ningún turno preestablecido. Se crea un ambiente más relajado pero se corre el peligro de que haya personas que no participen y por tanto no se conozcan sus ideas.

Las fases de una tormenta de idea son:

- **Definición y comunicación del asunto a tratar** a todos y cada uno de los miembros del grupo. Se tiene que planificar una agenda para facilitar la asistencia de todos los miembros.

- **Exposición de ideas**. Los participantes van aportando ideas en alguno de los modos expuestos anteriormente y el moderador o director de la reunión las va a anotando en algún lugar visible por todos los participantes.

- **Selección de ideas**. Cuando ya no haya más ideas, todos los miembros deben seleccionar aquellas dimensiones que mejor se adapten al objetivo de la medición, descartando las peores.

### A.4.2 Mapas conceptuales

Los mapas conceptuales son diagramas que permiten representar relaciones entre conceptos, fueron desarrollados por Joseph Novak en los setenta, basándose en las teorías cognitivas de David Ausubel. En definitiva, es la representación visual de la estructura cognitiva de una persona sobre un argumento (Hernández 2005).

Los nodos del diagrama representan conceptos, mientras que las líneas que los unen representan relaciones de diferente tipo: generalización (es un), metonimia (parte todo), causa-efecto, atributos/características, pertenencia, etc.

En (Hernández 2005) se señala que si bien *"no existen mapas conceptuales buenos o malos, ya que es siempre un producto personal y no un resultado final"*, sí existen algunos criterios para evaluar la calidad formal de un mapa conceptual: suficiencia de la cantidad de conceptos para la cobertura cognitiva del argumento, pertinencia de cada concepto al contexto, presencia de los tipos de relación en cada relación, validez de cada relación, formalidad, coherencia, empleo de los tipos de concepto y atributos gráficos consiguientes, reticularidad, claridad contextual, información de soporte, legibilidad, organización visual, facilitación del análisis por parte del usuario, etc. Este autor también ofrece consejos para la realización de los mapas conceptuales sobre cómo nombrar a los conceptos, el uso del color, redundancias, etc.

### A.4.3 Sombreros de pensamiento de Edward de Bono

Edward de Bono, creador del "pensamiento lateral" como una técnica para resolver problemas de forma creativa, propuso en (De Bono 1985) una metodología para la innovación, toma de decisiones y discusiones, que mediante el uso de diferentes "sombreros" permite enfocar un problema desde diferentes puntos de vista.

Así, el sombrero "blanco" es el de los hechos y el que lleva a pensar de la forma más objetiva posible sobre un tema, el "rojo" es el de las emociones y sirve para expresar sentimientos, el "negro" es el que representa el juicio negativo (siempre de manera constructiva), por el contrario el "amarillo" intenta centrarse en los aspectos positivos o beneficios, el "verde" sirve para generar alternativas y estimular la creatividad, y el "azul" es el que controla el proceso y sirve para "pensar sobre el propio proceso de pensamiento".

### A.4.4 Uso de analogías

Esta técnica usa analogías para los conceptos u objetos que queremos analizar con otros, de manera que nos permite comprender mejor conceptos menos conocidos comparándolos con otros más familiares.

Un de las principales técnicas en este sentido es la Sinéctica (propuesta por W. Gordon), que se basa en cuatro mecanismos analógicos[7]:

- ▼ Analogías directas: comparación directa de dos conceptos.
- ▼ Analogías personales: descripción del concepto en primera persona.
- ▼ Analogías simbólicas: descripción del concepto con una imagen global que, partiendo de la estética, lo muestre desde otro punto de vista.
- ▼ Analogías fantásticas: traslado del concepto a un mundo ideal, sin restricciones.

## A.5 HERRAMIENTAS ESTADÍSTICAS

### A.5.1 Control Estadístico de Procesos

En este apartado se describen los fundamentos generales de control estadístico de procesos (Statistical Process Control, SPC).

#### A.5.1.1 CONCEPTOS BÁSICOS

En primer lugar es importante destacar que SPC se aplica para analizar las **variaciones** de un proceso de forma que se pueda determinar si es estable o no. Todo proceso, por naturaleza, puede presentar variaciones. Tal como se aprecia en el modelo básico de proceso de la Figura A.11, las variaciones pueden aparecer en la entrada, en el proceso y en las salidas. Toda variación en la entrada produce variación en la salida y cualquier variación del proceso también puede producir variación en la salida. Si esta variación en la salida es muy significativa entonces el producto o servicio no satisface los requisitos del cliente/usuario. Por ello se trata de eliminar cualquier variación significativa que reduzca notablemente la calidad esperada del producto o servicio.

**Figura A.11.** Variaciones en un Proceso

7. *http://letraskiltras.ning.com/group/bandadadeideas/forum/topics/uso-de-analogias-tecnicas-de*

De las **variaciones** que pueden aparecer en un proceso es importante distinguir dos tipos (Figura A.12) (Russel y Taylor, 2006):

- ▼ **Variación** debida a **causas comunes**, que son variaciones aleatorias que están siempre presentes en un proceso y que no se pueden identificar. Este tipo de variación es pequeño.

- ▼ **Variación** debida a causa **asignable**, que son variaciones no aleatorias que suelen ser debidas a cambios en las entradas del proceso o al propio proceso (como por ejemplo un trabajador que está enfermo o una máquina que se ha averiado). Este tipo de variación es la que puede y debe ser identificada ya que su efecto es mucho mayor.

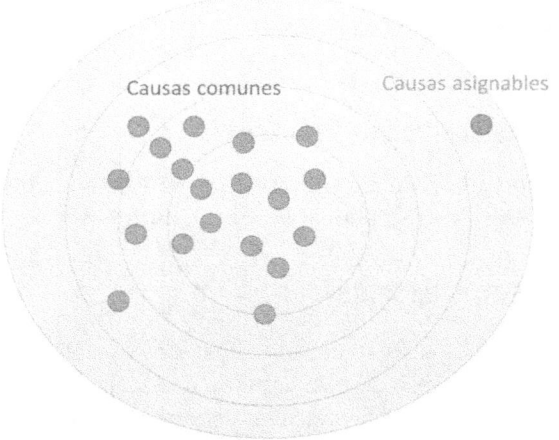

**Figura A.12.** Causas comunes vs. Causas asignables

Por tanto, mediante SPC se trata de analizar un proceso para detectar la presencia de causas asignables de modo que se puedan disponer los medios necesarios para detectar la causa o causas y corregirlas.

El SPC se aplica sobre ciertas **características** o **medidas** del proceso (como pueden ser defectos, satisfacción del cliente, productividad, etc.). Se distinguen dos tipos:

- ▼ **Atributo**: puede ser evaluada con una respuesta discreta (por ejemplo, bueno-malo, sí-no); escala en una encuesta de satisfacción; número entero (por ejemplo, número de defectos).

- ▼ **Variable**: es un resultado expresado en una escala no discreta, como por ejemplo un valor expresado en números reales (peso, longitud, etc.).

En SPC para la evaluación de un proceso se evalúa una serie de muestras, siendo una **muestra** un subconjunto de elementos seleccionados para inspección.

Finalmente es también relevante recordar algunos conceptos básicos de estadística descriptiva. Las principales medidas de estadística descriptiva son las medidas tendencia central como la media o mediana y las de variabilidad como la desviación típica o estándar o el rango, así como las medidas de distribución de los datos, como la curva de la distribución. Cuando la distribución es simétrica, hay el mismo número de observaciones por encima y por debajo de la media y es la que encontramos comúnmente cuando solo hay variaciones normales en los datos. En cambio cuando un valor desproporcionado de valores cae encima o debajo de la media, se tiene una distribución sesgada. En la Figura A.13 se muestra la distribución normal como ejemplo de distribución simétrica. Tal como se puede observar en la figura, un 68,3% de las observaciones o valores en esta distribución se sitúan a una distancia de más/menos un sigma (desviación estándar) respecto a la media. El 95,5% de valores está a una distancia de dos sigma y el 99,74% a una distancia de tres sigma. Tal como se describe más adelante, el estándar más comúnmente aceptado para aplicar SPC es usar gráficos de control de tres sigma, lo que da cierta garantía de indicar como anómalos (causas asignables de variación) aquellos valores que distan más de tres sigma de la media.

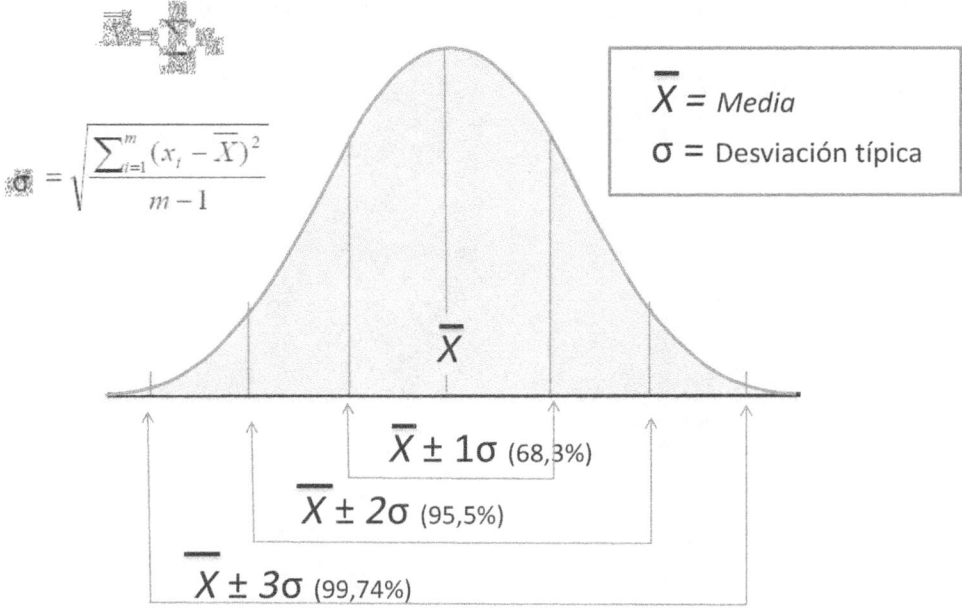

**Figura A.13.** La distribución normal

## A.5.1.2 PROCESO DE APLICACIÓN DE SPC

El objetivo de SPC consiste en descubrir la cantidad de variación debido a causas comunes que el proceso tiene y si hay variaciones debidas a causas asignables. De este modo se dice que un proceso está bajo control si no tiene variaciones debidas a causas asignables.

El proceso SPC (ver Figura A.14) comienza con la selección del proceso a evaluar, por ejemplo el proceso de inspección de una empresa desarrolladora de software, así como de las características de rendimiento del proceso bajo evaluación. Por ejemplo, podría ser de interés evaluar la eficiencia del proceso de inspección evaluada como el número de defectos detectados al día. El siguiente paso consiste en seleccionar el gráfico de control más apropiado, tal como se describe con más detalle en el siguiente subapartado. Los datos de las medidas de rendimiento del proceso deben ser recopilados durante largos periodos de tiempo para que el análisis SPC sea significativo, tras lo cual, en base a dichos datos se calcula la línea central y los límites del gráfico de control y se representan dichos datos relevantes en el gráfico. Una vez representados se debe aplicar una serie de pruebas o tests para determinar si el proceso está bajo control estadístico. En caso de no obtenerse fallo en los test, se dice que el proceso es estable y se debe seguir monitorizando. En caso contrario, se debe buscar la causa o causas que provocan el fallo, eliminar dichas causas y se vuelve al paso de recopilación de mediciones del proceso para evaluar si está bajo control.

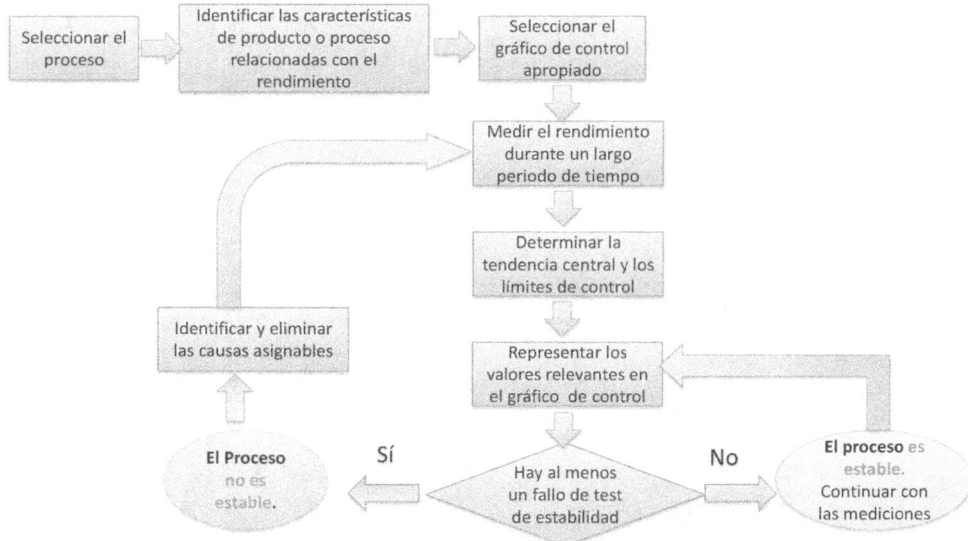

**Figura A.14.** Proceso SPC

## A.5.1.3 GRÁFICOS DE CONTROL EN SPC

Los gráficos de control en SPC se utilizan para identificar de forma visual la variación de los procesos a lo largo de tiempo, de modo que sirvan como punto de partida para identificar variaciones debidas a causas asignables y buscar dichas causas. Representan por tanto si los datos de una muestra están dentro o fuera del rango normal de variación. Un proceso está "fuera de control" si una o más muestras caen fuera de sus límites de control. En la Figura A.15 se muestra un ejemplo típico de gráfico de control en el que tal como se puede observar se representa en el eje Y la característica del proceso a evaluar (mediciones de la característica), en el eje X la muestra u observación, y cada punto representa el valor de la característica para cada observación. Mediante líneas horizontales se representa la tendencia central (CL, *center line*) y los límites superior (UCL, *upper control limit*) e inferior (LCL, *lower control limit*).

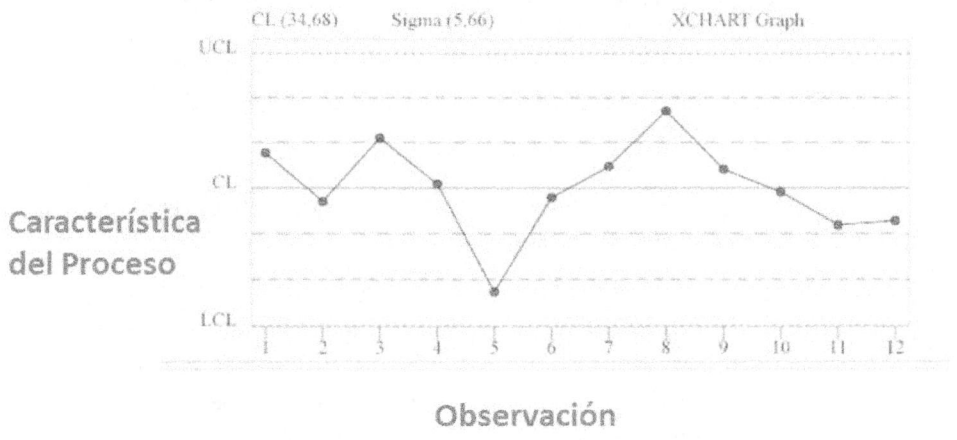

**Figura A.15.** Ejemplo de gráfico de control

La fórmula general para calcular la tendencia central y los límites es la siguiente:

- UCL = $\mu + z\sigma$
- CL = $\mu$
- LCL = $\mu - z\sigma$

μ representa la media y σ la desviación típica de la variable a evaluar, mientras que $z$ es la distancia de los límites de control a la línea central, expresado en términos de unidades de desviación típica. Tal como se ha descrito previamente, el valor de $z=3$ es el tradicionalmente aceptado como estándar en la industria (que supone *seis sigmas* de separación).

Para la realización de SPC se dispone de un amplio conjunto de gráficos de control en la bibliografía, entre los cuales debemos distinguir fundamentalmente entre dos tipos:

- **Gráficos de control para variables**, como por ejemplo los gráficos X y R que se aplican a datos que se miden en una escala continua, como por ejemplo resultados expresados en números reales (ejemplos: volumen, altura, peso, etc.).

- **Gráficos de control para atributos**, que evalúan resultados discretos, como los expresados como números enteros (número de quejas), valores que indican la presencia/ausencia de algo, etc. Ejemplo de gráficos para atributos son los gráficos P, nP para proporciones (ejemplo, proporción de botellas rotas en un lote) y C o U para evaluar número de elementos (número de quejas de clientes en un mes).

A continuación se resumen las principales características de algunos de los gráficos de control más representativos:

- **Gráfico X-bar (X barra) y R-Bar**. Permiten monitorizar un proceso a lo largo del tiempo en base a la media de valores (X-bar) o del rango (R-bar) de una serie de muestras, que se denominan subgrupos. Por tanto se usan cuando se pueden recoger varias observaciones por muestra (entre 2 y 10). Cada subgrupo representa como una instantánea del proceso en un determinado momento de tiempo. Al ser gráficos basados en la representación temporal, las muestras deben visualizarse ordenadas por el tiempo (en el eje X). Si el tamaño de cada muestra es superior a 10 observaciones, se aconseja usar **gráficos S (*sigma*)**, ya que el rango es un estimador poco fiable en caso de subgrupos grandes. En este caso en vez de la media se usa la desviación estándar de las unidades u observaciones por muestra. Para subgrupos con una observación se deben usar **gráficos individuales X y de rango (Moving Range, MR)**, entre otros, en los que cada punto de datos es un valor individual y no promedio.

▼ **Gráfico C**. Este gráfico usa una muestra de tamaño constante de datos de tipo atributo, donde el tamaño en promedio de la muestra es superior a 5. Con este gráfico se pretende determinar la estabilidad de datos a los que habitualmente se aplica una función de conteo, como por ejemplo errores por característica, pedidos al mes, etc. Es de mayor utilidad, por ejemplo, cuando se conoce cuántos defectos hay y no solo el número de unidades defectuosas, considerando que el tamaño de la muestra es siempre el mismo. Si el tamaño de la muestra es variable se usa el **gráfico U**. Para este tipo de gráficos lo apropiado es que la distribución de los datos sea Poisson.

▼ **Gráfico p**. Este gráfico usa un tamaño de muestra habitualmente igual o mayor a 50. Se usa habitualmente para representar la proporción de unidades defectuosas en un grupo cuando el tamaño de la muestra varía. Por ejemplo, el número de botellas defectuosas en un lote. De modo que se trabaja con proporciones de unidades defectuosas por lote. Si el tamaño de la muestra es el mismo en todas, entonces se hace uso del **gráfico nP**. Por ejemplo, supongamos el número de comidas "defectuosas" en un restaurante. Para este tipo de gráficos lo apropiado es que la distribución de los datos sea Binomial.

El proceso de selección del gráfico de control más apropiado es resumido en la Figura A.16.

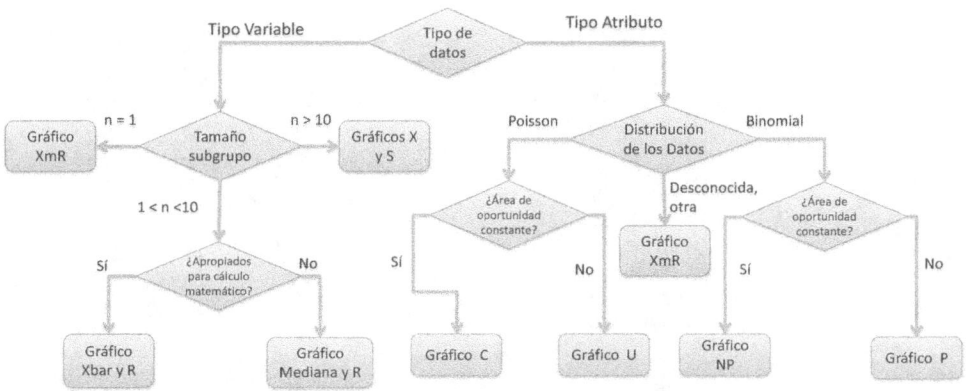

**Figura A.16.** Decisión sobre tipo de gráfico

En la Tabla A.1 se muestran las fórmulas para el cálculo de la línea central y los límites de los gráficos de control descritos con anterioridad.

| Gráfico | Línea Central | Límite Superior | Límite Inferior |
|---|---|---|---|
| X-bar (desv. típica proceso conocida σ) | $\bar{\bar{x}} = \dfrac{\sum_{m=1}^{k} \bar{x}_m}{k}$ | $UCL = \mu + \dfrac{3\sigma}{\sqrt{n}}$ | $UCL = \mu - \dfrac{3\sigma}{\sqrt{n}}$ |
| R-bar (desv. típica proceso conocida σ) | $\bar{R} = \dfrac{\sum_{i=1}^{k} R_i}{k}$ | $UCL = \bar{R} D_4$ | $LCL = \bar{R} D_3$ |
| X-bar (desv. típica proceso desconocida) | $\bar{\bar{x}} = \dfrac{\sum_{m=1}^{k} \bar{x}_m}{k}$ | $UCL = \bar{\bar{x}} + A_2 \bar{R}$ | $LCL = \bar{\bar{x}} - A_2 \bar{R}$ |
| R-bar (desv. típica proceso desconocida) | $\bar{R} = \dfrac{\sum_{i=1}^{k} R_i}{k}$ | $UCL = \bar{R} D_4$ | $LCL = \bar{R} D_3$ |
| X (n=1) | $\bar{x} = \dfrac{\sum_{m=1}^{k} x_m}{k}$ | Véase XBar | Véase XBar |
| R (n=1) | $R = x_{max} - x_{min}$ | Véase RBar | Véase RBar |
| S-bar | $\bar{s} = \dfrac{\sum s_i}{k}$ <br> $s_i = \sqrt{\dfrac{\sum (x_i - \bar{x})^2}{n-1}}$ | $UCL = B_4 \bar{s}$ | $LCL = B_3 \bar{s}$ |
| Gráfico P | $\bar{p} = \dfrac{n^\circ\ totalelemdef}{n^\circ\ totalelem}$ | $UCL = \bar{p} + z\sqrt{\dfrac{\bar{p}(1-\bar{p})}{k}}$ | $LCL = \max[0, \bar{p} - z\sqrt{\dfrac{\bar{p}(1-\bar{p})}{k}}]$ |
| Gráfico nP | $\bar{p} = \dfrac{\sum_{m=1}^{k} \dfrac{d_m}{n}}{k}$ | $UCL = n\bar{p} + z\sqrt{n\bar{p}(1-\bar{p})}$ | $LCL = \max[0, n\bar{p} + z\sqrt{n\bar{p}(1-\bar{p})}]$ |

| Gráfico | Línea Central | Límite Superior | Límite Inferior |
|---|---|---|---|
| Gráfico C | $\bar{c} = \dfrac{n°\, totaldefectos}{k}$ | $UCL = \bar{c} + z\sqrt{\bar{c}}$ | $LCL = \bar{c} - z\sqrt{\bar{c}}$ |
| Gráfico U | $\bar{u} = \dfrac{\sum_{m=1}^{k} u_m}{k}$ $u_m = \dfrac{n°\, totaldefectosenlamuestra}{tamañomuestra}$ | $UCL = \bar{u} + z\sqrt{\dfrac{\bar{u}}{k}}$ | $LCL = \max[0,\ \bar{u} - z\sqrt{\dfrac{\bar{u}}{k}}]$ |

k = número de muestras
n = número de elementos/observaciones por muestra
z = distancia (número de sigmas)
c = número de defectos por muestra
$d_m$ = número de defectuosos en muestra m

**Tabla A.1.** Cálculo de la tendencia central y los límites en los gráficos de control

Por su parte, en la Tabla A.2 se muestra un extracto de las constantes de los gráficos de control, que son obtenidas a partir de las distribuciones estadísticas en las que se basa cada tipo de gráfico:

| Tamaño muestra | X-Bar | | R | | Estimación Sig | S | |
|---|---|---|---|---|---|---|---|
| | $A_2$ | $A_3$ | $D_3$ | $D_4$ | $d_2$ | $B_3$ | $B_4$ |
| 2 | 1.880 | 2.659 | 0 | 3.267 | 1.128 | 0 | 3.267 |
| 3 | 1.023 | 1.954 | 0 | 2.574 | 1.693 | 0 | 2.568 |
| 4 | 0.729 | 1.628 | 0 | 2.282 | 2.059 | 0 | 2.266 |
| 5 | 0.577 | 1.427 | 0 | 2.114 | 2.326 | 0 | 2.089 |
| 6 | 0.483 | 1.287 | 0 | 2.004 | 2.534 | 0.030 | 1.970 |
| 7 | 0.419 | 1.182 | 0.076 | 1.924 | 2.704 | 0.118 | 1.882 |
| 8 | 0.373 | 1.099 | 0.136 | 1.864 | 2.847 | 0.185 | 1.815 |
| 9 | 0.337 | 1.032 | 0.184 | 1.816 | 2.970 | 0.239 | 1.761 |
| 10 | 0.308 | 0.975 | 0.223 | 1.777 | 3.078 | 0.284 | 1.716 |
| 11 | 0.285 | 0.927 | 0.256 | 1.774 | 3.173 | 0.321 | 1.679 |
| 12 | 0.266 | 0.886 | 0.284 | 1.716 | 3.258 | 0.354 | 1.646 |
| 13 | 0.249 | 0.850 | 0.308 | 1.692 | 3.336 | 0.382 | 1.618 |
| 14 | 0.235 | 0.817 | 0.329 | 1.671 | 3.407 | 0.406 | 1.594 |
| 15 | 0.223 | 0.789 | 0.348 | 1.652 | 3.472 | 0.428 | 1.572 |
| ....... | ....... | ....... | ....... | ....... | ....... | ....... | ....... |

**Tabla A.2.** Constantes para los gráficos de control

### A.5.1.3.1 Ejemplo de gráfico x-bar y R-BAR

Consideremos el siguiente ejemplo para la realización de un gráfico de control X-bar para variables. Supongamos que una empresa de fabricación de refrescos realiza el control estadístico de su proceso de fabricación para lo cual mide la altura de las latas de refrescos de 200 ml que son fabricadas en dicho proceso. En la Tabla A.3 se muestran las 20 muestras seleccionadas, cada una de las cuales está formada por 4 unidades.

| Muestra Nº | Altura lata refresco | | | | Media | Rango |
|---|---|---|---|---|---|---|
| | 1 | 2 | 3 | 4 | | |
| 1 | 15,02 | 15,90 | 15,68 | 15,32 | 15,48 | 0,88 |
| 2 | 15,58 | 15,88 | 15,13 | 15,17 | 15,44 | 0,75 |
| 3 | 15,63 | 15,49 | 15,93 | 15,80 | 15,71 | 0,45 |
| 4 | 15,86 | 15,77 | 15,42 | 15,53 | 15,64 | 0,45 |
| 5 | 15,00 | 15,73 | 15,37 | 15,53 | 15,41 | 0,73 |
| 6 | 15,12 | 15,29 | 15,40 | 15,50 | 15,33 | 0,38 |
| 7 | 15,58 | 15,46 | 15,58 | 15,97 | 15,65 | 0,50 |
| 8 | 15,09 | 15,59 | 15,48 | 15,85 | 15,50 | 0,77 |
| 9 | 15,70 | 15,97 | 15,26 | 15,21 | 15,53 | 0,76 |
| 10 | 15,02 | 15,64 | 15,84 | 15,50 | 15,50 | 0,82 |
| 11 | 15,12 | 15,77 | 15,19 | 15,05 | 15,28 | 0,72 |
| 12 | 15,41 | 15,09 | 15,93 | 15,73 | 15,54 | 0,83 |
| 13 | 15,70 | 15,69 | 15,23 | 15,33 | 15,49 | 0,47 |
| 14 | 15,79 | 15,07 | 15,33 | 15,60 | 15,45 | 0,73 |
| 15 | 15,04 | 15,20 | 15,70 | 15,19 | 15,28 | 0,66 |
| 16 | 15,55 | 15,98 | 15,78 | 15,23 | 15,63 | 0,76 |
| 17 | 15,48 | 15,28 | 15,52 | 15,33 | 15,40 | 0,23 |
| 18 | 15,22 | 15,76 | 15,24 | 15,02 | 15,31 | 0,74 |
| 19 | 16,00 | 15,70 | 16,30 | 16,00 | 16,00 | 0,60 |
| 20 | 15,78 | 15,52 | 15,11 | 15,90 | 15,58 | 0,79 |

**Tabla A.3.** Ejemplo gráfico X-bar: altura de lotes de refresco

En la columna media de la Tabla A.3 se indica la media del valor por muestra y la columna rango se obtiene calculando la diferencia entre el valor superior e inferior de la muestra. Para la obtención del gráfico de control, en primer lugar veamos cómo calcular los límites superior e inferior así como la tendencia central. De acuerdo a las fórmulas de este tipo de gráfico (véase Tabla A.1), tendríamos:

**Tendencia central** = Media de las medias = (15,48 + 15,44+ 15,71+ 15,64+ 15,41+ 15,33+ 15,65+ 15,50+ 15,53+ 15,50+ 15,28+ 15,54+ 15,49+ 15,45+ 15,28+ 15,63+ 15,40+ 15,31+ 16,00+ 15,58) / 20 = **15,51**

Si tenemos un conjunto de datos con desviación típica desconocida, debemos aplicar la fórmula correspondiente (ver Tabla A.3). En este caso, para obtener el valor de $A_2$ se consultan las tablas de constantes de gráficos de control X-bar (ver Tabla A.2), según las cuales **$A_2$=0,729**, para muestras de 4 elementos. Por su parte, se obtiene como el promedio de los rangos, cuyo resultado es:

$$\overline{R} = \frac{0,88 + 0,75 + ... + 0,79}{20} = 0,65$$

$$\left| A_2 \,\overline{R} = 0,729 * 0,65 = 0,47 \right|$$

A partir de lo anterior podemos calcular el límite superior e inferior del gráfico del siguiente modo:

$$LCL = \overline{\overline{x}} - A_2 \overline{R} = 15,51 - 0,47 = 15,04$$
$$UCL = \overline{\overline{x}} - A_2 \overline{R} = 15,51 + 0,47 = 15,98$$

El gráfico de control resultante se muestra en la Figura A.17:

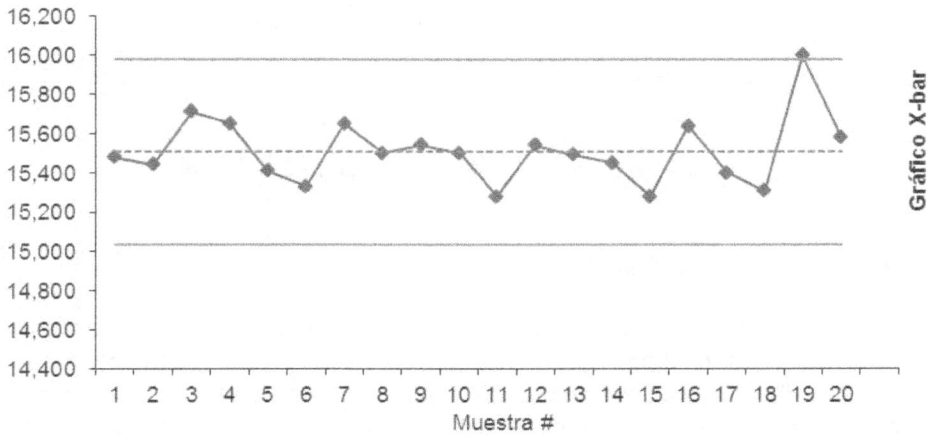

**Figura A.17.** Gráfico de control X-bar del ejemplo

Tal como podemos observar en el gráfico de control, una de las observaciones (muestra 19) cae fuera de los límites de control por lo que habrá que analizar las causas de ello aplicando los criterios de decisión en este tipo de gráficos (ver Apartado 5.1.3.3).

A continuación veamos cómo calcular el gráfico R, ya que suele ser de mayor utilidad una interpretación conjunta de los gráficos X-bar y R, respecto a interpretaciones por separado.

Para ello, el cálculo de los límites se realiza del siguiente modo:

$$LCL = D_3 \overline{R} = 0 * 0,65 = 0$$

$$UCL = D_4 \overline{R} = 2,282 * 0,65 = 1,48$$

En la Figura A.18 se muestra el gráfico R resultante de lo anterior donde se puede apreciar que todas las observaciones están dentro de los límites de control. Ello refuerza la importancia de analizar conjuntamente los resultados tanto con gráficos X como R, dado que puede haber variaciones significativas en los promedios pero no así en los rangos (como es el caso) o viceversa.

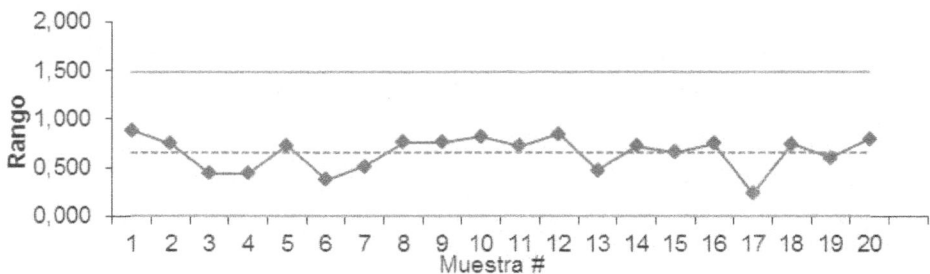

**Figura A.18.** Gráfico de control X-bar del ejemplo

### A.5.1.3.2 Ejemplo de gráfico C

A continuación se va a ilustrar el uso de gráficos C como ejemplo de gráfico de control para atributos. Supongamos que una empresa desarrolladora de software quiere analizar las incidencias de su producto software comercial para lo que evalúa las incidencias recibidas por parte de sus clientes vía telefónica. En la Tabla A.4 se muestra el número de incidencias recibidas por semana relativas a dicho software:

| Semana | 1 | 2 | 3 | 4 | 5 | 6 | 7 | 8 | 9 | 10 | 11 | 12 | 13 | 14 | 15 |
|---|---|---|---|---|---|---|---|---|---|---|---|---|---|---|---|
| Nº Incidencias | 12 | 15 | 11 | 9 | 16 | 12 | 11 | 15 | 21 | 24 | 12 | 11 | 13 | 14 | 16 |

**Tabla A.4.** Ejemplo gráfico C: Nº incidencias producto software

El límite central de este ejemplo será el promedio de incidencias por semana, que será el resultado de dividir 212 (suma total de incidencias) entre el número de semanas (15), obteniéndose:

$$\overline{C} = \frac{212}{15} = 14,13$$

Para este tipo de gráficos, los límites se calculan aplicando las siguientes fórmulas (véase Tabla A.4), en las que "z" representa el número de sigmas a considerar (en este caso aplicaremos 3 sigmas como se realiza habitualmente en SPC):

$$LCL = \overline{c} - z\sqrt{\overline{c}} = 14,13 - 3 * \sqrt{14,13} = 2,85$$
$$UCL = \overline{c} - z\sqrt{\overline{c}} = 14,13 + 3 * \sqrt{14,13} = 25,41$$

El gráfico de control resultante se muestra en la Figura A.19:

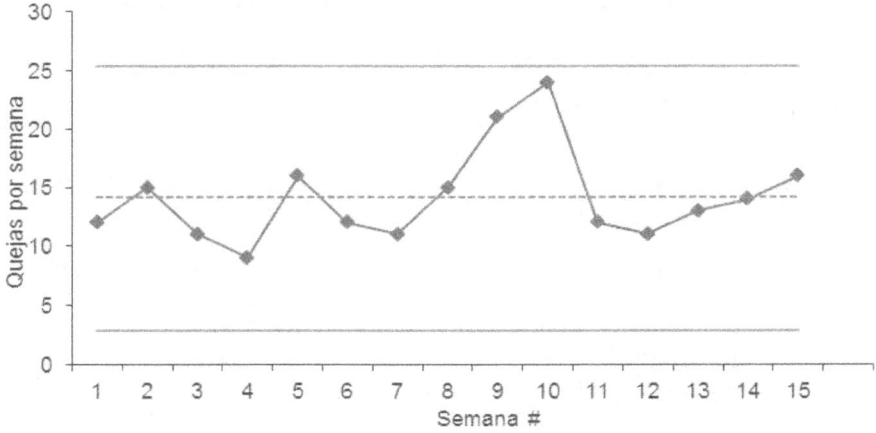

**Figura A.19.** Gráfico de control X-bar del ejemplo

### A.5.1.3.3 Interpretación de los gráficos de control

Una vez que se ha obtenido el gráfico de control es importante realizar una adecuada interpretación del mismo. Por lo general se distinguen varias zonas en el gráfico dependiendo de la distancia de cada dato al eje central, de modo que la zona A dista de la media más/menos tres veces la desviación típica y la zona B y C 2 y unas veces respectivamente (ver Figura A.20 para interpretación en gráficos X-bar y R). En función de ciertos patrones en los datos se puede realizar una interpretación adecuada que conduzca a una mejor localización de las causas (en caso de proceso inestable).

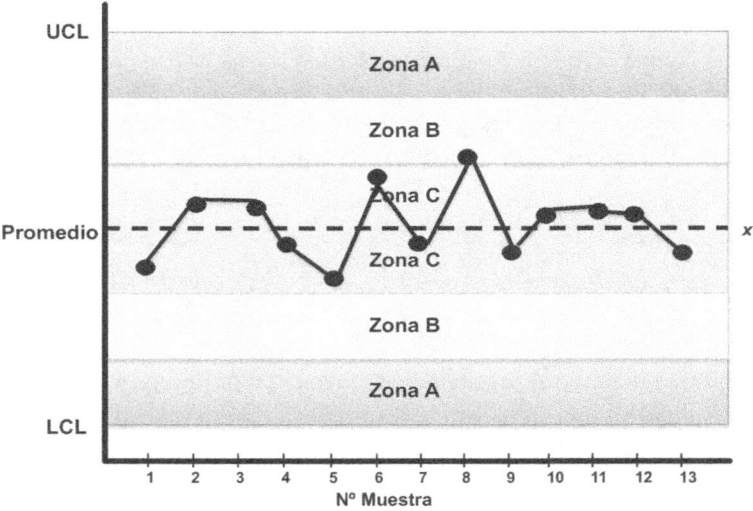

**Figura A.20.** Interpretación de gráficos de control X-bar y R

Por ejemplo algunas reglas tradicionalmente aceptadas son comprobadas en los siguientes *tests*:

- ▼ **Test 1:** al menos un punto fuera de los límites de control (zona A).

- ▼ **Test 2**: al menos dos puntos de una secuencia de 3 que caen en un mismo lado o distan al menos dos sigma respecto de la línea central y dos de tres puntos sucesivos en la Zona A o más allá de ella.

- ▼ **Test 3**: hay al menos cuatro puntos de una secuencia de cinco en el mismo lado y distan al menos un sigma de la línea central o hay cuatro de cinco observaciones sucesivas en la zona B o más allá de ella.

- **Test 4**: hay al menos siete, ocho o nueve puntos que están en un mismo lado de la línea central.

- **Test 5**: hay por lo menos ocho observaciones sucesivas que están a los lados de la línea central, evitando la zona C.

- **Test 6**: hay al menos quince observaciones consecutivas en la zona C, por encima y/o por debajo de la línea central.

- **Test 7**: hay por lo menos catorce observaciones sucesivas que se alternan una por encima y otra por debajo respecto a la otra.

- **Test 8**: hay por lo menos seis observaciones sucesivas que forman una secuencia creciente o decreciente.

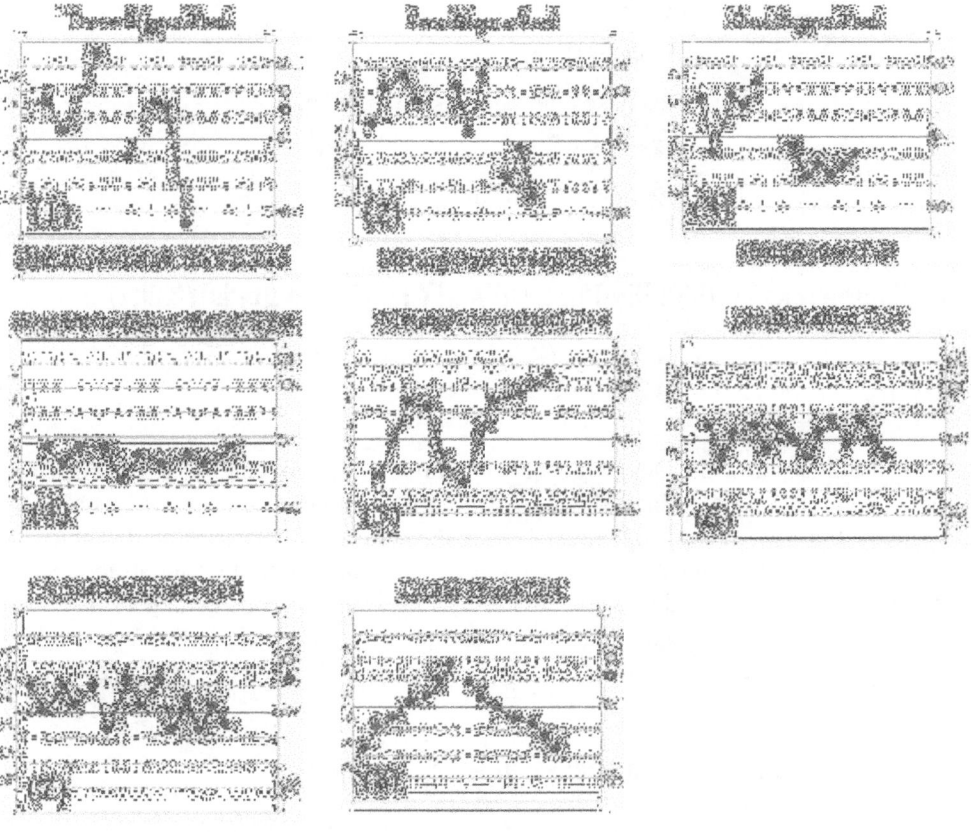

**Figura A.21.** Tests Six Sigma

## A.5.2 Diseño de Experimentos

El Diseño de Experimentos (DDE, DOE, *Design of Experiments*) tiene como objetivo averiguar si unos determinados factores influyen en una o varias variables de interés para la calidad, y si se demostrara dicha influencia, cuantificarla (Vilar 2006).

Las etapas de las que consta un DOE pueden resumirse en:

1. Definir los objetivos del experimento.
2. Identificar las causas posibles de variación.
3. Elegir el diseño experimental adecuado.
4. Especificar medidas y procedimiento experimental.
5. Ejecutar un experimento piloto.
6. Especificar el modelo (lineal, etc.).
7. Esquematizar los pasos del análisis estadístico.
8. Determinar el tamaño muestral.
9. Revisar las decisiones anteriores.

## A.6 HERRAMIENTAS DE DISEÑO QFD (QUALITY FUNCTION DEPLOYMENT)

### A.6.1 Introducción

El Diagrama de Despliegue de la Función de Calidad (Quality Function Deployment) es una técnica utilizada para planificar nuevos productos y servicios o realizar mejoras en los existentes a partir de métodos matriciales, cuyo objetivo es que los requisitos del cliente lleguen a estar completamente contenidos en las especificaciones técnicas del producto o servicio. La principal ventaja de esta técnica es la reducción del tiempo del diseño y la disminución de los costes, manteniendo y mejorando la calidad.

### A.6.2 Partes y Cálculo de la "casa" QFD

La aplicación de la técnica QFD requiere del cálculo de una matriz de valores en los que se tienen, como punto de partida, las necesidades o requisitos de los usuarios (los QUÉ) y los aspectos técnicos de su desarrollo (los CÓMO).

Tal y como se ha comentado, dicha matriz posee una estructura similar a la de una casa (ver Figura A.22) y tiene las siguientes partes: requisitos de usuario, análisis de las necesidades de usuario, aspectos técnicos de desarrollo, correlación de los aspectos técnicos, relación entre los QUÉs y los CÓMOs y por último el análisis de los aspectos técnicos.

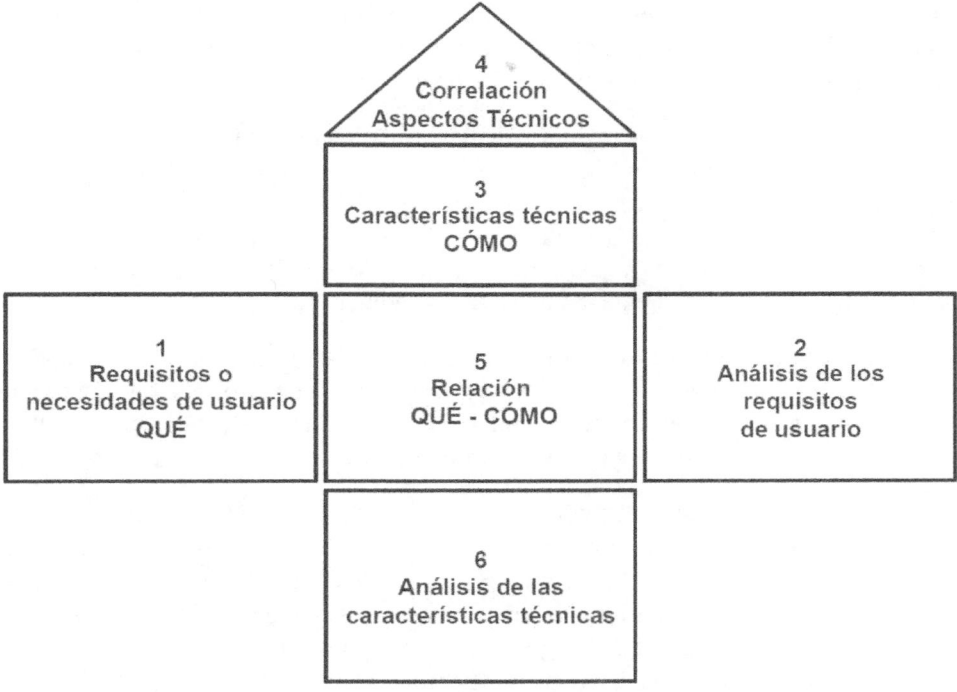

**Figura A.22.** Estructura de la Matriz "Casa de la Calidad" (Carretero, et al., 1999)

## A.6.2.1 REQUISITOS DE USUARIO (QUÉ)

QFD es una técnica que se centra principalmente en establecer los mecanismos necesarios para satisfacer los requisitos de usuario. Por este motivo, y en primer lugar, se deben listar aquellos requisitos que los usuarios esperan del producto. En este sentido no es necesario priorizar ni elegir los más importantes ya que la propia matriz de QFD permitirá descartar los que resulten ser menos importantes.

Tal y como se observa en la Figura A.22 , los QUÉs deben listarse en la parte izquierda de la matriz.

## A.6.2.2 ANÁLISIS DE LOS REQUISITOS DE USUARIO

Tal y como se indicaba, se deben indicar todos los requisitos de usuario existentes para el producto que se va a desarrollar, sin embargo, puede que haya que priorizarlos según importancia para decidir cómo abordarlos durante el desarrollo del producto. Cabe también la posibilidad de que el contexto del proyecto no permita abordar todos los requisitos del producto, por lo que habrá que establecer cuáles son los más importantes y cuáles deben descartarse para la versión actual del producto. Por ello, se hace necesario realizar un análisis de los requisitos a fin de establecer una priorización de los mismos que ayude a la toma de decisiones.

La Figura A.22 muestra cómo el análisis de los requisitos se lleva a cabo en la parte derecha de la matriz QFD, y los análisis concretos que se hagan dependerán del objetivo final que tenga la aplicación de QFD. Así, en base a dichos análisis, habrá que añadir más o menos columnas incluyendo la información que permita hacer los cálculos. Algunas de las informaciones (y para ello, columnas con datos) que podrían ser de utilidad en el análisis de los requisitos son:

- **Importancia de los requisitos**: ya sea mediante entrevistas, cuestionarios o cualquier otro tipo de técnica para la recogida de información, se extraerá de los usuarios la importancia relativa de cada uno de los requisitos. Para ello, se puede utilizar cualquier tipo de escala, por ejemplo [0-10] o [0-5].

- **Comparación del producto con respecto a los QUÉs**: en ocasiones, QFD no se aplica sobre un producto a desarrollar sino sobre uno existente. En este caso, uno de los puntos de análisis de los QUÉs es conocer cómo se sitúa nuestro producto con respecto a los requisitos establecidos por el usuario, identificando el grado de cumplimiento del producto bajo análisis con respecto a cada requisito. Para realizar la valoración se recomienda utilizar la misma escala de valores que la empleada en la "Importancia de los requisitos".

- **Objetivo a alcanzar para el producto**: tras conocer cómo el producto bajo análisis cumple los requisitos del usuario, resulta de especial interés saber cuál es el valor objetivo del producto para cada uno de esos requisitos (que se alcance un valor concreto no implica que sea el valor más apropiado, más aún cuando son los usuarios los que determinan qué requisitos son los importantes). Este análisis es especialmente útil cuando QFD se aplica a un producto existente.

- **Comparación con otros productos de la competencia**: QFD también es útil para realizar estudios de mercado. Cuando estamos comparando un producto propio con respecto a otros, es conveniente analizar cuál es la competencia. En este sentido, el análisis de los QUÉs nos permite incluir otros productos de la competencia y, de nuevo, valorar su grado de cumplimiento de los QUÉs establecidos por los usuarios. En este caso se utilizará una columna por cada uno de los productos de la competencia a comparar. Estas columnas junto con la columna anterior ("Comparación del producto con respecto a los QUÉs") permite situar cómo está al producto bajo análisis con respecto a los demás productos de la competencia.

▼ **Ratio de mejora**: cuando se está valorando un producto existente (estudiando la posibilidad de desarrollar una nueva versión, mejorar aspectos existentes o haciendo algún estudio de mercado) resulta interesante calcular qué posibilidad de mejora tiene el producto bajo análisis con respecto a los requisitos que establecen los usuarios. Así, y utilizando la misma escala que se empleó en la columna de "Importancia de los requisitos", para determinar la capacidad de mejora del producto con respecto a cada uno de los requisitos habrá que dividir, fila a fila, la "Comparación del producto con respecto a los QUÉs" entre el "Objetivo a alcanzar para el producto".

▼ **Ponderación absoluta**: esta columna tiene como objetivo asignar a cada uno de los requisitos (QUÉs) un valor de importancia absoluta en base a los posibles distintos criterios que se hayan incluido en el análisis de los QUÉs. No obstante, su cálculo se reduce a multiplicar, fila a fila, los valores de los análisis (columnas) considerados que resulten de interés para la ponderación de los QUÉs. Si en el análisis de los requisitos de usuario solo se hubiera considerado la "Importancia de los requisitos", la ponderación absoluta se corresponderá con esos valores, ya que no hay otros factores que afecten a su cálculo. Sin embargo, si en el análisis de los requisitos se ha tenido en cuenta, por ejemplo, el ratio de mejora, entonces la ponderación absoluta de cada requisito se calculará multiplicando cada "Importancia de los requisitos" por el "Ratio de mejora". De forma general, la ponderación absoluta puede expresarse de la siguiente manera:

$$Ponderación\ Absoluta_i = \prod_{j=1}^{m} ColumnaAnálisis_j$$

$$Con\ i = [QUÉ_1 \dots QUÉ_n]\ y\ j = [ColumnaAnálisis_1 \dots ColumnaAnálisis_m]$$

▼ **Ponderación relativa**: esta columna permite, en base a la ponderación absoluta (y por ende, en base al análisis de los requisitos), establecer una ordenación basada en porcentajes (%) de la importancia de cada requisito. El cálculo de la ponderación relativa de cada uno de los requisitos se puede llevar a cabo de acuerdo a la siguiente ecuación:

$$Ponderación\ Relativa_i = \frac{Ponderación\ Absoluta_i}{\sum_{j=1}^{m} Ponderación\ Absoluta_j} \times 100$$

▼ **Ordenación de los requisitos**: esta columna es una interpretación de la "Ponderación Relativa", en la que se establece un orden de los requisitos en base a los porcentajes obtenidos. La ordenación de los requisitos se hará secuencial, puntuando con el valor "1" al requisito con una mayor "Ponderación Relativa" y así sucesivamente.

### A.6.2.3 ASPECTOS TÉCNICOS DE DESARROLLO (CÓMO)

Tal y como se observa en la Figura A.22, los aspectos técnicos de desarrollo se sitúan en la parte 4 de la matriz QFD, justo debajo del "tejado". Los aspectos técnicos de desarrollo podrán variar en función del tipo de producto que esté siendo objeto del análisis. Los aspectos técnicos hacen referencia a los medios mediante los cuales se llegará a los requisitos de usuario. Así, podríamos considerar como aspectos técnicos, entre muchos otros, a atributos de calidad, arquitecturas software, características técnicas, etc.

### A.6.2.4 RELACIÓN DE LOS ASPECTOS TÉCNICOS

La relación entre los CÓMOs se establece en "el tejado" de la matriz QFD (ver Figura A.22, fragmento 4 de la matriz), que le da a QFD su también conocido nombre "Casa de la Calidad". Dicho tejado es a su vez una matriz mediante la cual se establece la relación existente entre los distintos CÓMOs. Para determinar la relación se suele utilizar una escala de 3 valores: negativa, neutra o positiva. Cuando una característica técnica no guarde relación con otra, su relación se etiquetará como neutra.

### A.6.2.5 RELACIÓN ENTRE LOS QUÉS Y LOS CÓMOS

La relación entre los QUÉs y los CÓMOs se sitúa en la parte central de la matriz QFD (ver Figura A.22, fragmento 5 de la matriz). En este paso de QFD se conectarán los requisitos del usuario con los aspectos técnicos identificados.

La relación entre los QUÉs y los CÓMOs se establece mediante una escala de valores, que puede ser de diversa índole según el contexto de aplicación de QFD. Así pues, pueden utilizarse escalas como [1-10], [1-5] o escalas más fácilmente aplicables como [relación débil, relación moderada, relación fuerte]. Cuando se opta por una escala basada en etiquetas lingüísticas, se deberá asignar valores a dichas etiquetas, ya que después habrá que realizar cálculos en base a dichos valores (por ejemplo, 9 para la relación fuerte, 3 para la relación moderada y 1 para la relación débil). Es importante que para los QUÉs más relevantes (según el "Análisis de los requisitos") exista al menos una relación con un CÓMO (pudiendo haber varias, cada una con su correspondiente valor).

### A.6.2.6 ANÁLISIS DE LOS ASPECTOS TÉCNICOS

Por último, y una vez que se ha calculado el resto de partes de la matriz QFD, es preciso calcular cuáles de los aspectos técnicos son necesarios para cumplir con los requisitos más importantes (de acuerdo a la priorización llevada a cabo en el "Análisis de los requisitos de usuario"). Entre otras cosas pueden incluirse los siguientes criterios en el análisis de los CÓMOs:

- **El análisis de los CÓMOs** se lleva a cabo en la parte inferior de la matriz QFD (ver Figura A.22, fragmento 6 de la matriz). En primer lugar y como parte del análisis, se determina la consecuencia de un incremento en el valor de un aspecto técnico, es decir, ¿si un aspecto técnico está presente (en caso de que no tenga valores intermedios y solo se mida su presencia o ausencia) o aumenta (se puede medir mediante una escala de valores) es positivo o negativo? Esto se suele representar añadiendo una fila en la que para cada CÓMO se incluye, en su correspondiente celda, una flecha vertical ascendente si al aumentar dicha característica resulta mejor, y por el contrario, se introducirá una flecha vertical descendente si al aumentar dicho aspecto tecnológico resulta peor o impacta negativamente. Por ejemplo, si un aspecto técnico es la mantenibilidad habría que poner una flecha vertical ascendente, ya que un aumento de la misma resulta positivo. Sin embargo, si el aspecto técnico es acoplamiento se indicará una flecha vertical descendente, ya que un aumento del acoplamiento en un sistema resulta negativo o poco deseable.

- **Ponderación absoluta**: se añadirá una fila en la cual, para cada uno de los CÓMOs, se tendrá en cuenta la valoración realizada de la relación QUÉ-CÓMO y la ponderación relativa de QUÉ. El cálculo de cada una de las celdas de esta fila del análisis responde a la siguiente fórmula:

$$\sum_{j=1}^{n} Relación(CÓMO_i, QUÉ_j) \times Pond\_Rel\_QUÉ_j$$

- **Ponderación relativa**: en base a la ponderación absoluta se calcula en último lugar la ponderación relativa. Esto permite observar, asignando un porcentaje de importancia a cada aspecto técnico, cuáles son los aspectos técnicos más importantes y cuáles los menos relevantes para los requisitos establecidos por los usuarios. El cálculo de la ponderación relativa de cada uno de los aspectos técnicos responde a la siguiente fórmula:

$$Ponderación\ Relativa\ CÓMO_i = \frac{Pond\_Abs\_CÓMO_i}{\sum_{j=1}^{n} Pond\_Abs\_CÓMO_j} \times 100$$

- **Ordenación de los aspectos técnicos**: esta fila es una interpretación directa de la ponderación relativa, ya que en base al porcentaje de cada aspecto técnico se establece una ordenación de los aspectos técnicos en conjunto, donde el CÓMO con mayor importancia (%) se ordena con el número 1 y así sucesivamente.

- **Valoración de los aspectos técnicos del producto**: si QFD se está aplicando sobre un producto existente, como parte del análisis se puede incluir una fila en el análisis de los aspectos técnicos indicando para cada CÓMO cuál es el valor del mismo que se encuentra presente en el producto en cuestión. Esta fila podría ser muy útil si por ejemplo los aspectos técnicos están referidos a atributos de calidad.

- **Valoración de otros productos de mercado**: del mismo modo que en el análisis de los QUÉs se tenían en cuenta otros productos de mercado (cuando QFD se aplicaba para marketing o análisis de la competencia en el mercado), en el análisis de los CÓMOs también pueden incluirse filas para reflejar, para cada uno de los posibles productos de la competencia, cuáles son los valores que los aspectos técnicos toman en dichos productos. Estas filas, junto con la "Valoración de los aspectos técnicos del producto", son una herramienta de análisis eficaz para comprobar qué aspectos técnicos han tenido en cuenta los productos de la competencia y en qué medida.

## A.6.3 Ejemplo

### A.6.3.1 DESCRIPCIÓN

En este ejemplo, se plantea realizar un estudio sobre un software existente, del cual se pretende hacer un ciclo de refactorización mediante el cual mejorar algunas de sus características. Para el estudio, se plantean no solo los requisitos del sistema que implementa el software, sino los requisitos de calidad más importantes que se desean tener en cuenta para esta nueva versión del sistema.

### A.6.3.2 REQUISITOS DEL SISTEMA

En primer lugar deben determinarse los QUÉs, o lo que es lo mismo, los requisitos de usuario. En este ejemplo, los requisitos del sistema inicial que desea mejorarse (ver Figura A.23).

| |
|---|
| Los usuarios deberán acceder autenticándose |
| El sistema permite registrarse incluyendo sus datos personales |
| El sistema permitirá a los usuarios apuntarse a un evento publicado en la web |
| Los administradores podrán añadir facilmente eventos para ofertarlos por la web |
| Un usuario puede darse de baja de un evento |
| El sistema deberá estar preparado para soportar picos de peticiones de reserva durante los findes de semana |
| El sistema funcionará bajo Unix, aunque es posible el CPD de la empresa cambie de sistema operativo |
| Es importante que el sistema pueda ser utilizado por cualquier tipo de usuario |
| Si se produjera algún fallo, el funcionamiento debe restituirse con la mayor brevedad |
| El sistema deberá consumir pocos recursos, ya que la empresa en la que se desplegará el sistema dispone de un CPD de características técnicas muy limitadas |

**Figura A.23.** Lista de requisitos del sistema o QUÉs

### A.6.3.3 REQUISITOS DE CALIDAD

A continuación, y en el contexto de este ejemplo, los CÓMOs se corresponderían con los requisitos de calidad que quieren tenerse en cuenta para mejorar la implementación de los requisitos del sistema (ver Figura A.24). Los requisitos de calidad se han extraído de la norma ISO 25010 (ISO 2010b).

| Seguridad | Tolerancia a fallos | Facilidad de aprendizaje | Protección contra errores de usuario | Utilización de recursos | Cambiabilidad | Facilidad de instalación | Capacidad de recuperación | Operabilidad |
|---|---|---|---|---|---|---|---|---|
| | | | | | | | | |

**Figura A.24.** Lista de requisitos de calidad o CÓMOs

## A.6.3.4 ANÁLISIS DE LOS REQUISITOS DEL SISTEMA

Una vez determinados los QUÉs y los CÓMOs se procede al análisis de los requisitos del sistema. Tal y como se ha mencionado anteriormente, el análisis de los QUÉs siempre dependerá de cuál sea el objetivo de la aplicación de QFD. En este caso, el objetivo es refactorizar un sistema existente, por lo que habrá que tener en cuenta (ver Figura A.25): (i) la importancia de cada requisito del sistema (para los usuarios del mismo), (ii) qué nivel de satisfacción tiene cada requisito en el sistema actual (percepción que tienen los usuarios de cómo se cumple dicho requisito), y (iii) qué nivel de satisfacción se desea alcanzar (hasta qué punto se desea mejorar cada requisito del sistema). Las tres características en las que se basará el análisis se medirán en una escala que irá de 1 a 5, donde 1 representa una calificación muy baja (por ejemplo, que un requisito no es muy importante, o que un requisito no está bien implementado), y 5 una calificación alta (por ejemplo, que un requisito es muy importante, o que está perfectamente implementado y no es necesario mejorarlo).

Por otro lado, la capacidad de mejora (objetivo de satisfacción/grado de satisfacción) dará una valoración de cuánto esfuerzo requiere la mejora de cada requisito. Así, mientras que el requisito que establece que los usuarios deberán autenticarse no admite mejora, la implementación del requisito que establece que el sistema debe soportar picos de solicitudes debe ser sometido a una mejora sustancial.

Por último, el análisis de los QUÉs incluye las ponderaciones absoluta y relativa, que nos permiten indicar sobre cuáles de los requisitos hay que prestar más atención a la hora de realizar la refactorización (en base a la importancia del requisito, su grado de satisfacción y el objetivo que se desea alcanzar).

| Clasificación de los requisitos [1 - 5] | Grado de satisfacción [1 - 5] | Objetivo de satisfacción [1 - 5] | Capacidad de mejora | Ponderación absoluta | Ponderación relativa (0 - 100%) |
|---|---|---|---|---|---|
| 4 | 5 | 5 | 1 | 4 | 7,45% |
| 3 | 2 | 5 | 2,5 | 7,5 | 13,98% |
| 3 | 2 | 4 | 2 | 6 | 11,18% |
| 2 | 3 | 5 | 1,67 | 3,333 | 6,21% |
| 1 | 2 | 3 | 1,5 | 1,5 | 2,80% |
| 5 | 2 | 5 | 2,5 | 12,5 | 23,29% |
| 2 | 2 | 3 | 1,5 | 3 | 5,59% |
| 3 | 2 | 5 | 2,5 | 7,5 | 13,98% |
| 4 | 3 | 4 | 1,33 | 5,333 | 9,94% |
| 3 | 4 | 4 | 1 | 3 | 5,59% |

**Figura A.25.** Análisis de los requisitos del sistema (QUÉs)

## A.6.3.5 RELACIÓN ENTRE REQUISITOS DEL SISTEMA Y DE CALIDAD

A continuación, se calculará la relación entre los requisitos del sistema y los requisitos de calidad. Para ello, en la matriz central de "la casa de calidad" (ver Figura A.26) se han establecido valores de acuerdo a la relación o influencia que cada requisito de calidad podría tener con cada uno de los requisitos del sistema. Para indicar el grado de relación, se pueden utilizar símbolos o valores que de forma representativa y visual permitan identificar el tipo de relación existente (Erder y Pureur, 2003). Aunque la escala de valores puede ser muy diversa, para el presente ejemplo se han elegido cuatro posibles valores: 9 (relación muy fuerte), 3 (relación media), 1 (relación débil) y sin valor (cuando no existe ninguna relación).

| REQUISITOS DEL SISTEMA \ REQUISITOS DE CALIDAD | Seguridad | Tolerancia a fallos | Facilidad de aprendizaje | Protección contra errores de usuario | Utilización de recursos | Cambiabilidad | Facilidad de instalación | Capacidad de recuperación | Operabilidad |
|---|---|---|---|---|---|---|---|---|---|
| Los usuarios deberán acceder autenticándose | 9 | 1 | | 1 | | | | | 3 |
| El sistema permite registrarse incluyendo sus datos personales | 9 | | 1 | 3 | | | | | 9 |
| El sistema permitirá a los usuarios apuntarse a un evento publicado en la web | | | 3 | 9 | | | | 1 | 1 |
| Los administradores podrán añadir fácilmente eventos para ofertarlos por la web | | | | 3 | | 9 | 3 | | 1 |
| Un usuario puede darse de baja de un evento | 9 | | | 9 | | | | | 1 |
| El sistema deberá estar preparado para soportar picos de peticiones de reserva durante los findes de semana | | 3 | | | 9 | | | 9 | |
| El sistema funcionará bajo Unix, aunque es posible el CPD de la empresa cambie de sistema operativo | | 3 | 3 | | | 9 | 9 | | 3 |
| Es importante que el sistema pueda ser utilizado por cualquier tipo de usuario | | 9 | 9 | 9 | | | | | 9 |
| Si se produjera algún fallo, el funcionamiento debe restituirse con la mayor brevedad | 3 | 3 | | | 3 | 3 | 3 | 9 | |
| El sistema deberá consumir pocos recursos, ya que la empresa en la que se desplegará el sistema dispone de un CPD de características técnicas muy limitadas | | | | | 9 | 9 | | | |

**Figura A.26.** Relación entre los requisitos del sistema (QUÉs) y los requisitos de calidad (CÓMOs)

## A.6.3.6 ANÁLISIS DE LOS REQUISITOS DE CALIDAD

El análisis de los requisitos de calidad (los CÓMOs en este ejemplo) permiten estudiar cómo de importante es cada uno de los requisito de calidad que se van a tomar en cuenta durante la refactorización del sistema. Este tipo de análisis es especialmente útil cuando se debe priorizar un requisito de calidad sobre otro (en función, por ejemplo, a las restricciones económicas y temporales del proyecto).

Los criterios que se han analizado en este ejemplo han sido (ver Figura A.27):

- ▼ **Impacto de la mejora**. O lo que es lo mismo, si aumenta la medición de un requisito de calidad, ¿afecta positiva o negativamente al sistema? En caso de que afecte positivamente se anotará el símbolo "+", sin embargo, se anotará un "-" en caso contrario. En este ejemplo, dado que los CÓMOs son requisitos de calidad deseables, su incremento no supondrá un empeoramiento del sistema.

- ▼ **Ponderación absoluta y relativa**. Estos criterios permiten valorar y ordenar la importancia de los requisitos de calidad en base a cómo estos han sido relacionados con los requisitos del sistema.

Tal y como puede observarse en el análisis realizado en la Figura A.27, los requisitos de calidad que más importancia cobran a la hora de llevar a cabo la refactorización del sistema son "Protección contra errores de usuario" y "Capacidad de recuperación".

| Impacto en la mejora | + | + | + | + | + | + | + | + | + |
|---|---|---|---|---|---|---|---|---|---|
| Ponderación absoluta | 2,48 | 2,50 | 1,90 | 3,20 | 2,90 | 1,36 | 1,49 | 3,10 | 3,11 |
| Ponderación relativa | 11,25% | 11,33% | 8,63% | 14,51% | 13,15% | 6,17% | 6,77% | 14,08% | 14,11% |

**Figura A.27**. Análisis de los requisitos de calidad (CÓMOs)

### A.6.3.7 VISTA GENERAL DE LA "CASA DE CALIDAD"

A modo integrador, la Figura A.28 muestra la "casa de calidad" completa, integrando los QUÉs, los CÓMOs y los análisis de ambos.

El objetivo con el que se ha planteado la aplicación de QFD en este ejemplo ha sido el de determinar qué requisitos son los más importantes, cuáles necesitan una mayor mejora y cuáles conllevarán un mayor esfuerzo y qué requisitos de calidad son más importantes en la refactorización del sistema. Los datos obtenidos permitirían al equipo de trabajo estimar y priorizar las tareas a realizar, decidiendo si en el contexto del proyecto es posible llevar a cabo la refactorización completa del sistema o si, por el contrario, deberán priorizar la mejora de los requisitos del sistema, así como tener en cuenta la mejora de qué requisitos de calidad se considerarán para el sistema.

| REQUISITOS DEL SISTEMA | Seguridad | Tolerancia a fallos | Facilidad de aprendizaje | Protección contra errores de usuario | Utilización de recursos | Cambiabilidad | Facilidad de instalación | Capacidad de recuperación | Operabilidad | Clasificación de los requisitos [1 - 5] | Grado de satisfacción [1 - 5] | Objetivo de satisfacción [1 - 5] | Capacidad de mejora | Ponderación absoluta | Ponderación relativa (0 - 100%) |
|---|---|---|---|---|---|---|---|---|---|---|---|---|---|---|---|
| Los usuarios deberán acceder autenticándose | 9 | 1 |  | 1 |  |  |  |  | 3 | 4 | 5 | 5 | 1 | 4 | 7,45% |
| El sistema permite registrarse incluyendo sus datos personales | 9 |  | 1 | 3 |  |  |  |  | 9 | 3 | 2 | 5 | 2,5 | 7,5 | 13,98% |
| El sistema permitirá a los usuarios apuntarse a un evento publicado en la web |  |  | 3 | 9 |  |  | 3 | 1 | 1 | 3 | 2 | 4 | 2 | 6 | 11,18% |
| Los administradores podrán añadir fácilmente eventos para ofertarlos por la web |  |  |  |  |  |  |  |  |  | 2 | 3 | 5 | 1,67 | 3,333 | 6,21% |
| Un usuario puede darse de baja de un evento | 9 |  |  | 9 |  |  |  |  | 1 | 1 | 2 | 3 | 1,5 | 1,5 | 2,80% |
| El sistema deberá estar preparado para soportar picos de peticiones de reserva durante los findes de semana |  | 3 |  |  | 9 |  |  |  |  | 5 | 2 | 5 | 2,5 | 12,5 | 23,29% |
| El sistema funcionará bajo Unix, aunque es posible el CPD de la empresa cambie de sistema operativo |  | 3 | 3 |  |  | 9 | 9 |  |  | 2 | 2 | 3 | 1,5 | 3 | 5,59% |
| Es importante que el sistema pueda ser utilizado por cualquier tipo de usuario |  | 9 | 9 | 9 |  |  | 3 | 9 | 3 | 3 | 2 | 5 | 2,5 | 7,5 | 13,98% |
| Si se produjera algún fallo, el funcionamiento debe restituirse con la mayor brevedad | 3 | 3 |  |  |  | 3 | 3 | 9 | 9 | 4 | 3 | 4 | 1,33 | 5,333 | 9,94% |
| El sistema deberá consumir pocos recursos, ya que la empresa en la que se desplegará el sistema dispone de un CPD de características técnicas muy limitadas |  |  |  |  | 9 |  |  |  |  | 3 | 4 | 4 | 1 | 3 | 5,59% |
| Impacto en la mejora | + | + | + | + | + | + | + | + | + |  |  |  |  |  |  |
| Ponderación absoluta | 2,48 | 2,50 | 1,90 | 3,20 | 2,90 | 1,36 | 1,49 | 3,10 | 3,11 |  |  |  |  |  |  |
| Ponderación relativa | 11,25% | 11,33% | 8,63% | 14,51% | 13,15% | 6,17% | 6,77% | 14,08% | 14,11% |  |  |  |  |  |  |

**Figura A.28.** Vista general de la "casa de calidad" del ejemplo

## A.6.4 AMFE (Análisis Modal de Fallos y Efectos)

AMFE (*Failure Modes and Effects Analysis-FMEA*) es un proceso sistemático, planificado y participativo que se aplica cuando se diseñan nuevos productos o procesos, o cuando se realizan modificaciones importantes para evaluar o detectar fallos y causas que se originan antes de que lleguen al cliente. Los fallos se priorizan de acuerdo a la gravedad de sus consecuencias, de su frecuencia de aparición y de lo fácil que sea detectar esos fallos. Este proceso permite reducir costes y tiempos, mejorar y establecer un contexto de aseguramiento continuo de la calidad y aumentar la fiabilidad de los productos.

La Tabla A.5 muestra la información básica que se necesita manejar para realizar un AMFE. Consta de los siguientes campos:

| FUNCIÓN Y/O PROCESO | FALLO | | | EVALUACIÓN PRIORIDAD | | | | | ACCIONES CORRECTORAS | RESPONSABLE Y PLAZOS | RESULTADO | | | | |
|---|---|---|---|---|---|---|---|---|---|---|---|---|---|---|---|
| | MODO | EFECTO | CAUSA | CONTROLES PREVENTIVOS | FRECUENCIA | GRAVEDAD | DETECCIÓN | IPR | | | FECHA APLICACIÓN | FRECUENCIA | GRAVEDAD | DETECCIÓN | IPR |

**Tabla A.5.** Documentación básica del AMFE (Carretero, Ingelmo et al., 1999)

- ▼ **Función y/o Proceso**: describe la función del elemento analizado. Si se presentan varias funcionalidades, se separarán adecuadamente, ya que pueden dar lugar a distintos modos de fallo.
  - Fallo: se refiere al incumplimiento de uno o varios requisitos o especificaciones del elemento, aunque no esté observado por el cliente.
  - Modo de Fallo: es la forma en la que el elemento estudiado puede dejar de cumplir las especificaciones para las que fue diseñado.
  - Efecto de Fallo: en el caso de que se produzca el fallo, en este apartado deben completarse todos los datos correspondientes a las diferencias de funcionamiento observadas. Habría que describir a qué áreas puede afectar el fallo: si a seguridad, salud, medio ambiente, funcionamiento correcto…
  - Causa de Fallo: hay que describir las anomalías de las que se tiene sospecha que han podido producir el fallo: variaciones en los parámetros de manipulación óptima, deficiencias en el diseño del

producto, servicio o proceso, deficiencia en los materiales usados, uso indebido por parte del cliente, etc.

▼ **Evaluación de la Prioridad:** que comprende los siguientes conceptos:

- Controles preventivos: hay que reflejar los resultados de los controles preventivos previamente realizados a la aparición del fallo, para estudiar si es el resultado de un accidente fortuito o bien es por causa de algún tipo de desgaste.

- Índice de Frecuencia (F): permite asignar una probabilidad de que ocurra una causa potencial del modo de fallo.

- Índice de Gravedad (G): sirve para estimar el nivel de consecuencias sentidas por el cliente. Este índice de gravedad está tabulado y es función creciente de estos factores: insatisfacción del cliente, degradación en las prestaciones, coste de reparación.

- Índice de Detección (D): es el valor que mide la probabilidad de que la causa y el fallo lleguen al cliente, es decir, la probabilidad de que los índices de detección no funcionen.

- Índice de Prioridad de Riesgo (IPR): mide cuáles son los fallos cuya probabilidad de riesgo es mayor. Esto permite identificar los fallos en los que se deben concentrar principalmente la atención para empezar a aplicar ahí las acciones correctoras oportunas. Se obtiene calculando el producto de los tres índices anteriores: IPR= F·G·D.

▼ **Acciones Correctoras**: para determinar las acciones correctoras es conveniente seguir cada fallo, por lo que se debe tener en cuenta el valor del índice de Prioridad de Riesgo. En función de este índice, las acciones que se pueden asociar se pueden clasificar en "Eliminar la causa del fallo", "Reducir la probabilidad de ocurrencia", "Reducir la gravedad del fallo", "Aumentar la probabilidad de detección".

▼ **Responsabilidad y plazo**: sirve para anotar la persona o área que se hará cargo de la ejecución de las acciones correctoras indicadas anteriormente en los plazos previstos.

▼ **Resultados**: tras adoptar las correspondientes acciones correctoras se refleja la fecha de aplicación. Tras esta fecha, se señalan los nuevos valores de los índices de frecuencia, de gravedad y de detección y se calcula de nuevo el IPR.

El procedimiento general para desarrollar cualquier tipo de AMFE podría ser el siguiente (Tague 2005):

1. Formar un equipo multifuncional con conocimiento amplio y diverso sobre los productos, servicios, procesos y necesidades de los usuarios. Otras funciones que deberían ser capaces de desarrollar son las de diseño, producción, calidad, pruebas, fiabilidad, mantenimiento, compras (y suministros), ventas (y atención al cliente) y servicios a clientes.

2. Estimar el alcance y los límites de aplicación del AMFE, identificando el producto, proceso o servicio a estudiar, así como los modos de fallos potenciales, las causas y las posibles consecuencias.

3. Elaborar y rellenar toda la documentación relativa a la evaluación de Prioridad para cada uno de los modos de los fallos potenciales objeto del estudio: esto implica rellenar todos los campos de la Tabla A.5. Lo que acarrea calcular los correspondientes índices de Gravedad, Frecuencia, Detección e IPR.

4. En función de los valores de IPR, estimar las acciones correctoras, identificar los responsables y estimar el plazo.

5. Ejecutar las acciones correctoras, y una vez pasada la fecha de aplicación, volver a calcular los correspondientes índices para comprobar la validez de las acciones correctoras ejecutadas.

## A.7 HERRAMIENTAS DE MEDICIÓN

### A.7.1 COQ (Coste de la Calidad)

El COQ es un proceso utilizado para identificar problemas potenciales, y cuantificar los costes globales de la calidad, que se pueden clasificar en:

- **Costes de la no calidad**, derivados de la falta de calidad, no conformidades, etc.; dentro de los cuales se pueden distinguir los debidos a fallos internos (por desechos, reprocesos, pérdidas de tiempo, desmotivación del personal, infrautilización de recursos, retrasos, etc.) y los debidos a fallos externos (costes postventa, reparaciones, indemnizaciones, pérdida de imagen de la organización, retirada del producto, etc.).

▼ **Costes de la calidad**, consecuencia del nivel de calidad que se quiere conseguir; dentro de los cuales se pueden distinguir los costes de prevención (costes del departamento de calidad, formación, diseño del producto, mantenimiento preventivo, etc.) y los costes de evaluación (medición, inspección, auditorías, certificaciones, etc.).

Como señalan (Moyano et al., 2010), existen dos aproximaciones diferentes a la hora de considerar la evolución de los costes de calidad. La primera, que se podría calificar de visión tradicional de la calidad, véase Figura A.29, contempla que los costes de no calidad disminuyen cuando se obtiene una mayor calidad, mientras que los costes de la calidad evolucionan en sentido inverso, por lo que se puede determinar un óptimo para el coste total de la calidad en el que tenga un equilibrio entre ambos tipos de costes.

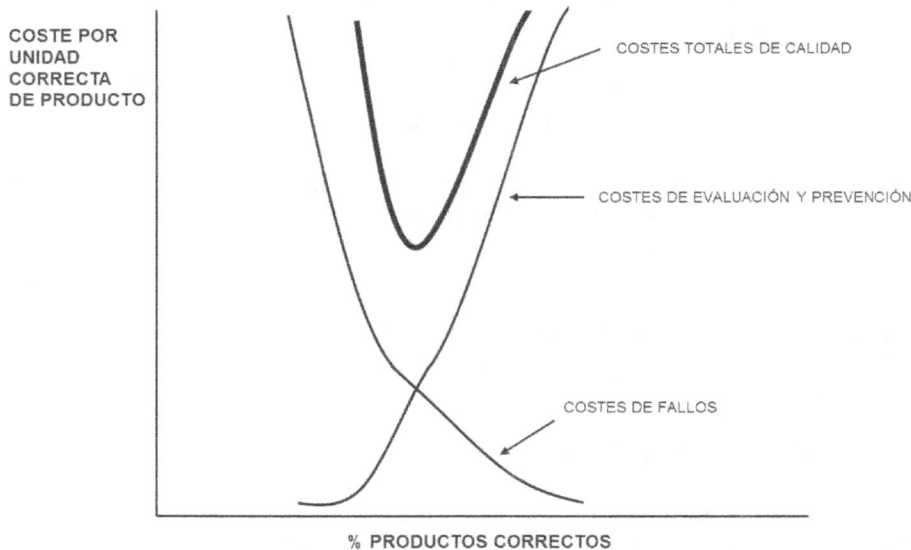

**Figura A.29.** Visión tradicional de los costes de calidad

Por otro lado, la visión actual, se basa en la inversión en la prevención, que hará (véase Figura A.30) que se reduzcan los costes de no calidad, por lo que aunque a corto plazo se incrementan los costos totales de la calidad a largo plazo disminuyen.

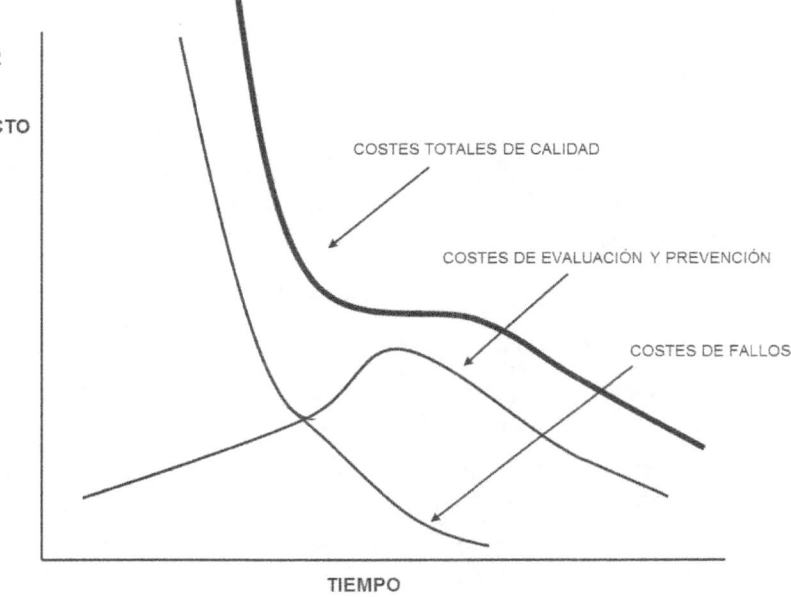

**Figura A.30.** Visión actual de los costes de calidad

En (Jones y Bonsignour, 2012) se señala que los conceptos clásicos utilizados para el cálculo del coste de la calidad (costes de prevención, costes de evaluación y costes de fallo) deben ser ampliados y adaptados en el caso de la calidad de software. Estos expertos proponen utilizar las siguientes categorías: costes de prevención de defectos, costes de optimización de la satisfacción del usuario, costes de prevención de defectos de calidad de datos, costes de eliminación de defectos de calidad de datos, costes de concienciación y entrenamiento en calidad, costes de eliminación de defectos "no pruebas" (inspecciones, análisis estático, etc.), costes de eliminación de defectos de pruebas (todas las formas de prueba), costes de soporte al cliente post-liberación, costes de retirada del producto y soporte de garantía, costes de indemnización por daños y demandas, ahorros de calidad por reducir retrabajo y desechos, ahorros de calidad por reducir tiempos inactivos del usuario, valor de la calidad por reducir los intervalos de entrega (*time to market*), valor de la calidad debida a mejora de la competitividad, valor de la calidad debida a mejora de la moral de los empleados, y retorno de la inversión (ROI) de la calidad.

En Suryn (2014) se presentan tres enfoques para calcular el coste de la falta de calidad (MQC, *missing quality cost*): el enfoque basado en análisis de costes (directos e indirectos), el basado en análisis de impacto (tanto para el cliente como para el proveedor) y el basado en análisis de riesgos.

## A.7.2 Benchmarking

(Tague 2005) define *benchmarking* como un proceso estructurado que permite comparar las mejores prácticas de las organizaciones, de manera que se pueden incorporar aquellas que no se desarrollan o mejorar las que se desarrollan a la propia organización, o a los procesos de la organización.

Las fases para desarrollar un benchmarking es el siguiente:

1. Planificar, que consiste en:
    - Definir los objetivos del estudio. Hay que elegir aquellos que sean críticos para el éxito organizacional.
    - Formar un equipo multidisciplinar que afronte firmemente el estudio que se va a desarrollar.
    - Estudiar los propios procesos de la organización: es preciso conocer cómo funcionan las cosas internamente para hacer un buen trabajo en la comparación.
    - Identificar los profesionales de la organización que podrían desarrollar las mejores prácticas.

2. Recopilar datos, directamente de los profesionales de la organización. Hay que recoger tanto las descripciones de los procesos como los datos numéricos, usando cuestionarios, entrevistas telefónicas y/o visitas.

3. Analizar, que comprende:
    - Comparar los datos recolectados, tanto los numéricos como los descriptivos.
    - Determinar las brechas entre las medidas de rendimiento de los procesos de la propia organización con los de las otras organizaciones.
    - Determinar las diferencias en las prácticas que provocan dichas brechas.

4. Adaptar, es decir:
    - Desarrollar objetivos para los procesos de la organización.
    - Desarrollar planes de acción para conseguir esos objetivos.
    - Implementar y monitorizar dichos planes.

## A.7.3 Encuestas

Las encuestas son, probablemente, una de las herramientas de calidad más utilizadas por todo el mundo. De hecho, es muy común que en nuestra vida diaria se nos ofrezca, muy a menudo, participar en una encuesta por nuestro papel de electores, consumidores o usuarios de servicios.

Como señalan (Genero, et al., 2014), en el proceso para la realización de una encuesta se pueden identificar las siguientes actividades:

1. Establecer los objetivos de la encuesta.
2. Diseñar la encuesta.
3. Desarrollar el cuestionario.
4. Evaluar y validar el cuestionario.
5. Obtener los datos de la encuesta.
6. Analizar los datos obtenidos.
7. Reportar los resultados.

## A.8 NIVELES DE MADUREZ

Varios autores han señalado que las organizaciones pueden presentar diferentes niveles en la gestión de la calidad. Así, por ejemplo, (Crosby 1979) distingue los siguientes cinco niveles:

- **Incertidumbre** *(uncertainty)*. La dirección no entiende la calidad, por lo que el personal apaga fuegos constantemente sin investigar las causas de los problemas. No hay mejora de calidad ni medidas del coste de la calidad ni muchas inspecciones.

- **Despertar** (awakening). La dirección no invierte tiempo ni dinero en la calidad, se pone énfasis en la valoración pero no en la prevención.

- **Iluminación** (enlightenment). La dirección soporta la mejora de la calidad, existiendo un departamento de calidad que reporta a la dirección.

- **Sabiduría** (wisdom). La dirección comprende la importancia de la calidad y participa en el programa de calidad, haciendo énfasis en la prevención de defectos.

- **Certidumbre** (certainty). Toda la organización está involucrada en la mejora continua.

En el mismo sentido, (Silverman, 1999) distingue los niveles de: aseguramiento de la calidad, resolución de problemas, alineamiento e integración, obsesión por el cliente y "despertar espiritual" (*spiritual awakening*); mientras que (Westcott y Okes, 2001) los denomina: disfuncional, despertar, desarrollo, madurez y sistema de clase mundial.

| Nivel de Madurez | Descripción | Herramientas |
|---|---|---|
| Bajo | No existe sistema de calidad formal o no se usa. Reclamaciones y costes de fallos son altos. No hay mejora continua formal. Departamento de Calidad es responsable. | Auditorías Coste de Calidad Control Estadístico de Proceso |
| Medio | Costes de calidad internos altos, los externos bajos. Cada departamento acepta su papel en sistemas de gestión de calidad. Proyectos de mejora con empleados. | Encuestas clientes FMEA/ Dis. Exp. Benchmarking |
| Alto | Los sistemas de gestión de calidad, seguridad, finanzas, etc. están integrados y dirigidos por la estrategia de la organización. Los departamentos y procesos monitorizan desempeño y mejora diaria. | Herramientas de gestión Encuestas a empleados QFD |

**Tabla A.6.** Herramientas y niveles de madurez (Okes, 2002)

Las herramientas que una organización puede utilizar variarán según el nivel de madurez de calidad que presente. (Okes, 2002) presenta la propuesta que se refleja en la Tabla A.6.

Además, se puede encontrar un cierto orden de prelación a la hora de utilizar las herramientas, por ejemplo: SPC se tiene que utilizar antes que DOE, ya que un proceso debe estar en condición estable antes de estudiarlo; COQ se utiliza antes que el *benchmarking*, ya que COQ utiliza datos internos, mientras que *benchmarking* utiliza datos externos.

## A.9 LECTURAS RECOMENDADAS

▶ *Juran, J.M. y Blanton, A. (2001) Manual de Calidad. Ed. McGraw-Hill.*

El Manual de Calidad es uno de los libros considerados como clásicos desde su primera edición. Presenta muchos conceptos de calidad a lo largo de los cuarenta y ocho capítulos de sus dos volúmenes.

▼ Tague, N.R. (2005) *The Quality Toolbox Segunda Edición*. Quality Press, Milwaukee.

Este libro es la "caja de herramientas" de calidad propuesta por la American Society for Quality.

▼ Rebate, C. y Fernández del Viso, A. (2015). *Las ruedas mágicas de la creatividad*, 2ª ed. Madrid, Plataforma Empresa.

Un libro imprescindible para adentrarse en el mundo de la creatividad, que nos ofrece mediante el juego, los sentidos y el poder de los símbolos técnicas para desarrollar la imaginación.

## A.10 SITIOS WEB RECOMENDADOS

▼ www.asq.org/learn-about-quality

La American Society for Quality presenta un resumen y ejemplos de las herramientas de calidad que se han presentado en este capítulo.

▼ www.qfdi.org

Se trata de la web del QFD Institute que reúne una amplia cantidad de material sobre QFD.

## A.11 EJERCICIOS

1. Tome un proceso concreto de su organización y utilizando un diagrama de flujo represéntelo adecuadamente.

2. Analizar, mediante un diagrama de Ishikawa, las posibles causas que producen los fallos del diseño del software de un sistema de información.

3. Preparar un cuestionario que incluya los datos necesarios para llevar a cabo un estudio sobre los defectos de los datos en una base de datos atendiendo a tres variables distintas: exactitud de los datos, fiabilidad de la fuente que los proporciona y precisión de los datos.

4. Realizar un estudio sobre la insatisfacción de los clientes con un producto software, desarrollando las siguientes actividades: para la identificación y análisis de los posibles problemas usar una tormenta de ideas; jerarquizar los posibles problemas usando las herramientas estudiadas que se

consideren más adecuadas; elaborar un diagrama causa/efecto; representar los diferentes gráficos de control (como histograma, Pareto...).

5. Cree un mapa conceptual que refleje las principales herramientas de calidad y sus posibles relaciones y características.

# ACRÓNIMOS

| | |
|---|---|
| **AC** | Afferent Couplings |
| **ACM** | Association for Computing Machinery |
| **ACQ** | Grupo de Procesos de Adquisición |
| **AEC** | Asociación Española de Calidad |
| **AENOR** | Asociación Española de Normalización y Certificación |
| **AMFE** | Análisis Modal de Fallos y Efectos |
| **ANSI** | American National Standards Institute |
| **ARC** | Appraisal Requirements for CMMI |
| **ARIS** | Architecture of Integrated Information Systems |
| **ASQ** | American Society for Quality |
| **AST** | Abstract Syntax Tree |
| **BPR** | Business Process Reenginering |
| **BSC** | Balanced Scorecard |
| **CASE** | Computer Aided Software Engineering |
| **CBA IPI** | CMM-Based Appraisal for Internal Process Improvement |
| **CBO** | Coupling Between Object classes |
| **CD** | Committee Draft |
| **CEN/CENELEC** | Comité Europeo de Normalización |
| **CEP** | Control Estadístico de Procesos |
| **CHP** | Coste por Hora-Programador |
| **CI** | Continuous Integration |
| **CIO** | Chief Information Officer |
| **CKO** | Chief Knowledge Officer |

| | |
|---|---|
| **CMF** | CMMI Model Foundation |
| **CMI** | Cuadro de Mando Integral |
| **CMM** | Capability Maturity Model |
| **CMMI** | Capability Madurity Model Integration |
| **CMMI-ACQ** | CMMI for Adquisition |
| **CMMI-DEV** | CMMI for Development |
| **CMMI-SVC** | CMMI for Services |
| **COBIT** | Control Objects for Information and related Technology |
| **CO** | (Service) Control |
| **COCOMO** | Constructive Cost Model |
| **COQ** | Cost Of Quality |
| **COSMOS** | Cost Management with Metrics of Specification |
| **COTS** | Commercial Off-The-Shelf |
| **CPD** | Centro de Procesamiento de Datos |
| **CSCW** | Computer-Supported Cooperative Work |
| **CSCS** | Computer Suported Cooperative Systems |
| **CTO** | Chief Technology Officer |
| **CTP** | Coste Total actual del Proyecto |
| **CYTED** | Programa Iberoamericano de Ciencia y Tecnología para el Desarrollo |
| **DEC** | Digital Equipment Corporation |
| **DFFS** | Design For Six Sigma |
| **DIS** | Draft of International Standard |
| **DISER** | Design and Implementation on Software Engineering Repositories |
| **DIT** | Depth of Inheritance Tree |
| **DMADV** | Define, Measure, Analyze, Design Details and Verify the Design |
| **DMAIC** | Define, Measure, Analyze, Improve, Control |
| **DOE** | Design Of Experiments |
| **DRAE** | Diccionario de la Real Academia de la Lengua |
| **DSI** | Desarrollo de Sistemas de Información |
| **EBIS** | Experience-Based Information Systems |
| **EDT** | Estructura de Descomposición de Trabajo |
| **EFQM** | European Foundation for Quality Management |
| **EIA/IS** | Electronic Industries Alliance/Interim Standard |
| **EN** | European Norm |
| **ENG** | Grupo de Procesos de Ingeniería |

| | |
|---|---|
| **EPFC** | Eclipse Process Framework Composer |
| **EPIC** | Engineering Process Improvement and Knowledge Sharing |
| **ESEM** | International Symposium on Empirical Software Engineering and Measurement |
| **ESI** | European Software Institute |
| **EuroSPI** | European Systems and Software Process Improvement and Innovation |
| **EVPL** | Extended Visual Planning Language |
| **FDIS** | Final Draft of International Standard |
| **FMEA** | Failure Modes and Effects Analysis |
| **FURPS** | Funcionalidad, Facilidad de uso, Fiabilidad, Rendimiento y Capacidad del Software |
| **FUSE** | Friendly Unified Software Environment |
| **GCS** | Gestión de Configuración Software |
| **GDSM** | Goal-Driven Software Measurement |
| **GER** | Gerencia |
| **GQ(I)M** | Goal Question Indicator Metric |
| **GQM** | Goal Question Metric |
| **GQM/MEDEA** | GQM - Metric Definition Approach |
| **GO** | (Service) Governance |
| **HPD** | Horas-programador diarias |
| **HPT** | Horas programador totales |
| **HTML** | Hypertext Markup Language |
| **ICSE** | International Conference on Software Engineering |
| **IDEAL** | Initiating, Diagnosing, Establishing, Acting, Leveraging |
| **IEC** | International Electrotechnical Commision |
| **IEEE** | Institute of Electrical and Electronics Engineers |
| **IESE** | Institute for Experimental Software Engineering |
| **IN** | (Service) Incident |
| **IPPD** | Integrated Product and Process Development |
| **IS** | International Standard |
| **ISESE** | International Symposium on Experimental Software Engineering |
| **ISO** | International Organisation for Standarization |
| **ITIL** | Information Technology Infrastructure Library |
| **ITSCMM** | Information Technology Services Capability Maturity Model |
| **JTC1** | Joint Technical Committee 1 |

| | |
|---|---|
| **JUSE** | Japanese Union of Scientists and Engineers |
| **KEMIS** | Kybele - Environment Measurement Information System |
| **LCF** | Líneas de Código Fuente escritas |
| **LCFH** | LOC por hora de programador |
| **LCOM** | Lack of Cohesion in Methods |
| **LMP** | Lenguajes de Modelado de Procesos |
| **LNCS** | Lecture Notes of Computer Science |
| **LOC** | Lines Of Code |
| **MAN** | Grupo de Procesos de Gestión |
| **MERMAID** | Metrication and Resource Modelling Aid |
| **METKIT** | Metrics Educational Toolkit |
| **MQC** | Missing Quality Cost |
| **MSG** | Management Steering Group |
| **MSI** | Mantenimiento de Sistemas de Información |
| **MSS** | Measurement Support System |
| **MUG** | Metrics Users Group |
| **MWG** | Metrics Working Groups |
| **NASA** | National Aeronautics and Space Administration |
| **NCSS** | Número total de líneas de código |
| **NOC** | Number of Children |
| **NPM** | Number of Public Methods |
| **OMG** | Object Management Group |
| **OO** | Orientación a Objetos |
| **OPE** | Grupo de Procesos de Operación |
| **PCMM** | People CMM |
| **PDCA** | Plan, Do, Check, Act |
| **PDF** | Percent Defect Free |
| **PIF** | Process Interchange Format |
| **PIL** | Process Implementation Languages |
| **PIM** | Grupo de Procesos de Mejora de Procesos |
| **PM** | Project Management |
| **PMBOK** | Project Management Body of Knowledge |
| **PQI** | Process Quality Index |
| **PROBE** | Project Based Estimation |
| **PROD** | Productividad de los programadores |

| | | |
|---|---|---|
| **PROFES** | Product Focused Software Process Improvement | |
| **PSEE** | Process-Centered Software Engineering Environment | |
| **PSI** | Planificación de Sistemas de Información | |
| **PSL** | Process Specification Language | |
| **PSM** | Practical Software Measurement | |
| **PSP** | Personal Software Process | |
| **QFD** | Quality Funtion Deployment | |
| **QIP** | Quality Improvement Paradigm | |
| **RAD** | Rapid Application Development | |
| **RCOST** | Research Center On Software Technology | |
| **RE** | Recursos Esperados | |
| **RE** | (Service) Relationship | |
| **REU** | Grupo de Procesos de Reuso | |
| **RFC** | Response For a Class | |
| **RIN** | Grupo de Procesos de Recursos e Infraestructura | |
| **RITME** | Reviews and Inspections | |
| **ROCE** | Retorno del capital empleado | |
| **ROI** | Retorno de la inversión | |
| **RUP** | Proceso Unificado de Rational | |
| **SC** | Subcomité | |
| **SCAMPI** | Standard CMMI Appraisal Method for Process Improvement | |
| **SCE** | Software Capability Evaluation | |
| **SDCE** | Software Development Capability Evaluation | |
| **SEC** | Software Experience Center | |
| **SEG** | Sistema de Gestión de Experiencia | |
| **SEI** | Software Engineering Institute | |
| **SEKS** | Software Engineering Knowledge-Sharing | |
| **SEL** | Software Engineering Laboratory | |
| **SEMDM** | Software Engineering - Metamodel for Development Methodologies | |
| **SEPG** | Software Engineering Process Group | |
| **SGC** | Sistema de Gestión de la Configuración | |
| **SI** | Sistema de Información | |
| **SIG** | Sistema de Información Geográfica | |
| **SMM** | Structured Metrics Meta-Model | |
| **SOC** | Separation Of Concerns | |

| | |
|---|---|
| **SPEG** | Software Process Engineering Group |
| **SPEM** | Software & Systems Process Engineering Metamodel Specification |
| **SPI** | Software Process Improvement |
| **SPL** | Grupo de Procesos de Proveedor |
| **SPU** | Grupo de Procesos de Apoyo |
| **SQA** | Software Quality Assurance |
| **SQAP** | Software Quality Assurance Plans |
| **SQL** | Structured Query Language |
| **SQPA** | Software Quality and Productivity Analysis |
| **SSME** | Service Science Management and Engineering |
| **SWEBOK** | Software Engineering Body of Knowledge |
| **TAME** | Tailoring a Measurement Environment |
| **TC** | Technical Committee |
| **TDD** | Test Driven Development |
| **TI** | Tecnologías de la Información |
| **TIC** | Tecnologías de la Información y de la Comunicación |
| **TQM** | Total Quality Management |
| **TR** | Technical Report |
| **TSP** | Team Software Process |
| **TWG** | Technical Working Groups |
| **UMA** | Unified Method Architecture |
| **UNE** | Una Norma Española |
| **UPM** | Unified Process Model |
| **V-GQM** | Validating Goal Question Metric |
| **VSE** | Very Small Entity |
| **WBS** | Work Break-Down Structure |
| **WG** | Working Group |
| **WMC** | Weighted methods per class |
| **XP** | eXtreme Programming |

# REFERENCIAS

Abdel-Hamid, T., y Madnick, S. (1991). Software Project Dynamics: An Integrated Approach Prentice-Hall.

Abran, A., Buglione, L., y Sellami, A. (2004). Software Measurement Body of Knowledge – Initial Validation using Vincenti's Classification of Engineering Knowledge types. Paper presented at the Software Measurement Conference.

Acuña, S.T., DE Antonio, A., Ferré, X., Maté, L., y López, M. (2001). The Software Process: Modelling, Evaluation and Improvement. In S. K. Chang (Ed.) (Vol. 1). New Yersey(EE.UU) World Scientific: Handbook of Software Engineering and Knowledge Engineering.

Acuña, S.T., Gómez, M., y Juzgado, N.J. (2009). How do personality, team processes and task characteristics relate to job satisfaction and software quality? Information & Software Technology, 51(3), 627-639.

Adamson, C., y Venerable, M. (1998). Data Warehouse Design Solutions: John Wiley and Sons, USA.

Agutter, C., England, R., Van Hove, S.D., y Steinberg, R. (2017). VeriSM. A Service Management Approach for the Digital Age. Amsterdam, Van Haren Publishing.

Al-Nanih, R., Al-Nuaim, H., y Ormandjieva, O. (2009). Lecture Notes in Computer Science (including subseries Lecture Notes in Artificial Intelligence and Lecture Notes in Bioinformatics). New Health Information Systems (HIS) quality-in-use model based on the GQM approach and HCI principles (Conference Paper) Paper presented at the 13th International Conference on Human-Computer Interaction, HCI International 2009, San Diego, CA; United States.

Albretch, A. (1979). Measuring Application Development Productivity. Paper presented at the Proceedings of the IBM Application Development Symposium, Monterey.

Alexander, I. (2001). from http://www.scenarioplus.org.uk/papers/reqts_in_uml/reqts_in_uml.htm

Alkadhi, R., Johanssen, J.O., Guzman, E. y Bruegge, B. (2017). REACT: An Approach for Capturing Rationale in Chat Messages. 2017 ACM/IEEE International Symposium on Empirical Software Engineering and Measurement, IEE Computer Society, 175-180.

Althoff, K, y Pfahl, D. (2003). Integrating Experience-Based Knowledge Management with Sustained Competence Development. En Managing Software Engineering Knowledge. Aurum, A., Jeffery, Ross., Wohlin, C., Handzic, M. Berlin, Springer.

Álvarez, J. (2004). Panorámica del estado actual del modelo EFQM para la evaluación de la calidad del software. Paper presented at the I Simposio sobre avances en gestión de proyectos y calidad del software (Universidad de Salamanca).

Ambler, S. (2005). The Elements of UML 2.0 Style. Cambridge University Press.

Ambler, S.W. (1998). Building Object Applications That Work – Your Step-by-Step Handbook for Developing Robust Systems With Object Technology. New York: Cambridge University Press.

Ambriola, v., Conradi, R., y Fuggeta, A. (1997). Assessing Process-Centered Software Engineering Environments. ACM Transactions on Software Engieering and Methodology, 6(3), 283-328.

Amengual, E., Mas, A. La gestión del trabajo en equipo para la mejora de la calidad y los procesos de desarrollo del software. Novatica, 200. pp 32-38

Arbaoui, S., Derniame, J. C., Oquendo, F., y Verjus, H. (2002). A Comparative Review of Process-Centered Software Engineering Environments. Annals of Software Engineering, 14(1-4), 311-340.

Arbaoui, S., Haurat, A., Oquendo, F., Theroude, F., y Verjus, H. (2003). Languajes and Mechanisms for Software Processes and Manufacturing Enterprise Processes: Similarities and Differences. Paper presented at the Proceeding of the 5th International Conference on Enterprise Information Systems (ICEIS 2003)

Arvanitou, E,M., Ampatzoglou, A., Chatzigeorgiou, A., Galster, M. y Avgeriou, P. (2017). A mapping study on design-time quality attributes and metrics. The Journal of Systems and Software 127, 52-77.

Aslan, D., Tarhan, A., y Demirörs, V.O. (2014). How process enactment data affects product defectiveness prediction-a case study (Conference Paper) Studies in Computational Intelligence, 496, 151-166.

Aurum, A, Jeffery, Ross, Wohlin, C, y Handzic, M. (2003). Managing Software Engineering Knowledge. Berlin: Springer.

Aversano, L., Bodhuin, T., Canfora, G., y Tortorella, M. (2004). A Framework for Measuring Business Processes Based on GQM. Paper presented at the Proceedings of the 37th Annual Hawaii International Conference on System Sciences (HICSS'04) - Track 1.

AXELOS. (2011). Glosario y abreviaturas de ITIL (pp. 1-138): AXELOS.

Babar, M.A., y Gorton, I. (2007). A Tool for Managing Software Architecture Knowledge. Paper presented at the Artículo presentado en 2nd Workshop on Sharing and Reusing Architectural Knowledge-Architecture, Rationale, and Design Intent (SHARK/ADI '07: ICSE Workshops 2007).

Baker, A., Bieman, D., Gustafson, D., y Melton, C. (1987). Modeling and measuring the software development process. Paper presented at the Proceedings 12th Hawai International Conference on System Sciences.

Baldassarre, M.T., Boffoli, N., Caivano, D., y Visaggio, G. (2004). Managing Software Process Improvement (SPI) through Statistical Process Control (SPC). Paper presented at the PROFES 2004.

Baldassarre, M.T., Caivano, D., Kitchenham, B., y Visaggio, G. (2007). Systematic Review of Statistical Process Control: An Experience Report. Paper presented at the Electronic Workshops in Computing (eWiC).

Baldassarre, M.T., Caivano, D., y Visaggio, G. (2003). Comprehensibility and Efficiency of Multiview Framework for Measurement Plan Design. Paper presented at the Proceedings of the 2003 International Symposium on Empirical Software Engineering (ISESE '03).

Balzer, R., y Narayanaswamy, K. (1993). Mechanisms for Generic Process Support. Proceedings of the First ACM SIGSOFT Symposium on Foundations of Software Enginering. ACM, Software Engineering Notes, 18(5), 21-32.

Bandinelli, S., Di Nitto, E., y Fuggetta, A. (1996). Supporting Cooperation in the SPADE-1 Environment. IEEE Transactions on Software Engineering, 22(2), 841-865.

Bandinelli, S., Fuggetta, A., y Ghezzi, C. (1993). Software Process Model Evolution in the SPADE Environment. IEEE Transactions on Software Engineering, 19(12).

Bandinelli, S., Fuggetta, A., Lavazza, L., Loi, M., y G, P. (1995). Modeling and improving an industrial software process. IEEE Transactions on Software Engineering, 21(5), 440-454.

Barbosa, C., Pascoal, J., y Raza, M. (2012, 3-6 Sept.). PSP PAIR: Automated Personal Software Process Performance Analysis and Improvement Recommendation. Paper presented at the In Proceedings of the 8th International Conference on the Quality of Information and Communications Technology.

Barcelo-Valenzuela, M., Carrillo-Villafaña, P.S., Perez-Soltero, A., y Sanchez-Schmitz, G. (2016), A framework to acquire explicit knowledge stored on different versions of software. Information and Software Technology 70, 40–48.

Barcellos, M.P., de Almeida Falbo, R., y Rocha, A.R. (2013). A strategy for preparing software organizations for statistical process control. Journal of the Brazilian Computer Society, 19(4), 445-473.

Barghouti, N., Rosenblum, D., Belanger, D., y Alliegro, C. (1995). Two case studies in modelling real, corporate processes. Software Process: Improvement and Practice, 17-32.

Barnard, J., y Price, A. (1994). Managing code inspection information. IEEE software, 11(2), 59-69.

Baroni, A., Braz, S., y Brito e Abreu, F. (2002). Using OCL to Formalize Object-Oriented Design Metrics Definitions. Paper presented at the Proceedings of 6th International Workshop on Quantitative Approaches in Object-Oriented Software Engineering, ECOOP'2002, Málaga, España.

Basili, V., Briand, L., Condon, S., Kim, Y., Melo, W., y Valett, J. (1996). Understanding and predicting the process of software maintenance release. Paper presented at the Proceedings of the 18th International Conference on Software engineering ICSE '96.

Basili, V., y Caldiera, G. (1995). Improve Software Quality by Reusing Knowledge & Experience. Sloam Manamegent Review. MIT Press, 37(1), 55-64.

Basili, V., Costa, P., Lindvall, M., Mendonca, M., Seaman, C., Tesiorero, R., y Marvin Zelkowitz, M. (2001). An Experience Management System for a Software Engineering Research Organization. Paper presented at the 26th Annual NASA Goddard Software Engineering Workshop.

Basili, V., Lampasona, C., y Ocampo, A.E. (2013). Aligning Corporate and IT Goals and Strategies in the Oil and Gas Industry. Paper presented at the 14th International Conference, PROFES 2013, Paphos, Cyprus.

Basili, V., McGarry, F., Pajerski, R., y Zelkowitz, M.V. (2002). Lessons learned from 25 years of process improvement: the rise and fall of the NASA software engineering laboratory. Paper presented at the Proceedings of the 24th International Conference on Software Engineering ICSE '02.

Basili, V., y Rombach, D. (1987). TAME: Integrating Measurement into Software Environments (pp. 31): Department of Computer Science, University of Mariland.

Basili, V., y Rombach, D. H. (1988a). The Tame Project: Towards Improvement-Oriented Software Environments. IEEE Transactions of Software Engineer-ing, 14, 6, 758-773.

Basili, V., y Rombach, H.D. (1988b). Support for comprehensive reuse. IEEE Software Engineering Journal, 758-773.

Basili, V., Selby, W., y Hutchens, D. (1986). Experimentation in software engineering. IEEE Transactions on Software Engineering, 12(7), 733-743.

Basili, V., Shull, F., y Lanubile, F. (1999). Building knowledge through families of experiments. IEEE Transactions on Software Engineering, 25(4), 435-437.

Basili, V., Trendowicz, A., Kowalczyk, M., Heidrich, J., Seaman, C., Münch, J., y Rombach, D. (2014). Aligning Organizations Through Measurement. The GQM+Strategies approach: Springer.

Basili, V., y Weiss, D. (1984). A Methodology for Collecting Valid Software Engineering Data. IEEE Transactions on Software Engineering, 10, 11, 758-773.

Bassman, M.J., McGarry, F., y Pajerski, R. (1995). Software measurement guidebook: NASA Goddard Space Flight Center, Software Engineering Laboratory.

Beck, K. (1999). Extreme Programming Explained: Embrace Change: Addison Wesley Longman, Inc.

Becker-Kornstaedt, U., Bella, F., Münch, J., Neu, H., Ocampo, A., y Zettel, J. (2003). SPEARMINT TM 7 User Manual.: Fraunhofer Institute, IESE report nº 072.02/E., v. 1.1.

Beecham, S., Baddoo, N., Hall, T., Robinson, H., Sharp, H. (2008) Motivation in Software Engineering: A systematic literature review. Information & Software Technology, 50(9-10): pp. 860-878.

Belady, L. (1981). Complexity of large systems. In A. Perlis, F. Sayward & M. Shaw (Eds.), Software Metrics (pp. 225-233). Cambridge: MIT Press.

Belkhatir, N., Estublier, J., y Melo, W.L. (1991). Adele2: A Support to Large Software Development Process. Paper presented at the Proceedings of the 1st International Conference on the Software Process, Redondo Beach CA (USA).

Ben-Shad, I, y Kaiser, G. (1994). A Paradigm for Decentralized Process Modeling and its Realization in the Oz Environment. Paper presented at the Proceedings of the 16 th International Conference on Software Engineering, Sorrento, Italia.

Benedicenti, L., Succi, G., Valerio, A., y Vernazza, T. (1996). Monitoring the efficiency of a reuse program. ACM SIGAPP Applied Computing Review, ACM Press, 4(2), 8-14.

Berander, P., y Jönsson, P. (2006). Metrics and measurement: A goal question metric based approach for efficient measurement framework definition. Paper presented at the Proceedings of the 2006 ACM/IEEE international symposium on International symposium on empirical software engineering ISESE '06.

Berkman, W. 1999. Performance improvement by changes in behavior. Information (December)

Bernárdez, B., Durán, A., y Genero, M. (2004). Empirical review of use cases metrics for requirements verification. Paper presented at the Actas del Software Measurement European Forum (SMEF'04).

Bernárdez, B., Durán, A., y Genero, M. (2005). Metrics for Use Cases: A Survey of Current Proposals Metrics for Software Conceptual Models (pp. 59-98): Imperial College Press.

Berry, M., Jeffery, R., y Aurum, A. (2004). Assessment of Software Measurement: an Information Quality Study. Paper presented at the Proceedings of the 10th International Sympo-sium on Software Metrics (METRICS'04).

Bertoa, M, Troya, J.M, y Vallecillo, A. (2005). Mesuring the usability of software components. Paper presented at the Journal of Systems and Software.

Bhandari, I.S., Mendonca, M.G., y Dawson, J. (1995). On the use of machine-assisted knowledge discovery to analyze and reengineer measurement frameworks. Paper presented at the Proceedings of the 1995 conference of the Centre for Advanced Studies on Collaborative research CASCON '95.

Bieman, J.M. (1991). Deriving Measures of Software Reuse in Object Oriented Systems.

Biffl, S., Winkler, D., Höhn, R., y Wetzel, H. (2006). Software process improvement in Europe: potential of the new V-modell XT and research issues. Software Process: Improvement and Practice, 11(3), 229-238.

Birk, A., Solingen, R.V., y Järvinen, J. (1998). Business Impact, Benefit, and Cost of Applying GQM in Industry: An Indepth, Long-term Investigation at Schlumberger RPS. Paper presented at the Proceedings of the 5th International Symposium on Software Metrics (METRICS'98), Bethesda Maryland.

Bissi, W., Serra, A.G., Figuereido, M.C. (2016). he effects of test driven development on internal quality, external quality and productivity: A systematic review. Information and Software Technology 74, junio, 45-54.

Boehm, B. (1981). Software Engineering Economics. Englewood Clifs, Nueva Jersey: Prentice Hall.

Boehm, B. (1987). Improving Software Productivity. IEEE Computer, 20(9), 43-57

Boehm, B. (1988). A Spiral Model of Software Development and Enhancement. Computer, 61-72.

Boehm, B., y Huang, L. (2014a). The incremental commitment spiral model (ICSM): principles and practices for successful systems and software. Paper presented at the Proceeding ICSSP 2014 Proceedings of the 2014 International Conference on Software and System Process.

Boehm, B., Turner, R., Lane, J.A., y Koolmanojwong, S. (2014b). The Incremental Commitment Spiral Model: Principles and Practices for Successful Systems and Software (Limited ed.): Pearson Education.

Bonifati, A., Cattaneo, F., Ceri, S., Fuggetta, A., y Paraboschi, S. (2001). Designing data marts for data warehouses. ACM Transactions on Software Engineering and Methodology (TOSEM), 10(4), 452-483.

Bouguettaya, A. et al. (2017). A Service Computing Manifesto: The Next 10 Years. CACM 60 (4), 64-72.

Botella, P., Burgués, X., Carvallo, J. P., Franch, X., Pastor, J.A., y Quer, Q. (2003). Towards a Quality Model for the Selection of ERP Systems. Paper presented at the Component-Based Software Quality.

Boudier, G., Gallo, F., Minot, R., y Thomas, I. (1988). An Overview of PCTE and PCTE+. Paper presented at the Proceedings of SIGSOFT'88: Third Symposium on Software Development Environments, Boston, Massachusetts (USA).

Briand, L., Differding, C.M., y Rombach, H.D. (1996a). Practical Guidelines for Measurement-Based Process Improvement. Software Process - Improvement and Practice, 2(4), 253-280.

Briand, L., Morasca, S., y Basili, V. (1996b). Property-Based Software Engineering Measurement. IEEE Transactions on Software Engineering, 22(1), 68-86.

Briand, L., Morasca, S., y Basili, V. (2002). An Operational Process for Goal-Driven Definition of Measures. IEEE Transactions on Software Engineer-ing, 28, 1106-1125.

Brito e Abreu, F., y Carapuça, R. (1994). Object-Oriented Software Engineering: Measuring and controlling the development process. Paper presented at the Proceedings of the 4th International Conference on Software Quality, McLean (USA).

Brito e Abreu, F., y Melo, W. (1996). Evaluating the Impact of Object-Oriented Design on Software Quality. Paper presented at the Proceedings of 3rd International Metric Symposium.

Broderick, A.J., y Vachirapornpuk, S. (2002). Service quality in Internet banking: the importance of customer role. Marketing Intelligence & Planning, 20(6), 327-335. doi: doi:10.1108/02634500210445383

Caballero, I., Gómez, A., Merino, J. y Piattini, M. (2018). Calidad de Datos. Madrid, Ra-Ma.

Caivano, D. (2005). Continuous software process improvement through statistical process control. Paper presented at the In Proceedings of the Ninth European Conference on Software Maintenance and Reengineering (CSMR'05), Manchester, UK.

Calero, C., Moraga, M.A., Bertoa, M. (2013). Towards a Software Product Sustainability Model. CoRR abs/1309.1640.

Calero, C., Piattini, M., y Genero, M. (2001). Empirical Validation of Referential Integrity. Information and Software Technology, 43, 949-957.

Calero, C., Ruiz, J., y Piattini, M. (2005). Classifying web metrics using the web quality model. Online Information Review, 29(3), 227-248.

Canfora, G., García, F., Piattini, M., Ruiz, M., y Visaggio, A. (2005). A Family of Experiments to Validate Metrics for Software Process Models. Journal of Systems and Software, 77(2), 113-129.

Capretz, L.F., Ahmed, F. (2010). Making Sense of Software Development and Personality Types. IEEE IT Professional, 12(1): pp. 6-13.

Carbone, M., y Santucci, G. (2002). Fast && Serious: a UML-Based Metric for Effort Estimation. Paper presented at the Proceedings of the 6th International ECOOP Workshop on Quantitative Approaches in Object-Oriented Software Engineering (QAOOSE 2002), Malaga, Spain.

Card, D. (1995). The RAD Fad: Is Timing Really Everythin? (pp. 19-22): IEEE Software.

Card, D. (2003). Integrating Practical Software Measurement and the Balanced Scorecard. Paper presented at the Proc. of the 27th Annual International Computer Software and Applications Conference (COMPSAC'03).

Card, D., y Agresti, W. (1988). Measuring Software Design Complexity. Journal Sstems and Software, 8, 185-197.

Card, D., y Berg, R.A. (1989). An Industrial Engineering Approach to Software Development. J. Systems and Software, 10, 159-168.

Carretero, A., Ingelmo, P., Sánchez-Infantes, J.A., Sánchez-Infantes, P., y Sánchez, J.A. (1999). Calidad: Editex.

Carvalho, R. M., Andrade, R. M. C., & Oliveira, K. M. (2015). Using the GQM Method to Evaluate Calmness in Ubiquitous Applications. In N. Streitz & P. Markopoulos (Eds.), Third International Conference Distributed, Ambient, and Pervasive Interactions:, DAPI 2015. Springer International Publishing.

Cechich, A., Piattini, M., y Vallecillo, A. (2003). Component-Based Software Quality: Methods and Techniques. Alemania: Springer.

Cianfrani, C.A, Tsiakals, J.J, y West, J. (2002). ISO 9001: 2000 Explained 2nd Edition: Quality Press.

Clarke, P., O´Connor, R.V., Leavy, B. y Yilmaz, M. (2015). Exploring the Relationship between Software Process Adaptive Capability and Organisational Performance. IEEE TSE 41 (12), diciembre, 1169-1183.

Clements, P., y Northrop, L. (2002). Software Product Lines: Practices and Patterns. Boston: Addison-Wesley.

Cohn, M. (2005). Agile Estimation and Planning. Pearson Education.

Conecyt y Nextel, S.A. (2010). ISO/IEC 20000 para pymes. Cómo implantar un sistema de gestión de los servicios de tecnologías de la información. Madrid, España: AENORediciones.

Conradi, R., Larsen, J., Nguyên, M., Munch, B., Westby, P., Zhu, W., Jaccheri, M., y Liu, C. (1994). EPOS: Object-Oriented and Cooperative Process Modelling: Research Studies Press Limited (J. Wiley).

Consortium, Cutter. (2000). Poor Project Management – Problem of E-Projects. Retrieved October 2000, from http://www.cutter.com/press/001019.html

Costagliola, G., Ferrucci, F., Gravino, C., Tortora, G., y Vitiello, G. (2004). A COSMIC-FFP Based Method to Estimate Web Application Development Effort. Paper presented at the Proceedings of the 4th International Conference on Web Engineering, ICWE 2004.

Coulter, N. (1983). Software Science and Cognitive Psychology. IEEE Transactions on Software Engineering, 9(2), 166-171.

Crosby, P.B. (1979). Quality is Free. New York: McGraw-Hill.

Cruz-Lemus, J.A. (2007). A Measurement-Based Approach for Assessing UML Statechart Diagrams Understandability: Tesis Doctoral, Universidad de Castilla-La Mancha.

Cruz-Lemus, J.A., Genero, M., y Piattini, M. (2005). Metrics for UML Statechart Diagrams Metrics for Software Conceptual Models (pp. 237-272): Imperial College Press.

Cugola, G., y Ghezzi, C. (1998). Software processes: a retrospective and a path to the future. Software Process: Improvement and Practice, 4, 101-123.

Curtis, B. (1979). In Search of Software Complexity. Paper presented at the En Workshop on Quantitative Software Models for Reliability.

Curtis, B. (1981). Experimental Evaluation of Software Characteristics. In A. Perlis, F. Sayward & M. Shaw (Eds.), Software Metrics (pp. 62-75). Cambridge: MIT Press.

Curtis, B., Hefley, W. E., y Miller, S. A. (2009). People CMM Second Edition. A Framework for Human Capital Management. Boston (USA): The SEI Series in Software Engineering. Human Capital Management, Addison-Wesley.

Curtis, B., Kellner, M., y Over, J. (1992). Process Modeling. Comunications of ACM, 31(11), 1268-1287.

Chang, C.-W. (2010). Service Systems Management and Engineering. Creating Strategic Differentiation and Operational Excellence. Hoboken, NJ: John Wiley and Sons.

Chang, C.-W., y Tong, L.-I. (2013). Monitoring the software development process using a short-run control chart. Software Quality Journal, 21(3), 479-499.

Chapin, N. (1979). A Measure of Software Complexity. Paper presented at the Proceedings of the AFIPS National Computer Conference.

Chidamber, S., y Kemerer, C. (1994). A Metrics Suite for Object Oriented Design. IEEE Transactions on Software Engineering, 20(6), 476-493.

Dalal, S., y Chhillar, R.S. (2013). Empirical Study of Root Cause Analysis of Software Failure. ACM SIGSOFT Software Engineering Notes, 38(4), 1-7.

Dami, S., Estublier, J., y Amiour, M. (1998). APEL: a Graphical Yet Executable Formalism for Process Modeling. Paper presented at the Kluwer Academic Publishers, Boston (USA).

Daskalantonakis, M.K. (1992). A Practical View of Software Measurement and Im-plementation Experiences Within Motorola. IEEE Transactions on Software Engineering, 18(11), 998-1010.

Daskalantonakis, M.K., Yacobellis, R.H., y Basili, V. (1990). A Method for Assessing Software Measurement Technology. Quality Engineering, 27-40.

Davenport, Thomas H., y Prusak, Laurence. (2000). Working Knowledge: How Organizations Manage What they Know. Boston, Massachusetts: Harvard Business School Press.

Davies, I., Green, P., Rosemann, M., Indulska, M., y S., Gallo. (2006). How do practitioners use conceptual modeling in practice? Data and Knowledge Engineering, 58, 358-380.

Davis, A. (1992). Operational prototyping: a new development approach. IEEE software, 70-78.

Davis, A., Bersoff, E., y Comer, E. (1988). A Strategy for Comparing Alternative software development Life Cycle Models. IEEE Transactions on Software Engineering, 14(10), 1453-1461.

Davis, A.M. (1993). Software Lemmingineering. IEEE software, 10(5), 79–81, 84.

Davis, C.W.H. (2015). Agile Metrics in Action. How to measure and improve team performance. Shelter Island, NY: Manning Publications, Co.

De Bono, E. (1985). Six Thinking Hats: An Essential Approach to Business Management: Little, Brown, & Company.

De Vries, R.E., Van Den Hooff, B., De Ridder, J.A. (2006). Explaining Knowledge Sharing: The role of team communication style, job satisfaction , and performance beliefs. Communication Research. 33(2): 115-135

DeFranco, J.F., Laplante., P.A. (2017). Review and Analysis of Software Development Team Communication Research. IEEE Transactions on Proffessional Communication 60(2): 165-182.

Deiters, W., y Gruhn, V. (1990). Managing Software Processes in the Environment MELMAC. Paper presented at the Proceedings of the Fourth Symposium on Software Development Environments, Irvine, California (USA).

Deiters, W., y Gruhn, V. (1991). Software process analysis based on FUNSOFT nets. Systems Analysis Modelling Simulation, 8(4-5), 315-325.

DeMillo, R., y Lipton, R. (1981). Software Project Forecasting. In A. Perlis, F. Sayward & M. Shaw (Eds.), Software Metrics (pp. 77-89). Cambridge: MIT Press.

Deming, W. (1986). Out of the Crisis. MIT Center for Advanced Engineering, Cambridge.

Deprez, J.C., Ponsard, C., y Durieux, D. (2014). Improving Small-to-Medium sized Enterprise Maturity in Software Development through the Use of ISO 29110. ERCIM News (special theme on Software Quality), 99(October), 38-39.

Derniame, J. C., y Oquendo, F. (2004). Cuestiones Clave y Nuevos Retos en la Tecnología de Proceso Software. Novática, 171, 9-13.

Derniame, J. C., Wastell, D., y Kaba, A. (1999). Software Process: Principles, Methodologic and Technology: LNCS Nº 1500, Springer Verlag.

Derr, K. (1995). Applying OMT: SIGS Books.

Deustch, M.S, y Willis, R.R. (1988). Software Quality Engineering, A Total Technical Management Approach, Chapter 3. Englewoods Cliffs, NJ: Prentice Hall.

Díaz-Ley, M. (2009). Measurement Framework for the Definition of Software Measurement Programs in SMEs: MIS-PyME. Tesis Doctoral.: Dpto. Tecnologías y Sistemas de Información. Universidad de Castilla-La Mancha.

Díaz-Ley, M., García, F., y Piattini, M. (2008). Implementing a software measurement program in small and medium enterprises: a suitable framework. IET Software, 2(5), 417-436.

Díaz-Ley, M., García, F., y Piattini, M. (2010). MIS-PyME software measurement capability maturity model - Supporting the definition of software measurement programs and capability determination. Advances in Engineering Software, 41(10-11), 1223-1237.

DoD. (2000). PSM: Practical Software and Systems Measurement - A Foundation for Ob-jective Project Management (Vol. Version 4.0c): Department of Defense and US Army.

DoD. (2003). Practical Software and Systems Measurement. A Foundation for Objective Project Management. Version 4.0c.

Dorado, S., Santacruz, M., y Pino, F. (2014a). Gestión de niveles de servicio de una metodología de mantenimiento de software con base en la norma ISO/IEC 20000:2005. (Trabajo de Grado de Ingeniería de Sistemas Grado de Ingeniería), Universidad del Cauca, Popayán, Cauca.

Dorado, S., Santacruz, M., y Pino, F. (2014b). Procedimiento para la gestión de niveles de servicio con base en la norma ISO/IEC 20000:2005 Revista S&T, 12(29), 67-84.

DRAE. (2015). Diccionario de la Real Academia de la Lengua.

Dumas, M., La Rosa, M., Mendling, J., y Reijers, H. (2013). Fundamentals of Business Process Management: Springer.

Dutoit, A.H., McCall, R., Mistrik, I., y Paech, B. (2006). Rationale management in software engineering: Springer.

Dybå, T. (2003). Factors of Software process improvement success in small and large organizations: am empirical study in the scandinavian context Paper presented at the Europeam Software Engineering Conference(ESEC) / Foundations of Software Engineering(SIGSOFT FSE).

Ebert, C., Dumke, R., Bundschuh, M., y Schmietendorf, A. (2004). Best Practices in Software Measurement: SpringerVerlag.

Eiglsperger, M., Kaufmann, M., y Siebenhaller, M. (2003). A Topology-Shape-Metrics approach for the Automatic layout of UML Diagrams. Paper presented at the ACM Symposium on Software Visualization.

Elbert, C, DeMan, J, y Schelenz, F. (2003). e-R&D: Effectively Managing and using R&D Knowledge. En Managing Software Engineering Knowledge. Aurum, A., Jeffery, Ross., Wohlin, C., Handzic, M. Berlin, Springer.

Elmasri, R., y Navathe, S. (1997). Database Systems (Second Ed ed.). Massachussets: Addison-Wesley.

Emmerich, W., Kroha, P., y Schäfer, W. (1993). Object-Oriented Database Management Systems for Construction of CASE Environments. Paper presented at the Proceedings of the Conference on Database and Expert Systems Applications (DEXA'93).

Engels, G., y Groenewegen, L. (1994). SOCCA: Specifications of coordinated and cooperative activities. En Software Process Modelling and Technology.: Research Studies Press.

English, L. (1996). Information Quality Improvement: Principles, Methods and Management, Brentwood, Information Impact International, Inc.

Erder, M., y Pureur, P. (2003). QFD in the Architecture Development Process. IT Professional, 5(6), 44-52.

Estublier, J., Villalobos, J., LE, Anh-Tuyet, S., Sanlaville., y Vega, G. (2003). An Approach and Framework for Extensible Process Support System. Paper presented at the 9th European Workshop on Software Process Technology (EWSPT).

Evangelist, M. (1984). An analysis of control flow complexity. Paper presented at the Proceedings of Annual International Computer Software and Applications Conference (COMPSAC).

Evans, M.W, y Marciniak, J.J. (1987). Software Quality Assurance and Management, Capitulos 7 y 8. New York: Jhon Willey & Sons.

Fagan, M.E. (1999). Design and code inspections to reduce errors in program development. IBM Systems Journal, 38(2,3), 258-287.

Falessi, D., Shaw, M.A., y Mullen, K. (2014). Achieving and Maintaining CMMI Maturity Level 5 in a Small Organization. IEEE software, 31(5), 80-86.

Feigenbaum, A.V. (1983). Total Quality Control (3 ed.). New York: McGraw-Hill.

Feldt, P. (2000). Requirements metrics based on use cases. Master's thesis. Lund University, Box 118, S-221 00 Lund, Sweden, 2000: Department of Communication Systems, Lund Institute of Technology.

Fenton, N. (1991). Software Metrics: A Rigorous Approach: Chapman & Hall.

Fenton, N. (2001). Metrics for Software Process Improvement. In H. M., O. E. W. & B. L. (Eds.), Software Process Improvement: Metrics, Measurement and Process Modelling (pp. 34-55): Springer.

Fenton, N., y Bieman, J. (2014). Software Metrics: A Rigorous and Practical Approach, Third Edition: Chapman & Hall/CRC Innovations in Software Engineering and Software Development Series.

Fenton, N., y Melton, A. (1990). Deriving structurally based software measures. Journal of Systems and Software, 12, 177-187.

Fenton, N., y Pfleeger, S.L. (1997). Software Metrics: A Rigorous & Practical Approach (Second Edition ed.): PWS Publishing Company.

Ferchichi, A., Bigand, M., y Lefebvre, H. (2008). An Ontology for Quality Standards Integration in Software Collaborative Projects. Paper presented at the First International Workshop on Model Driven Interoperability for Sustainable Information Systems (MDISIS'08) held in conjunction with the CAiSE'08 Conference, Montpellier, France.

Fernandez-Corrales, C., Jenkins, M., y Villegas, J. (2013). Application of statistical process control to software defect metrics: An industry experience report. Paper presented at the International Symposium on Empirical Software Engineering and Measurement.

Fernández, C.M., y Piattini, M. (2012). Modelo para el gobierno de las TIC basado en las normas ISO. Madrid: AENOR.

Fernström, C. (1993). ProcessWEAVER: Adding process support to UNIX. Paper presented at the 2nd International Conference on the Software Process, Berlin, Germany.

Ferreira de Souza, E., de Almeida Falbo, R. y Vijaykumar, N.L. (2015). Knowledge management initiatives in software testing: A mapping study. Information and Software Technology 57, 378–391.

Finkelstein, A., Kramer, J., y Nuseibeh, B. (1994). Software Process Modeling and Technology: Research Studies Press.

Florac, W., y Carleton, A.D. (1999). Measuring the Software Process. Statistical Process Control for Software Process Improvement: Addison Wesley.

Florac, W.A. (1992). Software Quality Measurement: A Framework for Counting Problems and Defects. Carnegie Mellon University, Pittsburgh, Pa: Software Engineering Institute.

Florence, A. (2001). CMM Level 4 Quantitative Analysis and Defect Prevention. CrossTalk.

Frailey, D. (1991). Defining a corporate-wide software process. Paper presented at the Proceedings of the First International Conference on the Software Process.

Franch, X., y Carvallo, J. P. (2003a). Using Quality Models in Software Package Selection. IEEE software, 20(1), 34-41.

Franch, X., y Ribó, J. M. (1999). Using UML for Modelling the Static Part of a Software Process. Paper presented at the Proceedings of UML '99, Forth Collins (USA).

Franch, X., y Ribó, J. M. (2003b). Promenade: Un Lenguaje para la Modelización de Procesos Software. Paper presented at the VIII Jornadas de Ingeniería del Software y Bases de Datos (JISBD´03), Alicante, España.

Franke, D., Kowalewski, S., y Weise, C. (2012). A Mobile Software Quality Model. Paper presented at the International Conference on Quality Software.

Fuggeta, A. (2000). Software Process: A roadmap The Future of Software Engineering, ed. A. Finkelstein ACM, Press, 27-34.

Fuggeta, A., Godart, C., y Jahnke, J. (1999). Architectural Views and Artelnatives. En Software Process: Principles, Methodology and Tecnology. LNCS 1500: Springer-Velag.

Fuggetta, A., Lavazza, L., Morasca, S., Cinti, S., Oldano, G., y Orazi, E. (1998). Applying GQM in an industrial software factory. ACM Trans. Softw. Eng. Methodol, 7(4), 411-448. doi: DOI=10.1145/292182.292197.

Galin, D. (2004). Software Quality Assurance: from theory to implementation. Harlow (UK): Pearson Addisson Wesley.

Garbin, D. (1984). What Does "Product Quality" Really Mean, MIT Sloan Management Review, 15 de octubre.

Garcés, L., Ampatzogloub, A., Avgeriou, P., y Nakagawa, E. (2017). Quality attributes and quality models for ambient assisted living software systems: A systematic mapping. Information and Software Technology 82, 121–138.

García, F. (2004). FMESP: Marco de Trabajo Integrado para el Modelado y la Medición de los Procesos Software: Universidad de Castilla-La Mancha.

García, F., Bertoa, M., Calero, C., Vallecillo, A., Ruiz, F., Piattini, M., y Genero, M. (2005). Towards a Consistent Terminology for Software Measurement. Information and Software Technology, 48(8), 631-644.

García, J., García, F.O., Pelechano, V., Vallecillo, A., Vara, J.M., y Vicente-Chicote, C. (2013). Desarrollo de software dirigido por modelos: conceptos, métodos y herramientas. Madrid: Ra-Ma.

Gartner. (2015) "Market Trends: DevOps — Not a Market, but a Tool-Centric Philosophy That Supports a Continuous Delivery Value Chain." Disponible en: http://www.gartner.com/document/2987231.

Garrido, P.J., Vizcaíno, A., Andrada, J., Monasor, M.J., y Piattini, M. (2007). DPMTool: A Tool for Decisions Management in Distributed Software Projects. Paper presented at the ICGSE Workshops 2012.

Garvin, D. (1984). What does "Product Quality" really mean? MIT Sloan Management Review, 26, 25-45.

Garzás, J., Enríquez de Salamanca, J., y Irrazábal, E. (2012). Gestión Ágil de Proyectos Software. Madrid: Kybele Consulting.

Garzás, J., y Paulk, M.C. (2013a). A case study of software process improvement with CMMI-DEV and Scrum in Spanish companies. Journal of Software: Evolution and Process, 25(12), 1325-1333.

Garzás, J., Pino, F., Piattini, M., y Fernández, C.M. (2013b). A maturity model for the Spanish software industry based on ISO standards. Computer Standards & Interfaces, 35(6), 616-628.

Gencel, C., Petersen, K., Mughal, A.A., y Iqbalb, M.I. (2013). Decision support framework for metrics selection in goal-based measurement programs: GQM-DSFMS. The Journal of Systems and Software, 86, 3091-3108.

Genero, M. (2002). Defining and validating metrics for conceptual models: Universidad de Castilla-La Mancha.

Genero, M., Cruz-Lemus, J.A., y Piattini, M. (2014). Métodos de Investigación en Ingeniería del Software. Madrid: Ra-Ma.

Genero, M., Manso, MªE., Viasggio, A., Piattini, M., y Canfora, G. (2007). Building measure-based prediction models for UML class diagram maintainability. Empirical Software Engineering, 12(5), 517-549.

Genero, M., Piattini, M., y Calero, C. (2000). Early Measures For UML class diagrams. L´Objet. Hermes Science Publications, 6(4), 489-515.

Genero, M., Poels, G., y Piattini, M. (2008). Defining and Validating Metrics for Assessing the Understandability of Entity-Relationship Diagrams. Data and Knowledge Engineering, 64(3), 534-557.

Geppert, B., y Weiss, D.M. (2003). Goal-Oriented Assessment of Product-Line Domains. Paper presented at the 9th International Software Metrics Symposium (METRICS'03).

Gilb, T. (1977). Software Metrics. Cambridge, Massachusetts: Winthrop Publishers.

Glass, G.V., McGaw, B., y Smith, M.L. (1981). Meta-Analysis in Social Research: Sage Publications.

Glass, R.L. (1998). Software Runaways. Upper Saddle River, NJ, EE.UU: Prentice Hall.

Goethert, W. (1992). Software Effort Measurement: A Framework for Counting Staff- Hours. Pittsburgh, Pa.: Software Engineering Institute, Carnegie Mellon University.

Goethert, W., y Siviy, J. (2004). Applications of the Indicator Template for Measurement and Analysis: Software Engineering Institute.

Goldberg, A. (1993). Wishful Thinking. Object Magazine, 3(1), 87-88.

Goldenson, D., Jarzombek, J., y Rout, T. (2003). Measurement and Analysis in Capability Maturity Model Integration Models and Software Process Improvement. CROSSTALK The Journal of Defense Software Engineering, 20-24.

Gómez, M. (2014, 18 al 21 de junio). PSP/TSP Design of a pedagogic instrument for teaching software process improvement. Paper presented at the Actas de la 9ª Conferencia Ibérica de Sistemas y Tecnologías de Informacion, Barcelona, España.

Gómez, M., y Acuña, S.T. (2014). A replicated quasi-experimental study on the influence of personality and team climate in software development. Empirical Software Engineering, 19(2), 343-377.

Gómez, M., Acuña, S.T., y Rico, R. (2007). Estudio Experimental en Equipos de Desarrollo de Software sobre las Relaciones entre Personalidad, Satisfacción y Calidad del Producto. Paper presented at the JIISIC 2007.

González, J.L. (2010). Jugabilidad. Caracterización de la Experiencia del Jugador en Videojuegos: Tesis doctoral, Universidad de Granada.

González, J.L., Gutiérrez, F.L., Montero, F., y Padilla, N. (2012). Playability: analysing user experience in video games. Behaviour & IT, 31(10), 1033-1054.

González, R., Rodríguez, V., Villanueva, J., y Barros, S. (2013). Methodology for assessment of the R&D process maturity of an organization. Paper presented at the 17th International Congress on Project Management and Engineering, Logroño, Spain.

Grady, R.B, y Casswell, D.L. (1987). Software Metrics: Establishing a Company-Wide Program: Prentice Hill.

Gray, E., Sampaio, A., y Benediktsson, O. (2005). An Incremental Approach to Software Process Assessment and Improvement. Software Quality Journal, 13(1), 7-16.

Greengard, S. (2009). Making Automation Work. Communications of the ACM, 12, 18-19.

Gresse, C., Punter, T., y Anacleto, A. (2003). Software measurement for small and medium enterprises. Paper presented at the 7th International Conference on Empirical Assessment in Software Engineering (EASE), Keele, UK.

Grundy, J., y Hoskins, J. (1998). Serendipity: integrated environment support for process modelling, enactment and work coordination. Automated Software Engineering: An International Journal: Special Issue on Process Technology, 5(1), 27-60.

Halstead, M. (1977). Elements of Software Science. New York: Elsevier North Holland.

Hall, T., Baddoo, N., Beecham, S., Robinson, H., Sharp, H. (2009). A systematic review of theory use in studies investigating the motivations of software engineers. ACM Trans. Softw. Eng. Methodol. 18(3): 10:1-10:29.

Hall, T., y Fenton, N. (1997). Implementing Effective Software Metrics Programs. IEEE software, 14(2), 55-65.

Hammer, M., y Champy, J. (2006). Reengineering the Corporation: A Manifesto for Business Revolution.

Hannay, J. E. (2011). Personality, Intelligence, and Expertise: Impacts on Software Development. En Oram A., Wilson, G. (Eds.). Making Software. What Really Works, and Why We Believe It. (pp 79-108) . Sebastopol. O'Reilly.

Hannay, J.E., Arisholm, E., Engvik, H., Sjøberg, D. I. K. (2010). Effects of Personality on Pair Programming. IEEE Transactions on Software Engineering, 36(1): pp. 61-80.

Harel, D., y Politi, M. (1998). Modelling Reactive Systems with Statecharts. The Statemate approach: McGraw-Hill.

Harrison, R., Counsell, S., y Nithi, R. (1999). An Evaluation of the MOOD set of Object-Oriented Software Metrics. IEEE Transactions on Software Engineering, 24(6), 491-496.

Hefley, B., y Murphy, W. (2008). Service Science, Management, and Engineering: Education for the 21st Century. Nueva York: Springer.

Heidrich, J., y Trendowicz, A. (2011). Aligning Software Projects with Business Objectives. Nara, Japan

Heimbigner, D., Sutton, S., y Osterweil, L. (1990). Managing Change in Process-Centered Environments. Paper presented at the Proceedings 4th ACM/SIGSOFT Symposium Software Development Environments.

Helmer-Heidelberg, O. (1966). Social Technology. New York: Basic Books.

Heemstra, F. J.; Kusters, R. J. (2002). Soft Factors Affecting Software Quality. ASQ: The Global Voice of Quality. 5 (1): 20-29.

Henderson-Sellers, B. (1996). Object-oriented Metrics-Measures of complexity. Upper Saddle River, Nueva Jersey: Prentice-Hall.

Henderson-Sellers, B., y Edwards, J.M. (1990). The object-oriented systems life cycle. Communications of the ACM, 33(9), 142-159.

Henderson-Sellers, B., Zowghi, D., Klemola, T., y Parasuram, S. (2002). Sizing use cases: How to create a standard metrical approach. Paper presented at the 8th Object–Oriented Information Systems 2002. Lecture Notes in Computer Science.

Henderson-Sellers, Brian , Gonzalez-Perez, Cesar , McBride, Tom , y Low, Graham. (2014). An ontology for ISO software engineering standards: 1) Creating the infrastructure. Computer Standards & Interfaces, 36(3), 563-576.

Henderson-Sellers, Brian , Gonzalez-Perez, Cesar , McBride, Tom , y Low, Graham. (2016). An ontology for ISO software engineering standards: 2) Proof of concept and application. Computer Standards & Interfaces, 48(3), 112-123.

Henninger, S. (2003). Tool Support for Experience-Based Methodologies in Advances in Learning Software Organizations (LSO 2002 Revised Papers): Elsevier.

Henry, S., y Kafura, S. (1981). Software Structure Metrics Based on Information Flow. IEEE Transactions on Software Engineering, 7(5), 510-518.

Hernández, V. (2005). Mapas Conceptuales. La gestión del conocimiento en la didáctica. México: Alfaomega Grupo Editor.

Houdek, F., y Kempter, H. (1997). Quality patterns—an approach to packaging software engineering experience. ACM SIGSOFT Software Engineering Notes. Paper presented at the Proceedings of the 1997 symposium on Software reusability SSR '97.

Hoyer, R.W, y Hoyer, B.B.Y. (2001). What is Quality. Quality Progress.

Huang, K.T., Lee, Y., y Wang, R. (1999). Quality Information and Knowledge. Upper Saddle River: Prentice Hall.

Huber, Evelyne. (2002). Models of Capitalism: University Park: The Pennsylvania State University Press.

Huff, K. (1996). Software process modelling. En Software Proccess: John Wiley & Sons.

Humphrey, W. (1998). The Software Quality Profile. Software Quality Journal, 1(1), 8-18.

Humphrey, W. (2000). The Team Software ProcessSM (TSPSM). Pittsburgh (USA): Carnegie Mellon.

Humphrey, W. (2005). Why Big Software Projects Fail: The 12 Key Questions. CrossTalk, 25-29.

Humphrey, W. (1995). A Discipline for Software Engineering. SEI Series in Software Engineering.

Hurtado, J., Pino, F., Vidal, J., Pardo, C., y Fernandez, L. (2008). Agile SPI: Software Process Agile Improvement, A Colombia Approach to Software Process Improvement in Small Software Organizations. In H. Oktaba & M. Piattini (Eds.), Software Process Improvement for Small and Medium Enterprises: Techniques and Case Studies (pp. 177-192). USA: Idea Group Inc.

Hussain, A., y Ferneley, E. (2008). Usability Metric for mobile application: A goal question metric (GQM) approach (Conference Paper) Paper presented at the Proceedings of the 10th International Conference on Information Integration and Web-based Applications and Services, IIWAS 2008, Linz; Austria.

Hyde, A. (1992). The Proverbs of Total Quality Management: Recharting the Path to Quality Improvement in the Public Sector. Public Productivity and Management Review, 16(1), 25-37.

Ibrahim, L., y Pyster, A. (2004). A Single Model for Process Improvement. IT Professional, 6(3), 43-49.

IEEE. (1989). Guide for the Use of Standard Dictionary of Measures to Produce Reliable Software (Corrected Edition ed.): IEEE Standard Board.

IEEE. (1998). IEEE Std 1061-1998 - IEEE Standard for a Software Quality Metrics Methodology. The Institute of Electrical and Electronics Engineers, IEEE Computer Society.

IEEE. (2014). IEEE Standard for Software Quality Assurance Processes (Revision of IEEE Std 730-2002): IEEE Computer Society.

Ishigaki, D., y Jones, C. (2003). Practical Measurement in the Rational Unified Process. The Rational Edge. from http://www.ibm.com/developerworks/rational/library/content/RationalEdge/jan03/PracticalMeasurementInRUP_TheRationalEdge_Jan2003.pdf.

Ishikawa, K. (1985). What is Total Quality Control? London: Prentice-Hall.

ISO. (1991). ISO/IEC 9126:1991 - Software enginnering -- Product quality. Ginebra: International Organization for Standarization.

ISO. (1995). ISO/IEC 12207:1995 Information technology -- Software life cycle processes. Ginebra, Suiza: International Organization for Standarizacion.

ISO. (1998a). ISO IEC 15504 TR2: 1998, part 2: A reference model for processes and process capability. Ginebra (Suiza): International Organization for Standarization.

ISO. (1998b). ISO/IEC 14598-5:1998 - Information technology -- Software product evaluation -- Part 5: Process for evaluators. Ginebra: International Organization for Standarization.

ISO. (1999a). ISO/IEC 14598-1:1999 - Information technology -- Software product evaluation -- Part 1: General overview. Ginebra: International Organization for Standarization.

ISO. (1999b). ISO/IEC 14598-3:2000 Software engineering -- Product evaluation -- Part 3: Process for developers. Ginebra: International Organization for Standarization.

ISO. (1999c). ISO/IEC 14598-4:1999 - Software engineering -- Product evaluation -- Part 4: Process for acquirers. Ginebra: International Organization for Standarization.

ISO. (2000). ISO/IEC 14598-2:2000. Software engineering -- Product evaluation -- Part 2: Planning and management. Ginebra: International Organization for Standardization.

ISO. (2001a). ISO/IEC 14598-6:2001 - Software engineering -- Product evaluation -- Part 6: Documentation of evaluation modules. Ginebra: International Organization for Standarization.

ISO. (2001b). Software Product Evaluation-Quality Characteristics and Guidelines for their Use. ISO/IEC Standard 9126 Ginebra: International Organization for Standarization.

ISO. (2003a). ISO/IEC TR 9126-2-Software engineering — Product quality — Part 2: External metrics. Ginebra: International Organization for Standarization.

ISO. (2003b). ISO/IEC TR 9126-3-Software engineering — Product quality — Part 3: Internal metrics. Ginebra: International Organization for Standarization.

ISO. (2004a). ISO/IEC 15504-1:2003/Cor.1:2004(E). Information technology - Process assessment - Part 1: Concepts and vocabulary. Ginebra: International Organization for Standarization.

ISO. (2004b). ISO/IEC 15504-2:2003/Cor.1:2004(E). Information technology - Process assessment - Part 2: Performing an assessment. Ginebra: International Organization for Standardization.

ISO. (2004c). ISO/IEC 15504-3:2003/Cor.1:2004(E). Information technology - Process assessment - Part 3: Guidance on performing an assessment. Ginebra: International Organization for Standarization.

ISO. (2004d). ISO/IEC 15504-4:2003/Cor.1:2004(E). Information technology - Process assessment - Part 4: Guindance on use for process improvement and process capability determination. Ginebra: International Organization for Standarization.

ISO. (2004f). ISO/IEC TR 9126-4:2004, Software engineering -- Product quality -- Part 4: Quality in use metrics. Ginebra: International Organization for Standarization.

ISO. (2005). ISO/IEC 25000:2005 - Software Engineering -- Software product Quality Requirements and Evaluation (SQuaRE) -- Guide to SQuaRE. Ginebra: International Organization for Standarizacion.

ISO. (2006a). ISO/IEC 15504-5:2003. Information technology - Process assessment - Part 5: An exemplar Process Assessment Model. Ginebra: International Organization for Standarization.

ISO. (2006b). ISO/IEC 15504-5:2006(E). Information technology - Process assessment - Part 5: An exemplar Process Assessment Model. Ginebra: International Organization for Standardization.

ISO. (2007a). ISO 15939: Systems and software engineering - Measurement Process.

ISO. (2007b). ISO/IEC 25020. Software Engineering - Software Quality Requirements and Evaluation (SQuaRE) – Measurement reference model and guide. Ginebra: International Organization for Standarization.

ISO. (2007c). ISO/IEC 25030:2007- Software engineering -- Software product Quality Requirements and Evaluation (SQuaRE) -- Quality requirements. Ginebra: International Organization for Standarization.

ISO. (2008a). ISO/IEC 12207:2008 Systems and software engineering - Software life cycle processes. Ginebra: International Organization for Standardization.

ISO. (2008b). ISO/IEC 15288:2008 Systems and software engineering -- System life cycle processes. Ginebra: International Organization for Standarization.

ISO. (2008c). ISO/IEC TR 15504-7:2008 Information technology -- Process assessment -- Part 7: Assessment of organizational maturity. Ginebra: International Standards Organization.

ISO. (2008d). ISO/IEC TR 15504-7:2008. Information technology -- Process assessment -- Part 7: Assessment of organizational maturity. Montreal: International Organization for Standardization.

ISO. (2009a). ISO 9004:2009 Managing for the sustained success of an organization. Ginebra: International Organization for Standarization.

ISO. (2009b). ISO/IEC 25012:2008 - Software engineering. Software product quality requirements and evaluation (SQuaRE). Data quality model Ginebra: International Organization for Standardization.

ISO. (2010a). ISO/IEC 20000-4:2010 Information technology -- Service management -- Part 4: Process reference model Ginebra: International Organization for Standardization.

ISO. (2010b). ISO/IEC 25010 - Systems and software engineering -- Systems and software Quality Requirements and Evaluation (SQuaRE) -- System and software quality models. Ginebra: International Organization for Standarization.

ISO. (2010c). ISO/IEC NP 33016 -- Information technology -- Process assessment -- Process assessment body of knowledge. Ginebra: International Organization for Standardization.

ISO. (2011a). ISO 20000-1:2011. Information technology -- Service management -- Part 1: Service management system requirements. Ginebra: International Organization for Standardization.

ISO. (2011b). ISO/IEC 17021:2011. Conformity assessment -- Requirements for bodies providing audit and certification of management systems. Genova: International Organization for Standardization.

ISO. (2011c). ISO/IEC 25040. Systems and Software Engineering – Systems and software Quality Requirements and Evaluation (SQuaRE) – Evaluation Process. Ginebra: International Organization for Standarization.

ISO. (2011d). ISO/IEC FDIS 25010 - Systems and software engineering -- Systems and software Quality Requirements and Evaluation (SQuaRE) -- System and software quality models: International Organization for Standarization.

ISO. (2011e). ISO/IEC TS 15504-9:2011 -- Information technology -- Process assessment -- Part 9: Target process profiles. Ginebra: International Organization for Standardization.

ISO. (2011f). ISO/IEC TS 15504-10:2011 -- Information technology -- Process assessment -- Part 10: Safety extension. Ginebra: International Organization for Standardization.

ISO (2011g). ISO/IEC 29110-4-1:2011. Software engineering -- Lifecycle profiles for Very Small Entities (VSEs) -- Part 4-1: Profile specifications: Generic profile group. Ginebra: International Organization for Standardization.

ISO (2011h). ISO/IEC TR 29110-5-1-2:2011 Software engineering Lifecycle profiles for Very Small Entities (VSEs) - Part 5-1-2: Management and engineering guide: Generic profile group: Basic profile. Ginebra: International Organization for Standardization.

ISO. (2012a). ISO/IEC 20000-2:2012 Information technology -- Service management -- Part 2: Guidance on the application of service management systems. Ginebra: International Organization for Standardization.

ISO. (2012b). ISO/IEC 20000-3:2012 Information technology -- Service management -- Part 3: Guidance on scope definition and applicability of ISO/IEC 20000-1 Ginebra: International Organization for Standardization.

ISO. (2012c). ISO/IEC 25021. Systems and Software Engineering – Systems and software Quality Requirements and Evaluation (SQuaRE) – Quality Measures Element. Ginebra: International Organization for Standarization.

ISO. (2012d). ISO/IEC 25041. Systems and Software Engineering – Systems and software Quality Requirements and Evaluation (SQuaRE) – Evaluation guide for developers, acquirers and independent evaluators. Ginebra: International Organization for Standarization.

ISO. (2012e). ISO/IEC TS 15504-8:2012 -- Information technology -- Process assessment -- Part 8: An exemplar process assessment model for IT service management. Ginebra: International Organization for Standardization.

ISO. (2012f). ISO/IEC 25021 Systems and software engineering -- Systems and software Quality Requirements and Evaluation (SQuaRE) -- Quality measure elemen Systems and Software Engineering. Ginebra: International Organization for Standarization.

ISO (2012g). ISO/IEC TR 29110-5-1-1:2012 Software engineering – Lifecycle profiles for Very Small Entities (VSEs) -- Part 5-1-1: Management and engineering guide: Generic profile group: Entry profile. Ginebra: International Organization for Standardization.

ISO. (2013a). International Standard ISO/IEC DIS 24744. Software Engineering — Metamodel for Development Methodologies. Draft. : International Organization for Standarization.

ISO. (2013b). ISO/IEC 20000-5:2013 Information technology -- Service management -- Part 5: Exemplar implementation plan for ISO/IEC 20000-1 Ginebra: International Organization for Standardization.

ISO. (2013d). ISO/IEC TR 33014:2013 -- Information technology -- Process assessment -- Guide for process improvement. Ginebra: International Organization for Standardization.

ISO. (2014a). ISO/IEC 12207: Systems and software engineering — Software life cycle processes. Revision of ISO/IEC/IEEE 12207:2008: International Organization for Standardization.

ISO. (2014b). ISO/IEC 25000. Systems and Software Engineering – Systems and sofitware Quality Requirements and Evaluation (SQuaRE) -- Guide to SQuaRE. Ginebra: International Organization for Standarization.

ISO. (2014c). ISO/IEC 25001. Systems and Software Engineering – Systems and software Quality Requirements and Evaluation (SQuaRE) – Planning and management. Ginebra: International Organization for Standarization.

ISO. (2014d). ISO/IEC 33001 -- Information technology -- Process assessment -- Concepts and terminology. Ginebra: International Organization for Standardization.

ISO. (2014e). ISO/IEC 33002 -- Information technology -- Process assessment -- Requirements for performing process assessment. Ginebra: International Organization for Standardization.

ISO. (2014f). ISO/IEC 33003 -- Information technology -- Process assessment -- Requirements for process measurement frameworks. Ginebra: International Organization for Standardization.

ISO. (2014g). ISO/IEC 33004 -- Information technology -- Process assessment -- Requirements for process reference, process assessment and maturity models. Ginebra: International Organization for Standardization.

ISO. (2014h). ISO/IEC 33020 -- Information technology -- Process assessment -- Process measurement framework for assessment of process capability. Ginebra: International Organization for Standardization.

ISO. (2014i). ISO/IEC CD 25011: Information technology -- Service Quality Requirement and Evaluation(SQuaRE) -- IT Service Quality Model. Ginebra: International Organization for Standardization.

ISO. (2014j). ISO/IEC CD 33050-4 -- Information technology -- Process assessment -- Part 4: A process reference model for information security management. Ginebra: International Organization for Standardization.

ISO. (2014k). ISO/IEC CD 33070-4 -- Information technology -- Process assessment -- Part 4: A process assessment model for information security management. Ginebra: International Organization for Standardization.

ISO. (2014l). ISO/IEC DIS 33063 -- Information technology -- Process assessment -- Process assessment model for software testing. Ginebra: International Organization for Standardization.

ISO (2014m). ISO/IEC 90003:2014. Software engineering -- Guidelines for the application of ISO 9001:2008 to computer software. Ginebra: International Organization for Standardization.

ISO (2014n). ISO/IEC TR 29110-5-6-2:2014 Systems and software engineering - Lifecycle profiles for Very Small Entities (VSEs) -- Part 5-6-2: Systems engineering -- Management and engineering guide: Generic profile group: Basic profile. Ginebra: International Organization for Standardization.

ISO (2015a). ISO/IEC TR 20000-9: Information technology -- Service management -- Part 9: Guidance on the application of ISO/IEC 20000-1 to cloud services. Ginebra: International Organization for Standardization.

ISO (2015b). ISO/IEC TR 20000-10 Information technology -- Service management -- Part 10: Concepts and terminology. Ginebra: International Organization for Standardization.

ISO (2015c) ISO/IEC TR 20000-11 Information technology -- Service management -- Part 11: Guidance on the relationship between ISO/IEC 20000-1:2011 and service management frameworks: ITIL. Ginebra: International Organization for Standardization.

ISO. (2015d). ISO/IEC 25024:2015 Systems and software engineering -- Systems and software Quality Requirements and Evaluation (SQuaRE) -- Measurement of data quality. Ginebra: International Organization for Standardization.

ISO (2015e). ISO/IEC 15288 Systems Engineering -- System life cycle processes. Ginebra, ISO.

ISO (2015e). ISO/IEC 29110-2-1:2015. Software engineering -- Lifecycle profiles for Very Small Entities (VSEs) -- Part 2-1: Framework and taxonomy. Ginebra: International Organization for Standardization.

ISO (2015f). ISO/IEC TR 29110-3-1:2015 Systems and software engineering - Lifecycle profiles for Very Small Entities (VSEs) -- Part 3-1: Assessment guide. Ginebra: International Organization for Standardization.

ISO (2015g). ISO/IEC TR 29110-3-4:2015 Systems and software engineering - Lifecycle profiles for Very Small Entities (VSEs) -- Part 3-4: Autonomy-based improvement method. Ginebra: International Organization for Standardization.

ISO (2015h). ISO/IEC TR 29110-5-6-1:2015 Systems and software engineering - Lifecycle profiles for Very Small Entities (VSEs) -- Part 5-6-1: Systems engineering -- Management and engineering guide: Generic profile group: Entry profile. Ginebra: International Organization for Standardization.

ISO (2015i). ISO/IEC 33001:2015. Information technology - Process assessment -- Concepts and terminology. Ginebra, International Organization for Standardization.

ISO (2015j). ISO/IEC 33002:2015. Information technology - Process assessment -- Requirements for performing process assessment. Ginebra, International Organization for Standardization.

ISO (2015k). ISO/IEC 33003:2015. Information technology - Process assessment -- Requirements for process measurement frameworks. Ginebra, International Organization for Standardization.

ISO (2015l). ISO/IEC 33004:2015. Information Technology - Process assessment -- Requirements for process reference, process assessment and maturity models. Ginebra, International Organization for Standardization.

ISO. (2015m). ISO/IEC 33020:2015 Preview Information technology -- Process assessment -- Process measurement framework for assessment of process capability. Ginebra, International Organization for Standardization.

ISO (2015n). ISO/IEC 17021-1:2015. Conformity assessment -- Requirements for bodies providing audit and certification of management systems -- Part 1: Requirements. Ginebra, International Organization for Standardization.

ISO (2015o). ISO/IEC 15288 Systems Engineering -- System life cycle processes. Ginebra: International Organization for Standardization.

ISO. (2016a). UNE-EN ISO 9001:2015. Quality management systems - Requirements. Ginebra: International Organization for Standardization. ISO. (2016b). UNE-EN ISO 9000: 2015 sistemas de gestión de la calidad. Fundamentos y vocabulario. Madrid: AENOR.

ISO (2016c) ISO/IEC TR 20000-12 Information technology -- Service management -- Part 11: Guidance on the relationship between ISO/IEC 20000-1:2011 and service management frameworks: CMMI-SVC. Ginebra: International Organization for Standardization.

ISO. (2016d). ISO/IEC 25023:2016 Systems and software engineering -- Systems and software Quality Requirements and Evaluation (SQuaRE) -- Measurement of system and software product quality. Ginebra: International Organization for Standardization.

ISO. (2016e). ISO/IEC 25022:2016 Systems and software engineering -- Systems and software quality requirements and evaluation (SQuaRE) -- Measurement of quality in use. Ginebra: International Organization for Standardization.

ISO (2016f). ISO/IEC TR 29110-1:2016 Systems and software engineering -- Lifecycle profiles for Very Small Entities (VSEs) -- Part 1: Overview. Ginebra: International Organization for Standardization.

ISO (2016g). ISO/IEC TR 29110-2-2:2016 Systems and software engineering - Lifecycle profiles for Very Small Entities (VSEs) -- Part 2-2: Guide for the development of domain-specific profiles. Ginebra, International Organization for Standardization.

ISO (2016h). ISO/IEC 29110-3-3:2016 Systems and software engineering – Lifecycle profiles for Very Small Enterprises (VSEs) -- Part 3-3: Certification requirements for conformity assessments of VSE profiles using process assessment and maturity models. Ginebra, International Organization for Standardization:

ISO (2016i). ISO/IEC TR 29110-5-2-1:2016 Systems and software engineering - Lifecycle profiles for Very Small Entities (VSEs) -- Part 5-2-1: Organizational management guidelines. Ginebra, International Organization for Standardization.

ISO (2017a). ISO/IEC 12207 Systems and software engineering - Software life cycle processes. Ginebra: International Organization for Standardization.

ISO. (2017b). ISO/IEC 15939. Software Engineering - Software Measurement Process. Ginebra, Suiza: International Organization for Standarization.

ISO. (2017c). ISO/IEC 20000-6:2017. Information technology -- Service management -- Part 6: Requirements for bodies providing audit and certification of service management systems. Ginebra: International Organization for Standardization

ISO (2017d). ISO/IEC PRF 29110-3-2 Systems and software engineering – Lifecycle profiles for Very Small Entities (VSEs) -- Part 3-2: Conformity certification scheme. Ginebra, International Organization for Standardization.

ISO (2017e). ISO/IEC DIS 29110-4-3 Systems and software engineering – Lifecycle profiles for very small entities (VSEs) -- Part 4-3: Service delivery – Profile specification. Ginebra, International Organization for Standardization

ISO (2017f). ISO/IEC TR 29110-5-1-3:2017 Systems and software engineering - Lifecycle profiles for Very Small Entities (VSEs) -- Part 5-1-3: Software engineering -- Management and engineering guide: Generic profile group - Intermediate profile. Ginebra, International Organization for Standardization.

ISO (2017g). ISO/IEC TS 33030:2017. Information technology -- Process assessment -- An exemplar documented assessment process.

ISO (2017h). ISO/IEC/IEEE 15939:2017. Systems and software engineering -- Measurement process. Ginebra, International Organization for Standardization.

ISO. (2018a). ISO 20000-1:2011. Information technology -- Service management -- Part 1: Service management system requirements. Ginebra: International Organization for Standardization.

ISO (2018b). Systems and software engineering - Software life cycle processes. Guidelines for the application of ISO 9001:2015 to computer software. Ginebra, Suiza: International Organization for Standarization.

ISO (2018c). ISO/IEC 24748-3, Systems and Software Engineering – Life Cycle Management – Part 3: Guide to the application of ISO/IEC 12207 (Software life cycle processes). Ginebra: International Organization for Standardization.

ITIL. (2011a). ITIL® Continual Service Improvement (Service Management - ITIL® 2011 Edition Publications) (Vol. Second Edition). London: TSO (The Stationery Office).

ITIL. (2011b). ITIL® Service Design (Service Management - ITIL® 2011 Edition Publications) (Vol. Second Edition). London: TSO (The Stationery Office).

ITIL. (2011c). ITIL® Service Operation (Service Management - ITIL® 2011 Edition Publications) (Vol. Second Edition). London: TSO (The Stationery Office).

ITIL. (2011d). ITIL® Service Strategy (Service Management - ITIL® 2011 Edition Publications) (Vol. Second Edition). London: TSO (The Stationery Office).

ITIL. (2011e). ITIL® Service Transition (Service Management - ITIL® 2011 Edition Publications) (Vol. Second Edition). London: TSO (The Stationery Office).

ITIL e itSMF. (2012). An Introductory Overview of ITIL® 2011 (Service Management - ITIL® 2011 Edition Publications). London: TSO (The Stationery Office) e itSMF UK (The IT Services Management Forum).

Jacobson, I. (1992). Object-Oriented Software Engineering, A Use Case Driven Approach: Addison-Wesley.

Jacobson, I., Booch, G., y Rumbaugh, J. (1999). El Proceso Unificado de Desarrollo de Software: Addison Wesley.

Jacobson, Ivar, Booch, Grady, y Rumbaugh, James. (2000). El Proceso Unificado de Desarrollo de Software: Addison-Wesley.

Jain, Mukesh. (2009). Delivering Successful Projects with TSPSM and SIX SIGMA. A Practical Guide to Implementing Team Software ProcessSM. Nueva York (USA): CRC Press. Taylor & Francis Group.

Jalote, P. (1999). CMM in Practice: Processes for Executing Software Projects at Infosys: Addison-Wesley.

Jarke, M., Lenzerini, M., Vassiliou, Y., y Vassiliadis, P. (2002). Fundamentals of Data Warehouses: Springer-Verlag.

Johnson, P.M. , K., Hongbing, Agustin, J., Chan, C., Moore, C., Miglani, J., Z., Shenyan, y Doane, W.E.J. (2003, 3-10 May 2003). Beyond the Personal Software Process: Metrics collection and analysis for the differently disciplined. Paper presented at the In Proceedings of the 25th International Conference on Software Engineering (ICSE'03).

Jones, C., y Bonsignour, O. (2012). The Economics of Software Quality. Upper Saddle River: Addison-Wesley.

Jones, C. (2015). Wastage: The Impact of Poor Quality on Software Economics. Software Quality Porfessional, 18 (1), 23-32.

Jones, C. (2017). A Guide to Selecting Software Measures and Metrics. CRC Press.

Jorgensen, M, y Molokken-Ostvod, K. (2006). How large are software cost ovewrruns) Areview of the 2004 CHAOS report. Information and Software Technology, 48, 297-301.

Junkermann, G., Peuschel, B., Schäfer, W., y Wolf, S. (1994). MERLIN: Supporting Cooperation in Software Development Through a Knowledge-Based

Environment: Software Process Modelling and Technology. Research Studies Press Limited (J. Wiley).

Juran, J.M. (1988). Juran´s Quality Control Handbook (4ª ed.). New York: McGraw-Hill.

Juran, J.M. (1995). A History of Managing for Quality. Milwaukee: ASQC Quality Press.

Juristo, N., y Moreno, A. (2001). Basics of Software Engineering Experimentation: Kluwer Academic Publishers.

Kaiser, G., Barghouti, N., y Sokolsky, M. (1990). Preliminary Experience with Process Modeling in the Marvel Software Development Kernel. Paper presented at the Proceeding of the 23rd International Conference on System Sciences.

Kamatar, J., y Hayes, W. (2000). An Experience Report on the Personal Software Process. IEEE software, 7(16), 85-89.

Kan, S.H. (2003). Metrics and Models in Software Quality Engineering: Addison-Wesley.

Katayama, T. (1989). A Hierarchical and Functional Software Process Description and its Enaction. Paper presented at the Proceedings of the 11th International Conference on Software Engineering, Pittsburgh, Pennsylvania (USA).

Kellner, M. (1991). Software process modeling support for management planning and control. Paper presented at the Proceedings of the First International Conference on Software Process.

Kellner, M., y Hansen, G. (1989). Software process modeling. A case study. Paper presented at the Proceeding of the 22th Anual Hawai International Conference on System Sciences, Hawai.

Kendall,K. y Bodinson, G. (2016). Leading the Malcolm Bridge Way: How World-Class Leaders Align Their Organizations to Deliver Exceptional Results. McGraw-Hill.

Khomh, F., Vaucher, S., Guéhéneuc, Y.-G., y Sahraoui, H. (2011). BDTEX: A GQM-based Bayesian approach for the detection of antipatterns (Conference Paper) 4Journal of Systems and Software, 84(4), 559-572.

Kiewkanya, M., y Muenchaisri, P. (2005). Measuring Maintainability in Early Phase using Aesthetic Metrics. Paper presented at the SEPADS´05.

Komi-Sirviö, S., Parviainen, P., y Ronkainen, J. (2001). Measurement Automation: Methodological Background and Practical Solutions- A Multiple Case Study.

Paper presented at the Proceedings of the Seventh International Software Metrics Symposium(Metrics '01).

Komuro, M. (2006a). Experiences of applying SPC techniques to software development processes. Paper presented at the In Proceedings of the 28th international conference on Software engineering, Shanghai, China.

Komuro, M. (2006b). Experiences of applying SPC techniques to software development processes. Paper presented at the In Proceedings of the 28th international conference on Software engineering (ICSE '06), New York, NY, USA.

Kontio, J., Caldiera, G., y Basili, V. (1996). Defining factors, goals and criteria for reusable component evaluation. Paper presented at the Proceedings of the 1996 conference of the Centre for Advanced Studies on Collaborative research CASCON '96.

Kritikos, K., Pernici, B., Plebani, P., Cappiello, C., Comuzzi, M., Benrernou, S., Brandic, I., Kert´esz, A., Parkin, M., y Carro, M. (2013). A survey on service quality description. ACM Comput. Surv., 46(1), 1-58.

Kruchten, P. (1999). The Rational Unified Process. An Introduction Addison-Wesley.

Kupiainen, E., Mäntylä, M., y Itkonen, J. (2015). Using metrics in Agile and Lean Software Development - A systematic literature review of industrial studies. . Information & Software Technology, 62, 143-163

Kuvaja, P., Simila, J., Kizanik, L., Bicego, A., Koch, G., y Saukkonen, S. (1994). Software Process Assessment and Improvement: The BOOTSTRAP Approach. Oxford, UK.: Blackwell Business Publishers.

Laguna, M. y Marklund, J. (2013). Business Process Modeling, Simulation and Design, Second Edition (Second Edition ed.): Chapman and Hall/CRC.

Lantzy, M.A. (1992). Application of Statistical Process Control to Software Processes. Paper presented at the WADAS '92. Proceedings of the Ninth Washington Ada Symposium on Empowering Software Users and Developers.

Laporte, Claude, Alexandre, Simon, y Renault, Alain. (2008). Developing International Standards for Very Small Enterprises. IEEE Computer, 41(3), 98-101.

Larrucea, X. , y Santamaria, I. (2014). An industrial assessment for a multimodel framework. Journal Software: Evolution and Process, DOI: 10.1002/smr.1669.

Lassez, J.L., van der Knijff, D., Sheperd, J., y Lassez, C. (1981). A critical examination of software science. Journal of Systems and Software, 2, 105-112.

Lavazza, L. (2000). Providing Automated Support for the GQM Measurement Process. IEEE software, 17(3), 56-62.

Lavazza, L. , y Mauri, M. (2006). Software Process Measurement in Real World: Dealing with Operating Constraints. Paper presented at the Workshop on Software Process Simulation and Modeling.

Lavazza, L., Frumento, E., y Mazza, R. (2015). Defining and evaluating software project success indicators: A GQM-based case study. 10th International Joint Conference on Software Technologies (ICSOFT), Colmar, 2015, pp. 1-12.

Lawton, G. (2001). Knowledge Management: Ready for Prime Time. IEEE Computer, 34(4), 12-14.

Lee, D.H., y Park, J.J. (2012). Big data analysis of software performance trend using SPC with flexible moving window and fuzzy theory. Journal of Institute of Control, Robotics and Systems, 18(11), 997-1004.

Lee, J., Grunninger, M., Jin, Y., Malone, T., Tate, A., y Yost, G. (1998). The PIF Process Interchange Format and Framework Version 1.2 The Knowledge Engineering Review, 13(1), 91-120.

Lee, M. (2010). ¡¡¡Qué mala suerte!!! Cincuenta formas seguras de fracasar en sus proyectos. Madrid: Ra-Ma.

Lehman, M. M. (1984, febrero 1984). A Further Model of Coherent Programming Processes. Paper presented at the Proceedings of the IEEE Software Process Workshop, Eghan, UK.

Leveson, N. (2013). Learning from the Past to Face the Risks of Today. Communications of the ACM, 56(6), 38-42.

Li, W., y Henry, S. (1993). Object-Oriented metrics that predict maintainability. Journal of Systems and Software, 23(2), 111-122.

Lindvall, M., y Rus, I. (2003). Lessons Learned from Building Experience Factories for Software Organizations. Paper presented at the Wissensmanagement 2003.

Lindvall, M., y Rus, I. (2000). Process diversity in software development. Software, IEEE, 17(4), 14-18.

Lindvall, M., Tesoriero, R., y Costa, P. (2002). Avoiding Architectural Degeneration: An Evaluation Process for Software Architecture. Paper presented at the 8th IEEE Symposium on Software Metrics (METRICS'02).

López, G., Aymerich, B., Garbanzo, D., y Pacheco, A. (2016). Application of GQM+Strategies in a Multi-industry State-Owned Company. 17th International Conference Product-Focused Software Process Improvement:, PROFES 2016, Trondheim, Norway, pp. 198-214. Springer International Publishing.

López-Martín, C., Nassif, A. B., Abran, A.(2017). A training process for improving the quality of software projects developed by a practitioner. Journal of Systems and Software. Vol 131.pp 98-111.

Lorenz, M., y Kidd, J. (1994). Object-Oriented Software Metrics: A Practical Guide. Englewood Cliffs (Nueva Jersey): Prentice Hall.

Losavio, F, Chirinos, L, Lévy, N, y Ramdane-Cherif, A. (2003). Quality Characteristics for software Architecture. 2(2), 133-150. http://www.jot.fm/issue_2003_03/article2

Luo, Y., y van den Brand, M. (2016). Metrics design for safety assessment, Information and Software Technology, Volume 73, pp. 151-163.

MacDonell, S.G., y Fletcher, T. (1998). Metric Selection for Effort Assessment in Multimedia Systems Development. Paper presented at the 5th International Sotware Metrics Symposium, Bethesda, MD, USA.

Maestre, P. (2007). Los nuevos niños de los azotes, Fundación DINTEL. Revista a+d, 15(18).

Maglio, P. P., Srinivasan, S., Kreulen, J. T., y Spohrer, J. (2006). Service systems, service scientists, SSME, and innovation. Communicationsof the ACM, 49(7), 81-85.

Mandic, V. y Gvozdenovic, N. (2017). An extension of the GQM+ Strategies approach with formal causal reasoning. Information and Software Technology 88, 127–147.

Manhart, P., y Schneider, K. (2004). Breaking the Ice for Agile Development of Embedded Software: An Industry Report. Paper presented at the Proc. of the 26th International Conference on Software Engineering (ICSE`04).

Manlove, D., y Kan, S. H. (2007). Practical statistical process control for software metrics. Software Quality Professional, 9(4), 15.

Manteuffel, C., Tofan, D., Avgeriou, P., Koziolek, H., y Goldschmidt, T. (2016). Decision architect. A decision documentation tool for industry. The Journal of Systems and Software 112, 181-198.

Mantle, M. W., Lichty, R.(2012). Managing the Unmanageable: Rules, Tools, and Insights for Managing Software People and Teams. Addison-Wesley (2012)

Marchesi, M. (1998). OOA Metrics for the Unified Modeling Language. Paper presented at the 2nd Euromicro Conference on Software Maintenance and Reengineering.

Martin, L. (1993). Total Quality Management in the Public Sector. National Productivity Review, 10, 195-213.

Martínez-Ruiz, T., García, F., y Piattini, M. (2008). Towards a spem v2.0 extension to define process lines variability mechanisms. Paper presented at the 6th International Conference on Software Engineering Research, Management and Applications Praga.

Mas, A., y Amengual, E. (2005). La mejora de los procesos de software en las pequeñas y medianas empresas (pyme). Un nuevo modelo y su aplicación en un caso real. Revista Española de Innovación Calidad e Ingenieria del Software (REICIS), 1(2), 7-29.

Maxwell, K. (2002). Applied Statistics for Software Managers, Software Quality Institute Series: Prentice Hall.

McCabe, T. (1976). Software Complexity Measure. IEEE Transactions on Software Engineering, 2, 308-320.

McCabe, T., y Butler, W. (1989). Design complexity measurement and testing. Communications of the ACM, 32(12), 1415-1425.

McCall, J.A, Richards, P.K, y Walters, GF (1977). Factors in software quality, Vols I, II, III: US Rome Air Development Center Reports NTIS AD/A-049 014, 015, 055.

McConnell, S. (1996). Rapid Development Taming Wild Software Schedules: Microsoft Press.

McCracken, D., y Jackson, M. (1982). Life Cycle Concept Considered Harmful. ACM SIGSOFT Software Eng. Notes, 7(2), 29-32.

McChesney, I.R. (1995). Toward a classification scheme for software process modelling approaches. Information and Software Technology, 37(7), 363-374.

McDermid, J. (1991). Software Engineering Reference Book: Butterworth Heinemann.

McFeeley, Robert. (1996). IDEAL: A Users Guide for Software Process Improvement, Handbook CMU/SEI-96-HB-001. Pittsburgh, USA: Software Engineering Institute, Carnegie Mellon University.

McGowan, C., y Bohner, S. (1993). Model based process assessments. Paper presented at the Proceeding of the 15th International Conference on Software Engineering.

McKerlie, D., y MacLean, A. (1994). Reasoning with Design Rationale: practical experience with design space analysis. Design Studies, 15(2), 214-226.

McLeod, R. (1990). Management Information Systems. New York: McMillan Publishing.

Menzies, T., Williams, L. y Zimmermann, T. (eds.) (2016). Perspectives on Data Science for Software Engineering. Morgan Kaufmann, Amsterdam, Países Bajos.

Meyer, B. (1990). La nueva cultura del desarrollo del software. Systems, 12-13.

Minnich, I. (2002). EIA IS 731 compared to CMMISM-SE/SW. Systems Engineering, 5(1), 62-72.

Misirli, A.T., Verner, J.M., Markkula, J., Oivo, M.(2015). Factors Affecting Team Motivation: A Survey of Finnish Software Engineers. International Journal of Information System Modeling and Design, 6(3): pp. 1-26.

Mistrik, I., Soley, R., Ali, N., Grundy, J. y Tekinerdogan, B. eds. (2016). Software Quality Assurance In Large Scale and Complex Software-Intensive Systems. Amsterdam, Morgan Kaufmann.

Monden, A., Matsumura, T., Barker, M., Torii, K., y Basili, V. (2012). Customizing GQM models for software project monitoring (Article) IEICE Transactions on Information and Systems, E95(9), 2169-2182.

Montangero, C., y Ambriola, V. (1994). Oikos: Constructing process-centered SDEs. En A. Finkelstein, J. Kramer, and B. Nuseibeh, editors. Software Process Modelling and Technology.

Montini, D.A., Goncalves, C., da Silva, D.A., Vieira, L.A., y Marques, A. (2009). Using GQM for Testing Design Patterns in Real-Time and Embedded Systems on a Software Production Line. Paper presented at the ITNG, 2009, Information Technology: New Generations, Third International Conference on, Information Technology: New Generations.

Montoni, M.A., Rocha, A.R., y Weber, C. (2009). MPS.BR: a successful program for software process improvement in Brazil. Software Process: Improvement and Practice, 14(5), 289-300.

Moody, D. (1998). Metrics For Evaluating the Quality of Entity Relationship Models. Paper presented at the Proceedings of the Seventeenth International Conference on Conceptual Modelling (ER '98), Singapore.

Moody, D., y Shanks, G. (1994). What Makes A Good Data Model? Evaluating The Quality of Entity Relationships Models. Paper presented at the Proceedings of the 13th International Conference on Conceptual Modelling (ER '94), Manchester, Inglaterra.

Moody, D., y Shanks, G. (2003). Improving the Quality of Data Models: Empirical Validation of a Quality Management Framework. Information Systems, 28(6), 619-650.

Moody, D., Shanks, G., y Darke, P. (1998). Improving the Quality of Entity Relationship Models–Experience in Research and Practice. Paper presented at the Proceedings of the Seventeenth International Conference on Conceptual Modelling (ER '98), Singapore.

Moraga, M.Á, Calero, C, Paz, I, Diaz, O, y Piattini, M. (2005). AReusability model for Portlets. En Workshop on Web Information Systems Quality, Web Information Systems Engineering-WiSe 2005 Workshops. New York.

Morales, M., Oktaba, H., Pino, F., y Orozco, M.J. (2011). Applying Agile and Lean Practices in a Software Development Project into a CMMI Organization. PROFES 2011, 17-29.

Morales-Trujillo, M., Oktaba, H. y Piattini, M. (2015). The making of an OMG standard. Computer Standards & Interfaces 42: 84-94.

Morales-Trujillo, M., Oktaba, H. y Orozco, M.J. (2016). . FedCSIS 2016: 1531-1538.

Morasca, S. (2001). Software Measurement. In Handbook of Software Engineering and Knowledge Engineering (Vol. 1): Fundamentals.

Moreno, S., Tasistro, A., Vallespir, D. , y Nichols, W. (2013). PSPVDC: An Adaptation of the PSP that Incorporates Verified Design by Contract Software Engineering Process Management: Carnegie Mellon University.

Morisio, M., Seaman, C.B., Parra, A.T., Basili, V., Kraft, S. E., y Condon, S.E. (2000). Investigating and improving a COTS-based software development. Paper presented at the Proceedings of the 22nd international conference on Software engineering ICSE '00.

Mouradian, G. (2002). The Quality Revolution. A History of the Quality movement. Boston: University Press of America.

Moyano, J., Bruque, S., Maqueira, J.M., y Martínez, P.J. (2010). Gestión de la calidad en empresas tecnológicas. De TQM a ITIL. Madrid: Starbook.

Muller, R. (1999). Database design for smarties. Using UML for data modelling. San Francisco: Morgan Kaufmann.

Munch, J.A., Fagerholm, F.A., Kettunen, P.A., Pagels, M.A., y Partanen, J.B. (2013). Experiences and insights from applying GQM+Strategies in a systems product development organisation Paper presented at the Proceedings - 39th Euromicro Conference Series on Software Engineering and Advanced Applications, SEAA 2013, Santander; Spain.

Murdoch, J., Clark, G., Powell, A., y Caseley, P. (2003). Measuring safety: applying PSM to the system safety domain. Paper presented at the Proceedings of the 8th Australian workshop on Safety critical systems and software - Volume 33 SCS '03.

Mutafelija, B., y Stromber, H. (2003). ISO 9001:2000 - CMMI V1.1 Mappings (pp. 31): Software Engineering Institute.

NASA. (1981). Data Base Organization and User's Guide, National Aeronautics and Space Administration (NASA): Software Engineering Laboratory (SEL).

Navas, R. (2016). Modelos de Calidad para Servicios Cloud. Tesis Master, Universidad Politécnica de Valencia.

Nelson, E. (1966). Management Handbook for the Estimation of Computer Programming Costs: Systems Development Corp.

Nelson, L.S. (1999). Technical Aids-Notes on the Shewhart Control Chart. Journal of Quality Technology, 31(124-126).

Nicolette, D. (2015). Software Development Metrics. . Shelter Island, NY., EEUU: Manning Publications, Co.

Niessink, F. (2002). Software Requirements: Functional & Non-funtional Software Requirements. http://www.cs.uu.nl/wiki/Swa/WebHome.

Niessink, F., y Vliet, H. V. (2000). Software maintenance from a service perspective. Journal of Software Maintenance: Research and Practice, 12(2), 103-120.

Niessink, F., y Vliet, H.V. (2001). Measurement Programs Success factors revised. Information and Software Technology, 43, 617-628.

NIST. (2002). The Economic Impacts of Inadequate Infrastructure for Software Testing.: National Institute of Standards & Technology. Program Office Strategic Planning and Economic Analysis Group.

Nour, A. (2010). Architectural Knowledge Management in Global Software Development: A Review. Paper presented at the Artículo presentado en 5th IEEE International Conference Global Software Engineering (ICGSE), Princeton, NJ, USA.

Nuñez-Varela, A.S., Pérez-Gonzalez, H.G., Martínez-Perez, F.E., y Soubervielle-Montalvo, C. (2017). Source code metrics: A systematic mapping study, Journal of Systems and Software, 128, 164-197.

O'Sullivan, J., Edmond, D, y Ter Hofstede, A. (2002). What's in a service? Towards accurate description of non-functional service properties. Distrib. Parall. Datab., 12(2-3), 117-133.

Okes, D. (2002). Organize your quality toll belt. Quality Progress, 35(7), 25-29.

Oktaba, H., García, F., Piattini, M., Pino, F., Alquicira, C., y Ruiz, F. (2007). Software Process Improvement: The COMPETISOFT Project. IEEE Computer, 40(10), 21-28.

Oktaba, H., Piattini, M., Pino, F., Orozco, M.J., y Alquicira, C. (Eds.). (2008). COMPETISOFT: Mejora de Procesos Software para Pequeñas y Medianas Empresas y Proyectos. Madrid: Ra-Ma.

Oktaba, Hanna. (2005). Modelo de Procesos para la Industria de Software - MoproSoft - Versión 1.3, Agosto de 2005. NMX-059/01-NYCE-2005. Ciudad de México: Organismo nacional de normalización y evaluación de la conformidad - NYCE.

Oktaba, Hanna. (2006). MoProSoft®: A Software Process Model for Small Enterprises. Paper presented at the Proceedings of the First International Research Workshop for Process Improvement in Small Settings., Pittsburgh.

Oliver, G., D´Ambra, J., y Van Toorm, C. (2003). Evaluating an Approach to Sharing Software Engineering Knowledge to Facilitate Learning. En Managing Software Engineering Knowledge. Aurum, A., Jeffery, Ross., Wohlin, C., Handzic, M. Berlin, Springer.

Olsson, T., y Runeson, P. (2001). V-GQM: A Feed-Back Approach to Validation of a GQM Study. Paper presented at the Proc. of the Seventh International Software Metrics Symposium (METRICS'01).

OMG. (2002). Software Process Engineering Metamodel Specification; adopted specification: Object Management Group.

OMG. (2008). Software & Systems Process Engineering Metamodel Specification (SPEM); version 2.0: OMG.

OMG. (2009, 02-02-2009). UML (Unified Modeling Language). Superstructure specification. Version 2.2. http://www.omg.org/spec/UML/2.2/Superstructure/PDF/. Retrieved 24-06-2009, from http://www.omg.org/spec/UML/2.2/Superstructure/PDF/

OMG. (2014). Essence – Kernel and Language for Software Engineering Methods, Beta 2: OMG.

Oriol, M., Marco, J., y Franch, X. (2014). Quality models for web services: A systematic mapping. Information and Software Technology, 56(2014), 1167-1182.

Oshana, R.S., y Linger, R.C. (1999). Capability maturity model software development using cleanroom software engineering principles - results of an industry project. Paper presented at the Proceedings of the Hawaii International Conference on System Sciences.

Osterweil, L. (1987). Software Processes Are Software Too. Paper presented at the Proceedings of the 9th International Conference on Software Engineering, Monterey, CA.

Ostolaza, E. (2010). Nuevo modelo de EFQM para organizaciones intensivas en software: European Software Engineering (ESI).

Ostolaza, E., y García, A. B. (1999). EFQM/SPICE Integrated model: the business excellence road for software intensive organisations. Paper presented at the International Conference on Product Focused Software Process Improvement (PROFES 1999), Oulu, Finlandia.

Ott, L. (1996). The Early Days of Software Metrics. In A. Melton (Ed.), Software Measurement (pp. 7-25): International Thomson Computer Press.

Pandian, C. R. (2004). Software Metrics – A Guide to Planning, Analysis, and Application: CRC Press. Company.

Pandian, C.R. (2003). Metrics are organization specifics. Software Metrics - A Guide to Planning, Analysis and Application, 19.

Panteli, N., Tucker, R.J.(2009). Power and trust in global virtual teams. Communications of the ACM, 52(12): pp. 113-115.

Parasuraman, A., Zeithaml, V.A., y Berry, L.L. (1985). A Conceptual Model of Service Quality and Its Implications for Future Research. Journal of Marketing, 49(4), 41-50.

Pardo, C. (2012). A Framework to Support the Harmonization between Multiple Models and Standards. (Doctorado Tesis Doctoral), Universidad de Castilla-La Mancha, Ciudad Real.

Pardo, C., García, F., Piattini, M., Pino, F., y Baldassarre, M.T. (2014). A reference ontology for harmonizing processreference models. Rev. Fac. Ing. Univ. Antioquia, 73(December), 35-49.

Pardo, C., Pino, F., García, F., Baldassarre, M.T., y Piattini, M. (2013). From chaos to the systematic harmonization of multiple reference models: A harmonization framework applied in two case studies. J. Syst. Softw., 86(1), 125-143. doi: 10.1016/j.jss.2012.07.072.

Pardo, C., Pino, F., García, F., y Piattini, M. (2009a). Homogenización de marcos en ambientes de mejora de procesos multimarco. Paper presented at the XII Conferencia Iberoamericana de Ingeniería de Requisitos y Ambientes de Software, CIbSE 2009, Medellín.

Pardo, C., Pino, F., García, F., y Piattini, M. (2009b). Homogenization of Models to Support multi-model processes in Improvement Environments. Paper presented at the 4th International Conference on Software and Data Technologies (ICSOFT09), Sofía.

Pardo, C., Pino, F., García, F., Piattini, M., y Baldassarre, M.T. (2012). An ontology for the harmonization of multiple standards and models. Computer Standards Interfaces, 34(1), 48-59. doi: 10.1016/j.csi.2011.05.005.

Parets, J., y Vega, M. y , A. (1991). Desarrollo de Software Dirigido a Objetos (DDO). Novática, 18(97), 61-97.

Park, R. (1992). Software Size Measurement: A Framework for Counting Source Statements (CMU/SEI-92-TR-20). Pittsburgh, Pa.: Software Engineering Institute, Carnegie Mellon University.

Park, R., Goethert, W., y Florac, W.A. (1996). Goal-Driven Software Measurement - A Guidebook. Handbook CMU/SEI-96-HB-002: Software Engineering Institute.

Parnas, D. (1975). The Influence of Software Structure on Reliability. Paper presented at the Proceedings of International Conference on Reliable Software.

Paulk, M.C. (1995). How ISO 9001 compares with the CMM. IEEE software, 12(1), 74-83. doi: 10.1109/52.363163.

Paulk, M.C. (2001). Applying SPC to the Personal Software Process. Paper presented at the Proc. 10th Intl. Conf. Software Quality.

Pease, A. (1998). Core Plan Representation.

Penedo, M. H., y Shu, C. (1991). Acquiring experiences with the modelling and implementation of the project lifecycle process: the PMDB work. Software Engineering Journal, 6(5), 259-274.

Perry, D., Porte, A., y Votta, L. (2000). Empirical Studies of Software Engineering: A Roadmap. Future of Software Engineering: Anthony Finkelstein, ACM.

Petersen, K.A , Gencel, C.B., Asghari, N.C., y Betz, S.D. (2014). An elicitation instrument for operationalising GQM+Strategies (GQM+S-EI) Empirical Software Engineering, 1-38.

Pfleeger, S.L. (1997). Assessing Software Measurement. IEEE software, 25-26.

Pfleeger, S.L. (1999). Understanding and Improving Technology Transfer in Software Engineering. Systems ans Software, 47.

Piattini, M., Calvo Manzano, J., Cervera, J., y Fernández, L. (2003). Análisis y Diseño de Aplicaciones Informáticas de Gestión – Una perspectiva de Ingeniería del Software (2ª edición actualizada y ampliada ed.). Madrid: Ra-Ma.

Piattini, M., Genero, M., y Jiménez, L. (2001). A Metric-Based Approach for Predicting Conceptual Data Models Maintainability. International Journal of Software Engineering and Knowledge Engineering, 11(6), 703-729.

Piattini, M., y Hervada, F. (2007). Gobierno de las tecnologías y los sistemas de información. Madrid, España: Ra-Ma.

Pino, F., Baldassarre, M.T., Piattini, M., y Visaggio, G. (2009a). Harmonizing maturity levels from CMMI-DEV and ISO/IEC 15504. Software Process: Improvement and Practice.

Pino, F., Garcia, F., y Piattini, M. (2007). Priorización de procesos como apoyo a la mejora de procesos en pequeñas organizaciones software. Paper presented at the XXXIII Conferencia Latinoamericana de Informática, CLEI 2007, San José, Costa Rica.

Pino, F., García, F., y Piattini, M. (2008). Software Process Improvement in Small and Medium Software Enterprises: A Systematic Review. Software Quality Journal, 16(2), 237-261.

Pino, F., García, F., y Piattini, M. (2009b). Key processes to start software process improvement in small companies. Paper presented at the 24th Annual ACM Symposium on Applied Computing (SAC'09), Honolulu, Hawaii, U.S.A.

Pino, F., García, F., Ruiz, F., y Piattini, M. (2006). Adaptación de las normas ISO/IEC 12207:2002 e ISO/IEC 15504:2003 para la evaluación de la madurez de procesos software en países en desarrollo. IEEE Latin America Transactions, 4(2), 85-91.

Pino, F., Pardo, C., García, F., y Piattini, M. (2010a). Assessment methodology for software process improvement in small organizations. Information and Software Technology, 52(10), 1044-1061. doi: DOI: 10.1016/j.infsof.2010.04.004

Pino, F., Pedreira, O., García, F., Rodriguez, M., y Piattini, M. (2010b). Using Scrum to Guide the Execution of Software Process Improvement in Small Organizations. Journal of Systems and Software, (DOI:10.1016/j.jss.2010.03.077).

Pino, F., García, G., Piattini, M. y Oktaba, H. (2016). A research framework for building SPI proposals in small organizations: the COMPETISOFT experience. Software Quality Journal 24(3): 489-518.

Pino, F., Rodríguez, M., Piattini, M., Delgado, B. y Fernández, C.M. (2017). Modelo de Madurez de Ingeniería del Software de AENOR. Madrid, España: AENORediciones.

PMI. (2017). A guide to the Project Management Body of Knowledge. PMBOK Guide. Sixth Edition. Project Management Institute.

Poels, G., y Dedene, G. (2000). Distance-based software measurement: necessary and sufficient properties for software measures. Information and Software Technology, 42(1), 35-46.

Polo, M., Piattini, M., Ruiz, F., y Calero, C. (1999). MANTEMA: A Software Maintenance Methodology Based on the ISO/IEC 12207 Standard. Paper presented at the Proceedings of the 4th IEEE International Symposium and Forum on Software Engineering Standards, Curitiba, Brazil.

Prasad, R., Rao, B.S., y Kantam, R.R.L. (2011). Monitoring Software Reliability using Statistical Process control: An MMLE approach.

Pressman, R. (2001). Ingeniería del Software. Un enfoque práctico (5th ed ed.): McGraw-Hill.

Purchase, H., Allder, J., y Carrington, D. (2002). Graph layout aesthetics in UML diagrams: User preferences. Journal of Graph Algoritms and Applications, 6(3), 255-279.

Putnam, L.H., y Myers, W. (2003). Five Core Metrics: The Intelligence Behind Successful Software Management (U. S. Dorset House Publishing Co Inc. Ed.).

Quesenberry, C. P. (1991). SPC Q charts for start-up processes and short or long runs. Journal of Quality Technology, 23(3), 213-224.

Quinn, J. B., Baruch, J. J., y Paquette, P. C. (1987). Technology in services. Scientific American, 257(6), 50-58.

Raczynski, B., y Curtis, B. (2008). Software data violate SPC's underlying assumptions. IEEE software, 25(3), 48-50.

Radice, R. (2000). Statistical Process Control in Level 4 and 5 Organizations Worldwide. Paper presented at the Proceedings of the 12th Annual Software Technology Conference.

Radulovic, F., García-Castro, R, y Gómez-Pérez, A. (2015). SemQuaRE - An extension of the SQuaRE quality model for the evaluation of semantic technologies. Computer Standards & Interfaces 38: 101-112 .

Raffo, D., y Kellner, M. (1999). Modelling software processes quantitatively and evaluating the performance of process alternatives. Elements of Software Process Assessment and Improvement: CS Press. IEEE.

Ramanathan, J., y Sarkar, S. (1988). Providing customized assistance for software lifecycle approaches. IEEE Transactions on Software Engineering, 14(6), 749-757.

Reifer, D. (2000). Web Development: Estimating Quick-to-Market Software. IEEE software, 57-64.

Reynoso, L., Genero, M., y Piattini, M. (2005). Measuring OCL expressions: an approach based on cognitive techniques. Metrics for Software Conceptual Models (pp. 59-98): Imperial College Press.

Richardson, I. (2001). Software process matrix: a small company SPI model. Software Process: Improvement and Practice, 6(3), 157-165.

Richardson, I., y Wangenheim, C.G. (2007). Why are Small Software Organizations Different? IEEE software, 24(1), 18-22.

Rodriguez, M. y M. Piattini (2012). "Revisión Sistemática sobre la Certificación del Producto Software." Computer Science and Engineering 2(4): 16-24.

Rodríguez, M., Fernández, C.M., y Piattini, M. (2013). ISO/IEC 25000 Calidad del Producto Software. AENOR. Revista de la Normalización y la Certificación(288), 30-35.

Rodríguez, M., y Piattini, M. (2014). Entorno para la Evaluación y Certificación de la Calidad del Producto Software. Paper presented at the XIX Jornadas de Ingeniería del Software y Bases de Datos JISBD'2014, Cadiz.

Rodríguez, M., M. Piattini y C. M. Fernández (2015). A Hard Look at Software Quality. Quality Progress September 2015: 30-36.

Rodriguez, M., J. R. Oviedo y M. Piattini (2016). Evaluation of Software Product Functional Suitability: A Case Study. Software Quality Professional 18(3): 18-29.

Rombach, D., Munch, J., Ocampo, A., Humphrey, W. S., y Burton, D. (2008). Disciplined Software Development. Journal of Systems and Software, 81(5), 747–763.

Rombach, H. D. (1990). Design measurement: some lessons learned. IEEE software, 7(3), 17-25.

Rout, T.P., y Tuffley, A. (2007). Harmonizing ISO/IEC 15504 and CMMI. Software Process: Improvement and Practice, 12(4), 361-371.

Royce, W.W. (1970). Managing the Development of Large Software Systems: Concepts and Techniques. Wescon: Proceedings.

Rubey, R.J., y Hartwick, R.D. (1968). Quantitative Measurement Program Quality. Paper presented at the National Computer Conference.

Rubin, H. (1991). Measuring Rigor and Putting Measurement into Action. American Programmer, 4(9), 9-23.

Ruiz, F., y Verdugo, J. (2008). Guia de Uso de SPEM 2.0 y EPF Composer. Versión 3.0. http://alarcos.inf-cr.uclm.es/doc/psgc/doc/lec/parte2b/guia-spem2&epf_v30.pdf

Ruiz, J., Calero, C., Piattini, M. (2006). Web metrics selection through a practitioners' survey. First International Conference on Software and Data Technologies (ICSOFT), Setúbal, Portugal, INSTICC Press 2006, ISBN 972-8865-69-4, pp. 238-244.

Rumbaugh, J. (1992). Over the waterfall an into the whirlpool. JOOP, 23-26.

Rumbaugh, J., Blaha, M., Premerlani, W., Eddy, F., y Lorensen, M. (1991). Modelado y Diseño Orientado a Objetos: Prentice-Hall.

Russel, R., y Taylor, B. (2006). Operation Management. Cap. 4. 5ª Edición. : John Wiley & Sons.

Saeki, M. (2003). Embedding Metrics into Information System Development Methods: An Application of Method Engineering Technique. Lecture Notes in Computer Science, 2681, 374–389.

Sampaio, P. y Saraiva, P. (eds.)(2016). Quality in the 21st Century. Alemania, Springer.

Santos, J. (2003). E-service quality: a model of virtual service quality dimensions. Managing Service Quality: An International Journal, 13(3), 233-246. doi: doi:10.1108/09604520310476490.

Sarcia', S.A. (2010). Is GQM+Strategies really applicable as is to non-software development domains? Paper presented at the In Proceedings of the 2010 ACM-IEEE International Symposium on Empirical Software Engineering and Measurement (ESEM '10), New York, NY, USA.

Sargut, K. U., y Demirörs, O. (2006). Utilization of statistical process control (SPC) in emergent software organizations: Pitfalls and suggestions. Software Quality Journal, 14(2), 135.

Satpathy, M, y Harrison, R. (2002). A Typed Generic Process Model for Product Focused Process Improvement. Paper presented at the Proceedings of the 26th Annual International Computer Software and Applications Conference (COMPSAC'02), Oxford, England.

Saunders, M.N, Lewis, P, y Thornhill, A. (2002). Research Methods for Business Student (3rd ed.): Prentice-Hill.

Scheer, A. W. (1998). ARIS-Business Process Frameworks.: Springer.

Schlenoff, C., Knutilla, A., y Ray, S. (1998). A Robust Process Ontology for Manufacturing Systems Integration. Paper presented at the Proceedings of the 2nd International Conference on Engineering Desing and Automation, Maui (Hawai).

Schneider, K , y von Hunnius, J-P. (2003). Effective Experience Repositories for Software Engineering Paper presented at the Proc. Of the 25th Int. Conf. on Software Engineering (ICSE´03).

Schneidewind, N. (1999). Can Metrics and Models be Applied Across Multiple Releases or Projects? Paper presented at the Proceedings of the Sixth International Metrics Symposium, Boca Raton, Florida.

Scholtz, J., y Steves, M. P. (2004). A framework for real-world software system evaluations. Paper presented at the Proceedings of the 2004 ACM conference on Computer supported cooperative work CSCW '04.

Schwaber, K., y Beedle, M. (2001). Agile Software Development with Scrum: Prentice Hall.

Sedano, T., Ralph, P. y Péraire, C. (2017). Software Development Waste. 2017 IEEE/ACM 39th International Conference on Software Engineering, 133-141.

SEI. (1995). The Capability Maturity Model: Guidelines for Improving the Software Process: Software Engineering Institute (SEI).

SEI. (2002). CMMI for Systems Engineering/Software Engineering, Version 1.1. Pittsburgh: Software Engineering Institute (SEI).

SEI. (2006a). CMMI for Develpment, Version 1.2. Technical Report CMU/SEI-2006-TR-008. Pittsburgh: Software Engineering Institute (SEI).

SEI. (2006b). Standard CMMI® Appraisal Method for Process Improvement (SCAMPI) A, Version 1.2: Method Definition Document (CMU/SEI-2006-HB-002). Pittsburgh: Software Engineering Institute (SEI).

SEI. (2007). Introduction to the Architecture of the CMMI® Framework. TECHNICAL NOTE CMU/SEI-2007-TN-009. Pittsburgh: Software Engineering Institute (SEI).

SEI. (2009). Deploying TSP on a National Scale: An Experience Report from Pilot Projects in Mexico. William R. Nichols y Rafael Salazar, TECHNICAL REPORT CMU/SEI-2009-TR-011: Software Engineering Institute (SEI).

SEI. (2010a). Capability Maturity Model for Software - CMMI for Services V1.3. Pittsburg, Pennsylvania, USA.

SEI. (2010b). CMMI for Acquisition, Version 1.3. Technical Report CMU/SEI-2010-TR-032 ESC-TR-2010-032. Pittsburgh: Software Engineering Institute (SEI).

SEI. (2010c). CMMI for Development, Version 1.3. Technical Report CMU/SEI-2010-TR-033 ESC-TR-2010-033. Pittsburgh: Software Engineering Institute (SEI).

SEI. (2010d). CMMI® for Services, Version 1.3. Technical Report CMU/SEI-2010-TR-034 ESC-TR-2010-034. Pittsburgh: Software Engineering Institute (SEI).

SEI. (2010e). The Personal Software ProcessSM (PSP) Body of Knowledge, Version 2.0. SPECIAL REPORT CMU/SEI-2009-SR-018. Pittsburgh: Software Engineering Institute (SEI).

SEI. (2010f). Team Software Process (TSP) Body of Knowledge (BOK). TECHNICAL REPORT CMU/SEI-2010-TR-020 ESC-TR-2010-020. Pittsburgh: Software Engineering Institute (SEI).

SEI. (2011). Standard CMMI Appraisal Method for Process Improvement (SCAMPI) A, Version 1.3: Method Definition Document, CMU/SEI-2011-HB-001. Carnegie Mellon: Software Engineering Institute (SEI).

SEI. (2014). TSP Symposium 2013 Proceedings - SPECIAL REPORT: SEI - Software Solutions Division.

Selby, R.W. (2005). Measurement-Driven Dashboards Enable Leading Indicators for Requirements and Design of Large-Scale Systems. Paper presented at the Proceedings of the 11th IEEE International Symposium on Software Metrics (METRICS 2005).

Serrano, M., Calero, C., y Piattini, M. (2002). Validating Metrics for Data Warehouses. Paper presented at the Proceedings of the Conference on Empirical Assessment in Software Engineering (EASE 2002), Keele, Reino Unido.

Serrano, M., Calero, C., Trujillo, J.C., Luján-Mora, S., y Piattini, M. (2004). Empirical Validation of Metrics for Conceptual Models of Data Warehouses. Lecture Notes in Computer Science 3084, Person, A. y Stirna, J. (eds.). Paper presented at the 16th International Conference on Advanced Information Systems Engineering (CAiSE 2004), Riga (Letonia).

Sheard, S., y Lake, J. (1998). Systems Engineering Standards and Models Compared. Software Productivity Consortium, NFP. Retrieved Septiembre, 2010, from www.eia.org.

Shewhart, Walter A. (1931). Economic control of quality of manufactured product. New York.

Shigeru, S., William, N., y McCurley, N. (2010). Using TSP Data to Evaluate Your Project Performance. In S. E. P. Management (Ed.).

Silverman, L. (1999). Quality Today: Recognizing the Critical Shift. Quality Progress, 53-60.

Sillitti, A., Janes, A., Succi, G., y Vernazza, T. (2003, 1-6 Sept. 2003). Collecting, Integrating and Analyzing Software Metrics and Personal Software Process Data.

Paper presented at the In Proceedings of the 29th EUROMICRO Conference "New Waves in System Architecture" (EUROMICRO'03).

Simão, R.P.S, y Belchior, A.D. (2003). Quality Characteristics for Software Component: Hierarchy and Quality Guides. Paper presented at the Component-Based Software Quality 2003.

Sison, R. (2005, 15-17 Dec. 2005). Personal Software Process (PSP) Assistant.

Siviy, J., Kirwan, P., Marino, L., y Morley, J. (2008). The Value of Harmonization Multiple Improvement Technologies: A Process Improvement Profesional's View (pp. 15): Software Engineering Institute, Carnegie Mellon.

Smite, D., Moe, N.B., Sablis, A., Wohlin, C.(2017). Software teams and their knowledge networks in large-scale software development. Information & Software Technology 86: pp. 71-86

Solingen, R.V., y Berghout, E. (1999). The Goal/Question/Metric Method, A Practical Guide for Quality Improvement of Software Development. London, England: McGraw-Hill International (UK).

Solingen, R.V., y Berghout, E. (2001). Integrating Goal-Oriented Measurement in Industrial Software Engineering: Industrial Experiences with and Additions to the Goal/Question/Metric Method (GQM). Paper presented at the Proceedings Seventh International Software Metrics Symposium (METRICS'01).

Solingen, R.V., Berghout, E., y Kooiman, E. (1997). Assessing Feedback of Meas-urement Data: Relating Schlumberger RPS practice to learning theory. Paper presented at the Pro-ceedings of the 4th International Software Metrics Symposium (METRICS '97).

Sommerville, Y. (1985). Software Engineering (2.ª ed ed.). Wokingham, Inglaterra: Addison-Wesley Publishing Company.

Spohrer, J., y Maglio, P. P. (2008). The emergence of service science: Toward systematic service innovations to accelerate co-creation of value. Production and Operations Management, 17(3), 238-246.

Staron, M. y Meding, W. (2016). MeSRAM: A method for assessing robustness of measurement programs in large software development organizations and its industrial evaluation. The Journal of Systems and Software 113, 76-100.

Suryn, W. (2014). Software Quality Engineering. A Practitioner´s Approach. IEEE Computer Society, Hoboken, NJ, EE.UU., John Wiley & Sons.

Taguchi, G, y Wu, Y. (1979). Introduction to Offline Quality Control. Negaya, japan: Central Japan Cuality Control Association.

Tague, N.R. (2005). The Quality Tollbox. (2ª ed.). Milwaukee, Wisconsin: Quality Press.

Tahir, T., Rasool, G. y Gencel, C. (2016). A systematic literature review on software measurement programs. Information and Software Technology 73, 101-121.

Tarhan, A., y Demirörs, O. (2006). Investigating suitability of software process and metrics for statistical process control. In P. R. In I. Richardson, & R. Messnarz (Eds.) (Ed.), Software Process Improvement - Lecture Notes in Computer Science (Vol. 4257, pp. 88-99). Berlin/Heidelberg.

Tarhan, A., y Yilmaz, S. (2014). Systematic analyses and comparison of development performance and product quality of Incremental Process and Agile Process. Information and Software Technology, Volume 56, Issue 5, pp. 477-494.

Taylor, R., Selby, R., Young, M., F., Belz., y Clark, L., Wileden, J. Osterweil, L., Wolf, L. (1988). Foundations of the Arcadia Environment Architecture. Paper presented at the Proceedings of the Third ACM SIGSOFT/SIGPLAN Symposium on Software Development Environments.

Tayntor, Christine. (2007). Six Sigma Software Development, Second Edition. New York: Auerbach Publications.

Tiwana, Amrit. (2000). The Knowledge Management Toolkit: Practical Techniques for Building a Knowledge Management System. USA: Prentice Hall.

Trienekens, J.M., Bouman, J.J., y van der Zwan, M. (2004). Specification of Service Level Agreements: Problems, Principles and Practices. Software Quality Journal, 12(1), 43-57. doi: 10.1023/b:sqjo.0000013358.61395.96.

Trinkenreich, B., Santos; G., Perini, M. y Conte, T. (2017). Eliciting Strategies for the GQM+Strategies Approach in IT Service Measurement Initiatives. 2017 ACM/IEEE International Symposium on Empirical Software Engineering and Measurement, IEE Computer Society, 374-383.

TSO. (2014). Service Management - ITIL® 2011 Edition Publications. Retrieved noviembre, 2014, from http://www.tsoshop.co.uk/bookstore.asp?FO=1162724.

Umbers, P., y Miles, G. (2004). Resource Estimation for Web Applications. Paper presented at the Proceedings of the 10th International Symposium on Software Metrics (METRICS'04).

Unhelkar, B. (2005). Verification and Validation for Quality of UML 2.0 Models: John Wiley & Sons.

Uskarci, A. y Demirörs, O. (2017). Do staged maturity models result in organization-wide continuous process improvement? Insight from employees. Computer Standards & Interfaces 52, 25-40.

VDA (2015). Automotive SPICE Process Assessment / Reference Model. Version 3.0. VDA QMC Working Group 13 / Automotive SIG, 2015-07-16.

Vezzetti, E. , Violante, M.G. , y Marcolin, F. (2014). A benchmarking framework for product lifecyclemanagement (PLM) maturity models. Source of the DocumentInternational Journal of Advanced Manufacturing Technology, 71(5-8), 899–918.

Vieira, M., Madeira, H., Cruz, S., Costa, M., y Cunha, J.C. (2011). Integrating GQM and Data Warehousing for the Definition of Software Ireland: Reuse MetricsLimerick.

Vilar, J. (2006). Estadística 2: resúmenes de los capítulos, de http://www.udc.es/dep/mate/estadistica_2.htm.

Vinyard, J. (2017). Baldrige in Plain English: Understanding Performance Excellence 2017-2019. ASQ Quality Press.

von Konsky, B.R., y Robey, M. (2005). A Case Study: GQM and TSP in a Software Engineering Capstone Project. Paper presented at the Proc. of the 18th Conference on Software Engineering Education & Training (CSEET'05).

Wahyuningrum, T. y Azhari (2017). Usability Evaluation Method based on ISO/IEC SQuaRE : A Systematic Mapping Study. International Journal of Computer Science Issues (IJCSI), marzo 2017, 17-23.

Wang, Y, y King, G. (2000). Software Engineering Processes: Principles and Applications: CRC Press.

Warboys, B. (1990). The IPSE 2.5 project: process modeling as the basis for a support environment. Paper presented at the Proceedings of the First International Conference on System Development Environments and Factories.

Watters, D. (2004). IBM Strategy and Change Survey of Fortune 1000 CIOs. Nueva York: SHARE.

Weber, Kival , Araújo, Eratóstenes, Rocha, Ana, Machado, Cristina, Scalet, Danilo, y Salviano, Clênio. (2005). Brazilian Software Process Reference Model and Assessment Method Computer and Information Sciences (Vol. LNCS 3733, pp. 402-411): Springer Berlin / Heidelberg.

Weinreich, R. y Groher, I. (2016). Software architecture knowledge management approaches and their support for knowledge management activities: A systematic literature review. Information and Software Technology 80, 265–286.

Weller, E., y Card, D. (2008). Applying SPC to software development where and why. IEEE software, 25(3), 48-50.

Weller, E. F. (2000). Practical Applications of Statistical Process Control. IEEE software.

Wendler, R. (2012). The maturity of maturity model research: A systematic mapping study. Information and Software Technology, 54(12), 1317–1339.

Weske, Mathias. (2007). Business Process Management: Concepts, Languages, Architectures. Berlín.

Westcott, R.T., y Okes, D. (2001). The Certified Quality Manager Handbook, 2nd Edition. Milwaukee: ASQ Quality Press.

Weyuker, E. (1988). Evaluating software complexity measures. IEEE Transactions on Software Engineering, 14(9), 1357-1365.

Wheeler, D.J., y Chambers, D.S. (1992). Understanding Statistical Process Control (2nd ed ed.): SPC Press.

Whitmire, S. (1997). Object Oriented Design Measurement: John Wiley & Sons, Inc.

Wiegers, K.E. (1999). A software metrics primer. Software Developer Magazine, 5(7).

William, R. N., y Salazar, T. (2009). Deploying TSP on a National Scale: An Experience Report from Pilot Projects in Mexico.

Wohlin, C., Runeson, P., Höst, M., Ohlson, M., Regnell, B., y Wesslén, A. (2000). Experimentation in Software Engineering: An Introduction: Kluwer Academic Publishers.

Wohlin, C., Smite, D., Moe, N.B.(2015). A general theory of software engineering: Balancing human, social and organizational capitals. Journal of Systems and Software, 109: pp. 229-242.

Wolverton, R.W. (1974). The Cost of Developing Large-Scale Software. IEEE Transactions on Computer, 23(6), 615-636.

Yahaya, J.H., Abidin, Z.N.Z., Ali, N.M., y Deraman, A. (2013). Software ageing measurement and classification using Goal Question Metric (GQM) approach (Conference Paper) Paper presented at the Proceedings of 2013 Science and Information Conference, SAI 2013, London; United Kingdom.

Yahya, F., Walters, R. J., & Wills, G. B. (2017). Using Goal-Question-Metric (GQM) Approach to Assess Security in Cloud Storage. In V. Chang, M. Ramachandran, R. J. Walters & G. Wills (Eds.), Enterprise Security: Second International Workshop, ES 2015, Vancouver, BC, Canada, pp. 223-240. Springer International Publishing.

Yin, B. H., y Winchester, J. (1978). The establishment and use of measures to evaluate the quality of software design. Paper presented at the Proceedings of the Software Quality Assurance Workshop.

Yoo, C., Yoon, J., Lee, B., Lee, C., Lee, J., Hyun, S., y Wu, C. (2004). An integrated model of ISO 9001:2000 and CMMI for ISO registered organizations. Paper presented at the Proceedings - Asia-Pacific Software Engineering Conference, APSEC.

Yoo, C., Yoon, J., Lee, B., Lee, C., Lee, J., Hyun, S., y Wu, C. (2006). A unified model for the implementation of both ISO 9001:2000 and CMMI by ISO-certified organizations. Journal of Systems and Software, 79(7), 954-961.

Yu, E. S. K., y Mylopoulos, J. (1994). Understanding 'why' in software process modelling, analysis, and desing. Paper presented at the Proceedings of the 16th International Conference on Software Engineering.

Zamli, K., y Lee, P. (2001). Taxonomi of Process Modeling Languages. Paper presented at the ACS/IEEE International Conference on Computer Systems and Applications (AICCSA 2001), Beirut (Lebanon).

Zhang, P. y Li, N. (2005). The Importance of Affective Quality. Communications of the ACM 48 (9), 105-108.

Zeithaml, V.A., Parasuraman, A., y Berry, L.L. (1992). Calidad total en la gestión de servicios: cómo lograr el equilibrio entre las percepciones y las expectativas de los consumidores: Díaz de Santos.

Zhu, F.X., Wymer, W., y Chen, I. (2002). IT- based services and service quality in consumer banking. International Journal of Service Industry Management, 13(1), 69-90. doi: doi:10.1108/09564230210421164.

Zubrow, D. (1998). Measurement With a Focus: Goal-Driven Software Measurement? CrossTalk, 11(9), 24-26.

Zuse, H. (1991). Software Complexity Measures and Methods. Berlin: Walter de Gruyter.

Zuse, H. (1998). A Framework of Software Measurement. Berlin: Walter de Gruyter.

www.ingramcontent.com/pod-product-compliance
Lightning Source LLC
Chambersburg PA
CBHW081752300426
44116CB00014B/2094